윤명철 해양논문선집 ⑦

고구려와 현재의 만남

| 윤명철 해양논문선집 ⑦ | 고구려와 현재의 만남

2012년 1월 16일 초판 1쇄 인쇄
2012년 1월 26일 초판 1쇄 발행

지은이 | 윤명철
펴낸이 | 권혁재
책임편집 | 윤석우
편집 | 김현미, 조혜진

펴낸곳 | 학연문화사
출판등록 | 1998년 2월 26일 제2-501호
주소 | 서울시 금천구 가산동 371-28 우림라이온스밸리 B동 712호
전화 | 02)2026-0541~4
팩스 | 02)2026-0547
이메일 | hak7891@chol.com
홈페이지 | www.hakyoun.co.kr

ISBN 978-89-5508-266-1 94910
ISBN 978-89-5508-259-3 (전8권)

책값은 뒤 표지에 있습니다.
잘못된 책은 바꾸어 드립니다.

윤명철 해양논문선집 ⑦

고구려와 현재의 만남

| 윤명철 지음 |

학연문화사

머리글

"역사는 인간의 발명품이고, 역사학은 발명의 도구이며, 역사학자는 창조자이며, 수리공이다."

개체의 경험은 아침햇살에 녹아내리는 이슬처럼 흔적을 남기지 않는다. 모든 생명체들은 불유쾌하고 전율을 일으키는 죽음의 자각을 극복하기위해 부단한 노력을 기울였고, 자손을 만들어 종의 기억을 지속시킨다.

생물학적으로 독특한 생성배경을 지닌 인간은 자발적으로 획득한 인식능력으로 인하여 본의 아니게 비자발적으로 또 다른 허무감을 동반자로 삼게 되었다. 실로 오랜 세월 혹독스러운 고뇌 끝에 인간은 색다른 하나의 발명품을 내놓았다. 역사이다. 자연사와 또 다른 역사를 만들므로써 인간은 개체로서 시간과 공간의 한계를 극복하였고, 전체로서 자유의지와 존엄성을 동반하게 되었다. 인간은 역사 속에서만 인간은 끊임없이 존재하고, 자신의 존재가치를 시시각각 확인하고 만족스러워 한다.

역사학은 별로 중요하지 않을 수도 있다. 하지만 역사적인 인식은 중요하다. 그것이 있으면 인간은 개체로 머무르지 않고 무한한 生命體 및 非生命體와 섞여진 통일체로서 전체를 지향하고 있음을 느낀다. 현재는 한 부분일 뿐이고, 이 부분은 파편이 아니라 먼 과거와 먼 미래와 연결된 끈이며 '터' 라는 사실을 이해한다. 인류는 물론이고 한 개체의 탄생과 존재, 나는 개체와의 만남 등이 '우연과 필연' 여부를 떠나서 유일무이한 불가능의 가능태임을 자각한다.

2011년 12월 윤명철

fore-word

History is an invention and a means of invention. A historian is a creator and an engineer. The author had a view and a model as a historian since the first time he had an interest in studying history. He held questions and critical consciousness about modern-history which led to develop a new research method through various research fields. With the reason, he developed theories, concepts, and terms as well as introduced a way of understanding through modelling.

In 1985, the term, 'HANLYUKDO', was developed in the way of overcoming 'the Korean Peninsula' and 'a historic view of peninsular'. In 1993, 'The East-mediterranean sea model' was developed. 'The East-mediterranean sea model' is a matter of idea and civilization which will be developed to 'theory of the East-mediterranean civilization'. In 1995, he linked governing style and space to categorize 'direct-sovereignty', 'indirect-sovereignty', and 'orbit' with a model of Goguryo. He suggested geo-culture and geo-mentalogy besides geo-economics and geo-politics as the way of human use of space and field. He explained a meaning of nature environment through academic theories from various studies and apprehended comprehensively.

In 2003, He introduced 'the oceanic view of history' in national Congress of historical science and declared a necessity of interpreting Korean history from the oceanic perspective. He also suggested 'a historic view of ocean and land' which is to view the ocean and the land as one organic system. Since the time until 2011, he have presented academic accomplishments that supported and proved those suggestions including 'the ocean-land systen', 'a ocean city', 'a river-ocean city', 'the oceanic defense system'.

He had a question about 'motility' observed in history. He established stability, mobility, migratory, and mo-stability cultures. Those theories are comprehensively systemized based on modern physics, astrophysics, proxemics, biology, ethology, physiology and architecture. In the process, he established 'mother-civilization', 'east-asian civilization', and 'pan-asian theory' in order to understand our culture from the civilized perspectives.

Theories that such models are logically and ideologically based upon include 'history organicism theory', 'field & multi-core theory', and 'reflux system theory'.

'History is anthropology'
'History is praxeology'
'History is futurology'
'History is lifelogy'

He suggests a few points to Korean history academia.

First, It is to understand a reason of being, a role, a meaning, and a value of history. A historian is a recorder, an evaluator as well as a creator.

Second, it is to approach through various research methods. It is necessary to expand a research field and apply more themes and subject materials.

Third, intellectuals have an accountability to be free. It is a duty to develop 'own theories' with own thoughts and methods.

Forth, it is to understand an appropriate research method to study the ocean-related field. Theoretical approach regarding an essence and a system of the ocean needs to be a priory. It is to analyze and investigate mechanisms of the ocean scientifically and theoretically. There are oceanophysics, oceanography, Nautical Science, shipbuilding, geography, political science, urban geography, ocean folks, Fishery anthropology and other natural sciences.

The author have presented about 40 books, 10 co-authored works, and 140 dissertations. This does not include history related reviews, poems and essays. He primarily organized research accomplishments in this collection. In the future, he intends to focus on the study of human, idea, and the future. He looks for criticisms and advice from scholars.

序言

"历史是人类的发明,史学是发明的工具,史学家则是它们的创造者和不断修葺的匠人"。

笔者自跨入史学之门开始,便确定了独立的史观与史家范式。带着对现存韩国近代史学研究的强烈不满与批判意识,渴求以浑然独到的科学研究方法,开拓多彩斑斓的未知学术领域。基于上述端由,时获独得之见,别创有多样语汇、理论、概念;渐由此而设定范式,演绎逻辑,导入阐释。

自1985年始,为克服处处冠以"韩半岛"用词的半岛史观影响,竭力试图赋以"韩陆岛"之称,取而代之。1993年,别出机杼,独创"东亚地中海模式"理论,承望借穷极之思想,行文明之进路,向"东亚地中海文明论"方向平流缓进。

1995年始,又以高句丽历史为鉴,贯穿其统治方式与空间的互动,将"直接统治圈"、"间接统治圈"、"影响圈"三者严格区分,进而利用"空间"、"地域"、"人间"三维分析方式,提出了独立于既存的"地政学"(geo-politics)、"地经学"(geo-economics)等概念之外的"地文化学"(geo-culture)、"地心学"(geo-mentalogy)等概念。从自然环境等多重意味及角度加以论证,潜心冥会、融释贯通,具体地把握了史实。

2003年在韩国全国史学大会上,主张导入"海洋史观",宣告并阐述了立足于海洋,重新诠释韩国史的必要性,藉此提出将陆地与海洋有机结合的"海陆史观"。此后至2011年,续以多种方式逐步立证补完,相继出版了各类研究成果。

围绕针对解释东亚地中海空间与世界观的"海陆体系"学说,又形成了"海港都市"、"江海都市"等等都市理论,以及海洋防御体系理论,以多重论证范式构成了整体作业不可或缺的环节。

针对历史发展过程中呈现的"运动性问题",从运动的观点出发,在对文化与人类生活方式特征关系的论证之中,设定了"农耕定居性文化"(stability)、"游牧与狩猎流动性文化"(mobility)海洋流动性文化(liquidity) 与回游性文化(migratory)以及对各种文化都有所并融的"动中静文化"的(mo-stability) 概念。这些理论借助了新近发展的现代物理学、空间学、生物学、动物行动为学、生理学、建筑学等多重学科知识概念,贯穿融会,使浑然于一体。在此过程中,为了从东方文明角度贯穿把握,还添加了"母文明"、"东方文明圈"、"泛亚洲论"等理论观点。

由上述模型、理论等构成的学说和思想,为论证历史有机体系及其特征的 "历史有机说"、论证历史构成与体系关系的"地域多核说"以及论证历史运动方式的"环流系统说"提供了必要的补充。

'史学乃人间之学'
'史学乃行动之学'
'史学乃未来之学'
'史学乃生命之学'

至此,笔者对韩国近代史学研究提出如下建议。

首先,必须对史学的存在理由、作用、真义、价值深入探索,加以根本性理解。史学家不应单一局限于"记录者"、"评价者"的范畴, 同时应担负"行为者"的职责。

其次，史学研究方法应竭力接近多样。需广泛开拓研究领域，多方选择主题素材。在空间上力求突破半岛界限，实现向东亚，乃至泛亚洲领域的拓展。

第三，学者应以崇尚自由为己任。凭借自由的思考方式，励志竭精、独辟蹊径、自出机杼、成一家之风。

第四，对于海洋相关研究，需对针对方法，由表及里、谙练通达。为此，须优先对海洋空间本质、体系，予以深刻的理论性接近；对海洋文化之构成、机制，予以科学的理论性分析；以力求谨本详始、穷本溯源。

海洋研究，大千世界；琳琅珠玉、包罗万象。既兼收有：海洋物理、气候物理、航海学、造船术；人文地理、自然地理、气候地理、政治地理、都市地理；又并蓄及：与海洋史紧密相关的海洋民俗学、渔业人类学等多门自然科学。无所不包、无所不容、无所不及、无所不至。

笔者独撰书籍40余卷，另与他人合著书籍又10卷有余，出版论文140余篇。外与历史相关的史评、书评、诗集、随笔等不涉其内。倾平生之所学，聚渊淳泽汇，萃为此编。以为将来，人间之问题、思想之问题、文明之问题、未来之问题，集中研究之所共用。

恭望同仁，不吝赐教。

东国大学教授　尹明喆 youn, myung-chul（东亚海洋史及高句丽史）

序文

"歴史は人間の発明品であり、歴史学は発明の道具であり、歴史学者は創造者であり、また修理工でもある。"

筆者は歴史を構想する決意をした時から、歴史観と歴史学者としての目指すべきモデルがあった。加えて韓国の近代歴史学に対する強い不満と批判意識があったゆえ、自然に他とは違う新しい研究方法を追求し、研究領域を多彩に開拓した。その結果、多様な理論と概念、用語などを作り上げ、モデルを設定し演繹的な解釈をする方法を導入した。

1985年度に韓半島という用語と半島史観を克服する試みとして '韓陸島' という造語を作った。1993年には '東亜地中海モデル' を作り出した。この東亜地中海モデルは究極的には思想と文明の問題であり '東亜地中海文明論' として発展するものである。1995年には高句麗をモデルとする統治方式と空間を連動させ '直接統治圏'、'間接統治圏'、'影向圏' として分類した。人間が空間、もしくは地（土地）を利用する方式として既存の '地政学(geo-politics)' '地経学(geo-economics)'、他に '地文化学(geo-culture)' '地心学(geo-mentalogy)' などの概念を提案した。自然環境の意味を多様な分野の学問理論として説明し、具体的な実状を把握した。

2003年には全国歴史学大会において '海洋史観' の導入を主張し、韓国歴史を海洋的観点で解釈する必要性を宣言した。これに続き海洋と陸地を一つの有機的なシステムとして捉えようとする '海陸史観' を提案した。その後、

2011年に至るまで多様な方式でこれをさらに補完し、理論と理論を立証する研究成果を発表した。'東亞地中海' という空間と世界観に対する解釈である '海陸的システム'、これを実現する '海港都市'、'江海都市' の都市理論、'海洋防御体制' などのモデルはこの研究の一環である。

またこれらとは別に、歴史に現れる '運動性' の問題がある。運動の観点で文化と人間の性格を論ずる農耕の安住性(stability)文化、遊牧と狩猟の移動性(mobility)文化、海洋の流動性(liquidity、及び回遊性〈migratory〉)文化、そしてこのような性格を集約した '動中静(mo-stability)文化' などを設定した。このような理論を近世再び現代物理学、天体物理学、空間学、生物学、動物行動学、生理学、建築学などそれぞれの各学問の理論を借り、精巧に体系化させている。この過程で韓国の文化を文明的な観点で把握するため '母文明'、'東方文明圏論'、'凡アジア論' などを設定した。

このようなモデルと理論の論理的、思考的基礎になるものは歴史が有機体的である体系と性格をもっているという '歴史有機体說'、歴史の構成と体系を論ずる '場と多核 (field&multi-core)理論'、歴史の運動方式を論じた '環流システム論' などであり、他にこれを補完する小理論である。

'歴史学は人間学だ'。

'歴史学は行動学だ'。

'歴史学は未来学だ'。

'歴史学は生命学だ'。

筆者は韓国近代歴史学会に数々の提言している。

一つ、歴史学の存在理由と役割、意味と価値を追求し、基本的な理解をするようにしなければならない。歴史学者は '記録者' であり '評価者' であるだけでなく、同時に '行為者(creater)' の役割も担っている。

二つ、歴史学の研究方法論は多様な接近方法が必要である。研究する領域を拡張させ、主題と素材を多様に選択する必要がある。空間的には半島を超え東アジア、更には汎アジアに拡張させる必要がある。

　三つ、知識人は自由な存在でいなくてはいけない。自由な思考と方式でもって可能な限り'自己理論'を啓発することが学者の任務である。

　四つ、海洋と関連する研究をしようとするならばそれに相応しい研究方法を理解しなければならない。海洋空間の本質と体系に関連した理論的接近が優先しなければならない。海洋文化のメカニズムを科学的に、なおかつ理論的に分析し糾明しなければならない。

　海洋物理や気候などの海洋学、航海学と造船術（工学ではなく）、人文地理、並びに自然地理、気候などを含んでいる地理学、政治学（海洋力と関連した）、都市地理学、そして海洋史と密接な学問として海洋民族、漁業陣路医学、その他、自然科学などがある。

　筆者は40余りの著書と10余りの共著と、その他に約140編程度の論文を発表してきた。もちろんここに歴史と関連した評論、詩、手記などは含めていない。筆者はこの選集を通して研究成果を一次的に整理した。これからは人間の問題、思想の問題、文明の問題、未来の問題などの主題を集中的に研究していく考えである。学者達の批判と助言をお願いしたい。

　　　　　　　　　　　　　韓国東国大学教授 尹明喆 youn, myung-chul
　　　　　　　　　　　　　（東アジア海洋史、並びに高句麗史）

차례

머리글 · 5

01 │ 高句麗와 隋唐 간의 전쟁에 대한 중국 東北工程의 시각

1. 들어가는 말 · 21
2. 高隋, 高唐전쟁에 관한 중국의 주장 · 23
3. 高句麗와 隋唐 간의 전쟁-동아지중해 국제대전을 중심으로- · 33
4. 고구려사 연구를 위한 몇 가지 조언 · 41
5. 맺음말 · 46

02 │ 고구려의 고조선 계승성과 동북공정의 배경

1. 서론 · 49
2. 동북공정의 추진과정과 내용 · 51
3. 동북공정의 학문외적인 배경 · 60
4. 고구려의 조선 계승성 · 70
5. 대안과 맺음말-고구려를 중심으로 · 77

03 │ 東北工程의 배경과 21세기 동아시아 신질서의 구축

1. 들어가는 말 · 83
2. 동북공정의 내용 · 85
3. 세계의 변화와 동아시아의 적응 · 94
4. 동북공정의 국제질서적인 배경 · 101
5. 극복과 대안 · 111

6. 맺음말 · 119

04 | 우리의 동북공정 대응 현황과 대책

　　1. 동북공정 추진과정 · 123
　　2. 대응현황의 검토 · 126
　　3. 동북공정의 본질 · 134
　　4. 대응전략에 대한 모색과 조언 · 140
　　5. 맺음말 · 145

05 | '東北工程'의 歷史外的인 문제와 韓民族役割論

　　1. 머리말 · 147
　　2. 동북공정의 추진과정과 내용(고구려를 중심으로) · 149
　　3. 중국이 동북공정을 추진한 시대적인 배경 · 157
　　4. 동북공정의 학문외적인 목적과 영토문제 · 162
　　5. 동북공정의 극복과 한민족의 역할론 · 168
　　6. 맺음말 · 176

06 | 고구려 문화 콘텐츠 작업을 위한 몇 가지 생각들

　　1. 서언 · 181
　　2. 역사학에 대한 또 다른 이해 · 183

3. 고구려 문화의 재해석 · 187
　　4. 고구려 문화의 콘텐츠 활용방안 · 194
　　5. 제언 · 206

07 | 고구려의 고조선 계승성에 관한 연구 1

　　1. 서론 · 209
　　2. 역사에서 계승성의 문제 · 210
　　3. 역사적 관점 · 216
　　4. 고고학적 관점 · 225
　　5. 사상적 관점 · 232
　　6. 결론 · 242

08 | 고구려의 고(原)조선 계승성에 관한 연구 2
　　　　-왜 고구려는 조선계승성을 실현해야만 했을까?-

　　1. 서언 · 245
　　2. 건국의 한계 극복과 발전 목표 · 248
　　3. 발전기 국가팽창과 조선공동체의 부활 · 254
　　4. 동방문명의 새창조와 역할론 · 262
　　5. 맺음말을 대신하여 · 269

09 | 고구려 문화예술의 이해와 창작을 위한 역사적인 인식

   1. 서론을 대신하여 · 271
   2. 고구려 문화예술 환경의 이해 · 273
   3. 고구려의 문화 예술과 국가정책 관계 · 285
   4. 고구려 문화예술에 담긴 의미와 메세지 · 289
   5. 맺음말 · 295

10 | '한민족' 형성의 질적 비약단계인 고구려 역사를 성찰하며

   1. 머리말 · 297
   2. 민족의 성격에 대한 이해 · 299
   3. 한민족 형성과정의 대강 · 309
   4. 고구려 역사와 한민족 형성의 한 단계 · 316
   5. 맺음말 · 331

11 | 고구려 문화형성에 작용한 자연환경의 검토
           - '터와 多核(field & multi-core)이론'을 통해서 -

   1. 서론 · 339
   2. 역사해석의 틀인 터이론의 적용과 고구려문화의 기본 성격 · 341
   3. '터 이론'으로 본 고구려 영역의 이해 · 351
   4. 자연환경의 변화와 문화의 형성 · 366

5. 두만강 하구일대와 연해주 남부 · 379
6. 해양 · 382
7. 결론 · 388

12 | 광개토태왕의 국가발전 정책과 21세기 한민족의 미래

1. 들어가는 글 · 395
2. 우리에게 주어진 상황과 과제 · 396
3. 광개토태왕(광개토太王)이 추진한 세계질서 재편전략과 국가발전 정책 · 399
4. 광개토태왕의 리더쉽 · 410
5. 에필로그 · 416

13 | 壇君神話의 해석을 통한 장군총의 성격
-의미를 중심으로-

1. 서론 · 417
2. 왜 장군총인가? · 419
3. 단군신화와 장군총의 위치와 형태 · 428
4. 난군신화와 장군총의 구조 · 449
5. 결론 · 464

01
高句麗와 隋唐 간의 전쟁에 대한 중국 東北工程의 시각*

1. 들어가는 말

역사학은 잊혀진 사실, 잃어버린 사실을 찾아내고, 고증하여 엄숙한 진리를 추구하는 작업이다. 하지만 특정한 사관이나 특정한 정치이념, 특정한 배후세력과 시대적 상황에 의해 왜곡돼서도 곤란하다. 객관과 실증이란 편견없이 사실 그대로를 보는 것이다. 그리고 필자가 여러 곳에서 주장했듯이 '역사학(歷史學)은 역시 미래학(未來學)'이다. 현재는 미래로부터 빌어 온 것이다. 21세기에 들어서서 문명의 패러다임이 질적으로 변화하고 있고, 세계질서, 특히 동아시아질서는 급격하게 재편되고 있다.

필자가 저서들과 논문들, 기타 글들에서 밝혔듯이 향후 몇 년 안에 우리의 운명을 결정지을 기본태도와 축들이 형성될 것이다.[1] 우리와 중국지역, 일본지역 그리고 러시

---

* 「고구려와 隋唐전쟁의 성격에 관한 해석-정체성과 관련하여」, 『고구려연구』 18, 고구려연구회, 2004.
* 이 글을 작성하는데 고구려연구회와 서길수 교수가 미리 준비해놓았던 자료와 많은 도움을 받았다.
1 윤명철, 「고구려 담론 1 -미래모델의 의미」, 『고구려연구』 9집, 고구려연구회, 2000.
　　　, 「고구려의 東亞地中海 모델과 21세기적 意味」, 『아시아 文化硏究』, 목포대학교 아시아문화연구, 2002. 12.
　　　, 「장보고 시대의 무역활동과 미래모델의 가치-동아지중해론을 중심으로-」, 『張保皐 時代의 海洋

아의 연해주를 포함한 주변지역들은 총체적으로 팽팽하게 경쟁체재에 돌입할 것이고, 그 과정 속에서 행위의 명분을 획득하고, 효율적인 방략을 찾기 위하여 역사에 대한 연구가 본격적으로 이루어질 것이다.

필자는 일본역사교과서 왜곡사건이 일어났을 때 과거의 일본제국이 역사를 정치경제적 목적에 걸맞게 역사를 왜곡한 것(반도사관, 만선사관, 남방문화론)과 동일하게 중국 또한 자국사 중심으로 재편할 것이며, 현재도 왜곡의 정도가 더 심하다고 발표한 바 있다. 현실에 대한 무지와 안이한 인식태도, 교만을 갖고 있다가 이제야 강력한 중국과 그들의 치밀한 구상에 현실을 느끼기 시작했다(깨달은 정도는 아직 아니다). 그리고 역사를 적극적으로 무기로 삼는 현실에 허를 찔려 당황해하고 있다.

중국정부는 사회과학원 산하의 '중국변강사지연구중심(中國邊疆史地研究中心)'에서 새로운 사업을 시작했다. 2002년 2월, '동북공정(東北工程)'이란 명칭을 계획을 추진하기 시작했다. 이는 정부의 대대적인 지원 아래 고구려는 물론, 고조선, 부여, 발해, 현재의 한국에 대한 연구를 하는 작업이다. 이 작업의 구체적인 목표와 숨은 의도, 즉 궁극적인 목적에 대해서는 오늘의 발표들을 통해서, 추후 여러 분야에서 계속되는 발표를 통해서 언급할 예정이다.

'동북공정' 계획서에 따르면 '중국의 동북지역이 근대 이후 전략적 요충지일 뿐만 아니라, 특히 개혁·개방 이후 국제환경의 변화에 따라 이 지역에 대한 역사 연구에 관심이 높아지고 있다고 지적한다. 하지만 중국은 그 연구가 중국 역사를 왜곡하거나 정치적 목적으로 오도, 혼란시키는 일이 벌어지는 등 새로운 도전이 등장하고 있는 것으로 판단하고 있다고 한다(중앙일보 보도 김창호 기자). 마치 우리 탓으로 돌리고 변명하

活動과 東亞地中海」, 학연, 2002.
_____, 「장보고를 통해서 본 경제특구의 역사적 교훈과 가능성」, 『경제특구』, 남덕우 편, 삼성경제연구소, 2003 등.

는 돌리는 모습이다.

필자는 동북공정 가운데에서 중요한 핵심을 이루는 고수전쟁(高隋戰爭), 고당전쟁(高唐戰爭) 부분에 대한 중국학자들의 논리와 주장을 살펴보고, 아울러 이와는 다른 필자의 견해를 일부만 언급하고자 한다.(필자는 이 전쟁을 東亞地中海 國際大戰으로 개념화하고 저서와 다수의 논문들을 발표하였다)

2. 高隋, 高唐전쟁에 관한 중국의 주장

1) 전쟁의 성격

동북공정의 중심을 이루는 것 가운데 하나는 고구려의 성격규정이다. 즉 고구려의 전체 역사를 현재 및 미래의 국가발전전략에 합당하게끔 논리적이고 효율적으로 포장하여 자국의 역사 속에 편입시키려는 역사적 노력의 일환이다. 따라서 고구려의 건국과정과 귀속문제 등 다양한 내용들이 중국학자들에 의하여 되었다.

마대정(馬大正)은 『중국학자고구려역사연구적백년역정(中國學者高句麗歷史研究的百年歷程)』에서 연구사를 정리하고 있다. 그들이 선택한 고구려에 관련된 고전은 다음과 같다. 『구당서(舊唐書)』, 『신당서(新唐書)』 등 정사(正史)의 『고구려전(高句驪傳)』 혹 『고려전』, 기(記), 전(傳), 지(志) 중에 이에 관한 기록이 있다. 그 외에도 『위략(魏略)』, 『한원(翰苑)』, 『당회요(唐會要)』, 『자치통감(資治通鑑)』, 『통전(通典)』, 『통지(通志)』, 『문헌통고(文獻通考)』, 『태평어람(太平御覽)』, 『책부원구(册府元龜)』, 『태평환우기(太平寰宇記)』, 『십육국춘추(十六國春秋)』, 『괄지지(括地志)』, 『고승전(高僧傳)』, 『속고승전(續高僧傳)』.

근래에 이루어진 연구사는 다음과 같다.

중국통사와 단대사의 저서 가운데 어떤 것은 고구려를 상관된 봉건왕조의 대외관계 속에 넣거나(韓國磐, 『隋唐五代史綱』[2]) 돌궐(突厥)·서역제족(西域諸族)·토욕혼(吐谷渾) 등 중국 고대 소수민족과 병렬시켰으나 의연히 당대(唐代)의 대외관계 대전제 밑에 귀결시켰다.(楊志玖의『隋唐五代史綱要』[3]), 吳楓의『隋唐五代史』,[4] 장군(章群)의『당사(唐史)』[5] 등이다. 또 곽말약(郭沫若)이 주관한『중국사고(中國史稿)』에서는 고구려와 수당왕조 간의 관계를 "조공관계"로 놓고 있다.[6] 범문란(范文瀾)의『중국통사(中國通史)』에서는 고구려와 수당의 전쟁을 논할 때에 수당왕조를 "침략"의 일방[7]으로 하였다. 소수민족출신인 전백찬(剪伯贊)이 주편한『중외역사년표(中外歷史年表)』[8]는 고구려의 역사 기사를 전부 외국사 편년(外國史 編年)중에 배열하여 넣었다.

그런데 80년대 이후에 변화된 분위기 속에서 연구성과들을 다음처럼 나왔다. 이전복(李殿福), 손옥량(孫玉良)의『고구려간사(高句麗簡史)』,[9] 류자민(劉子敏)의『고구려역사연구(高句麗歷史研究)』[10]이다. 동동(冬)이 주편한『중국동북사(中國東北史)』[11] 제2권, 설홍(薛虹), 이주전(李澍田)이 주편한『중국동북통사(中國東北通史)』[12]의 제2편 중 제2장의 제2절, 장박천(張博泉)의『동북지방사고(東北地方史稿)』,[13] 장박천(張博泉), 소금원(蘇金

---

2 三聯書店, 1972.
3 新知識出版社, 1955.
4 人民出版社, 1958.
5 臺北中華文化出版事業委員會, 1958.
6 『中國史稿』, 第4冊, 人民出版社, 1982.
7 『中國通史』, 第3冊, 人民出版社, 1978, 제2판.
8 中華書局, 1961년.
9 韓國三省出版社, 1990.
10 延邊大學出版社, 1996.
11 吉林人民出版社, 1998.
12 吉林文史出版社, 1991.
13 吉林大學出版社, 1985.

源), 동옥영(童玉瑛)의 『동북역대강역사(東北歷代疆域史)』,[14] 강응량(江應梁)이 주편한 『중국민족사(中國民族史)』,[15] 왕종한(王鍾翰)이 주편한 『중국민족사(中國民族史)』,[16] 『중국역대민족사총서(中國歷代民族史叢書)』중의 수당(隋唐)민족사,[17] 옹독건(翁獨健)이 주편한 『중국민족관계사강요(中國民族關係史綱要)』[18] 등이 있다. 이외에도 많은 연구물들이 있다. 특히 근래에 들어서 동북공정과 관련하여 성격을 새롭게 규정하는 등의 연구물들이 양산되고 있다. 그 가운데 하나가 바로 고구려와 수 및 당과의 전쟁에 관한 아래의 연구이다.

劉炬,「唐滅高句麗善后政策之失誤及影響」,『中國東北民族與疆域研究』, 吉林時代文藝出版社, 2002.

劉炬, 寧勇,「論唐太宗東征高麗受挫之原因」,『全國首屆高句麗學術硏討會論文集編委會』.

孟古托力,「隋王朝對邊疆遼海的經略」,『中國邊疆史地硏究』, 1993-1.

韓昇,「唐朝對高句麗政策的形成與嬗變」,『東北亞硏究』, 1995-2.

倪軍民,「兩唐書〈高麗傳〉比較硏究」,『通化師範學院學報(社會科學)』, 1996-1.

楊秀祖,「隋煬帝征高句麗的幾個問題」,『通化師範學院學報』, 1996-1;

韓昇,「隋煬帝伐高句麗之謎」,『漳州師範學院學報』1996-1.

秦升陽,「唐對高句麗的政策及其演變」,『通化師範學院學報』, 1996-1;

_____,「唐代對高句麗的政策及其演變」,『高句麗歷史與文化硏究』, 吉林文史出版社, 1997.

楊春吉,「高句麗史研究中的幾個問題」,『高句麗歷史與文化研究』, 楊春吉, 耿鐵華 主編, 1997.

---

14 遼寧人民出版社, 1994.
15 民族出版社, 1990.
16 中國社會科學出版社, 1994.
17 四川民族出版社, 1996.
18 中國社會科學出版社, 1996.

張韜,「隋煬帝征高句麗」,『高句麗歷史與文化研究』, 楊春吉, 耿鐵華 主編, 1997.

____,「唐太宗征高句麗」,『高句麗歷史與文化研究』, 楊春吉, 耿鐵華 主編, 1997.

張博泉,「隋唐對高句麗之戰爭性質」,『中朝邊界研究文集』, 吉林省社會科學院, 1998(내부 출판).

劉炬・寧勇,「論唐太宗征高句麗受挫之原因」,『全國首屆高句麗學術硏討會論文集』, 1999.

姜維東,「歷史上的盖蘇文政變」,『黑土之的古代文明』, 遠方出版社, 2000.

劉炬,「唐太宗東征高麗勝敗辨」,『黑土之的古代文明』, 遠方出版社, 2000.

張韜,「唐太宗征高句麗」,『高句麗歷史與文化』, 吉林文史出版社, 2000.

黃斌・黃林歧,「淺談高句麗的戰略防禦配系和基本戰法」,『黑土之的古代文明』, 遠方出版社, 2000.

耿鐵華,『中國 高句麗史』, 吉林人民出版社, 2002.

이러한 연구들에서 지향하는 중국인들의 이 전쟁에 대한 평가는 대체로 몇 가지로 요약된다.

첫째, 우리가 삼국통일전쟁을 신라가 주도하여 성공적으로 끝난 국내전쟁적인 시각으로 보듯이, 이 전쟁 또한 중국 내부의 국내전쟁으로 본다. 결국 고구려를 중국지역에서 명멸하였고, 또 지배를 받았던 다른 종족내지 국가들과 마찬가지로 소수지방정권으로 규정하고 있다. 이 점에서 중국의 대다수의 학자들은 이미 일치한 의견을 가지게 되었다.

둘째, 중국의 통일정권이 수립되었다고 본다. 당은 중국의 역사에서 가장 강력했고, 오래 지속한 나라이다. 그런데 오랜만에 중국지역을 통일한 수를 이어 당은 못다한 부분인 주변국가들을 정복하면서 결국은 고구려를 멸망시켜 통일사업을 완료했다는 주장이다.

유거(劉炬)는 당태종이 수행한 동정(東征 : 고구려 침공)의 정치적인 목적을 논하면서, 그것이 통일중국임을 주장하고 있다.[19]

고수·고당 전쟁에 관한 이 같은 성격규정을 목적으로 삼고, 이를 보완하기 위하여 중국학자들은 대체로 두 가지 논리를 만들고 있다.

첫째, 고구려의 영토는 역사적으로 중국의 영토였다는 논리이다.

우선 몇 사람의 주장을 살펴 볼 필요가 있다. 장박천(張博泉)은 1985년 낸 『동북지방사고』[20]에서 "수·당과 고구려의 전쟁은 통일적 다민족의 중앙집권국가가 요동의 군현을 수복하기 위해 진행한 전쟁이지 본국 통치계급이 영토확장을 위해서 침략전쟁을 일으킨 것은 아니다."고 해서 고구려의 중국 귀속을 강하게 강조하고 있다. 양수조(楊秀祖)는 「수양제정고구려적기개문제(隋煬帝征高句麗的幾個問題)」, 『통화사범학원학보(通化師範學院學報)』, 1996-1에서 정벌의 원인을 몇 개의 입장으로 정리하면서 "고구려국토는 한조의 현도·요동·낙랑의 3군고지이다. 한조 이래로 역대 중원정권의 고유국토였으므로 수조에게서도 예외일 수는 없었다."라고 주장하였다. 고구려의 흘승골성(紇升骨城), 위나암성(尉那巖城), 환도성(丸都城), 평양성(平壤城), 장안성(長安城)이 고구려의 도성(都城)으로 되었는데, 이는 결국 현도(玄菟), 낙랑(樂浪), 임둔(臨屯), 진번(眞番) 등 한사군(漢四郡)이 관할하는 범위를 벗어나지 않는다고 주장하였다. 그리고 고구려사에 대한 자기식의 해석을 근거로 이러한 결론을 내리고 있다. 즉 '고구려 정권은 서한(西漢)시기 현도군(玄菟郡) 고구려현 경내에 있는 변강민족이 세운 지방정권이다. 민족구성은 비록 내원(來源)이 다양하지만 모두 서한시기 동북변강지역에서 살았던 민족이며, 또한 주(周)나라 시기에 중앙왕조와 긴밀한 관계를 맺었고, 서한시기에 이르러서는 서한의 현도군 지역에서 활동하면서 서한왕조의 유효한 관할을 받았다. 즉 고구려 정권 건립초기의 서한은 고구려를 구체적으로 직접관리하였다. …당나라가 수나라를 이어 부단히 군대를 일으켜 고구려를 통일하려하는 원인 중의 하나는 고구려

---

19 劉炬, 「唐太宗東征高麗勝敗辨」, 『黑土之的古代文明』, 遠方出版社, 2000, p.236.
20 張博泉, 『東北地方史稿』, 吉林大學出版社, 1985.

의 활동지역이 일찍부터 전대에 의해 통치되던 지역이기 때문이었다.[21]

중국학자들이 삼고 있는 역사적인 근거는 위에서 열거한 중국의 사료들과 함께 이를 수용한 삼국사기 등이다. 배구(裵矩)는 수에서 황문시랑(黃門侍郞)이라는 벼슬을 했고, 대고구려전(對高句麗戰)의 정당성을 양제(煬帝)에게 적극 권장했었다. 그는 "고려의 땅은 원래 고죽국(孤竹國)의 것이다. 주나라 때 이 땅을 기자(箕子)에게 봉해주었다. 한나라 때 삼군으로 되었다. 진(晋)나라 때에도 요동을 통치하였다. 그런데 이제는 불신(不臣)해서 따로 외역(外域)되니 선제(先帝)가 몹시 미워하시어 오래전부터 정벌하려 하였다."[22] 라고 하여 침략의 명분을 옛땅 수복에서 찾고 있다.

후에 당(唐)나라의 고조(高祖)는 7년에 신하들과 대화를 나누었는데, 이때 배구(裵矩)·온언박(蘊彦博) 등은 다음과 같은 답변을 하였다. 즉 '요동의 땅은 주대(周代)의 기자국(箕子國)이요, 한대(漢代)의 현도군(玄菟郡)입니다.…' 라는 내용이다.[23] 또 고구려는 "원래 중국의 땅인데 막리지(莫離支)가 그 주인을 살해하니 내가 스스로 다스려야겠다."(『新唐書·東夷高驪列傳』)라는 내용도 있다.

당태종의 조서를 갖고 고구려에 온 리현장은 연개소문에게 '요동의 여러 성은 본래 중국의 군현이었다.' 고 하였다. 또 당태종은 자국에서 전쟁 직전에 '요동은 과거에 중국땅이었다.' (遼東故中國地)라고 하였다.[24] 하지만 고구려는 조선과 부여를 명분상으로 계승하였으며,[25] 종족 및 영토 또한 계승하였다.[26]

---

21 李大龍, '中國邊疆史地硏究中心', 동북공정 인터넷 사이트, 2003.
22 『隋書』卷67, 列傳 第32, 裵矩傳.
   『舊唐書』권63 裵矩傳.
23 『舊唐書』卷109 上, 列傳 第149 上, 高麗.
24 『三國史記』卷21, 高句麗本紀, 寶藏王, 3年.
   『唐書』卷2 本紀 第2, 太宗.
   『資治通鑑』卷197, 唐紀13 太宗 中之下條.
25 윤명철,「고구려 담론 1 -미래모델의 의미」,『고구려연구』9집, 고구려연구회, 2000.
   _____,「고구려의 고조선 계승성에 관한 연구 1」,『고구려연구』13, 고구려연구회, 2002.

둘째, 고구려는 대대로 중국에 조공을 받치는 등 신속관계에 있었다는 논리이다.

장박천(張博泉)은 『동북역대강역사』[27]에서 고구려가 대를 이어 중국정권의 번국(蕃國)이었다고 서술하고 있다. 1989년 손진기(孫進己), 왕면후(王綿厚),[28] 풍영겸(馮永謙)의 공저인 『동북역사지리』[29] 2권에서 당과 고구려는 초기 5년간 전쟁을 지속했지만, 나머지 45년은 고구려가 주로 당나라에 신하로서 예속되어 있었고 당나라의 번속(藩屬)으로 존재하였다."[30]고 하였다. 설홍(薛虹)·이주전(李澍田)의 『중국동북통사』는 "남북조가 대치하고 있는 상황에서 고구려의 번속 관계는 이중신속관계(二重臣屬關係)로 남조에게 신하로 칭하고 북조에게도 신하로 칭했다.…" 라고 하였으며, 이어 "고구려가 망하자 당나라가 요동군을 수복하였다."[31]고 주장하였다.

양소전이 관계한 『중조변계사』에서는 "고구려는 처음부터 끝까지 중국에 예속하였으며, 한나라부터 당나라까지 역대 중원왕조가 관할한 소수 지방정권이다."[32]라고 주장하였다. 양수조(楊秀祖)는 정벌의 원인을 몇 개의 입장에서 정리하면서, 수조의 통치 집단입장에서는 고구려는 번속국이었다. 군신관계를 유지하고, ……수는 무력으

_____, 「단군신화와 고구려 건국신화가 지닌 정체성(identity)탐구」, 『단군학연구』6, 단군학회, 2002.
_____, 「단군(壇君)신화를 통해서 본 고구려고분벽화」, 개천절기념남북한 공동학술회의, 2003.
26 이 부분에 관한 학자들의 연구는 몇 편 있다.
   필자는 「高句麗人의 時代精神에 대한 探究」, 『韓國思想史學』7집, 한국사상사학회, 1996에서 고구려 발전기를 재정립시대(re-foundation)라고 하여 고구려가 조선 계승작업을 실현하였다고 해석하였다.
27 張博泉·蘇金源·董玉瑛, 『東北歷代彊域史』, 吉林人民出版社, 1981.
28 王綿厚, 「兩漢時期遼寧建置述考」, 『東北地方史研究』, 1985-1 ; 王綿厚, 「隋唐時期遼寧建置述考」, 『東北地方史研究』, 1986-1, 王綿厚, 「古代高句麗族稱探源」, 『遼海文物學刊』, 1987.
29 孫進己·王綿厚 外, 『東北歷史地理』(1), 黑龍江人民出版社, 1989 ; 孫進己·馮永謙 外, 『東北歷史地理』(2), 黑龍江人民出版社, 1989.
30 孫進己·馮永謙 外, 『東北歷史地理』(2), 黑龍江人民出版社, 1989, 304쪽.
31 薛虹·李澍田 主編, 『中國東北通史』, 吉林文史出版史, 1991 ; 李澍田 主編, 『東疆史略』, 吉林文史出版社, 1990.
32 楊昭全·韓俊光, 『中朝關係簡史』, 遼寧民族出版社, 1992 ; 楊昭全·孫玉梅, 『中朝邊界史』, 吉林文史出版社, 1993.

로 이를 실현한 것이라고 하였다.³³ 장도(張韜) 또한 '영양왕이 번국의 예를 잃었기 때문에……' 라는 기록을 인용하면서 동일하게 주장하고 있다.³⁴ 마대정(馬大正) 등이 편찬한 『고대중국고구려역사총론(古代中國高句麗歷史叢論)』(흑룡강교육출판사, 2001 p.214.)에서도 역시 고구려와 수왕조는 신속관계에 있었다는 주장을 펴고 있다.

중국인들은 이러한 주장을 사료를 열거하는 정도를 넘어서 고구려의 자발성이란 표현으로 정당화 시키고 있다. 즉 고구려는 우리나라 역대의 중앙왕조와 신속(臣屬)관계를 유지해 왔고 "중국" 밖에서 자절(自絶)하지 않았다. "일곱 세기란 기나긴 기간에 역대 중국왕조와 밀접한 신속관계를 유지해 왔다. 『통전(通典)·고구려전(高句麗傳)』에서 "동진(東晋), 송(宋)나라부터 제(齊), 양(梁), 후위(後魏), 후주(後周) 까지 고구려의 국왕이 모두 남북 양조(兩朝)의 관직을 받았다. 나긴 심지어는 "중국" 밖에서 자절(自絶)하지 않았기 때문에 고구려를 통일한 후에도 많은 고구려 사람이 조국의 통일을 지키기 위해 큰 공을 세웠고 청사에 이름을 남겼다. 예컨대 천남생(泉男生), 고선지(高仙芝), 왕모중(王毛仲), 왕사례(王思禮), 이정기(李正己) 등이 있다. 라고 하여 역사를 의도된 방향으로 끌고 가고 있다.³⁵

이들의 공통적인 주장은 다음과 같이 요약할 수 있다. 국내 정세의 영향을 받아 역대 왕조는 고구려에 대한 관리를 직접에서 간접으로, 또 다시 간접에서 직접으로 발전하는 과정을 겪었다. 즉 동한과 서한왕조는 직접적으로 관리했고, 삼국, 동진, 서진, 남북조시대 등 혼란한 시기에는 신속관계를 유지했으며, 수당왕조는 직접적인 관리를 원했다. 결국 관리방식은 다르지만 모두 고구려의 활동 구역이 중국의 고유한 영토라고 생각하였다는 주장이다. 이는 몰(沒)역사적이거나 비현실적인 인식을 바탕으로

---

33 楊秀祖,「隋煬帝征高句麗的幾個問題」,『通化師範學院學報』, 1996-1;
34 張韜,「隋煬帝征高句麗」,『高句麗歷史與文化研究』, 楊春吉, 耿鐵華 主編, 1997.
35 李大龍, '中國邊疆史地研究中心' 동북공정 인터넷 사이트, 2003.

한 안이하고 잘못된 해석이 타국의 역사왜곡작업에 어떻게 빌미가 되는 지를 한국사 연구자들에게 알려주는 연구방식이다.

그런데 중국학자들은 고구려를 침공한 사실과 성격에 대하여 실제적인 원인도 들고 있다. 양수조(楊秀祖)는 수가 고구려를 정벌한 원인을 열거하면서 '수는 오랫동안 계속되었던 전란과 할거국면을 철저하게 결속하고 경제가 신속하게 발전하였다.…동북에서 두 나라 간의 모순은 점점 첨예화되었고, 전쟁은 불가피하게 되었다.' 라고 하였다. 물론 수는 소수민족지방정권에게 '안무(按撫)' 위주의 방침을 채택하였다고 하면서 전쟁의 원인을 고구려에게 돌리고 있다. 이어 '고구려의 국력이 발전하고 군사역량이 강대해지는 것에 우려했고, 전쟁을 벌여서 고구려의 영향을 약화시켰다.' 고 하였고, 또 수나라 내부의 계급모순과 계급투쟁이 점점 첨예하게 되었고, 그래서 고구려와의 전쟁이 유발되었다고 국내적인 요인도 거론하고 있다.[36]

2) 논리구축의 목적

그러면 중국은 왜 동북공정을 통해서 고구려 역사를 왜곡시키려는 것일까?

첫째, 중화적(中華的) 세계질서의 재현을 원하고, 이를 실현시키려는 명분을 획득하기 위함이다.

공산주의자로 알려진 마오쩌둥이 철저한 중화주의자였고, 공산 중국에 이르러 가장 제국주의적인 성격을 지니게 되었고, 주변의 국가와 종족들을 억압하고 독립을 빼앗았다. 이러한 역사 왜곡의 근본배경과 추후의 전개과정에 대한 예측을 가능하게 한다. 이러한 의도는 고구려 혹은 주변지역들이 중국의 근원이라고 인식하는 수(隋)의

---

36 楊秀祖,「隋煬帝征高句麗的幾個問題」,『通化師範學院學報』, 1996-1; p.49, p.50.

영토, 한(漢)의 영토였음을 강조하는 데서도 나타난다.

둘째, 주변 국가들에 대한 통제력 강화 및 만주지역에 대한 한국의 영향력을 약화시키려는 의도이다. 즉 현재에 이르러 보다 결속력이 강화된 남북한 혹은 통일한국(요원하지만)이 만주지역에 대한 연고권을 주장하거나 영향력을 강화시킬 가능성(희박하지만)에 대한 우려를 반영하고 있다.

동북사범대학의 유후생(劉厚生)의 말은 이러한 인식을 대변하고 있다. 그는 "…특히 주의해야 할 것은 목전 조선반도의 일부사학가들이 그들의 민족주의 입장에 입각하여 중조변계문제에 대하여 크게 문장을 만들어놓고 있다. 조한(朝韓)학자들은 고구려와 지금 조선반도의 승계관계를 제멋대로 선전하고 고구려가 생활하던 지구는 그들의 고토(故土)라 하고 중국의 동북지구에 대한 역사주권을 극력 부정한다. "만주(동북지구)는 자고로 우리선조의 땅"이고, "장백산은 우리조상의 성산이다"고 헛소리를 치고 있으며 공공연히 북방영토를 수복하자고 제출하고 있다. 이는 조선반도에서 일어난 중조관계사의 일종 비학술화된 경향으로서 우리의 주의를 불러일으킨다.[37]

셋째, 향후 중화중심의 동아시아 혹은 아시아공동체를 구성하기 위한 전단계의 정지작업일 수 있다. 즉, 이 연구는 궁극적인 신중화제국주의로 귀결될 가능성이 높다. 향후 동아시아는 공동체를 지향하고 실현시킬 가능성이 높다. 또한 정치·군사적인 영토보다는 문화영토 그리고 경제영토 개념이 적용될 가능성이 적지 않다. 추후에 동아시아에서 어떠한 형태로든 신질서가 편성될 경우에 중국의 입지를 보다 강화시키고, 한반도 지역에 대한 영향력을 강화시키려는 역사적인 정당성과 명분을 획득하려는 적극적인 목적이 숨어 있다. 북한이 2002년에 급작스럽게 시도한 (불가피한 이유가 있었겠지만) 신의주경제특구(新義州經濟特區)설치가 허무하게 무너진 사건은 동북공정을

---

37 劉厚生,「亟待加强東北邊疆史的硏究」,『高句麗 歸屬問題硏究』,『黑土之的古代文明』, 遠方出版社, 2000.

적극적으로 추진하는 중국정부의 인식 및 향후 동북지역에 대한 운영방식과 무관하지 않다.

현 중국정부의 고구려영토에 대한 인식은 당(唐)이 중국의 통일을 이룩했다는 주장에서 표현된다. 그리고 통일에는 대재적인 군사력을 사용했다는 일종의 선동 내지 협박을 암시하고 있다. 유후생(劉厚生)은 앞에 인용한 문건에서 이렇게 주장하고 있다. "우리는 변강사 연구와 현실을 긴밀히 연결시키는 우량한 전통을 발양하여 중화민족의 애국주의 정신을 발양하여야 한다. 주변국가와의 화목한 우호관계를 증진하기 위하여, 조국의 신성한 영토와 영해의 안정을 보위하고, 국가와 민족의 존엄과 근본이익을 지키기 위하여 우리들은 반드시 변강사 연구를 강화시켜야 한다."라고 하여 역사와 중화국가주의가 불가분의 관계에 있음을 명료하게 알려준다.

3. 高句麗와 隋唐 간의 전쟁 -동아지중해 국제대전을 중심으로-

역사에서 어떻게 즉 How의 문제는 중요하다. 필자가 보는 이 전쟁의 성격과 고구려의 의미에 대해서 간단하게 언급하고자 한다.[38] 역사 왜곡의 논리적 근거가 되었던 고구려의 영토가 중국의 영토였다는 것과 조공에 관한 문제는 추후에 논하기로 한다, 다만 역사학 연구는 때로는 일방적이고, 취사선택된 문헌자료의 자구(字句)해석만으

---

38 윤명철,『高句麗 海洋史 硏究』, 2003, 사계절.
　　　, 「高句麗 末期의 海洋活動과 東亞地中海의 秩序再編」, 『國史館論叢』제52輯, 국사편찬위원회, 1994.
　　　, 「高句麗 末期의 海洋活動과 三國統一戰爭의 相關性」, 한국고대사연구휘보 제35호, 1994.
　　　, 「三國統一戰爭과 東亞의海洋秩序-地中海戰의 性格을 중심으로-」, 『高句麗史硏究論文選集』6, 불함문화사, 1995.
　　　, 「고구려의 국제관계와 해양의 역할」, 『고구려연구』14집, 2002.

로 이루어질 수는 없다는 사실과 함께, 모든 논리는 지역과 시대를 막론하고 동일하게 적용되어야 한다는 말로 대신한다.

1) 국제대전의 발발, 고수(高隋)전쟁

진(陳)이 589년 신흥국가인 수(隋)에게 멸망했다는 소식을 듣자 고구려의 정책은 거수지책(拒守之策)으로 결정된다. 이는 수에게 심각한 경계심을 촉발시켰다. 문제(文帝)는 분노하여 장문의 글을 보내어, '직접 병(兵)을 발하여 공격할 수도 있으니, 마음을 비우고 의혹을 품지 말고 다시 생각을 바꾸라' 하고 종용하였다.[39] 적대적으로 대하지 말라고 협박하는 것이다. 이후에 고구려(高句麗)와 수(隋)의 관계는 사신이 오고가는 등 형식적으로는 원만한 관계를 가진 것으로 보여 진다. 592년 3월에 영양왕(嬰陽王)이 즉위하자 수는 고구려왕(高句麗王)으로 봉(封)하고, 고구려는 이에 감사하는 사신을 보낸다. 그러나 양국은 결국 적대관계로 발전하였고, 고구려가 598년에 요서지방을 선공(先攻)하면서 전쟁이 시작되었다. 그리고 수가 4차례에 걸친 침공을 단행하였으나 대패하였고, 이것이 중요한 요인이 되어 순식간에 멸망하고 말았다.

이 전쟁의 성격을 종합적으로 정리하면 다음과 같다.

남북조시대 후기의 국제정세는 중국의 북조(北朝), 돌궐(突厥), 고구려(高句麗), 거란(契丹) 등의 북방세력과 남조(南朝), 백제(百濟), 신라(新羅), 왜(倭) 등의 남방세력이 다원적(多元的)인 세력균형상태(勢力均衡狀態)를 유지하고 있었다. 미묘한 균형(均衡)상태와 긴장관계가 감도는 동아(東亞)의 국제정세와 황해해상의 비교적 안정된 상태는 6세기 말에 이르러 변화가 발생하였다. 수(隋)나라가 중국을 통일하면서 세력 균형은 여지없

---

39 『隋書』卷81 列傳, 第46 東夷傳 高麗.
　…王若無罪 朕忽加兵 自餘藩國 謂朕何也 王必虛心納朕此意 愼勿疑惑 更懷異圖.

이 깨어지고, 역학관계의 기본구도가 붕괴되었다. 이제는 교섭하는 주체의 성격과 관계가 없이 주변국가들이 남북조(南北朝)를 대상으로 펼쳤던 대중(對中) 등거리외교는 그 가능성이 완전히 봉쇄되었다. 오히려 이젠 통일된 중국이 능동적으로 주변세력의 갈등(對中)을 이용(利用)하고 조장(助長)하면서 외교상의 이익을 취하는 시대가 도래하였다. 즉 수백 년 동안 지속되어 왔던 등거리 외교의 대상과 형태가 변화하였다.

동아시아 외교환경의 변화는 신질서의 중심축이며, 지각변동의 진앙지인 수나라로 하여금 능동적인 정책을 취하게 하였다. 수나라는 그 동안 명분으로 존속해 오던 중화질서의 개념을 현실적으로 실현코자 했다.[40] 다시 말해서 이전의 국가들이 추구해왔던 명분과 관념을 탈피하고 실질적으로 중국중심의 국제질서를 구축하고자 했다.[41] 이러한 국제질서의 재편과 관계를 맺으면서 자연스럽게 황해연안의 질서에도 변동(變動)이 일어났다.

한편 고구려는 동아질서의 중심부에서 후퇴하여 국제적 위상의 저하를 가져왔고, 한반도에서의 견고한 패자 지위가 도전받게 되었다. 오랫동안 해양활동과 多核(重)放射狀外交를 활용해서 동아질서의 중심축을 차지하고 있었던 고구려는 국내정책은 물론 대외정책에 대한 전면적인 수정이 불가피해졌다.

결국 고구려와 수 간의 정치 군사적인 충돌을 중심으로 재편을 시작하던 동아질서는 결국 신라와 백제가 수와 연결되었고, 백제는 왜·수와 연결되었으며, 왜는 역시 백제 및 수와 연결되었다. 그리고 북방의 돌궐 및 거란(契丹) 등은 결코 고구려에 도움을 주지 못했으며, 오히려 부분적으로 수에 연결되었다. 또한 수는 주변종족들의 도움을 받았다. 이러한 상황 속에서 고구려는 해양활동 능력의 약화로 인하여 수를 배후에

---

40 金浩東, 『古代遊牧國家의 構造』, 講座中國史 2, 지식산업사, 1989, pp.291~294.
41 西嶋定生, 「6~8世紀の東アジア」, 『岩波講座日本歷史』, 1962, 古代 3 등 동아시아적 관점에서 본 일본인들은 이러한 관점에서 보고 있다.

서 견제하거나 대륙과 황해에서 사면포위(四面包圍)하는 외교정책을 수립할 수가 없었고, 역으로 포위당한 채 대수전(對隋戰)을 맞이하였다. 그러나 전쟁은 고구려의 승리로 끝이 났고, 수는 질서재편작업에 실패했을 뿐만 아니라 그 후유증으로 멸망에 이르는 직접적인 요인이 되었다.

이 전쟁은 598년 고구려의 요서지방(遼西地方) 선공으로 시작되어 614년 수나라가 멸망하기 1년 전까지 16년 간에 걸쳐 일어난 대전쟁이다. 그러나 교전 당사국들간 만의 전쟁이 아니라 동아지중해의 전면적인 질서재편을 목적으로 거의 모든 국가와 종족들이 직접 간접으로 참여한 국제대전이었다. 질서재편에는 해양적 성격이 강하게 작용하였고, 외교교섭에서도 해양활동능력에 영향을 받았다. 또한 전쟁의 과정에서 새로운 전략이 사용되었고, 다양한 전술이 개발·보급되었다. 특히 해양을 활용한 군대와 군수물자의 조직적인 운반이 있었고, 수군활동을 이용한 수륙양면 공격과 상륙작전에 의한 후방기습 등 전선개념의 변화와 함께 대규모 전쟁이 시도되었다. 고구려가 승리한 요인 가운데 중요한 하나는 황해를 건너 평양성으로 직공한 수의 해양상륙작전을 방어하는데 성공한 것이다.

이 전쟁을 계기로 동아시아의 역학관계가 복잡해졌으며, 각국들은 동아지중해의 중요성을 더욱 인식하였다. 결국 이 전쟁의 기본구도는 고·당전쟁을 중간단계로 하여 삼국통일전쟁으로 이어짐으로써 동아지중해의 질서재편이라는 단초를 낳았다.

2) 국제대전의 과정, 高唐전쟁

당(唐)은 수(隋)를 이었다는 계승성으로 인하여 출발부터 두 가지의 부담을 안게 되었다. 첫째, 당나라의 건국에는 수나라가 멸망하는데 결정적인 영향을 끼친 고구려의 승리가 부차적(副次的)인 요인(要因)이 되었다는 사실이다. 둘째, 수나라가 추진하던 중화중심(中華中心)으로 국제질서(國際秩序)를 재편(再編)하려는 상황은 당에 이르러서도 변화하지 않았고, 오히려 더욱 필요하게 되었다는 것이다.

당이 계속해서 정복사업을 벌이는 것은 북방의 위협을 제거한다는 방어적인 목적을 넘어서, 자기중심(自己中心)의 확고한 질서를 만들기 위한 적극적인 정책으로 전환하였음을 의미한다. 당태종(唐太宗)이 자임한 '황제천가한(皇帝天可汗)'이란 용어(用語)는 東아시아에서 통합된 남북(南北) 두 세계(世界)의 최고 군주라는 이념에 바탕을 둔 것이었다.[42] 이 같은 일련의 시책들을 펼친 저의는 동아시아의 패권(覇權)을 장악하기 위하여 고구려를 비롯한 주변국가들을 정복하려는 것이다. 당은 첫 단계로 돌궐 등 북방세력(北方勢力)의 일부를 세력권 안에 편입시키고, 다음 단계로 고구려 등 동아지중해 세력의 편입을 시도하면서, 계속 다른 지역 역시 세력권 안에 편입시키고자 노력하였다.

당은 고구려와의 중간에 있었던 거란(契丹)과 해(奚)를 복속하여 고구려를 포위하게 되었다. 실제로 당태종은 장손무기(長孫無忌)와의 대화에서 거란과 말갈을 동원해서 고구려를 칠 것을 말하고 있다. 또한 당에 속한 말갈을 이용하여 고구려에 속한 말갈을 치도록 하는 이른바 '以唐之靺鞨制高句麗之靺鞨' 하는 태도를 가졌다.[43] 이 전쟁이 국제대전적인 성격을 지니고 있음을 보여준다. 당태종은 고구려와의 1차 전쟁 후인 정관 21년인 647년에 철륵(鐵勒)의 여러 부(部)에 육도독부(六都督部) 칠주(七州)의 기미주(覊縻州)를 설치하여 기미정책을 시행하였다.[44] 이것은 당시 당(唐), 그리고 당태종(唐太宗)이 지닌 동아적 세계관(東亞的 世界觀)이 어떠했는가를 단적으로 보여준다. 전체적으로는 동아시아의 종주권을 장악하고, 군사적으로 패자가 되려는 것이다. 즉 군사적으로는 북방을 제압하면서 방어망을 튼튼하게 구축하고, 그를 위해서는 북방의 유목

---

42 金浩東, 앞의 책, p.294.
43 金善昱, 「高句麗의 隋唐關係硏究」, 『백제연구』 16, 1985, p.16.
44 布目潮渢, 「隋唐帝國の成立」, 『世界歷史』 5, 岩波講座, 1978, pp.272~273.

민족(遊牧民族)을 포위하는 대응전선을 구축하는 것이다.[45] 또한 경제적인 이득을 얻기 위해서는 서쪽으로 서역지역(西域地域) 고창국(高昌國) 토번(吐蕃) 등의 지배권을 확실히 하는 한편, 남방교역을 활성화시키고, 동쪽으로는 군사적인 경쟁상대인 고구려를 붕괴시키면서 안전하게 교역권을 확보하는 것이었다. 이 전쟁이 국제대전이었음은 왜가 참여 한데서도 나타나고 있다. 『신당서(新唐書)』에 의하면 당의 고종은 왜에게 신라를 위하여 출병할 것을 명령하였던 사실이 있다. 이러한 관계는 이미 632년에 당의 사신인 고표인(高表仁)이 요청하였고, 이를 소가씨(蘇我氏) 정권이 거절했다는 견해도 있다.[46]

그런데 1차 공격에서 참패를 하고[47] 그토록 후회를 했던[48] 당태종(唐太宗)은 왜 죽을 때까지 2회에 걸쳐 바다를 건넌 공격을 감행하였을까?[49] 그것은 직접적으로는 영토를 확대하려는 정복욕과[50] 친정군이 실패한데 대한 수치심을 떨치고 복수전을 펴려는 것이었다. 그러나 거시적인 관점에서 볼 때 이 전쟁은 국제질서의 재편과 동아지중해의 장악을 둘러싸고 고구려와 통일중국과의 갈등에서 필연적으로 발생할 수 밖에 없었던 것이다.

신질서(新秩序)를 구축하는 과정에서 동아시아의 해상권(海上權)을 확보하는 일은

---

45 西突厥은 657년에 멸망하였으나, 突厥은 다시 682년에 再興했다.
46 金鉉球, 「日唐關係의 成立과 羅日同盟」, 『金俊燁敎授華甲紀念 中國學論叢 史學』, 1983, p.562.
47 馬大正 외, 『古代中國高句麗歷史叢論』, 흑룡강교육출판사, 2001, p.240에서는 동정의 영향으로 고구려가 큰 손실을 입었고, 고구려가 신라를 정벌하려는 기도를 좌절시켰으며, 수전쟁의 결과로 생긴 고구려의 심리적 우세를 없앴다. 등등을 열거하며 당이 승리했다고 본다. 또 공파한 성 등을 열거하고 참여인원도 소로서 다를 이긴 예라고 거론하면서 그러므로 패한 것이 아니라고 한다.
48 『舊唐書』卷3, 本紀, 第3 太宗 下.
  『資治通鑑』卷197, 唐紀13 太宗中之下.
49 『三國史記』卷22, 高句麗本紀 寶藏王下 6年 7年.
  『唐書』卷2, 本紀 第2 太宗 貞觀 21年條.
50 『舊唐書』卷220, 列傳 第145 東夷 高麗.

정치 군사적인 이익 외에 무엇보다도 경제적인 이익을 동시에 가져다주는 일이었다. 특히 고구려는 황해중부이북에서 활동하면서 당의 신질서 구축(新秩序 構築)에 강력하게 제동을 걸 수 있는 해양력과 군사적 능력을 소유하고 있었다.

이 전쟁은 그 후에도 659년까지도 계속되었다. 수와 당이 교체(交替)되는 과정에서 나타난 시간적인 연속성의 문제, 동일한 영토를 차지하고 있다는 공간적인 계승성의 문제 등은 두 전쟁의 계기적 측면을 이해하는 표면적인 조건이다. 그 외에도 고수전쟁이 국지전이 아니라 국제질서의 재편(再編)을 놓고 벌어진 東아시아의 대전(大戰)이었다는 국제질서(國際秩序)의 측면과 미완(未完)으로 끝났다는 사실, 고당전쟁이 끝난 후에도 고구려와 당간의 갈등이 여전히 재현(再現)된 전후의 상황 등은 두 전쟁 사이에 계기성(契機性)이 강했음을 보여준다. 당나라는 이 전쟁에서 패배하므로써 당나라 주도의 동아질서(東亞秩序) 재편작업에는 차질이 생겼다. 군사적인 실패는 정치·외교적인 우위의 차질 역시 수반하므로 당은 정치적 권위의 상실로 이어졌다.

3) 국제대전의 完結-소위 삼국통일전쟁

삼국통일전쟁은 일반적으로 고구려·백제·신라 삼국 간의 역학관계(力學關係)에서 빚어지고, 고구려와 백제의 압박(壓迫)을 받게 된 신라가 당(唐)의 세력을 유도하여 통일을 이룩하게 된 사실을 말하고 있다. 그러나 앞 장들에서 언급한 바와 같이 이 전쟁은 고구려와 통일중국이 동아시아의 종주권과 교역권을 둘러싸고 벌어진 질서재편 전쟁이었고, 당시 대부분의 종족과 나라들이 직접 간접으로 참여한 국제대전이었다. 따라서 이 전쟁은 1단계가 598년 고구려가 수나라를 선공히면서 시삭하여 수나라의 빌낭까지 이어진 고수전쟁이었고, 다시 2단계는 고구려와 당간의 전쟁으로 계승되어 645년에 전쟁이 일어난 이후부터 659년까지 간헐적으로 계속된 고당전쟁이다. 그리고 3단계는 완결로서 660년에 신라가 개입하면서 한반도 전체는 물론 일본열도의 왜국이 직접 참여하여 격돌을 벌인 국제대전이었다.

고구려는 말갈을 거느린 채 당·신라를 적대국으로 하였고, 백제와 왜는 직·간접으로 군사적인 연결을 유지한 것으로 보인다. 반면에 당은 신라와 동서로 연합하고, 돌궐·거란·말갈의 일부 등을 거느리고 전쟁을 주도하였다.

왜 조정의 적극적인 참여는 삼국통일전쟁이 단순한 한반도 내의 3국 간 전쟁이 아니라 동아(東亞)의 질서(秩序)를 재편하기 위한 국제전(國際戰)이고, 해양전적(海洋戰的)인 성격도 띠고 있음을 두려움 속에서 절실하게 이해한 것이다. 즉 왜는 해양에서 신질서(新秩序)가 구축되었음을 확인하고, 그 대비책(對備策)을 강구한 것이다. 또한 고구려가 멸망한 이후에 신라와 당의 싸움이 계속되었다는 사실은 이 전쟁이 질서재편의 측면이 강하다는 논거를 더욱 보강해 준다. 이렇게 삼국통일전쟁은 고구려·백제·신라·당 그리고 왜 및 주변 종족까지 참전한 동아시아 최대의 국제대전(國際大戰)이었다.

한민족의 입장에서는 통일의식이 있었으며, 신라로서는 백제를 정벌하기 위한 복수전(復讐戰)[51]의 성격도 있었다. 결과적으로는 신라의 자력(自力)에 의한 통일[52]이란 측면도 없지는 않았다. 그러나 이 전쟁은 동아시아 특히 해양을 매개로 한 동아지중해 질서의 개편을 노리는 질서대결의 측면이 강했다.

이 전쟁에서 주체세력은 주도권(主導權)을 행사하고 공격적(攻擊的) 입장을 취한 중국세력과 방어전(防禦戰)을 펴면서 질서를 유지 내지 변화시키고자 하였던 고구려이었다. 나머지 동서북(東西北)의 여러 국가들과 종족들은 간접적으로 참여하거나 외교적인 관계조정역할에 불과했다. 여기에 한반도의 질서를 재조정하려는 백제와 신라가 작용하였고, 당이 황해를 건너, 신라와 협공하여 백제를 쓰러뜨리고 고구려를 남북에

---

51 申瀅植, 『新羅史』, 이화여대출판부, 1985, p.40.
52 申瀅植, 『新羅史』, p.39, p.44.
　申瀅植, 「三國統一의 歷史的 性格」, p.67.

서 협공하므로써 소위 삼국통일전쟁으로 성격이 변화하고 확대되었다. 결과적으로 이 전쟁은 고구려·백제·왜를 잇는 남북세력과 당과 신라를 연결하는 동서세력이 해양을 매개로 이루어진 질서이고, 나머지 주변국과 종족들은 국가적 이익(國家的 利益)을 계산하여 보조적으로 전쟁에 동원되었다.

고구려가 멸망한 이후에도 전쟁은 지속되어 676년까지 신라와 당군, 더 엄밀하게 표현하면 신라를 주축으로 한 한민족연합군과 당군 간에 전쟁이 벌어졌다. 당은 백제에 웅진도독부, 신라에 계림도독부, 그리고 고구려에 안동대도호부를 설치하였다. 이는 이 전쟁이 당으로서는 자국이 추진하고, 국제질서의 재편전략을 목표로 수립되고 주도된 국제전쟁이었음을 반영한다.

고수전쟁(高隋戰爭)은 동아지중해 국제대전의 발발(勃發), 십 수 년간 지속된 고당전쟁(高唐戰爭)은 그 과정(過程), 그리고 소위 삼국통일전쟁(三國統一戰爭)은 대단원의 완결(完結)이 된다. 이 전쟁의 결과로 동아시아에는 현재까지 지속되는 민족적 성격을 띤 기본질서가 수립되었다. 즉 통일중국인 당(唐), 한민족 국가인 신라 및 발해의 성립, 그리고 신흥국가인 일본의 탄생과 발전이다.

4. 고구려사 연구를 위한 몇 가지 조언

역사학은 미래학의 기능을 일부 수행하는 기능을 지니고 있다면 역사를 재해석하고 미래예측지표를 제시하는 작업이 필요한 시점이다. 예언이나 도그마가 아닌 예측지표로서의 기능을 하려면 각각의 모델이 필요하다. 그런 입장에서 고구려는 내게 특별한 의미를 지니고 있다.

고구려는 강한 자의식을 바탕으로 한 정체성을 지녔으면서도, 동아시아 여러 지역과 이어지는 보편성을 지닌 문화를 만들어냈다.[53] 국제질서의 한가운데에서 역학관계를 잘 조정하였다. 북방세력들과 중국지역의 세력들과는 생존을 건 대결과 갈등을 벌이고, 한편 부여 및 남쪽의 백제·신라·가야 등과는 발전과 통일을 목표로 한 경쟁을 하였다. 특히 발전기에는 국제질서의 변화를 능동적으로 주도하여 강국이 될 수 있었는데, 필자는 이를 '동아지중해(東亞地中海, Eastasian-Mediterranean-Sea) 중핵조정론(中核調整論)'으로 설정하고, 현재 및 미래발전의 모델로 삼고 있다.[54] 이러한 모델은 각 지역 혹은 각 국가간의 역할분담을 통해서 동아시아의 공존(共存)과 상생(相生)을 구현하는 것을 목표로 삼고 있다.[55] 특히 21세기 강소국인 한국이 중국과 일본이라는 강대국 사이에서 중핵조정역할을 해야 궁극적으로 동아시아공동체 구성에 갈등과 경쟁이 희석될 수 있다.

그동안 우리 역사 및 고구려를 해석하는 데는 몇 가지 오류가 있었다. 그 가운데 하나가 반도사관(半島史觀)의 굴레를 탈피하지 못한 것이다. 한반도는 지리적인 용어이지, 역사적인 개념이 아니다. 언어가 개념을 구정하고, 개념이 인식과 실천을 규정할 수 있다. 우리의 전 역사과정을 살펴보면 반도의 역사라고 규정지을 수 있는 기간은 상대적으로 짧다. 적어도 고려 이전의 이념인 육지사관(陸地史觀)을 보더라도 소위 반도 및 대륙의 역사관은 만주지역(현재 연해주 일대와 중국의 동북 3성지역)을 토대로 형성되

---

53 尹明喆, 「高句麗人의 時代精神에 대한 探究」, 『韓國思想史學』 7집, 한국사상사학회, 1996.
54 尹明喆, 「長壽王의 南進政策과 東亞地中海 力學關係」, 『고구려 남진경영연구』, 백산학회, 1995.
  _____, 「三國統一戰爭과 東亞의海洋秩序-地中海戰의 性格을 중심으로-」, 『高句麗史硏究論文選集』 6, 불함문화사, 1995.
  _____, 「廣開土大王의 對外政策과 東亞地中海戰略」, 『軍史』 30, 국방군사편찬위원회, 1995.
  _____, 「廣開土大王의 對外政策과 東亞地中海의 秩序再編」, 『廣開土好太王碑 硏究 100년』 2회, 高句麗國際學術大會 및 『廣開土好太王碑 硏究 100년』, 高句麗硏究會, 1997.
  _____, 「고구려의 東亞地中海 모델과 21세기적 意味」, 『아시아 文化硏究』 4, 목포대학교, 2000.
55 윤명철, 「동아시아의 공존과 동아지중해모델」, 『전통문화 교류를 통한 아시아와 한반도의 평화모색』, 영남대 통일문제연구소 국제학술회의, 2003. 11.
  _____, 「동아시아의 상생과 동아지중해모델」, 세계생명문화포럼 국제학술회의 발표문.

었다.

　더욱이 우리가 인식하고 적용하는 한반도라는 부적절한 용어와 역사인식 속에는 해양활동이 활발하고, 역사발전에 적극적이고 능동적으로 활용한 반도가 아니라 오히려 해양활동이 미약하고, 바다에 포위되어, 소극적이고 제한된 공간으로서의 반도였다. 그러므로 독자성과 고유성이 미약한, 시대에 따라서는 대륙의 부수적인 주변부 역사로서 인식했다. 특히 모든 분야에 있어서 중국(中國: 애매모호하고, 시대적 구분이 불분명한 개념)의 강한 영향을 받은 것으로 인식하고 있다.(필자는 몇 편의 글을 통해서 적어도 문화의 교류에 관한한 '환류(環流)시스템'이라는 이론을 적용하자고 제안한 바 있다.)

　또 하나의 오류는 일국사적(一國史的)인 관점에 입각하여 국제관계를 소홀히 취급한 측면이 다분히 있다. 집단의 정체성(正體性, identity)은 내부의 조건과 함께 외부와의 관계를 통해서 찾아지고 만들어진다. 국가의 발전이란 주변집단 혹은 국가와의 관계에서 그 질(質)과 양(量)이 강하게 영향 받는다. 따라서 일민족사적(一民族史的)인 관점(觀點), 일문명사적(一文明史的)인 관점(觀點)에서 역사를 보려는 시도도 필요하다. 예를 들면 광개토대왕과 장수대왕의 정복활동 등을 단순한 영토확장전이 아닌 국제질서의 재편전략으로 평가한다든가, 고구려와 수당 간의 전쟁을 국제대전으로 해석하는 경우이다.

　또 하나의 간과할 수 없는 오류가 있다. 그것은 역동성(力動性)이 미약한 농경적인 세계관을 투영시켜 우리문화 전체를 해석한 것이다. 전역사(全歷史) 과정을 살펴보면, 특히 통칭 고대사에 관한한 우리는 농경문화만을 이루고 산 것은 아니었다. 농경과 유목 그리고 해양을 동시에 활용한 역사였다. 한반도라는 고정된 틀과 육지위주의 질서 속에서 역사를 해석한다면 이는 사실성과 논리성, 그리고 자연적인 당위성을 결여한 결과를 낳을 수 있다.

　일정한 시대의 역사가 전체사(全體史)를 대표할 수는 없다. 고려 이전 시대의 우리 역사적 공간은 소위 한반도 지역과 대륙의 일부, 그리고 광범위한 해양이었으며, 역사적 시간 역시 그러하고 세계관 또한 그러하다. 우리의 역사상을 정확히 이해하려면 육지와 해양이란 두 가지 관점에서 동시에 접근해 들어가는 '해륙사관(海陸史觀)'이 필요하다.[56]

아울러 역사 및 고구려사를 연구하는데 필요한 몇 가지 사항을 제언하고 싶다.

역사연구의 방법론인데, 이젠 문헌의 사실여부를 고증하는 작업을 뛰어넘어 문헌의 왜곡된 상태 및 과정을 찾아내고, 문헌에 담긴 진실을 파악하는 일이 필요한 시점이다. 그리고 진부한 이야기이지만 학제간의 연구가 필요하고, 과학적 방법론을 최대한 활용해야 한다. 특히 인간학 자연학 등과 연계성을 지녀야 한다.

현대는 역사학을 보다 과학적으로 연구하고 풍부하게 이해할 수 있는 주변학문들과 과학들이 발달하였다. 다양하게 지식을 구하고 인식을 심화시키며 간접체험하는데 보다 유리해지고 있다. 동북공정과 관련하여 중국학계의 문제점에 대해서는 한국사 뿐만 아니라 동양사, 서양사학자 외에도 정치·경제학자, 문화학자들이 참여하는 것이 바람직하다. 중국이 오히려 여러 영역의 합작을 가강하여야 한다.…… 심지어는 자연과학의 연구성과와 선진기술에도 의거해야 한다고 주장하고 있다는 사실을 진지하게 수용해야 한다.[57]

또 하나는 역사학에서 행동주의를 강조하고 싶다. 현장조사와 함께 자연환경에 대한 기본이해가 필요하다. 일제시대에는 중국인들, 일본인들, 그리고 독립전쟁을 수행하면서 한국사를 연구했던 학자들만이 현장을 볼 수 있었다. 우리들은 주로 일인들의 현장보고서와 선택적으로 수용된 연구 성과들을 1차적으로 수용해서 연구해온 서

---

56 윤명철, 『高句麗 海洋史 硏究』, 2003, 사계절.
　　　　, 「한국사 이해를 위한 몇가지 제언 -고대사를 중심으로-」, 한국사학사학회, 2003년 11월 발표회.
　　　　, 「해양사관으로 본 고대국가의 발전과 종언-동아지중해 모델을 통해서-」, 『전국역사학대회』, 2003, 5.
57 劉厚生, 「亟待加强東北邊疆史的硏究」, 『高句麗 歸屬問題硏究』, 『黑土之的古代文明』, 遠方出版社, 2000.

글픈 역사학의 전통이 있다. 하지만 1980년대 후반 이후에는 일본지역, 1990년대 중반부터는 중국지역 및 동북지역, 그리고 연해주·서역·바이칼 지역을 거쳐 2002년을 계기로 북한지역에 대한 답사 내지 조사가 이루어지고, 이제는 우리 스스로가 직접 조사, 체험, 인식할 수 있는 새로운 시대에 돌입했다.

특히 고구려 연구는 발원하고 성장한 지역이 만주 일대라는 사실을 전제로 삼아야 한다. 남만주를 중심으로 한 대륙은 동만주와 연해주 일대의 수렵삼림문화, 동몽골과 북방방면의 유목문화, 화북에서 올라오는 중국의 漢문화, 해양을 통해서 들어오는 해양남방문화, 한반도 남부의 문화 등이 하나로 모인 집결지적 성격을 가지게 되었다. 이러한 광대한 공간과 다양한 자연환경 속에서 거주하는 종족들과 그들의 언어, 관습도 당연히 달랐다. 조선·부여·고구려·발해 등은 바로 이러한 역사적인 공간과 환경 속에서 성장하고 발전하였고, 그 역사적인 경험이 그 이후 우리역사에도 직접 간접으로 전승되었다. 그러므로 적어도 고대사, 특히 고구려 역사에 관한 한반도 적인 인식, 반도적 환경, 반도적 세계관으로 해석해서는 올바른 이해에 도달할 수 없다.[58]

예를 들면 영토나 주민들의 통치방식에 관해서도 백제나 신라적인, 즉 토지의 의미가 강한 고정된 땅 개념이나 농민 위치를 일률적으로 적용할 수는 없다. 유목이 이루어지거나 수렵이 이루어지는 지역은 직접적으로 통치하기가 불가능하다. 고구려는 발전기에 이러한 지역으로 영토를 확장하면서, 다양한 종족을 지배하게 되었다. 이른바 간접지배 혹은 간접통치형태를 허용한 것이다. 만주지역에서 명멸했던 국가들의 일부는 유목문화적인 성격과 시스템을 보완하면서 영역을 경영한 것으로 보아야 한다.[59] 흉노·유연·돌궐·금·요·원 등 만주지역과 관련이 있는 국가들이 통치형태

---

58 尹明喆, 「高句麗人의 時代精神에 대한 探究」, 『韓國思想史學』7집, 한국사상사학회, 1996.
　　　, 「고구려 담론 1 -미래모델의 의미」, 『고구려연구』9집, 고구려연구회, 2000.
59 尹明喆, 「高句麗人의 時代精神에 대한 探究」, 『韓國思想史學』7집, 한국사상사학회, 1996.

는 고구려 등 사회를 이해하는데 매우 유효할 것이다. 이러한 접근을 한다면 전성기의 고구려가 통일을 적극적으로 추진한 흔적이 보이지 않는 데에 대한 의문을 풀 수 있지 않을까?[60] 또한 유목적인 관점에서 본다면 기마군단을 활용하는 전쟁방식, 무기, 방어체제 등에서도 고구려 만의 다른 성격을 찾아낼 수가 있다. 이러한 제언과 내용들은 이미 필자가 다양한 논문을 통해서 발표한 것들이다. 그 외에도 여러 가지가 있지만 추후에 다시 언급하고자 한다.

5. 맺음말

　　동북공정의 기본방향은 이미 90년 말부터 설정되있었다. 근래에 들어서 표면화되었을 뿐이다. 시의적절한 것인지, 빠른 것인지, 혹은 늦은 것인지 알 수는 없지만 고구려에 대한 관심들이 높아지고 있다. 각종 언론에서 특별하게 다루고 있고, 역사학계에서도 갑자기 관심들을 보이고 있으며, 몇 일 전에는 이례적으로 강경한 어조의 성명을 발표하였다고 한다.(형식과 내용이 옳은지는 함께 논의해봐야 할 것 같다) 하지만 그 동안의 관례로 보아, 근대 이후의 문화적, 사회적인 현상으로 보아 찻잔 속의 태풍으로 끝나거나 언론 정치인 일부 역사학자들의 말잔치로 끝날 가능성이 적지 않다. 80년대 마르크스주의자들이 신봉했던 것처럼 사물의 양질전화는 쉽게 일어나지 않는다.

　　그동안 소수의 학자들과 고구려연구회, 비강단의 역사연구자들, 인터넷 사이트 운영자들과 역사동호인단체, 그리고 꾸준히 관심을 불러일으킨 KBS-TV의 역사스페셜 등 일부언론이 고구려에 대하여 관심을 가졌다. 그들의 주장과 행위가 전적으로 옳

_____, 『말타고 고구려가다』, 청노루, 1996.
60 윤명철, 「고구려 담론 1 -미래모델의 의미」, 『고구려연구』9집, 고구려연구회, 2000.

은 것은 아니지만, 이들과 함께 이번 기회에 새롭게 관심을 보인 사람들이 모두 모여 더욱 진지하게 고구려에 대한 애정을 지닌 채 공부하는 풍토가 조성되었으면 한다.

근래에 들어서서 역사의 탈민족화를 주장한다고 한다. 문건을 아직 보지 못했지만, 일단 그러한 용어의 사용은 문제가 있다고 생각한다. 80년 대 말에도 국사교육에 대하여 비판적으로 평가하고, 교양필수과목에서 배제한 적이 있었다. 국사와 민족이란 용어와 개념을 사요하는 것에 대한 비우호적인 분위기가 팽배했었는데, 지금은 시대적인 상황이 변하였고, 주체사관의 영향을 받은 사람들도 많아져서이지 민족이란 용어를 지나치게 사용하고 있는 듯도 하다.

우리학계는 학문적 사대주의와 연구방법론에 대한 교조적인 자세에서 서서히 탈피할 필요가 있다. 자국학자들의 연구성과에 대하여 적극적으로 관심을 지니고 인정하는 자세가 필요하다. 아울러 역하학계는 소위 비역사학 또는 비강단사학에 대한 이해와 함께 부분적인 인정이 필요하다. 학문 자체가 그러하지만, 특히 역사학은 진실을 추구하는 작업이다. 진실을 찾는 전 단계로서 사실 확인이 필요한 게 아닌가고 생각한다. 아울러 특정학맥을 지나치게 형성하고, 학문적인 패권을 추구하는 일을 지양해야 한다.

필자는 94년 부터 고구려지역을 다양한 형태로 다양한 경험을 하면서 조사했다.[61] 현장에서 느낀 감정과 학문적인 결론은 내가 배우고 가르치던 것 가운데 적지 않은 부분이 남의 눈으로 본 역사였다는 것이다. 그래서인지 고구려 지역을 조사할 때마다 독립전쟁을 하던 분들과 단재 신채호 선생의 글들이 자주 떠올랐다.

---

61 윤명철, 『말타고 고구려가다』, 청노루, 1996.
_____, 「고구려의 요동 장산군도의 해양전략적 가치 연구」, 『고구려연구』 15, 고구려연구회, 2003.
_____, 신형식·윤명철 등, 『高句麗 山城과 海洋防禦體制』, 백산, 2000에서 해양방어체제부분은 필자가 서술하였다.

02 고구려의 고조선 계승성과 동북공정의 배경*

1. 서 론

역사활동에서 집단이 정체성을 확인하는 작업은 매우 중요하다. 자연환경을 포함한 객관적인 상황은 비교적 변화의 폭이 작고, 주체집단의 존재여부와 관련 없이 늘 존속하고 있다. 따라서 주체의 위치와 자격, 능력 등은 역사발전의 매우 중요한 요소가 된다. 특히 새로운 집단 내지 그 결정체인 국가가 성립되었을 경우에 그것의 당위위성과 명분을 제공해 줄 정체성은 의미가 크며, 그것의 주 내용인 정통성과 계승성은 늘 관심과 연구의 대상이었다.

고대세계에서는 물론이고, 현대 세계에서도 계승성은 매우 중요하다. 남북이 각각 국명을 달리 설정한 일이나, 건국의 정통성과 계승을 달리 구하고 있는 사실이 이를 입증한다. 남한은 삼국사기의 인식과 마찬가지로 삼국통일의 의미를 강조하고, 신라 정통론을 인정하고 있다. 반면에 북한은 '조선민족단일혈통론'을 주장하고, '대동강문화론'을 주장하면서 고구려 정통론을 내세우고 있다.

우리민족 최초의 국가인 조선(朝鮮)은 기록상으로 실체가 불분명한 점이 있고, 한

---
* 「고구려의 고조선 계승성과 동북공정의 배경」, 『국학원』, 2004.

(漢)과의 대결에서 패한 이후에 역사상의 단절을 유산으로 남겨주었다. 그런데 고구려는 최초의 국가인 조선과 가장 가까운 시대였고, 유사한 지역을 점유하고 있었으며, 명분상으로도 조선 계승의식이 강했다. 멸망 후에도 신라·발해·고려를 이어서 조선과 현재에 이르기까지 우리민족의 계통화와 정통성확보에 강한 역사적이 정당성을 부여하고, 심리적으로 남은 역사의 상처를 치유해 줄 수 있다.

그런데 최근에 이르러 중국은 동북공정이라는 작업을 통해서 한민족의 역사를 왜곡시키는 작업을 조직적으로 시도하고 있는데, 특히 고구려의 정체성을 부인하고, 고구려족은 중국 고대의 한 민족이고, 고구려국은 중국 고대의 한 지방정권이라고 보았다. 특히 손진기(孫進己),「관어고구려귀속문제적기개쟁의초점(關於高句麗歸屬問題的幾個爭議焦點)」에서 자기의 입장을 주장하였다. 1993년 회의 당시에 손진기(孫進己)는 "우리는 고구려를 중국의 영토라고 본다. 오늘의 국경만 가지고 말하는 것이 아니라 역사 속에서 고구려는 장기적으로 우리나라 중앙 황조(皇朝)에 예속되고 있었다. 고구려인의 후예들도 조선족 뿐 아니라 거의 대부분 현재 중국의 각 민족에 속해 있다"고 반박하였다. 이는 영토적·주민적 계승성을 인정하고, 정체와 당시의 역사적인 상황을 고려하지 않는 태도이다.

일본 또한 한국을 대상으로 삼은 식민사관을 만들 당시부터 계승성의 의미와 중요성을 인식하였으며, 그를 토대로 한국사는 물론 동아시아사를 해석하였다. 이미 합병 전부터 이러한 역사작업을 해온 일본은 1915년에 '총독주 중추원'에 조선사 편찬기관을 설치한 후에 역대 조선 총독과 정무총감들이 지휘 관리하면서 '조선사 편찬위원회(조선사편수회)'를 조직하였다. 여기서 나온 설이 한사군 한반도 존재설, 임나일본부설 등이다. 이러한 주변국들의 역사 왜곡작업은 결국 정치적인 목적을 위한 것이었다. 즉 우리역사의 연속성·정당성·계승성을 인정하지 않고, 정체성을 파괴시킴으로서 자신감을 상실케 하여 궁극적으로는 식민지 지배에 용이하게 하려는 의도이다.

본고는 중국이 벌이는 동북공정 작업이 역사학 외적으로 어떠한 목적을 지니고 있는가를 구체적으로 살펴보고, 주장하는 왜곡의 내용을 소개하며, 아울러 이에 대한 몇 가지 반론과 함께, 중요한 내용인 고구려의 조선 계승성을 규명하고자 한다.

2. 동북공정의 추진과정과 내용[1]

중국 사회과학원과 공산당 길림성위원회가 공동으로 '동북변강역사와 현상연구공작 좌담회'를 열었고, 중국정부 사회과학원 산하의 '중국변강사지연구중심(中國邊疆史地研究中心)'에서 2002년 5월에 '동북변강역사와 현상계열연구공정'이라는 약칭 동북공정사업이 발족했다.

이철영(李鐵映) 중공 정치국 위원, 중국사회과학원 원장이 있고, 그 외에도 왕락림(王洛林) 중국사회과학원 부원장, 길림성, 요녕성, 흑룡강성 등 각성의 부성장들 및 선전부부부장들이 있고, 학자로는 핵심인물이라 할 수 있는 마다정(馬大正) 중국사회과학원 중국변강사지(中國邊疆史地) 연구원이 포진되어 있다. 그리고 관련된 학자들이 연구위원으로 참여하고 있으며, 정치인들도 참여하고 있다. 이처럼 정부의 대대적인 지원 아래 고구려는 물론, 고조선, 부여, 발해 및 현재의 한국에 대한 연구를 하는 작업이다.

현재 상태에서 동북공정의 중심을 이루는 연구대상 가운데 하나가 고구려의 성격 규정이다. 즉 고구려의 전체 역사를 현재 및 미래의 국가발전전략에 합당하게끔 논리적이고 효율적으로 포장하여 자국의 역사 속에 편입시키려는 역사적 노력의 일환이다. 따라서 고구려의 건국과정과 귀속문제 등 다양한 내용들이 중국학자들에 의하여

---

1 이 장 내용 가운데 중국 측의 활동자료와 논리에 대해서는 서길수, 「고구려=중국사이다. 중국의 논리와 국가프로젝트 "동북공정"」, 『'고구려=중국사' 중국의 논리는 무엇인가?』, 고구려연구회, 2003. 12. 1에서 종합정리 되어 있다.

시급하게 주장되었다.

중국이 고구려사를 중국 역사로 편입시켜 나간 사실을 시기적으로 구분할 필요가 있다. 동북공정이 국가사업으로 구체화되기 이전과 그 이후가 큰 차이를 보이고 있기 때문이다. 동북공정을 추진하는 대표적인 학자인 마대정은 고구려연구 경향을 3시기로 구분하고 있다. 1단계는 19세기 80년 대로부터 1949년까지, 2단계는 1949년부터 20세기 70년 대, 그리고 3단계는 20세기 80년 대 이후이며 왕성기에 들어섰다고 하였다. 사실 그대로 1980년 이전에는 모든 나라들이 만주 지역의 역사 연구에 큰 관심을 기울이지 않았다.

우라나라에서는 다만 일제시대에 단재 신채호를 비롯한 민족사학자들이 연구를 했고, 분단 이후에 북한이 관심을 깊게 기울였다. 남한은 신라정통론을 주장했고, 북한은 고구려 정통론을 내걸었기 때문이다. 북한은 지역적으로도 같지만, 고구려인의 강한 자주성과 정신이 국가 체제를 유지하는 데 매력적인 요소라고 판단했을 것이다. 1970년대 후반에 들어와, 주체사관이 주창되면서 고구려는 북한의 주민들에게 대외 투쟁의 정당성과 승리의 가능성을 뒷받침해 줄 수 있는 살아있는 교과서였다. 북한은 『조선전사』를 비롯, 『고구려사』 등 다량의 연구 성과들을 출판했다.

중국은 고구려사에 관해서 전통적으로 한국의 역사라고 인식해왔고, 그렇게 기술해왔다. 모든 정사의 열전에도 「동이전」 속에 백제, 신라, 왜 등과 함께 서술하고 있었다. 근대에 들어서도 고구려가 한국사에 속한 것으로 기술하고 있었다. 다만 한사군(漢四郡)의 위치를 황해도 지역까지 표시하고, 만리장성의 종점을 황해도나 압록강 하구까지 표시한 경우는 간혹 있었다.

1980년대에 들어서 고구려를 중국의 지방사로 간주하는 주장들이 전문적인 고구려사 전공자들에 의해서 나타났다. 위존성(魏存成)의 『고구려고고(高句麗考古)』, 장박천(張博泉), 위존성(魏存成)이 주편한 『동북고대민족(東北古代民族)·고고여강역(考古與疆域)』, 경철화(耿鐵華)·손인걸(孫仁杰)이 편찬한 『고구려연구문집(高句麗研究文集)』이 있고, 방기동(方起東)·가사금(賈士金)·임지덕(林至德)·경철화(耿鐵華) 등도 계속해서 글을 발표하고 있었다.

이전복(李殿福)·손옥량(孫玉良)의 『고구려간사(高句麗簡史)』, 류자민(劉子敏)의 『고구려역사연구(高句麗歷史研究)』는 고구려 전문연구서이다. 가장 뛰어난 이론가인 손진기(孫進己)는 『동북민족원류(東北民族源流)』 등 여러 권의 책이 있다. 그리고 뒤늦게 산성 연구서가 나왔다. 왕우랑(王禹浪)·왕굉북(王宏北) 편, 『고구려발해고성지연구회편(高句麗渤海古城址硏究滙編)』의 상편은 고구려의 고성유적 190개를 소개하였다. 고구려연구 성과를 집대성한 『고구려발해연구집성(高句麗渤海硏究集成)』은 고구려부분이 3권, 발해부분이 3권으로 되었다. 이 학자들 가운데에는 고구려연구회의 주최 국제학술회의에 초청을 받아 손진기와 왕우랑은 직접 발표하기도 하였고, 많은 이들은 중국 내부의 사정으로 인하여 논문만을 보내 발표하기도 하였다.

그런데 1980년대 전반까지는 대부분의 조선족 학자들을 비롯해서 '일사양용(一史兩用)', 즉 고구려사를 분리해서 보자는 견해를 피력했다. 재중동포인 강맹산은 고구려사는 "…427년을 계선으로 한다면 중국지방사는 그 전기의 역사를 위주로 하고 조선사는 그 후기를 위주로 한다."고 주장했다. 이 이론은 만주에 있었던 고구려는 중국사로, 그리고 평양으로 수도를 옮긴 역사는 중국사로 보아야 한다는 일종의 절충적인 논리이다. 그러한 속에서도 교과서에는 고구려사를 대외관계로 간주했다.

그런데 1990년 대 들어오면서 '통일적 다민족국가론'을 이념화해 고구려사 전체를 중국사의 일부로 보는 주장들이 나오게 되었다. 1995년 7월, 통화에 있는 통화사범학원(通化師範學院)에서 고구려연구소가 설립되었다. 1995년, 중국사회과학원의 변강사지연구중심(邊疆史地硏究中心 : 1983년 설립)에서 관심을 갖기 시작한 후, '제1차 선국고구리학술대회'가 열렸고, 1996년도 하반기에는 고구려 문제를 중국사회과학원의 중점 연구 과제로 정식으로 입안됐다. 1997년에는 길림성사회과학원에 고구려연구중심이 만들어졌고, 길림성사회과학원은 조선·한국연구소도 만들었는데, 현재 대표적

학자인 양소전(楊昭全)이 소장을 맡았다. 동북사범대학의 동북민족여강역연구중심(東北民族與疆域研究中心)에서는 유후생(劉厚生)이 활동했다. 1998년 12월에는 변강사지총서(邊疆史地叢書)『고대중국고구려역사총론(古代中國高句麗歷史叢論)』, (흑룡강교육출판사)이 출판되었다.

이렇게 시작된 동북공정을 주도한 학자들의 주장을 간단히 살펴보면 다음과 같다.

① 고구려는 우리나라 경내의 민족이 세운 지방정권이다.

즉 고구려 정권은 서한(西漢)시기 현도군(玄菟郡) 고구려縣 경내에 있는 변강민족이 세운 지방정권이다. 남쪽으로 내려온 부여의 한 지류와 서한시기 고구려현 경내에 있는 기타 변강민족이 같이 세운 것이다. 고구려 민족의 기원에 대해서 예맥설(穢貊說), 부여설(夫餘說), 고이설(高夷說), 상인설(商人說), 염제설(炎帝說) 등 여러 가지가 있지만 모두 고대 중국 경내의 민족이다.

② 고구려의 활동중심이 몇 차례 이전하였지만 한사군의 범위를 벗어나지 않았다.

고구려정권이 건립된 후에 홀승골성(紇升骨城), 위나암성(尉那巖城), 환도성(丸都城), 평양성(平壤城), 장안성(長安城) 등 몇 차례 천도하였다. 초기는 물론이지만 평양성, 장안성이 있는 평양 부근도 역시 원래 한사군(漢四郡)이 관할하는 범위를 벗어나지 않는다.

③ 고구려는 역대의 중앙왕조와 신속(臣屬)관계를 유지해 왔고 "중국" 밖에서 자절(自絶)하지 않았다.

국내 정세의 영향을 받아 때로는 직접 때로는 간접적으로 관리하였다. 대부분의 분열된 정권은 다만 고구려와 신속관계를 유지할 것을 요구하였는데, 수(隋)·당(唐)시대에 이르러 중국은 고구려를 당나라 안동도호부(安東都護府)의 직접적인 관할 밑에 들어오게 하였다.

④ 고구려가 망한 후 주체부분이 한족 속에 융합되었다.

당나라가 고구려를 통일한 후 고구려 사람들은 4가지 형태로 분산되었다. 첫째는 반 정도에 가까운 30만 사람이 북경, 하남(河南), 안휘(安徽), 강소(江蘇), 호북(湖北), 산서(山西), 섬서(陝西), 감숙(甘肅), 사천(四川) 등 지역에 옮겨져 한(漢) 등 민족 속에 융합되었다. 두 번째는 신라에 10만 명 정도가 들어갔다. 세 번째는 말갈(靺鞨 : 渤海)의 옛 땅에 남은 약 10만 명 정도의 사람들은 발해족(渤海族)의 구성부분이 되었고 금(金)나라시기에 여진(女眞)족에 융합되었다가 대부분이 한족 속에 융합되고 말았다. 네 번째, 약 만명 정도의 고구려인이 고대 북방의 돌궐(突厥) 등 민족 속에 흩어졌다. 이렇게 볼 때 절대 대부분의 고구려인은 중화민족 속에 융합되었다.(집필자: 李大龍)

⑤ 수 · 당과 고구려의 전쟁은 중국 국내전쟁이다.

중국 내부의 국내전쟁이었고, 이로 인해서 통일정권이 수립되었다. 당태종이 수행한 동정(東征 : 고구려 침공)의 정치적인 목적은 통일중국이다.(劉炬)

⑥ 高씨 고려와 王씨 고려는 성질이 다른 두 개의 정권이다.

양자는 건국 시간이 현저하여 역사발전의 귀속이 다르고, 통치하고 관할한 구역이 다르다.

또한 민족구성이 다르며, 왕씨 고려는 고씨 고려의 후예(後裔)가 아니고 왕씨 고려의 왕족도 고씨 고려의 후예가 아니다.(楊保隆)

⑦ 고구려, 고려와 조선족을 뒤섞어서는 안 된다.

현내의 소선족은 신라사람을 주체로 하여 형성된 것으로서 조선반도에 남은 소수의 고구려인, 말갈(靺鞨)인, 한인 등도 포함된다.(厲聲)

이러한 주장을 한 동북공정에서 고구려사를 왜곡한 부분에 대한 총체적인 자료 정리는 고구려연구회의 서길수 교수가 처음으로 시도했고, 필자는 이 정리와 자료조사 등을 토대로 몇 차례에 걸친 논문을 발표했다. 그 후에 알려진 내용들은 대부분이 비슷하다.

이 주장들의 의미를 살펴보면 다음과 같다.

첫째, 정체성의 문제다.

먼저 고구려 영토와 주민에 대한 중국 측의 주장을 살펴보자. 이 문제는 고구려 귀속문제 논쟁의 초점 중 하나다. 고구려를 세운 맥인이 바로 당시 중국의 민족 중 하나였다는 논리다. 기원전 3세기에는 모두 연(燕)나라의 영역이었고, 기원전 2세기에는 연나라 위만(衛滿)이 위씨조선을 건립했는데, 위만이 한나라의 위탁을 받아 그 지역을 관할했다는 주장이다. 고구려는 기원전 108년에 벌써 한(漢)나라 현도군의 한 현이었고, 졸본부여 역시 현도군이며, 기원전 37년에 주몽이 고구려 5부를 통일했는데, 이 역시 모두 한나라 현도군의 영토였다는 것이다. 이 모든 것이 중국 영토에서 진행됐으니 오늘의 조선과는 아무런 관계가 없다는 것이다.

둘째, 고구려는 독립 국가가 아니라 중국에 조공을 받치는 등 신속관계에 있었다는 논리이다.

중국은 추모(주몽)가 고구려를 세운 뒤, 중국의 중앙정권과 신부관계(臣附關係)를 맺었다고 주장한다. 그리고 고구려왕들은 중국으로부터 고구려후(高句麗侯), 고구려왕(高句麗王), 정동대장군(征東大將軍), 영주자사(營州刺史), 낙랑군공(樂浪郡公), 낙안군공(樂安郡公) 같은 관직을 받았으며, 소위 남북조시대에는 북위(北魏), 북제(北齊) 및 남조(南朝)의 각 나라 정권에 고구려가 공물을 바쳤다고 주장하고 있다. 물론 중화적 사관에 입각한 중국의 사료 등을 근거로 삼고 있는 것이다.

장박천(張博泉)은 『동북역대강역사』[2]에서 고구려가 대를 이어 중국정권의 번국(蕃

國)이었다고 서술하고 있다. 설홍(薛虹)·이주전(李澍田)의 『중국동북통사』는 "남북조가 대치하고 있는 상황에서 고구려의 번속 관계는 이중신속관계(二重臣屬關係)로 남조에게 신하로 칭하고 북조에게도 신하로 칭했다.…"라고 하였으며, 이어 "고구려가 망하자 당나라가 요동군을 수복하였다"[3]고 주장하였다. 양소전(楊昭全)이 관계한 『중조변계사(中朝邊界史)』에서는 "고구려는 처음부터 끝까지 중국에 예속하였으며, 한나라부터 당나라까지 역대 중원왕조가 관할한 소수 지방정권이다"[4]고 주장하였다. 마다정(馬大正) 등이 편찬한 『고대중국고구려역사총론(古代中國高句麗歷史叢論)』(흑룡강교육출판사, 2001)에서도 고구려와 수왕조는 신속관계에 있었다는 주장을 펴고 있다.

중국인들은 이러한 주장을 사료를 열거하는 정도를 넘어서 고구려의 자발성이란 표현으로 정당화 시키고 있다. 즉 고구려는 우리나라 역대의 중앙왕조와 신속(臣屬)관계를 유지해 왔고 "중국" 밖에서 자절(自絶)하지 않았다. "7세기라는 기나긴 기간 동안 역대 중국 왕조와 밀접한 신속관계를 유지해 왔다. 심지어 당나라가 고구려를 통일한 후에도 수많은 고구려인들이 조국의 통일을 지키기 위해 큰 공을 세웠고 청사에 이름을 남겼다"라며 천남생(泉男生), 고선지(高仙芝), 이정기(李正己) 등을 열거하고 있다[5]고 하였다. 결국 관리방식은 다르지만 모두 고구려의 활동 구역이 중국의 고유한 영토라고 생각하였다는 주장이다. 심지어 한(漢) 군현의 지배력을 확대 해석해 한반도 서북부의 연고권을 주장하고(과거에 일본인들과 우리학자들이 주장한 것이지만) 평양 천도 이후의 고구려 역시 당연히 고대 중국의 영역 안에 있기 때문에 중국사로 포함시켜야 한다

---

2 張博泉·蘇金源·董玉瑛, 『東北歷代疆域史』, 吉林人民出版社, 1981.
3 薛虹·李澍田 主編, 『中國東北通史』, 吉林文史出版史, 1991 ; 李澍田 主編, 『東疆史略』, 吉林文史出版社, 1990.
4 楊昭全·韓俊光, 『中朝關係簡史』, 遼寧民族出版社, 1992 ; 楊昭全·孫玉梅, 『中朝邊界史』, 吉林文史出版社, 1993.
5 李大龍, '中國邊疆史地研究中心', 동북공정 인터넷 사이트, 2003.

는 주장이다.

세 번째, 수나라와 당나라가 고구려와 전쟁을 벌인 것은 내부에서 일어난 국내전이고, 통일전쟁이었다는 논리이다. 장박천(張博泉)은 1985년 낸 『동북지방사고』[6]에서 "수·당과 고구려의 전쟁은 통일적 다민족의 중앙집권국가가 요동의 군현을 수복하기 위해 진행한 전쟁이지 본국 통치계급이 영토확장을 위해서 침략전쟁을 일으킨 것은 아니다."고 해서 고구려의 중국 귀속을 강하게 강조하고 있다. 양수조(楊秀祖)는 「수양제정고구려적기개문제(隋煬帝征高句麗的幾個問題)」(『通化師範學院學報』, 1996-1)에서 정벌의 원인을 몇 개의 입장으로 정리하면서 "고구려 국토는 한조의 현도·요동·낙랑의 3군 고지이다. 한조 이래로 역대 중원정권의 고유국토였으므로 수조에게서도 예외일 수는 없었다."라고 주장하였다. 고구려의 흘승골성(紇升骨城), 위나암성(尉那巖城), 환도성(丸都城), 평양성(平壤城), 장안성(長安城)이 고구려의 도성(都城)으로 되었는데, 이는 결국 현도(玄菟), 낙랑(樂浪), 임둔(臨屯), 진번(眞番) 등 한사군(漢四郡)이 관할하는 범위를 벗어나지 않는다고 주장하였다. 그리고 고구려사에 대한 자기식의 해석을 근거로 이러한 결론을 내리고 있다. 즉 '고구려 정권은 서한(西漢)시기 현도군(玄菟郡) 고구려현 경내에 있는 변강민족이 세운 지방정권이다. 민족구성은 비록 내원(來源)이 다양하지만 모두 서한시기 동북변강지역에서 살았던 민족이며, 또한 주(周)나라 시기에 중앙왕조와 긴밀한 관계를 맺었고, 서한시기에 이르러서는 서한의 현도군 지역에서 활동하면서 서한왕조의 유효한 관할을 받았다. 즉 고구려 정권 건립초기의 서한은 고구려를 구체적으로 직접관리하였다. …당나라가 수나라를 이어 부단히 군대를 일으켜 고구려를 통일하려하는 원인 중의 하나는 고구려의 활동지역이 일찍부터 전대에 의해 통치되던 지역이기 때문이었다고 하였다.[7]

---

6 張博泉, 『東北地方史稿』, 吉林大學出版社, 1985.
7 李大龍, '中國邊疆史地研究中心', 동북공정 인터넷 사이트, 2003.

동북사범대학의 유후생(劉厚生)은 "조한(朝韓) 학자들이 고구려가 생활하던 곳을 그들의 고토(故土)라 하고, 중국의 동북지구에 대한 역사주권을 강력히 부정한다"며 주의를 당부했다. 당나라가 통일을 완성했으며, 이를 위해 대대적인 군사력을 사용했다고 주장하고 있는 것이다. 그들은 당태종이 자국에서 전쟁 직전에 '요동은 과거에 중국땅이었다'(遼東故中國地)라고 하였다는 조서를 활용하고, 고구려는 대대로 중국에 조공을 받치는 등 신속관계에 있었다는 논리를 편다.

중국학자들이 삼고 있는 역사적인 근거는 위에서 열거한 중국의 사료들과 함께 이를 수용한 삼국사기 등이다. 이는 몰(沒)역사적이거나 비현실적인 인식을 바탕으로 한 안이하고 잘못된 해석이 타국의 역사왜곡작업에 어떻게 빌미가 되는 지를 한국사 연구자들에게 알려주는 연구방식이다. 하지만 고구려는 조선과 부여를 명분상으로 계승하였으며,[8] 종족 및 영토 또한 계승하였다.[9]

그러면 중국은 왜 동북공정을 통해서 고구려 역사를 왜곡시키려는 것일까? 일부의 견해처럼 고구려 유적 · 유물을 유네스코가 지정하는 세계문화유산에 등재하려는 목적이 있기 때문이다. 그러나 그러한 단기적인 목적 외에 이 작업에는 보다 근본적인 몇 가지 목적들이 복잡하고 작용한 결과이다. 필자는 이미 이러한 상황의 전개에 대한 우려와 함께 그 대응방법을 수년전부터 발표해왔다. 최근에 일부 논자들이 말하고 있는 신중화제국주의와 동아시아 신질서 수립과 관련있다는 내용은 필자가 발표한 것임을 밝혀둔다.

---

8 윤명철, 「고구려 담론 1 -미래모델의 의미」, 『고구려연구』9집, 고구려연구회, 2000.
　「고구려의 고조선 계승성에 관한 연구 1」, 『고구려연구』13, 고구려연구회, 2002.
　「단군신화의 고구려 건국신화가 시닌 성체성(identity)탐구」, 『단군학연구』6, 단군학회, 2002
　「단군(壇君)신화를 통해서 본 고구려고분벽화」, 개천절기념남북한 공동학술회의, 2003.
9 이 부분에 관한 학자들의 연구는 몇 편 있다.
　필자는 「高句麗人의 時代精神에 대한 探究」, 『韓國思想史學』7집, 한국사상사학회, 1996에서 고구려 발전기를 재정립시대(re-foundation)라고 하여 고구려가 조선 계승작업을 실현하였다고 해석하였다.

3. 동북공정의 학문외적인 배경

그러면 중국이 단순한 역사의 왜곡을 떠나서 동북공정을 추진하는 국내외적인 배경은 무엇일까?

"고구려는 처음부터 끝까지 중국에 예속하였으며, 한나라부터 당나라까지 역대 중원왕조가 관할한 소수 지방정권이다"[10] 양소전(楊昭全)이 관계한 『중조변계사』의 한 내용이다. 길림성 부성장이며 동북공정영도소조 부조장인 전철수(全哲洙)는 이렇게 말하고 있다. "…동북의 변강문제는 학술문제뿐만 아니라 국가영토·국가영역·국가주권의 정치문제이다. 변강이라는 지역문제가 아니라 중국전체의 지역문제이다." 한마디로 동북공정은 정치적인 사업이고 국가주권과 관련되 있다는 주장이다. 일부에서는 역사 문제제는 특히 고구려 문제에 국한시켜 동북공정을 보려 한다. 하지만 보다 거시적인 시각을 갖고, 복합적인 관점으로 그들의 목적을 구체적이고, 체계적으로 분석해야 할 것이다.

첫째, 동북공정은 고구려 유적·유물을 유네스코에 세계문화유산으로 등재하는 데, 전략적으로 활용하기 위한 목적이 있다. 북한은 지난 2000년 5월, 잠정 목록을 세계유산센터(World Heritage Centre, WHC)에 제출했다.[11] 그 목록은 모두 7개로, 고구려 벽화고분과 평양 유적, 개성 유적 같은 문화 유산, 구장 동굴과 칠보산 같은 자연 유산, 그리고 묘향산, 금강산 같은 혼합유산이다. 2002년 1월 15일자로 유네스코 세계유산

---

10 楊昭全·韓俊光, 『中朝關係簡史』, 遼寧民族出版社, 1992 ; 楊昭全·孫玉梅, 『中朝邊界史』, 吉林文史出版社, 1993.
11 허권, 「유네스코 세계유산의 결정절차와 현황」, 『한중 고구려유적 UNESCO 세계유산 등재의 현황과 대책』, 고구려연구회, 2003. 12. 23에는 유네스코에 유물·유적을 등재하는 과정과 목록 등에 대한 자료가 있다.

센터에 우선 고구려 고분군(Complex of the Koguryo Tombs in DPRK)을 정식으로 제출했다. 하지만 2003년 7월 파리에서 개최된 제27차 세계유산위원회(World Heritage Commit-tee)에서 ICOMOS(국제기념물유적협의회: International Council on Monuments and Sites)의 권고안을 받아들여 북한이 세계유산 등재를 위해 신청한 고구려고분군의 등재를 보류하기로 결정했다.

이 보류결정에 대하여 북한측에서 심사단이 충분한 실사를 하도록 정보 제공을 하지 않았던 것도 문제라고 보면서 중국인의 공작은 아니라는 견해도 있는 반면에[12] 중국이 북한과 경쟁해야 한다는 개연성과 이미 2002년 7월 중국이 세계유산 등재신청서를 작성하고 있었다는 상황론을 덧붙이며 공작이라고 주장하는 의견도 있다.[13]

둘째, 동북공정은 '신중화(新中華) 제국주의(帝國主義)'를 실현시키기 위한 명분축적 작업을 목적으로 삼고 있다.

'중화(中華)'란 중국을 중심에 두고, 다른 종족과 문화에 대해 배타적인 우월감을 표현하는 말이다. 중국에게 이러한 중화제국주의는 여전히 필요하고 실현되어야 할 과제다. 아니 오히려 이를 더욱 강화시킬 필요성이 있다. 중화제국주의를 실천하는 구체적인 전략이라는 측면에서 역사가 필요한 것이다. 공산주의자로 알려진 모택동은 그의 '신민주주의론'에서 중화민족의 우월성을 강조했다. 공산화가 이루어진 중국은 제국주의적인 성격을 지니게 되었다. 공산주의 체제가 중화제국주의를 확대시키는 명분과 시스템 그리고 힘을 제공한 것이다. 결국에는 중원을 중심으로 주변의 소수민족의 영토와 독립을 앗아간 것이다.

---

12 이혜은,「북한의 고구려 유적 세계문화유산 등재신청과정과 현황」,『한중 고구려유적 UNESCO 세계유산 등재의 현황과 대책』, 고구려연구회, 2003. 12. 23.
13 서길수,「중국의 고구려 유적 세계문화유산 등재신청과정과 현황」,『한중 고구려유적 UNESCO 세계유산 등재의 현황과 대책』, 고구려연구회, 2003. 12. 23.

1949년, 중공군에게 침략 당한 티베트는 잔인한 수법으로 중국에게 합병 당했다. 그 후 수 차례에 걸쳐 독립운동이 일어났지만 탄압 당했다. 몽골은 내외몽골로 분리되었고, 내몽골(네이멍구)에는 한족(漢族)이 이주해 몽골족보다 더 많은 상태다. 서쪽 실크로드 지역에서는 위구르인(回族)들이 독립운동을 벌이며 저항하고 있다. 주변 국가들의 저항이 만만치 않은 것이다.

여기에다가 전통적으로 불변의 사실로 여겨졌던 황하 유역의 중원문명을 넘어서는 문명권의 존재가 속속 드러나고 있다. 이른바 '다지역 문명설(多地域 文明說)'인데, 특히 만주지역은 홍산(紅山)문화, 하가점(夏家店) 문화 등 중원과는 다른 특색을 지닌 문화가 있었다. 중국은 만주 지역에 대해 두려움과 불편한 감정을 동시에 지니고 있다. 한족은 만주 지역의 종족에게 일종의 열등감을 느끼는 것 같다. 만주라는 용어를 잘 쓰지 않고, 1953년에는 이 지역을 요녕성과 길림성, 흑룡강성으로 만드는 일종의 지역분리 정책을 사용하면서 동북이라고 부른다.

현재 공산 중국은 55개의 소수민족과 한족으로 이루어져 다민족국가의 한계가 노정되고 있는 상태다. 내부에서 발생한 갈등 즉 종족 또는 민족간의 갈등은 권력이나 경제적 갈등으로 이어진다. 대외관계 혹은 민족모순이 계급모순이 되는 것이다.

이런 복잡한 사연을 지닌 주민과 주변지역을 완전하게 지배하기 위해서는 역사적인 정당성과 명분이 있어야하고, 지배받는 그들을 설득시킬 만한 그럴듯한 논리가 있어야 한다. 또한 한족들에게는 중국이 한족 중심으로 흔들림 없이 발전해야 한다고 설득해야 한다. 이렇게 중화민족 또는 중화문명에 대한 정체성 확립이 시급한 시점에서 과거 역사를 재정리하고 재편해, 명분을 획득할 필요가 있다.

동북공정의 이론가인 유후생(劉厚生)은 한 문건에서 "우리는 변강사 연구와 현실을 긴밀히 연결시키는 우량한 전통을 발양하여 중화민족의 애국주의 정신을 발양해야 한다. 주변 국가와의 화목한 우호관계를 증진하기 위해, 조국의 신성한 영토와 영해의 안정을 보위하고, 국가와 민족의 존엄과 근본이익을 지키기 위해 우리들은 반드시 변강사 연구를 강화시켜야 한다."라며 역사와 중화국가주의가 불가분의 관계에 있음을 명료하게 알려주었다.

이러한 문건과 주장들은 역사 왜곡의 근본배경과 추후의 전개과정에 대한 예측을 가능하게 한다. 즉, 이 연구는 궁극적인 신중화제국주의(新中華帝國主義)로 귀결될 가능성이 높다. 이러한 의도는 고구려 혹은 주변지역들의 영토가 중국의 근원으로 인식하는 주(周)의 영토, 한(漢)의 영토였음을 강조하는 데서도 나타난다. 베트남 등 주변국들의 중국에 대한 태도는 이러한 우려가 현실성이 있음을 알려주고 있다.

셋째, 동북공정은 주변 국가들에 대한 통제력을 강화하고, 특히 만주 지역에 대한 한국의 영향력을 약화시키려는 의도가 깔려 있다.

연변은 조선족자치주로, 200만 명 정도에서 약 85만 명이 살고 있다. 현재는 오히려 한족이 57.4%, 조선족은 39.7%밖에 안된다. 만주에서 조선족이 점점 감소하고, 한족들은 증가하고, 사라졌던 만주족을 만들어내고, 주민도 별로 없는 지역에 만주족 자치 단체를 만드는 등 조선족의 힘을 약화시키려는 고도의 술책을 쓰고 있다. 중국정부는 2002년 8월부터 조선족들에게 '삼관(三觀)교육'을 실시하고 있다. 즉 조선족의 역사는 중국 소수민족의 역사이며(역사관), 조선족은 중국 내의 다양한 민족 가운데 하나이고(민족관), 조선족의 조국은 중국(조국관)이라는 내용이다.

중국정부는 현재에 이르러 보다 결속력이 강화된 남북한 혹은 통일한국(요원하지만)이 만주지역에 대한 연고권을 주장하거나 영향력을 강화시킬 가능성(희박하지만)에 대하여 우려하고 있다. "중국은 한국이 통일되기를 원한다. 이를 위해 필요하다면 대화장소와 기타 편의를 제공할 것이다.(순위시 전 주찬 중국 공사)"라는 말도 있지만 내심은 다를 것이다.

동북공정의 주요한 주체인 동북사범대학의 유후생(劉厚生)의 말은 보다 솔직하다. 그는 "…특히 주의해야 할 것은 목전 조선반도의 일부사학가들이 그들의 민족주의 입장에 입각하여 중조변계문제에 대하여 크게 문장을 만들어놓고 있다. 조한(朝韓)학자들은 고구려와 지금 조선반도의 승계관계를 제멋대로 선전하고 고구려가 생활하던 지구는 그들의 고토(故土)라 하고 중국의 동북지구에 대한 역사주권을 극력 부정한다. "만주(동북지구)는 자고로 우리선조의 땅"이고, "장백산은 우리조상의 성산이다"고 헛소리를 치고 있으며 공공연히 북방영토를 수복하자고 제출하고 있다. 이는 조선반도에서 일어난 중조관계사의 일종 비학술화된 경향으로서 우리의 주의를 불러일으킨다."[14]라고 하였다.

실제로 만주지역에서 각종 형태의 경쟁과 충돌이 발생하고, 이 경쟁에 일본, 러시아 심지어 미국까지 끼어들 경우에 중국은 매우 어려운 처지에 놓이게 된다. 그러므로 만주지역 내부에 대한 지배력을 한층 강화시켜 조선족 및 기타세력의 움직임을 차단하고, 주변 분쟁지역의 주민들과 연고가 있는 국가들에게도 일종의 경고 메세지를 보내는 것이다.

넷째, 동북공정은 향후 중화중심(中華中心)의 동아시아 혹은 아시아공동체를 구성하기 위한 전단계의 정지작업일 수 있다. 향후 동아시아는 공동체를 지향하고 실현시킬 가능성이 높다. 세계사적인 현실로 미루어, 이러한 공동체는 정치·군사적 영토보다 문화영토 그리고 경제영토 개념이 적용될 가능성이 크다.

동아 경제권 혹은 동북아경제권을 형성하기 위해서는 먼저 지리적으로 근접성이 강하고, 가장 중요한 코드인 '한자문화권(漢字文化圈)'이라는 공통점을 지닌 중국과 대만, 홍콩, 남북한이 하나의 경제권을 만들어야 한다는 주장들이 강하다. 미국과 유럽의 보호주의에 공동으로 대처한다는 전략이다. 이 경우에 만주지역은 지정학적(地政學的), 지경학적(地經學的), 지문화적(地文化的)으로 매우 다양하고 역사적으로 예민한 지

---

14 劉厚生,「亟待加强東北邊疆史的硏究」,『高句麗 歸屬問題硏究』,『黑土之的古代文明』, 遠方出版社, 2000.

역으로서 다가올 세계 질서 혹은 동아시아 질서 속에서 모든 나라의 힘이 충돌할 가능성이 높은 지역이다. 특히 한민족이 통일을 이루게 된다면, 엄청난 지각 변동이 일어날 것은 필연적이다.

과거 한동안 만주 지역의 경제적 중요성은 석유와 철 등 자원 문제에 국한되어 있어 비중이 낮았다. 그런데 최근에 정부가 야심차게 추진하던 서부대개발사업이 주춤한데다가, 만주지역이 정치적으로 중요도가 더해지고, 원자바오 총리가 동북지방을 중시하는 정책을 취하면서 비중이 높아지고 있다. 뿐만 아니라 만주지역은 자원생산지로서의 가치 외에 일종의 경제적 허브(hub)가 될 수 있는 지정학적인 환경을 갖추고 있다. 동북아 경제공동체(東北亞 經濟共同體)든, 만주경제권(滿洲經濟圈)이든 이곳은 모든 것이 몰려들 수밖에 없고, 만약 남북한의 계획대로 TCR과 TSR까지 연결되면 모든 도로망이 몰려들면서 동아시아 교통의 중심지가 된다. 대륙과 황해와 동해가 만나는 곳이자, 대륙경제권과 황해경제권, 동해경제권이 만나는 곳이다. 중국의 새지도부는 만주재개발을 중점적으로 추진하고 있고, 러시아의 이르쿠츠크에서 시작한 시베리아 송유관을 옛 부여지역인 대경(大慶)유정이 있는 곳을 통과시키기 위해 일본과 상당한 경쟁을 벌였었지만, 결국 몇 달 전에 패배하고 말았다. 일본 또한 이미 만주의 중요한 가치를 간파했고, 일찍부터 두만강 하구를 주목하고 1924년도에 이른바 '두만강 경략론'을 주장하였다. 그래서 일본의 대륙 진출과 발해사 연구가 긴밀한 연관을 맺고 있는 것이다.

2002년, 북한은 신의주경제특구를 갑작스럽게 시도했지만, 중국정부의 비상식적인 방해로 인하여 순식간에 실패하고 말았다. 이러한 충격적인 결과는 동북공정을 적극적으로 추진하는 중국정부의 인식과 향후 동북지역에 대한 운영 방식과 무관하지 않다. 선사시대부터 압록강 하구유역은 언제나 갈등이 있었고, 특히 고구려와 중국 세력간에 치열한 경쟁과 전쟁이 벌어졌다. 앞으로 '자연스러운 경제영토(NET)' 개념이 적용된다고 하더라도, 이 지역만은 실효적인 지배가 필요하다.

그 외에 동북공정에는 간도 문제가 있다. 우리 민족이 통일이 되면 만주지역을 사이에 두고 중국과 간도 문제를 놓고 매우 미묘해질 것은 명약관화하다. 1909년, 중국과 일본은 실질적인 주체인 조선을 배제한 채 간도협약을 비밀리에 맺었고, 이 때 빼앗긴 간도 지방을 놓고 분쟁이 재현 될 가능성이 있다. 동북프로젝트의 공개된 5개의 연구방향 가운데 간도 문제는 동북 지방사 연구라는 항목 아래 2003년 중점 연구 방향으로 선정되어 있다. 초기에 선정된 27개 과제는 직접·간접적으로 간도 문제와 관련 있으며 중국이 간도를 중국령으로 영원히 고착시키는 논리를 강화하는 데 필요한 기초적인 학술연구에 속하는 것이라고 한다.[15]

그 외에 동북공정은 연해주 문제와도 깊은 관련이 있다. 1860년에 중국은 불평등조약인 북경조약으로 인하여 연해주 일대와 동해로 가는 출구(出口)를 러시아에 빼앗기고 말았다. 중국은 동해로 자기 세력을 확대할 수도 없고, 일본의 진출을 자력으로 견제할 수도 없게 되었다. 만약 중국이 연해주 땅을 되찾는다면 무궁무진한 육지의 자원은 물론, 바다의 자원들까지 가질 수 있다. 특히 타타르해협까지 차지한다면 북태평양으로도 진출할 수 있다. 그 때문에 중국인들은 합법적인 방법과 불법을 가리지 않고 연해주에 건너와 자리와 영향력을 확대하고 있다. 현재 중국과 러시아는 대 미국 및 대 일본전략 속에서 협력관계이자 동반자관계를 구축하고 있다. 하지만 중국이 국제 질서의 변동 과정 속에서 연해주 지역의 수복을 노리고 있다면 동북공정의 또 한 목표는 자연스럽게 드러난다. 이때 동북공정에서 발해사에 다음단계로 고구려사를 자국사로 편입시키려는 행위는 궁극적으로 연해주에 대한 역사적인 연고권을 주장하면서 명분을 축적하고자 하는 목적 때문이다.

현 중국정부의 고구려영토에 대한 인식은 당(唐)이 중국의 통일을 이룩했다는 주

---

15 이 문제를 제기한 사람은 박선영 교수이다. 아래 글은 그와 관련된 글에서 발췌하였다. 정식으로 문건을 보면 정확하게 인용할 예정이다.

장에서 표현된다. 그리고 통일에는 대대적인 군사력을 사용했다는 일종의 선동 내지 협박을 암시하고 있다. 유후생(劉厚生)은 앞에 인용한 문건에서 이렇게 주장하고 있다. "우리는 변강사 연구와 현실을 긴밀히 연결시키는 우량한 전통을 발양하여 중화민족의 애국주의 정신을 발양하여야 한다. 주변국가와의 화목한 우호관계를 증진하기 위하여, 조국의 신성한 영토와 영해의 안정을 보위하고, 국가와 민족의 존엄과 근본이익을 지키기 위하여 우리들은 반드시 변강사 연구를 강화시켜야 한다."라고 하여 역사와 중화국가주의가 불가분의 관계에 있음을 명료하게 알려준다.

중국정부는 이러한 목적 외에도 다목적 포석을 깔고 동북공정을 진행하는 것으로 판단된다. 심각하게 나타나는 사회주의 시장경제의 문제점, 내부 계급모순의 심화에 따른 사회불안 등을 애국주의를 발양시켜 무마시키려는 부수적인 효과도 기대하고 있다.

그런데 국제적 요인에 비중을 두고, 중국 측의 당위성을 인정하자는 견해도 있다. '유라시아 질서체'라는 큰 맥락에서, 즉 미국 중심의 세계화 과정에서 살아남기 위한 동아시아 전략의 일종으로 보자는 논리이다.[16] 물론 중국으로서는 일리가 있지만 어디까지나 그것은 자기들만의 논리이다. 오늘날 미국이나, 과거의 일본이 패권을 지향하면서 주장한 것과 같은 것이다. 만약 동아시아의 공존과 상생을 지향하면서 동아시아 전략을 구사한다면 긍정적이지만 실상은 그렇지 않은 것 같다.

중국의 동북공정을 이러한 시각에서 바라보는 필자의 주장에 비약이 있다고 견해도 있다. 단순한 역사의 왜곡을 세계사적인 문제로까지 확산시키는 것이라는 의미이다. 특히 역사학자들 사이에서 이런 비판이 일고 있다. 역사학을 연구하는 이유는 단순히 과거 사실들을 하나 하나 파헤치는 것만은 아니다. 과거의 사실을 과거 자체로

---

16 필자는 이 부분에 대해서 발표한 글은 아직 본적이 없다. 다만 일부사람들과의 대화를 통해서 이러한 견해를 들었다.

이해한다면 역사 연구를 하는 의미는 무엇인가? 필자가 동북공정의 전개를 이러한 시각으로 보는 까닭은 근대로 넘어오는 20세기 전후의 동아시아 역사가 전개되는 과정과 유사하기 때문이다. 일본이 조선을 합병하고, 이어 만주와 중국으로 점차 침략을 확대해 가는 과정과 거의 비슷한 양상을 보이고 있다.

일본은 조선을 침략하기 전, 이미 조선을 병합해야하는 당위성을 역사 연구를 통해 찾아서 그들만의 논리를 만들었다. 타루이 토우키치(樽井藤吉)는 '흥아론(興亞論)'을 내세웠고, '대동국(大東國)'을 세워 청에 대응해야 한다고 주장했다. 일본은 이어 만주를 침략하기 직전인 1931년에는 일본·조선·만주·중국·몽골의 다섯 민족이 서로 화합해야 하고, 일본과 만주가 블록을 결성해야 한다는 '일만(日滿) 블록'을 주장하였다. 이 무렵에 일본의 역사학자들은 만선사관을 연구하고 주장하였으며, 발해사 연구에 열을 올렸다.

일본이 만주로 진출하는 데 가장 적합한 지역은 바로 동해와 직접 연결되는 두만강 하구 유역이었다. 거리상으로도 가깝고, 중국을 비롯한 다른 열강들의 눈치를 봐야 하는 일본에게 가장 바람직한 곳이 두만강 하구였다. 1924년에 이미 거론된 소위 '두만강 경략론(豆滿江 經略論)'은 그러한 배경에서 나온 것이다. 사실 발해는 일본에 사신을 파견했던 항구는 두만강 하구 주변에 집중되었기 때문에 일본은 발해영토와 역사에 대해 관심을 가질 수밖에 없었다. 우리 역사학계가 그동안 고구려사는 물론 발해사 연구에 관심을 두지 않은 현상에 대하여 누군가가 대신이라도 변명할 필요가 있다.

일본은 1933년에는 중국을 합한 '일만지(日滿支) 블록'으로 확대 시켰으며, 1938년 중일전쟁을 일으키자 이제는 일본·만주국·중국이 주도하여 '동아 신질서'를 건설해야 한다고 주장하였다. 그러다가 마침내 1940년에 마쓰오카 요스케(松岡洋右) 일본 외상이 담화를 발표해 이른바 '대동아공영권'을 주장했다. 아시아 민족이 서양 세력의 식민지배로부터 해방되려면 일본과 중국 만주를 중축(中軸)으로 하여 프랑스령 인도차이나·타이·말레이시아·보르네오·네덜란드령 동인도·미얀마·오스트레일리아·뉴질랜드·인도를 포함하는 광대한 지역의 정치적·경제적인 공존·공영을 도모해야 한다는 일종의 블록화였다. 이 때 역시 이른바 남방문화론이 학술적·역사적인 배경이 되었다. 결국 '삼국공영론(三國共榮論)'과 '아시아 연대론(連帶論)'을 거쳐 결국 일본 제국주의의 확대와 대동아공영권으로 발전해 결국 아시아의 비극을 가져온 것이다. 소위 대아시아주의(Pan-Asianism)는 제국주의의 일본적 형태일 뿐으로서 아시아를 식민화 시키려는 의도였다.

이렇게 일본은 조선을 침략하여 식민지화 하면서 이른바 반도사관이 주체가 된 식민사관을 비롯해 이러한 역사논리를 계속해서 만들어 낼 때 젊은 조선의 역사학자들도 참여하여 결과적으로는 몰역사적이고, 투항적인 인식을 드러냈다. 물론 이 때 일본 지식인들의 움직임을 간파한 사람들은 자신들만의 역사 연구를 통해 방어 논리를 찾았고, 활발한 저술 작업을 펼쳤다. 다만 그들의 연구업적과 존재를 근대역사학계가 인정하지 않을 뿐이다.

다섯째, 동북공정은 역사의 탈취를 통해서 한민족의 정체성을 약화시키며, 추후 한민족을 자국의 문화권에 편입시키려는 정지작업의 목적을 지니고 있다.

인류의 일반적인 역사과정이 말해주듯이 역사적 집단이 계승성과 정통성으로 채워진 정체성을 상실하면 사회와 역사의 발전에 왜곡이 생기고, 내부의 인간들은 자유의지(自由意志)를 포기한 채 비주체적(非主體的)인 삶을 살아가게 한다. 당연히 그 사회는 생명력(生命力)과 진실을 잃어버리게 되고 인간성은 오염되며, 끝내는 다른 집단과의 경쟁에서 패배할 가능성이 높다. 일본이 우리에게 적용한 식민사관은 이러한 기능과 유효성을 인식했기 때문이다. 그래서 때로는 불확실하고, 구체적으로 형상화되지는 않지만, 민족자아를 수호하는 일을 집단이 존립하는 중대한 이유로 대하고, 그것을 지키기 위하여 민족의 존망까지 담보로 하는 경우도 있다. 사회가 사회답고, 민족이 민족답게 존재하려면 자신에 대한 자각(自覺), 민족에 대한 자각이 투철해야 한다. 역사에서 진보의 동력은 주체의 정체성, 자아의식에서부터 나온다. 정체성이야말로 사회를 밝게 하고 역사를 진보시키는 에너지이다.

대외적으로 팽창을 지향하는 국가 혹은 대외관계모순이 심한 국가의 경우에는 내부모순을 잠재우고, 강한 공동체 의식을 지니게 하기 위하여 정통성과 정당성을 강조해야 한다. 특히 정복국가인 경우에는 이미 정치 군사적으로 패배한 피정복민들을 논리적으로 설득하고, 사상적으로 친화시키기 위하여 자기들의 행위가 정당성을 지니고 있으며, 선행국가 내지는 다른 집단과 계승성 내지 정통성을 지니고 있다는 사실을 인식시키지 않으면 안 된다. 동일한 지역에서 기존의 세력을 비합법적인 수단으로 제거하고 신질서를 구축한 세력들도 합법을 가장하고, 정당성을 강조하기 위해서는 구체적으로는 선행질서를, 관념적으로는 하늘의 뜻을 계승한다는 의식과 행동이 필요하다.

그리고 내부에서도 한 인물 혹은 집단이 국가를 건설하거나 천하를 도모하고자 할 때 반드시 세계를 해석하고 운영하는 관이 있어야 하며, 백성들이 선택할 수 있는 지표와 이념이 있어야 한다. 이러한 다양한 이유 때문에 새로운 정치세력들은 거의 예외가 없이 정통성 내지 계승성을 주장한다. 신흥국가가 탄생한 이후에는 동서고금의 예외 없이 새로운 해석을 가한 역사서가 편찬된다.

4. 고구려의 조선 계승성

역사적인 집단은 다른 집단과 경쟁을 하거나 갈등을 빚으며, 다양한 관계를 맺는다. 그 관계성 속에서 자기집단이 존재해야 하는 이유, 자기 집단이 인류의 역사에서 매우 의미있고, 소중한 존재라는 이유가 있고, 또한 그러한 이유를 정당화시키는 자신들만의 독특한 그 무엇을 갖고 있지 않으면 안된다.

특히 생성과정이 불투명한, 갑자기 역사에 등장한 민족들은 그 출자의 애매모호성 때문에 본능적으로 항상 다른 민족과 구별되려고 하며, 또 선점집단(先占集團)과는 본능적으로 경쟁의식을 갖고 있으므로 자아가 더욱 소중한 의미를 지닌다. 이러한 태생적 운명을 지닌 민족에게는 그 시원과 왜 존재하게 되었는가하는 이유, 어떻게 탄생하였는가 하는 역사활동의 명분이 있어야 한다. 거기서 가장 중요하고 의미있는 것이 계승성이다. 또 정치집단인 경우에는 가장 완벽했다고 여겨지는 완성된 국가나 혹은 선행국가를 계승했다는 명분과 당위성이 있어야 한다.

고구려의 종족에 관해서는 몇 개의 기록들이 있는데, 대체적으로 예맥과 깊은 관련이 있다. 고조선의 영토와 중심지에 대해서는 여러 설이 있으나 한반도의 북부와 요하 일대 그리고 현재의 남만주 일대에 걸쳐 있었으며, 기원 전 2세기까지는 존속한 정치세력이었다는 데는 대체로 일치하고 있다. 이 고조선은 정확한 실체를 규명하기에는 부족한 점이 있으나, 황해북부의 교역권과 동아시아 동부의 종주권을 둘러싸고 한(漢)세력과 대결을 벌였으며, 기원전 108년에 전쟁에서 패한 후 역사에서 사라졌다.

그런데 한 국가가 멸망했다는 것은 국체가 소멸하여 정치적으로 진공상태가 되었고, 정체 즉 지배담당자가 바뀐 것이다. 하지만 주민의 다수는 그 땅에 그대로 살고, 문화의 일부는 변형되었을 것이다. 고조선의 유민들은 통제력이 약한 주변부를 거점으로 한군현에 저항하고 부흥운동을 펼치면서 소규모의 정치형태를 갖추었다. 진번임둔을 몰아내고 기원전 75년에는 현도군을 몰아냈다. 고구려는 건국기원의 시기, 단계 여부를 떠나서 이러한 세력들 가운데 가장 강력하고 대표적인 소국이었을 것이다. 북한에서는 고구려는 일찍부터 고조선의 실력 있는 지방정치세력, 즉 후국(候國)이 되었다(조선전사)라고 하여 후국체제를 설정하고 있다. 고구려는 신흥국가로서 고조선 땅을 회복하고 계승하므로써 정통성을 확보하려는 의도도 있었을 것이다. 이러한 견해는 과거에 비강단 사학자들을 중심으로 주장됐고, 윤내현 등이 보다 과학적으로 제시하고 있다. 필자도 소국통일운동으로 본 바 있다. 북한에서도 1970년 대 이후에 이러한 견해를 지니고 있는데, 『전사』는 건국초기에 주변의 소국들을 공격하여 정복하는 일을 고조선 세력을 결집하는 행위라고 해석하고 있다. 고구려의 고조선 계승에 대해서는 북한이 적극적으로 주장해왔다. 『통사』2 에서 고구려는 고조선의 생산력과 문화를 계승하였다고 하였으며, 고구려는 동족의 나라 고조선의 옛 땅을 되찾기 위한 치열하고 완강한 세기적인 투쟁을 이끌어간 나라였다. 라는 주장(손영종)은 역사적인 계승성을 의미한다.

고구려의 건국과 관련하여 고구려인들은 그 계승성은 어떻게 기록하고 인식하였을까? 『광개토대왕릉비』, 『삼국사기』, 『삼국유사』, 『동국이상국집』, 『위서』 그리고 『북사』 등의 중국 사서들에는 고구려의 건국신화 혹은 건국과 관련된 기록들이 있다. 광개토대왕릉비문 등금석문에서는 북부여에서 비롯됨을 주장하고 있다. 『삼국사기』, 『삼국유사』에는 동명이 동부여에서 출자(出自)했음을 밝히고 있다. 『위서』, 『수서』, 『북사』, 『신당서』 등 중국 측의 사료에도 고구려가 부여를 계승했다는 인식이 반영되고 있다. 부여인들은 자신들이 망인(亡人)의 후손이라고 말하였다.('國之耆老 自說古之亡人')

그런데 고구려가 부여가 아닌 조선을 계승했다는 사실과 인식을 알리는 기록들도 있다. 『삼국유사』는 조선(朝鮮：王儉朝鮮, 古朝鮮)을 최초의 국가로 설정하고, 그 후에 건국한 국가들의 역사를 차례대로 기술하고 있다. 이른바 조선정통론이 보여진다. 그런데 왕력(王曆) 편에 주몽은 단군의 아들(朱蒙…鄒蒙 壇君之子)로 기술하여 고구려의 '조선계승성' 을 언급하고 있다. 『제왕운기』 또한 '故尸羅 高禮 南北沃沮 東北扶餘 穢與貊 皆檀君之壽也.' 라고 하여 고구려 등의 국가들은 단군의 자손임을 칭했다고 기술하고 있다. 『제왕운기』는 송양(宋讓)이 '疑壇君之後' 라고 하여 단군과의 계승성을 주장하고 있다. 비록 후대의 기록들이지만 이것은 일반적인 고려인들의 인식이었던 것으로 판단한다.

『후한서』에는 예전에서 "濊及沃沮 句驪本皆朝鮮之地也." 라고 하여 조선 땅에 있다. 고 하여 영토적으로 고조선을 계승하였음을 알려 준다. 당(唐)시대의 금석문인 『천남산묘지명(泉男産墓地銘)』에는 '東明之裔, 寔爲朝鮮, 威胡制貊, 通徐拒燕("東明의 後裔가 참으로 朝鮮을 세워 胡를 위협하고 맥을 제어하여 徐州와 통하고 燕을 막아 지켰다.")'라고 하였다. 이렇게 고구려인들이 스스로 기록한 금석문과 후대의 기록, 중국인들의 기록들을 종합적으로 살펴볼 때에 고구려는 부여와 조선의 계승의식이 분명히 있었다.

한편 한 국가가 선행국가를 계승하였다고 할 경우에 사상적인 체계란 중요하다. 현대처럼 이데올로기 지향 사회가 아니므로 절대적인 요소는 아니지만 신앙이나 세계관 등은 계승성 여부를 살펴보는 지표가 된다. 특히 자신들의 존재이유, 탄생의 과정, 지향성을 등을 밝힌 건국신화는 매우 중요하다. 고조선과 고구려의 건국신화는 그 나라 및 역사의 비중에 걸맞게 시대를 달리하는 각종 기록에 다양한 형태로 기술이 되어 있으나, 가장 논리적으로 구성되어 있고, 신화적 색채가 풍부하며, 비교적 역사성을 충분히 반영하고 있는 것은 일연의 삼국유사에 기록되있는 단군신화와 이규보(李奎輔)의 동국이상국집에 실려있는 동명왕편이다.

단군신화는 조선의 건국신화 겸 우리민족의 시원신화이다.

삼국유사의 고조선 조항에 기록되어 있는 단군(檀君)신화는 이승휴의 제왕운기(帝王韻記)에 실려있는 단군(檀君)신화 및 기타의 기록과 여러 가지 면에서 차이가 있다. 역사성과 신화성이 공존하고 있는 고조선 기록에서 신화적인 기술하고 있는 부분은 전반부와 후반부를 제외하고 '석유환인(昔有桓因)부터 호왈단군왕검(號曰壇君王儉)'까지이다. 이 부분을 살펴보면 전체문장은 3부의 구조로 되었고, 그 내부에 24개의 주요한 신화소로 구성되어 있다. 1부는 천손강림신화이고, 2부는 지모신 신앙이며, 3부는 2개의 이질적인 신앙 내지 문화가 습합하는 과정과 단군왕검으로 상징되는 통일체를 완성하는 대단원이다.

고구려의 건국신화는 흔히 주몽신화라고도 부르고 있는데, 여러 곳에서 나타나고 있다. 『삼국사기』, 『삼국유사』, 『동국이상국집』의 동명왕편 등 우리사료, 『위서』, 『주서』, 『수서』, 『북사』, 『논형』, 『통전』 및 그 외에도 당 시대 사람들이 직접 기록한 〈광개토대왕릉비〉『모두루묘지문(牟頭婁墓誌文)』 등 각종의 금석문, 무엇보다도 풍부한 고분벽화가 있다. 이 곳에 기록되거나 표현된 내용은 문자 표현상에 있어서 약간씩 차이가 있으나 거의 유사하다.

  필자가 다른 논문들에서 언급한 바와 같이 양 신화는 구조가 유사하다. 해모수와 유화는 성격, 역할, 신화상의 구조로 보아 환웅과 웅녀의 위치와 동일한 것이다. 주몽은 부계는 천승배집단이고, 모계는 하백신이며 알을 깨고 나왔으므로 난생신화적인 요소가 있다. 하백 및 유화는 수신(水神)이건 지모신(地母神)이건 간에 구조적으로는 단군신화의 웅(熊)과 일치한다. 주몽은 '단군지자(檀君之子)' 라고 하여 해모수를 단군으로 파악한 『삼국유사(三國遺事)』나 『동국이상국집(東國李相國集)』은 『구삼국사(舊三國史)』, 『고기(古記)』 등을 인용했다. 이러한 양 신화의 유사성은 문화적인 계승성을 가능하게 한다. 고구려의 영토가 확대되면서 고조선의 영역을 차지해가면서 숭배와 신앙을 자연스럽게 받아들이게 되었을 것이다. 고구려는 이러한 신화를 간직하였기 때문에 신앙이나 제의, 고분벽화에서도 다양한 형태로 나타나고 있다.

  양 신화의 유사성은 언급한 구조적 측면 뿐만 아니라 포함하고 있는 세계관 내적 논리 등도 유사하다. 삼족오 동심원은 태양을 상징하므로 태양신인 해모수와 그 혈손인 동명계 왕들을 의미한다. 특히 삼족오가 가진 의미는 단군신화의 구조 및 논리, 변증법적 세계관과 관련이 있다. 그 외에 벽화에 등장하는 다양한 존재물들과 그들의 행위, 그들을 연결시키는 구조를 파악한다면 고분벽화와 단군신화, 또 이규보가 기록한 주몽신화는 매우 긴밀한 관계가 있음을 밝힐 수 있다.

  필자가 초기논문들에서 밝혔듯이 단군신화의 초기원형은 고조선에 의해서 만들어졌으나 수차례의 변형을 거쳤고, 일연이 기록한 단군기록은 고조선 멸망 이후에, 특히 찬자인 일연과 관련하여 매우 체제적이고 논리적으로 재구성되었을 가능성이 크다. 고구려는 건국초기의 혼란을 수습한 후에 만든 전승되던 단군신화의 원형을 근거로 건국신화를 만들었을 것이고, 역사가 발전하면서 점차 역사와 세계관, 논리 등을 반영하여 정교한 틀을 만들어갔고, 그 결정적인 계기는 광개토대왕 및 장수대왕 시기로 여겨진다.

고구려는 이 시대에 이르러 내적발전과 함께 외적팽창으로 인한 자기성장, 다종족적 다문화국가로서의 변화를 인식하게 되었다. 고구려의 역할과 국가의 탄생과정과 목적 등 자기정체성(identity)을 자각하고 승화시켜가는 고구려의 재발견(rediscovery) 시대였다. 천손의식을 강조하였고, 부여계와 백제·신라·가야 등 동일종족의 흡수와 포용을 실현하였다. 동명계신화의 재정리, 천제의식(天帝意識)과 성스러운 용어의 사용 등은 부여계 종족의 적장자(嫡長子)라는 강한 자각과 동시에 자기역할을 분명히 자각하면서 고구려 정통론을 내외에 선언하는 것이다. 그리고 고구려인들은 모델로 삼았던 고조선을 적극적으로 계승하면서 재정립(re-foundation)하였다. 다시 말해서 조선적 질서를 재현하였다. 비록 건국 시기, 건국한 지역, 주민구성에 있어서 동일성을 충분하게 회복하지 못하였다 해도 고구려는 고조선을 계승하였음을 알 수 있다. 물론 단군신화를 비롯하여 고조선문화의 모습이 구체적이고 명확하게 전승되지 않는 한계가 있다. 그 외에도 묘제·무기·토기 등등 고고학적인 유물·유적들을 비교하면 고조선과 고구려 간에는 문화적 계승성이 있었던 것으로 판단된다.

한국역사 속에서 후발 국가들이 선행국가들을 계승했다고 자처한 예는 역사상에서 흔히 발견되고 있다. 부여는 북부여, 동부여, 졸본부여 등 끊임없이 이름을 계승하며 신흥국가들이 탄생했다. 백제는 졸본부여를 탈출하여 건국한 국가임에도 불구하고, 부여의 계승성을 시조신앙(東明제의)의 실천, 국호 사용 등을 통해서 실현해갔다. 고려가 멸망한 이후에 '소고구려'·'후고구려' 등을 세워 부흥운동을 전개하였다. 이후 건국한 발해는 고구려 계승의식을 대내외에 과시하였다. 『속일본기(續日本紀)』에는 발해의 제2대 무왕인 대무예(大武藝)가 쇼무천황(聖武天皇)에게 보낸 국서(國書)에서 고구려(원홍운동 '高麗'라고 되었지만 고구려를 뜻한다.)의 거처를 회복하고, 부여국을 건국했다고 썼다. 같은 책 운동 역시 제3대 문왕인 대흠무(大欽武)가 역시 국서에 "고(구)려의 왕 대흠무가 말하노라…(高麗王大欽茂言…) 또 권32에는 대흠무가 국서에서 '천손(天孫)'으로 자칭했다고 하였다. 일본 또한 발해는 옛날 고구려다(渤海郡者 舊高麗國也)라고 하여 계승하였음을 인식하고 있다.(속일본기) 나라현 평성경에서 발견된 목간에는 '依遣高麗使廻來 天平寶字二年 十月卄八日 進二階級' 라고 하여 사신들을 고려라고 불렀음을 알 수 있다. 발해가 멸망한 이후에도 끊임없이 한 명칭을 갖고 복국운동이 펼쳐졌다. '후발해' 국건국 세워졌다가 935년에 멸망했고, 그 후에도 '정안국(定安國)', '올야국(兀惹國)', '홍요국(興遼國)', '대원국(大元國 : 大渤海)' 등을 세웠다. 후삼국시대에 후백제는 백제를 계승한다는 인식을 지니고 있었고 이를 표방하였다. 궁예 역시 고구려의 복수를 한다는 인식을 지니고 있었다. 더욱이 고려는 국명에서나 가계를 표방할 때도 고구려와 관련이 있고 계승한다는 인식이 있었다. 특히 원의 고려 지배기에 들어서면 역사를 기술하는데 고조선을 집어넣기 시작했다. 지식인들을 중심으로 중국과는 전혀 다른 천하가 있었다는 인식과 고조선과 단군을 상고사에 첫머리에 실었다.

심지어는 조선도 시원국가 및 선행국가와의 계승성을 중요시하였다. 태조 때에 이미 단군(檀君)과 기자사전(箕子祀典)을 정비하였다. 이는 물론 조선왕조의 정통성을 시원국가에서 찾고자하는 태도이다. 단군사당이 건립되기도 하였다. 조선을 소위 고조선과 연결시키고 계통성을 지니고 있다는 인식은 보편적이었다.(한영우)[17] 그 만큼 선행국가를 계승했다는 의식은 중요했고, 그래서 실제로, 구체적으로 표방했음을 알 수 있다.

---

17 韓永愚,「朝鮮初期의 歷史敍述과 歷史認識」7, 일지사, 1997.

5. 대안과 맺음말-고구려를 중심으로.

일정한 시대의 역사가 전체사(全體史)를 대표할 수는 없다. 고려 이전 시대의 우리 역사적 공간은 소위 한반도 지역과 대륙의 일부, 그리고 광범위한 해양이었으며, 역사적 시간 역시 그러했고 세계관 또한 그러했다. 따라서 고대의 역사상을 정확히 이해하려면 육지와 해양이란 두 가지 관점에서 동시에 접근해 들어가는 '해륙사관(海陸史觀)'이 필요하다. 즉 대륙과 반도 해양을 하나의 통일된 역사단위로 보는 시각이 필요하다. 또한 우리역사를 통일적인 인식과 공동체의식의 강화를 위한 과정으로 해석하는 시각이 필요하다. 우리역사학에서는 첫 출발부터 분단된 상태로 인식하면서 선행(先行)국가인 조선과 그 이후 국가들 간의 계승성을 적극적으로 설명하지 않고, 고구려·백제·신라·가야·왜 등을 하나의 역사체에서 출발한 것으로 설명하는 것이 명쾌하지 않다. 우리역사에 편입되었던 영역과 그 속에 살았던 종족 내지 주민들, 향유했던 문화에 대해서 연관성을 지닌 통일적인 역사체로서 접근해볼 필요가 있다. 이제는 미시적이고 각론적인 연구방식과 함께 동시에 총체적·거시적으로 파악하면서 상호보완해야 역사상의 본질에 더욱 정확하게 접근할 수 있다.

일본은 과거에 '일한일역론(日韓一域論)'을 거쳐 '만선사관(滿鮮史觀)'을 만들어냈다. 중국은 최근에 동북공정 작업을 통해서 고구려 전 기간 동안의 역사를 자국사로 편입하고 있다. 그리고 그 직전에는 소위 '일사양용(一史兩用)'이라고 하여 고구려역사를 평양천도 이전과 이후로 나누어 중국과 한국 각각의 역사라는 논리도 구사하였다. 이러한 분리논리를 극복하기 위해서도 우리역사를 통일적인 시각, 즉 자기완결성을 지닌 우리 역사체라는 시각으로 볼 필요가 있다.

최소한 조선과 고구려와 발해는 만주와 한반도 중부이북 그리고 바다를, 즉 해륙(海陸)을 하나의 통일된 영역으로 인식하였고 활동하였다. 특히 고구려는 더욱 그러한 특성이 나타났다. 고구려에게 백제·신라·가야·왜와의 관계는 국경을 접하고 있었던 중국지역의 국가들, 북방국가들과는 분명 다른 관계였다. 또한 아울러 삼국이전시대, 삼국시대 등 고대역사를 분열과 갈등의 역사로만 보지 말고, 공존과 통일의 역사로도 함께 보는 것이 필요하다. 예를 들어 고구려의 초기 소국정복을 통합전쟁 혹은 통일전쟁으로 보는 시각이다.

그렇다면 지역적이었던 우리 역사를 통일적(統一的)으로 이해할 뿐 아니라, 자체(自體)의 완결성(完結性)과 복원력(復原力)을 지닌 유기체로서의 우리역사를 파악하면서 모질서(母秩序)인 조선의 계승성을 주장할 수 있다. 뿐만 아니라 민족국가 혹은 민족역사 혹은 민족문화 등을 설정하면서 '계통화 작업(系統化 作業)'을 원활하게 추진할 수 있다. 또한 중국문명과는 동일하지 않으면서도 유사하고, 상호존중하고 교호하면서도 다른 독특한 문명권의 설정이 가능하다. 무엇보다도 우리는 대륙에 부수적인 반도적 존재가 아니며 역사발전도 주변부가 아닌 중핵에서 자율적으로 진행시켜왔다는 사실을 확인할 수 있다. 특히 고구려는 우리역사에서 이러한 중핵역할을 가장 잘 실천한 나라였음을 확인하면서 중국의 전통적인 역사인식 및 동북공정을 극복할 수 있다.

필자는 해류사관에 입각한 역사인식을 바탕으로 동아시아 및 우리 역사에 대한 새로운 관점과 미래발전모델을 모색하는 목적에서 '동아지중해(EastAsian-Mediterranean-Sea)'란 모델을 설정하여 제시하였다. 즉 동아시아를 지중해적 형태와 성격을 지닌 역사의 장으로 파악하고, 다양하고 복잡하며 스케일이 큰 역사가 하나의 틀 속에서 움직여 온 공질성(共質性) 강한 역사로서, 우리는 그 중핵(中核)에서 능동적인 역할을 해온 것으로 이해하고 있다.

동아지중해 모델을 적용하여 동아시아의 정치 · 경제적 성격을 규명할 경우 몇 가지 장점이 있다. 첫째, 동아시아에서 중심부와 주변부를 명확하게 구분할 수 있다. 포괄적이고 다소 추상적인 동아시아의 중심부는 동아지중해가 된다. 뿐만 아니라 그 중심부를 해양질서와 육지질서를 공유하고 연결된 하나의 권역으로 본다. 지역의 특성이 분명해지고, 그에 따라 국가 간, 지역 간의 역할분담이라는 도식이 명확하게 드러난다.

둘째, 이 동아지중해 개념은 구성국들 간의 공질성(共質性)을 구체적으로 확인시켜 준다. 셋째, 동아지중해 개념은 동아시아의 과거 역사 뿐만 아니라 현실적인 상황과 조건을 이해하는데 효율적인 도구가 된다. 동아지중해모델은 동아시아의 상생(相生)뿐만 아니라 우리역사를 해석하고 위상을 찾으며 추후역할을 제시하는데도 유효성이 있다. 우리는 동해·남해·황해·동중국해로 이어진 동아지중해의 중핵(中核, core) 위치에서 대륙과 해양을 공히 활용하며, 동해·남해·황해·동중국해 전체를 연결시켜 줄 수 있는 유일한 곳이다. 특히 모든 지역과 국가를 전체적으로 연결하는 해양 네트워크는 우리만이 가지고 있다.

그러한 동아지중해의 역학관계와 중핵조정지로서의 바람직한 역할을 고구려의 역사를 통해서 가늠할 수 있다. 우리 역사에서 이러한 관점으로 해석할 필요가 절대적인 나라는 고구려이다. 고구려는 화북(華北)지방의 중국세력과 북방의 유목종족(遊牧種族)들, 한반도 중부 이남의 백제와 신라 및 왜의 세력이 마주치는 힘의 접점에 있었다. 또한 대륙과 해양을 공유하였고, 중국지역 및 요동(遼東)지역 등과는 황해북부를, 백제(百濟)와는 황해중부 이북을 경계로, 왜와는 동해를 가운데 두고 있어서 해양질서의 영향도 적지 않았다. 따라서 문화적으로 다양하고, 능동적이고 국제성있는 지중해 문화의 전형적 특성을 가졌다. 아울러 해류사관에 입각한 동아지중해모델은 우리역사의 위치와 역할이 분명하고, 다른 지역과의 차별성이 부각됨으로서 고대사에 관한한 현재 통일한국지역, 일본열도의 일부지역, 남만주의 일부지역을 포괄하는 공동의 역사체(혹은 조선공동체)를 설정하는 일이 쉬워진다.

역사에서 진보의 동력은 자아의식에서 부터 나온다.[18] 자아의식이야말로 사회를 밝게하고 민족과 역사를 진보시키는 에너지이다. 당면한 민족적 위기를 극복하고 21

---

18 윤명철, 『역사는 진보하는가』, 온누리, 1991 참고.

세기에 자주적인 역사발전을 하기 위해서는 해야 할 일은 많이 있다. 하지만 가장 기본적이고 1차적인 과제는 잊어버렸고, 잃어버렸던 민족의 자아를 찾고 회복하는 일이다. 민족은 항상 다른 민족과 구별되려고 하며, 경쟁의식을 본능적으로 갖고 있으므로 자아가 매우 소중한 의미를 지니고 있다.

우리민족은 외세에 의하여 자주적인 역사발전이 오랫동안 저해 당해왔고, 영토의 많은 부분을 잃어버렸다. 고조선에서 고구려로 이어지는 역사발전의 단계는 고구려의 멸망, 발해의 멸망으로 인하여 저지당했다. 그리고 만주일대에 뻗쳐있던 광활한 영토와 삶의 터전을 빼앗겨버렸다. 영토의 상실이란 단순한 땅이나 자연환경의 손실이 아니다. 그 땅과 인연을 직접·간접으로 맺은 삶의 상실, 역사의 상실이다. 때문에 문화가 왜곡되거나 감추어져왔을 뿐만 아니라 자기문화를 현장체험을 할 기회마저 봉쇄당했다. 천 여년 이상 우리는 잃어버린 땅에 삶의 흔적을 묻힐 수가 없었다. 지금도 그 흔적을 찾을 기회가 거의 없는 상황이다. 또한 외부문화를 능동적·주체적으로 수용한 것이 아니라 비자발적으로 수용했고, 외부문화에 수동적으로 편입되었다. 그 때문에 우리문화에 대한 자의식이 약할 뿐만 아니라 정체성(identity)에 대해서도 자신감을 갖지 못한 채 어정쩡하게 지내왔다. 특히 근대화가 시작되고, 현재 우리의 운명을 규정한 20세기는 주체적으로 맞이한 시대가 아니었다. 세계사의 조류에 휩쓸리고, 서구와 일본 제국주의의 강압에 의하여 피동적으로 강요받은 시대였다.

따라서 자기의 역사에 대하여 주체적으로 해석을 할 기회가 적었다. 스스로를 비하하게 되었고, 왜곡된 문화를 강제로 수입 당했을 뿐만 아니라, 민족자아(民族自我)를 상실하였다. 그 결과 닥쳐온 현실을 능동적으로 극복할 수 없었으며 20세기를 맞이 할 방법론을 적극적으로 모색할 수도 없었다. 물론 지배계급에서는 개화운동(開化運動), 자강운동(自强運動) 등을 추진하였고, 농민들은 동학농민혁명을 통해서 나름대로 시대적 과제를 해결하고자 하였다. 그러나 역사의 탁류를 거슬리기에는 역부족이었다. 그 결과 우리는 식민지가 되었고, 민족이 분단되었으며, 급기야는 한국전쟁이라는 동족

간의 살육전이 벌어졌다. 이후에도 근대화를 비자발적으로 추진할 수밖에 없었으며, 그 과정에서 독재정치가 이루어지기도 하였다. 이후에도 역시 우리의 역사발전은 왜곡되어왔다.

우선 민족자존심을 회복하고, 역사의 주체는 바로 자신들이라는 자아의식을 갖는 일이다. 그런데 우리에게도 역사에서 발전의 모델로서 본받을 자격을 갖춘 나라가 있었다. 그 나라는 강한 자의식을 바탕으로 강국이 되었고, 정치·군사적으로 뿐만 아니라 문화적으로도 매우 성숙하였다. 바로 고구려이다. 고구려는 고조선과 부여를 이어받았다는 계승의식이 강하였고, 또 실제적으로도 그러하였으므로 건국한 출발부터 자의식이 강했다.

집단에게 있어서 정통성과 계승성이 의미하는 바는 매우 크다. 더구나 세계질서가 재편되고, 국가단위의 역할이 점차 소멸되고 있는 과도기인 현재에 고구려의 고조선 계승성은 순수 역사적 측면 외에 필요한 정체성을 찾는 작업의 일환으로서 의미가 크다.

03
東北工程의 배경과 21세기 동아시아 신질서의 구축*

1. 들어가는 말

역사학은 잊혀진 사실, 잃어버린 사실을 찾아내고, 고증하여 엄숙한 진리를 추구하는 작업이다. 하지만 특정한 사관이나 특정한 정치이념, 특정한 배후세력과 시대적 상황에 의해 왜곡돼서도 곤란하다. 객관과 실증이란 편견없이 사실 그대로를 보는 것이다. 문제가 무엇(what)이고, 왜(why) 그렇게 되는가를 알아야 하며, 그리고 어떻게(how) 해결하는가 하는 방법론을 추구하고, 제시하는 것도 중요한 사명이다. 역사학이야말로 경험과 사실과 실험을 바탕으로 한 학문이다. 이미 검증한 사건을 수단으로 삼음으로서 숱한 역사과정 속에서 실패율이 비교적 적은 해결모델을 제시할 수 있다. 때문에 역사학은 과거를 연구대상으로 하고 있음에도 불구하고, 본질적으로는 '미래학(未來學)' 이다.[1]

현재는 미래로부터 빌어온 것이다. 거대한 혼돈과 불확실성의 시대 속에서 역사학은 현실분석의 유효한 틀을 제공하고, 미래의 진행방향을 제시해주는 지표이 역할

---
* 「동북공정의 배경과 21세기 동아시아 신질서의 구축」, 『단군학 연구』 10호, 단군학회, 2004.
1 졸저, 『역사는 진보하는가』, 온누리, 1992의 2장 사관이란 무엇인가를 참조.

을 해야 한다. 그럼에도 우리 근대 역사학은 자칭 혹은 타칭 역사의 전환기, 질서의 재편기라는 시대마다 기본적인 역할을 하지 못했다. 이미 20세기 말에서 21세기에 들어서면서 문명의 패러다임이 질적으로 변화하고 있고, 세계질서, 특히 동아시아질서는 급격하게 재편되고 있다.

필자가 그동안 몇몇 저서들과 논문들, 기타 글들에서 밝혔듯이 향후 몇 년 안(2010년 직전)에 우리의 운명을 결정지을 기본태도와 축들이 형성된다.[2] 우리와 중국지역, 일본지역, 그리고 러시아의 연해주를 포함한 주변지역들은 총체적으로 팽팽하게 경쟁체재에 돌입할 것이고, 그 과정 속에서 행위의 명분을 획득하고, 효율적인 방략을 찾기 위하여 역사에 대한 연구가 본격적으로 이루어질 것은 명약관화하다.

필자는 일본역사교과서 왜곡사건이 일어났을 때 과거의 제국일본이 역사를 정치·경제적 목적에 걸맞게 역사를 왜곡한 것(半島史觀, 滿鮮史觀, 南方文化論)과 동일하게 중국 또한 자국사(自國史) 중심으로 재편할 것이며, 현재도 왜곡이 정도가 더 심하다고 발표한 바 있다. 지식인 일반 특히 역사학자들은 현실상황에 대한 무지와 안이한 인식태도, 지적교만에 빠져 있다가 이제야 강력한 중국의 힘과 시스템, 치밀한 구상에 현실감을 느끼기 시작했다.(깨달은 정도는 아직 아니다.) 그리고 동북공정에서 보이듯 역사를 적극적으로 무기로 삼는 현실에 허를 찔려 당황해하고 있다. 그런데도 역사인식이 결여돼있고, 지적 토대가 허약한 비전문가들이 이 사건의 본질을 제대로 보지 못한 채, 일종의 정서적 접근을 추진하거나, 안이한 미완성의 지적접근을 시도하고 있다.

---

2 윤명철, 「고구려 담론 1 -미래모델의 의미」, 『고구려연구』9집, 고구려연구회, 2000.
「고구려의 東亞地中海 모델과 21세기적 意味」, 『아시아 文化硏究』, 목포대학교 아시아문화연구, 2002, 12.
「장보고 시대의 무역활동과 미래모델의 가치-동아지중해론을 중심으로-」, 『張保皐 時代의 海洋活動과 東亞地中海』, 학연, 2002.
「장보고를 통해서 본 경제특구의 역사적 교훈과 가능성」, 『경제특구』, 남덕우 편, 삼성경제연구소, 2003 등.

거기다가 소수를 중심으로 대응시스템을 독점하려는 행태마저 보이고 있다. 늘 그랬듯이 자칫하면 오히려 중국의 심모원려한 전략에 말려 들어갈 수 있다는 우려와 개탄을 금치 못하고 위기감을 느끼면서 이글을 작성한다.

2. 동북공정의 내용[3]

중국 사회과학원과 공산당 길림성위원회가 공동으로 '동북변강역사와 현상연구공작 좌담회'를 열었고, 중국정부 사회과학원 산하의 '중국변강사지연구중심(中國邊疆史地硏究中心)'에서 2002년 5월에 '동북변강역사와 현상계열연구공정'이라는 약칭 동북공정사업이 발족했다.

리철영(李鐵映) 중공 정치국 위원, 중국사회과학원 원장이 있고, 그 외에도 왕락림(王洛林) 중국사회과학원 부원장, 길림성, 요녕성, 흑룡강성 등 각성의 부성장들 및 선전부부부장들이 있고, 학자로는 핵심인물이라 할 수 있는 마대정(馬大正) 중국사회과학원 중국변강사지(中國邊疆史地) 연구원이 포진되어 있다. 그리고 관련된 학자들이 연구위원으로 참여하고 있으며, 정치인들도 참여하고 있다. 이처럼 정부의 대대적인 지원 아래 고구려는 물론, 고조선, 부여, 발해 및 현재의 한국에 대한 연구를 하는 작업이다.

현재 상태에서 동북공정의 중심을 이루는 연구대상 가운데 하나가 고구려의 성격 규정이다. 즉 고구려의 전체 역사를 현재 및 미래의 국가발전전략에 합당하게끔 논리적이고 효율적으로 포장하여 자국의 역사 속에 편입시키려는 역사적 노력의 일환이

---

[3] 이 장 내용 가운데 중국 측의 활동자료와 논리에 대해서는 서길수, 「고구려=중국사이다. 중국의 논리와 국가프로젝트 "동북공정"」, 『'고구려=중국사' 중국의 논리는 무엇인가?』, 고구려연구회, 2003, 12, 1에서 종합정리 되어 있다.

다. 따라서 고구려의 건국과정과 귀속문제 등 다양한 내용들이 중국학자들에 의하여 시급하게 주장되었다.

중국이 고구려사를 중국 역사로 편입시켜 나간 사실을 시기적으로 구분할 필요가 있다. 동북공정이 국가사업으로 구체화되기 이전과 그 이후가 큰 차이를 보이고 있기 때문이다. 동북공정을 추진하는 대표적인 학자인 마대정은 고구려연구 경향을 3시기로 구분하고 있다. 1단계는 19세기 80년대로부터 1949년까지. 2단계는 1949년부터 20세기 70년대, 그리고 3단계는 20세기 80년대 이후이며 왕성기에 들어섰다고 하였다. 사실 그대로 1980년 이전에는 모든 나라들이 만주 지역의 역사 연구에 큰 관심을 기울이지 않았다.

다만 일제시대에 단재 신채호를 비롯한 민족사학자들이 연구를 했고, 분단 이후에 북한이 관심을 깊게 기울였다. 남한은 신라정통론을 주장했고, 북한은 고구려 정통론을 내걸었기 때문이다. 북한은 지역적으로도 같지만, 고구려인의 강한 자주성과 정신이 국가 체제를 유지하는 데 매력적인 요소라고 판단했을 것이다. 1970년대 후반에 들어와, 주체사관이 주창되면서 고구려는 북한의 주민들에게 대외투쟁의 정당성과 승리의 가능성을 뒷받침해 줄 수 있는 살아있는 교과서였다. 북한은 「조선전사」를 비롯, 「고구려사」 등 다양의 연구 성과들을 출판했다.

중국은 고구려사에 관해서 전통적으로 한국의 역사라고 인식해왔고, 그렇게 기술해왔다. 모든 『정사』의 열전에도 「동이전」 속에 백제, 신라, 왜 등과 함께 서술하고 있었다. 근대에 들어서도 고구려가 한국사에 속한 것으로 기술하고 있었다. 다만 한사군(漢四郡)의 위치를 황해도 지역까지 표시하고, 만리장성의 종점을 황해도나 압록강 하구까지 표시한 경우는 간혹 있었다.

1980년대에 들어서 고구려를 중국의 지방사로 간주하는 주장들이 전문적인 고구려사 전공자들에 의해서 나타났다. 위존성(魏存成)의 『고구려고고(高句麗考古)』, 장박천(張博泉)·위존성(魏存成)이 주편한 『동북고대민족(東北古代民族)·고고여강역(考古與疆

城)』, 경철화(耿鐵華), 손인걸(孫仁杰)이 편찬한 『고구려연구문집(高句麗硏究文集)』이 있고, 방기동(方起東), 가사금(賈士金), 임지덕(林至德), 경철화(耿鐵華) 등도 계속해서 글을 발표하고 있었다.

리전복(李殿福)·손옥량(孫玉良)의 『고구려간사(高句麗簡史)』, 류자민(劉子敏)의 『고구려역사연구(高句麗歷史研究)』는 고구려 전문연구서이다. 가장 뛰어난 이론가인 손진기(孫進己)는 『동북민족원류(東北民族源流)』 등 여러 권의 책이 있다. 그리고 뒤늦게 산성 연구서가 나왔다. 왕우랑(王禹浪)·왕굉북(王宏北) 편, 『고구려발해고성지연구회편(高句麗渤海古城址硏究滙編)』의 상편은 고구려의 고성유적 190개를 소개하였다. 고구려연구 성과를 집대성한 『고구려발해연구집성(高句麗渤海硏究集成)』은 고구려부분이 3권, 발해 부분이 3권으로 되었다. 이 학자들 가운데에는 고구려연구회의 주최 국제학술회의에 초청을 받아 손진기, 왕우랑은 직접 발표하기도 하였고, 많은 이들은 중국내부의 사정으로 인하여 논문만을 보내 발표하기도 하였다.

그런데 1980년대 전반까지는 대부분의 조선족 학자들을 비롯해서 '일사양용(一史兩用)', 즉 고구려사를 분리해서 보자는 견해를 피력했다. 재중동포인 강맹산은 고구려사는 "……427년을 계선으로 한다면 중국지방사는 그 전기의 역사를 위주로 하고 조선사는 그 후기를 위주로 한다."고 주장했다. 이 이론은 만주에 있었던 고구려는 중국사로, 그리고 평양으로 수도를 옮긴 역사는 중국사로 보아야 한다는 일종의 절충적인 논리이다. 그러한 속에서도 교과서에는 고구려사를 대외관계로 간주했다.

그런데 1990년대 들어오면서 '통일적 다민족국가론'을 이념화해 고구려사 전체를 중국사의 일부로 보는 주장들이 나오게 되었다. 1995년 7월, 통화에 있는 통화사범학원(通化師範學院)에서 고구려연구소가 설립되었다. 1995년, 중국사회과학원의 변강사지연구중심(邊疆史地硏究中心, 1983년 설립)에서 관심을 갖기 시작한 후, '제1차 전국고구려학술대회'가 열렸고, 1996년도 하반기에는 고구려 문제를 중국사회과학원의 중점 연구 과제로 정식으로 입안됐다. 1997년에는 길림성사회과학원에 고구려연구중심이 만들어졌고, 길림성사회과학원은 조선·한국연구소도 만들었는데, 현재 대표적 학자인 양소전(楊昭全)이 소장을 맡았다. 동북사범대학의 동북민족여강역연구중심(東北民族與彊域研究中心)에서는 유후생(劉厚生)이 활동했다. 1998년 12월에는 변강사지총서(邊疆史地叢書)『고대중국고구려역사총론(古代中國高句麗歷史叢論)』(흑룡강교육출판사)이 출판되었다.

이렇게 시작된 동북공정을 주도한 학자들의 주장을 간단히 살펴보면 다음과 같다.

1) 고구려는 우리나라 경내의 민족이 세운 지방정권이다.

즉 고구려 정권은 서한(西漢)시기 현도군(玄菟郡) 고구려현(縣) 경내에 있는 변강민족이 세운 지방정권이다. 남쪽으로 내려온 부여의 한 지류와 서한시기 고구려현 경내에 있는 기타 변강민족이 같이 세운 것이다. 고구려 민족의 기원에 대해서 예맥설(穢貊說), 부여설(夫餘說), 고이설(高夷說), 상인설(商人說), 염제설(炎帝說) 등 여러 가지가 있지만 모두 고대 중국 경내의 민족이다.

2) 고구려의 활동중심이 몇 차례 이전하였지만 한사군의 범위를 벗어나지 않았다.

고구려정권이 건립된 후에 흘승골성(紇升骨城), 위나암성(尉那巖城), 환도성(丸都城), 평양성(平壤城), 장안성(長安城) 등 몇 차례 천도하였다. 초기는 물론이지만 평양성, 장안성이 있는 평양 부근도 역시 원래 한사군(漢四郡)이 관할하는 범위를 벗어나지 않는다.

3) 고구려는 역대의 중앙왕조와 신속(臣屬)관계를 유지해 왔고 "중국"밖에서 자절(自絶)하지 않았다.

국내 정세의 영향을 받아 때로는 직접 때로는 간접적으로 관리하였다. 대부분의 분열된 정권은 다만 고구려와 신속관계를 유지할 것을 요구하였는데, 수(隋)·당(唐)시대에 이르러 중국은 고구려를 당나라 안동도호부(安東都護府)의 직접적인 관할 밑에 들어오게 하였다.

4) 고구려가 망한 후 주체부분이 한족 속에 융합되었다.

당나라가 고구려를 통일한 후 고구려 사람들은 4가지 형태로 분산되었다. 첫째는 반 정도에 가까운 30만 사람이 북경, 하남(河南), 안휘(安徽), 강소(安徽), 호북(湖北), 산서(山西), 섬서(陝西), 감숙(甘肅), 사천(四川) 등 지역에 옮겨져 한(漢) 등 민족 속에 융합되었다. 두 번째는 신라에 10만명 정도가 들어갔다. 세 번째는 말갈(靺鞨, 渤海)의 옛 땅에 남은 약 10만 명 정도의 사람들은 발해족(渤海族)의 구성부분이 되었고 금(金)나라시기에 여진(女眞)족에 융합되었다가 대부분이 한족 속에 융합되고 말았다. 네 번째, 약 만 명 정도의 고구려인이 고대 북방의 돌궐(突厥) 등 민족 속에 흩어졌다. 이렇게 볼 때 절대 대부분의 고구려인은 중화민족 속에 융합되었다.(집필자: 李大龍)

5) 수·당과 고구려의 전쟁은 중국 국내전쟁이다.

중국 내부의 국내전쟁이었고, 이로 인해서 통일정권이 수립되었다. 당태종이 수행한 동정(東征, 고구려 침공)의 정치적인 목적은 통일중국이다.(劉炬)

6) 高씨 고려와 王씨 고려는 성질이 다른 두 개의 정권이다.

양자는 건국 시간이 현저하여 역사발전의 귀속이 다르고, 통치하고 관할한 구역이 다르다.
또한 민족구성이 다르며, 왕씨 고려는 고씨 고려의 후예(後裔)가 아니고 왕씨 고려의 왕족도 고씨 고려의 후예가 아니다.(楊保隆)

7) 고구려, 고려와 조선족을 뒤섞어서는 안 된다

현대의 조선족은 신라사람을 주체로 하여 형성된 것으로서 조선반도에 남은 소수의 고구려인, 말갈(靺鞨)인, 한인 등도 포함된다.(厲聲)

이러한 주장을 한 동북공정에서 고구려사를 왜곡한 부분에 대한 총체적인 자료정리는 고구려연구회의 서길수 교수가 처음으로 시도했고, 필자는 이 정리와 자료조사 등을 토대로 몇 차례에 걸친 논문을 발표했다. 그 후에 알려진 내용들은 대부분이 비슷하다.
이 주장들의 의미를 살펴보면 다음과 같다.
첫째, 정체성의 문제다.
먼저 고구려 영토와 주민에 대한 중국 측의 주장을 살펴보자. 이 문제는 고구려 귀속문제 논쟁의 초점 중 하나다. 고구려를 세운 맥인이 바로 당시 중국의 민족 중 하나였다는 논리다. 기원전 3세기에는 모두 연(燕)나라의 영역이었고, 기원전 2세기에는 연나라 위만(衛滿)이 위씨조선을 건립했는데, 위만이 한나라의 위탁을 받아 그 지역을 관할했다는 주장이다. 고구려는 기원전 108년에 벌써 한(漢)나라 현도군의 한 현이었고, 졸본부여 역시 현도군이며, 기원전 37년에 주몽이 고구려 5부를 통일했는데, 이 역시 모두 한나라 현도군의 영토였다는 것이다. 이 모든 것이 중국 영토에서 진행됐으니 오늘의 조선과는 아무런 관계가 없다는 것이다.

둘째, 고구려는 독립 국가가 아니라 중국에 조공을 받치는 등 신속관계에 있었다는 논리이다.

중국은 추모(주몽)가 고구려를 세운 뒤, 중국의 중앙 정권과 신부관계(臣附關係)를 맺었다고 주장한다. 그리고 고구려왕들은 중국으로부터 고구려후(高句麗侯), 고구려왕(高句麗王), 정동대장군(征東大將軍), 영주자사(營州刺史), 낙랑군공(樂浪郡公), 낙안군공(樂安郡公) 같은 관직을 받았으며, 소위 남북조시대에는 북위(北魏), 북제(北齊) 및 남조(南朝)의 각 나라 정권에 고구려가 공물을 바쳤다고 주장하고 있다. 물론 중화적 사관에 입각한 중국의 사료 등을 근거로 삼고 있는 것이다.

장박천(張博泉)은 『동북역대강역사』[4]에서 고구려가 대를 이어 중국정권의 번국(蕃國)이었다고 서술하고 있다. 설홍(薛虹)·이주전(李澍田)의 『중국동북통사』는 "남북조가 대치하고 있는 상황에서 고구려의 번속 관계는 이중신속관계(二重臣屬關係)로 남조에게 신하로 칭하고 북조에게도 신하로 칭했다. …"라고 하였으며, 이어 "고구려가 망하자 당나라가 요동군을 수복하였다."[5]고 주장하였다. 양소전(楊昭全)이 관계한 『중조변계사(中朝邊界史)』에서는 "고구려는 처음부터 끝까지 중국에 예속하였으며, 한나라부터 당나라까지 역대 중원왕조가 관할한 소수 지방정권이다."[6]라고 주장하였다. 마대정(馬大正) 등이 편찬한 『고대중국고구려역사총론(古代中國高句麗歷史叢論)』(흑룡강교육출판사, 2001)에서도 고구려와 수왕조는 신속관계에 있었다는 주장을 펴고 있다.

---

4 張博泉·蘇金源·董玉瑛, 『東北歷代疆域史』, 吉林人民出版社, 1981.
5 薛虹·李澍田 主編, 『中國東北通史』, 吉林文史出版史, 1991 ; 李澍田 主編, 『東疆史略』, 吉林文史出版社, 1990.
6 楊昭全·韓俊光, 『中朝關係簡史』, 遼寧民族出版社, 1992 ; 楊昭全·孫玉梅, 『中朝邊界史』, 吉林文史出版社, 1993.

중국인들은 이러한 주장을 사료를 열거하는 정도를 넘어서 고구려의 자발성이란 표현으로 정당화 시키고 있다. 즉 고구려는 우리나라 역대의 중앙왕조와 신속(臣屬)관계를 유지해 왔고 "중국" 밖에서 자절(自絶)하지 않았다. "7세기라는 기나긴 기간 동안 역대 중국 왕조와 밀접한 신속관계를 유지해 왔다. 심지어 당나라가 고구려를 통일한 후에도 수많은 고구려인들이 조국의 통일을 지키기 위해 큰 공을 세웠고 청사에 이름을 남겼다."라며 천남생(泉男生), 고선지(高仙芝), 이정기(李正己) 등을 열거하고 있다[7]고 하였다. 결국 관리방식은 다르지만 모두 고구려의 활동 구역이 중국의 고유한 영토라고 생각하였다는 주장이다. 심지어 한(漢) 군현의 지배력을 확대 해석해 한반도 서북부의 연고권을 주장하고(과거에 일본인들과 우리학자들이 주장한 것이지만) 평양 천도 이후의 고구려 역시 당연히 고대 중국의 영역 안에 있기 때문에 중국사로 포함시켜야 한다는 주장이다.

세 번째, 수나라와 당나라가 고구려와 전쟁을 벌인 것은 내부에서 일어난 국내전이고, 통일전쟁이었다는 논리이다. 장박천(張博泉)은 1985년 낸 『동북지방사고』[8]에서 "수·당과 고구려의 전쟁은 통일적 다민족의 중앙집권국가가 요동의 군현을 수복하기 위해 진행한 전쟁이지 본국 통치계급이 영토확장을 위해서 침략전쟁을 일으킨 것은 아니다."라고 해서 고구려의 중국 귀속을 강하게 강조하고 있다. 양수조(楊秀祖)는 「수양제정고구려적기개문제(隋煬帝征高句麗的幾個問題)」(『통화사범학원학보(通化師範學院學報)』, 1996-1)에서 정벌의 원인을 몇 개의 입장으로 정리하면서 "고구려국토는 한조의 현도·요동·낙랑의 3군고지이다. 한조 이래로 역대 중원정권의 고유국토였으므로 수조에게서도 예외일 수는 없었다."라고 주장하였다. 고구려의 흘승골성(紇升骨城), 위나암성(尉那巖城), 환도성(丸都城), 평양성(平壤城), 장안성(長安城)이 고구려의 도성(都城)

---

7 李大龍, '中國邊疆史地研究中心' 동북공정 인터넷 사이트, 2003.
8 張博泉, 『東北地方史稿』, 吉林大學出版社, 1985.

으로 되었는데, 이는 결국 현도(玄菟), 낙랑(樂浪), 임둔(臨屯), 진번(眞番) 등 한사군(漢四郡)이 관할하는 범위를 벗어나지 않는다고 주장하였다. 그리고 고구려사에 대한 자기식의 해석을 근거로 이러한 결론을 내리고 있다. 즉 '고구려 정권은 서한(西漢)시기 현도군(玄菟郡) 고구려현 경내에 있는 변강민족이 세운 지방정권이다. 민족구성은 비록 내원(來源)이 다양하지만 모두 서한시기 동북변강지역에서 살았던 민족이며, 또한 주(周)나라 시기에 중앙왕조와 긴밀한 관계를 맺었고, 서한시기에 이르러서는 서한의 현도군 지역에서 활동하면서 서한왕조의 유효한 관할을 받았다. 즉 고구려 정권 건립초기의 서한은 고구려를 구체적으로 직접관리하였다. ……당나라가 수나라를 이어 부단히 군대를 일으켜 고구려를 통일하려하는 원인 중의 하나는 고구려의 활동지역이 일찍부터 전대에 의해 통치되던 지역이기 때문이었다고 하였다.[9]

동북사범대학의 유후생(劉厚生)은 "조한(朝韓) 학자들이 고구려가 생활하던 곳을 그들의 고토(故土)라 하고, 중국의 동북지구에 대한 역사주권을 강력히 부정한다."며 주의를 당부했다. 당나라가 통일을 완성했으며, 이를 위해 대대적인 군사력을 사용했다고 주장하고 있는 것이다. 그들은 당태종이 자국에서 전쟁 직전에 '요동은 과거에 중국땅이었다.' (遼東故中國地)라고 하였다는 조서를 활용하고, 고구려는 대대로 중국에 조공을 받치는 등 신속관계에 있었다는 논리를 편다.

중국학자들이 삼고 있는 역사적인 근거는 위에서 열거한 중국의 사료들과 함께 이를 수용한 삼국사기 등이다. 이는 몰(沒)역사적이거나 비현실적인 인식을 바탕으로 한 안이하고 잘못된 해석이 타국의 역사왜곡작업에 어떻게 빌미가 되는 지를 한국사 연구자들에게 알려주는 연구방식이다. 하지만 고구려는 조선과 부여를 명분상으로 계승하였으며,[10] 종족 및 영토 또한 계승하였다.[11]

---

9 李大龍, 위와 동일.
10 윤명철, 「고구려 담론 1-미래모델의 의미」, 『고구려연구』9집, 고구려연구회, 2000.

그러면 중국은 왜 동북공정을 통해서 고구려 역사를 왜곡시키려는 것일까? 일부의 견해처럼 고구려 유적·유물을 유네스코가 지정하는 세계문화유산에 등재하려는 목적이 있기 때문이다. 그러나 그러한 단기적인 목적 외에 이 작업에는 보다 근본적인 몇 가지 목적들이 복잡하고 작용한 결과이다. 필자는 이미 이러한 상황의 전개에 대한 우려와 함께 그 대응방법을 수년전부터 발표해왔다. 최근에 일부 논자들이 말하고 있는 신중화제국주의와 동아시아 신질서 수립과 관련 있다는 내용은 필자가 발표한 것임을 밝혀둔다.

3. 세계의 변화와 동아시아의 적응

우선 동북공정의 동아시아적인 의미를 살펴보기 위하여 현재 진행되고 있는 동아시의 질서 재편과정을 알아볼 필요가 있다. 이 부분은 이미 수차례 다른 논문에서 상세하게 밝힌바 있으므로[12] 가능한 한 약술하고자 한다.

「고구려의 고조선 계승성에 관한 연구 1」, 『고구려연구』13, 고구려연구회, 2002.
「단군신화와 고구려 건국신화가 지닌 정체성(identity)탐구」, 『단군학연구』6, 단군학회, 2002.
「단군(壇君)신화를 통해서 본 고구려고분벽화」, 개천절기념남북한 공동학술회의, 2003.
11 이 부분에 관한 학자들의 연구는 몇 편 있다.
필자는 「高句麗人의 時代精神에 대한 探究」, 『韓國思想史學』7집, 한국사상사학회, 1996에서 고구려 발전기를 재정립시대(re-foundation)라고 하여 고구려가 조선 계승작업을 실현하였다고 해석하였다.
12 윤명철, 「古代 韓中(江南)海洋交流와 21世紀的 意味」, 『中韓人文科學硏究』3집, 中韓人文科學 硏究會, 1998.
「고구려의 東亞地中海 모델과 21세기적 의미」, 『아시아文化硏究』, 목포대학교 아시아문화연구, 2000, 2.
「고구려 담론1-그 미래 모델의 의미」, 『고구려연구』9집, 2000, 12.
「장보고 시대의 무역활동과 미래모델의 가치-동아지중해론을 중심으로-」, 『2001 해상왕 장보고 국제학술회의집』, 장보고기념사업회.
「장보고를 통해서 본 경제특구의 역사적 교훈과 가능성」, 『경제특구』, 남덕우 편, 삼성경제연구소, 2003, 6

1) 국제질서의 변동

세계질서가 새롭게 재편되면서 세계화 혹은 지구화가 속도감 있게 전개되고 있다. 엘빈 토플러는 1993년 말에 출판한 『권력이동(Power Shift)』에서 두 가지 중요한 예측을 하였다. 하나는 세계가 양극 체제에서 3극체제, 즉 워싱턴·베를린·도쿄를 중심으로 하는 미주 세력, 유럽세력 그리고 동아시아 세력으로 재편되리라는 것이다. 국제질서의 변화와 축을 예단(?) 했다. 그는 그 책의 거의 종결부에서 민족문제를 언급하고 있다. 현재는 민족주의가 광범위하게 부활을 하고 있다. 물론 토플러가 생각하는 민족은 고전적 의미의, 또 강대국의 군사적 침략에 굴복하여 식민지를 경험했던 우리가 느끼는 그런 성격의 민족은 아니다. 어떤 표현을 사용하든 세계는 자집단주의(自集團主義)가 더욱 강해지면서 강대국을 위한 정교한 프로그램이 만들어져 왔다. 강대국들은 혈통과 소지역에 바탕을 둔 민족주의 시대를 이미 오래전에 넘었으며, 이른바 지구를 하나의 단위로 생각하는 세계주의를 표방하고 있다. 이른바 '지구인(地球人)', '세계시민(世界市民)' 등의 개념이 익숙해진지 오래이다.

세계화(globalization)는 물리적인 국경, 영토를 토대로 삼은 국경의 개념 자체를 극복했다는 점에서는 자국을 중심으로 다른 나라와의 관계를 발전시켜 나가는 '국제화(Internationalization)' 보다 더 진보된 개념으로 오해 할 수 있다. 하지만 어떤 면에서는 더 공세적이고 강대국 중심의 전략적인 개념이다. 19세기 제국주의 시대와는 비교할 수조차 없는 거대한 규모와 치밀한 시스템을 갖춘 세계경제(WTO)의 출현, 그리고 이를 실현시키기 위한 세계시장의 확대(FTA)가 숨 가쁘게 이루어지고 있다. 이를 거대한 미국이 쳐놓은 '세계화의 덫'(『Die Globalierungsfalle』)이라는 디소 김징이 섞인 듯한 수장이 있다.

이러한 세계질서 속에서 미국이라는 초강대국 중심의 세계화(世界化)와 중간단계로서 넓은 범주의 지역화(地域化)가 추진되고 있다. 몇몇 강대국들을 중심으로 군사동맹을 맺은 외에도 나름대로 미국 · EU(유럽연합) · ASEAN 등 국가간의 결합을 매개로 광범위한 블록화를 추진하고 있다. Ghassan Salame는 지역화(地域化)는 새로운 영향권 형성을 위한 완곡한 위장술이 될 수 있다고 하였듯이 소위 유사한 문명권, 종족, 지역을 중심으로 이익을 극대화시키려는 '자집단주의(自集團主義)'를 실현하고 있다. '세계체제론(World System Theory)'을 주장했던 월러스틴은 앞으로 5~10년 안에 유럽연합 내부의 군사협력이 가능하다고 하였다. 유럽은 이제 더 정치적 결속력이 강한 합중국을 지향하고 있다. 최근에 합중국을 만드는 것은 포기하였다고 선언했지만(2003년 5월), 대통령의 선출 등은 곧 실현될 전망이다.

한편 이러한 세계화와 지역화를 본격적으로 촉발시킨 미국은 1992년에는 북미자유무역협정(北美自由貿易協定, North American Free Trade Agreement), 즉 NAFTA를 발족시켜 94년 1월부터 발효시켰다. NAFTA는 최근에는 미주 자유무역지대(Free Trad Area Of America)를 결성하려는 움직임을 갖고 있다. 2005년에 FTAA가 창설될 경우에는 중남미를 포함한 세계 최대의 경제블록이 탄생한다. 2005년에는 FTAA와 EU, 그리고 그들 간에도 다시 자유무역지대 같은 지역통합이 이루어질 가능성이 높다. 이러한 지역무역협정(Regional Trade Agreement)[13]의 확대는 인류의 역사에서 보다 더 확대된 역사단위가 탄생하기 시작하는 것을 의미한다. 이러한 세계사의 흐름 속에서 동아시아 지역 역시 자국의 이익을 추구하는 것은 물론이다. 특히 1990년대 중반이 되면서 EU와 NAFTA의 강화로 동아시아내의 협력 필요성이 제기되었다. IMF 사태 이후에는 더욱 긴박하게 움직이고 있다.

---

13 이종원 등, 『국제지역경제』, 비봉, 1997.

2) 동아시아 공동체의 형성

동아시아는 20세기 후반에 이르러 가장 역동적인 발전을 해온 지역이다. 일본을 비롯하여 한국 대만 싱가포르 등이 대표적이었으나, 느슨한 체제 속에서 후발주자인 동남아 각국들도 매우 속도감있게 외적인 성장을 하였다. 이러한 성공은 소위 '아시아적 가치의 발견'이라는 형태로 나타났다. 특히 소비에트가 붕괴하고, 중국이 사회주의 시장경제체제를 추구해온 등 정치환경이 변화한 이후에는 더욱 그러했다. 그러다가 소위 IMF 사태를 당했다. 동아시아는 신세기를 맞이하는 순간에 결정적인 타격을 받았다.

이제 아시아인의 진정한 자각이 필요하고 동아시아의 협력이 절실해지고 있다. 동남아 국가들은 소위 동북아국가들(동아시아)과의 협력을 원하고 있다. 아세안 +3회의가 2000년 11월 24~25일 싱가포르에서 개최되었다. 이 때 각 나라들의 정상들은 동아시아 자유무역지대와 동아시아 정상회의를 정례화하자고 제안하였고, 2001년 11월 초에 열린 회의에서 한국의 김대중 대통령이 동아시아 자유무역지대 출범을 제의하였다.

한국·중국·일본 그리고 러시아의 일부가 포함되어 있는 포함한 소위 넓은 의미의 동아시아의 핵(核, core)국가들은 세계 여타의 강력한 블록에 대응하기 위해서, 또 동남아지역과의 강고한 협력을 염두에 둔 중간과정을 위해서도 기존의 관계를 뛰어넘는 협력체를 구성하거나 나아가서는 이보다 더한 공속의식(公屬意識)과 결속력(結束力)을 지닌 블록(정치적·경제적 의미를 지닌)을 결성해야할 필요성이 증대되고 있다. 동아시아의 핵(核)국가들은 자신들이 원하든, 원하지 않든 지금보다는 상당히 긴견된 형태의 역사체를 지니게 될 것이다. 처음에는 문화공동체 경제공동체 군사공동체를 거쳐 궁극에는 정치공동체를 이룰 것이다.

그럼에도 불구하고 각 국가들은 미래의 구도에 대하여 확신을 못 가진 채 군사적인 역할과 영향력, 경제력의 향상과 체제의 개편, 정치적인 영향력의 확대 등 많은 면에서 서로 간에 불필요한 경쟁을 하거나 갈등을 빚고 있다. 그래서인지 정치적인 것보다는 경제나 교역, 문화교류 등 실질적인 이익을 전면에 내세우면서 협력체의 결성과 파트너쉽의 가능성들을 시험하고 있다. 현재는 넓게는 국가간, 좁게는 지역간·도시간의 협력체제를 결성하는 것을 전제로 많은 구상과 이론들을 내세우고 있다. 필자는 가칭 '동아연방(東亞聯邦)'의 탄생 가능성을 2000년 여름에 정치외교사학회에서 발표한 적이 있다.

일본은 현재의 개념과는 달리 폐쇄적이고, 패권지향적인 광역 경제권 내지는 블록을 과거에 구상하고 실천에 옮기려던 과거의 경험이 있다. 1970년대에는 동남아를 목표삼은 엔화경제권형성에 열을 올렸다. 하지만 이제는 동북아에 깊은 관심을 쏟고 있다. 1988년에는 소위 환일본해(동해) 경제권을 주장하여 남·북한과 러시아를 자국의 경제영역에 끌어들여 남북한과 일본, 중국의 동북부, 극동 러시아(연해주)를 하나의 경제권으로 묶는다는 구상을 추진하고 있다.

한편 이러한 세계질서 혹은 동아시아의 격변 속에 혜성처럼 등장한 나라가 중국이다. 재등장한 등소평은 사회주의 시장경제를 표방하며 현재로서는 가장 왕성한 의욕을 가지고 국지경제권을 적극적으로 추진하고 있다. 넓은 경제영토를 갖고 있고, 전 세계에는 화교들이 포진해서 붉은 네트워크를 구성하고 있다. GDP 규모에서 대중화 경제권은 현재 세계 5위를 차지하고 있으며, 구매력에서는 미국에 이어 2위로 평가된다. 홍콩과 대만 중국의 경제는 점차 통합되어 가고 있으며, 이를 '대중국(Greater China)'이라고 부른다.

중국은 다양한 형태와 국지경제권을 설정하고 이를 실천하려고 하고 있다. 발해만을 싸고 있는 지역을 묶는 환발해경제권(環渤海經濟圈) 등 산동성·오녕성 한국의 서해안을 연결하는 환황해경제권(1989년)을 선언하였다. 또한 동북삼성·내몽고·산동반도·몽골·시베리아·요동지역·한반도·일본열도를 모두 포함하는 거대한 동북아경제권의 구상까지 이루어지고 있다. 모두 만주 지방과 직접 관련이 있는 곳이다. 경제가 어려워지면서 위기의식을 느낀 중국 정부는 '동북 지역 대 개발 사업'을 추진하고 있다. 시베리아에서 오는 송유관을 만주로 통과시키기 위해 애를 쓰고 있다. 이 때문인지, 심양 등 도시와 주변의 도로망들은 하루가 다르게 달라지고 있다.

러시아는 1990년 블라디보스토크에서 '일본해90'을 개최한 이후 동아시아지역에 관심을 기울여 1992년 1. 1에는 군사항인 블라디보스토크를 개방하였다. 그 외에도 일본과 함께 환동해경제권(環東海經濟圈)에 참여하고, UNDP가 주도하여 러시아의 블라디보스토크 이남의 크라스키노 등 핫산(KHASAN)지구와 중국의 훈춘, 북한의 나진·선봉 등 두만강 하구 지역을 자유무역경제지구로 선정하였다.

북한도 UNDP가 주관한 '제 1차 동북아지역 기술협력회의'에서 '나진 선봉 개발계획'을 발표하였는데, 이는 자유무역지대로 개발한다는 구상이다. 2002년도에 김정일은 상하이의 푸동지구를 방문하고 난 이후인 11월에 신의주를 경제특구로 선포하고 행정장관에 화교인 양빈을 임명하였다. 이는 물론 내부의 준비부족과 중국 측의 제동 때문에 당분간은 가동이 불가능하다. 그런데 북한은 적어도 명분상으로는 특구 내지는 특구와 유사한 형태의 경제개발지역구를 설치하려는데 적극적이다. 또 그 해 11월 20일에 '개성공업지구법'을 채택하였다. 현대와 토지개발공사측이 참여하여 개성공단을 개발한다는 계획이다.

한국은 서해만 개발계획, 중국과의 황해경제권 등을 추진하고 있으며, 동해 중부와 일본의 쓰루가(敦賀), 니가타(新潟) 등을 연결하는 동해경제권 등 여러 가지 이론을 구상하고 있다. 그 외에 동북아의 허브 공항으로서 영종도에 신공항을 건설하였고, 부산항만의 확장 건설, 광양만 양향체제를 구축하고자하며, 송도신도시를 경제특구로 만들려는 사업을 추진하였다. 그리고 북한을 겨냥한 남북협력사업 등을 추진하고 있다. 경의선을 복원하여 중국의 TCR과 연결하고, 동해선을 복원하여 러시아의 TSR과 연결함으로써 소위 '철의 실크로드'를 재현한다는 계획을 추진 중이지만, 알다시피

더디게 진행되고 있다. 김대중 대통령은 2001년 11월에 열린 아세안＋3회의에서 동아시아 자유무역지대 출범을 제의하기도 하였다. 또 외국과의 자유무역협정을 적극적으로 추진하겠다고 하였다. 노무현 정부는 동북아 중심국가 전략을 내세우고 있다.

앞에서 살펴본 것처럼 동아시아 각국은 넓게는 국가간, 좁게는 지역간·도시간의 협력체를 결성하는 것을 전제로 많은 구상과 이론들을 내세우고 있다. 하지만 현재까지 나온 이론들은 정교하지 못한데다가 선언적 성격이 강하므로 실제적으로 국지경제권은 말할 것도 없고, 동아시아 전체를 아우르는 블록의 형성은 어렵다. 공존을 모색하기에는 아직 조건이 충분하게 성숙되지 못했다.

여기에는 몇 가지 이유가 있다. 먼저 내부적인 요인이 있다. 현재까지 나온 이론들은 정교하지 못한데다가 선언적 성격이 강하므로 실제적으로 국지경제권은 말할 것도 없고, 동아시아 전체를 아우르는 블록의 형성은 어렵다. 또한 지역간에 나타나는 관리와 조정의 무정부적 현상은 국가와 국가 사이에서도 나타난다. 중국은 1989년 환황해경제권을 추진하면서 일본을 배제시켰다. 사업의 성공을 위해서는 일본의 참여가 절실했지만 국지경제권(局地經濟圈)을 다단계로 추진하면서 그 중간 단계에서는 일단 일본을 배제한 채 주도권을 장악하고자 하는 전략의 일환이었다. 그 외에도 중국과 러시아 및 북한이 유엔개발기구(UNDP)가 주도한 동북아협력권을 둘러싸고 갈등을 벌인 것은 좋은 예이다.

그러나 그와 함께 중요한 것은 지나친 경쟁의식과 패권을 지향한다는 것이다. 물론 약소국인 한국을 제외하고 말이다. 결과적으로 경제의 역동성, 영토 분쟁, 되살아난 대결 의식, 정치 불안정 같은 요인 때문에 동아시아 지역의 군사비 지출과 군사력은 대폭 증강되었다. 일본은 군사력을 급속도로 강화시키고 있다. 세계 국방비 지출 4위의 군사대국이며, 특히 해양력은 2위이고, 해양영토의 개념을 적용할 경우에 일본은 세계 5위의 대국이다. 더구나 과거 대동아공영권을 부르짖던 경력이 있었기 때문에 주변국들은 늘 일본을 의심하고 있다. 하지만 중국역시 마찬가지이다. 중국의 군사력은 세계 3위에 달한다는 통계도 있지만, 최근 5년간 외국으로부터 가장 많은 무기를 사들인 나라이다. 그들의 군사력은 남쪽으로는 석유수송로보호 외에 인도차이나 반도에 대하여 정치적으로 경제적·경제적으로 영향력을 확대하는 것이여, 서쪽으로는 역시 석유 및 소주민족문제와 관련하여 키르키즈스탄 등 이슬람국가들을 견제하려는 것이다. 이러한 '남진정책', '서진정책' 등은 과거 진시황, 한무제, 수양제, 당태종등이 그러했듯이 동아시아의 세력균형을 흔들고 있다. 그런데 이러한 일련의 행위들은 결국은 동아시아의 신질서가 수립되는 과정에서 보다 유리한 고지를 확보하려는 것이다.

4. 동북공정의 국제질서적인 배경

그러면 중국이 단순한 역사의 왜곡을 떠나서 동북공정을 추진하는 국내외적인 배경은 무엇일까?

"고구려는 처음부터 끝까지 중국에 예속하였으며, 한나라부터 당나라까지 역대 중원왕조가 관할한 소수 지방정권이다"[14] 양소전(楊昭全)이 관계한 『중조변계사』의 한 내용이다. 길림성 부성장이며 동북공정영도소조 부조장인 전철수(全哲洙)는 이렇게 말하고 있다. "……동북의 변강문제는 학술문제뿐만 아니라 국가영토 국가영역 국가주권의 정치문제이다. 변강이라는 지역문제가 아니라 중국전체의 지역문제이다." 한마디로 동북공정은 정치적인 사업이고, 국가주권과 관련되었다는 주장이다. 일부에서는 역사 문제, 특히 고구려 문제에 국한시켜 동북공정을 보려 한다. 하지만 보다 거시

---

14 楊昭全·韓俊光, 『中朝關係簡史』, 遼寧民族出版社, 1992 ; 楊昭全·孫玉梅, 『中朝邊界史』, 吉林文史出版社, 1993.

적인 시각을 갖고, 복합적인 관점으로 그들의 목적을 구체적이고, 체계적으로 분석해야 할 것이다.

첫째, 동북공정은 고구려 유적·유물을 유네스코에 세계문화유산으로 등재하는데, 전략적으로 활용하기 위한 목적이 있다. 북한은 지난 2000년 5월, 잠정 목록을 세계유산센터(World Heritage Centre, WHC)에 제출했다.[15] 그 목록은 모두 7개로, 고구려 벽화고분과 평양 유적, 개성 유적 같은 문화 유산, 구장 동굴과 칠보산 같은 자연 유산, 그리고 묘향산, 금강산 같은 혼합유산이다. 2002년 1월 15일자로 유네스코 세계유산센터에 우선 고구려 고분군(Complex of the Koguryo Tombs in DPRK)을 정식으로 제출했다. 하지만 2003년 7월 파리에서 개최된 제27차 세계유산위원회(World Heritage Committee)에서 ICOMOS(국제기념물유적협의회: International Council on Monuments and Sites)의 권고안을 받아들여 북한이 세계유산 등재를 위해 신청한 고구려고분군의 등재를 보류하기로 결정했다.

이 보류결정에 대하여 북한측에서 심사단이 충분한 실사를 하도록 정보 제공을 하지 않았던 것도 문제라고 보면서 중국인의 공작은 아니라는 견해도 있는 반면에[16] 중국이 북한과 경쟁해야 한다는 개연성과 이미 2002년 7월 중국이 세계유산 등재신청서를 작성하고 있었다는 상황론을 덧붙이며 공작이라고 주장하는 주장이 있다.[17]

---

15 허권, 「유네스코 세계유산의 결정절차와 현황」, 『한중 고구려유적 UNESCO 세계유산 등재의 현황과 대책』, 고구려연구회, 2003, 12, 23에는 유네스코에 유물·유적을 등재하는 과정과 목록 등에 대한 자료가 있다.
16 이혜은, 「북한의 고구려 유적 세계문화유산 등재신청과정과 현황」, 『한중 고구려유적 UNESCO 세계유산 등재의 현황과 대책』, 고구려연구회, 2003, 12, 23.
17 서길수, 「중국의 고구려 유적 세계문화유산 등재신청과정과 현황」, 『한중 고구려유적 UNESCO 세계유산 등재의 현황과 대책』, 고구려연구회, 2003, 12, 23.

둘째, 동북공정은 '신중화제국주의(新中華帝國主義)'를 실현시키기 위한 명분축적 작업을 목적으로 삼고 있다.

중화(中華)란 중국을 중심에 두고, 다른 종족과 문화에 대해 배타적인 우월감을 표현하는 말이다. 중국에게 이러한 중화제국주의는 여전히 필요하고 실현되어야 할 과제다. 아니 오히려 이를 더욱 강화시킬 필요성이 있다. 중화제국주의를 실천하는 구체적인 전략이라는 측면에서 역사가 필요한 것이다. 공산주의자로 알려진 모택동은 그의 '신민주주의론'에서 중화민족의 우월성을 강조했다. 공산화가 이루어진 중국은 제국주의적인 성격을 지니게 되었다. 공산주의 체제가 중화제국주의를 확대시키는 명분과 시스템 그리고 힘을 제공한 것이다. 결국에는 중원을 중심으로 주변의 소수민족의 영토와 독립을 앗아간 것이다.

1949년, 중공군에게 침략 당한 티베트는 잔인한 수법으로 중국에게 합병 당했다. 그 후 수 차례에 걸쳐 독립운동이 일어났지만 탄압 당했다. 몽골은 내외몽골로 분리되었고, 내몽골(네이멍구)에는 한족(漢族)이 이주해 몽골족보다 더 많은 상태다. 서쪽 실크로드 지역에서는 위구르인(回族)들이 독립운동을 벌이며 저항하고 있다. 주변 국가들의 저항이 만만치 않은 것이다.

여기에다가 전통적으로 불변의 사실로 여겨졌던 황하 유역의 중원문명을 넘어서는 문명권의 존재가 속속 드러나고 있다. 이른바 '다지역 문명설(多地域 文明說)'인데, 특히 만주지역은 홍산(紅山)문화, 하가점(夏家店) 문화 등 중원과는 다른 특색을 지닌 문화가 있었다. 중국은 만주 지역에 대해 두려움과 불편한 감정을 동시에 지니고 있다. 한족은 만주 지역의 종족에게 일종의 열등감을 느끼는 것 같다. 만주라는 용어를 잘 쓰지 않고, 1953년에는 이 지역을 요녕성과 길림성, 흑룡강성으로 만드는 일종의 지역 분리 정책을 사용하면서 동북이라고 부른다.

현재 공산 중국은 55개의 소수 민족과 한족으로 이루어져 다민족국가의 한계가 노정되고 있는 상태다. 내부에서 발생한 갈등 즉 종족 또는 민족간의 갈등은 권력이나 경제적 갈등으로 이어진다. 대외관계 혹은 민족모순이 계급모순이 되는 것이다.

이런 복잡한 사연을 지닌 주민과 주변지역을 완전하게 지배하기 위해서는 역사적인 정당성과 명분이 있어야하고, 지배받는 그들을 설득시킬 만한 그럴듯한 논리가 있어야 합니다. 또한 한족들에게는 중국이 한족 중심으로 흔들림 없이 발전해야 한다고 설득해야 한다. 이렇게 중화민족 또는 중화문명에 대한 정체성 확립이 시급한 시점에서 과거 역사를 재정리하고 재편해, 명분을 획득할 필요가 있다.

동북공정의 이론가인 유후생(劉厚生)은 한 문건에서 "우리는 변강사 연구와 현실을 긴밀히 연결시키는 우량한 전통을 발양하여 중화민족의 애국주의 정신을 발양해야 한다. 주변 국가와의 화목한 우호관계를 증진하기 위해, 조국의 신성한 영토와 영해의 안정을 보위하고, 국가와 민족의 존엄과 근본이익을 지키기 위해 우리들은 반드시 변강사 연구를 강화시켜야 한다"라며 역사와 중화국가주의가 불가분의 관계에 있음을 명료하게 알려주었다. 이러한 문건과 주장들은 역사 왜곡의 근본배경과 추후의 전개과정에 대한 예측을 가능하게 한다. 즉, 이 연구는 궁극적인 신중화제국주의(新中華帝國主義)로 귀결될 가능성이 높다. 이러한 의도는 고구려 혹은 주변지역들의 영토가 중국의 근원으로 인식하는 주(周)의 영토, 한(漢)의 영토였음을 강조하는 데서도 나타난다. 베트남 등 주변국들의 중국에 대한 태도는 이러한 우려가 현실성이 있음을 알려주고 있다.

셋째, 동북공정은 주변 국가들에 대한 통제력을 강화하고, 특히 만주 지역에 대한 한국의 영향력을 약화시키려는 의도가 깔려 있다.

연변은 조선족자치주로, 200만 명 정도에서 약 85만 명이 살고 있다. 현재는 오히려 한족이 57.4%, 조선족은 39.7%밖에 안된다. 만주에서 조선족이 점점 감소하고, 한족들은 증가하고, 사라졌던 만주족을 만들어내고, 주민도 별로 없는 지역에 만주족 자치 단체를 만드는 등 조선족의 힘을 약화시키려는 고도의 술책을 쓰고 있다. 중국정부는 2002년 8월부터 조선족들에게 '3관교육(三觀)'을 실시하고 있다. 즉 조선족의 역사는 중국 소수민족의 역사이며(역사관), 조선족은 중국 내의 다양한 민족 가운데 하나이고(민족관), 조선족의 조국은 중국(조국관)이라는 내용이다.

중국정부는 현재에 이르러 보다 결속력이 강화된 남북한 혹은 통일한국(요원하지만)이 만주지역에 대한 연고권을 주장하거나 영향력을 강화시킬 가능성(희박하지만)에 대하여 우려하고 있다. "중국은 한국이 통일되기를 원한다. 이를 위해 필요하다면 대화장소가 기타 편의를 제공할 것이다.(순위시 전 주한 중국 공사)"라는 말도 있지만 내심은 다를 것이다.

동북공정의 주요한 주체인 동북사범대학의 유후생(劉厚生)의 말은 보다 솔직하다. 그는 "······특히 주의해야 할 것은 목전 조선반도의 일부사학가들이 그들의 민족주의 입장에 입각하여 중조변계문제에 대하여 크게 문장을 만들어놓고 있다. 조한(朝韓)학자들은 고구려와 지금 조선반도의 승계관계를 제멋대로 선전하고 고구려가 생활하던 지구는 그들의 고토(故土)라 하고 중국의 동북지구에 대한 역사주권을 극력 부정한다. "만주(동북지구)는 자고로 우리선조의 땅"이고, "장백산은 우리조상의 성산이다."라고 헛소리를 치고 있으며 공공연히 북방영토를 수복하자고 제출하고 있다. 이는 조선반도에서 일어난 중조관계사의 일종 비학술화된 경향으로서 우리의 주의를 불러일으킨다."[18]라고 하였다.

실제로 만주지역에서 각종 형태의 경쟁과 충돌이 발생하고, 이 경쟁에 일본 러시아 심지어 미국까지 끼어들 경우에 중국은 매우 어려운 처지에 놓이게 된다. 그러므로 만주지역 내부에 대한 지배력을 한층 강화시켜 조선족 및 기타세력의 움직임을 차단하고, 주변 분쟁지역의 주민들과 연고가 있는 국가들에게도 일종의 경고 메세지를 보내는 것이다.

넷째, 동북공정은 향후 중화중심(中華中心)의 동아시아 혹은 아시아공동체를 구성

---

[18] 劉厚生, 「亟待加强東北邊疆史的硏究」, 『高句麗 歸屬問題硏究』, 『黑土之的古代文明』, 遠方出版社, 2000.

하기 위한 전단계의 정지작업일 수 있다. 향후 동아시아는 공동체를 지향하고 실현시킬 가능성이 높다. 세계사적인 현실로 미루어, 이러한 공동체는 정치, 군사적 영토보다 문화 영토 그리고 경제 영토 개념이 적용될 가능성이 크다.

동아 경제권 혹은 동북아경제권을 형성하기 위해서는 먼저 지리적으로 근접성이 강하고, 가장 중요한 코드인 '한자문화권(漢字文化圈)'이라는 공통점을 지닌 중국과 대만, 홍콩, 남북한이 하나의 경제권을 만들어야 한다는 주장들이 강하다. 미국과 유럽의 보호주의에 공동으로 대처한다는 전략이다. 이 경우에 만주 지역은 지정학적(地政學的), 지경학적(地經學的), 지문화적(地文化的)으로 매우 다양하고 역사적으로 예민한 지역으로서 다가올 세계 질서 혹은 동아시아 질서 속에서 모든 나라의 힘이 충돌할 가능성이 높은 지역이다. 특히 한민족이 통일을 이루게 된다면, 엄청난 지각 변동이 일어날 것은 필연적이다.

과거 한동안 만주 지역의 경제적 중요성은 석유·철 등 자원 문제에 국한되어 있어 비중이 낮았다. 그런데 최근에 정부가 야심차게 추진하던 서부대개발사업이 주춤 한데다가, 만주지역이 정치적으로 중요도가 더해지고, 원자바오 총리가 동북지방을 중시하는 정책을 취하면서 비중이 높아지고 있다. 뿐만 아니라 만주 지역은 자원생산지로서의 가치 외에 일종의 경제적 허브(herb)가 될 수 있는 지정학적인 환경을 갖추고 있다. 동북아(東北亞) 경제공동체(經濟共同體)든, '만주경제권(滿洲經濟圈)' 이든 이곳은 모든 것이 몰려들 수밖에 없고, 만약 남북한의 계획대로 TCR과 TSR까지 연결되면 모든 도로망이 몰려들면서 동아시아 교통의 중심지가 된다. 대륙과 황해와 동해가 만나는 곳이자, 대륙경제권과 황해경제권·동해경제권이 만나는 곳이다. 중국의 새지도부는 만주재개발을 중점적으로 추진하고 있고, 러시아의 이르쿠츠크에서 시작한 시베리아 송유관을 옛 부여지역인 대경(大慶)유정이 있는 곳을 통과시키기 위해 일본과 상당한 경쟁을 벌였었지만, 결국 몇 달 전에 패배하고 말았다. 일본 또한 이미 만주의 중요한 가치를 간파했고, 일찍부터 두만강 하구를 주목하고 1924년도에 이른바

'두만강 경략론'을 주장하였다. 그래서 일본의 대륙 진출과 발해사 연구가 긴밀한 연관을 맺고 있는 것이다.

2002년, 북한은 신의주경제특구를 갑작스럽게 시도했지만, 중국정부의 비상식적인 방해로 인하여 순식간에 실패하고 말았다. 이러한 충격적인 결과는 동북공정을 적극적으로 추진하는 중국 정부의 인식과 향후 동북 지역에 대한 운영 방식과 무관하지 않다. 선사 시대부터 압록강 하구 유역은 언제나 갈등이 있었고, 특히 고구려와 중국 세력간에 치열한 경쟁과 전쟁이 벌어졌다. 앞으로 '자연스러운 경제영토(Natural-Economic-Teritoris, NET)' 개념이 적용된다고 하더라도, 이 지역만은 실효적인 지배가 필요하다.

그 외에 동북공정에는 간도 문제가 있다. 우리 민족이 통일이 되면 만주 지역을 사이에 두고 중국과 간도 문제를 놓고 매우 미묘관화질 것은 명약관화하다. 1909년, 중국과 일본은 실질적인 주체인 조선을 배제한 채 간도협약을 비밀리에 맺었고, 이 때 빼앗긴 간도 지방을 놓고 분쟁이 재현될 가능성이 있다. 동북프로젝트의 공개된 5개의 연구방향 가운데 간도 문제는 동북 지방사 연구라는 항목 아래 2003년 중점 연구 방향으로 선정되어 있다. 초기에 선정된 27개 과제 가운데 12개(변강문화를 포함한다면 13개 과제임)는 직접·간접적으로 간도 문제와 관련있으며 중국이 간도를 중국령으로 영원히 고착시키는 논리를 강화하는 데 필요한 기초적인 학술연구에 속하는 것이라고 한다.[19]

그 외에 동북공정은 연해주 문제와도 깊은 관련이 있다. 1860년에 중국은 불평등조약인 북경조약으로 인하여 연해주 일대와 동해로 가는 출구(出口)를 러시아에 빼앗기고 말았다. 중국은 동해로 자기 세력을 확대할 수도 없고, 일본의 진출을 자력으로

---

[19] 이 문제를 제기한 사람은 박선영 교수이다. 아래 글은 그와 관련된 글에서 발췌하였으며, 문건을 검토하지 못하였다.

견제할 수도 없게 되었다. 만약 중국이 연해주 땅을 되찾는다면 무궁무진한 육지의 자원은 물론, 바다의 자원들까지 가질 수 있다. 특히 타타르 해협까지 차지한다면 북태평양으로도 진출할 수 있다. 그 때문에 중국인들은 합법적인 방법과 불법을 가리지 않고 연해주에 건너와 자리와 영향력을 확대하고 있다. 현재 중국과 러시아는 對미국 및 對일본전략 속에서 협력관계이자 동반자관계를 구축하고 있다. 하지만 중국이 국제질서의 변동 과정 속에서 연해주 지역의 수복을 노리고 있다면 동북공정의 또 한 목표는 자연스럽게 드러난다. 이때 동북공정에서 발해사에 다음단계로 고구려사를 자국사로 편입시키려는 행위는 궁극적으로 연해주에 대한 역사적인 연고권을 주장하면서 명분을 축적하고자 하는 목적 때문이다.

현 중국정부의 고구려영토에 대한 인식은 당(唐)이 중국의 통일을 이룩했다는 주장에서 표현된다. 그리고 통일에는 대대적인 군사력을 사용했다는 일종의 선동 내지 협박을 암시하고 있다. 유후생(劉厚生)은 앞에 인용한 문건에서 이렇게 주장하고 있다. "우리는 변강사 연구와 현실을 긴밀히 연결시키는 우량한 전통을 발양하여 중화민족의 애국주의 정신을 발양하여야 한다. 주변국가와의 화목한 우호관계를 증진하기 위하여, 조국의 신성한 영토와 영해의 안정을 보위하고, 국가와 민족의 존엄과 근본이익을 지키기 위하여 우리들은 반드시 변강사 연구를 강화시켜야 한다."라고 하여 역사와 중화국가주의가 불가분의 관계에 있음을 명료하게 알려준다.

중국정부는 이러한 목적 외에도 다목적 포석을 깔고 동북공정을 진행하는 것으로 판단된다. 심각하게 나타나는 사회주의 시장경제의 문제점, 내부 계급모순의 심화에 따른 사회불안 등을 애국주의를 발양시켜 무마시키려는 부수적인 효과도 기대하고 있다. 또한 향후에 북한에서 급작스러운 사태가 발생했을 경우를 대비해서도 연구를 진행시키고 있다. '중국변강사지연구중심(中國邊疆史地研究中心)'의 홈페이지에는 '조선반도 형세변화의 동북지구 안정에 대한 충격'이라는 문건이 실려 있어 이러한 입장을 알 수 있다.

그런데 국제적 요인에 비중을 두고, 중국 측의 당위성을 인정하자는 견해도 있다. '유라시아 질서체' 라는 큰 맥락에서, 즉 미국 중심의 세계화 과정에서 살아남기 위한 동아시아 전략의 일종으로 보자는 논리이다.[20] 물론 중국으로서는 일리가 있지만 어디까지나 그것은 자기들만의 논리이다. 오늘날 미국이나, 과거의 일본이 패권을 지향하면서 주장한 것과 같은 것이다. 만약 동아시아의 공존과 상생을 지향하면서 동아시아 전략을 구사한다면 긍정적이지만 실상은 그렇지 않은 것 같다.

중국의 동북공정을 이러한 시각에서 바라보는 필자의 주장에 비약이 있다고 견해도 있다. 단순한 역사의 왜곡을 세계사적인 문제로까지 확산시키는 것이라는 의미이다. 특히 역사학자들 사이에서 이런 비판이 일고 있다. 역사학을 연구하는 이유는 단순히 과거 사실들을 하나 하나 파헤치는 것만은 아니다. 과거의 사실을 과거 자체로 이해한다면 역사 연구를 하는 의미는 무엇인가? 필자가 동북공정의 전개를 이러한 시각으로 보는 까닭은 근대로 넘어오는 20세기 전후의 동아시아 역사가 전개되는 과정과 유사하기 때문이다. 일본이 조선을 합병하고, 이어 만주와 중국으로 점차 침략을 확대해 가는 과정과 거의 비슷한 양상을 보이고 있다.

일본은 조선을 침략하기 전, 이미 조선을 병합해야하는 당위성을 역사 연구를 통해 찾아서 그들만의 논리를 만들었다. 다루이 도키치(樽井藤吉)는 '흥아론(興亞論)'을 내세웠고, '대동국(大東國)'을 세워 청에 대응해야 한다고 주장했다. 일본은 이어 만주를 침략하기 직전인 1931년에는 일본·조선·만주·중국·몽골의 다섯 민족이 서로 화합해야 하고, 일본과 만주가 블록을 결성해야 한다는 '일만(日滿) 블록'을 주장하였다. 이 무렵에 일본의 역사학자들은 만선사관을 연구하고 주장하였으며, 발해사 연구에 열을 올렸다.

---

20 필자는 이 부분에 대해서 발표한 글은 아직 본적이 없다. 다만 일부사람들과의 대화를 통해서 이러한 견해를 들었다.

일본이 만주로 진출하는 데 가장 적합한 지역은 바로 동해와 직접 연결되는 두만강 하구 유역이었다. 거리상으로도 가깝고, 중국을 비롯한 다른 열강들의 눈치를 봐야하는 일본에게 가장 바람직한 곳이 두만강 하구였다. 1924년에 이미 거론된 소위 '두만강 경략론(豆滿江 經略論)'은 그러한 배경에서 나온 것이다. 사실 발해는 일본에 사신을 파견했던 항구는 두만강 하구 주변에 집중되었기 때문에 일본은 발해영토와 역사에 대해 관심을 가질 수밖에 없었다. 우리 역사학계가 그동안 고구려사는 물론 발해사 연구에 관심을 두지 않은 현상에 대하여 누군가가 대신이라도 변명할 필요가 있다.

일본은 1933년에는 중국을 합한 '일만지(日滿支) 블록'으로 확대 시켰으며, 1938년 중일전쟁을 일으키자 이제는 일본·만주국·중국이 주도하여 '동아 신질서'를 건설해야 한다고 주장하였다. 그러다가 마침내 1940년에 마쓰오카 요스케(松岡洋右) 일본 외상이 담화를 발표해 이른바 "대동아공영권"을 주장했다. 아시아 민족이 서양 세력의 식민지배로부터 해방되려면 일본과 중국 만주를 중축(中軸)으로 하여 프랑스령 인도차이나·타이·말레이시아·보르네오·네덜란드령 동인도·미얀마·오스트레일리아·뉴질랜드·인도를 포함하는 광대한 지역의 정치적·경제적인 공존·공영을 도모해야 한다는 일종의 블록화였다. 이 때 역시 이른바 남방문화론이 학술적 역사적인 배경이 되었다. 결국 '삼국공영론(三國共榮論)'과 '아시아 연대론(連帶論)'을 거쳐 결국 일본 제국주의의 확대와 대동아공영권으로 발전해 결국 아시아의 비극을 가져온 것이다. 소위 '대아시아주의(Pan-Asianism)'는 제국주의의 일본적 형태일 뿐으로서 아시아를 식민화 시키려는 의도였다.

이렇게 일본은 조선을 침략하여 식민지화 하면서 이른바 반도사관이 주체가 된 식민사관을 비롯해 이러한 역사논리를 계속해서 만들어 낼 때 젊은 조선의 역사학자들도 참여하여 결과적으로는 몰(沒)역사적이고, 투항적인 인식을 드러냈다. 물론 이때 일본 지식인들의 움직임을 간파한 사람들은 자신들만의 역사 연구를 통해 방어 논리를 찾았고, 활발한 저술 작업을 펼쳤다. 다만 그들의 연구업적과 존재를 근대역사학

게가 인정하지 않을 뿐이다.

5. 극복과 대안

이데올로기의 대립이 사라진 지금 21세기는 몇몇 강대국지역을 중심으로 세계화(globalization)를 광적으로 추진하고 있다. 그런데 이 과정에서 문화의 세기라고 할 만큼 문화의 비중이 점점 높아지고 있다. 과거에도 문명이 전환하는 과도기에는 문화력(文化力, culture power)이 정치 및 군사는 물론 경제질서의 방향과 위치에 강한 영향력을 행사했다. 새뮤얼 헌팅턴(Samuel Huntington)은 1996년에 『The Crash of Civilizations』을 출판하면서 당혹스럽고 중요한 말들을 하였다. 즉 이데올로기의 대립이 사라진 이후에 세계정치는 다극화(多極化)·다문명화(多文明化)하였으며, 문명에 기반을 둔 세계질서가 태동하고 있다는 것이다.[21] 그의 말은 다소 과장되어 있고, 강대국 중심의 논리와 동아시아를 분리시키려는 서구의 심리가 반영되어있어 받아들이기 힘든 점도 있다. 하지만 그의 논리대로 문화와 문명이 집단·지역 간의 갈등을 부추기는 역할을 해왔고, 또 명분을 제공하였으며 더욱 심해지는 현상은 부인할 수 없다. 그만큼 일체의 문화현상을 포괄하는 역사의 해석이란 집단들과의 관계에서 점점 중요한 비중을 차지하고 있다. 과거 제국주의 시대 서구의 예, 일본의 예에서 확인할 수 있듯이 역사의 해석이란 때로는 특정집단의 정치적·경제적·군사적 행위와 밀접한 관련이 있을 수 있다.

앞에서 분석한 것처럼 다양한 목적을 지니고 추진되는 동북공정의 논리와 의도, 목적 등을 극복하기 위해서는 단순한 역사학의 논리를 넘어서는 정치·경제·문화 그리고 문명의 논리를 포함하면서, 구체적으로는 우리 집단의 생존전략으로 접근하

---

21 새뮤얼 헌팅턴(Samuel Huntington)은 『The Crash of Civilizations』, 김영사, 1997, pp. 20~21.

는 자세가 필요하다. 필자는 중국이 주장하는 역사사실에 대해서는 이미 다른 글에서 밝힌 바가 있고, 다른 연구자들도 다양한 분야에서 문제점과 한계를 지적한 바 있다. 또한 앞으로도 역사학 연구를 통해서 그러한 작업은 계속되리라 생각한다. 따라서 필자는 이 논문의 주제에 한정하여 동아시아 신질서와 관련하여 그동안 주장해왔던 동아시아 역사의 해석틀을 소개하고, 고구려와 관련한 몇 가지 해석을 내리면서 동북공정을 극복하는 하나의 대안으로 제시하고자 한다.

우선 역사학과 관련하여 학문적인 논리로 대응하는 것이 필요하다. 그러나 과도한 관심과 일일이 대응하는 일은 불필요하다고 생각한다. 자칫하면 학자들간의 학리나 사관을 놓고 불필요한 논쟁만 계속될 수 있다. 특히 동북공정과 관련을 맺고 있는 중국학자들과 고구려역사의 주체 및 몇몇 역사적인 사실을 놓고 논쟁을 벌일 이유는 없다. 고구려가 우리민족국가의 하나이며, 역사인 것은 논쟁할 성질의 것이 아니고, 다만 고구려를 보다 정확하고 구체적으로 이해하는 수준에서 학자들 간의 공동연구와 의견교환은 필요하다. 지금 전개되는 과정 가운데 일부현상을 보면 마치 독도문제처럼 역사분쟁의 소지가 있는 것처럼 보여질 수 있고, 심지어는 우리 내부에서도 이에 공감하거나 혼란스러워하는 분위기도 있음을 부인할 수 없다.

이와 관련하여 이런 역사왜곡과 논쟁이 발생하도록 철저한 자기 논리와 보다 구체적인 연구를 이루어내지 못한 우리 역사학계의 뼈아픈 반성이 있어야 하며, 추후 우리역사를 해석하는 관점과 연구하는 방법론에도 변화를 모색해야 함을 말하고 싶다. 문헌의 사실여부를 고증하는 작업을 뛰어넘어 문헌의 왜곡된 상태 및 과정을 찾아내고, 문헌에 담긴 진실을 파악하는 일이 필요한 시점이다. 아울러 역사학의 목적, 역할, 그리고 관점과 시대구분론 등을 포함하여 사관에 대하여 관심을 기울여야 한다. 역사학은 시대정신의 옷을 갈아입어야 하는 게 아닌가?

우리역사 고대사 고구려사 등을 바라보는 사관에 변화가 필요하다. 그 동안 우리 역사학은 일국사적(一國史的)인 관점에 입각하여 국제관계를 소홀히 취급한 측면이 강했다. 우리 역사는 반도와 대륙과 해양이 만나고, 북방과 남방이 모여들며, 다양한 종족들이 직접충돌하면서 이합집산을 하고, 자연환경도 다양한 것이 만나고 있으며, 문화 또한 독특한 성격을 지닌 것들이 관련을 맺어 왔다. 그러므로 동아시아 혹은 아시아라는 보다 큰 단위 속에서 우리의 역사를 규명해가는 작업이 필요한 것이다.

또 하나, 우리역사에 대한 통일적인 인식이 결여돼있고, 공동체의식의 강화를 위한 역사의 해석을 소홀히 했다. 역사를 각론적으로 미시적으로 분석하면서 본질을 이해하는 것에 비중을 두었지만 이제는 동시에 총체적으로 거시적으로 파악하면서 상호보완해야 할 필요가 있다. 반도사관이라는 관점에서 보면 남쪽의 신라, 가야, 왜 등이 북쪽의 고구려와 하나의 역사체라고 인식하는데 무리가 있다. 또한 정치사를 강조하다보니까 정작 문화공동체나 경제공동체 혹은 정신공동체로서의 성격을 규명해내지 못하고 있다.

일본은 과거에 '일한일역론(日韓一域論)'을 거쳐 '만선사관(滿鮮史觀)'을 만들어냈다. 중국은 최근에 동북공정 작업을 통해서 고구려 전 기간 동안의 역사를 자국사로 편입하고 있다. 그리고 그 직전에는 소위 '일사양용(一史兩用)'이라고 하여 고구려역사를 평양천도 이전과 이후로 나누어 중국과 한국 각각의 역사라는 논리도 구사하였다. 이러한 비아(非我)가 의도적으로 적용한 분리논리를 극복하기 위해서도 우리역사를 통일적인 시각, 즉 자기완결성을 지닌 '우리 역사체'라는 시각으로 볼 필요가 있다. 종래와 마찬가지로 우리역사 전체를 한반도라는 고정된 틀과 육지위주의 질서 속에서 해석하다면 이는 사실성과 논리성, 그리고 자연적인 당위성을 결여한 결과를 낳을 수 있다.

적어도 고대사에 관한 한 우리의 역사영역을 그대로 인정히고, 헤양과 대륙 그리고 반도를 하나의 역사권으로 파악하는 해류사관(海陸史觀)으로서 역사상과 역사기록을 해석할 필요가 있다.[22] 그렇게 하면 지역적이었던 우리 역사를 통일적(統一的)으로 이해할 뿐 아니라, 자체(自體)의 완결성(完結性)과 복원력(復原力)을 지닌 유기체로서의 우리역사를 파악하면서 모질서(母秩序)인 조선의 계승성을 주장할 수 있다. 뿐만 아니라 민족국가 혹은 민족역사 혹은 민족문화 등을 설정하면서 '계통화 작업(系統化 作業)'을 원활하게 추진할 수 있다. 또한 중국문명과는 동일하지 않으면서도 유사하고, 상호존중하고 교호하면서도 다른 독특한 문명권의 설정이 가능하다. 최소한 조선과 고구려 발해는 만주와 한반도 중부이북 그리고 바다를, 즉 해륙(海陸)을 하나의 통일된 영역으로 인식하였고, 활동하였다. 특히 고구려는 더욱 그러한 특성이 나타났다. 고구려에게 백제, 신라, 가야, 왜와의 관계는 국경을 접하고 있었던 중국지역의 국가들, 북방국가들과는 분명 다른 관계였다.

무엇보다도 우리는 대륙에 부수적인 반도적 존재가 아니며 역사발전도 주변부가 아닌 중핵에서 자율적으로 진행시켜 왔다는 사실을 확인할 수 있다. 특히 고구려는 우리역사에서 이러한 중핵역할을 가장 잘 실천한 나라였음을 확인할 수 있다. 또한 아울러 삼국이전시대 삼국시대 등 고대역사를 분열과 갈등의 역사로만 보지 말고, 공존과 통일의 역사로도 함께 보는 것이 필요하다. 예를 들어 고구려의 초기 소국정복을 통합전쟁 혹은 통일전쟁으로 보는 시각이다. 이러한 시각들로 역사를 해석한다면 중국의 전통적인 역사인식 및 동북공정의 논리를 극복할 수 있다.

또 하나, 우리 역사학은 역사의 현재적 의미와 미래적 가치를 경시하고, 역사학의 현재적인 역할을 소홀히 해온 경향이 있었다. 필자는 이미 오래전부터 역사학은 궁극적으로 미래학이라는 명제를 설정하고 이와 관련된 연구물들을 발표해왔다. 누구나 인정하듯이 우리는 새로운 시대에 돌입했다. 문명사적으로 세계사적으로 동아시아적으로, 그리고 민족사적으로 대전환기를 맞아 혼란스러워하고 있으며, 각개의 집단들

---

22 윤명철,『高句麗 海洋史 研究』, 2003, 사계절.
　　「해양사관으로 본 고대국가의 발전과 종언-동아지중해 모델을 통해서-」,『한국사연구』123호, 2004.
　　「한국사 이해를 위한 몇 가지 제언-고대사를 중심으로-」,『한국사학사학보』9호, 2004. 3.

은 이익과 생존을 유지하기 위하여 다양한 방식으로 총체적인 발전전략을 추구하고 있다. 역사학은 당연히 이러한 시대적인 상황을 반영해야 한다. 우리 근대역사학의 소위 주류는 역사학의 기능과 목적을 사실을 규명한다는 (혹은 실증) 미명을 내걸고 시대상황과 시대정신을 외면한 채, 현실에 안주하면서 때로는 우리의 정체성을 왜곡시키거나 파괴하는 역사학작업에 방조 내지 동조를 해왔다.

역사학자는 놓여진 혹은 선택한 시간과 공간의 영향을 어느정도 받으면서 역사를 해석한다. 냉전시대와 달리 우리역사학자들이 경험하고 재인식할 수 있는 공간의 범위가 넓어지고, 고대역사상을 규명할 수 있는 학문적인 도구 또한 문자 외에 다양해지며, 특히 자연과학의 도움을 받으면서 시간의 범주가 확장되고 있다. 동북공정에 대응하고 이 시대에 걸맞고 필요한 역사학을 정립하는 중차대한 작업을 한국사연구자나 그 그룹에게 맡길 수 없는 소이가 여기에 있다. 우리 역사체가 맞이하고 있는 이러한 심상치 않은 상황을 극복할 수 있는 역사논리를 계발하고, 역사해석을 해야하며, 나아가 주체적으로 동아시아 역사상을 확립해야 할 뿐만 아니라 지구문명사에 대한 동아시아적인, 한국적인 견해와 해석도 자신있게 할 시기에 있다.

역사학은 학문적 사대주의와 연구방법론에 대한 교조적인 자세에서 탈피하고, 개방적이고 자신있는 태도로 현실과 역사에 책임감을 지닐 필요가 있다. 중국이나 일본의 지식인들에 우리존재를 맡겨놓고, 해석과 논리를 빌어다 사용하는 태도를 버리고, 우리 역사 및 동아시아 역사상에 대한 새로운 인식과 연구태도를 능동적으로 갖는 태도가 필요하다. 특히 학문과 현실을 연결시켜서 연구할 수 있는 목적성 있는 기관들이 필요하며, 그 연구기관들의 존재이유는 기존의 학자들에게 유사한 연구기회를 주고 연구비를 주게하는 것이 아니라고 생각한다.

마지막으로 고구려사와 관련하여 거시적인 안목에서 그 가치를 말하고자 한다. 이미 저서와 논문 등을 통해서 밝혔듯이 이제 동아시아는 변화하는 세계질서 속에서 상생(相生)하며 협력해야할 단계에 이르렀다. 21세기의 신질서 속에서 다른 지역에 대응하고 생존하기 위해서는 동아시아는 협력이든 동맹, 혹은 그 보다 더 강고한 형태로의 결속이 필요하다. 필자는 1994년부터 동아시아 공동체의 필요성을 역설하고, 그 대안으로 '동아지중해 모델'을 설정하여 역사적으로 경제적으로 문화적으로 역사적인 접근을 시도해왔다. 동아시아의 역사는 국가와 국가간, 지역과 지역간의 관계라는 일국사적(一國史的), 일민족사적(一民族史的)인 관점과 육지적(陸地的)인 시각을 벗어나 동아시아 해양 전체라는 거시적(巨視的)인 관점과, 육지와 해양의 유기적인 관계 속에서 파악하는 것이 유효하다. 동아시아의 각국들은 대륙과 한반도, 일본열도 및 여러 군도들에 둘러싸인 황해, 남해, 동해, 동중국해 등을 포함하고 있어 지중해적 형태와 성격을 띠고 있다. 그런데 소위 역동적인 동북아경제권(Dynamic North-East Asian Economies)은 동아시아에서도 중심부인 동아지중해 지역이 된다. 따라서 자연환경과 사회적 환경을 고려하여 동아지중해(東亞地中海, EastAsian-Mediterranean-Sea)라고 명명하고 역사를 해석하는 모델로 삼은 것이다. 동아시아는 완전한 의미의 지중해는 아니지만 바로 다국간지중해(多國間地中海, Multinational-Mediterranean-Sea)의 형태로서 모든 나라들을 연결시키고 있다.

이제 동아시아는 변화하는 세계질서 속에서 상생(相生)하며 협력해야할 단계에 이르렀다. 21세기의 신질서 속에서 다른 지역에 대응하고 생존하기 위해서는 동아시아는 협력이든 동맹, 혹은 그 보다 더 강고한 형태로의 결속이 필요하다. 그런데 동아시아가 협력체 내지 연합체, 블록, 혹은 그 이상을 구성한다면 해양을 매개로 한 지중해적 질서 속에서 이루어지는 것이 바람직하다. 이 모델이 지닌 강점과 유효성에 관해서는 필자가 여러 글에서 언급해왔다. 그런데 동아지중해 모델은 동아시아의 상생(相生)뿐만 아니라 우리역사를 해석하고, 위상을 찾으며, 추후역할을 제시하는데도 유효성이 있다.[23]

---

23 윤명철, 「동아시아의 공존과 동아지중해모델」, 『전통문화 교류를 통한 아시아와 한반도의 평화모색』,

한반도는 지리적으로 동아지중해의 중핵(中核, core)에 위치하고 있다. 남북이 긍정적으로 통일될 경우, 대륙과 해양을 공히 활용하며, 동해·남해·황해·동중국해 전체를 연결시켜줄 수 있는 유일한 지역이다. 특히 모든 지역과 국가를 전체적으로 연결하는 해양 네트워크는 우리만이 가지고 있다. 인프라의 효율적인 건설과 활용만 뒷받침 된다면 동아시아에서 하나뿐인 물류체계의 중간거점(hub)으로서 교통정리가 가능하고 나아가서는 동아시아의 경제구조나 교역형태를 조정하는 역할까지 할 수 있다.[24] 문화 또한 우리를 핵심 로타리(I.C)로 삼아 공통의 문화를 창조해낼 수 있다. 이처럼 중핵연결지의 역할을 충실히 할 경우 동아시아에서 정치·군사적인 비중이 상승함은 물론 경제적이나 교역상 문화상에서도 이익이 높아진다. 군사적·경제적 열세를 극복하면서 최소한 중핵조정 역할은 가능해진다. 한국지역의 지렛대 역할은 동아시아의 단결과 상생에 중요하고 의미 있다.

만약 동아시아의 핵심인 3국가 가운데 어느 한 국가의 힘이 유달리 강하거나, 한국이 두 강대국 간의 중간역할을 제대로 수행하지 못할 경우에는 동아시아 공동체의 구성은 불투명하다. 그런데 한국지역은 역사적으로도 중간역할을 훌륭하게 수행하여 지역들 간에 직접 충돌이 일어나는 것을 예방하였던 경험이 있다. 정치·문화적으로 서(西)에서 동(東)으로, 북(北)에서 남(南)으로 라는 '일진성(一進性)'의 경향을 띠우고 있는 동아시아에서 북방 및 중국세력은 늘 한국지역에서 멈추고 일본열도를 직접공격한 일이 거의 없었다. 또한 비교적 대륙적인 성격을 지닌 중국지역의 문화와 해양적인

영남대 통일문제연구소, 2003, 11, 20.
「동아시아의 상생과 동아지중해모델」, 『21세기 분쟁의 선환과 생명문화』, 세계생명문화포럼, 2003, 12, 19.
24 필자는 경제문화적인 입장에서 장보고의 '東亞地中海 物流場(field & multi core)역할론'을 주장하고 있다. 윤명철, 「장보고 시대의 무역활동과 미래모델의 가치」, 『장보고 시대의 해양활동과 동아지중해』, 학연문화사, 2002.

성격을 지닌 일본문화도 우리지역에서 만나 우리식으로 해석되고 조화되어 각각 상대지역으로 전파되었다.

21세기 국제질서가 재편하는 과정의 교차로에 있고, 충돌하는 문명의 틈새에 있으며, 동아시아 해양의 한 가운데에 위치한 우리에게 기존의 역사해석과는 다른 이러한 접근은 유용성이 강하다. 이러한 동아지중해의 역학관계와 한반도의 중핵조정지(中核調整地)로서의 바람직한 역할과 가능성을 우리는 지나간 고구려의 역사를 통해서 가늠할 수 있다. 고구려는 강한 자의식을 바탕으로 한 정체성을 지녔으면서도,[25] 국제질서의 한 가운데에서 역학관계를 잘 조정하였다. 북방세력들과 중국지역의 세력들과는 생존을 건 대결과 갈등을 벌이고, 한편 부여 및 남쪽의 백제, 신라, 가야 등과는 발전과 통일을 목표로 한 경쟁을 하였다. 특히 발전기에는 국제질서의 변화를 능동적으로 주도하여 강국이 될 수 있었다. 필자는 이를 '동아지중해(東亞地中海, EastAsian-Mediterranean-Sea) 중핵(中核, core)조정론(調整論)' 으로 설정하고, 현재 및 미래발전의 모델로 삼고 있다.[26] 이 모델은 각 지역 혹은 각 국가간의 역할분담을 통해서 동아시아의 공존(共存)과 상생(相生)을 구현하는 것을 목표로 삼고 있다.[27] 또한 경제적으로는 중계교역 등의 거점(hub)역할을 하였고, 문화적으로는 다종족적 국가, 다문화국가의 체제

---

25 尹明喆, 「高句麗人의 時代精神에 대한 探究」, 『韓國思想史學』7집, 한국사상사학회, 1996.
26 尹明喆, 「長壽王의 南進政策과 東亞地中海 力學關係」, 『고구려 남진경영연구』, 백산학회, 1995.
  「三國統一戰爭과 東亞의海洋秩序-地中海戰의 性格을 중심으로-」, 『高句麗史硏究論文選集』6, 불함문화사, 1995.
  「廣開土大王의 對外政策과 東亞地中海戰略」, 『軍史』30, 국방군사편찬위원회, 1995.
  「廣開土大王의 對外政策과 東亞地中海의 秩序再編」, 『廣開好太王碑 硏究 100年』2회, 高句麗國際學術大會 및 『廣開土好太王碑 硏究 100年』, 高句麗硏究會, 1997.
  「고구려의 東亞地中海 모델과 21세기적 意味」, 『아시아 文化硏究』4, 목포대학교, 2000.
27 윤명철, 「동아시아의 공존과 동아지중해모델」, 『전통문화 교류를 통한 아시아와 한반도의 평화모색』, 영남대 통일문제연구소 국제학술회의, 2003. 11.
  「동아시아의 상생과 동아지중해모델」, 세계생명문화포럼 국제학술회의 발표문.

속에서 새로운 공통의 문화를 창조해내는 도가니(Melting Pot)의 역할을 하였다.

　　이러한 고구려의 역할과 위치는 문명의 전환기와 동아시아의 질서재편에 처해 혼란에 빠져있는 우리민족에게 유효성이 있는 전략과 전술을 제공하는 검증된 발전모델이다. 고구려의 역사에서 보이듯 통일한국을 이루어 활발한 해양활동과 동아지중해적 인식을 토대로 동아질서의 재편을 유리하게 주도하고, 동아지중해의 중핵조정역할을 수행한다면 우리민족은 21세기를 보다 긍정적으로 맞이할 수 있을 것이다. 또한 더불어 동아시아도 지구라는 거대한 단위 속에서 영향력 있는 중간단위가 될 수 있다. 이는 물론 일본이 과거에 실패했고, 다시금 추진하는, 또 중국이 동북공정과 관련해서 실현하고자 하는 일국(一國)중심의 패권주의는 다르다.

6. 맺음말

　　동북공정의 기본방향은 이미 90년대 후반부터 설정돼 있었다. 유네스코에 세계문화유산으로 등재하는 문제 때문에 어쩔 수 없이 공개가 되었지만, 우리에겐 천운이 아닐 수 없다. 향후 2~3년 정도면 동아시아 신질서의 기본틀은 완성될 것이다. 따라서 동북공정은 역사학 외적인 목적으로, 중화제국주의의 효율적인 실현과 동아시아질서를 중국주도로 재편하려는 의도에서 비롯된 측면이 강하다. 이렇게 안이한 의식을 지닌 소수의 역사학자들에게만 맡겨둘 수 없을 정도로 상황이 심각해졌기 때문에 동북공정을 소수역사학자들에게만 맡길 수는 없다. 가능하면 역사학 전역으로 확대 시키고, 관련학문 그리고, 특히 전국민들에게도 각각의 몫을 지워줘야 한다. 그러한 과정에서 다수 국민들의 정서를 표현하고, 현실적인 발전전략의 입장에서 역사학을 연구하는 기관이 필요함은 말할 것도 없다.

Abstrat

The Purpose for the Dongbukgongjeong(東北工程) and The Building of New Order in East Asia of 21th Century.

Youn, Myung-chul
Department of History
DONGGUK UNIVERSITY professorr

Substantially, history is, despite of studying the past, a futurology. Henceforth, we are going to compete with our surrounding nations including China, Japan and the Maritime Provinces of Siberia(沿海州), and history will be earnestly researched.

In May 2002, China started the Dongbukgongjeong(東北工程) Project with the Chinz board line(中國邊疆史地硏究中心) as a central foundation. And Goguryu(高句麗) is the main theme. Their claim is as follows.

First, they call the identity of Goguryu into question. Second, they insist that Goguryu(高句麗) was not a sovereign nation, but under the control of their Empire. Finally, it is a civil war that the Goguryu(高句麗) wared with Sui(隋) and Tang(唐).

Then, What purposes China distort Goguryu's history?

Above all, they want the relics of the Goguryu to be resistered in the World Heritage of the UNESCO. Second, they intend to justify their Neo-Imperialism of China(新中華帝國主義). Third, their underlying intention is not only to intensify the control of the surrounding nations, but also to weaken the influence of Korea on the Manchuria(滿洲). Besides, it is matters connected with the Gando Land(間島) and the Maritime Provinces of Siberia(沿海州)

In order to cope with the purpose of Dongbukgongjeong(東北工程), we, at least, need to interpret our ancient history as an unified history with the ocean, land and peninsula. And then, we can not only understand our unified history but also assert the succession of Chosun as an arganism having a self-completeness and a driving force.

Key word   Goguryu, Dongbukgongjeong, Neo-Imperialism of China(新中華帝國主義), identity, Manchuria(滿洲), an unified history with the ocean, land and peninsula, Chosun

참고문헌

『高句麗 海洋史 硏究』, 사계절, 2003.
「高句麗 末期의 海洋活動과 東亞地中海의 秩序再編」, 『國史館論叢』第52輯, 국사편찬위원회, 1994.
「長壽王의 南進政策과 東亞地中海 力學關係」, 『고구려 남진경영연구』, 백산학회, 1995, 4.
「廣開土大王의 對外政策과 東亞地中海戰略」, 『軍史』30, 국방군사편찬위원회, 1995.
「高句麗人의 時代精神에 대한 探究」, 『韓國思想史學』7집, 한국사상사학회, 1996.
「古代 韓中(江南)海洋交流와 21世紀的 意味」, 『中韓人文科學硏究』3집, 中韓人文科學 硏究會, 1998.
「고구려의 東亞地中海 모델과 21세기적 意味」, 『아시아文化硏究』, 목포대학교 아시아문화연구, 2000, 2.
「고구려 담론1 -그 미래 모델의 의미」, 『고구려연구』9집, 2000, 12.
「장보고 시대의 무역활동과 미래모델의 가치-동아지중해론을 중심으로-」, 『2001 해상왕 장보고 국제학술회의 집』, 장보고기념사업회.
「고구려의 국제관계와 해양의 역할」, 『고구려연구』14집, 2002.
「장보고를 통해서 본 경제특구의 역사적 교훈과 가능성」, 『경제특구』, 남덕우 편, 삼성경제연구소, 2003, 6.
「단군(壇君)신화를 통해서 본 고구려고분벽화」, 개천절기념 남북한공동학술회의, 2003.
「동아시아의 공존과 동아지중해모델」, 『전통문화 교류를 통한 아시아와 한반도의 평화모색』, 영남대 통일문제 연구소, 2003, 11, 20.
「21세기 동북아 시대와 한강의 의미」, 『한국정부정책분야별 평가방법론 학술세미나』, 한국정책분석평가사학회, 2003, 12, 14.
「동아시아의 상생과 동아지중해모델」, 『21세기 문명의 전환과 생명문화』, 세계생명문화포럼, 2003, 12, 19.
「고구려와 수당전쟁에 대한 중국 東北工程의 시각」, 『고구려는 중국사, 중국의 논리는 무엇인가』, 고구려연구회, 2003, 12, 17.

04 우리의 동북공정 대응 현황과 대책[*]

1. 동북공정 추진과정

중국은 1983년에 중국사회과학원 산하에 '중국변강사지연구중심(中國邊疆史地硏究中心)'을 설립하였다. 그 후 1993년 집안에서 남한·북한·중·일 학자들이 함께 모여 고구려관련 학술회의가 열렸다. 이 회의에서 중국학자들이 고구려의 역사를 중국의 역사로 여기는 발언을 하면서 인식의 차이가 극명하게 드러났다. 이후 1998년 6월 26~28일까지 통화사범대학에 설립한 고구려연구소(소장 경철화)가 '고구려 학술토론회'를 개최하였다. 이렇게 해서 중국정부는 고구려역사에 대하여 정치적인 접근을 시도하게 된다. 1998년 9월 '중국변강사지연구중심(中國邊疆史地硏究中心)'은 '현대 중국 변경 조사연구'라는 지침 가운데 '조선반도(한반도) 형세의 변화가 동북지역 안정에 가하는 충격'이라는 제목의 보고서를 제출하였다. 이 단계에서 고구려를 비롯한 우리 역사는 정치적인 목적을 지닌 채 왜곡작업이 시작된다. 특히 후에 밝혀진 내용이지만 그 무렵에는 부주석이었던 후진타오가 직접 관여했다. 중국공산당 흑룡강성(黑龍江省) 흑하(黑河)시 위원회 선전부에서 간행한 흑하일보(黑河日報)는 동북공정은 후진타오 동

---

[*] 「우리의 동북공정 대응현황과 대책」, 『동북아재단』.

지가 2000년 중국사회과학원을 통해 지시해 승인한 사회과학 연구항목"이라고 소개하였다. 그리고 모든 준비를 끝낸 후에 2002년 2월 중국사회과학원 변강사지연구중심과 동북의 3성인 길림성·요녕성·흑룡강성이 1500만위안(한화 약 22억 5000만 원)의 예산을 들여 '동북 변경의 역사와 현상 연구 공정'이라는 약칭 '동북공정(東北工程)'이 발족했다.

구성원으로는 이철영(李鐵映) 중공 정치국 위원, 중국사회과학원 원장이 있고, 그 외에도 왕뤄린(王洛林) 중국사회과학원 부원장, 길림성, 요녕성, 흑룡강성 등 각성의 부성장들 및 선전부 부부장들이 있고, 흑룡강사회과학원 등 7개 기관, 길림성 사회과학원 등 11개 기관, 요령성사회과학원 등 13개 기관이 참여하였다. 학자로는 핵심인물이라 할 수 있는 마다정(馬大正) 중국사회과학원 중국변강사지(中國邊疆史地) 연구원이 포진되어 있다. 그리고 관련된 학자들이 연구위원으로 참여하고 있으며, 또 전공과는 직접 관련없는 지역인 중산(中山)대학, 양주(揚州)대학, 소흥(紹興)문리학원, 중앙당교(中央党校) 연구자들이 다수 참여하였다. 2002년 3월 중순 과제 모집 공고를 낸 뒤 1개월간의 신청기간을 거쳐 2002년 4월 15일 모두 208건의 신청서를 접수하였다. 그 안에 기초연구 부문이 129건, 응용연구 부문이 30건, 번역 부문이 22건, 공문서·자료 부문이 27건이었다.[1] 이처럼 동북공정은 정부의 대대적인 지원 아래 고구려를 비롯한 고조선, 부여, 발해의 역사 및 중국의 현안들, 현재의 한국에 대한 문제들을 연구하는 작업이다. 그리고 2007년 1월 31일로 작업을 완료했다.

---

[1] 동북공정을 마쳐가면서 발표한 연구성과에 대한 한국측의 성과분석과 평가는 고구려연구회가 주관하여 각 연구자들이 분야별로 추진하고 있으며, 그 가운데 일부는 2006. 9. 14. 동일한 제목의 주제로 발표회가 있었다. 특히 현상과 계량적인 분석은 서길수교수가 담당했고, 최근에 나타난 연구자들의 이론소개와 분석은 우실하교수가 「'통일적 다민족 국가론'의 형성과 논의 과정에 대하여」라는 제목으로 중간 발표를 맡았다. 아직은 정식논문이 아니라 제대로 인용을 못해서 아쉽다. 매우 우수한 연구물이므로 추후 참고 바란다.

그런데 동북공정은 우리가 주목한 고대사 혹은 역사 문제 만이 아니라 현실의 문제이며 정치적인 목적도 있었다는 증거는 몇몇 과제의 명칭 가운데에서도 나타나고 있다. 즉,

중국 동북과 러시아(소련) 경제관계사, 張鳳鳴, 2002. 09.

기자와 기자조선 연구, 張碧波, 2002. 09.

러시아 동부 이민개발 문제 연구(1861~1917), 王曉菊, 2002. 09.

민국시기 동북지방 정부 변경통치 연구, 胡玉海, 2002. 09.

근대 중국 동북지구 국제이민 문제 연구, 王胜今, 2002. 10.

국제법과 중·조 국경분쟁 문제, 焦潤明, 2003. 09.

장백산지구 역사 문화 및 그 귀속문제 연구, 劉厚生, 2004. 02.

청대 압록강 유역 봉금과 개발 연구, 張杰, 2004. 06.

러시아 극동지구 중국인, 張宗海, 2004. 12.

만주국(僞滿)시기 동북의 국경충돌과 국경교섭 연구, 王慶祥, 2004. 12.[2]

* 2005년 9월 21일 간추린 연구 결과를 변강사지 홈페이지에 발표한 주제(모두 18개 주제인데, "삼국사기 주석 및 연구"는 제목만 있어, 모두 17개 보고서의 내용이 간추려 실려 있음)

그런데 동북공정의 중심을 이루는 것 가운데 하나는 고구려의 성격규정이다. 즉 고구려의 전체 역사를 현재 및 미래의 국가발전전략에 합당하게끔 논리적이고 효율적으로 포장하여 자국의 역사 속에 편입시키려는 역사적 노력의 일환이다.

---

2 박선영교수는 동북공정의 근현대사 문제 연구 결과에 대한 평가 -간도 문제와 조선족 문제-에서 이런 것들을 근현대사문제라고 지적하였다.

2. 대응현황의 검토

동북공정이 추진되는 상황에 대하여 한국은 뒤늦게 정보를 입수했다. 하지만 언론의 적극적인 정보제공과 일부학자들의 논리 제공 및 시민단체들의 활동에 힘입어 반응은 신속하고 적극적으로 나타났다. 그 대응 과정을 시간의 전개와 공정의 내용 및 대응방식에 따라 대체로 3단계로 분류할 수 있다.

1) 1기-동북공정 보도 직후부터 2005년 초

동북공정이 한국민에게 현실적으로 알려진 이후에는 많은 분야에서 이에 대한 반응을 보였다. 일부에서 공식적으로 거론을 했다.(예, 윤명철 EBS-TV방송강의 및 평양발표) 우선 중앙일보, 신동아 그리고 KBS-tv에서 집중적으로 보도했다. 그 후 10월 19일 87개 시민단체 연합모임인 일본교과서 바로잡기운동본부는 중국의 역사 왜곡과 중국교과서의 한국사 관련 오류 문제에 대해, 청와대와 교육인적자원부, 외교통상부에 정부 입장과 향후 대응책 등을 밝힐 것을 요구하는 질의서를 제출했다. 이때는 아직 동북공정의 목적과 배경을 파악하는 단계였다. 이어 12월초에 이르러 학계의 공식적인 대응이 나타났다.
하나는 동북공정을 역사왜곡 사건으로 보았고, 특히 고구려를 중심으로 파악하였다. 이 흐름을 주도한 것은 강단 주류역사학계였고, 그들이 중국 고구려사 왜곡대책 학술발표회 2003년 12월 9일(화) 오후 1시 서울역사박물관에서 개최하였다. 또 다른 하는 동북공정을 역사논리가 아니라 정치논리로 파악해야한다고 주장하였다. 고구려연구회는 서길수 교수를 중심으로 이미 중국의 고구려연구동향을 파악하고 있었으며, 한중학술교류를 실현해왔다. 그리고 동북공정의 과정 및 연구방향 일부 연구성과를 수집하여 분석에 들어갔다. 그리고 12월 17일 고구려연구회 주체로 서울 프레스센

터에서 세미나가 열릴 것을 공지하였다. 동북공정을 대체로 순수학술적 차원이 아니라는 분위기의 내용을 발표하였다. 특히 윤명철은 이 작업이 중화적 세계질서의 재현 동아시아 질서 재편, 만주지역의 안정과 북한 유고시 중국이 입지를 강화시키려는 것을 목적으로 삼았으며, 백두산 문제, 연해주 문제 등 영토 문제가 있는 정치 문제라고 공식적으로 발표하였다. 이 발표의 토론을 맡은 김지하 시인은 이를 역사 전쟁이라고 규정했다. 이러한 논리는 점차 확산되어 갔으나, 학계에서는 수용하지 못했다.

그리고 또 하나의 논리는 고구려 유적 유물의 유네스코 세계문화유산에 등재하는 데 따른 한 중간의 갈등으로 보는 것이다. 2001년 북한이 고구려 고분(벽화 포함)을 유네스코 세계문화유산으로 등재신청을 하였지만 2003년 7월 초 세계유산으로 등록되지 못했다. 그 이유를 중국학자가 쓴 '북한의 고구려 고분'에 대한 실사 보고서 때문이라는 주장들이 있었다. 중국은 2003년 2월 중국의 고구려 유적을 세계문화유산으로 등록하려고 신청하였다. 이는 문화계인사 및 정부 차원에서 주로 나온 견해이다. 여기에는 직접 관련된 허권, 김혜은 교수 등이 주도하였으나 고구려연구회는 ICOMOS 한국위원회와 공동으로 2003년 12월 23일 『한·중 고구려 유적 UNESCO세계유산 등재신청의 현황과 대책』이라는 주제로 국회에서 세미나를 개최하여 문제의 심각성을 알렸다. 이 또한 역사학계를 비롯하여 국민들에게 알려졌다. 각종 언론에서 이 문제를 본격적으로 다루면서 국민들의 관심이 증폭되었다. 그리고 중국 소주에서 열린 2004년 6월 제27차 세계문화유산위원회에서 중국 북한의 고구려 유적이 등이 차례로 등재되었다.

이 외에 중국의 불가피성으로 인식하면서 이해 혹은 옹호할 필요가 있다는 주장이다.

한편 학계의 일각에서도 이와 유사한 주장들이 나왔다. 이른바 미국의 세계화전략에 대응하려는 중국의 입장에서 동북공정 등의 시각은 이해할 만하다는 시각이다. 주로 서양사나 좌파지향 학자들의 견해이었다. 이 견해는 점차 힘을 얻어 변형된 형태로서 '탈민족주의', '국사해체론'과 맞물려 갔다. 특히 이 견해들은 양비론적인 시각이 있었다. 문제의 원인을 한국내의 국수주의자들 강경파들이 자극한 탓으로 돌리기도 하였다.

한국사학계에서도 이러한 일부 견해가 있었다. 김정배 교수는 연구재단 이사장에 내정된 상태에서도 중국이 고구려사 왜곡에 집요하게 매달리는 목적은 우리나라의 고구려사연구를 고토를 찾기 위한 활동으로 보는 경향이 있기 때문이며, 그러므로 영토를 찾기 위한 활동이 없음을 분명히 할 필요가 있다고 하였다. 그는 극히 일부라는 단서를 달았지만, 관광객들이 고구려 유적과 백두산 일대에서 태극기를 흔들면서 '만주는 우리땅'이라고 외치고 다니는 부적절한 행동을 하여 중국을 자극했다고 하였다.

이 견해는 외교통상부를 시작으로 한 정부 측의 초기단계의 공식적인 반응이다. 단순하게 역사왜곡의 문제로 인식하는 경향이다. 박흥신(朴興信) 외교부 문화외교국장 1월 9일 기자 간담회에서 "지난해 말부터 최근까지 중국 측에 몇 차례 이 문제가 양국 관계에 부정적 영향을 미칠 수 있다는 점을 밝혔다." (중국측) 여러 요인들을 만나는 과정에서 자연스럽게 전달했다.", "중국 측은 이에 대해 학술적 문제인 만큼 정부가 개입, 정치문제화하는 것은 바람직하지 않고, 학술적으로 풀어야 한다는 입장을 밝혔다."고 전하고 "중국이 정부차원에서 제기하기 전에는 외교문제화하기 어렵다."고 덧붙였다. 또 "지난해 북한이 고구려 고분 세계문화유산 등재에 실패한 것도 중국의 방해 때문이 아니라 몇 가지 기술적 요인 때문이었다."고 해명했다. 또 유네스코 등재와 관련이 있는 부서인 문화관광부의 이창동 장관은 2004년 신년 간담회(1월 7일)에서 '중국은 항상 자기 대륙 내 소수민족의 역사를 자기 역사로 다뤄왔다. 그걸 이해하는 것이 필요하다. 중국의 최근 움직임은 일부 방어적 측면이 있다. 고구려사 왜곡문제를 고구려 벽화의 유네스코 문화유산 등록과 연계시키는 것은 바람직하지 않다.' 라고 발언하였다. 그리고 한편에서는 시민단체들이 이 문제에 적극적인 관심을 갖고 각종 활동을 벌였다. 흥사단 등 몇몇 시민단체들이 결성되면서 시민운동 차원으로 확산되었고, 반크의 적극적인 활약을 벌였다. 그 외에 몇몇 개인들이 운영하던 인터넷 사이트도 이 대열에 가세했다.

이러한 상황 속에서 논리를 뛰어넘어 구체적인 행동들이 나타나기 시작했다.

국민들의 비판과 정치권의 압력으로 정부의 미온적인 태도에 변화가 감지되었다. 중국 우다웨이 외교부 부부장이 방한하여 협상을 한 끝에 5개 항을 구두사항으로 합의하였다. 교육인적자원부가 구체적으로 전담할 수 있는 연구단체의 결성을 준비하였다. 통일부는 2004년 1월 5일에 중국의 고구려사 왜곡에 대한 남북협력방안 검토하는 세미나를 열면서 참여를 시작하였다. 언론도 매우 적극적으로 반응을 보이기 시작했다. 그러나 전반적으로는 이를 정치논리라고 본격적으로 이끌어가지 못했다. 강단학계에서는 한국고대사학회 및 몇몇 연구단체들과 협의하여 동북공정을 대응할 수 있는 전문연구단체 설립이 필요하다는 주장을 펼쳤다. 단 초기단계에서는 고구려 역사왜곡으로 초점을 맞추고 있었다. 반면 고구려연구회는 동북공정을 정치논리로 이끌어감과 동시에 대응전략을 역사와 역사 외적인 면에서 구사해가면서 세미나를 개최하고, 활발한 강연 및 언론활동을 벌였다.

2) 제 2기 2004년 초부터 2006년 중반까지를 말한다.

2004년도에 들어오면서 상황은 변한다. 시민단체, 재야학계를 중심으로 동북공정을 정치논리로 보는 견해가 확산되고, 반중적인 분위가 확산되었다. 중국의 개선노력이 없을 뿐 아니라 정부도 미온적인 태도를 취하는데 불만을 품고 정부가 강력한 대책을 펼칠 것을 요구하였다. 또한 기존의 강단사학에 대한 비판이 강해졌다. 이는 전기 달리 수세적인 입장이 아니라 공세적이며, 논리 투쟁의 양상마저 띠었다. 중국 측의 상황과 자료 등에 대한 접근이 매우 신속해진 탓도 있지만, 동북공정을 학문 외적인 요소로 판단한데 따른 자연스러운 결과였다. 이러한 움직임은 더욱 거세어져 점차 역사연구 고대사연구의 학계독점현상을 깨뜨리는 단계로 상승했다.

한편 동북공정을 정치논리에서 파악한 책인 역사전쟁이 출판되었다.(윤명철, 2004, 6) 동북공정을 세계질서 및 아시아 질서와 연관시켰으며, 중국의 주변지역의 패권화 전략과 연결시켜 해석하였다. 또한 과거 제국주의 일본이 실천한 식민사관에 따른 역사해석, 대동아공영권 등의 작업과 비교하였다. 기타 동북공정, 주로 고구려 역사조명과 관련된 책들이 출판되었다. 그러는 과정에서 2004년 6월 30일, 7월 1일 중국과 북한에 소재한 고구려 유적과 유물이 세계문화유산으로 각각 등재되었다. 따라서 동북공적과 관련해서 유네스코 세계문화유산 등재문제는 소멸되었다.

한편 정부는 2004년 8월 한중 양국 간에 합의된 양해사항에서 "학술 교류를 통해 해결한다"고 한 때문인지 특별한 움직임이 없었다. 다만 창구의 일원화를 꾀하면서 교육부로 이관하여 고구려연구재단을 설립하였다. 학자군들이 집합하여 고구려를 중심으로 동아시아 문제에 관한 연구를 시작하고 각종 세미나를 개최하였다. 역사학계의 고구려 및 고대사연구에 대한 관심이 폭증되었는데, 이는 연구비지원이 크게 작용한 탓도 있다. 그리고 외국학자들의 고구려관련 국내발표가 급증하였다. 2004년도 고구려사 국제학술 심포지움(주최: 중국의 고구려사왜곡 공동대책위원회, 주관 : 한국고대사학회), 고구려연구회는 고구려연구재단과는 별도로 독자적으로 연구활동을 하였으며, 국제회의 세미나 개최 및 공청회 · 대중강연 전시회 등을 하였다.

하지만 이 단계에서는 고구려 연구에서 특이한 사항이 별로 없고, 그동안 추진했던 것이나 기존의 연구성과를 재정리한 면이 많았다. 일부 연구단체와 시민운동권에서 연구비의 지원 및 연구방향에 대하여 불만이 야기되기도 하였다. 즉 학계일반에서는 외면상으로는 동북공정의 정치적인 목적을 비판하기 시작했지만, 그 심각성을 인식하는 데에 무딘 경향을 보이고, 학문 내적인 면에 충실하였다. 즉 동북공정의 정치적인 목적과 논리에 대한 전반적인 검토작업이 부족했다. 적어도 고구려연구재단은 동북공정을 극복하는 주된 목적을 갖고 출범한 단체인 만큼 일반 학술연구단체와는 성격이 달라야 했다. 연구의 방향도 동북공정의 일반에 대한 대응논리의 계발 및 극복 방법을 연구하는 것이 바람직했다. 즉 정책적 연구가 진행되어야 했지만 결과적으로 그러하지 못했다. 시민단체 및 재야사학계에서는 오히려 기존의 오류를 되풀이하고 있다는 비판이 많았으며, 이 부분은 앞으로 공개적으로 논의될 필요가 있다. 시민단체들의 움직임이 활발해졌으며, 국학원이 이 문제에 본격적으로 뛰어들어 대중운동으로 확산시켰다. 한편 이들에 의한 강단 역사학계에 대한 비판이 공개적으로 표출되었으며, 많은 인터넷사이트들이 개설되어 동북공정에 대한 소개뿐만 아니라 방어논리를 스스로 계발하는 양상으로 발전하였다. 그리고 이러한 움직임에 반동하여 일부에서는, 특히 서양사학자와 사회과학자 등을 중심으로 '탈민족주의'와 '국사해체론'이 등장했다. 이 흐름은 동북공정에 대한 우리의 반응을 부정적 의미의 국수주의로 평가하였으며, 이러한 극한 행동들이 중국을 자극할까 우려된다 등의 분위기를 조성했다.

3) 제 3기는 2006년 중반 이후 부터 2007년 현재까지를 말한다.

동북공정 및 이에 대한 반응은 2006년 중반에 이르면서 색다른 양상이 나타난다. 중국의 '중국변강사지 연구중심'은 최근인 2006년 9월 21일 간추린 연구 결과를 변강사지 홈페이지에 발표하였다. 여기서는 우리역사의 시원인 원(原)조선[3]에 관해서도 기자의 역할을 부각시키면서 마치 기자라는 은나라의 유민이 세운 지방정권으로 규정한다. 또 한반도 중부 이남에 있었던 진국(辰國)은 진(秦)나라의 유민들이 세운 정권으로 해석하고 있다. 즉 기자가 상말주초(商末周初)에 "조선으로 갔다"고 했는데, 이는 바로 반도 남단에 옛(古) 진국(辰國)이 있었기 때문이다. 나라가 망한 후에 기자가 "조선

---

3 필자는 고조선이라는 용어 대신에 원조선이라는 용어의 타당성을 몇 군데 연구물에서 언급하고 사용하고 있다.

으로 갔다"는 것은 주나라의 세력 범위를 멀리 떠남으로써 새로운 조정의 신하가 되지 않겠다는 것과 상나라의 속지(屬地)로 가서 그의 도(道), 즉 정치적 이상을 실현하겠다는 것을 보여준다. 라고 하였다. 뿐만 아니라 발해가 처음 사용한 국호는 '말갈(靺鞨)'이라고 하여 전 보다 더 한층 고구려와의 관련성을 부정하고 있다.

그리고 발해 유적을 세계문화유산으로 등재할 준비를 하고 있다. 또한 역사교과서에 한국사가 사라져버렸다. 중국은 또한 흑룡강성에 있는 발해의 상경 용천부 유적 등을 세계문화유산으로 등재 하는 일을 추진했다. 또한 이러한 내용들이 현재 중국의 일부 교과서에 반영되고 있다. 그리고 최근에는 소위 '장백산(長白山) 공정'을 추진하고 있다. 이 부분은 독자적으로 다루어야 할 문제라고 생각한다. 하지만 분명한 것은 이 공정이 백두산을 관광지로 개발한다는 경제적인 측면만 있는 것은 아니라는 점이다. 세계자연유산에 등재하고, 2018년에는 동계올림픽을 유치하려는 준비작업이며, 나아가 간도문제, 연해주문제 등의 정치적인 목적도 있다. 그리고 이어도까지 중국의 것이라는 주장을 하고 있다. 그러는 과정 속에서 우선 한국 내부에서 예상치 못했던 반응들이 나타났다.

동북공정은 중국의 정치경제적 성장과 북한내부의 균열, 중국정부의 패권적 경향 등이 복합적으로 작용하면서 중국에 대한 평가 달라졌다. 즉 우호적, 일부의 친중적 분위기에서 경쟁적 위협적 존재로 파악하기 시작했다. 그럼에도 한국의 외교통상부는 동북공정 문제가 재점화된 이 무렵에도 "중국 사회과학원의 논문들이 중국 정부의 공식 입장을 반영한 것으로 볼 수는 없다"라고 발표하였다. 그런데 〈한겨레〉가 확인한 중국공산당 헤이룽장성 헤이허시위원회 선전부 간행 〈헤이허일보〉 기사 등의 문서를 통해 새로운 사실이 밝혀졌다. 그 내용은 이러하다. 지난해 8월 5일 '동북공정' 전문가위원회 제3차회의가 헤이허시에서 열린 사실을 보도(사진)하면서 "전체 이름이 '동북변경역사와 현상 시리즈 연구공정'인 동북공정은 후진타오 동지가 2000년 중국 사회과학원을 통해 지시해 승인한 사회과학 연구항목"이라고 소개하고 있다. 필자는 동북공정 초기단계에서부터 각종 글과 방송기고 등을 통해서 후진타오의 작품임을 거론했다.

    시민단체들은 동북공정에 관한 사회분위기가 잠잠해질 때면 이를 환기시키는 사업들을 진행하였고, 공무원단체, 지방자치단체 및 교원 기업에서 동북공정과 고구려 역사에 대해서 알고자하는 붐이 일어났다. 그 가운데에서 문화계에서는 고구려를 주제 및 소재로 한 연극·오페라·게임·전시·유적답사 등 각종 문화물들이 대거 등장하였다. 특히 방송 3사는 고구려 관련 드라마를 방영하여 폭발적인 인기를 끌었다. 자연스럽게 우리 역사와 문화에 대한 관심이 고조되었으며, 역사해석 및 실천의 주체로서 강단사학 및 재야사학 외에 일반시민들이 본격적으로 등장하였다. 이들은 강단사학의 연구수준을 넘어서고, 강단과는 다른 인식을 갖고 과감하게 우리 역사를 해석하였다.

    동북공정은 이 단계에 이르면 학계에도 영향을 끼치기 시작했다.

    고구려·발해를 비롯한 고대사연구에 대한 풍성한 연구성과가 나타나고, 무엇보다도 중요한 것은 인식의 변화가 나타난 것이었다. 역사학의 역할과 범위에 대한 새로운 시각들이 나타나고, 역사학이 현실과 직결되어 있으며 미래를 지향하는 학문이라는 생각들이 나타났다. 아울러 역사학에서 전에 사용하지 않던, 때로는 배척당했던 새로운 용어들이 사용되기 시작했다. 역사에서 '정체성', '미래학' 등의 용어이다. 또한 한국사를 한국 또는 반도적인 시각에서 탈피해 동아시아적 범아시아적 시각으로 보아야 한다는 주장들이 설득력을 지니게 되었다.

    한편 고구려연구회는 『중국의 동북공정의 연구성과에 대한 분석과 평가』(국회 헌정기념관, 2006, 10)의 세미나를 열었다. 이 발표에서 서길수 교수는 몇 가지 주목할 만한 내용을 발표하였다. 즉 2004년 이후에 동북공정은 거의 활동을 멈춘 채 지방 단체로 옮겨 꾸준히 계속되었다고 하면서 길림성사회과학원이 창간한 「동북사지」라는 잡지를 통해서 매우 많은 논문들이 발표되었다고 하였다. 그리고 그 주제와 내용 등에 대해서 열거하고 있다. 물론 이는 초기에 우려했던 주장이 현실화된 것이었다. 특히 연해주 문제는 아직껏 주목하고 있지 못하고 있다. 고구려연구회는 2006년 초부터 동북공정에 대응하려는 목적을 갖고, 그 대응논리를 학술적으로 구축하는 작업을 진행하고 있다. 한편 정부주도로 만들어진 고구려연구재단은 해체되면서 동북아 역사재단으로 흡수됐다. 동북공정에 대한 한국의 대응양식은 변화하고 있다.

3. 동북공정의 본질

합리적이고 효율적인 대응을 위해서는 우선 동북공정의 본질을 보다 더 확실하게 파악하는 작업이 필요하다. 더구나 이미 학문을 표방한 작업이 끝난만치 동북공정의 본목적이 분명히 드러나는 만큼 이에 대한 확실하고 구체적인 인식을 할 필요가 있다.

동북공정은 기본적으로 정치논리이고, 중국의 국가발전 전략의 일환이다.

그렇다면 동북공정을 추진하는 실질적인 목적은 무엇일까?[4]

첫째, 중화적(中華的) 세계질서의 재현을 원하고, 이를 실현시키려는 명분을 획득하기 위함이다.

공산주의자로 알려진 마오쩌둥은 철저한 중화주의자였고, 중국은 이때에 이르러 가장 제국주의적인 성격을 지니게 되었으며, 주변의 국가와 종족들을 억압하고 독립을 빼앗았다. 현재 내몽골 자치구, 티베트 영토의 침략과 탈취, 그리고 신강(新疆)지역의 위구르족 압박[5] 등이다. 그 후 역사에 대한 왜곡은 늘 있어왔으나 근래에 들어서 조직

---

4 필자는 이미 첵 세미나에서 동일한 내용으로 동국공정의 본질을 파악하였다. 이후 그 주장을 더욱 보완해주는 방향으로 상황이 진행되었으므로 그 주장을 그대로 전재한다.
5 1949년 중화인민공화국의 지배가 시작되었다. 1950년 대대적인 침략이 있었다.

적으로 행해지고 있다. 신강 위구르족을 대상으로한 서북공정,[6] 티베트(西藏)를 완전하게 장악하고자하는 서남공정(藏學研究中心)[7] 등은 이러한 역사왜곡작업의 근본배경과 추후의 전개과정에 대한 예측을 가능하게 한다.

따라서 이러한 역사 왜곡의 근본배경과 추후의 전개과정에 대한 예측을 가능하게 한다. 이러한 의도는 고구려 혹은 주변지역들이 중국의 근원이라고 인식하는 주(周)의 영토, 한(漢)의 영토였음을 강조하는 데서도 나타난다. 조영춘은 "우리가 말하는 '중국 역사'에서의 '중국'은 오늘날의 중국을 가리키는 것이며, '역사'는 중국의 과거를 뜻한다. 당연히 중국 역사와 영토를 연구한다는 것은 현재의 중국을 기준으로 중국의 과거와 통치 판도를 이해하는 것이다[8]라고 하였다. 즉, 이 연구는 궁극적인 신중화제국주의(新中華帝國主義)로 귀결될 가능성이 높다. 일본 뿐 아니라 베트남 등 주변국들의 중국에 대한 태도는 이러한 우려가 현실성이 있음을 알려주고 있다.

둘째, 향후 중화중심의 동아시아 혹은 아시아공동체를 구성하기 위한 전단계의 정지작업일 수 있다. 향후 동아시아는 공동체를 지향하고 실현시킬 가능성이 높다. 또한 정치 군사적인 영토보다는 문화영토 그리고 경제영토 개념이 적용될 가능성이 적지 않다.

이때 만주지역은 석유 등 자원문제, 조선족들을 비롯한 소수민족문제, 간도 연해주 등 영유권문제 등 지정학적(地政學的)·지경학적(地經學的)·지문화적(地文化的)으로 매우 다양하고 역사적으로 예민한 지역이다. 거기에 중국정부는 소위 '동북진흥계획(東北振興計劃)' 추진하면서 추후 전개될 세계질서 혹은 동아시아 질서에서 각국 간의

---

6 이 과제에는 총 3000만 위안이 투여된다고 한다.
7 이동률, 「중국정부의 티벳에 대한 '중국화전략:현황과 함의」, 『동북아역사논총』13호, 동북아역사재단, 2006, 11에서 이 부분을 잘 조명하여 본질을 파악하는데 매우 효율적이다.
8 趙永春, 「중국 영토 문제 역사적 고찰」, 『中國邊疆史地研究』, 2002, 9, 제12권 제3기.

힘이 충돌할 가능성이 매우 높은 지역이 되었다. 중국은 특히 통일한국에 대하여 위협을 느끼고 있다.

실제로 만주지역에서 각종 형태의 경쟁과 충돌이 발생하고, 이 경쟁에 일본 러시아 심지어 미국까지 끼어들 경우에 중국은 매우 어려운 처지에 놓이게 된다. 그러므로 일단 역사적인 명분을 축적하고 정당성을 확보해주는 일이 필요하다. 추후에 동아시아에서 어떠한 형태로든 신질서가 편성될 경우에 중국의 입지를 보다 강화시키고, 만주 및 한반도 지역에 대한 영향력을 강화시키려는 역사적인 정당성과 명분을 획득하려는 적극적인 목적이 숨어 있다. 즉 한민족의 '동아시아 역할론'을 희석시키려는 목적이 있다. 여기에 최근에 발생한 '이어도'에 대한 한국 측의 권리를 인정하지 않겠다는 행위는 연관성이 있다고 보여진다. 북한이 2002년에 급작스럽게 시도한 (불가피한 이유가 있었겠지만) 신의주경제특구설치가 허무하게 무너진 사건은 동북공정을 적극적으로 추진하는 중국정부의 인식 및 향후 동북지역에 대한 운영방식과 무관하지 않다.

셋째, 주변 국가들에 대한 통제력 강화 및 만주지역에 대한 한국의 영향력을 약화시키려는 의도이다. 즉 현재에 이르러 보다 결속력이 강화된 남북한 혹은 통일한국(요원하지만)이 만주지역에 대한 연고권을 주장하거나 영향력을 강화시킬 가능성(희박하지만)에 대한 우려를 반영하고 있다.

동북공정의 주요한 주체인 동북사범대학의 유후생(劉厚生)의 말은 보다 솔직하다.[9] 그는 "…특히 주의해야 할 것은 목전 조선반도의 일부사학가들이 그들의 민족주의 입장에 입각하여 중조변계문제에 대하여 크게 문장을 만들어놓고 있다. 조한(朝韓)학자들은 고구려와 지금 조선반도의 승계관계를 제멋대로 선전하고 고구려가 생활하던 지구는 그들의 고토(故土)라 하고 중국의 동북지구에 대한 역사주권을 극력 부정한다.

---

9 劉厚生, 「東北 邊疆史연구의 강화를 기대하면서」, 『고구려역사와 문화 총서』, 길림문사출판사, 2000, 12.

'만주(동북지구)는 자고로 우리선조의 땅' 이고, '장백산은 우리조상의 성산(聖山)이다' 라고 헛소리를 치고 있으며 공공연히 북방영토를 수복하자고 제출하고 있다. 이는 조선반도에서 일어난 중조관계사(中朝關係史)의 일종 비학술화된 경향으로서 우리의 주의를 불러일으킨다."라고 하였다. 필자가 2003년 12월의 세미나에서 발표한 내용처럼 동북공정에서 고구려와 수(隋)·당(唐)간에 벌어진 전쟁을 국내전쟁(國內戰爭) 나아가 통일전쟁으로 파악한 것은 그러한 우려에 대한 반작용이라고 보여진다. 필자가 그대 제기한 백두산 문제 또한 중국정부가 2003년 백두산을 포함한 '중화(中華) 10대 명산(名山)'을 공식 선정 발표하면서 표면에 드러났다. 중국은 백두산의 특산인 인삼과 광천수를 브랜드화하고, 소위 '장백산문화론(長白山文化論)'을 만들어내고 장백산(백두산)을 세계자연유산에 등재하고, 동계올림픽 개최지로 만드는 일을 추진하고 있다.

넷째, 국경분쟁을 비롯한 영토문제가 있다. 우선 한국과는 간도(間島 : 墾島)문제가 있다. 1909년 중국과 일본 사이에 맺어진 간도협약으로 인하여 빼앗긴 간도지방을 놓고 분쟁이 재현될 가능성도 있다. 동북공정이 고구려 외에 다양한 목적을 지니고 있고, 그 가운데 동북지방사연구과제는 간도와 관련되어 있고, 다른 부분들도 상당한 부분은 간도와 직접 간접으로 관련되어 있다.[10]

아울러 연해주(沿海洲)지역과의 관련성을 주목할 필요가 있다.[11] 1860년에 맺어진 북경조약으로 연해주 일대와 동해로의 출구를 러시아에 빼앗긴 중국은 수복을 노리고 있다. 연해주는 청나라가 말기인 1860년에 북경조약을 맺으면서 강제적으로 현재 연해주일대를 러시아에 강제할양 당했다. 그 결과 중국은 동해로 진출할 수 없었으므로 발전과 동아시아 패권을 회복하는데 걸림돌이 되었다. 중국은 정치적·군사적으로뿐 만

---

10 이 부분에 대해서는 박선영교수가 각종 논문을 통해서 상세하게 논증하였다. 주 5) 참조.
11 연해주 관련성은 필자가 첫 발표부터 꾸준히 제기해온 주장으로 아직도 그 심각성을 인식하고 있지 못하다.

아니라 경제적으로도 이 지역의 수복을 원하고 있다. 중국 민간인들은 경제적으로 이 지역에 진출하고 있다. 그러므로 발해사에 이은 고구려사의 자국사 편입은 궁극적으로 고구려영토였던 연해주에 대한 역사적인 연고권을 주장하면서 명분을 축적하고자 하는 행위이다. 한편 2006년 4월을 계기로 중국은 북한과 나진 선봉(나선시)를 50년 동안 공동관리하겠다는 발표를 했다. 이로써 중국은 동해로 연결되는 물류망뿐만 아니라 해군이 활동할 수 있게 되었다. 그래서 '조중연합함대(朝中聯合艦隊)'가 동해에서 결성될 것이라는 등 여러 설과 함께 시나리오들이 난무하고 있다. 또한 러시아정부와는 두만강 하구의 녹둔도(鹿屯島)도 추후에 역사와 관련하여 영토분쟁이 일어날 수 있다.

 그런데 현 중국정부의 고구려영토에 대한 인식은 당(唐)이 중국의 통일을 이룩했다는 주장에서 표현된다. 그리고 통일에는 대대적인 군사력을 사용했다고 하면서 향후질서전개에 대한 일종의 선동 내지 협박을 암시하고 있다. 유후생(劉厚生)은 앞에 인용한 문건에서 이렇게 주장하고 있다. "우리는 변강사 연구와 현실을 긴밀히 연결시키는 우량한 전통을 발양하여 중화민족의 애국주의 정신을 발양하여야 한다. 주변국가와의 화목한 우호관계를 증진하기 위하여, 조국의 신성한 영토와 영해의 안정을 보위하고, 국가와 민족의 존엄과 근본이익을 지키기 위하여 우리들은 반드시 변강사(邊疆史)연구를 강화시켜야 한다." 라고 하여 역사(歷史)와 중화국가주의(中華國家主義)가 불가분의 관계에 있음을 명료하게 알려준다.

 중국정부는 이러한 목적 외에도 다목적 포석을 깔고 진행하는 것으로 판단된다. 만주지역 내부에 대한 지배력을 강화시켜 조선족 및 기타세력의 움직임을 차단하고, 주변분쟁지역의 주민들과 연고가 있는 국가들에게도 일종의 경고 메세지를 보내는 것이다. 그리고 심각하게 나타나는 사회주의 시장경제의 문제점, 내부 계급모순의 심화에 따른 사회불안 등을 애국주의를 발양시켜 무마시키려는 부수적인 효과도 기대하고 있다.

이를 다시 유형화시켜서 정리하면 다음과 같다.

정치적 : 아시아 내지는 동아시아에서 중국의 입지를 더욱 강화시키면서 중화제국주의를 실현시키는 전략이며, 더 크게는 미국과 경쟁을 벌이는 세계질서 재편전략과 불가분의 관계를 맺고 있는 사업이다. 각종 정치적인 움직임, 국가시책, 서북공정 서남공정 등과 연계해서 파악해야 한다. 또한 간도 및 연해주 수복의지와도 연관이 있다.

경제적 : 좁게는 동북진흥계획의 일환이며, 여기에는 국경지대의 물류거점화(단동 훈춘 등)사업 및 연해주지역의 상권확대계획과 직접 연관이 있다. 북한이 추진한 신의주 경제특구계획을 무산시키고 단동을 발전시키고, 최근에 북한과 함께 압록강 하구의 비단섬을 경제특구화시키고자 한다. 또한 훈춘지역을 발전시켜서 연해주 진출의 거점지역으로 삼고, 현재 북한의 나진선봉지구에 직접 투자하면서 동해진출의 교두보로 만들기 시작했다.

사회적 : 좁게는 만주지역에 거주하는 조선족의 동요를 확실하게 안정시키고, 이러한 상황을 이용하여 내몽골 자치구, 신장 위구르 자치주, 티베트 자치주 같은 특수한 환경에서 발생하는 불안한 분위기를 해소하거나 압박하려고 한다.

문화적 : 중국문명의 시원과 성립과정을 전과는 달리 정의하면서 하상주단대공정, 탐원공정 등을 통해서 '다지역문명기원설'을 만들어냈다. 또한 동북공정의 대상인 한민족의 문화 그 외 몽골문화, 티베트문화, 실크로드 문화 등을 재 해석해가면서 중국문명, 또 중국민족으로 만들어 가고 있다.

관광 : 고구려 역사유적을 유네스코 세계문화 유산에 등재했고, 이어 발해유적의 등재를 서두르고 있으며, 나아가 백두산을 세계자연유산에 등재하면서 세계적인 관광지로 개잘하려 한다. 그 외에도 동북공정은 중국이 추진하는 모든 부야에 직접·간접으로 연결되고 있다.

4. 대응전략에 대한 모색과 조언

동북공정의 이러한 논리와 의도, 목적 등을 극복하기 위해서는 단순한 역사학의 논리를 넘어서는 정치, 경제, 문화 그리고 문명의 논리를 포함하면서, 구체적으로는 우리 집단의 생존전략으로 접근하는 자세가 필요하다. 더구나 앞의 현황에서 살펴본 바와 같이 동북공정에 대하여 많은 기관과 단체 학자별로 대응을 해왔다. 비록 동북공정 자체는 끝이 났으나 그 결과물은 추진 목적에 걸맞게 활용되고 있다. 따라서 추후의 대책은 이러한 변화된 상황에 맞춰 수정되고 보완되는 것이 바람직하다.

구체적으로 어떤 대응전략을 어떻게 세워야 할까?

1) 논리의 계발이 필요하다. 동북공정에 대응할 수 있는 정치한 논리가 필요하다.

그 동안은 우리역사에 대한 통일적(統一的)인 인식이 결여돼있고, 공동체의식(共同體意識)의 강화(强化)를 위한 역사의 해석을 소홀히 했다. 역사를 각론적으로 미시적으로 분석하면서 본질을 이해하는 것에 비중을 두었지만 이제는 동시에 총체적(總體的)으로 거시적(巨視的)으로 파악하면서 상호보완해야 할 필요가 있다. 반도사관이라는 관점에서 보면 남쪽의 신라·가야·왜 등이 북쪽의 고구려와 하나의 역사체(歷史體)라고 인식하는데 무리가 있다. 또한 정치사를 강조하다보니까 정작 문화공동체나 경제공동체 혹은 정신공동체로서의 성격을 규명해내지 못하고 있다. 이제는 우리역사를 통일적인 시각, 즉 자기완결성(自己完結性)을 지닌 '우리 역사체' 라는 시각으로 볼 필요가 있다. 필자가 제안한 바 있지만 '동이공동체(東夷共同體)', '조선·한공동체(朝鮮·韓共同體)' 등의 용어와 개념을 만들어가면서 성격을 규명하는 한편 만들어가기도 해야 한다.

또한 일국사적(一國史的)인 관점에 입각하여 국제관계를 소홀히 취급한 측면이 강했다. 우리 역사는 반도와 대륙과 해양이 만나고, 북방과 남방이 모여들며, 다양한 종족들이 직접충돌하면서 이합집산을 하고, 자연환경도 다양한 것이 만나고 있으며, 문화 또한 독특한 성격을 지닌 것들이 관련을 맺어 왔다. 그러므로 동아시아 혹은 아시아라는 보다 큰 단위 속에서 우리의 역사를 규명해가는 작업이 필요한 것이다. 그러므로 한국사와 중국사 뿐만 아니라 북방사를 비롯한 東아시아사, 나아가 범(凡)아시아사에 대한 정확하고 구체적인 이해가 필요하다. 아울러 합리적이고 과학적인 논리를 구축하기 위해서 사회과학적인 접근을 활용하여 현실상황을 다양한 면에서 분석하고 이론을 구축해야한다.

그리고 역사학과 관련하여 동북공정의 주장을 학문적인 논리로 과도한 관심을 보이며 일일이 대응하는 일은 불필요하다고 생각한다. 자칫하면 학자들 간의 학리(學理)나 사관(史觀)을 놓고 불필요(不必要)한 논쟁(論爭)만 계속하다가 본질은 놓아둔 채 함정(陷穽)에서 허우적거릴 수 있다. 특히 동북공정과 관련을 맺고 있는 중국학자들과 고구려역사의 주체 및 역사적인 사실들을 놓고 시비논쟁(是非論爭)을 벌일 이유는 없다. 고구려가 우리민족국가의 하나이며, 역사인 것은 시시비비(是是非非)를 가리거나 논쟁할 성질의 것이 아니다. 다만 고구려를 보다 정확하고 구체적으로 이해하는 수준에서 여러 나라 학자들 간의 공동연구와 의견교환은 필요하다.

그런데 지금껏 역사학계에서 전개되는 일부현상을 보면 외부인들에게는 마치 독도문제(獨島問題)처럼 역사분쟁의 소지가 있는 것처럼 보여 질 수 있다. 이 탓에 심지어는 우리 내부에서도 이에 공감하거나 혼란스러워하는 분위기도 있음을 부인할 수 없다. 이를 테면 민족논쟁이 벌어지고, 만주는 우리의 역사가 아니라는 주장도 나타났으며, 이에 혼란을 느낀 일반인들은 고구려와 백제·신라가 한민족이 아니며, 서로 간에 언어가 다르며 종족도 다르다고 생각하는 경향까지 나타났다.

고구려연구회는 중국의 고구려사 침탈에 대한 대응논리 개발 프로젝트-북방프로젝트-를 2006년 6월부터 시작했다. 동북공정의 논리들을 부분별로 대응한다는 면에서 연구역량을 분산시키고, 논쟁의 함정으로 빠질 우려는 있으나 한편으로는 다른 관점에서 역사를 바라보는 시도를 한다는 점에서 의미가 있다.

2) 역사학자들의 자기반성(自己反省)과 역사학계의 대응방식(對應方式) 점검이 필요하다.[12]

역사학자는 놓여진 혹은 선택한 시간과 공간의 영향을 어느정도 받으면서 역사를 해석한다. 일제시대 같은 경우가 대표적인 경우이다. 우리 근대역사학의 소위 주류는 역사학의 기능과 목적을 사실을 규명한다는 (혹은 實證) 미명을 내걸고 시대상황(時代狀況)과 시대정신(時代精神)을 외면(外面)한 채, 현실에 안주하면서 때로는 우리의 정체성(正體性)을 왜곡시키거나 파괴하는 역사학 작업(歷史學 作業)에 방조(傍助) 내지 동조(同助)를 해왔다. 그러한 근대역사학의 전통을 계승하여 일반학계는 물론이고, 심지어는 동북공정의 대응작업을 직접 담당하는 연구자들도 그러한 경향이 남아있다.

그동안 역사연구 또는 한국사연구에서 나타난 문제점을 다시 찾아보고, 이를 비판하면서 반성할 필요가 있다. 특히 사관의 변화가 필요하다. 우리역사학은 '반도사관(半島史觀)'의 굴레를 완벽하게 탈피하지 못한 면이 있다. 이는 역사공간의 단순한 축소가 아니라 역사 자체의 축소를 가져왔다. 최근에 중국이 벌이고 있는 동북공정에서 해석하고 지향하는 내용도 이와 유사하다. 그러나 한반도는 지리적인 용어일 뿐, 그것도 부정확한, 역사적인 개념이 아니다. 적어도 한국고대사에 관한 한 우리의 역사

---

12 이 부분에 대하여는 필자가
『海洋史觀으로 본 한국 고대사의 발전과 종언』, 『한국사연구』123호, 한국사연구, 2003.
「한국사 이해를 위한 몇 가지 제언」, 『한국사학사학회보』9집, 한국사학사학회, 2004. 3.
「한국 고대사 연구의 반성과 대안」, 『단군학 연구』11, 단군학회, 2004, 9 등의 논문에서 견해를 발표하였다.

활동 영역은 한반도와 만주일대를 포함하는 대륙, 그리고 바다였다. 따라서 해양과 대륙 그리고 반도를 하나의 역사권으로 파악하는 해륙사관(海陸史觀)으로서 역사상과 역사기록을 해석할 필요가 있다. 그 외에도 일본식 역사연구방법론의 수용, 비과학적인 연구방식, 현실과 유리된 역사학 연구 등이 있다. 역사를 연구하는 학자들의 인식이 질적으로 전환되고, 연구방식에 대한 태도가 수정되지 않는다면 결국은 과거와 똑같은 연구로 일관될 것이며, 그러한 연구풍토가 더욱 고착하는 불건전한 계기가 될 수도 있다.

3) 역사의 정책적 연구(歷政協同)가 필요하다.

역사는 순수하게 학문을 위한 연구도 필요하나 시대적 상황에 따라서 현실과 연결시킬 필요가 있다. 필요에 따라서는 역사학을 정치적으로 판단하고, 경제정책 문화정책 문화산업과 연결시켜 연구할 필요가 있다.

동북공정에 관련된 역사학뿐만 아니라 학제간 연구(學制間 硏究)수준을 뛰어넘어 모든 분야의 통일적(統一的)인 연구(硏究)가 절대 필요하다. 서양사 전공자들을 비롯하여 정치학·경제학·문화학·자연과학 등 다른 분야의 학자들은 물론이고 기업가 정치가 외교관 군인들과 공동연구를 해야 한다. 정치적 경제적 상황 등을 비전문가의 수준으로 평가하는 태도를 지양해야 한다.

또한 역사학은 민족사적 동아시아적 세계사적 입장에 맞춰 해석하고, 동북공정뿐만 아니라 다양한 면에서 대응전략을 구비해야 한다. 그런 면에서 동북공정의 본질을 파악하고 합리적인 대응전략을 찾고, 활용하려면 양심적인 우호적인 중국학자들은 물론이고, 미국학자들을 비롯한 서구의 학자들, 그리고 무엇보다도 몽골·러시아·베트남 등 중국의 역사해석 및 국가이익이 충돌하는 지역의 학자들과 공동연구를 진행 시켜야 한다. 정치적으로 뿐만 아니라 학문적으로도 '대중국 포위전선(對中國 包圍

戰線)'을 구축하는 것이 바람직하다. 동북공정은 표면적으로는 역사왜곡작업인만큼 기본적으로는 역사적인 대응이 필요하지만, 실제로는 그렇지 않으므로 논리 자체에 대한 대응과 함께 역사외적(歷史外的)인 실제 대응방식이 필요하다. 그 가운데 하나가 대안으로서 '한민족 역할론(役割論)'과 '동아지중해(東亞地中海)모델'이다. 동북공정은 역으로 역사학의 그러한 역할이 필요함을 우리에게 알려주었다. 동북아역사재단은 국가의 정책, 즉 국가발전전략, 동아시아 전략, 나아가 범아시아 전략과 연관시켜 범역사학을 연구하는 기능이 필요하다.

4) 역사교육의 필요성을 재점검할 필요가 있다.

동북공정은 크게는 국가발전전략의 일환이고, 국제관계와 연관되고 있다. 반면에 작게는 국가내부의 통치력을 강화시키고, 내부적으로는 국민들을 새시대 맞게끔 교육시키려는 것이다. 따라서 역사교과서의 수정, 현장의 유적과 유물에 대한 중국적인 해석 등을 가하고 있는 것이다.

그렇다면 이러한 역사교육의 측면을 수정할 필요가 있다. 특히 역사교육시스템을 점검하는 일이 필요하다. 식민사학의 잔재를 청산하고, 오류는 물론이거니와 근거가 부족한 사실과 해석으로 우리역사를 부정적이거나 비긍정적인 상태로 만든 것을 수정해야 한다.

또한 연구와 교육을 구분할 필요가 절실하다. 특히 학자나 교수같은 초등, 중·고등학교 역사관련 교과서 집필자들에게 연구와 국민교육은 꼭 같지 않다는 사실을 인식 시킬 필요가 있다. 자기들의 연구성과를 쉬운 언어와 보편적인 사유체계로 환원시키려는 노력을 기울여야 한다. 아울러 교과서가 자기 학파 혹은 개인학설을 소개하는 장이 아님을 자각해야 한다.

5) 국민들의 관심을 유도하고, 적극적으로 참여시킬 필요가 크다.

강단역사학계가 역사연구의 능력과 기회를 점유하고, 표현과 발표의 방식과 장마저 독점하던 시대는 지났다. 많은 국민들이 역사에 대하여 연구하고, 발언하고 표현할 수 있는 능력을 가졌다. 이른바 시민사학이 출현했다. 역사연구는 그들과 함께 갈 수밖에 없다. 그렇다고 동북공정이라는 외적인 충격으로 인하여 비자발적으로 기존의 역사연구에 변화를 가져온 것과 마찬가지로, 국민들의 주도하는 역사학, '시민사학(市民史學)'에 끌려가는 모습을 보여서는 안된다. 능동적으로, 주체적으로 국민들과 함께, 현실과 함께 역사학의 지평을 확대해야 한다. 여기에는 시민단체들의 적극적인 참여가 필요하다. 다만 특정한 이념에 편향되거나 자기주장이 강한 시민단체는 견제할 필요가 있다. 그리고 드라마 현상에서 나타나듯 역사는 문화사업과 연결되어있다. 이러한 부분을 염두에 두면서 역사해석은 물론이고, 역사문화물의 창조에 간접적으로 간여해야 한다.

5. 맺음말

중국정부는 동북공정을 2002년 2월에 시작하여 2007년 1월에 소기의 성과를 내고 끝을 냈다. 실로 천 여년 만에 본격적으로 국가단위의 입장에서 역사왜곡을 자행한 중국은 성공과 실패를 동시에 가져왔다. 국내적 입장에서, 또 국제질서가 재편되는데 따른 만주지역에 대한 역사적인 연고권을 보다 확실하게 잡아했디는 면에서는 성공을 거두었다. 그러난 주변국가들에게 중국의 제국주의적인 속성과 정책방향을 눈치채게 하였으며, 짧은 기간이었지만 공산중국에 장 우호적인 한국민들에게 분노와 함께 경계심을 불러 일으켰다. 이는 앞으로 중국이 동아시아·범아시아의 주도권을 잡는데 걸림돌로 작용할 것이다.

    한편 동북공정은 "한국에도 엄청난 영향을 끼쳤다. 발생 즉시 필자는 시인 김지하와 대화하면서 한국에 드디어 천운이 도래했다. 중국이 잠자는 호랑이를 깨웠다."라는 말을 했다. 김지하는 동북공정을 역사전쟁이라고 규정하였다. 실제로 동북공정은 우리를 자각시키는 계기가 되었다. 우리의 차가운 현실과 중국의 제국주의적 속성을 간파했다. 민족의정체성의 중요성을 새삼 인식했으며, 역사가 과거가 아니라 미래학이라는 사실을 깨닫게 하였다. 그리고 강단역사학자들의 존재가 얼마나 허무하고, 연구작업이 무책임하고 관념적이었는가를 적나라하게 알려주었다. 뿐만 아니라, 국민들이 전면적으로 역사에 관심을 갖게 되었고, 이른바 자각한 시민들을 중심으로 역사에 대한 관심뿐만 아니라 연구 및 발언과 행동에도 참여하게 하는 시민사학의 존재가 드러났다. 동북공정은 끝나지 않았다. 이제 그 결과를 정책으로 실천하는 단계로 비약하고 있다. 그에 걸맞는 대응방식을 시대상황과 시대정신, 시대지식을 고려하여 찾을 필요가 있다.

05 '東北工程'의 歷史外的인 문제와 韓民族役割論[*]

1. 머리말

역사학은 잊혀진 사실, 잃어버린 사실을 찾아내고, 고증하여 엄숙한 진리를 추구하는 작업이다. 하지만 문제가 무엇(what)이고, 왜(why) 그렇게 되는가를 알아야 하며, 그리고 어떻게(how) 해결하는가 하는 방법론을 추구하고, 제시하는 것도 중요한 사명이다. 때문에 역사학은 과거를 연구대상으로 하고 있음에도 불구하고, 본질적으로는 미래학(未來學)'이다.

필자가 그동안 몇몇 저서들과 논문들, 기타 글들에서 밝혔듯이 향후 몇 년 안(2010년 직전)에 우리의 운명을 결정지을 기본태도와 축들이 형성될 가능성이 크다. 우리와 중국지역, 일본지역, 그리고 러시아의 연해주를 포함한 주변지역들은 총체적으로 팽팽하게 경쟁체재에 돌입할 것이고, 그 과정 속에서 행위의 명분을 획득하고, 효율적인 방략을 찾기 위하여 역사에 대한 연구가 본격적으로 이루어질 것은 명약관화하다.[1]

---

* 「'東北工程'의 歷史外的인 문제와 韓民族役割論」, 『인문학논총』제 12집 1호, 경성대학교, 2007. 02.
1 윤명철, 「고구려 담론 1 –미래모델의 의미」, 『고구려연구』9집, 고구려연구회, 2000.
_____,「고구려의 東亞地中海 모델과 21세기적 意味」, 『아시아 文化硏究』, 목포대학교 아시아문화연구, 2002. 12.

중국은 소위 '동북공정(東北邊疆歷史與現狀系列硏究工程)'이라는 작업을 통해서 고구려사를 비롯한 우리역사를 왜곡시켜왔다. 그 작업은 21세기를 맞은 현대 한국사회에 다양한 면에서 영향을 끼쳤다. 초기에는 그 내용은 물론이고, 목적과 배경에 대해서 정확히 간파하지 못했다.

정부 내부, 사회 각 단체 간, 각 사상적인 노선, 언론, 학계의 연구자들 간에 그 적절한 대응 방식을 놓고 여러 의견들이 나왔고, 그 가운데 일부는 정책으로 수용돼서 활용되고 있다. 중국정부는 우다웨이(武大偉)외교부 부부장, 자칭린(賈慶林) 중국인민정치협상회의 주석을 파견해서 한국의 상황을 파악하고 중국의 입장을 설명하는 외교적인 제스처를 취했다. 이후 두 나라는 5개 항을 구두로 합의했다.

동북공정은 추진 배경과 실제 목적은 무엇이든 간에 역사를 주제와 소재로 삼았다는 점에서 역사학계도 큰 충격을 가져왔다. 특히 역사학을 시대상황과는 일정한 거리를 둔 채 과거의 사실을 고증하는 것이라는 보호막을 쳐놓고 안주하던 역사학자들의 입지를 흔들어놓았고, 기왕에 비판받던 역사학 연구방법론을 불신하게 만든 계기가 됐다. 그런가하면 오히려 역으로 '탈민족주의론(脫民族主義論)' 함께 '국사해체론(國史解體論)'까지 등장하고, 동북공정의 방어적인 움직임을 팽창적인 국수주의로 흐를지 모른다는 우려를 표명하기도하고, 동아시아지역의 긴장을 고조시키며, 개방과 세계화에 걸림돌이 될 수 있다는 견해들을 표명하고 있다.[2] 이 글은 기존의 역사학적 연구

_____,「장보고 시대의 무역활동과 미래모델의 가치-동아지중해론을 중심으로-」,『張保皐 時代의 海洋活動과 東亞地中海』, 학연, 2002.
_____,「장보고를 통해서 본 경제특구의 역사적 교훈과 가능성」,『경제특구』, 남덕우 편, 삼성경제연구소, 2003.
_____,『광개토태왕의 꿈과 한고려의 꿈』, 삼성경제연구소, 2005.
_____,『장수왕, 장보고 그들에게 길을 묻다』, 포름, 2006.
2 이 부분에 대해서는 2004년 필자가 임지현교수와 함께 필자의 책인『역사전쟁』, 임지현 등의 편저인『국사의 신화를 넘어서』를 놓고 KBS-TV "TV 책을 말하다"에서 토론을 벌인 내용이 있다. 그 후 필자는 주

와는 달리 동북공정의 배경과 목적을 찾기 위하여 시간적으로는 현실과 미래로, 공간적으로는 동아시아와 세계질서를 대상으로 삼아 분석한 것이다. 그리고 동북공정이 정치논리이며, 중국을 비롯한 동아시아 국가들 간의 현실적인 문제인 만큼 대안을 제시하고자 했다. 필자가 그동안 주장해왔던 이론 가운데 하나인 '한민족 역할론'을 소개한다. 아울러 이러한 대안을 실현시키는 방식의 하나로 우리 역사학의 의미와 역사해석의 또 다른 관점을 제시한다. 본문의 내용은 필자가 이미 수년 전부터 발표한 내용이 중복된 것이 많으므로 꼭 필요한 것이 아니면 일일이 주를 달지 않았으며, 참고문헌으로 대신하고자 한다.

2. 동북공정의 추진과정과 내용(고구려를 중심으로)

1) 추진과정

중국은 1983년에 중국사회과학원 산하에 '중국변강사지연구중심(中國邊疆史地硏究中心)'을 설립하였다. 그 후 1993년 집안에서 한국·북한·중국·일본학자들이 함께 모여 고구려관련 학술회의가 열렸다. 이 회의에서 중국학자들이 고구려의 역사를 중국의 역사로 여기는 발언을 하면서 인식의 차이가 극명하게 드러났다. 이후 1998년 6월 26~28일까지 통화사범대학에 설립한 고구려연구소(소장 경철화)가 '고구려 학술토론회'를 개최하였다. 이렇게 해서 중국 정부는 고구려역사에 대하여 정치적인 접근을

코 시앙사학자늘과 이 문제에 대해 토론을 벌여왔으며, 앞으로도 더욱 본격적인 토론이 이루어지길 고대한다. 특히 필자는 新中華帝國主義를 비롯해서 동북공정이 역사외적인 정치문제라는 것을 먼저, 강한 방식으로 대응한 사람이다. 따라서 필자와 세계사적, 동아시아적 상황과 동북공정의 배경에 대한 진단 등이 다른 학자들과는 의견교환과 함께 논쟁이 필요함을 느끼고 있다.

시도하게 된다. 1998년 9월 '중국변강사지연구중심(中國邊疆史地研究中心)'은 '현대 중국 변경 조사연구'라는 지침 가운데 '조선반도(한반도) 형세의 변화가 동북지역 안정에 가하는 충격'이라는 제목의 보고서를 제출하였다. 이 단계에서 고구려를 비롯한 우리역사는 정치적인 목적을 지닌 채 왜곡작업이 시작된다. 특히 후에 밝혀진 내용이지만 그 무렵에는 부주석이었던 후진타오가 직접 관여했다. 중국공산당 흑룡강성(黑龍江省) 흑하(黑河)시 위원회 선전부에서 간행한 흑하일보(黑河日報)는 동북공정은 후진타오 동지가 2000년 중국사회과학원을 통해 지시해 승인한 사회과학 연구항목"이라고 소개하였다. 그리고 모든 준비를 끝낸 후에 2002년 2월 중국사회과학원 변강사지연구중심과 동북의 3성인 길림성·요녕성·흑룡강성이 1,500만위안(한화 약 22억 5,000만 원)의 예산을 들여 '동북 변경의 역사와 현상 연구 공정'이라는 약칭 '동북공정(東北工程)'이 발족했다.

구성원으로는 이철영(李鐵映) 중공정치국 위원, 중국사회과학원 원장이 있고, 그 외에도 왕뤄린(王洛林) 중국사회과학원 부원장, 길림성, 요녕성, 흑룡강성 등 각성의 부성장들 및 선전부 부부장들이 있고, 흑룡강사회과학원 등 7개 기관, 길림성 사회과학원 등 11개 기관, 요령성사회과학원 등 13개 기관이 참여하였다. 학자로는 핵심인물이라 할 수 있는 마다정(馬大正) 중국사회과학원 중국변강사지(中國邊疆史地) 연구원이 포진되어 있다. 그리고 관련된 학자들이 연구위원으로 참여하고 있으며, 또 전공과는 직접 관련없는 지역인 중산(中山)대학, 양주(揚州)대학, 소흥(紹興)문리학원, 중앙당교(中央党校) 연구자들이 다수 참여하였다. 2002년 3월 중순 과제 모집 공고를 낸 뒤 1개월간의 신청기간을 거쳐 2002년 4월 15일 모두 208건의 신청서를 접수하였다. 그 안에 기초연구 부문이 129건, 응용연구 부문이 30건, 번역 부문이 22건, 공문서·자료 부문이 27건이었다.[3] 이처럼 동북공정은 정부의 대대적인 지원 아래 고구려를 비롯한 고조선,

---

3 동북공정을 마쳐가면서 발표한 연구성과에 대한 한국측의 성과분석과 평가는 고구려연구회가 주관하여

부여, 발해의 역사 및 중국의 현안들, 현재의 한국에 대한 문제들을 연구하는 작업이다. 그리고 2007년 1월 31일로 작업을 완료했다.

그런데 동북공정은 우리가 주목한 고대사 혹은 역사문제만이 아니라 현실의 문제이며 정치적인 목적도 있었다는 증거는 몇몇 과제의 명칭 가운데에서도 나타나고 있다. 즉,

중국 동북과 러시아(소련) 경제관계사, 張鳳鳴, 2002. 09.

기자와 기자조선 연구, 張碧波, 2002. 09.

러시아 동부 이민개발 문제 연구(1861~1917), 王曉菊, 2002. 09.

민국시기 동북지방 정부 변경통치 연구, 胡玉海, 2002. 09.

근대 중국 동북지구 국제이민 문제 연구, 王勝今, 2002. 10.

국제법과 중·조 국경분쟁 문제, 焦潤明, 2003. 09.

장백산지구 역사 문화 및 그 귀속문제 연구, 劉厚生, 2004. 02.

청대 압록강 유역 봉금과 개발 연구, 張杰, 2004. 06.

러시아 극동지구 중국인, 張宗海, 2004. 12.

만주국(僞滿)시기 동북의 국경충돌과 국경교섭 연구, 王慶祥, 2004. 12.[4]

* 2005년 9월 21일 간추린 연구 결과를 변강사지 홈페이지에 발표한 주제(모두 18개 주제인데, "삼국사기 주석 및 연구"는 제목만 있어, 모두 17개 보고서의 내용이 간추려 실려 있음)

각 연구자들이 분야별로 추진하고 있으며, 그 가운데 일부는 2006. 9. 14. 동일한 제목의 주제로 발표회가 있었다. 특히 현상과 계량적인 분석은 서길수교수가 담당했고, 최근에 나타난 연구자들의 이론소개와 분석은 우실하교수가 「'통일적 다민족 국가론'의 형성과 논의 과정에 대하여」라는 제목으로 중간 발표를 밑았다. 아식은 정식논문이 아니라 제대로 인용을 못해서 아쉽다. 매우 우수한 연구물이므로 추후 참고 바란다.

4 박선영교수는 동북공정의 근현대사 문제 연구 결과에 대한 평가 –간도 문제와 조선족 문제–에서 이런 것들을 근현대사문제라고 지적하였다.

그런데 동북공정의 중심을 이루는 것 가운데 하나는 고구려의 성격규정이다. 즉 고구려의 전체 역사를 현재 및 미래의 국가발전전략에 합당하게끔 논리적이고 효율적으로 포장하여 자국의 역사 속에 편입시키려는 역사적 노력의 일환이다. 동북공정이 본격적으로 이루어지기 전에는 고구려의 역사를 두고 중국사와 한국사 양쪽에 모두 속하게 할 수 있다는 일사양용론(一史兩用論)[5]이 있었으나 1990년대 들어오면서 '통일적 다민족국가론'을 이념화해 고구려의 건국과정과 소속문제 등 고구려사 전체를 중국사의 일부로 보는 주장들이 장박천 등을 비롯한 학자들에 의해서 주장되었다.[6]

이러한 연구들에서 지향하는 중국인들의 평가는 대체로 몇 가지로 요약된다.

첫째, 고구려 영토와 주민 등 정체성의 문제다. 고구려를 세운 맥인이 바로 당시 중국의 민족 중 하나였다는 논리다. 기원전 108년에 벌써 한(漢)나라 현도군의 한 현이었고, 졸본부여 역시 현도군이며, 기원전 37년에 주몽이 고구려 5부를 통일했는데, 이 역시 모두 한나라 현도군의 영토였다는 것이다. 이 모든 것이 중국 영토에서 진행됐으니 오늘의 조선과는 아무런 관계가 없다는 것이다. 하지만 고구려는 조선과 부여를 명분상으로 계승하였으며, 종족 및 영토 또한 계승하였다.[7]

둘째, 고구려는 독립 국가가 아니라 중국에 조공을 받치는 등 신속(臣屬)관계에 있

---

5 姜孟山,「高句麗史的歸屬問題」,『東北民族與疆域研究動態』, 1999-3.
6 동북공정에서 중국 측이 주장하는 고구려사에 대한 연구는 馬大正등이 편찬한『古代中國高句麗歷史續論』, 사회과학출판사, 2003이 있다.
7 필자는「高句麗人의 時代精神에 대한 探究」,『韓國思想史學』7집, 한국사상사학회, 1996에서 고구려 발전기를 재정립시대(re-foundation)라고 하여 고구려가 조선 계승작업을 실현하였다고 해석하였다. 그 외
「고구려 담론 1 -미래모델의 의미」,『고구려연구』9집, 고구려연구회, 2000.
「고구려의 고조선 계승성에 관한 연구 1」,『고구려연구』13, 고구려연구회, 2002.
「단군신화와 고구려 건국신화가 지닌 정체성(identity)탐구」,『단군학연구』6, 단군학회, 2002.
「단군(檀君)신화를 통해서 본 고구려고분벽화」, 개천절기념남북한 공동학술회의, 2003에서 이 문제를 다루었다. 고구려연구회는 2004년도에『高句麗 正體性』(고구려연구 18, 2004)라는 주제로 학술회의를 개최하여 정체성문제를 다양한 분야에서 다루었다.

었다는 논리이다. 중국은 추모(주몽)가 고구려를 세운 뒤, 고구려 왕들은 중국의 중앙정권과 신속관계를 맺었고, 조공을 바쳤다고 주장하고 있다.[8] 양소전(楊昭全)이 관계한 『중조변계사(中朝邊界史)』에서는 "고구려는 처음부터 끝까지 중국에 예속하였으며, 한나라부터 당나라까지 역대 중원왕조가 관할한 소수 지방정권이다."[9]라고 주장하였다. 관리방식은 다르지만 모두 고구려의 활동 구역이 중국의 고유한 영토라고 생각하였다는 주장이다. 심지어 한(漢) 군현의 지배력을 확대 해석해 한반도 서북부의 연고권을 주장하고(과거에 일본인들과 우리학자들이 주장한 것이지만) 평양 천도 이후의 고구려 역시 당연히 고대 중국의 영역 안에 있기 때문에 중국사로 포함시켜야 한다는 주장이다.

세 번째, 수나라와 당나라가 고구려와 전쟁을 벌인 것은 내부에서 일어난 국내전이고, 통일전쟁이었다는 논리이다. 장박천(張博泉)은 1985년 낸 『동북지방사고』[10]에서 "수·당과 고구려의 전쟁은 통일적 다민족의 중앙집권국가가 요동의 군현을 수복하기 위해 진행한 전쟁이지 본국 통치계급이 영토확장을 위해서 침략전쟁을 일으킨 것은 아니다."고 해서 고구려의 중국 귀속을 강하게 강조하고 있다.

양수전(楊秀全)은 「수양제정고구려적기개문제(隋煬帝征高句麗的幾個問題)」에서 "고구려국토는 한조의 현도·요동·낙랑의 3군고지이다. 한조 이래로 역대 중원정권의 고유국토였으므로 수조에게서도 예외일 수는 없었다."라고 주장하였다. 그리고 "고구려 정권은 서한(西漢)시기 현도군(玄菟郡) 고구려현 경내에 있는 변강민족이 세운 지방정권이다."라고 하였다. 당나라가 수나라를 이어 부단히 군대를 일으켜 고구려를 통일하려하는 원인 중의 하나는 고구려의 활동지역이 일찍부터 전대에 의해 통치되던

---

8 張博泉은 고구려가 대를 이어 중국정권의 蕃國이었다고 서술하고 있다. 張博泉·蘇金源·董玉瑛, 『東北歷代彊域史』, 吉林人民出版社, 1981.
9 楊昭全·韓俊光, 『中朝關係簡史』, 遼寧民族出版社, 1992 ; 楊昭全·孫玉梅, 『中朝邊界史』, 吉林文史出版社, 1993.
10 張博泉, 『東北地方史稿』, 吉林大學出版社, 1985.

지역이기 때문이었다는 주장도 있다. 그 외에도 유사한 주장을 한 학자들이 유후생(劉厚生) 등 몇몇이 있다. 그러나 이 전쟁은 필자가 이미 오래전부터 발표한 대로 동아시아의 종주권과 교역권을 둘러싸고 400여 년 만에 중국지역을 통일한 수와 뒤를 이은 당나라가 고구려와 벌인 국제대전이다.[11]

그 외에도 몇몇 주장들이 있다. '고씨고려(高氏高麗)'와 '왕씨고려(王氏高麗)'는 성질이 다른 두 개의 정권이다. 즉 양자는 건국 시간이 현저하여 역사발전의 귀속이 다르고, 통치하고 관할한 구역이 다르다. 또한 민족구성이 다르며, 왕씨고려는 고씨고려의 후예(後裔)가 아니고 왕씨고려의 왕족도 고씨고려의 후예가 아니다.(楊保隆) 또 고구려, 고려와 조선족을 뒤섞어서는 안 된다는 주장도 있다. 현대의 조선족은 신라사람을 주체로 하여 형성된 것으로서 조선반도에 남은 소수의 고구려인, 말갈(靺鞨)인, 한인 등도 포함된다는 것이다.(厲聲).

대체로 이런 주장들이었다. 그런데 중국학자들이 삼고 있는 역사적인 근거는 위에서 열거한 중국의 사료들과 함께 이를 수용한 삼국사기 등이며, 현재도 진행되고 있는 일부 우리학자들의 인식과 연구 등이다. 이는 몰(沒)역사적이거나 비현실적인 인식을 바탕으로 한 안이하고 잘못된 해석이 타국의 역사왜곡작업에 어떻게 빌미가 되는지를 한국사연구자들에게 알려주는 연구방식이다.

그런데 '중국변강사지 연구중심'은 최근인 2006년 9월 21일 간추린 연구 결과를 다시 변강사지연구중심 홈페이지에 발표하였다. 여기서는 우리역사의 시원인 원(原)

---

11 이 부분에 대해서는 아래 연구물에서 상세하게 언급했다.
윤명철, 『고구려 해양교섭사연구』 성균관대학교 박사학위논문, 1993.
_____, 『고구려 해양사 연구』(사계절), 2003.
_____, 「고구려와 수당전쟁에 대한 중국 東北工程의 시각」, 『고구려는 중국사, 중국의 논리는 무엇인가』, 고구려연구회, 2003. 12.
_____, 「고구려와 隋唐전쟁의 성격에 관한 해석-정체성과 관련하여-」, 『고구려연구』 18, 고구려연구회, 2004. 12.

조선[12]에 관해서도 기자의 역할을 부각시키면서 마치 기자라는 은나라의 유민이 세운 지방정권으로 규정한다. 또 한반도 중부 이남에 있었던 진국(辰國)은 진(秦)나라의 유민들이 세운 정권으로 해석하고 있다. 즉 기자가 상말주초(商末周初)에 '조선으로 갔다'고 했는데, 이는 바로 반도 남단에 옛(古) 진국(辰國)이 있었기 때문이다. 나라가 망한 후에 기자가 '조선으로 갔다' 것은 주나라의 세력 범위를 멀리 떠남으로써 새로운 조정의 신하가 되지 않겠다는 것과 상나라의 속지(屬地)로 가서 그의 도(道), 즉 정치적 이상을 실현하겠다는 것을 보여준다. 라고 하였다. 뿐만 아니라 발해가 처음 사용한 국호는 '말갈(靺鞨)'이라고 하여 전 보다 더 한층 고구려와의 관련성을 부정하고 있다. 그리고 발해유적을 세계문화유산으로 등재 할 준비를 하고 있다. 또한 이러한 내용들이 현재 중국의 일부 교과서에 반영되고 있다. 그리고 최근에는 소위 '장백산(長白山)공정'을 추진하고 있다. 이 부분은 독자적으로 다루어야 할 문제라고 생각한다. 하지만 분명한 것은 이 공정이 백두산을 관광지로 개발한다는 경제적인 측면 만 있는 것은 아니라는 점이다. 세계자연유산에 등재하고, 2018년에는 동계올림픽을 유치하려는 준비작업이며, 나아가 간도문제, 연해주문제 등의 정치적인 목적도 있다.

　그러면 중국은 왜 동북공정을 통해서 고구려역사를 왜곡시키려는 것일까?

　이 부분에 대하여 한국 내부에는 알려진 직후부터 몇 가지 다른 의견들이 있었다.

　하나는 동북공정을 표면에 드러난 그대로 역사왜곡 사건으로 보았고, 특히 고구려를 중심으로 파악하였다. 이 흐름을 주도한 것은 강단 주류역사학계였다. 또 하나의 논리는 고구려 유적·유물의 유네스코 세계문화유산에 등재하는데 따른 한 중간의 갈등으로 보는 것이다.[13] 북한이 요청한 고구려 고분(벽화 포함)은 2003년 7월초 세계문

12　필자는 고조선이라는 용어 대신에 원조선이라는 용어의 타당성을 몇 군데 연구물에서 언급하고 사용하고 있다.
13　유네스코 등재부분에 대해서는 『한·중 고구려 유적 UNESCO세계유산 등재신청의 현황과 대책』, 2003년 12월 23일 : (사) 고구려연구회, ICOMOS 한국위원회에서 언급.

화유산으로 등록되지 못했다. 그런데 중국은 2003년 2월 중국의 고구려 유적을 세계
문화유산으로 등재하려고 신청하였다. 그 후 중국의 소주(蘇州)에서 열린 2004년 6월
제27차 세계문화유산위원회에서 중국 북한의 고구려 유적이 등재되었다.[14] 하지만 이
는 지엽적인 문제였고, 본질이 아니었다.

 또 다른 하나는 동북공정을 역사논리가 아니라 정치논리로 파악해야한다는 주장
이다. 단기적인 목적 외에 이 작업에는 보다 근본적인 몇 가지 목적들이 복잡하고 작
용한 결과이다. 필자는 이미 이러한 상황의 전개에 대한 우려와 함께 그 대응방법을
수년전부터 발표해왔다. 최근에 일부 논자들이 말하고 있는 '신중화제국주의' 와 동아
시아 신질서 수립과 관련 있다는 주장과 논리는 필자가 2003년 11월 세미나 때부터 발
표한 것임을 밝혀둔다.[15]

 또 한 편에서는 전혀 다른 반응을 보였다. 이른바 미국의 세계화전략에 대응하려
는 중국의 입장에서 동북공정 등의 시각은 이해만하다는 주장이다. 주로 서양사나 좌
파지향 학자들의 견해이었다. 이 견해는 점차 힘을 얻어 변형된 형태로서 '탈민족주
의', '국사해체론' 과 맞물려 갔다. 특히 이 견해들은 양비론적(兩非論的) 시각이 있었
다. 문제의 원인을 한국내의 국수주의자들 강경파들이 자극한 탓으로 돌리기도 하였
다. 한국사학계에서도 이러한 일부 견해가 있었다.[16]

---

14 이 주장은 중국 소주에서 열린 2004년 6월 제27차 세계문화유산위원회에서 중국 북한의 고구려 유적이 등이 차례로 등재되므로써 자연스럽게 해소되었다.
15 필자가 처음으로 이 주장을 펼친 이후에 동북공정의 진행상황과 실제 내용들이 밝혀지면서 일반적인 견해가 되었다. 그 후 몇 편의 논문을 발표하였고, 이를 다시 정리하여 『역사전쟁』이라는 책을 2004년 5월에 출판하였다. 그해 10월에 우실하교수가 『동북공정의 선행작업들과 중국의 국가전략』이라는 책을 출판하여 필자가 초기에 언급하지 못했던 '夏商周斷代工程', '中華文明探原工程' 등의 중국작업을 소개하였다. 이 연구로서 필자의 주장들은 더욱 탄력을 받게 되었고, 또 동북공정의 본질을 정확하게 간파하는데 큰 도움을 받았다.
16 김정배 고구려 연구재단 이사장은 출범직전에 가진 인터뷰에서 구체적인 실예를 들어가며 이러한 견해를 표명하였다.

3. 중국이 동북공정을 추진한 시대적인 배경

중국정부가 주변국의 반발을 무릅쓰면서까지 동북공정을 추진하는 역사외적인 배경은 무엇일까?

이것을 간파하는 일은 역사학자만의 인식과 시각에서 탈피하고, 역사학을 넘어 정치·경제인 측면과 함께 분석해야 한다. 무엇보다도 피해 당사자가 아닌 동북공정을 입안하고 추진하는 중국인 학자, 사회과학원에 영향을 끼치고 있는 정치인과 중국공산당이 세운 국가발전전략, 세계질서전략과 관련해서 이해해야 한다. 그런 의미에서 동북공정의 배경은 우선 중국이 처한 세계 질서 속에서 살펴 볼 필요가 있다

1) 세계화와 질서재편과정

21세기는 19세기 제국주의시대와는 비교할 수조차 없는 거대한 규모와 치밀한 시스템을 갖춘 세계경제의 출현, 그리고 이를 실현시키기 위한 세계시장의 확대가 숨 가쁘게 이루어지고 있다. 정치와 군사를 위주로 하는 단절과 폐쇄의 시대에서 문화와 경제의 역할이 증대하는 개방과 만남의 시대로 변화하고 있다.

미국을 비롯한 서구의 몇몇 강대국들은 군사동맹 외에도 경제공동체에 해당하는 블록을 추진하고 있다. 이른바 세계화(globalization)와 중간단계로서 넓은 범주의 지역화(regionalization)를 동시에 추진하므로써 과거 제국주의 시대에 유행했던 국제주의(internationalism)와 다른 점을 보이고 있다. 1994년 1월에 미국·캐나다·멕시코 등 북미의 3국이 모여 북미자유무역협정(NAFTA)을 결성하였다. 2005년에 미주자유무역지대(FTAA)가 창설될 경우에는 중남미를 포함한 세계 최대의 경제블록이 탄생하게 된다.

한편 유럽은 오랫동안 유지해온 유럽공동체(EC)를 넘어 1991년의 마스트리히트조약을 계기로 유럽연합(EU, European Union)을 결성한 후에 단일 화폐인 '유로' 체제를 출

범시켰다. 궁극적으로는 유럽합중국(United Europe)을 목표로 삼았다. 유럽대통령을 선출하고 유럽의회를 구성하며 유럽헌법을 만든다는 것이다. 뿐만 아니라 소위 '지중해 공동체'의 구상과 실현을 통해서 북아프리카는 물론이고 중동의 일부지역까지도 그들의 경제권으로 편입시키려고 한다.

결국 세계화란, 규모가 더욱 더 커지고 신문명을 빙자 혹은 계기로 삼아 눈에 드러나지 않는 권력을 무차별적으로 사용하는 또다른 형태의 지역주의 혹은 민족주의이다. 용어는 다를지언정 '자집단주의(自集團主義)' 라는 면에서는 규모나 범위만 변했을 뿐 속 내용은 동일한 것이고, 결과적으로 혹은 처음부터 계산된 것이었지만 다시 한번 서구 백인중심주의를 노골적으로 실현해가는 과정이다.

2) 동아시아의 질서재편과정[17]

이러한 세계사 적 현실 속에서 아시아는 오래 전부터 APEC · ASEAN 등 협력체를 만들어 통합가능성을 모색하고 있다. 이미 1990년 대 초에 말레이시아의 마하티르 수상이 동남아를 넘어서 동아시아경제협력체(EAEC)의 창설을 주장했다. 아세안자유무역지대(Asean Free Trade Area)는 1993년에 출범했는데, 2020년에는 동남아국가연합(ASEAN)지역을 완벽한 경제공동체를 구성하겠다고 선언하였다. 심지어는 'IMF'를 대체하는 '아시아통화기금(AMF)'을 창설하고, 달러와 유로화에 대응하는 아시아 기축통화를 만들자는 움직임도 있다. 그런데 1997년부터 태국을 시작으로 소위 'IMF 사태' 가 발생해서 동아시아를 휩쓸다가 최후의 공격목표인 중국을 코 앞에 두고서 한국에

---

17 이 장은 동아시아의 질서재편과정에서 발생하는 움직임에 대해서 필자가 몇 년 전 부터 관심을 갖고 조사하여 발표한 내용들이다. 근래에 발표한 성과물은 다음과 같다.
윤명철, 『광개토태왕의 꿈과 한고려의 꿈』, 삼성경제연구소, 2005, 『장수왕, 장보고 그들에게 길을 묻다』, 포름, 2006, 그 외 논문들.

서 멈췄다.

　아시아인들은 국가경제, 국가신인도, 아시아적 가치가 추락하면서 걷잡을 수 없는 혼돈과 공포감을 맛보았다. 그들은 세계화 속에서 동아시아의 정체성을 자각해가면서 그들만의 강력한 공동체가 필요함을 깨달았다. 특히 한국·중국·일본 그리고 러시아의 일부(연해주)가 포함되어 있는 포함한 소위 넓은 의미의 동아시아의 핵(核, core)국가들은 공속의식과 결속력을 지닌 블록(정치적, 경제적인 의미를 지닌)을 결성해야 할 필요성이 증대되고 있다.

　자신들이 원하든, 원하지 않든 문화공동체·경제공동체·군사공동체를 거쳐 궁극적으로는 정치공동체를 이룰 것이다. 필자는 1993년 이래 '동아지중해(東亞地中海)'라는 모델 속에서 동아시아의 국가들은 궁극적으로는 상생을 누릴 수 있는 느슨한, 혹은 결속력이 강한 연방형태(동아시아연방)를 지향하고, 중간단계로서 다양한 목적과 형태를 지닌 공동체가 필요하다고 주장해왔다. 이런 상황임에도 불구하고 동아시아 각 국들은 군사적인 역할과 영향력, 경제력의 향상과 체제의 개편, 정치적인 영향력의 확대 등 많은 면에서 서로 간에 경쟁을 하거나 갈등을 빚고 있다.

　중국은 1980년 이래로 경제특구전략 등을 통해서 시장경제체제를 연착륙시켜 놀랄만한 성장을 이룩하여 2003년 현재 국내총생산(GDP)이 1조 4,123억 달러이다. 동남아를 비롯해 전세계에 포진한 화교들을 네트워크화시켜 '화교합중국' 시대를 구가하고 있다. 최근에는 중국·대만·홍콩·마카오에 싱가포르 등을 합쳐 '대중국(大中國, great china)'을 건설하자는 주장도 심심치 않게 들린다. 나아가 동남아시아의 바트(BAHT, 태국 화폐)경제권을 중국의 시장으로 편입시키려는 노력들을 기울인다. 전진기지였던 운남성(雲南省)의 성도인 곤명시(昆明市)를 발전시키면서 고속도로를 놓고 동남아시아와 연결시키고 있다. 뿐만 아니라 옛 티베트까지 칭짱(京藏)철도를 건설하였다. 중국은 우리와도 직접 관련된 또 다른 사업을 추진하고 있다. 중국은 북한을 경제적으로 강한 영향력 아래에 넣고자 힘을 기울여 최근에는 북한지역을 '동북 4성화(東北 4省

化'시킨다는 경계심을 불러일으킬 정도이다. 2006년 4월을 계기로 중국은 북한과 나진 선봉(나선시)를 50년 동안 공동관리하겠다는 발표를 했다. 이로써 동해로 연결되는 물류망뿐만 아니라 해군이 활동할 수 있게 되었다. 그래서 '조중연합함대(朝中聯合艦隊)'가 동해에서 결성될 것이라는 등의 여러 설과 함께 시나리오들이 난무하고 있다.

중국은 말래카 해협에 대한 미국의 압력을 피해서 태국정부와 함께 직접 벵골만으로 나가는 말레이반도 중간의 크라(KRA)지협에 운하를 뚫으려 시도하고 있다. 최근 들어서 중국과 일본은 대만의 서북쪽 해상에 있는 몇 개 암초인 센카쿠(중국명 釣魚島)를 놓고 일촉즉발의 상태를 벌이고 있다. 물론 이 분쟁은 자존심, 과거 일본제국주의 질서에 대한 중국측의 불인정, 천연가스라는 자원문제도 있지만 또 다른 하나의 이유는 바로 물류를 수송하는 해로(海路, sea-lane)의 안정성 문제이다. 중국은 이에 걸맞게 군사력을 증강시키고 있으며, 특히 석유수송로를 보호한다는 명목 아래 해군력을 급속하게 증강시키고 있다.

일본은 미국이 쳐 놓은 핵우산 밑에서 반세기 넘게 탈(脫)아시아적인 환상에 빠져 안주하다가 국민들의 민족주의적인 정서를 부추기면서 뒤늦게 황급히 대응책을 마련하고 있다. 이미 일본과 중국 간에는 경제영역에서뿐만 아니라 정치력이나 군사적인 면에서 갈등과 충돌이 시작되었다. 더욱이 센카쿠열도(釣魚島) 영유권을 둘러싸고 벌이는 갈등은 독도와는 또 다른 형태의 영토분쟁으로서 물리적인 충돌이 가능하다. 일본은 미국과 동맹을 강화시키면서 반중전선을 펴면서 외곽포위전략을 시도하고 있다. 또한 러시아와는 남쿠릴열도(북방 4개도서)를 놓고 영토분쟁을 벌이고 있다.

러시아는 1992년 1월 1일에는 군사항인 블라디보스토크를 개방하였다. 푸틴 대통령은 대아시아전략의 틀 속에서 프리모르스키(沿海洲) 지역을 다시 중요하게 여기고 정책적으로 비중을 두고 있다. 비록 몇 년간에 걸쳐서 중국인들에게 연해주지역의 상권을 앗기고 있지만, 두만강하구의 군사전략적 가치와 핫산 등의 경제적 가치, 그리고 일본을 활용할 수 있다는 지리적인 이점을 인식하고 나름대로 영향력을 회복하고 있다. 특히 시베리아의 이르쿠츠크에서 출발한 가스관이 통과하는 지점을 놓고 중국과 일본 사이에서 줄다리기외교를 하고 있다. 2001년에 중·러 선린우호조약을 맺은데 이어 2005년에는 중국과 합동군사훈련을 하는 등 우호적인 관계를 맺고, 국경지역에 자유무역지대를 설정하고 1조 원에 달하는 자금을 중국과 공동으로 투자하여 경제문화복합단지를 건설하고 있다.

북한은 2002년에 신의주 경제특구전략을 발표했다가 중국의 압력을 받고 철회하였으며, '개성공업지구법'을 채택하여 개성공단을 개발하고 있다. 최근에 다시 압록강과 바다가 만나는 비단섬(단동시 외곽의 북한측 섬)을 중국과 공동으로 경제특구화 시키겠다고 하였다. 물론 중국의 양해와 협조아래 진행되는 것이다. 중국과는 간도문제, 백두산 천지 등의 문제가 있고, 러시아와는 녹둔도(鹿屯島) 문제가 있다.

한국은 동북아의 허브 공항으로서 영종도에 신공항을 운영하고 있고, 부산신항, 광양항, 송도경제특구, 제주도 특별자치구 등이 있으며, 북한을 겨냥한 남북협력사업 등을 추진하고 있다. 특히 황해를 이용해서 오고가는 물류시스템 가운데에서 항로의 확보와 항만의 선점을 놓고 사활을 건 경쟁을 벌이고 있다. 중국은 최근 상하이의 양산항 1부두를 완성했다. 물동량 처리 세계 3위인 상하이를 세계 1위로 끌어올리는 대역사이다. 이로서 한국의 입지는 더욱 줄어들고, 부산신항과 광양항을 건설해도, 또 인천항과 울산항을 포함시켜도 경쟁인 양산항과 심천항에 비하면 여전히 불리하다.

그런데 동아시아 각국들은 이러한 경제적인 면의 경쟁을 넘어서 패권을 지향하며 군사비 지출과 군사력을 대폭 증강시키고 있다. 일본은 군사력을 급속도로 강화시키고 있다. 국방비로 지출하는 국가예산이 1년에 370억弗(98년 기준)로 세계 4위의 군사대국이며, 특히 해양력은 2위이며, 1994년 이후에 반포된 해양영토의 기준을 적용할 경우에는 세계 5위에 달하는 대국이다. 중국도 해군비를 급작스럽게 증액하고 4~5년 전부터 항공모함을 건조하는 등 해양력 강화에 박차를 가하고 있다. 이는 모두 물류통로를 확보하려는 행위이다. 중동의 아랍세력은 늘 걸프만을 제어하는 미군의 해양력 때문에 석유수송로가 불안전하고, 군사적으로 열세인 상태에서 눈치를 보고 있다. 일본과 중국은 해양을 놓고 갈등들이 생기고 곳곳에서 충돌을 시작했다. 더욱이 영유권 분쟁이라는 예민한 차원에서는 센카쿠열도(중국명 釣魚島) 분쟁 등 실로 무력충돌의 직전까지 와있다. 중국의 일부지역에서는 제2차 남해대전(南海大戰), 즉 남중국해의 해상권을 놓고 두 나라 간에 전쟁이 발발할 가능성을 염두에 둔 채 그에 대한 예상 시나리오를 만들어 유포하고 있을 정도에 이르렀다. 한국과 일본은 독도문제를 놓고 갈등을 본격적으로 시작했다.

이렇게 전개되는 세계사적(世界史的), 東아시아적, 국가적(國家的)인 상황 속에서 우리를 비롯한 동아시아 각국들은 국가생존과 발전을 치열하게 모색하고 있다. 그 가운데 한 흐름이 이른바 과거 역사에 대한 재해석작업이고, 중국의 동북공정도 그 가운데 하나이다.

4. 동북공정의 학문외적인 목적과 영토문제

그렇다면 동북공정을 추진하는 실질적인 목적은 무엇일까?

첫째, 중화적(中華的) 세계질서의 재현을 원하고, 이를 실현시키려는 명분을 획득하기 위함이다.

공산주의자로 알려진 마오쩌둥은 철저한 중화주의자였고, 중국은 이때에 이르러 가장 제국주의적인 성격을 지니게 되었고, 주변의 국가와 종족들을 억압하고 독립을 빼앗았다. 현재 내몽골 자치구, 티베트영토의 침략과 탈취,[18] 그리고 신강(新疆) 지역의

---

18 중국은 1950년에 이 지역을 침략하여 중국영토로 만들었다. 이 지역에 대한 직업은 藏學研究中心에서 이루어지는 서남공정이다.

위구르족 압박[19] 등이다. 그 후 역사에 대한 왜곡은 늘 있어왔으나 근래에 들어서 조직적으로 행해지고 있다. 신강 위구르족을 대상으로 한 서북공정, 티베트(西藏)를 완전하게 장악하고자하는 서남공정(藏學研究中心)[20] 등은 이러한 역사왜곡작업의 근본배경과 추후의 전개과정에 대한 예측을 가능하게 한다.

따라서 이러한 역사 왜곡의 근본배경과 추후의 전개과정에 대한 예측을 가능하게 한다. 이러한 의도는 고구려 혹은 주변지역들이 중국의 근원이라고 인식하는 주(周)의 영토, 한(漢)의 영토였음을 강조하는 데서도 나타난다. 조영춘(趙永春)은 "우리가 말하는 '중국 역사'에서 '중국'은 오늘날의 중국을 가리키는 것이며, '역사'는 중국의 과거를 뜻한다. 당연히 중국 역사와 영토를 연구한다는 것은 현재의 중국을 기준으로 중국의 과거와 통치 판도를 이해하는 것이다"[21]라고 하였다. 즉, 이 연구는 궁극적인 신중화제국주의(新中華帝國主義)로 귀결될 가능성이 높다. 일본 뿐 아니라 베트남 등 주변국들의 중국에 대한 태도는 이러한 우려가 현실성이 있음을 알려주고 있다.

둘째, 향후 중화중심의 동아시아 혹은 아시아공동체를 구성하기 위한 전 단계의 정지작업일 수 있다. 향후 동아시아는 공동체를 지향하고 실현시킬 가능성이 높다. 또한 정치 군사적인 영토보다는 문화영토 그리고 경제영토 개념이 적용될 가능성이 적지 않다.

이때 만주지역은 석유 등 자원문제, 조선족들을 비롯한 소수민족문제, 간도(間島)·연해주(沿海洲)를 비롯한 영유권문제 등 지정학적(地政學的)·지경학적(地經學的)·지문화적(地文化的)으로 매우 다양하고 역사적으로 예민한 지역이다. 거기에 중국정부

---

19 1949년 중화인민공화국의 지배가 시작되었다. 1950년 대대적인 침략이 있었다.
20 이동률, 「중국정부의 티베트에 대한 '중국화전략 : 현황과 함의」, 『동북아역사논총』13호, 동북아역사재단, 2006, 11에서 이 부분을 잘 조명하여 본질을 파악하는데 매우 효율적이다.
21 趙永春, 「중국 영토 문제 역사적 고찰」, 『中國邊疆史地研究』, 2002, 9, 제12권 제3기.

는 소위 '동북진흥계획(東北振興計劃)' 추진하면서 추후 전개 될 세계질서 혹은 동아시아 질서에서 각국 간의 힘이 충돌할 가능성이 매우 높은 지역이 되었다. 중국은 특히 통일한국에 대하여 위협을 느끼고 있다.

실제로 만주지역에서 각종 형태의 경쟁과 충돌이 발생하고, 이 경쟁에 일본 러시아 심지어 미국까지 끼어들 경우에 중국은 매우 어려운 처지에 놓이게 된다. 그러므로 일단 역사적인 명분을 축적하고 정당성을 확보해주는 일이 필요하다. 추후에 동아시아에서 어떠한 형태로든 신질서가 편성될 경우에 중국의 입지를 보다 강화시키고, 만주 및 한반도 지역에 대한 영향력을 강화시키려는 역사적인 정당성과 명분을 획득하려는 적극적인 목적이 숨어 있다. 즉 한민족의 '동아시아 역할론'을 희석시키려는 목적이 있다. 여기에 최근에 발생한 '이어도(離於島)'에 대한 한국측의 권리를 인정하지 않겠다는 행위는 연관성이 있다고 보여진다. 북한이 2002년에 급작스럽게 시도한 (불가피한 이유가 있었겠지만) 신의주경제특구설치가 허무하게 무너진 사건은 동북공정을 적극적으로 추진하는 중국정부의 인식 및 향후 동북지역에 대한 운영방식과 무관하지 않다.

셋째, 주변 국가들에 대한 통제력 강화 및 만주지역에 대한 한국의 영향력을 약화시키려는 의도이다. 즉 현재에 이르러 보다 결속력이 강화된 남북한 혹은 통일한국(요원하지만)이 만주지역에 대한 연고권을 주장하거나 영향력을 강화시킬 가능성(희박하지만)에 대한 우려를 반영하고 있다.

동북공정의 주요한 주체인 동북사범대학의 유후생(劉厚生)의 말은 보다 솔직하다.[22] 그는 "…특히 주의해야 할 것은 바로 앞에서 조선반도의 일부사학자들이 그들의 민족주의 입장에 입각하여 중조변계문제에 대하여 크게 문제를 삼고 있다. 조한(朝韓)

---

22 劉厚生,「東北 邊疆史연구의 강화를 기대하면서」,『고구려역사와 문화 총서』, 길림문사출판사, 2000년 12월.

학자들은 고구려와 지금 조선반도의 계승관계를 제멋대로 선전하고 고구려가 생활하던 지구는 그들의 고토(故土)라 하며 중국의 동북지구에 대한 역사주권을 극력 부정한다. 또 '만주(동북지구)는 자고로 우리선조의 땅'이고, '장백산은 우리조상의 성산(聖山)이다' 라고 헛소리를 치고 있으며 공공연히 북방영토를 수복하자고 제출하고 있다. 이는 조선반도에서 일어난 중조관계사(中朝關係史)의 일종 비학술화된 경향으로서 우리의 주의를 불러일으킨다."라고 하였다. 필자가 2003년 12월의 세미나에서 발표한 내용처럼 동북공정에서 고구려와 수(隋)·당(唐)간에 벌어진 전쟁을 국내전쟁(國內戰爭) 나아가 통일전쟁으로 파악한 것은 그러한 우려에 대한 반작용이라고 보여진다. 필자가 그 때 제기한 '백두산 문제' 또한 중국정부가 2003년 백두산을 '중화(中華) 10대 명산(名山)'의 하나로 공식 선정하고 발표하면서 표면에 드러났다. 중국은 백두산의 특산인 인삼과 광천수를 브랜드화하고, 소위 '장백산문화론(長白山文化論)'을 만들어내고 장백산(백두산)을 세계자연유산에 등재하고, 동계올림픽 개최지로 만드는 일을 추진하고 있다.

넷째, 국경분쟁을 비롯한 영토문제가 있다. 우선 한국과는 간도(間島, 墾島)문제가 있다. 1909년 중국과 일본 사이에 맺어진 간도협약으로 인하여 빼앗긴 간도지방을 놓고 분쟁이 재현될 가능성도 있다. 동북공정이 고구려 외에 다양한 목적을 지니고 있고, 그 가운데 동북지방사연구과제는 간도와 관련되어 있고, 다른 부분들도 상당한 부분은 간도와 직접 간접으로 관련되어 있다.[23]

아울러 연해주(沿海洲)지역과의 관련성을 주목할 필요가 있다.[24] 1860년에 맺어진 북경조약으로 연해주 일대와 동해로의 출구를 러시아에 빼앗긴 중국은 수복을 노리

---

23 이 부분에 대해서는 박선영교수가 각종 논문을 통해서 상세하게 논증하였다. 주 5) 참조.
24 연해주 관련성은 필자가 첫 발표부터 꾸준히 제기해온 주장으로 아직도 그 심각성을 인식하고 있지 못하다.

고 있다. 연해주는 청나라가 말기인 1860년에 북경조약을 맺으면서 강제적으로 현재 연해주일대를 러시아에 강제할양 당했다. 그 결과로 중국은 동해로 진출할 수 없었으므로 자국의 발전과 동아시아 패권을 회복하는데 걸림돌이 되었다. 중국은 정치적 군사적으로 뿐만 아니라 경제적으로도 이 지역의 수복을 원하고 있다. 중국 민간인들은 이미 경제적으로 이 지역에 진출하고 있다.

그러므로 발해사에 이은 고구려사의 자국사 편입은 궁극적으로 고구려영토였던 연해주에 대한 역사적인 연고권을 주장하면서 명분을 축적하고자 하는 행위이다. 한편 2006년 4월을 계기로 중국은 북한과 나진 선봉(나선시)를 50년 동안 공동관리하겠다는 발표를 했다. 이로써 중국은 동해로 연결되는 물류망뿐만 아니라 해군이 활동할 수 있게 되었다. 그래서 '조중연합함대(朝中聯合艦隊)'가 동해에서 결성될 것이라는 등 여러 설과 함께 시나리오들이 난무하고 있다. 또한 러시아정부와는 두만강 하구의 녹둔도(鹿屯島)도 추후에 역사와 관련하여 영토분쟁이 일어날 수 있다.

그런데 현 중국정부의 고구려영토에 대한 인식은 당(唐)이 중국의 통일을 이룩했다는 주장에서 표현된다. 그리고 통일에는 대대적인 군사력을 사용했다고 하면서 향후질서전개에 대한 일종의 선동 내지 협박을 암시하고 있다. 유후생(劉厚生)은 앞에 인용한 문건에서 이렇게 주장하고 있다. "우리는 변강사 연구와 현실을 긴밀히 연결시키는 우량한 전통을 발양하여 중화민족의 애국주의 정신을 발양하여야 한다. 주변국가와의 화목한 우호관계를 증진하기 위하여, 조국의 신성한 영토와 영해의 안정을 보위하고, 국가와 민족의 존엄과 근본이익을 지키기 위하여 우리들은 반드시 변강사(邊疆史)연구를 강화시켜야 한다."라고 하여 역사(歷史)와 중화국가주의(中華國家主義)가 불가분의 관계에 있음을 명료하게 알려준다.

중국정부는 이러한 목적 외에도 다목적 포석을 깔고 진행하는 것으로 판단된다. 만주지역 내부에 대한 지배력을 강화시켜 조선족 및 기타세력의 움직임을 차단하고, 주변분쟁지역의 주민들과 연고가 있는 국가들에게도 일종의 경고 메시지를 보내는 것이다. 그리고 심각하게 나타나는 사회주의 시장경제의 문제점, 내부 계급모순의 심화에 따른 사회불안 등을 애국주의를 발양시켜 무마시키려는 부수적인 효과도 기대하고 있다.

중국의 동북공정을 이러한 시각에서 바라보는 필자의 주장에 비약이 있다고 견해도 있다. 서양사학자들과 일부 사회과학자 등을 중심으로 동북공정에 대한 이러한 반응을 부정적 의미의 국수주의로 평가하였으며, 이러한 극한 행동들이 중국을 자극할까 우려된다 등등의 분위기를 조성했다. 심지어는 양비론적인(兩非論的인) 시각을 보였으며, 이는 '탈민족주의(脫民族主義)'와 '국사해체론(國史解體論)'이 본격적으로 등장하는 계기가 되기도 하였다.

일본은 조선을 침략하여 식민지화 하면서 이른바 반도사관이 주체가 된 식민사관을 만들어냈다. 물론 여기에는 젊은 조선의 역사학자들도 참여하여 결과적으로는 몰역사적이고, 투항적인 인식을 드러냈다. 일본은 이어 만주를 침략하기 직전인 1931년에는 일본·조선·만주·중국·몽골의 다섯 민족이 서로 화합해야 하고, 일본과 만주가 블록을 결성해야 한다는 '일만(日滿) 블록'을 주장하였다. 역시 일본의 역사학자들이 '만선사관(滿鮮史觀)'을 연구하고 주장하였으며, 발해사 연구에 열을 올렸다. 우리역사학계가 고구려사는 물론 발해사 연구에 관심을 두지 않은 것에 대하여 누군가가 변명할 필요가 있다.

더 나아가 1933년에는 중국을 합한 '일만지(日滿支) 블록'으로 확대시켰으며, 1938년 중일전쟁을 일으키자 이제는 일본·만주국·중국이 주도하여 '동아 신질서(東亞 新秩序)'를 건설해야 한다는 주장하였다. 그러다가 마침내 1940년 마쓰오카 요스케(松岡洋右) 일본 외상은 담화를 발표해 이른바 "대동아공영권(大東亞共榮圈)"을 주장했다. 이때 일본은 소위 大아시아주의(Pan-Asianism)를 주장하였는데, 물론 제국주의의 일본적 형태일 뿐으로서 아시아를 식민화 시키려는 의도였다.

동북공정의 기본방향은 이미 90년대 후반부터 설정돼있었다. 다만 근래에 들어서 표면화되었을 뿐이다. 고구려문화유산을 유네스코에 세계문화유산으로 등재하는 문제 때문에 어쩔 수 없이 공개가 되었지만, 우리에겐 천운이 아닐 수 없다. 곧 1~2년 정도면 동아시아 신질서의 기본 틀은 완성될 것이다. 그렇다면 우리 민족 혹은 집단의 운명은 매우 불투명한 상태로 변화하며, 중국이나 일본 등 주변 강대국들의 압박을 피동적으로 받는 존재로 전락할 수 있다. 필연적으로 경제 정치적으로 부당한 평가를 받음은 물론 과거처럼 정체성이 파괴되거나 심하게 왜곡당할 것이 틀림없다.

5. 동북공정의 극복과 한민족의 역할론

1) 극복방식

우리의 역사상을 구체적으로 파악하고, 다양한 목적을 지닌채 추진되는 동북공정의 논리와 의도 목적 등을 극복하기 위해서는 단순한 역사학의 논리를 넘어서는 정치 경제 문화 그리고 문명의 논리를 포함하면서, 구체적으로는 우리 집단의 생존전략으로 접근하는 자세가 필요하다. 그렇다면 우리는 어떤 대응전략을 어떻게 세워야 할까?

우선 논리의 계발이 필요하다. 동북공정에 효율적으로 대응할 수 있는 다양하고 정치한 논리가 필요하다. 그 동안은 우리역사에 대한 통일적(統一的)인 인식이 결여돼 있고, 공동체의식(共同體意識)의 강화(强化)를 위한 역사의 해석을 소홀히 했다. 역사를 각론적으로, 미시적으로 분석하면서 본질을 이해하는 것에 비중을 두었지만 이제는 동시에 총체적(總體的)으로 거시적(巨視的)으로 파악하면서 상호보완해야 할 필요가 있다. 반도사관이라는 관점에서 보면 남쪽의 신라 가야 왜 등이 북쪽의 고구려와 하나의 역사체(歷史體)라고 인식하는데 무리가 있다. 또한 정치사를 강조하다보니까 정작 문화공동체나 경제공동체 혹은 정신공동체로서의 성격을 규명해내지 못하고 있다. 이제는 우리역사를 통일적인 시각, 즉 자기완결성(自己完結性)을 지닌 '우리 역사체'라는 시각으로 볼 필요가 있다. 필자가 제안한 바 있지만 '동이공동체(東夷共同體)', '조선한 공동체(朝鮮韓共同體)' 등의 용어와 개념을 만들어가면서 성격을 규명하는 한편 만들어 가기도 해야 한다.

또한 일국사적(一國史的)인 관점에 입각하여 국제관계를 소홀히 취급한 측면이 강했다. 우리 역사는 반도와 대륙과 해양이 만나고, 북방과 남방이 모여들며, 다양한 종족들이 직접충돌하면서 이합집산을 하고, 자연환경도 다양한 것이 만나고 있으며, 문화 또한 독특한 성격을 지닌 것들이 관련을 맺어 왔다. 그러므로 동아시아 혹은 아시아라는 보다 큰 단위 속에서 우리의 역사를 규명해가는 작업이 필요한 것이다. 그러므로 한국사·중국사 뿐만 아니라 북방사를 비롯한 東아시아사, 나아가 범(凡)아시아사에 대한 정확하고 구체적인 이해가 필요하다. 아울러 합리적이고 과학적인 논리를 구축하기 위해서 사회과학적인 접근을 활용하여 현실상황을 다양한 면에서 분석하고 이론을 구축해야한다.

그리고 역사학과 관련하여 동북공정의 주장을 학문적인 논리로 과도한 관심을 보이며 일일이 대응하는 일은 불필요하다고 생각한다. 자칫하면 학자들 간의 학리(學理)나 사관(史觀)을 놓고 불필요(不必要)한 논쟁(論爭)만 계속하다가 본질은 놓아둔 채 함정(陷穽)에서 허우적거릴 수 있다. 특히 동북공정과 관련을 맺고 있는 중국학자들과 고구려역사의 주체 및 역사적인 사실들을 놓고 시비논쟁(是非論爭)을 벌일 이유는 없다. 고구려가 우리 민족국가의 하나이며, 역사인 것은 시시비비(是是非非)를 가리거나 논쟁할 성질의 것이 아니다. 다만 고구려를 보다 정확하고 구체적으로 이해하는 수준에서 여러나라 학자들 간의 공동연구와 의견교환은 필요하다.

그런데 지금껏 역사학계에서 전개되는 일부현상을 보면 외부인들에게는 마치 '독도문제(獨島問題)'처럼 역사분쟁의 소지가 있는 것처럼 보여 질 수 있다. 이 탓에 심지어는 우리 내부에서도 이에 공감하거나 혼란스러워하는 분위기도 있음을 부인할 수 없다. 이를테면 민족논쟁이 벌어지고, 만주는 우리의 역사가 아니라는 주장도 나타났으며, 이에 혼란을 느낀 일반인들은 고구려와 백제·신라가 한민족이 아니며, 서로 간에 언어가 다르며 종족도 다르다고 생각하는 경향까지 나타났다.

두 번째는 역사학자들의 자기반성(自己反省)과 역사학계의 대응방식(對應方式) 점검이 필요하다.[25]

역사학자는 놓여진 혹은 선택한 시간과 공간의 영향을 어느 정도 받으면서 역사를 해석한다. 일제시대 같은 경우가 대표적인 경우이다. 우리 근대 역사학의 소위 주류는 역사학의 기능과 목적을 사실을 규명한다는 (혹은 實證) 미명을 내걸고 시대상황(時代狀況)과 시대정신(時代精神)을 외면(外面)한 채, 현실에 안주하면서 때로는 우리의 정체성(正體性)을 왜곡시키거나 파괴하는 역사학 작업(歷史學 作業)에 방조(傍助) 내지 동조(同助)를 해왔다. 그러한 근대역사학의 전통을 계승하여 일반학계는 물론이고, 심지어는 동북공정의 대응작업을 직접 담당하는 연구자들도 그러한 경향이 남아있다.

그동안 역사연구 또는 한국사연구에서 나타난 문제점을 다시 찾아보고, 이를 비판하면서 반성할 필요가 있다. 우리역사학은 '반도사관(半島史觀)'의 굴레를 완벽하게 탈피하지 못한 면이 있다. 이는 역사공간의 단순한 축소가 아니라 역사 자체의 축소를 가져왔다. 최근에 중국이 벌이고 있는 동북공정에서 해석하고 지향하는 내용도 이와 유사하다. 그러나 한반도는 지리적인 용어일 뿐, 그것도 부정확한, 역사적인 개념이 아니다. 적어도 한국고대사에 관한 한 우리의 역사활동 영역은 한반도와 만주일대를 포함하는 대륙, 그리고 바다였다. 따라서 해양과 대륙 그리고 반도를 하나의 역사권으

---

25 이 부분에 대하여는 필자가
『海洋史觀으로 본 한국 고대사의 발전과 종언』, 『한국사연구』123호, 한국사연구, 2003.
「한국사 이해를 위한 몇 가지 제언」, 『한국사학사학회보』9집, 한국사학사학회, 2004. 3.
「한국 고대사 연구의 반성과 대안」, 『단군학 연구』11, 단군학회, 2004. 9 등의 논문에서 견해를 발표하였다.

로 파악하는 '해륙사관(海陸史觀)'으로서 역사상과 역사기록을 해석할 필요가 있다. 그 외에도 일본식 역사연구방법론의 수용, 비과학적인 연구방식, 현실과 유리된 역사학 연구 등 등이 있다. 역사를 연구하는 학자들의 인식이 질적으로 전환되고, 연구방식에 대한 태도가 수정되지 않는다면 결국은 과거와 똑같은 연구로 일관될 것이며, 그러한 연구풍토가 더욱 고착하는 불건전한 계기가 될 수도 있다. 고구려연구회는 중국의 고구려사 침탈에 대한 대응논리 개발 프로젝트 '북방프로젝트'를 2006년 6월부터 시작했다. 동북공정의 논리들을 부분별로 대응한다는 면에서 연구역량을 분산시키고, 논쟁의 함정으로 빠질 우려는 있으나 한편으로는 다른 관점에서 역사를 바라보는 시도를 한다는 점에서 의미가 있다.

세 번째는 역사의 정책적 연구(歷政協同)가 필요하다. 역사는 순수하게 학문을 위한 연구도 필요하나 시대적 상황에 따라서 현실과 연결시킬 필요가 있다. 또한 필요에 따라서는 역사학을 정치적으로 판단하고, 경제정책, 문화정책, 문화산업과 연결시켜 연구할 필요가 있다. 동북공정에 관련된 역사학 뿐만 아니라 학제 간 연구수준을 뛰어넘어 모든 분야의 통일적인 연구가 절대 필요하다. 서양사 전공자들을 비롯하여 정치학 경제학 문화학 자연과학 등 다른 분야의 학자들은 물론이고 기업가 정치가 외교관 군인들과 공동연구를 해야 한다. 정치적·경제적 상황 등을 비전문가의 수준으로 평가하는 태도를 지양해야 한다.

또한 동북공정의 본질을 파악하고 합리적인 대응전략을 찾고, 활용하려면 양심적인 우호적인 중국학자들은 물론이고, 미국학자들을 비롯한 서구의 학자들, 그리고 무엇보다도 몽골, 러시아, 베트남 등 중국의 역사해석 및 국가이익이 충돌하는 지역의 학자들과 공동연구를 진행 시켜야 한다. 정치적으로 뿐 만 아니라 학문적으로도 '대중국 포위전선(對中國 包圍戰線)'을 구축하는 것이 바람직하다. 동북공정은 표면적으로는 역사왜곡작업인 만큼 기본적으로는 역사적인 대응이 필요하지만, 실제로는 그렇지 않으므로 논리 자체에 대한 대응과 함께 역사외적(歷史外的)인 실제 대응방식이 필요하다. 그 가운데 하나가 대안으로서 '한민족 역할론'이다.

2) 한민족 역할론

東아시아는 중국이 있는 대륙(大陸), 그리고 북방(北方)으로 연결되는 대륙의 일부와 한반도, 일본열도로 구성되어있다. 때문에 북방과 중국에서 뻗쳐오는 대륙적 질서(유목문화, 수렵삼림 문화를 공유하고 있다.)와 남방에서 치고 올라가는 해양적 질서가 만나는 곳이다. 해양적 질서란 해양을 매개로 영위되는 생활(生活)과 문화(文化)이고, 전파나 경로 역시 해양과 밀접한 관계를 갖고 있다. 한반도를 중심축으로 일본열도와의 사이에는 동해와 남해가 있고, 중국과 한반도 사이에는 황해라는 내해(內海, inland-sea)가 있다. 그리고 한반도의 남부와 일본열도의 서부, 그리고 중국의 남부지역(양자강 이남을 통상 남부지역으로 한다.)은 이른바 동중국해를 매개로 연결되고 있다. 그리고 현재 연해주 및 북방, 캄차카 등도 동해연안을 통해서 우리와 연결되고 있으며, 타타르해협을 통해서 두만강 유역 및 북부지역과 사할린 홋카이도 또한 연결되고 있다. 즉 완벽하지는 않지만 비교적 지중해적 형태를 띠우고 있다.

즉 다국간 지중해(多國間 地中海, Multinational-Mediterrean-Sea)의 형태로서 한민족과 한족(漢族) 그리고 일본열도의 교섭은 물론 북방족과의 교섭도 모두 해양을 통해서 교류하였다. 특히 황해는 중국(中國)과 한반도(韓半島)의 서부해안(西部海岸) 전체, 그리고 만주남부(滿洲南部)의 요동지방(遼東地方)을 하나로 연결하고 인접한 각국 들이 공동으로 활동을 하는 장(場)의 역할을 하고 있다. 때문에 일찍부터 인간과 문화의 교류가 빈번했고 그러한 공통성을 토대로 문화권이 형성되었다. 필자는 '동아지중해(Eastasian-Mediterranean-Sea)'란 모델을 설정하여 제시하였다.[26] 동아시아의 역사는 국가와 국가

---

26 일본에서는 1970년대 동아시아론에 대한 논쟁이 벌어지더니 점차 해양과 동해(일본해)에 관심을 갖고

간, 지역과 지역간의 관계라는 일국사적(一國史的), 일민족사적(一民族史的)인 관점과 육지적(陸地的)인 시각을 벗어나 동아시아 해양 전체라는 거시적(巨視的)인 관점과, 육지와 해양의 유기적인 관계 속에서 파악하는 것이 유효하다.

동아지중해 모델을 적용하여 동아시아의 정치 경제 문화적 성격을 규명할 경우에는 다음과 같은 장점이 있다.[27] 첫째, 동아시아에서 중심부와 각 지역의 역할을 명확하게 알 수 있다. 중심부를 대륙과 반도와 섬, 즉 중국과 한국 일본으로 별개로 파악하는 것이 아니라 해양질서와 육지질서를 서로 공유하고, 어떤 지역에서든 연결된 하나의 권역으로 본다. 그러므로써 동아시아 역학관계의 본질을 분명히 이해할 수 있다. 즉 지역의 특성이 분명해지고, 그에 따라 국가간 지역간의 역할분담이라는 도식이 명확하게 드러난다.

둘째, 구성국들 간의 공질성(共質性)을 구체적으로 확인시켜 준다. 동아시아지역은 수 천 년 동안 지정학적(地政學的, Geo-politics)으로 협력과 경쟁, 갈등과 정복 등의 상호작용을 통해 공동의 역사활동권을 이루어왔다. 또한 지경학적(地經學的, Geo-economic)

지중해라고 부르고 있었다. 그러다가 1990년대 말에 와서 새삼 동아시아의 지중해적인 성격에 주목하고, 국가전략의 입장에서 바라보는 정치학자들뿐 아니라 일반 역사학자들도 이에 대한 연구를 시작했다. 즉 千田稔, 『海の古代史-東アジア地中海考-』, 角川書店, 2002. 그는 서문에서 1996~1998년까지 국제일본문화연구센터가 '동아시아지중해세계에 있어서의 문화권의 성립과정에 대해서'라는 연구를 수행하고 그 보고서로서 이 책을 출판한다고 쓰고 있다. 그리고 그들의 동아지중해는 남지나해, 동지나해, 일본해, 황해, 발해를 가리키는 용어라고 규정하고 있다. 또한 이미 오래 전부터 남방해양문화에 관하여 연구를 해 온 國分直一의 예로 들면서 그는 동아지중해를 4개의 지중해로 구성한다고 하면서 오호츠크해, 일본해, 동지나해, 남지나해라고 하였다. 동아시아를 동아지중해라고 부르고 연구를 진행하는 또 다른 학자는 독일 뮌헨대학의 중국사전공자인 Angela Schottenhammer 교수이다. 그녀는 동중국해, 황해, 일본해를 "동아시아 지중해"라고 설정하고 있다. 2007년 2월에는 동아지중해라는 제목으로 필자가 기획한 국제학술회의에서 발표를 하였다.

27 동아지중해의 특성과 역사적인 해석에 대해서는 필자의 여러 논문이 있으나, 정치역학관계와 현재적인 미 등에 대해서는 「고구려의 남진정책과 東亞地中海戰略」, 『海洋戰略』, 한국해양전략연구소, 1999 ; 「고구려의 東亞地中海 모델과 21세기적 意味」, 『아시아 文化硏究』, 목포대학교, 아시아문화연구소, 2000.

으로는 극단적인 자연환경과 생산양식 때문에 경제교류나 무역 등을 해야하는 상호 필요한 존재로 인식하여 왔다. 지리문화적(地理文化的, geo-cultural)으로도 문화의 공유 범위가 넓었다.

셋째, 지구상에서 가장 가까운 운명공동체(運命共同體)라는 사실을 자각할 수 있다. 자연환경과 문화, 역사적인 경험 등이 북방아시아나 동남아시아와는 다르고, 더 나아가 인도, 서아시아 및 유럽지역과는 확연히 다르다. 물론 근대 이후의 역사에서는 각 국가 사이에, 민족들 사이에는 씻어버리기 힘든 경험들이 축적되어있고, 역사의 잿빛 앙금이 두껍게 깔려 있다.

넷째, 동아시아의 현실적인 상황과 변화조건을 이해하는데 효율적인 도구가 된다. 교류의 유일한 통로(通路)가 해양임을 명확히 해주고, 특히 경제교역에는 해양의 역할이 절대적이란 사실을 각인시켜줄 수 있다. 동아시아에는 배타적경제수역(EEZ), 어선들의 상호영역침범을 비롯하여 독도문제, 센카쿠열도(釣魚島) 북방 4개 도서문제(쿠릴열도) 등의 영토분쟁이 있다. 이는 오히려 해양을 매개로 삼아 동아시아의 공존과 상생을 모색할 수 있다는 반증이기도 하다.

이제 인류의 역사가 세계사적 규모로 확대되고, 지역 간의 갈등이 심각해지면서 동아시아가 하나로 뭉쳐야할 시기가 절박하게 도래했다. 사실 역사적 필요성으로 보아 동아시아는 이미 19세기 말에 협력체를 추진했어야 하는데 실기(失機)한 것이다. 그 결과로 가해 당사자인 일본은 물론 동아시아의 여러나라들 모두가 피해자가 된 비극을 맞이하였다. 이제 다시 동아시아가 공존하며 협력, 즉 상생을 실현해야 할 상황이 도래했다. 국가들의 통합(統合, integration)이 현실적으로 불가능한 동아시아가 협력체 내지 연합체, 혹은 공동체를 구성한다면 해양을 매개로한 지중해적 질서 속에서 이루어지는 것이 바람직하다. 유럽지중해와 카리브 및 걸프지중해, 동남아지중해 등과 경쟁하고 대결하는 동아지중해의 형성이 절실하다.

그렇다면 이러한 지중해적 질서 속에서 동아시아 각 국가들은 어떠한 위치에서 어떠한 역할을 해야 할까?

　중국과 일본은 강대국으로서 경쟁의식이 강하고, 상대방을 의심하고 있다. 두 나라 모두 역사적으로 보아 패권을 지향하는 속성과 비극적인 경험이 있으며, 현실적인 능력과 불안한 욕심을 지니고 있다. 한편 우리는 남북통일이 불투명하며, 경제·정치·군사력에서 열세를 면할 가능성이 없다. 그런데 어느 한 국가의 힘이 상대적으로 강해서 패자 위치에 대하여 유혹을 느낄 때, 이를 견제하고 조정할만한 세력이 부재하면 동아시아의 상생과 공동체 구성은 힘들어진다. 동아시아는 서구세력의 각개격파전략(各個擊破戰略), 즉 'divide and rule' 전략에 말려들어 서구인이 장악해가는 세계질서 속에 타율적으로 편입될 수밖에 없다.

　이러한 상황들을 21세기 국가발전전략과 관련하여 조금 더 상세하게 알아보자. 우리는 아직도 남북통일이 불투명하며, 주변국들의 방해로 인하여 민족력(民族力)의 결집 또한 매우 어렵다. 남북통일이 이루진다 해도 우리의 힘이 열세를 면할 가능성은 별로 없다. 그러면 절망적인가? 그런데 지정학적으로 통일한국은 두 강대국의 갈등과 충돌의 개연성이 많은 신질서의 편성 과정에서 중간 역할을 할 수 있는 위치에 있다. 두 강대국 사이에 낀 강소국(强小國)이므로 객관적으로 매개자(媒介者)겸 조정자(調整者)의 역할을 할 가능성이 있고, 무엇보다도 자연환경이 그러한 역할을 부여하고 있다.

　동아지중해의 중핵(中核, core)에 위치해있으므로 대륙(大陸)과 해양(海洋)을 공히 활용하며, 동해·남해·황해·동중국해 전체를 연결시켜줄 수 있는 '해륙(海陸)네트워크의 허브'이다. 통일한국이 중요한 해로를 장악하고, 해양조정력을 갖고 거기다가 TCR, TSR과 Sea-Lane을 연결시킨다면 교류의 주도권은 물론 정치갈등도 주도적으로 해결할 수 있다. 또 인프라를 효율적으로 건설하고 활용한다면 경제적으로도 동아시아에서 하나뿐인 물류체계의 거점(hub)로서 교통정리가 가능하고 동아시아의 경제구조나 교역형태를 조정하는 역할까지 할 수 있다. 또한 한류현상에서 확인하듯이 문화 또한 우리를 심장(heart)로 삼아 동아시아 공통의 문화를 창조해낼 수 있다.

만약 3국가 가운데 어느 한 국가의 유달리 힘이 강하거나, 한국이 두 강대국 간의 중간역할을 제대로 수행하지 못할 경우에는 동아시아 공동체의 구성은 불투명하다. 따라서 한국지역의 지렛대 역할은 동아시아의 단결과 상생에 중요하고 의미있다. 한국지역은 역사적으로도 중간역할을 훌륭하게 수행하여 양 지역이 직접 충돌하는 것을 예방하였던 경험이 많다. 물론 한국지역의 이러한 중핵조정역할(中核調整役割)은 21세기 동아시아 신질서의 수립과 상생, 공동체 구성에 더욱 필요해지고 있다. 이러한 사실을 주변국가들도 인식하고, 이를 인정하면서 실제로 우리의 통일을 적극적이고 자발적으로 도와주도록 설득해야한다. 단 명심해야 할 사실은 인식의 전환, 해양력의 강화, 대륙의 중시, 그리고 무엇보다도 정치·군사적인 영향력이 있어야 한다.

6. 맺음말

20세기 말과 21세기 초처럼 당시의 세계인 동아시아의 질서가 전면적으로 재편되고, 문명의 주역들이 교체되며, 문명의 질이 전환하는 대혼란의 시대이다. 동북공정(東北工程)의 기본방향은 밝혀진 자료와 결과에서 나타나듯 이미 90년 대 후반부터 설정돼 있었다. 2004년도 유네스코에 세계문화유산으로 등재하는 문제 때문에 어쩔 수 없이 공개가 되었지만, 우리에겐 천운(天運)이 아닐 수 없다. 동북공정은 철저하게 정치논리로 시작되었고, 그것도 특정한 한 시기, 한 정권, 단순한 국내적 이익 때문에 추진한 것이 아니다. 국제적으로는 세계질서가 전면적으로 재편되가는 과정에서 중국이 동아시아지역에서 강한 영향력 혹은 추후 결성될 수밖에 없는 동아시아공동체의 주도권을 장악하려는 국가발전전략의 일환이고, 내부적으로는 만주문제, 영토문제, 소수민족 문제 등을 효율적으로 해결하려는 정책의 일환이다. 즉 동북공정은 역사학 외적인 목적으로, 신중화제국주의(新中華帝國主義)의 효율적인 실현과 동아시아질서를 중국주도로 재편하려는 의도에서 비롯된 측면이 강하다.

이러한 동북공정의 배경과 목적, 추진과정과 영향 등을 놓고 다양한 반응이 나왔다. 초기에는 비교적 역사문제로 제한시키려는 경향이 강했으나 점차 그 본질을 깨닫고 이에 대응하는 모습을 보였다. 동북공정 사태를 계기로 역사학자들은 고구려를 비롯한 역사문제가 단순한 학문의 문제만의 것은 아니라는 인식을 했고, 역사를 연구하는 방식에도 문제가 있었음을 느끼게 되었다.

특히 역사를 매개로한 현실 분석과 이것이 미치는 파장에 대하여 역사학계 외에서 보다 적극적으로, 때로는 정확하게 대처하는 모습을 보였다. 강단역사학이 가진 몰현실적(沒現實的)인 인식태도와 연구방법론의 한계를 간파한 사람들은 역사학계를 더욱 불신하게 되었고, 다른 분야와 마찬가지로 시민들이 참여하는 소위 '시민사학(市民史學)'이 본격적으로 등장하게 되었다. 앞으로 역사학계는 자기비판(自己批判)을 통해서 반성(反省)하는 모습을 보여야하고, 시대상황에 맞춰 역사학의 본령과 역할 그리고 연구방법론에 대한 모색이 있어야 할 것이다.

이제 1~3년 정도면 동아시아신질서의 기본틀은 완성될 것이다. 동북공정을 계기로 자각한 위기상황 속에서 동북공정을 매개로 동아시아 공존의 방식을 모색할 필요가 있다. 즉 고구려를 비롯한 우리역사를 동아시아와 범아시아, 나아가서는 지구라는 입장에서도 새롭게 해석하므로서 주변국들의 우려를 불식하고, 또 공존을 모색할 수 있으며, 일종의 한민족 역할론으로 '동아지중해중핵조정역할(東亞地中海中核調整役割)'과 지구담론을 창출할 수 있다.

Abstrat

Problem of China's NorthEast Asia Project beside history and Role of Korean.

Myung-cul Youn
Dong-guk university

This eassay is~China's northeast Asian project has brought a surprise to historians no matter what the purpose and driving background are. Especially, historians' determination that history is only to investigate historical fact is doubtfully shaking. Besides, a problem in the process of historical research has been risen. China's northeast Asian project was promoted with holding few objectives. It is as a part of the strategy to develop the nation, by seizing leadership over East Asia Community. Internally, it is as a part of the strategy to resolve subjects regarding to Manchu, territory, minority races and etc. In other words, China's northeast Asia Project is strongly assumed that it is to realize Chinese Imperialism and to take the lead in reorganizing the order of East Asia. To overcome China's northeast Asia Project, it is important to have accurate and specified understanding of our own history. Historians need self-reflection and inspect countermeasure in history. Historical researches are needed to be done politically. In addition, models such as role of Koreans and East Asian Mediterranean are necessary as effective counterplan.

Key word   China's northeast Asian project, the strategy to develop the nation, Manchu, role of Koreans, East Asian Mediterranean

06 고구려 문화 콘텐츠 작업을 위한 몇 가지 생각들*

1. 서 언

역사학은 미래학이다. 역사학은 현재는 물론 미래의 생명과 직결된 문제이다. 또 하나가 역사학은 문화와 깊은 관련이 있다는 것이다. 동북공정은 역사전쟁이다. 물론 이것은 역사학의 논쟁, 사적 사실여부의 시비를 가리는 의미를 가리키는 것이 아니다. 말 그대로 역사라는 총체 속에 담겨진 모든 내용물과 인식을 둘러싼 경쟁이고 대결이다. 이 전쟁은 전략적으로 혹은 전술적으로 다양한 형태를 띄우면서 나타나고 있지만, 국지적으로는 일종의 문화전쟁이다. 문명이 전환하는 과도기에는 문화력(culture power)이 정치 및 군사는 물론 경제질서의 방향과 위치에도 강한 영향력을 행사한다.

냉전이 종식되고, 이데올로기의 대립이 사라진 지금, 21세기는 '문화의 세기'로 불린다. 새뮤얼 헌팅턴(Samuel Huntington)은 『The Crash of Civilizations』에서 세계정치는 다극화(多極化)·다문명화(多文明化)하였으며, 문명에 기반을 둔 세계질서가 태동하고 있다고 하였다. 나아가 국가들은 자기 문명권의 주도국 혹은 핵심국을 중심으로 뭉친다고도 하였다. 이러한 헌팅턴의 이론에 대하여 하랄트 뮐러(Harald Muller)는 『문명

---

* 「고구려 문화 콘텐츠작업을 위한 몇가지 생각들」, 『민족발전연구』, 중앙대학교 민족발전연구원, 2005.

의 공존』(Das Zusammenleben der Kulturen)이라는 역설적인 제목에서 보여지듯이 반대이 론을 주장하였다. 우리 동양인의 세계관과 역사를 볼 때는 헌팅턴 보다는 뮐러가 펴는 문명의 공존이 더 설득력 있어 보이지만 아무래도 서구의 현실은 헌팅턴의 주장에 더 가까운 것 같다. 그만큼 문화와 정보의 비중이 커지고 있다.

이는 정체성을 둘러싼 경쟁이라는 측면도 있지만, 생활과 직결된 실제적인 문제 이기도 하다. 문화가 곧 하나의 상품이 된 것이다. 문화 자체가 경제적인 가치를 창출 하기도 하고, 다른 것들과 연관되어 막대한 이익을 창출한다. 심지어는 정치·외교· 군사적인 행위에도 문화가 직접 영향을 끼친다. 문화란 현실적인 힘 모든 것을 다 포 함하는 거대한 공룡이 되어버렸다. 하여튼 21세기를 맞이한 인류와 각 문화집단들은 문화의 비중을 높이고, 일종의 전략으로서 문화를 배양하는 한편 적극적으로 수출을 하고 있다.

이러한 상황 속에서 터진 동북공정은 당연히 문화전쟁적인 요소가 있다. 특히 고 구려역사의 왜곡과 탈취는 다양한 포석을 깔고 있는데, 그 가운데 하나는 문화콘텐츠 의 독점적 소유와 활용이다. 만약 고구려역사가 중국의 것으로 인식된다면, 앞으로 고 구려를 주제나 소재로 삼은 문화콘텐츠에 대한 권리를 행사하는데 어려움을 겪게 된 다. 문화 자산, 즉 문화콘텐츠 면에서도 손해가 막심하다. 2004년 6월에 고구려 유산은 세계문화유산회의에서 각각 북한과 중국의 것으로 등재되었다. 이는 고구려 문화가 인류 최고의 문화유산이라는 것을 공인 받은 것을 뜻한다.

앞으로 고구려문화를 놓고 두 나라간의 문화적인 경쟁이 심각해질 것은 불 보듯 뻔한일이다. 이런 상황 속에서 고구려문화의 콘텐츠화 가능성을 검토해보고, 그 전망 을 하는 일은 매우 중요하다. 특히 고구려 문화는 과거의 우리역사뿐만 아니라 동아시 아 공동의 문화적인 요소도 담고 있고, 우리민족은 물론 동아시아가 세계질서 속에서 어떠한 문화적인 내용과 형식으로서 존재가치를 구현하고, 미래의 방향을 제공하는 모델 역할을 할 가능성이 많다. 그러므로 고구려문화에 대해서는 기존에 있었던 중국인과 일본인 그리고 이에 동조했던 한국사 연구의 부정적인 통념들을 불식하고, 문자해석, 유물조사 등의 소극적인 방식을 넘어서야 한다. 다양한 시각과 다채로운 분석방식을 적용하고, 현상과 함께 본질에 대한 내적인 인식을 통해야 그 가치와 의미의 일부를 이해할 수 있다.

필자는 고구려를 포괄하여 우리역사를 문화콘텐츠화하는 작업에 관심을 많이 가졌다. 직접 서사시 연재 등 시작활동, 노래가사, 기행문, 영상물제작, 음반기획 및 제작, 고구려 우표제작과 도감발행, 홈페이지 운영(97년부터) 및 기타 기획 등을 하였다. 그 외에 예술가 혹은 문화상품 종사들의 소설, 동화, 영화 시나리오 및 제작, 벽화제작 및 모사, 티셔츠 제작 작업 등에 간접참여 하였다. 최근에 문화콘텐츠산업의 발달과 소위 동북공정 등의 현상으로 인하여 고구려문화의 콘텐츠화가 활성화되고 있어서 매우 반갑게 생각한다. 필자는 이 글에서 고구려문화가 콘텐츠화 된 현황은 언급하지 않으려 한다. 그것은 역사학자의 몫이 아니기 때문이다. 또한 콘텐츠화의 기술적인 측면에 대해서도 이 자리에서는 언급하지 않으려한다. 다만 역사연구와 함께 예술작업을 병행하는 사람으로서 직접 문화창조 및 생산과 관련된 자리에서는 과거와 마찬가지로 언급할 것이다. 이 글에서는 문화콘텐츠화 하는 데 역사 혹은 고구려를 어떻게 해석하고, 이해하는 것이 바람직할까에 대해서 언급하고자 한다. 즉 창작의 기본질료가 되는 역사적 인식에 대하여 조언하는 것이다. 과거처럼 또 오류를 범하지 않길 바라는 마음에서이다.

2. 역사학에 대한 또 다른 이해

역사학은 인간학이다. '인간의 역사는 외면적으로는 현상의 역사이다.' 우주를 이루는 내용은 결국 다양한 현상들이다. 그러나 각개의 현상들은 그것을 낳은 본질이 배후에 있다. 본질을 찾고 그 입장에서 바라보면 현상인 인간과 자연의 차별은 처음부터 없고, 가장 크고 거대한 단위인 우주 속에서 하나로 존재하고 있다.(이때의 우주 또한 본질이고 동시에 현상이다.) 통일체인 하나가 시간과 공간의 변화에 따라 나누어지고, 변하면서 다른 모습으로 나타난다. 그러다가 현상을 낳게 한 조건이 깨져 차별이 사라지면 다양한 현상들은 회귀하여 전체 혹은 본질로 표현되는 상태가 된다. 본질과 현상은 다름없고 각 현상들의 다양함도 결국은 동일한 것의 다른 표현에 불과하다. 화엄경에서 말하는 "일중다(一中多) 다중일(多中一), 다중일(多中一) 일중다(一中多)"는 바로 이 본질과 현상과의 통일성을 표현한 것이다. 우주 내의 모든 것은 그것이 현상이건 실재하건 간에 근원, 최초부터 통일자로서 되어있다. 그 속에 인간이 존재한다.

그 인간은 자연적 존재로서의 성격과 사회적 존재로서의 성격, 역사적 존재로서의 성격을 동시에 같은 공간에서 지니고 있다. 인간은 자연의 일부이지만, 그때의 자연은 현상에서 보이는 물체로서의 자연이 아니라 원리로서의 자연, 전체로서의 자연을 의미한다. 사회적 존재는 인간을 중심으로 인간과 인간들 사이에서의 관계에서 위치 지어진 것으로서 일반적으로 동일한 시간대 속에 있다. 하지만 역사적 존재로서 전화하는 순간 자연과 인간들 사이에서 만들어진 관계, 제한된 시간과 공간을 벗어난 상황 속에 있다. 자연사적 과정과 역사적 과정의 차이 중의 하나는 균질적인 이해와 파악이 아니라 의미의 부여와 그것을 통해서 자연과 관계를 맺고 삶을 창조하는 것 즉 실재하는 것을 확인하는 것이다. 역사는 주체인 인간 삶 전체를 이해하는 것이다.

그런데 인간은 동물적인 특성을 가지고 있고, 초합리적인 면이 있다. 따라서 합리적이고, 현상에 나타나고, 그리고 표면상의 이익 등으로서만 범주화 시키거나 구분 지을 수가 없다. 정서적인 측면, 맹목적인 측면이 있고, 그것이 모두 인간의 특성을 이루면서 인간의 진보에 공헌도 하였다. 또한 추상적 사고 외에 야성적 사고(레비 스트로스)는 진보의 계산되지 않은 혹은 예측되지 않은 동인이 된다. 심지어는 진보를 가져오는 운동의 동인이 될 수도 있다. 야성적 사고는 탐험정신, 모험성 등이 있고 비합리적인 면이 있는데, 그 자체로서는 무의미하다. 문명은 항상 세련과 야성의 사고, 행동양식이 공존해야한다. 그래서 야성과 세련의 변증법적 통일이 이루어져야 역사는 성숙된다. 야성의 점진적인 극복이 역사과정의 상당한 부분을 차지하는데, 이러한 부분을 도외시한다면 인간을 온전하게 이해할 수 없다. 지나친 범주화와 도식화는 인간 생활의 다양성을 무시하게 되고, 그에 따라 인간 혹은 다양한 집단과 문화의 존재를 설명해주지 못한다. 카시러는 "동물은 실제적인 상상력과 지성을 가지고 있는 반면, 유독 인간만이 하나의 새로운 형태, 즉 〈상징적인 상상력과 지성〉을 발전시켰다고 말할 수 있다."라고 하여 상상력을 더욱 구분하고 있다.[1]

그러니까 역사활동의 초합리성, 즉 비목적성 혹은 비합리성 속에서 중요한 사건, 의미있는 사건 뿐만 아니라 사소하고 일반적인 사건을 포괄하는 삶도 역사의 지극히 중요한 부분이다. 그럼에도 불구하고 우리 고대사연구에는 인간이 눈에 잘 띄지 않는다. 한마디로 구체성의 결여된 중요해 보이는(?) 사건들만이 평면적으로 나열되어 있다. 개체인 나는, 시간의 흐름인 나는 어디에서도 쉽게 보이지 않는다. 인간의 흔적이 없으니 당면한 현실해석에 직접적으로 도움을 주지 못한다. 평범한 생활이거나 본질을 다룬 예술, 종교 등의 영역도 역사학에서 진지하게 관심 가져야 한다. 문화작업에서 문화 자체만이 아닌 역사를 통하거나, 빌어서 인간을 해석하고 한다면 역사학의 이러한 측면을 염두에 두는 것이 바람직하다고 생각한다.

한편 역사학은 미래학의 역할도 하고 있다. 현재 한국인은 문명사적(패러다임의 변화), 지구사적(생태계), 세계사적 동아시아적인 변동과 재생의 와중에 내동댕이쳐졌다. 혼란(disorder)은 아니지만 혼돈(chaos)의 판(field)에서 우왕좌왕하고 있다. 이러한 극심한 혼란과 재편의 시기에 사람들은 과거와 미래를 동시에 한 곳에서 지향하려 한다. 역사란 사실들의 종합이므로 의미나 평가의 문제가 아니라면 1차적으로 가능한 한 사

---

[1] 에른스트 카시러 · 최명관 역, 『인간이란 무엇인가』, 전망사.

실을 규명하고 복원해야 한다. 일종의 무엇(what)의 문제이다. 그러나 과거 사실의 단순한 규명과 확인만으로는 현재해결에 부족하다. 현재의 구체적인 상태와 연결을 짓고 비교를 하는 해석의 작업이 필요하다. 즉 why의 문제이다. 역사가 궁극적으로 지향하는 것이 인간의 해방과 사회의 진보인 만큼 역사학의 궁극적인 목적은 역사활동 주체들로 하여금 가능한 한 완벽한 의미의 역사를 영위하도록 방법론의 제시기능 까지도 하는 것이다. 특히 대혼돈을 헤매는 21세기 초의 인류에게 필요한 것은 어떻게 (how)이다. 이 때 방법론이 지닌 중요한 내용 가운데 하나가 미래예측기능이다. 문화콘텐츠로서 재해석된 역사가 과거의 것을 질료로 삼았음에도 불구하고 늘 현재화되고, 미래적인 요소가 보이는 것은 문화창조가 보다 현실과 본능에 솔직하기 때문으로 생각한다.

역사학이 가진 중요한 역할 가운데 하나는 집단 혹은 구성원인 인간들에게 정체성을 부여하는 것이다. 개인에게 자아(自我)가 있다. 인간과 다른 존재물과의 차이, 존재와 존속의 차이는 바로 이러한 자아의 인식에서 비롯된다. 자아를 인식하면서 인간은 성숙한 삶을 살아간다. 마찬가지로 민족에게도 자아(自我)가 있다. 인간이 모인 사회인데다가 동일한 유전인자와 내적·외적 경험을 강하게 공유하였으므로 고유성을 지닌 자아가 있다.

역사적인 집단은 다른 집단과 경쟁을 하거나 갈등을 빚으며, 다양한 관계를 맺는다. 그 관계성 속에서 자기집단이 존재해야 하는 이유, 자기 집단이 인류의 역사에서 매우 의미있고, 소중한 존재라는 이유가 있고, 또한 그러한 이유를 정당화시키는 자신들만의 독특한 그 무엇을 갖고 있지 않으면 안 된다. 그래야 자신감과 함께 자기민족이 중심이라는 주체의식을 지닌다. 정체성을 상실하면 사회와 역사의 발전에 왜곡이 생기고 당연히 그 사회는 생명력(生命力)과 진실을 잃어버리게 되고 인간성은 오염되며, 끝내는 다른 집단과의 경쟁에서 패배할 가능성이 높다. 일제는 조선을 멸망시키고 조선의 영원한 지배를 획책하기위하여 식민사관을 만들어 강제적으로 적용한 것이다.

우리민족은 외세에 의하여 자주적인 역사발전이 오랫동안 저해 당해왔고, 영토의 많은 부분을 잃어버렸다. 외부문화를 비자발적으로 수용했고 외부문화에 수동적으로 편입되었다. 그 때문에 우리문화에 대한 자의식이 약할 뿐만 아니라 정체성(identity)에 대해서도 자신감을 갖지 못한 채 어정쩡하게 지내왔다. 특히 근대화가 시작되고 현재 우리의 운명을 규정한 20세기는 주체적으로 맞이한 시대가 아니었다. 세계사의 조류에 휩쓸리고, 서구와 일본 제국주의의 강압에 의하여 피동적으로 강요받은 시대였다. 이러한 정체성을 상실한 역사과정속에서 역사학은 우리역사를 통일적으로 바라보는 인식이 결여돼있고, 분열과 갈등의 역사임을 강조한 측면이 강했다.

3. 고구려 문화의 재해석

1) 다양성이 강한 문화

고구려 문화는 부여·백제·가야·신라 등의 그것, 북방의 유목종족이나 서쪽의 한족(漢族)들이 세운 나라들과는 다르다. 문화의 규모가 다를 뿐 아니라 문화의 질이 차이가 있다. 특히 남쪽의 국가들과는 세계관에서도 적지 않은 차이가 있다. 여기에는 여러가지 이유가 있지만 가장 큰 차이는 자연적 환경 때문이다.

자연과 땅은 지리정치적(geo-politic)인 영토의 의미만은 아니다. 지리경제적(geo-economic)으로도, 지리문화적(geo-culture)으로도 큰 의미가 있다. 땅에서 생산해내는 생산물의 종류가 틀리며, 생산해내는 방식, 즉 먹고 살아가는 음식물을 얻는 방식이 틀리다. 뿐만 아니라 지리적으로 땅이 넓어지면 그곳에 거주하는 사람들도 같이 소속되고, 그들이 가진 문화도 역시 흡수가 된다. 거기서 발생하기 마련인 문화에도 상당한 차이가 있다. 식문화 의복문화, 주거문화, 탈것 문화, 무기나 생산수단 등이 다 달라진다. 문화는 사람들이 자연 속에서 살아가는 방식을 표현한 것이기 때문이다. 때문에 자연환경의 변화는 곧 문화의 성격과 질의 변화를 의미한다. 뿐만 아니라 자연환경에 따라서 세계와 사물을 바라보는 관점, 인간과 집단의 가치관이 달라지게 마련이다. 즉 신앙의 형태가 달라질 수밖에 없다.

고구려는 많은 강들, 연해주 지역과 흥안령의 대삼림, 요동의 넓은 평원, 초원, 호수 등을 골고루 소유하였으며 남쪽으로 진출하여 비옥한 농토를 얻었다. 자연환경은 사막과 유사한 건조한 기후의 초원, 겨울에는 온도가 급격히 내려가는 수렵삼림대, 따뜻한 온대, 온도가 높고 강수량이 많은 남방 등 다양했으며, 식생대(植生帶)도 아주 다양했다. 이러한 자연환경 속에서는 필연적으로 경제형태나 교역방식 역시 다양할 수밖에 없었다. 또한 거주하는 종족들과 그들의 언어, 관습도 달랐다.

참고로 살펴보면 고구려의 영토를 계승한 발해(渤海)는 경제형태도 대체로 자연환경에 따라 3가지로 유형화 시킬 수 있다. 북만주에 해당하는 송화강과 눈강(嫩江) 일대의 송눈(松嫩)평원일대는 농업과 목축 등을 하는 농업지구였다. 만주 한복판에 해당하는 지역은 농업과 어업수렵을 겸하는 지역이었다. 목축업도 매우 발달하였다. 그러나 고구려 시대에는 송눈지구도 유명한 말산지였다. 산이 높고, 삼림이 우거진 동부와 북부지역은 어업(바다 포함), 수렵, 채집경제가 발달하였다. 고구려도 대체로 이와 마찬가지였을 것이다. 고구려 영역은 동만주와 연해주 일대의 수렵삼림문화, 동몽골과 북방 방면의 유목문화, 화북에서 올라오는 중국의 한(漢)문화, 해양을 통해서 들어오는 해양남방문화, 한반도 남부의 문화 등이 하나로 모인 집결지적 성격을 가지게 되었다.

동아시아에서 고구려는 해양과 반도, 대륙을 동시에 가지고 있고, 성격이 다른 여러종류의 문화가 한군데로 모인 유일한 지역이었다. 열린 공간이 될 수밖에 없는 자연환경을 지닌 것이다. 이처럼 하나의 국가영토 안에 다른 종족과, 색다른 자연환경, 이질적인 문화가 존재(存在)하므로써 복합적(複合的)인 역사공간(歷史空間)이 되었으며, 국가의 성격에는 질적인 변화가 생겼다. 고구려는 문화적으로 다양하고, 국제성있는 지중해문화의 전형적 특성을 가질 수밖에 없었다. 이렇게 다종적국가(多種的國家), 다문화국가(多文化國家)가 되면서 제국을 지향하게 되었다.

2) 정체성을 구현한 문화

레비 스트로스가 『역사와 문명』에서 이야기하였듯이 문화적 진보는 제휴이고 문화에서는 다양성이 필요하다. 하지만 다양성(多樣性)이 단순하게 양적인 집적(集積)에 불과하고 적절한 조화(調和)를 이루지 못한다면 오히려 역사발전에 부정적으로 작용한다. 하나의 체제 안에서 서로 다른 종족간의 갈등과 문화간의 충돌을 예방하고, 서로를 적절히 타협시켜가면서 제국내의 국민으로 통치하기 위해선 다양성을 긍정적으로 수용하고, 조화시키면서 발전시키지 않으면 안되었다. 그렇다고 다양성을 분별없이 수용하고 인정하면 문화를 창조하는 중심핵이 사라질 뿐 아니라 문화의 기본방향이 설정될 수 없다. 더구나 문화의 성격이 정치체제와 밀접한 관련을 맺고 있는 고대사회에서 문화의 혼란이란 곧 정치의 혼란, 사회의 혼란으로 비화가 된다. 뿐만 아니라 주변국가와 정치 문화적인 경쟁을 하는 경우에 자기문화의 독창성, 주변문화와는 다른 차별성이 없다면 결국 문화적으로도 종속당할 우려가 있다.

그런데 고구려인들은 천손민족(天孫民族)이라는 자아의식과 그것을 확인한 자신감을 곳곳에서 다양한 형태로 반영하고 있다. 하늘의 세계를 형상화하고, 다양한 상징물을 창조하고 등장시켰을 뿐만 아니라, 그것을 현실의 생활과 연관시켜 자신들의 세계관과 시대정신을 논리화 시켰다.

고구려인들이 사물(事物)과 사건(事件)은 운동하고 있다는 변증법적 인식을 갖고 있었디. 대평원과 삼림 해양을 역사의 무대로 삼고 있는 그들은 본능적으로 '네오필리아' 즉 새 것을 좋아하고 모험을 지향하는 성격을 가질 수밖에 없었다. 또 역사(歷史)에 대하여 강한 자신감을 갖고 있어서인지 우주를 보다 자유롭게 해석하고 있다. 그리고 문화에 매우 다양한 소재들과 주제들이 섞여 있음에도 불구하고 일정한 세계관을 바탕으로 일관된 통일성(統一性)을 유지하고 있는 것이다. 또한 외부에서 수용한 문화라도 고구려적인 정신(精神)을 주조로 재해석, 재구성하였다.

이처럼 그들은 자기역할과 자기정체성(identity)을 자각하고 역사에 대한 자신감과 진보의 의지를 가꾸고 승화시켜 고구려를 재발견(re-discovery)하였다. 색깔있고, 다양한 주변문화를 자기문화 속에 흡수하고 용해하여 훌륭하게 조화시켰다. 그 결과 새로운 형태의 고구려문화를 만들어냈고, 질이 높은 문화국가로서 성장하였다. 뿐만 아니라 새문화를 내적도약의 에너지로 삼아 세계화로 인식의 지평을 확대하였으며, 신질서에 걸맞는 보편정신과 문화를 창조하였다. 이렇게 해서 고구려는 문명개화의 절정시대(renaissance)를 맞이했으며, 고구려인들은 세계국가적 성격을 갖고 동아시아의 중핵국가로서 성격을 재정립(re-foundation)하였다.

고구려가 제국적이고 세계국가적인 성격을 지닌 것은 바로 문화적인 토양이 다양했고, 이러한 다양성을 수용하면서도 고구려적인 정신과 문화를 끊임없이 재창조해낸 역동성과 문화적 능력이 있었기 때문이다. 근대화라는 미명에 사로잡혀 정체성이 왜곡된 문화를 양산해 낸 문화가 이제 또 세계화라는 더 조직적이고 논리적이며, 특정집단중심의 이익을 목표로 삼은 허상에 사로잡혀가고 있다. 세계화를 능동적이고, 주체적이며, 보다 실제적으로 추구하려한다면 내부의 정체성에 더욱 충실해야 한다. 고구려는 가장 세계화를 지향했고, 적극적으로 문화를 개방했던 바로 그 시대에 역설적으로 집단정체성(集團正體性)을 확립하는데 가장 주력했다. 그것이 바로 고구려인의 지혜였고, 그 지혜는 성공이라는 과실을 맺었다. 그런 의미에서 고구려는 유효한 모델이다.

3) 해륙이라는 공간의 문화

우리역사, 특히 고대사의 문화를 이해하려면 자연적 공간에 대한 정확한 이해가 필요하다. 역사에서는 시간의 흐름을 중요시하고 있지만 현실적으로, 특히 소규모단위나 문화현상에서는 공간이 오히려 더 중요하고 의미가 클 수 있다. 우리가 완벽하게 탈피하지 못한 소위 '반도사관(半島史觀)'은 대륙에 붙어있는 부수적인 존재로서 타율성이 강한 정체성(停滯性)의 특징을 지닐 수밖에 없다는 일종의 숙명론을 낳았다. 한반도는 지리적인 용어이지, 역사적인 개념이 아니다. 언어가 개념을 규정하고, 개념이 인식과 실천을 규정할 수 있다. 단순한 역사공간의 축소가 아니라 역사자체의 축소와 문화의 왜곡을 가져왔다. 지식인들의 사대근성, 거지근성은 이러한 인식과 깊은 관련이 있다. 중국이 벌이고 있는 동북공정에서 해석하고 지향하는 내용도 이와 유사하다.

한국역사는 고대에 관한한 활동 영역이 한반도와 만주일대를 포함하는 대륙, 그리고 바다였다. (고)조선·부여·고구려·발해가 성립하고 성장한 중심은 대륙 가운데에서도 남만주 일대였다. 따라서 대륙의 자연환경과 경제양식, 그곳에 거주하였던 종족들과 그들의 문화, 정치질서, 통치방식, 전쟁방식, 세계관 등을 고려하고, 부분적으로 차용하고 적용하면서 우리역사를 해석하는 접근자세가 필요하다. 또한 해양적인 관점에서 살펴볼 필요가 있다. 한민족과 한족(漢族) 그리고 일본열도의 교섭은 물론 북방족과의 교섭도 모두 이 지역의 해양을 통해서 교류를 하였다. 이러한 자연공간 속에서 해양은 역사가 발전하는 데에 큰 역할을 하였다.

공간에 대한 오해는 동아시아역사의 이해에서도 나타난다. 동아시아는 아시아 대륙의 동쪽 하단부에 위치해 있으면서 중국이 있는 대륙, 그리고 북방으로 연결되는 대륙의 일부와 한반도, 일본열도로 구성이 되어있다. 동아시아는 다국간 지중해(多國間 地中海)의 형태로서 모든 나라들을 연결시키고 있다. 그러므로 대륙적(大陸的) 성격과 함께 해양적(海洋的) 특성을 함께 가지고 있다. 따라서 모든 역사상은 일국사석 혹은 각국사적인 관점이 아니라 농아시아라는 국제적인 관점에서 파악해야 하며, 특히 우리역사는 지리적인 위치로 말미암아 일민족사(一民族史)적인 관점, 일문명적(一文明史)적인 관점에서 보는 시도가 필요하다.

또한 하나의 공간, 동일한 공간, 유사한 공간, 관련성 깊은 공간은 지리의 개념과 틀을 뛰어넘는 역사의 개념으로 보아야 한다. 즉 자체 생명력을 지닌 유기체로 보아야 하고, 당연히 통일체로 볼 필요가 있다. 우주 내의 모든 것은 통일자로서 되어있다. 모든것은 그것이 현상이건 실재하건 간에 근원, 최초부터 통일이 있었다. 활동단위의 성립은 조건의 완전을 뜻하고, 완전이란 여러 조건들의 합일 · 통일을 의미한다. 예를 들면 고대국가인 고구려는 한반도와 평원 삼림지대 그리고 초원과 해양을 자기의 역사 공간으로 삼았으므로 이 전체를 통일적으로 보아야 한다.

그런데 반도사관이라는 관점에서 보면 남쪽의 신라 · 가야 · 왜 등이 북쪽의 고구려와 하나의 역사체라고 인식하는데 무리가 있다. 또한 정치사를 강조하다보니까 정작 문화공동체나 경제공동체 혹은 정신공동체로서의 성격을 규명해내지 못하고 있다. 그러나 고구려에게 백제 · 신라 · 가야 · 왜와의 관계는 국경을 접하고 있었던 중국지역의 국가들, 북방국가들과는 분명 다른 관계였다. 일본은 과거에 '일한일역론(日韓一域論)'을 거쳐 '만선사관(滿鮮史觀)'을 만들어냈다. 중국은 최근에 동북공정 작업을 통해서 고구려 전 기간 동안의 역사를 자국사로 편입하고 있다. 그리고 그 직전에는 소위 '일사양용(一史兩用)'이라고 하여 고구려역사를 평양천도 이전과 이후로 나누어 중국과 한국 각각의 역사라는 논리도 구사하였다. 이러한 비아(非我)가 의도적으로 적용한 분리논리를 극복하기 위해서도 우리역사를 통일적인 시각, 즉 자기완결성을 지닌 '우리 역사체'라는 시각으로 볼 필요가 있다.[2]

그렇게 하면 지역적이었던 우리 역사를 통일적(統一的)으로 이해할 뿐 아니라, 자체(自體)의 완결성(完結性)과 복원력(復原力)을 지닌 유기체로서의 우리역사를 파악하면

---

2 윤명철,『高句麗 海洋史 硏究』, 2003, 사계절.
　　　,「해양사관으로 본 고대국가의 발전과 종언-동아지중해 모델을 통해서-」,『한국사연구』123호, 2004.
　　　,「한국사 이해를 위한 몇 가지 제언-고대사를 중심으로-」,『한국사학사학보』9호, 2004. 3.

서 모질서(母秩序)인 조선의 계승성을 주장할 수 있다. 뿐만 아니라 민족국가 혹은 민족역사 혹은 민족문화 등을 설정하면서 '계통화 작업(系統化 作業)'을 원활하게 추진할 수 있다. 또한 중국문명과는 동일하지 않으면서도 유사하고, 상호존중하고 교호하면서도 다른 독특한 문명권의 설정이 가능하다. 최소한 조선과 고구려·발해는 만주와 한반도 중부이북 그리고 바다를, 즉 해륙(海陸)을 하나의 통일된 영역으로 인식하였고, 활동하였다. 특히 고구려는 더욱 그러한 특성이 나타났다. 고구려에게 백제·신라·가야·왜와의 관계는 국경을 접하고 있었던 중국지역의 국가들, 북방국가들과는 분명 다른 관계였다.

이렇게 살펴본 바와 같이 고구려는 독특한 역사발전을 거듭하면서 700년 이상 강국이었고, 문화가 양적·질적으로 뛰어난 나라였다. 고구려가 문화로 성장하고, 문화국가화한 것은 민족문화는 물론이고, 거시적으로는 동아시아 문화의 형성과정과 성격에도 큰 영향을 미쳤다. 고구려가 멸망한 이후에 만주지역이 문화적 공간의 기능을 상실했고, 동아시아는 중국 한족문화의 일변도가 되어 정체성(停滯性)을 띄게 된 것은 고구려가 가꾸어 낸 문화적 역할이 얼마나 소중한 것이었나를 알려준다. 이제 세계화 속에서 동아시아의 문화는 역동성과 창조성을 회복해야 한다. 그러면서 동아시아의 정체성을 공동으로 추구하고 형상화시켜야 한다. 문화적 패권의식을 지닌 채 내부에서 갈등을 벌이는 것이 아니라 상호협력과 수용을 통하여 물리적인 힘을 바탕으로 비자발적인 수용을 강요하고 있는 서구문화에 대응해야한다. Tommy. T.B. Koh가 동아시아인들이 대립(對立)보다는 합의(合議)를 선호한다고 하였듯이 그것은 서구인들이 갖지 못한 장점이다. 고구려 문화콘텐츠의 내용과 의미, 지향성은 고구려문화의 솔직한 이해와 사실을 바탕으로 해야 한다.

4. 고구려 문화의 콘텐츠 활용방안[3]

1) 동명성왕

(1) 과제의 필요성
o 동명성왕 이야기는 우리나라 고대신화 중에서도 서사시적인 풍부한 내용과 극적인 묘미를 담고 있기 때문에 애니메이션, 영화, 게임의 소재로 적합하고, 고구려 역사에 대하여 친밀감을 더하고, 민족의 자긍심을 고취한다.

(2) 주요 개발 내용
o 고구려 건국신화의 배경이 되는 역사적 사건 조사.
o 고주몽이 부여를 탈출·남하하여 고구려를 건국하는 과정, 지도화면으로 구성.
o 동명성왕 신화에 등장하는 엄리대수, 비류수, 부여 등의 지명 고증.
o 동명신화의 대표적 인물인 동명성왕, 유화부인, 해모수, 금와왕, 하백, 오이, 마리 등의 캐릭터개발이 가능하도록 다양한 소스 제공.
o 동명성왕의 내용을 전하고 있는 '광개토대왕릉비'와 '모두루묘지명' 디지털 작업
o 동명신화를 문학으로 재구성한 문학작품 정리 및 분석하여 콘텐츠화함.
o 북한의 동명왕릉 유적지 디지털 복원

---

[3] 이 장에서 실예로서 제시한 내용은 윤내현, 박선희, 정영훈, 윤명철, 하문식, 기수연이 공동으로 참여한 『북한지역의 우리문화원형연구』, 한국문화콘텐츠 진흥원, 2004, 5에서 발췌하였다. 실예 1)~6)은 박선희 교수가, 7)~12)는 필자의 작업이다.

(3) 활용가능성
○ 활을 잘쏘는 소년 고주몽의 이미지, 제왕의 상징인 활과 화살의 이미지 캐릭터 개발.
○ 유화와 해모수의 사랑, 고주몽이 역경을 딛고 부여를 탈출하여 고구려를 건국하기까지의 과정을 담은 내용을 시나리오로 개발하여 영화, 연극, 애니메이션의 창작소재로 개발.

2) 호동왕자와 낙랑공주의 비련의 사랑이야기

(1) 과제의 필요성
○ 호동왕자와 낙랑공주의 이야기는 남북한 모두에게 익숙하며 한국민의 정서에 맞는 역사 소재임.
○ 주인공들의 비극적인 일생과 사랑이야기는 에니메이션, 영화, 게임 등 문화콘텐츠 산업 분야에 활용 가능한 최적의 소재임.
○ 주요 개발내용
○ 호동왕자와 낙랑공주 이야기의 중요한 모티브가 되는 자명고에 대한 분석.
○ 낙랑공주의 나라인 최씨 낙랑국의 역사, 성장, 위치 등에 관한 문헌조사
○ 호동왕자와 낙랑공주의 이야기를 시각적으로 재현

(2) 활용 방안
○ 호동왕자와 낙랑공주 이야기의 중요한 모티브를 제공하는 자명고의 모습 복원 및 캐릭터로 개발.
○ 주인공인 호동왕자와 낙랑공주의 모습 복원 및 캐릭터로 개발.

3) 춤추는 하늘-우리민족의 제천행사

(1) 과제의 필요성
○ 우리민족이 행했던 제천행사의 콘텐츠화를 통해 함께 어울리며 즐겼던 우리민족의 풍속과 한국적 문화에 대한 이해를 넓힘.

(2) 개발 내용
○ 우리나라 제천행사의 역사 정리
○ 고대 여러 나라들의 제천행사가 갖는 의미 분석
○ 고대 제천행사의 모습 시각적으로 재현.
○ 고대의 제천행사 시각적으로 재현-제천행사에 참가해서 가무를 즐기는 모습.

4) 고분벽화를 통해본 고구려의 방직기와 의복재료 및 복식의 디지털 콘텐츠 개발

(1) 과제의 필요성
○ 고조선과 고구려의 방직기술이 외래적인 것이 아닌 독자적으로 발달했음을 밝힘.
○ 직물에 보이는 독자적인 문양사를 밝혀 현대의 디자인 분야에서 접목할 수 있는 분석 자료로 삼음
○ 다양한 색상에서 염색기술과 천연염료를 밝혀 냄
○ 우리 민족 복식의 원형을 분석, 정리, 복원하여 사회생활사의 교육자료로 활용함과 동시에 우리문화가 중국이나 북방민족의 영향으로 이루어졌다는 잘못된 견해를 수정할 수 있음.
○ 복식문화를 통하여 당시의 경제수준이 진실하게 재조명 될 수 있음.

(2) 과제의 범위
o 당시 방직기로 직물을 생산하는 모습과 재봉하는 모습 등을 시각적으로 재현.
o 위의 직물로 만들어진 고구려의 각 계층과 직업별로 구분된 다양한 복식을 시각적으로 재현-디지털 복원.
o 고구려의 기병과 보병의 다양한 갑옷과 말갑옷 및 투구, 신발의 종류와 형태의 내용 정리, 시각적으로 재현.

(3) 주요 개발 내용
o 고구려 고분벽화, 마선구 1호 고구려묘에서 기계의 몸체를 갖춘 '기직도'와 대안리 제1호묘의 남벽에 그려진 기직도를 참고로 고구려의 방직기를 디지털 콘텐츠화함. 이 과정에서 중국이나 북방지역의 방직기와 비교하여 고구려 방직기의 고유성을 구현함.
o 일반가죽과 특수가죽의 다양한 종류 및 주변국들에 수출한 품목에 대한 내용을 정리, 제공.
o 고구려의 웃옷과 겉옷, 바지와 치마, 허리띠, 허리띠 장식의 종류와 형태의 변천사적 내용 정리, 시각적으로 재현.

5) 고분벽화를 통해본 고구려의 탈것문화의 원형을 디지털 콘텐츠로 개발

(1) 과제 범위
o 실제 출토된 고조선과 고구려 수레의 부속 유물들을 정리, 복원하여 시가적으로 재현.
o 한민족의 수레문화에 대한 중국 및 북방지역 수레문화와의 비교, 정리.

(2) 개발 내용

○ 그 동안 남북한 지역에서 출토된 수레 부분품과 고분벽화에 보이는 수레를 중심으로 여러 가지 수레의 형태 분석, 정리하여 재현.
○ 수레의 제작기술 추정·정리하여 그 과정을 재현하여 디지털 복원.
○ 수레에 장식한 장식품 등에 대해 분석·정리하여 이를 디지털 복원.
○ 수레를 배경으로 가옥, 복식, 동물, 마굿간, 시종 등을 함께 데이터베이스화 하여 벽화에 나타나지 않는 모습들도 추정하여 복원이 가능.

(3) 활용 가능성

○ 수레의 형태 및 구조 분석 및 고구려사람들의 평균 신장 제시, 시각적 재현.
○ 수레 제작도구와 제작기술의 내용제시, 시각적 재현.
○ 고구려 교역사에서의 수레의 역할과 생활상을 시각적으로 재현.
○ 남산근 102호 무덤에서 출토된 뼈에 새긴 수레그림을 통하여 고조선 후기 평양 일대에서 나온 마구류를 정리하여 당시 평양지역 수레 복원, 재현.
○ 귀족들이 수레를 타고 나들이 하는 장면 등을 복원.

6) 고구려 고분벽화를 통해본 고구려 왕의 행렬의 문화원형 디지털 콘텐츠 개발

(1) 주요 개발 내용

○ 고구려시대 고취악대들의 악기의 형태와 이들의 다양한 구성요소들을 정리·재현.
○ 행렬도의 큰 부분을 차지하는 갑옷 병사들의 다양한 갑옷의 형태를 정리·재현.
○ 갑옷 병사들과 보병들의 다양한 무기를 정리·재현.

○ 왕의 복식과 수레의 형태 정리 · 재현.

○ 행렬도에 보이는 다양한 모양과 색상의 깃발 정리 · 재현.

○ 행렬도에 보이는 다양한 악기들과 이들의 기능들을 정리 · 재현.

○ 고구려왕의 행렬도와 중국의 행렬도를 비교, 분석하여 고구려왕의 행렬도가 갖는 고유성 도출.

7) 고구려해양활동 및 해외진출 경로도

(1) 과제의 필요성

○ 고구려 해양활동 특히 항로도에 대한 디지털 복원을 통해서 당시 해양을 둘러싼 박진감 넘치는 동아시의 역사적인 상황은 물론 해양의 가치에 대하여 새롭게 인식시킬 수 있음.

○ 고구려와 각국 사이에 벌어진 외교관계, 군사동맹, 실제 전투 등을 디지털로 복원한다면 전략게임을 만들 수도 있음.

(2) 개발 내용

○ 고구려의 강상수군 활동 내용 정리

○ 어렵활동과 도구들 정리

○ 고구려 전기의 압록강 하구 장악작전

○ 고구려 동천왕과 중국 오나라 손권 사이의 해양외교(말, 담비가죽) 내용 정리

○ 미천왕의 대동강 하구 장악과 압록강 하구 장악 내용 정리

○ 고구려와 후조의 해양동맹-곡식 수입 및 무기(화살)수출

○ 고구려 전성기 일본열도 진출

○ 고구려의 대외항로 정리

(3) 활용가능성

○ 고구려의 해양활동은 문화콘텐츠를 개발하는데 매우 흥미롭고 의미가 있으며, 특히 최근에 관심의 대상이 되는 고구려에 대한 새로운 시각을 줄 수 있어서 재미있음.
○ 초원·유목문화 함께 대양을 항해하면서 새로운 경험을 대리체험해줄 수 있음. 특히 제주도와의 교섭, 말을 배에 실어서 오늘날의 중국 절강지방으로 수출한 사실, 일본열도로 대거 건너간 사실 등은 그 과정만 단순하게 소개하더라도 흥미롭고, 드라마틱함.
○ 항로도 선박 전투과정 등은 다양하고 흥미 있는 소재 계발이 가능함.
○ 영화나 연극, 만화의 소재로도 매우 가능성 높음.

8) 광개토대왕의 대외진출

(1) 과제의 필요성

○ 광개토대왕에 대한 소극적인 평가를 벗어나 다양한 관점에서 이해할 필요가 있음.
○ 우리역사는 늘 소극적이었으며, 수동적이기 때문에 침략을 당했고, 외부로 진출하지 못했다는 역사의 왜곡을 불식시킬 수 있음.
○ 우리역사 혹은 우리의 인식세계를 단순하게 국내나 좁은 지역에 한정시키는데서 벗어나 보다 거시적이고, 광활하게 바라볼 수 있게 함.

(2) 개발 내용

○ 광개토대왕의 군사작전 등은 지역적으로는 동아시아 전체를 대상으로 삼고, 종족들도 매우 다양하며, 활동범위도 스케일이 크고, 내용도 박진감이 있음. 그러므로 흥미감과 함께 자의식도 불러일으킬 수 있어 일석이조의 효과를 낼 수 있음.

○ 특히 396년도의 수군상륙작전 등은 해당지역이 서울 일대와 한강이므로 현실감이 강해서 문화콘텐츠로 할 경우에 가장 가능성이 큰 것임
○ 광개토대왕릉비는 서체나 문장, 돌 다루는 솜씨 등이 뛰어났으며 세계관 등 국가이념이 체계를 갖추고 표현되어 있다. 또한 신비감을 불러일으키는 형태이므로 문화콘텐츠로 활용하기 매우 적합함.

9) 고수 · 고당전쟁 삼국통일전쟁

(1) 과제의 필요성
○ 고수 · 고당전쟁에 대한 오해불식, 즉 고구려가 잘 대처하여 방어에 성공했다는 식의 수동적인 해석을 불식시킴
○ 우리역사의 활동무대가 한반도가 아니라 대륙과 해양을 포괄한 너른 지역이었음을 알려줌.
○ 고대전쟁은 육군들끼리의 전쟁뿐만 아니라 수륙 양쪽에서 전개되었다는 사실을 정확하게 인식시킬 수 있음.
○ 이 전쟁의 결과로 인하여 현재 동아시아 질서 및 우리역사의 기본틀이 형성됐음을 알려줄 수 있음.

(2) 개발 내용
○ 고수전쟁의 발발배경과 전개 · 정리
○ 수나라 군대의 편제와 전쟁무기 정리
○ 수나라 수군의 대동강 상륙작전과 고구려의 방어체제
○ 고구려와 당나라의 전쟁 성격
○ 당의 외교전략 내용 정리

○ 요동성과 안시성 공방전 내용 정리
○ 당나라 수군의 요동반도 상륙작전과 비사성함락
○ 3차(완결), 삼국통일전쟁
○ 나당군의 금강상륙작전
○ 백왜군과 나당군의 해전
○ 백왜군의 일본열도 방어작전
○ 고구려와 당나라 신라군대의 전쟁과정
○ 정체성은 물론 현재의 우리를 이해하는데 절대적인 자료가 됨.

(3) 활용가능성
○ 고구려와 수당간의 전쟁, 삼국통일전쟁 등을 단순한 국가간의 대결 혹은 일방적인 침략에 맞선 전쟁이 아니라 우리가 주체가 돼서 능동적으로 펼친 질서재편과정이라는 사실을 통해서 우리의 인식을 변화시킬 수 있음. 아울러 국제대전이라는 시각에서 홍미로운 다양한 문화콘텐츠를 추출할 수 있음. 또한 이 전쟁의 결과로 동아시아에는 정치적으로 문화적으로 신질서가 수립되었고, 우리는 역사의 주변부가 됨.

10) 거지왕자와 미천왕

(1) 과제의 필요성
○ 미천왕은 우리역사에서 유일무이한 거지왕자로서 그의 행적을 다시 평가할 필요 있음.
○ 미천왕은 낙랑과 대방을 축출한 인물로서 그의 일생을 통해 그 과정을 살펴볼 필요가 있음.

○ 미천왕의 행적을 통해서 당시 민중들의 생활을 엿볼 수 있음. 예를 들면 소금장수 · 신발장수 · 선원 등등

(2) 개발내용
○ 거지 왕자라는 극적인 소재를 예술의 소재로 활용
○ 당시 국내의 민중적인 상황과 국제관계를 소년의 눈을 통해서 이해-국제적으로 관심을 끌만한 소재이기도 함.
○ 낙랑과 대방을 축출하는 과정에 얽힌 다양한 의미
○ 바다를 통해서 비밀리에 이루어지는 군사외교의 실체와 항로

11) 바보온달과 평강공주의 사랑

(1) 과제의 필요성
○ 소외된 계층이 점차 훈련을 받아가면서 대장군이 되가는 과정을 통해서 고구려 사회의 구조를 이해할 수 있음.
○ 평강공주의 생각과 실천을 통해서 고구려 여인들의 강인함과 가치관, 성격, 능력들을 알 수 있으며 이를 우리의 모델로 삼을 수 있음
○ 고구려 젊은이들의 훈련과정과 출세의 과정을 통해 우리 고대문화에 대한 이해를 넓힐 수 있음.

(2) 개발 내용
○ 바보온달과 평강공주의 이야기자체를 동화, 만화, 영화 등으로 재구성할 수 있음.
○ 온달이 선발되는 낙랑언덕에서의 경연 등은 게임의 훌륭한 소재임
○ 평강공주의 성격과 행동 등은 모델이 될 수 있고, 캐릭터로 만들만한 가치가 있음.

○ 온달 또한 진취적이고, 현실 극복의지가 강하며, 집단을 위해 충성을 다한 인물로서 바람직한 모델이 됨.

12) 고분벽화예술

(1) 과제의 필요성
○ 700년의 역사와 광대한 영토, 훌륭한 국자체제를 갖추었음에도 문자기록이 적어 복원이 곤란한 것을 보완해줄 수 있음.
○ 고구려 뿐만 아니라 우리문화의 우수성을 인식하고 알릴 수 있는 가장 적절한 소재임.
○ 고구려인들의 문화생활과 세계관 등을 가장 잘 알 수 있는 소재임.
○ 고구려 고분 벽화에 등장하는 벽화소들에 대한 해석과 규명
○ 고구려 고분 벽화의 내용과 형식 등을 통해서 주변문화와의 관계 규명

(2) 개발내용
○ 고구려 고분의 구조를 통해서 새로운 공간 개념과 건축양식을 추구
○ 고구려 고분벽화는 고구려인들의 사상과 정신성을 담고 있어 건국신화 내지 신앙과의 관련성이 깊음. 천손 민족을 표방하는 고구려인에게 고분은 단순한 무덤이나 지하공간이 아니라 넓은 의미에서 하늘(天)을 재현한 것이므로 성수도를 비롯한 천계도가 그려져 있고, 하늘을 나는 새(天鳥), 새를 타고 있는 천왕랑 외에 기린마, 천마, 비어(飛魚) 등 천(天)과 관련된 성수들이 집요할 정도로 다양하게 많이 표현되어 있음.
○ 고구려 고분벽화에는 모문화인 단군신화의 구현과 21세기 우리가 추구해야 할 사상이 모델로서 가치와 의미가 있음. 즉 주체와 대상체를 하나로 인식하여 물

아일체 등 대상체와의 합일을 지향하는 고구려인들의 우주관을 표현하고 있음. 벽화 속에는 인면조(人面鳥)·일각수(一角獸) 등 반수반인(神人, demi-god)의 합일적 존재들이 구체적으로 묘사되어 있음.

○ 벽화예술은 비교적 불교적 색채가 강하나, 사신은 역시 중국 한의 신선사상과 음양사상의 영향 하에서 생긴 것이며 도교적이라고 함. 그러나 오회분 4호묘와 5호묘에 등장하는 대장장이(冶匠神)·수레바퀴(製輪神) 등은 산해경에 출현하는 신들로서 한민족의 근원인 동이문화와 깊은 관련을 맺고 있음.

○ 고구려인들의 생활-식생활, 놀이문, 사냥, 씨름, 전쟁도, 무장한 장수, 임금의 행렬도, 무기, 마사희(馬事戱), 수박희(手拍戱)

○ 신화의 해석-말, 인면조, 비어, 새를 탄 선인, 북두칠성, 견우와 직녀 등

○ 고분벽화에 자주 등장하는 사신도의 내용을 디지털화함

○ 고분벽화 중 종교적인 소재들을 개발하여 디지털화함

○ 고분벽화에 보이는 악기들을 취합하여 고구려의 악기와 음악을 복원할 수 있음.

○ 고구려인들의 무한한 상상력과 자유의지를 확인하고, 이를 현대적인 캐릭터로서 개발할 수 있음

○ 고구려인들의 생활상과 놀이문화를 구체적으로 복원하고 실생활에 활용할 수 있음.

○ 춤 동작들을 연구하여 고구려 춤을 복원할 수 있음
ex) 이애주 춤, 북한 춤 ** 반드시 이 분야 전문가에게 고증을 받아야 함.

○ 벽화에 등장하는 모든 소재들을 캐릭터화 할 수 있음.

○ 벽화의 내용을 논리적으로 재구성하여 신화나 이야기로 만들어 활용할 수 있음.

○ 연극, 영화, 오페라, 만화영화, 우주영화의 소재로 활용 가능함

○ 벽화에 등장하는 무기들을 모아 고구려게임에 소도구로 활용할 수 있음

5. 제 언

　앞부분에서 언급하였듯이 문화가 고유의 역할 및 정치 경제적인 요인과 합해져서 예측불허의 속도와 내용으로 영향력과 가치가 높아지고 있다. 문화의 질, 문화의 주된 소재가 되는 것이 역사이다. 따라서 문화는 역사와 좀 더 밀접한 관계를 맺는 것이 필요하다. 소원해진 주된 요인을 어느 쪽이 제공했는가는 천천히 따지도록 하고, 세계적으로도, 동아시아적으로도 일종의 문화경쟁 혹은 전쟁이 벌어지고 또한 인류의 미래가 거대한 불확실성속에서 허우적거리는 상황에서 인식, 사실 등 공조체제를 갖추는 것이 시급하다.

　역사학이 지닌 문제점을 지적하고, 늘 반성하고 있는 필자의 입장에서 문화종사자들에게 역사와 관련한 작업에 한해서 조언을 몇 가지 하고 싶다. 그들의 작업에서 때때로 지적, 논리적인 토대가 허약함을 느낀다. 과거의 관습과 통념을 습관적으로 답습하여 오류를 범하는 우를 줄였으면 좋겠다. 상투성, 촌스러움을 벗고 사고가 자유로우며 문화가 다양성이 있어야한다. 한편 자의식(自意識, self-consciousness)에 충실해야한다. 문화를 창조하고, 수용하고, 누리는 존재가 자아에 충실하지 않으면 필연적으로 혼란이 발생하고 불행해진다. 이제는 주변부적인 타성, 정체성의 상실로 인한 쭈뼛거림, 자신감의 결여에 따른 독창성의 결여 등은 청산해 버릴 시대가 왔다.

　또한 가능한 한 사실을 존중하는 자세가 필요하다. 완전한 판타지가 아니고, 역사를 소재로 삼는 것이라면 사실을 토대로 재해석하는 것이 필요하다. 그들이 존재하듯이 과거도 존재하고, 과거의 사람들도 존재하였고, 현재도 존재하고 있는 것이다. 다른 존재에 대하여 불가피하게 오해는 있을 수 있다해도, 의도적으로 혹은 무감각하게 존재 자체를 부정(否定)하거나 파기(破棄)해서는 곤란하다. 그건 예술가 혹은 문화종사자들이 지닌 역사에 대한 부정직(不正直)이다. 그와 비슷한 선상에서 더 언급하자면 자기 혹은 자기가 속한 집단(역사 시간 공간을 막론함)에 대해서 애정을 지니고, 긍정적으로 보는 자세를 지니기 바란다. 식민지 지식인들의 꼬이고 찌든 열등감을 말끔하게 씻어내길 바란다.

　역사가 과거이면서 동시에 현재적·미래적인 성격을 함께 지니고 있다면, 문화 또한 그럴 필요가 있다고 생각한다. 문화는 특정계급의 전유물이거나 여가선용으로 여겨지거나, 소비지향적인 것으로 대하는 것이 아니라 생존(生存)과 전략(戰略)의 문제로서 마주해야 한다. 실질적인 이익을 주고 집단의 삶에 긍정적인 영향을 끼쳐야 한다. 그래서 가능하면 미래지향적이고, 선도자로서의 역할을 지녀야 한다. 그 역할이 주제넘은 짓이라고 거부하고, 가치중립을 부르짖으려면, 사회의 비자발적인 원조를 유도하지 말고 맨몸으로 광야에서 작업하는 것이 도리이다. 특히 대중문화종사자들은 교활하게 다수의 일상유희를 담보로 삼아 미중유의 권력과 금력, 코드를 장악하면서 그들의 의식을 독점하거나 조작하는 자세를 지양해야 한다. 그게 도리이다.

　고구려는 매우 특별한 나라였고, 문화가 독특했다. 문화콘텐츠로 삼을만한 주제와 소재가 무궁무진하다. 문화의 세기에 고구려문화의 진실을 통해서 우리와 우리를 아우르는 인류의 미래에 아름다움과 희망을 제공했으면 하는 바람을 가져본다.

07 고구려의 고조선 계승성에 관한 연구 1[*]

1. 서 론

역사활동에서 집단이 정체성을 확인하는 작업은 매우 중요하다. 자연환경을 포함한 객관적인 상황은 비교적 변화의 폭이 작고, 주체집단의 존재여부와 관련 없이 늘 존속하고 있다. 따라서 주체의 위치와 자격, 능력 등은 역사발전의 매우 중요한 요소가 된다. 특히 새로운 집단 내지 그 결정체인 국가가 성립되었을 경우에 그것의 당위 위성과 명분을 제공해줄 정체성은 의미가 크며, 그것의 주 내용인 정통성과 계승성은 늘 관심과 연구의 대상이었다.

세계화(globalization) 시대에 즈음하여 존재이유와 존재방식을 찾기 위한 시도로서 각 민족집단의 정체성(identity)을 확인하는 작업은 더욱 절실해지고 있다. 현재 한국 내지는 한민족의 정체성을 논하고 확립하기 위한 작업의 하나로서 고구려에 대한 관심이 높아지고 있다.

최초의 국가인 조선(朝鮮)은 사료상 실체가 불분명한 점이 많고, 한(漢)과의 대결에

---

* 「고구려의 고조선 계승성에 관한 연구 1」, 『고구려연구』13호, 고구려연구회, 2002, 6.

서 패한 이후에 역사상의 단절을 유산으로 남겨주었다. 그런데 고구려는 최초의 국가인 조선과 가장 가까운 시대였고, 유사한 지역을 점유하고 있었으며, 그러한 단절을 메꾸고, 심리적으로 남은 역사의 상처를 치유해 줄 수 있다. 또한 우리 역사에서 가장 긍정적인 역사행위를 이룬 국가로서 적극적이고, 주체적으로 역사를 운용해왔으며, 현재는 상실한 북방영토를 실질적으로 경영했던 나라이다. 이러한 고구려의 건국과 발전의 정당성을 찾기 위하여, 또한 조선의 실체를 알기 위한 하나의 방법으로서 고구려의 고조선 계승성을 살펴보고자 한다. 아울러 고구려가 발전한 배경으로서 정체성의 내용도 살펴보고, 또한 고구려 건국의 정신과 목적이 조선의 계승성과도 연관이 있는지 살펴보고자 한다.

그러나 고구려의 건국과정도 그러하지만, 조선의 주민, 영토, 문화단계, 정체 등 실체에 대하여 다양한 설이 있고, 불분명한 것이 적지 않아 논리를 구성하는데 어려움이 많다. 이러한 한계를 전제로 하면서 그 계승성 여부를 우선 사료 금석문 등을 활용한 역사적인 관점에서 살펴보고, 다음 단계로 고고학적인 발굴과 연구성과, 그리고 신화를 기저로 몇 가지 문화지표를 활용하여 사상적인 관점에서 살펴보고자 한다.

2. 역사에서 계승성의 문제

역사활동을 지속하는 한 단위 속에서 집단의 특성을 파악하고 성격을 유형화시켜 이해하는 것은 필수기본조건이다. 공동체 의식(共同體 意識)을 공고히 하고, 확대시키기 위해, 집단이 추구하고 지향하는 목표를 설정하려면 집단의 성격을 명확히 아는 작업이 필요하다. 또한 구성원들이 공속의식(公屬意識)을 갖고, 공동의 역사경험을 지니고 있음을 확인한다면 비교적 갈등과 충돌이 적은 상태를 유지하면서 효율적으로 운영할 수 있다.

그리고 현실적인 측면 외에도 실제 효용성을 지니고, 인간답게 살기 위해 충족될 기본조건 가운데 하나는 관념적이지만 정체성(자아)에 대한 자각이다. 정체성은 자기동일성(自己同一性, identity)으로 이해하는데, 존재의 본질을 확신하고, 그것은 시간의 변화나 공간의 이동에 영향을 받지 않고, 변함없이 유지할 수 있는 근거와 힘을 말한다.

정체성을 이루는 가장 기본적인 요소는 자기존재의 원근거이다. 개별존재들은 정체성에 충실하지 못하면 자기 삶에 대해 구체적으로 인식하는 힘이 부족하다. 존재감을 상실하기도 한다. 정체성은 개별존재들의 집합체인 집단에게도 중요한 의미가 있다. 역사적인 집단은 다른 집단과 경쟁을 하거나 갈등을 빚으며, 다양한 관계를 맺는다. 그 관계성 속에서 자기집단이 존재해야 하는 이유, 자기 집단이 인류의 역사에서 매우 의미있고, 소중한 존재라는 이유가 있고, 또한 그러한 이유를 정당화시키는 자신들만의 독특한 그 무엇을 갖고 있지 않으면 안된다.

특히 생성과정이 불투명한, 갑자기 역사에 등장한 민족들은 그 출자의 애매모호성 때문에 본능적으로 항상 다른 민족과 구별되려고 하며, 또 선점집단(先占集團)과는 본능적으로 경쟁의식을 갖고 있으므로 자아가 더욱 소중한 의미를 지닌다. 이러한 태생적 운명을 지닌 민족에게는 그 시원과 왜 존재하게 되었는가하는 이유, 어떻게 탄생하였는가 하는 역사활동의 명분이 있어야 한다. 특히 자기민족이 인류의 역사에서 매우 의미있고, 소중한 존재라는 명분이 있고, 그러한 명분을 정당화시키는 자신들만의 독특한 그 무엇을 갖고 있지 않으면 안된다. 그래야 자신감과 함께 자기민족이 중심이라는 주체의식을 지닌다. 거기서 가장 중요하고 의미있는 것이 계승성이다. 또 정치집단인 경우에는 가장 완벽했다고 여겨지는 완성된 국가나 혹은 선행국가를 계승했다는 명분과 당위성이 있어야 한다.

인류의 일반적인 역사과정이 말해주듯이 역사적 집단이 계승성과 정통성으로 채워진 정체성을 상실하면 사회와 역사의 발전에 왜곡이 생기고, 내부의 인간들은 자유의지(自由意志)를 포기한 채 비주체적(非主體的)인 삶을 살아가게 한다. 당연히 그 사회는 생명력(生命力)과 진실을 잃어버리게 되고 인간성은 오염되며, 끝내는 다른 집단과의 경쟁에서 패배할 가능성이 높다. 일본이 우리에게 적용한 식민사관은 이러한 기능과 유효성을 인식했기 때문이다. 그래서 때로는 불확실하고, 구체적으로 형상화되지는 않지만, 민족자아를 수호하는 일을 집단이 존립하는 중대한 이유로 대하고, 그것을 지키기 위하여 민족의 존망까지 담보로 하는 경우도 있다. 사회가 사회답고, 민족이 민족답게 존재하려면 자신에 대한 자각(自覺), 민족에 대한 자각이 투철해야 한다. 역사에서 진보의 동력은 주체의 정체성, 자아의식에서부터 나온다.[1] 정체성이야말로 사회를 밝게 하고 역사를 진보시키는 에너지이다.

대외적으로 팽창을 지향하는 국가, 혹은 대외관계모순이 심한 국가의 경우에는 내부모순을 잠재우고, 강한 공동체 의식을 지니게 하기 위하여 정통성과 정당성을 강조해야 한다. 특히 정복국가인 경우에는 이미 정치 군사적으로 패배한 피정복민들을 논리적으로 설득하고, 사상적으로 친화시키기 위하여 자기들의 행위가 정당성을 지니고 있으며, 선행국가 내지는 다른 집단과 계승성 내지 정통성을 지니고 있다는 사실을 인식시키지 않으면 안 된다. 동일한 지역에서 기존의 세력을 비합법적인 수단으로 제거하고 신질서를 구축한 세력들도 합법을 가장하고, 정당성을 강조하기 위해서는 구체적으로는 선행질서를, 관념적으로는 하늘의 뜻을 계승한다는 의식과 행동이 필요하다.

그리고 내부에서도 한 인물 혹은 집단이 국가를 건설하거나 천하를 도모하고자 할 때 반드시 세계를 해석하고 운영하는 관이 있어야 하며, 백성들이 선택할 수 있는 지표와 이념이 있어야 한다. 이러한 다양한 이유 때문에 새로운 정치세력들은 거의 예외가 없이 정통성 내지 계승성을 주장한다. 신흥국가가 탄생한 이후에는 동서고금의 예외 없이 새로운 해석을 가한 역사서가 편찬된다.[2]

---

[1] 윤명철, 『역사는 진보하는가』, 온누리,1991 참고.
[2] 윤명철, 「壇君신화와 고구려 建國神話가 지닌 正體性(Identity) 탐구」, 『단군학연구』6호, 2002, 단군학회,

한국역사 속에서도 실제로 후발 국가들이 선행국가들을 계승했다고 자처한 예는 역사상에서 흔히 발견되고 있다. 부여는 북부여, 동부여, 졸본부여 등 끊임없이 이름을 계승하며 신흥국가들이 탄생했다. 백제는 졸본부여를 탈출하여 건국한 국가임에도 불구하고, 부여의 계승성을 시조신앙(동명제의)의 실천, 국호 사용 등을 통해서 실현해갔다. 고려가 멸망한 이후에 소고구려, 후고구려 등을 세워 부흥운동을 전개하였다. 이후 건국한 발해는 고구려 계승의식을 대내외에 과시하였다. 『속일본기(續日本紀)』에는 발해의 제2대 무왕인 대무예(大武藝)가 성무천황(聖武天皇)에게 보낸 국서(國書)에서 고구려(원문에 '高麗'라고 되었지만 고구려를 뜻한다.)의 거처를 회복하고, 부여의 유속을 가졌다고 썼다. 같은 책에 역시 제3대 문왕인 대흠무(大欽武)가 역시 국서에 "고(구)려의 왕 대흠무가 말하노라…(高麗王大欽茂言…) 또 권32에는 대흠무가 국서에서 '천손(天孫)'으로 자칭했다고 하였다. 일본 또한 발해는 옛날 고구려다(渤海郡者 舊高麗國也)라고 하여 계승하였음을 인식하고 있다.(속일본기) 나라현 평성경에서 발견된 목간에는 '依遣高麗使廻來 天平寶字二年 十月卄八日 進二階級'라고 하여 사신들을 고려사라고 불렀음을 알 수 있다. 발해가 멸망한 이후에도 끊임없이 유사한 명칭을 갖고 복국운동을 펼쳐졌다. 후발해국이 세워졌다가 935년에 멸망했고, 그 후에도 정안국(定安國), 올야국(兀惹國), 홍요국(興遼國), 대원국(大元國, 大渤海)등을 세웠다. 후삼국시대에 후백제는 백제를 계승한다는 인식을 지니고 있었고 이를 표방하였다. 궁예 역시 고구려의 복수를 한다는 인식을 지니고 있었다. 더욱이 고려는 국명에서나 가계를 표방할 때도 고구려와 관련이 있고, 계승한다는 인식이 있었다. 특히 원의 고려 지배기에 들어서면 역사를 기술하는데 고조선을 집어넣기 시작했다. 지식인들을 중심으로 중국과는 전혀 다른 천하가 있었다는 인식과 고조선과 단군을 상고사에 첫머리에 실었다.

심지어는 조선노 시원국가 및 선행국가와의 계승성을 중요시하였다. 태조 때에

2장 참조.

이미 단군(檀君)과 기자사전(箕子祀典)을 정비하였다. 이는 물론 조선왕조의 정통성을 시원국가에서 찾고자하는 태도이다.[3] 단군사당이 건립되기도 하였다. 조선을 소위 고조선과 연결시키고 계통성을 지니고 있다는 인식은 보편적이었다.[4] 그 만큼 선행국가를 계승했다는 의식은 중요했고, 그래서 실제로, 구체적으로 표방했음을 알 수 있다.

물론 현대 세계에서도 계승성은 매우 중요하다. 남북이 각각 국명을 달리 설정한 일이나, 건국의 정통성과 계승을 달리 구하고 있는 사실이 이를 입증한다. 특히 이러한 계승의식은 과거 역사를 해석하는 일에서도 나타난다. 남한은 삼국사기의 인식과 마찬가지로 삼국통일의 의미를 강조하고, 신라 정통론을 인정하고 있다. 반면에 북한은 조선민족 단일혈통론을 주장하고, '대동강문화론'을 주장하고 있다. 또한 조선과 고구려의 실질적인 영토를 점유하고 있는 만치, 조선과 고구려의 역사는 물론 계승성에 대하여 깊은 관심을 기울이고 있다.

고구려의 정통성과 고조선 계승성이 얼마나 중요하고 미묘한 문제인가는 이에 대한 중국과 일본의 인식태도와 역사기술을 보면 알 수 있다. 1940년대에 김육불(金毓黻)은 동북통사에서 '고구려 일족은 본래 부여에서 나와, 우리 중화민족의 한 부분이 되었는데, 지금 동북 국경지방에서 가장 먼저 나라를 세웠다.'고 하였다. 그 뒤 손진기(孫進己)의 『동북민족사고(東北民族史稿)』, 장박천(張博泉) 등의 『동북역대강역사(東北歷代疆域史)』, 담기양(譚其驤)의 『중국화중국역대강역(中國和中國歷代疆域)』, 장박천(張博泉)의 『동북지방사고(東北地方史稿)』, 설홍(薛虹) 등의 『중국동북통사(中國東北通史)』, 옹독건(翁獨健) 등의 『중국민족관계사강(中國民族關係史綱)』, 왕중한(王仲翰) 등의 『중국민족사(中國民族史)』는 모두 고구려족은 중국 고대의 한 민족이고, 고구려국은 중국 고대의 한 지방정권이라고 보았다. 특히 손진기(孫進己), 「관어고구려귀속문제적기개쟁의초점(關於

---

3 姜萬吉, 「李朝時代의 檀君崇拜-實錄記事를 中心으로-」, 『李弘植博士回甲紀念韓國史學論叢』, 1969.
4 한영우, 『조선전기사학사연구』, 1981 참고.

高句麗歸屬問題的幾個爭議焦點)」에서 자기의 입장을 주장하였다. 1993년 회의 당시에 손진기(孫進己)는 "우리는 고구려를 중국의 영토라고 본다. 오늘의 국경만 가지고 말하는 것이 아니라 역사 속에서 고구려는 장기적으로 우리나라 중앙 황조(皇朝)에 예속되고 있었다. 고구려인의 후예들도 조선족 뿐 아니라 거의 대부분 현재 중국의 각 민족에 속해 있다."고 반박하였다. 이는 영토적 주민적 계승성을 인정하고, 정체와 당시의 역사적인 상황을 고려하지 않는 태도이다. 중국의 이러한 인식은 발해에 대해서도 동일하게 나타나고 있다. 즉 발해는 우리나라 당 왕조가 관할한 소수민족 지방정권이다.(渤海是我國唐王朝轄屬的少數民族地方政權)-양소전(楊昭全, 『求是學刊』, 1982-2) 또 발해국은 우리나라 소수민족이 건립한 하나의 지방정권이다.(渤海國是我國少數民族建立的一個地方政權)-엄성흠(嚴聖欽, 『社會科學輯刊』, 1981-2) 등이다.

　일본 또한 한국을 대상으로 삼은 식민사관을 만들 당시부터 계승성의 의미와 중요성을 인식하였으며, 그를 토대로 한국사는 물론 동아시아사를 해석하였다. 이미 합병 전부터 이러한 역사작업을 해온 일본은 1915년에 '총독주 중추원'에 조선사 편찬 기관을 설치한 후에 역대 조선 총독과 정무총감들이 지휘 관리하면서 '조선사 편찬위원회(조선사편수회)'를 조직하였다. 여기서 나온 설이 한사군 한반도 존재설, 임나일본부설 등이다. 이것은 정치적인 목적을 위해 우리의 역사를 의도적으로 편찬하겠다는 의도의 소산이었다. 결국은 우리역사의 연속성·정당성·계승성을 인정하지 않고, 정체성을 파괴시킴으로서 자신감을 상실케 하여 궁극적으로는 식민지 지배에 용이하게 하려는 의도이다. 물론 여기에 대응해서 조선 말부터 학자들은 근대적인 역사학 방법론을 도입해서 역사를 해석하고 서술하였다. 정체성·계승성·정통성 등은 자기(自己)집단이 인정하건 안하건 간에, 또한 실체가 분명하건 불분명하건 간에, 논리적으로 근거가 있긴 없건 산에 비아(非我)집단에 의도적인 목적에 의해 부정·왜곡·이용당하는 것이 일반적인 사례이다.

3. 역사적 관점

고조선이란 단어와 개념 속에 기자와 위만을 포함시키는 견해도 있고, 한편 기자를 부정하기 위하여 개아지조선(최남선 설), 한씨조선(이병도 설), 예맥조선(김정배 설) 등의 용어를 설정하고 단계를 부여한 견해도 있다. 북한도 대체로 위만조선도 고조선으로 인식하고 있다. 여기에 반해 기자조선 및 위만조선은 고조선과 직접관계가 없다는 주장도 있다.(윤내현 설) 본고는 고구려의 고조선 계승성을 논하는 본고의 주제를 고려해 고조선 자체에 대한 분석은 생략하고, 가장 일반적인 의미의 조선을 '고조선'이라고 범칭하면서 논구의 대상으로 삼았다. 일정한 집단 혹은 국가의 계승성 여부를 판단하는 기준은 여러 가지가 있다. 주민, 영토, 세계관, 생활양식 등은 기본적인 것들이다. 그러나 사실 여부와 함께 중요한 것은 당시에 전개된 시대적인 상황과 그에 대한 생각, 즉 인식이다.

고구려의 종족에 관해서는 몇 개의 기록들이 있는데, 대체적으로 예맥(濊貊)과 깊은 관련이 있다. 동이(東夷)나 예맥(濊貊)은 종족 명칭으로 추정되기도 하고, 또는 살고 있는 지역에 따라서 구분된다는 견해도 있다. 즉 예는 북쪽의 눈강 유역, 맥은 남쪽의 혼강(渾江)과 압록강(鴨綠江)유역에 살고 있었다는 것이다. 그런가하면 김정배는 예맥족(濊貊族)이라고 부르면서 한민족의 주체구성원으로 파악하였다. 예(濊)와 맥(貊), 혹은 예맥은 고고학적으로는 청동기시대인이다.

북한은 고조선·부여·진국을 기원전 1000년 기를 전후하여 성립하였으며, 하나의 핏줄을 가진 족속으로서 공통된 문화와 같은 언어를 가진 조선 사람이었다라고 하여 계통론을 세우고 있다. 『전사』에서는 고구려 국가를 세운 기본 주민은 고대 조선족의 한 가지인 맥족(貊族)으로, 기원전 8세기 고조선 변방인 혼강(渾江) 유역과 압록강(鴨綠江) 중류 일대에서 살아왔다.고 하였다. 맥국은 기원전 3세기 초 경에 연에 멸망했고, 그들의 후신이 고조선의 옛 땅에서 고구려를 이루었다. 혼하 상류지역에서 요동반도

서부지역까지에 고조선의 진번국이 있었고, 그곳에 맥국의 유민들이 이동하여 살고 있었다. 특히 고구려가 발생한 지역은 '일찍이 고구려가 건국되기 전부터 이 지방에 졸본부여(卒本夫余)가 있었는데, 졸본부여(卒本夫余)는 고조선 옛 땅의 한 작은 나라에 자리 잡고 있었다는 것을 보면 고구려가 어느 곳에서 건국했는지를 알 수 있으며, 이 지방에 수많은 고조선인이 살고 있었다.'라고 하여 주민의 자연적 계승성을 주장하고 있다. 결국 북한은 고조선의 중심종족은 예족이나, 부여 고구려의 기본주민인 맥족도 고조선을 구성한 주요종족의 하나이라는 다소 애매한 태도를 보이고 있다.[5]

그런데 후한서 고구려전에는 구려(句麗) 맥이(貊夷)라고 한다라고 하였다. 삼국지에는 소수(小水)에 의탁한 소수맥(小水貊)과 대수(大水)에 의탁한 대수맥(大水貊)이 있었다고 하였다. 이 때 소수를 혼강(渾江)으로 대수를 압록강으로 비정하는 견해가 이병도(李丙燾) 이래 주류를 이루고 있다. 그런데 한서에서는 고구려를 가리키는 용어로서 예맥을 사용한 사례도 있다. 최근에는 만발발자 유적의 연구와 유물들을 통해서 고구려가 맥족이라는 견해가 또 나오고 있다. 예맥의 용례는 시대에 따라 달라졌고,[6] 고조선의 종족, 고구려 종족에 대해서는 다양한 견해가 있으나, 일반적으로는 예와 맥, 혹은 예맥과 깊은 관련이 있는 것은 부정할 수 없다.

고조선의 영토에 대해서는 요동설, 평양설, 이동설 등이 있지만, 대체적으로는 요하 이동과 현재의 남만주 그리고 한반도의 서북부 지방이었음은 분명하다. 북한은 1960년대 초반기에 집중적으로 고조선문제에 대하여 연구를 하였고, 토론회 등을 활발하게 개최하여 1963년도에 『고조선에 관한 토론집』으로 출판되었다. 리지린은 1963년에 『고조선 연구』를 출판하였다. 그리고 1963년부터 1965년까지 중국 동북지방의 유적발굴조사를 중국 측과 공동으로 하였다. 이를 통해서 고조선 문화의 공간적

---

5 리지린·강인숙,『고구려사 연구』, 사회과학출판사, 1976, pp. 15~16.
6 李玉,『高句麗 民族形成과 社會』, 교보문고, 1984, pp. 25~47.

범주가 결코 한반도에 국한된 것이 아니라는 사실과 고조선문화의 시간적 상한이 기원전 1000년 기 전반기까지 소급된다는 사실을 확인하였다. 또한 산동의 제나라와 교역을 하였다는『관자』의 기록,『산해경』,『전국책』등을 인용하여 고조선이 요동을 중심으로 존재했다는 주장을 하였다. 그 후『고조선문제 연구론문집』(1976) 등에서 고조선의 서쪽 경계는 대릉하이며, 수도인 왕검성은 요하하류의 동쪽 해안지대이다. 남쪽은 대동강을 넘어 예성강까지로 규정하였다. 하지만 북한은 최근에 들어서 대동강문화론을 내세우며 평양중심론을 주장하고 있다. 특히 1993년에「단군릉」을 발견한 것을 계기로 수 차례에 걸쳐 대대적인 학술회의를 개치하였고, 이를 통해서 기존의 설, 즉 요동중심설을 수정하였다.

그런데 요서지방도 고조선과 관련 있다는 견해들이 고고학자들에 의하여 주장되고 있다. '하가점상층문화(夏家店上層文化)'는 고조선의 전형적인 유물인 비파형동검과 그와 관련된 유물들이 출토됐다. 김원룡이 동호족의 것으로 본 이후, 김정배(金貞培)가 '예맥(濊貊) 1기 문화'로 분류하였다. 김정학은 요서지역을 주목하여 역시 조양문화(朝陽文化)로 이름짓고, 이 문화를 고조선을 맹주국으로 하는 연맹국가의 중심지 가운데 하나로 추측하였다. 그 후 한창균(韓昌均) 역시 요서지역이 고조선과 관계가 깊음을 주장하였고, 이를 '고조선 3기 문화'라고 파악하였고, 하층문화는 고조선 2기문화로 편입시켰다. 그는 나아가 고조선은 유사의 기록을 넘어 그 이전부터 발전해왔다는 연속성을 주장하고 있다. 윤내현(尹乃鉉)은 요서의 범주를 더욱 넓혀 란하(灤河) 이동지역을 고조선문화로 보고 있다. 한편 남으로도 인식을 확대하여 다른 조선의 존재를 설정하고 청천강 유역도 고조선 영토 내에 속한다고 하였다. 임병태(林秉泰) 역시 요서의 고대문화 주인공은 예맥족이 이룬 고조선이라는 주장을 한다. 복기대(卜箕大)는 요동지역 및 한반도문화권과 가까운 관계임을 주장하였다. 그 외 중국의 적덕방(翟德芳), 임운(林澐) 등은 비파형 동검문화가 조선이나 예맥 계통임을 주장하였다.

이처럼 고조선의 영토와 중심지에 대해서는 여러 설이 있으나 한반도의 북부와

요하 일대 그리고 현재의 남만주 일대에 걸쳐 있었으며, 기원 전 2세기까지는 존속한 정치세력이었다는 데는 대체로 일치하고 있다. 이 고조선은 정확한 실체를 규명하기에는 부족한 점이 있으나, 황해북부의 교역권과 동아시아 동부의 종주권을 둘러싸고 한(漢)세력과 대결을 벌였으며, 기원전 108년에 전쟁에서 패한 후 역사에서 사라졌다.(윤명철)

그런데 한 국가가 멸망했다는 것은 국체가 소멸하여 정치적으로 진공상태가 되었고, 정체 즉 지배담당자가 바뀐 것이다. 하지만 주민의 다수는 그 땅에 그대로 살고, 문화의 일부는 변형되었을 것이다. 그러므로 정치적·경제적으로 성장을 하고, 때로는 충분한 조건이 성숙되었을 때 국가를 되찾거나 새로운 국가를 건국하려는 시도를 한다. 이러한 일반론에 근거할 경우에 고조선의 주민들은 통제력이 약한 주변부를 거점으로 한군현에 저항하고 부흥운동을 펼치면서 소규모의 정치형태를 갖추었다. 한 사군의 이동과 급속한 소멸은 이러한 정치적인 상황도 작용했을 것이다. 진번 임둔을 몰아내고 기원전 75년에는 현도군을 몰아냈다. 고구려는 건국기원의 시기, 단계 여부를 떠나서 이러한 세력들 가운데 가장 강력하고 대표적인 소국이었을 것이다. 북한에서는 고구려는 일찍부터 고조선의 실력 있는 지방정치세력, 즉 후국(候國)이 되었다[7]라고 하여 후국체제를 설정하고 있다.

고구려는 동명성왕(東明聖王) 때부터 비류(沸流), 행인(荇人), 북옥저(北沃沮) 등을 정복하였고, 이후 초기의 왕들은 양맥(梁貊), 개마(盖馬), 구다(句荼), 동옥저(東沃沮), 갈사(曷思), 조나(藻那), 주나(朱那) 등 주변의 여러 소국들을 병합하였고, 수 차례에 걸쳐 부여를 공격하였다. 그리고 한편으로는 중국의 잔재세력들을 몰아내고, 요동·요서로 진격하여 영토를 넓히는 전쟁을 계속하였다. 이것은 신흥국가로서 정치적인 성장을

---

7 조선사회과학원 역사연구소 지음, 연변대학 조선문제연구소 옮김,『조선전사』제3권, 연변대학출판사, 1988.

목표로 삼으면서, 동시에 고조선 땅을 회복하고 계승하므로써 정통성을 확보하려는 의도도 있었을 것이다. 이러한 견해는 과거에 비강단 사학자들을 중심으로 주장됐고, 윤내현 등이 보다 과학적으로 제시하고 있다. 필자도 소국통일운동으로 본 바 있다. 북한에서도 1970년 대 이후에 이러한 견해를 지니고 있는데, 『전사』는 건국초기에 주변의 소국들을 공격하여 정복하는 일을 고조선 세력을 결집하는 행위라고 해석하고 있다.

고구려의 고조선 계승에 대해서는 북한이 적극적으로 주장해왔다. 『통사』2 에서 고구려는 고조선의 생산력과 문화를 계승하였으며, 고구려국의 성립은 고조선 사회 내부의 반노예제투쟁이자 고조선을 무너뜨린 중국세력을 상대한 반침략투쟁으로 인식·서술하고 있다. 이후 『전사』 3권의 발간에 이르기까지 고구려사 서술의 기본틀로 쓰인다. 고구려는 동족의 나라 고조선의 옛 땅을 되찾기 위한 치열하고 완강한 세기적인 투쟁을 이끌어간 나라였다[8]라는 주장은 역사적인 계승성을 의미한다.

북한은 1990년대에 들어와 이른바 '대동강문화론'과 함께 고조선 부여 진국 외에 구려국을 『전사』의 고대편에 기술하였다. 고조선은 강상무덤이 축조된 시기(중기 비파형 단검시기)인 기원전 8세기보다 더 먼저인 기원전 10세기경에 성립되었다고 주장하였고, 부여는 기원전 7세기, 구려는 기원전 5세기 이전으로 보아 고구려의 건국시원을 보다 높이고 있다. 이는 고조선의 멸망시기와 삼국사기에 기록된 고구려의 건국시기 사이에는 오랜 기간이 있었으므로 고구려의 고조선 계승성을 주장하기에 시간적 연속성이란 측면에서 무리가 있었던 것도 하나의 요인이었을 것이다. 이렇게 당시에 전개된 일반적인 역사적인 상황을 고려한다면 고구려는 그 지역의 선행국가요 문화인 고조선을 계승하였을 개연성이 매우 높다.

그러면 고구려가 고조선을 계승하였을 가능성을 사료 등을 통해서 살펴보고자 한

---

8 손영종, 『고구려사』, p.63.

다. 사료는 기록인 만치 사실여부와 함께 기록집단의 인식이 반영되어 있다. 1차적으로는 집단주체들의 인식이 어떠한가를 살펴보고, 2차적으로는 인식의 객관성을 확보하기 위하여 주변존재들의 인식이 어떠했는가도 살펴보아야 한다.

고구려의 건국과 관련하여 고구려인들은 그 계승성은 어떻게 기록하고 인식하였을까?

고대인들은 건국신화에 자기존재에 대한 해석과 역사적 경험, 목표, 후손에게 남기고 싶은 메세지 등을 표현했다.『광개토대왕릉비』,『삼국사기』,『삼국유사』,『동국이상국집』,『위서』 그리고『북사(北史)』등의 중국 사서들에는 고구려의 건국신화 혹은 건국과 관련된 기록들이 있다. 역사주체의 기록이며, 당대의 사료이고, 가장 정확한 것은 〈광개토대왕릉비문〉이다. 본문의 첫머리에 '惟昔始祖鄒牟王之創基地'와 '出自北夫餘天帝之子母河伯女郞……'라는 구절은 북부여에서 비롯됨을 주장하고 있다. 또한 20년 조에 "東夫餘舊是鄒牟王屬民, 中叛不貢"라고 하여 동부여(東夫餘)와 관계가 깊은 계통임을 주장하였다. 동일한 시대의 금석문인『모두루묘지명(牟頭婁墓誌銘)』에도 '…河伯之孫 日月之子 鄒牟聖王 元出北夫餘…' 라고 하여 북부여를 계승하였음을 기록하고 있다.『삼국사기』,『삼국유사』에는 동명이 동부여에서 출자(出自)했음을 밝히고 있다. 또『삼국유사』북부여조에서는 "東明帝繼北夫餘而興, 立都于卒本川, 爲卒本夫餘"라고 기록하고 있다. 동명과 주몽은 항상 동일한 인물은 아니나, 고구려 시조로서의 동명은 부여에서 비롯된 것은 분명하다.

중국 측의 사료에도 고구려가 부여를 계승했다는 인식이 반영되고 있다. 즉『위서』의 '高句麗者, 出於夫餘, 自言先祖朱蒙',『주서』고려조의 '고려(高麗)의 선조는 부여(夫餘)',『수서』고려조의 '高麗之先, 出自夫餘, 夫餘王嘗得河伯女,…名曰朱蒙', 또『북사』고구려조의 '高句麗, 其先出夫餘王嘗得河伯女'라는 기사 등이 그것이다. 동명신화는 만주일대에 포진한 범부여계의 신화이고, 고구려는 부여계의 적장자라는 의식을 바탕으로 신화도 계승하였을 것이다. 한편『신당서』류귀전(流鬼傳)에 '達末婁自

言北夫餘之裔. 高麗(즉 高句麗)滅其國, 遺人渡那河 因居之, 或曰他漏河 東北流入黑水'
라는 기록이 있다. 또한 『위서』 두막루국전(豆莫婁國傳)의 두막루국(豆莫婁國)은 '구북부
여야(舊北夫餘也)' 라고 되어 있다. 그렇다면 부여 혹은 북부여는 고구려를 비롯하여 유
귀 두막루국 등 북방계 정치집단들의 모집단(母集團)일 가능성이 높다. 그런데 부여인
들은 자신들이 망인(亡人)의 후손이라고 말하였다.('國之耆老 自說古之亡人') 『위략』에 따
르면 부여의 건국이전에도 고리(索離, 囊離, 藁離, 槀離)국이 있었다. 『상서』나 『일주서』
등을 보면 기원전 12세기에 구려란 나라가 주와 교섭을 하였다. 구려는 기원전 277년
에 건국하였다는 주장과 함께 (강인숙) 구려국(句驪國)이 기원전 5세기 경이라는 주장도
있다. 집안 북쪽인 대평의 오도령 부근에서 발견된 무기단 돌각담 무덤, 세형동검 등
은 기원 전 5~4세기의 것으로 고구려의 것과 유사하다. 이들 세력들과 부여 혹은 조선
은 어떠한 관계에 있는지는 연구가 필요하다.

　그런데 고구려가 부여가 아닌 조선을 계승했다는 사실과 인식을 알리는 기록들도
있다. 『삼국유사』는 조선(朝鮮, 王儉朝鮮, 古朝鮮)을 최초의 국가로 설정하고, 그 후에 건
국한 국가들의 역사를 차례대로 기술하고 있다. 이른바 조선정통론이 보여진다. 그런
데 왕력(王曆) 편에 주몽은 단군의 아들(朱蒙…鄒蒙 壇君之子)로 기술하여 고구려의 '조선
계승성' 을 언급하고 있다. 또한 고조선 조항의 마지막 구절에는 '唐 裵矩傳云 高麗本
孤竹國(今海州), 周以封箕子爲朝鮮, 漢分置三國, 謂玄菟樂浪帶方(北帶方)' 라고 하여 고
죽국과의 관계를 강조하고 있다. 이 고죽국에 대해서는 동이의 국가로서 유물이 발견
되었고, 고조선의 한 국가였다는 설이 있다.(이형구) 한편 『삼국유사』는 단군기를 인용
하면서 단군이 비서갑(非西岬)의 딸과 결혼하여 부루(夫婁)를 생하였음을 밝히고 있는
데, 단군이 해모수라는 인식이다.

　『제왕운기(帝王韻紀)』 또한 '故尸羅 高禮 南北沃沮 東北扶餘 穢與貊皆檀君之壽
也.' 라고 하여 고구려 등의 국가들은 단군의 자손임을 칭했다고 기술하고 있다. 이어
「漢四郡及列國紀」에도 '…三韓各有幾州縣…數餘七十何足徵, 於中何者是大國, 先以

扶餘沸流稱, 次有尸羅與高禮 南北沃沮穢貊부…世系亦自檀君承.'라고 하였다. 『제왕운기』는 『국사』의 단군본기를 인용하여 비서갑(非西岬) 하백의 딸이 부루를 생하였다 하고, 또한 송양(宋讓)이 '의단군지후(疑檀君之後)'라고 하여 단군과의 계승성을 주장하고 있다. 비록 후대의 기록들이지만 이것은 일반적인 고려인들의 인식이었던 것으로 판단한다. 『삼국사기』 고구려본기 동천왕 21년(247년)조의 '春二月 王以丸都城經亂不可復都 築平壤城 移民及廟社 平壤者 本仙人王儉之宅也 或云王之都王儉'라는 기사 역시 단군이 평양과 특별한 관련이 있는 인물이라는 인식을 보여준다. 그런데 고구려시대 당시에도 단군에 대한 인식이 있었다는 주장이 있다. 『구당서』에는 '其俗多淫祀 祀靈星神 日神 可汗神 箕子神'라고 기록되어 있다. 이 때 가한이 가진 정치군장적인 의미, 언어학적인 의미를 고려해 가한신(可汗神)을 단군으로 비정하고, 이미 고구려 시대에 단군과 기자를 제사했다는 것이다.(한영우)

　한편 중국 측의 사료에도 고구려의 고조선 계승성을 엿볼 수 있는 기록들이 있다. 주(周)나라의 『일주서(逸周書)』에 고구려가 성주(成周, 현 洛陽)에서 참여한 성주대회에 참여하였다고 하였다. 상서(商書) 편에는 무왕이 동이를 정벌하였을 때 숙신이 와서 축하하였다는 귀절이 있는데, 공안국(孔安國)은 주석하기를 해동의 여러 이족(夷族)은 구려(駒麗), 부여(扶餘), 한(韓), 맥(貊) 등과 같은 족속인데 무왕이 상(商)나라를 이기니 모두 길이 통하였다고 하였다.(윤내현)

　『후한서』에는 예전에서 "濊及沃沮 句驪本皆朝鮮之地也."라고 하여 조선 땅에 있다고 하여 영토적으로 고조선을 계승하였음을 알려 준다. 역시 같은 책의 고구려전에서 고구려는 부여의 별종(別種)이라고 하였고, 동옥저전에는 언어가 구려와 대체로 같으며…, 예전에서는 노인들이 스스로 말하기를 구려와 같은 종으로서, 언어와 법속이 대체로 비슷하다라고 하여 종족적 계승성을 나타내고 있다. 결국은 해당국가들이 존속하고 있었던 당 시대에 부여, 고구려, 동옥저, 예는 종족적으로 동일하거나 유사한 집단임을 스스로 혹은 중국인들(객관적으로)이 인식하고 있었던 것이다. 또한 『수서』

배구열전, 『구당서』 및 『신당서』 배구열전, 『삼국사기』 고구려본기의 영양왕조에는 수양제와 고구려 사신이 돌궐의 계민가한(啓民可汗)의 장막에서 만난 내용이 기술되어 있다. 그런데 이 문장에 고구려의 땅은 본래 고죽국이라는 글이 있다. 역시 고죽국과 고구려 간의 영토적 계승성을 인식하고 있는 대목이다. 한편『괄지지(括地志)』에는 '평양성은 본래 한(漢)의 낙랑군(樂浪郡) 왕험성(王險城)으로서, 옛 조선(朝鮮)이다.'라고 하였다. 이들은 고구려의 후기 수도였던 현재 평양지역을 낙랑과 연결시키려는 의도가 작용한 결과이겠지만, 역시 평양을 매개로 삼은 조선과 고구려의 계승성은 여러 사료에서 언급되고 있다.

『구당서』고구려전(高(句)麗傳)은 고구려의 도읍인 평양성이 한(漢) 낙랑군(樂浪郡)의 옛 지역으로 표현하였으며, 『통전』은 고구려 도읍인 평양성은 옛 조선국 왕험성(王險城)이라고 하였다. 그리고 가장 결정적인 것은 당(唐) 시대의 금석문인 『천남산묘지명(泉男産墓地銘)』에는 '東明之裔, 寔爲朝鮮, 威胡制貊, 通徐拒燕' "동명(東明)의 후예(後裔)가 참으로 조선(朝鮮)을 세워 호(胡)를 위협하고 맥을 제어하여 서주(徐州)와 통하고 연(燕)을 막아 지켰다."라고 하였다.

이렇게 고구려인들이 스스로 기록한 금석문과 후대의 기록, 중국인들의 기록들을 종합적으로 살펴볼 때에 고구려는 부여와 조선의 계승의식이 분명히 있었다. 그리고 이러한 건국의 계승성을 국가를 발전시키는 명분과 힘의 근원으로 삼았다. 부여와 고조선의 관계에 대해서는 다양한 견해가 있으나, 본고에서는 일반적인 견해를 수용하여 부여는 조선과 깊은 관련이 있으며, 고조선의 정치체제에 속해 있을 가능성이 크다는 인식을 전제로 논리를 전개하였다.

4. 고고학적 관점

국가단위 간의 계승성을 주장할 때에 핵심요소 가운데 주민과 영토, 인식 외에 중요한 것은 문화적인 계승과 공질성(共質性)이다. 이 글에서는 고조선 지역의 고고학적인 유적과 유물들을 통해서 고조선 문화에 대한 기본적인 이해와 함께 그것이 고구려로 계승되었을 가능성을 살펴보려고 한다. 그런데 이러한 계승성의 구현은 일시적으로 진행되는 것은 아니고, 시기 별로 추진되며, 목표를 설정하고 달성하는데 복잡다단한 과정이 있다는 것을 염두에 두고자 한다.

묘제의 보존과 계승이 동일한 집단에게 있어서 매우 중요하다는 사실에는 이론이 없다. 형식과 기능 분포범위의 유사성은 집단의 계승성을 입증하는데 유효성이 있다. 역시 다양한 설이 있지만, 일반적으로는 고조선의 기본적인 무덤양식은 지석묘이며, 고구려 전기의 기본적인 양식은 적석묘이다.

고인돌은 기원문제와는 별도로 고조선의 전 영역에서 발견되고 있다. 요동지역에는 남단 개주시(盖州市)의 석붕산(石棚山) 고인돌을 비롯하여 비교적 큰 규모의 고인돌이 약 100여기가 존재하고 있다. 현재의 남만주 일대 고구려의 중심영역에서도 고인돌은 많이 발견되고 있다.『통화현문물지(通化縣文物誌)』의 소개에는 고구려 이전의 청동기시대 묘장인 입봉석붕(砬縫石棚)과 서강묘지(西江墓地) 두 곳을 소개하고 있다.『통화시문물지(通化市文物誌)』에는 고구려이전의 고분으로서 서산남파묘군(西山南坡墓群)은 원시사회(原始社會)의 무덤이고, 금창남두둔(金廠南頭屯)에 석붕(石棚)이 두 곳이 있다고 소개하였다. 무송현(撫松縣)의 송교향(松郊鄕) 무생석붕(撫生石棚), 류하현(柳河縣)의 란산향(蘭山鄕) 야저구석붕(野猪溝石棚), 선가점향(善家店鄕) 삼괴서석붕(二塊石石棚), 태평구석붕(太平溝石棚, 이 지역에 또 石棺墓가 있다), 안구(安口) 대사탄석붕(大沙灘石棚), 장안석붕(長安石棚), 태평천(太平川) 집안둔석붕(集安屯石棚) 등이 있다. 이들 고인돌 분포 지역은 고구려의 초기발생 지역이다.

그리고 한반도의 서북지방, 황해도 일대, 그리고 남으로 내려오면서 크기와 형식은 다르지만 골고루 있다. 그런데 북한은 최근에 대동강 문화론을 주장하면서 평양이 고대문화의 중심지라는 근거로서 고인돌의 존재를 소개하고 있다. 이에 따르면 평양 일대에 수 천 개의 고분이 있는데, 안주군과 연탄군 일부를 포괄하는 황주천 유역 일대에 약 1100여기가 있다. 특히 평양일대는 고인돌의 발원지로서 기원과 관련되는 초기의 시초형으로부터 중기형·말기형에 이르기까지 다양한 형식이 다 보인다고 발표하였다.(석광준)

그런데 고인돌과 고구려의 전형적인 양식으로 알려진 적석묘는 축조의 시간적인 격차를 두고 거의 유사한 지역에서 발견되고 있다. 즉 지역적인 계승성을 지니고 있을 가능성을 보여준다. 변형고인돌을 토대로 고구려의 적석총이 시작되었다는 견해도 있다.[9]

1980년에 이전복은 「집안고구려묘연구」에서 집안현에 12,358곳의 고구려묘가 있음을 밝히고, 구분하여 석분은 적석묘, 방단적석묘, 방단계제적석묘, 방단계제석실묘, 봉석동실묘(封石洞室墓)로 나뉘고 토분(土墳)은 방단봉토석실묘, 방단계제봉토석실묘, 토석혼봉석실묘(土石混封石室墓), 봉토석실묘로 나누었다. 적석묘는 집안현 외에도 만주의 전지역에 매우 광범위하게 분포되어 있다. 근년에 압록강 중하류의 장백 조선족, 자치현의 간구자(幹溝子) 등지에서 이와 같은 적석묘 군이 발견되었는데 동일한 분농(墳壟)에 많은 석광(石壙)이 있었다. 이것을 고구려 적석묘의 연원이라고 여긴다. 그런데 집안 등 압록강 중하류는 물론이고, 요녕성의 각 지역에서도 발견된다.

진대위(陳大爲)의 『요녕경내고구려유적(遼寧境內高句麗遺迹)』에 따르면 요녕성(遼寧省)의 고구려 고분은 주로 태자하(太子河), 혼하(渾河), 청하상원(清河上源) 및 혼강(渾江) 중(中)·하유(下遊)와 부이강류역(富爾江流域)의 양안(兩岸)에 분포되어 있다. 지역적으로

---

9 三上次男, 『滿鮮原始墳墓の硏究』, 吉川弘文館, 1961, pp.204~208.

주로 철령(鐵嶺), 무순(撫順), 본계(本溪), 단동(丹東) 등 동부지구에 분포되어 있는데 본계지구에 가장 많다. 신점산(辛占山)은 『요령경내고구려성지적고찰(遼寧境內高句麗城址的考察)』에서 고분들이 모두 혼강(渾江) 및 그 지류부근에 있고 그 중 오녀산(五女山) 아래의 동남부에 제일 밀집해 분포되어 있으며, 고력묘자(高力墓子), 연강(連江)의 고분 형제(形制)는 원구식(圓丘式) 적석묘(積石墓)와 계단식(階壇式) 적석묘(積石墓)가 주를 이루는데, 이는 모두 고구려 초기 고분의 특징이라고 말한다. 양지룡(梁誌龍)·왕준휘(王俊輝)은 『요녕환인출토청동유물묘급상관문제(遼寧桓仁出土靑銅遺物墓及相關問題)』에서 "환인의 청동유물고분은 시대가 서한(西漢)시기 혹은 약간 이른 시기에 집중되어 고구려 부흥시간과 접근하거나 이어져 고구려초기문화에 작용과 영향을 일으켰다. 이는 고구려 초기문화를 연구하는데 무시할 수 없는 중요자료이다."라고 하여 고구려 계승성을 시사하고 있다. 한편 허옥림(許玉林)·최옥관(崔玉寬) 등은 단동(丹東) 봉성현(鳳城縣) 동산(東山) 대석개묘군(大石蓋墓群)을 보고하였는데, 그것이 지금과 약 3000년 떨어져 있고 이것이 고구려와 관련이 있는지는 더욱 고증해야 한다고 하였다.

그런데 고인돌이 많이 발견되는 지역인 대련시(大連市) 감정자구(甘井子區) 사평산(四平山)과 여순(旅順) 노철산(老鐵山), 장군산(將軍山) 등에서 적석묘는 비교적 일찍 발견되었다. 이 지역에는 강상무덤과 루상무덤이 있는데, 이는 무기단 적석총과 연관이 있다고 주장한다.(리지린·강인숙) 고구려 적석총의 초기등장이 기원전 2~3세기로서 시간적 간격이 지나치게 크다는 점이 문제라는 견해도 있다.

두 묘제는 지역적인 일치성 외에 형식면에서도 관련성이 있는 듯하다. 석실묘(石室墓)는 고구려의 대표적인 묘제인데, 그 기원문제는 중국학계에서 대략 세 가지 의견으로 정리되고 있다. 첫째, "고구려 석실묘의 기원은 당연히 석붕묘(石棚墓, 支石墓)-석관묘(石棺墓)를 계승 발전하였다." 둘째, "적석묘는 자생 발전되어 나타난 것이다." 셋째, "석실묘의 기원은 한문화의 영향을 받았거나 또는 직접 한문화를 받아들여 나타났다."[10]고 하여 고인돌이 관계가 있을 가능성을 열어두고 있다. 그런데 고구려의 전기 핵심지역인 혼강 중, 하류와 태자하, 혼하 상류의 요동지구에서 대석붕을 이어 대석개묘, 석개적석묘, 석관묘를 위주로 한 단검이 있는 청동시대 고분이 근래에 많이 발견되었다. 그 대표적인 장소는 신빈현 남잡목(南雜木), 영능향(永陵鄕) 포가촌(包家村) 북쪽 산의 석관묘, 환인현 사도하자향 대전자 석관묘 무덤떼, 본계현(本溪縣) 이도하자 석관묘, 봉성현 서혁가보(西赫家堡) 석관묘 등이 있다. 이를 고려할 때 적석묘와 고인돌은 시간적으로 계승성이 있었을 가능성이 높다. 또한 동달(佟達)·장정암(張正岩)은 『요녕성신빈현흑구고구려조기산성(遼寧省新賓縣黑溝高句麗早期山城)』에서 "이 구역에서 석붕과 소형 적석묘를 발견했는데, 그 중 소형 적석묘는 고구려초기고분의 특징을 가지고 있다."고 제기하고 있다. 장백조선족자치현(長白朝鮮族自治縣)에는 고구려 이전의 고분에는 십사도구(十四道溝) 전참묘군(電站墓群), 금화(金華) 동강묘장(東江墓葬), 십일도구합(十一道溝蛤) 천묘장(川墓葬), 십사도구간구자묘군(十四道溝幹溝子墓群)이 있는데, 모두 청동기시대에 속한다. 정우현(靖宇縣)에는 고구려 이전의 고분은 유수림자묘장(楡樹林子墓葬) 고분이 있는데, 산정수혈암석묘(山頂竪穴岩石墓)에 속한다. 연변지구에서는 고구려 고분을 발견하지 못하였고, 모두 청동기시대의 고분과 옥저인(沃沮人)의 고분이다. 고구려가 건국하기 이전에 있었던 고분과 옥저인 등의 고분으로 알려진 것들은 문헌과 역사상에서 나타나듯이 고구려와 옥저의 종족적 문화적 유사성으로 보아 고구려와 깊은 관련이 있을 것이다.

그런데 만발발자(萬發撥子, 속칭 王八脖子) 유적을 주목할 필요가 있다. 압록강 중류의 압록강 혼강 중류의 유지로서 "2강" 유역이 있다. 3, 4기 유지는 요동 맥(맥이)의 문화유지이다. "이 유적의 '제4시기'를 대표로 한 석실화장묘는 '길림성 남부 전국말기로부터 한나라초기 고분의 보편적인 특징이다. 적석묘, 계단적석묘는 고구려시기의 일종 특수한 화장습속이다.'라고 하였는데 그 결론은 기본적으로 정확한 것이다. 보

---

10 孫仁杰,「高句麗 石室墓의 起源」,『高句麗 遺蹟發掘과 遺物』, p.371.

충해야 될 것은 대석개묘, 석관묘, 적석묘와 화장습속을 대표로 한 춘추전국부터 한나라초기까지의 고분형식은 혼강 중·상류의 '길림성 남부' 뿐만 아니라 혼강 하류와 혼하, 태자하, 상류인 집안, 임강과 요동 산지에도 보편적으로 존재한다. 그러니까 고구려 전기 영역과 지역적으로 일치한다. 전형적인 예는 1978년 집안 태평향(太平鄕) 오도령(五道嶺)에서 발견한 정방형계단식 적석묘로서 청동단검을 부장하였다. 만발발자 3, 4기의 고분 구조 및 출토한 동단검(銅短劍), 동포(銅泡), 동부(銅斧)등 동류의 청동기와 기본적으로 같다. 결국 압록강 중류의 임강과 혼강 중류의 만발발자 유지는 "2강" 유역의 전형적인 '고구려 선대' 맥족의 석구(石構)고분에서 화장 습속을 가진 것과 공동적인 특징 있다는 것을 보여준다. 왕면후는 "만발발자 4기는 고구려 조기의 토착유적"이라는 보고서를 긍정하고 "고구려 선대 유적"이라고 다시 부르고 있다. 이어 금욱동(金旭東)이 만발발자 유지의 주된 내용을 분석할 때 '고구려는 부여에서 나왔다(高句麗出于夫余)'(서단산문화)라는 관점은 고고학적 의의가 부족하다고 지적하였다라는 글을 인용하면서 부여 계승성을 부인하고 있다.

이러한 묘제에 관한 다양한 견해들을 살펴보면 적석묘는 고구려 성립 이전부터 존재해왔으며, 고조선의 일부 주민들에 의해서 축조되었을 가능성이 있다. 고인돌과 적석묘는 통칭 고조선이라는 역사시대에서 유사한 지역에서 한시적이고 부분적인 교차가 있었을 수도 있다. 그런데 북한은 최근에 발굴된 단군의 무덤을 고구려 양식과 동일한 것은 고구려 사람들이 자기들의 시조인 동명왕(고주몽)을 단군과 함께 숭배한 것이라는 주장을 하고 있다.

북한에서는 이러한 적석총의 발생시기는 기원전 3세기 경으로 보고 있는데, 이는 독로강 유역의 노남리, 심귀리의 적석총을 근거로 편년화 한 것이다. 정찬영은 강돌로 만든 적석총은 기원전 2세기 경에 출현하였다고 보고 있다. 참고로, 북한은 노남리유적(魯南里遺蹟)은 기원전 3세기 이전의 문화층이며, 운평리(雲坪里) 4지구 8호 무덤에서 나온 주머니식쇠도끼는 고조선시기의 버선코모양의 청동도끼(銅斧), 구려국(句麗國)의 오도령구문묘(五道嶺溝門墓)에서 나온 버섯코모양 청동도끼 및 노남리유적 웃문화층과 북창군(北倉郡) 대평리(大坪里)의 초기고구려유적에서 나온 쇠도끼와 생김새가 같다는 점을 고려하여 기원전 3세기경의 유물로 인정하고 있다. 이는 결국 고구려가 고조선을 시간적 단절없이 그대로 계승했다는 인식을 반영하고 있다.

한편 무덤의 기능이라는 측면에서도 살펴볼 필요가 있다.

중국은 고인돌을 초기에는 일종의 종교기념물이나 제사기능을 하는 장소로 인식하였다. 중국에서 석묘자(石廟子)·석붕묘(石棚墓)라고 부르는 것은 이러한 의미와 관련이 있을 것이다. 그러나 후에 발굴이 이루어져 무덤의 기능을 하였음을 알고 나서는 고인돌은 제단과 무덤의 기능을 동시에 갖고 있다고 이해하고 있다. 실제로 요녕지역에서 발견된 고인돌 가운데에는 조영위치도 좋고, 지석과 개석에 기호와 신상이 새겨져 있다.[11] 북한지역도 은률의 관산리와 운산리, 배천의 용동리, 용강 석천산에서 조사된 지석묘 등은 조영상의 특징이 제단의 기능을 겸비한 것으로 보기도 한다.

그런데 적석곶묘(積石串墓) II, III식에서 '묘설(墓舌)'이라는 형식이 발견되고 있다. 적석묘의 아래 비탈 묘역변에 쌓은 것인데 방형, 반원, 반원형 계단식이 있다. 유실방지라는 토목공학적인 관점 외에 제사시설이라는 견해도 있다.[12] 근래에 압록강 중류 좌안(左岸)의 조선 경내인 자강도(慈江道) 초산군(楚山郡) 만포시(滿浦市) 등지에서 많은 고구려 적석묘가 발굴되었는데 무덤 언덕에 낮은 제단 시설이 발견되고 출토 유물도 사람들의 주목을 끈다.[13] 그런데 운평리 송암리 등의 지역에서 전방후원분의 원형이 있다는 북한이나 일본 등에서 주장되어왔다. 고구려의 무덤에 제단시설을 갖춘 형태가 있었다면 천손사상과 조상숭배를 표현한 것이며, 이는 고인돌의 제의기능과 연관

---

11 許玉林, 『遼東半島 石棚』, 1994.
12 孫仁杰, 「高句麗串墓的考察與硏究」, 『高句麗硏究文集』, 延邊大學 出版社, 1993.
13 柳嵐, 「高句麗 積石串墓硏究」, 『高句麗 遺蹟發掘과 遺物』, 제7회 고구려 국제학술대회발표문집, p.488.

이 있을 가능성이 있다. 참고로 장군총의 개정석 위에 건물이 있었다. 이를 이형구(李亨九)는 동이계(東夷系)의 형당설(亨堂說)을 주장했고, 신영훈(申榮勳)은 불탑설(佛塔說)을 제기했다. 그런데 집안 외곽의 4회분들 위에 개석들이 덮여져 있는 사실, 또 고구려의 무덤에 '묘상입비(墓上入碑)'라고 하여 돌을 올려놓은 것 등은 일련의 연관성을 시사하고 있다. 필자는 1994년 직접 올라가서 확인한 바 있다. 필자는 장군총이 고구려 건국자인 주몽을 모시는 사당 또는 주몽의 무덤이 가능성을 여러 지면을 통해서 제기해 왔다.

다음으로 중요한 것은 고분에서 출토된 무기와 토기이다. 이는 고조선의 문화는 물론 담당자인 주민들, 그리고 영역까지를 추정할 수 있는 지표가 된다. 고조선의 첫 시기는 기원전 8~7세기 미송리-강상시기라고 부르는데, 비파형 단검을 특징으로 하고 있다. 두 번째 시기는 기원전 7~5세기 묵방리-루상시기로서 전형적인 것과 함께 변형 비파형단검이 있다. 묵방리 유형의 변형 고인돌은 서북조선과 요동지방의 문화적 공통성을 잘 보여주며, 두 지역 사이의 연계가 다른 어느 지방과도 깊었다는 것을 보여주고 있다. 특히 미송리형 토기는 요동비파형 단검문화의 주인공과 관련하여 주목받게 되었다. 이 시대를 대표하는 토기로서 독특한 모양을 갖추고 있다.

미송리형 토기는 서쪽으로는 요하-대능하선에서 부터 한반도에서는 두만강 유역, 압록강 유역, 청천강 유역 그리고 대동강 유역 및 황해도 지역이다. 특히 압록강 유역은 신암리·미송리·용연리 유적이 있다. 그런데 미송리형 토기를 동반하는 청동기문화는 후기에는 주변으로 확산되어 길림의 서단산 문화와 대동강 유역의 팽이형 토기에도 영향을 주었다. 북한은 근래에 들어서서 요동중심설을 수정하면서 팽이형 토기를 주목하고, 이것을 고조선문화로 보는 견해가 제시되고 있다.

박진욱은 비파형 동검문화를 고대 조선족 전체의 문화로 보고 있다. 그리고 분화를 시도하여 요동 서북조선의 비파형 단검문화는 고조선문화, 즉 예족의 문화로 보고, 요서지방, 길림-장춘지방 등 양 지역의 비파형 단검문화를 맥족문화로 보고 있다.

세죽리-련화보류형유적은 서북조선문화로서 좁은 놋단검 관계 유적이 발견된다.

이 유적은 기원 전 1000년 전반기의 고조선문화를 계승 발전시킨 기원전 3~2세기의 고조선문화였다고 하였다. 이형구는 비파형동검을 '발해연안식 청동단검' 이라고 명명하고, 고조선 강역에서 발견된다고 하였다. 집안에서 고구려 이전의 청동단검(靑銅短劍)이 방단계제적석묘(方壇階梯積石墓)에서 발견되었는데, 상한은 기원전 3세기말이며 하한(下限)은 기원전 1세기초이다. 이렇게 비파형에서 세형으로 변해가면서 고조선문화가 고구려로 계승되었음을 시사하고 있다. 그 외에도 고구려가 급속하게 대두한 것을 고조선 사람들이 제철기술을 고구려인이 이어받아 높은 단계로 끌어올려 생산력을 발전시킨 결과로 인식한다. 즉 고조선의 제철 주조(鑄造)유적인 세죽리-연화보류형유적을 계승한 것이 고구려의 시중군 로남리의 단조(鍛造)유적이라는 것이다. 즉 기술의 계승이 이루어졌다는 것이다.

5. 사상적 관점

한 국가가 선행국가를 계승하였다고 할 경우에 사상적인 체계란 중요하다. 현대처럼 이데올로기 지향 사회가 아니므로 절대적인 요소는 아니지만 신앙이나 세계관 등은 계승성 여부를 살펴보는 지표가 된다. 특히 자신들의 존재이유, 탄생의 과정, 지향성을 등을 밝힌 건국신화는 매우 중요하다. 특히 지배계급으로서는 신흥국가의 정통성과 권력소유의 명분을 제공하기 때문에 의미가 크다. 아래 글에서는 두 나라의 건국신화인 단군신화와 주몽신화를 비교하여 그 구조적 관계, 각종 신화소(神話素)의 유사성, 세계관 등을 통해서 계승성 여부를 살펴보고자 한다.

고조선과 고구려의 건국신화는 그 나라 및 역사의 비중에 걸맞게 시대를 달리하는 각종 기록에 다양한 형태로 기술이 되어 있으나, 가장 논리적으로 구성되어 있고, 신화적 색채가 풍부하며, 비교적 역사성을 충분히 반영하고 있는 것은 일연의 삼국유사에 기록되있는 단군신화와 이규보(李奎輔)의 동국이상국집에 실려있는 동명왕편이다. 이 두 편을 토대로 다른 자료를 일부 활용하며, 아울러 고분벽화의 부분적인 관찰과 해석도 응용할 예정이다.

신화는 그를 창조한 집단의 의식세계와 그에 기초한 문화 사회와 깊은 연관성을 맺고 있다. 때문에 신화를 분석하고 이해함으로써 인간행동의 일정한 모델을 설정할 수 있고, 그럼으로서 생활에 의미와 가치를 준다. 민족탄생 신화는 한 민족사의 현존하는 신화 중에서 가장 오래된 시대를 배경으로 하고 있으며, 철저히 조직적으로 구성되어 있고 건국의 시원과 과정은 물론 한 민족이 가진 우주관, 역사관, 인간관 등 자신의 논리(論理)를 가장 체계적으로 정확하게 표현하고 있다.

조선은 우리민족의 시원국가이다. 따라서 조선의 건국자인 단군의 존재와 그의 탄생과정 등을 표현한 단군신화는 시원신화이다. 시원신화는 그 집단의 논리를 가장 정확히 반영할 뿐만 아니라 그 속에 자신들의 역사는 물론 세계관, 인간관, 그리고 역사관이 잘 반영되어 있다. 단군신화의 분석을 통하여 우리 고대인과 문화의 변천, 역사의 흐름 등을 인식하며, 또한 현재까지 영향력 있는 집단논리로서 작용하는 고대세계의 이념과 역사관 등 정체성을 찾고 이해할 수 있다.(윤명철)

단군신화는 철저히 조직적으로 구성되어 있고 자신의 론리를 치밀하고 정확하게 표현하고 있다. 특히 분석의 대상으로 삼고 있는 삼국유사의 고조선 조항에 기록되어 있는 단군신화(壇君神話)는 이승휴의 제왕운기(帝王韻記)에 실려있는 단군신화(檀君神話) 및 기타의 기록과 여러 가지 면에서 차이가 있다. 역사성과 신화성이 공존하고 있는 고조선 기록에서 신화적인 기술하고 있는 부분은 전반부와 후반부를 제외하고 '석유환인(昔有桓因)부터 호왈단군왕검(號曰壇君王儉)' 까지이다. 이 부분을 살펴보면 진제문장은 3부의 구조로 되었고, 그 내부에 24개의 주요한 신화소(神話素)로 구성되어 있다. 1부는 천손강림신화이고, 2부는 지모신 신앙이며, 3부는 2개의 이질적인 신앙 내지 문화가 습합하는 과정과 단군왕검으로 상징되는 통일체를 완성하는 대단원이다.

1부는 천손강림신화로서 '석유환인(昔有桓因)'부터 재세이화(在世理化)까지를 나타내고 있다. 전체적인 내용은 천상에 있었던 환웅이 아버지인 환인의 협조와 승인 아래 기존질서를 탈피하고, 새로운 공간인 인간세상(人世)에 내려와 그 행위에 적합한 이념인 홍익인간을 지니고 새로운 상황을 건설해 간다는 내용이다. 첫 문장에 등장하는 환인(桓因)은 하늘의 신이며, 해의 성격을 지니고 있다. 그리고 환웅은 천신 혹은 환인의 아들로서(庶子 桓雄), 천왕(桓雄天王)으로 표현되고 있다. 이렇게 천손이 내려오는 내용이므로 하늘(天) 숭배집단의 문화적 특성을 보여주는 다양한 신화소가 신화 전체에서 반복 중첩되면서 표현되고 있다. 육당(六堂)은 단군을 Tengri계의 언어로 보고 단군은 하늘(天)을 가리키며 동시에 하늘(天)이 시키는 일을 하는 사람을 부르는 말이라고 하였다.

이러한 하늘숭배는 구체적인 대상체로서 해에 대한 신앙으로 나타난다. 삼위태백(三危太伯), 태백산정(太伯山頂) 등의 태백은 하늘 혹은 해와 관련이 깊다. 백은 '밝'의 뜻으로 해석되는데, 역으로 '붉'은 백(白)으로 음사가 된다. 흰 것은 광명을 나타내고, 광명은 밝음을 나타내고 있으니 이 '백(白)'자(字)속에는 그 의미가 포함되어 있다. 양주동은 밝(밝)은 광명 국토의 의(義)로 고사(古史)에 「발(發)·아(我)·불(弗)·불(不)·부여(夫餘)·부리(夫里)·화(火)·평(火)·혁(赫)·소(昭)·명(明)」 내지 「백(白)·백(百)·백(佰)·맥(貊)·박(泊)·박(朴)·과(夸)」 등 자로 국명(國名), 지명(地名), 족명(族名), 인명(人名) 등에 차자(借字)로 쓰였다고 하였다.(양주동)

두 번째는 지모신(地母神) 신앙으로서 '시유일웅일호(時有一熊一虎) 동혈이거(同穴而居)'이다. 웅(熊)은 생물학적인 의미의 곰만을 의미하는 것은 아니다. 초기에 웅(熊)은 호(虎)와 마찬가지로 생물학적인 곰을 뜻하는 용어와 개념이었다. 그런데 지역의 이동이 생겼고, 생활 양식이 수렵삼림에서 농경으로 발달하면서 인간은 새로운 신의 개념과 존재를 필요로 하게 되었고, 이 단계에서 대지는 생산의 중요성으로 인하여 신적인 의미를 가지면서 여성의 성격을 띠게 되었다. 그런데 웅(熊) 호(虎)에게 주어진 금기인

'불견(不見) 일광백일(日光百日)'은 햇빛이 단군탄생의 중요한 조건임을 말하고 있다.

단군신화에는 인간의 생활과 관련을 맺고 의미를 가진 주요한 대상으로서 풍백(風伯), 우사(雨師), 운사(雲師) 등 관리와 조직을 뜻하는 표현과 주곡(主穀), 주명(主命), 주병(主病), 주선악(主善惡) 등 인간 생활의 구체적인 양상을 표현하고 있다. 특히 주곡(主穀)은 농경문화가 시작됐고 농경을 통한 생산력(生産力)의 확대가 주요한 과제였음을 보여준다. 이 시대에는 지모신(地母神) 신앙이 발달했고 그 과정에서 곰이 가진 동면동물이라는 특성으로 인하여 곰이라는 용어에는 지모신의 의미가 담겼다. 더구나 곰은 검정색 피부로 인하여 밝음과 어둠의 두 신 가운데 어둠의 신을 표상하게 된 것이다.

세 번째는 상기우신웅(常祈于神雄)~호왈단군왕검(號曰壇君王儉) 부분으로서 천손인 환웅과 지모신인 웅이 결합하여 금기와 중간 단계 예비상황 등 변증법적 인식과 행위를 통해서 단군왕검이 탄생하는 과정이다. 단군의 탄생과 조선의 건국은 환인 환웅으로 표상되는 밝신과 웅(熊, 虎도 가능함) 왕검(王儉)으로 표상되는 감신이, 즉 두개의 상반된 신 개념이 합쳐졌고, 또한 문화권으로는 태양을 숭배하고 천손강림신화를 가진 유목문화 집단이 주체가 돼서 대지를 숭배하고 지모신 신앙과 결합하는 것을 알 수 있다. 즉 웅(熊)과 호(虎)은 굴(同穴而居)에 유폐되어 햇빛을 보지 못하였다가 (不見日光百日) 웅(熊)은 금기를 잘 지켜 인신(人身)을 획득하였다. 그 후 다시 무여위혼(無與爲婚) 고매어단수하(故每於壇樹下) 주원유잉생자(呪願有孕生子) 하자 가화(假化)한 웅(雄)을 다시 만나 혼인하여 단군왕검을 생(生)하였다.

단군신화에 표현된 이러한 인식과 의례행위를 계승한 고구려는 당대의 사료와 금석문, 예술작품, 건축물, 그리고 이를 실천하려는 역사적 행위를 통해서 표현하였으며, 동맹, 서옥제(婿屋制) 등을 통해서 실제 생활에서 재현하였고, 그 후에도 전수되어 우리의 혼인풍습에 영향을 끼쳤다. 가장 대표적인 것은 역시 건국신화이다.

고구려는 우리역사에서 가장 넓은 영토, 다양하고 질적으로 뛰어난 문화, 아름다운 정신을 소유하였던 나라이다. 다양한 사료나 유적, 유물 등을 통해서 구체적으로

드러난 역사적 활동과정은 고구려가 당시의 세계였던 동아시아의 중심부에서 중요하고 의미있는 역할을 하였음을 알려준다. 고구려인들은 그들의 건국과 탄생과정, 그리고 발전기의 시대정신을 건국신화에 충실하게 반영하였다.

고구려의 건국신화는 흔히 주몽(朱蒙)신화라고도 부르고 있는데, 여러 곳에서 나타나고 있다. 『삼국사기』, 『삼국유사』, 『동국이상국집』의 동명왕편 등 우리사료, 『위서(魏書)』, 『주서(周書)』, 『수서(隋書)』, 『북사(北史)』, 『논형(論衡)』, 『통전(通典)』 및 그 외에도 당 시대 사람들이 직접 기록한 〈광개토대왕릉비〉『모두루묘지문(牟頭婁墓誌文)』 등 각종의 금석문, 무엇보다도 풍부한 고분벽화가 있다. 이 곳에 기록되거나 표현된 내용은 문자 표현 상에 있어서 약간씩 차이가 있으나 거의 유사하다.

신화적 색채가 가장 풍부한 이규보가 쓴 『동국이상국집(東國李相國集)』의 동명왕편(東明王編)에 따르면 이 신화의 첫 부분은 역시 천손강림신화(天孫降臨神話)의 형태로서 단군신화와 구조는 물론 의미도 동일하다. 해모수는 하늘에서 내려올 때에 오룡궤(五龍軏)를 탔고, 백 여 명의 사람들이 흰 고니(鵠)를 타고 왔다. 그는 웅심산(熊心山)에 머물렀다가 내려왔다. 그는 아침에는 세상에 살고, 해가 지면 다시 천궁(天宮)으로 돌아갔다. 물론 이와 유사한 내용은 『제왕운기(帝王韻紀)』나 세종실록지리지 평양 편 등에도 있다. 동명왕 편에서는 해모수를 '천왕랑(天王郞)'이라고 기술하였는데, 실제로 고구려 고분벽화에는 새를 탄 신인과 함께 그 위에 '천왕(天王)'(天王地神塚)이라는 묵서가 남아있다. 천손이라는 인식이 고려시대까지 계승되었음을 알 수 있다.(윤명철)

고구려에서 고분은 단순한 무덤이나 지하공간이 아니라 넓은 의미에서 현세건 내세건 간에 하늘(天)을 재현한 것이다. 그리고 당 시대와 후대에 자신들이 가꾼 역사의 내용을 전달하는 의미있는 공간이다. 사용한 공간에는 약간의 차이가 있지만 고구려인들은 천숭배신앙과 천손민족(天孫民族)이라는 자의식(自意識), 주체하기 힘들 정도의 자신감을 곳곳에서 다양한 소재와 주제로서 반영하고 있다. 그런데 고려인들이 고구려의 건국과정을 인식하는 태도는 고분벽화에 표현된 것과 내용이나 구조가 일치하는 경향이 있다. 특히 이규보의 동명왕편은 고분의 벽화들을 두루 본 후에 기술한 듯한 느낌마저 든다. 그렇지 않다면 그때까지 고구려의 건국신화가 전승되었음을 반증하는 것이다.

고구려인들이 보다 구체적으로 자연현상인 해를 숭배하고, 해에서 태어났음을 표현하고 있다. 즉 릉비문은 추모가 '부란강세(剖卵降世)' 하였다고 하였는데, 이때 란(卵)은 해를 뜻하고 있다. 연남산의 묘지명(墓地銘)에는 "주몽(朱蒙)은 해를 품고 패수(浿水)에 임해 도읍을 열었다"라고 그 외 『논형(論衡)』, 『삼국지(三國志)』 부여조(夫餘條), 『삼국사기』 등도 주몽이 탄생이 해와 관련 있음을 기술하고 있다. 모두루총(牟頭婁塚)의 묘지석에도 '河泊之孫 日月之子 鄒牟聖王'이란 글과 '河泊之孫 日月之子 所生'이라는 글이 반복되고 있다. 고구려인들에게 하늘(天)이란 곧 일월이고, 특히 일(日)인 해를 가리키는 용어요 개념이었다.

『삼국사기』에 기록된 주몽의 탄생과정을 살펴보면, 유화부인은 단군신화에서 웅(熊)이 햇빛이 차단된 유폐상태(同穴而居 不見日光百日)였던 것과 동일한 상태에서 집중적으로 햇빛을 받아(感應)임신을 하였고, 알을 낳은 다음에는 역시 웅(熊)이 여인의 몸을 받아 잉태한 것처럼 일정한 금기와 단계를 거쳐 그것이 깨지면서 주몽이 탄생하였다. 동국이상국집(東國李相國集)의 동명왕편에서 더 다양하고 치밀하게 이러한 과정을 표현하고 있다. 일종의 통과의례(通過儀禮)인데, 이는 모순을 지양하고 대립물의 통일을 이루기 위하여 취하는 특별한 형식이다.[14] (윤명철)

고구려인들은 해를 신앙의 대상으로 삼았다. 부여(扶餘)의 천제가 해모수(解慕漱), 해부루(解夫婁)였듯이 고구려의 해명(解明, 琉璃王의 왕자), 대해주류왕(大解朱留王, 大武神王), 해색주(解色朱, 閔中王), 해우(解憂, 慕本王) 등 초기 왕들은 태양을 의미하는 해(解)를

---

14 윤명철, 「壇君神話에 대한 構造的 分析」, 『韓國思想史學』 2집, 韓國思想史學會, 1988.
　윤명철, 「壇君神話에 對한 辨證法的 分析」, 『東國史學』 23집, 동국사학회, 1989.

마치 성처럼 앞에다 달고 있었다.(삼국유사에는 해를 姓으로 삼았다고 기술하고 있다.) 중국의 역사책들인 사기, 일주서, 한서, 좌전 등에서 전하는 부루, 불, 발, 박은 우리 조상을 가리키는 명칭이라는 주장도 있다.(강인숙) 이렇게 고구려인들이 명분상으로 천손이며, 출생과정에 해의 역할이 강하게 작용했다는 인식은 고조선의 건국신화인 단군신화와 구조적으로나 내용상으로 유사한 고구려의 건국신화에도 나타난다.

그런데 단군신화와 마찬가지로 주몽이 탄생하는 데에 결정적인 역할을 한 존재로서 하늘(天)의 역할과 성격을 부각시킬 목적으로 상대적인 물(水)의 존재가 등장하는데, 곧 유화부인이다. 모두루총 묘지석에 따르면 주몽은 해와 달의 자(子)라고 되어 있으며, 다른 여러 금석문 및 기록에서 주몽의 외할아버지는 물신인 하백(河伯)으로 나타나있다. 이규보의 동국이상국집에는 유화가 웅심산(熊心山) 아래 웅심연(熊心淵)에서 해모수를 만나, 물가에서 결합을 하였다. 그 후 아비에게 버림받은 채로 물 속에 있다가 금와(金蛙)[15]에게 구출되어 주몽을 生하였다. 물은 지모신과는 직접 관련이 안되지만 천 또는 해의 상대적 존재로서 구조상으로는 단군신화의 웅(熊)과 동일하다. 물론 웅(熊)은 곰을 의미하고 있지만, 본질은 단군신화와 마찬가지로 지모신(地母神)을 의미한다. 곰은 언어학적으로 고마, 즉 알타이어에서 신을 뜻하는 고어이다. 이 '곰' 계의 언어는 해와 상대적인 의미와 기능을 상징한다. 백두산의 또 다른 명칭 가운데 하나는 개마산 개마대산이다. 이 때 개마는 바로 고마 등 감계의 언어이다. 그러니까 웅심산(太伯山과 동일한 의미)에 있었던 유화부인은 바로 웅녀와 동일한 지모신을 의미한다. 후에 유화부인은 주몽이 동부여를 탈출하여 남으로 내려갈 때 곡식의 종자를 보내므로써 농경과 관련이 있음을 나타내고 있다.

하지만 주몽은 역시 단군신화의 단군과 마찬가지로 천의 우위와 주도성 아래 태

---

[15] 금와는 신화적인 의미로 보면 달동물(runar animal)로서 달신을 상징하며, 결국은 유화부인과 동일한 의미를 지니고 있다.

어난 천손의 의미가 강하다. 비문은 "하늘은 황룡을 아래로 보내 왕을 맞이하였다. 왕께서는 홀본 동쪽 언덕에서 용머리를 딛고 하늘로 오르시었다."(天遣黃龍來下迎王. 王於忽本東岡, 履龍首昇天)라고 기록하므로써 추모가 생을 마치고 붕어하는 모습에서도 하늘의 자손임을 재차 강조하고 있다.

필자가 다른 논문들에서 언급한 바와 같이 양 신화는 구조가 유사하다. 해모수와 유화는 성격, 역할, 신화상의 구조로 보아 환웅과 웅녀의 위치와 동일한 것이다. 주몽은 부계는 천숭배집단이고, 모계는 하백신이며 알을 깨고 나왔으므로 난생신화적인 요소가 있다. 하백 및 유화는 수신(水神)이건 지모신(地母神)이건 간에 구조적으로는 단군신화의 熊과 일치한다. 주몽은 '단군지자(檀君之子)' 라고 하여 해모수를 단군으로 파악한 『삼국유사(三國遺事)』나 『동국이상국집(東國李相國集)』은 『구삼국사(舊三國史)』 『고기(古記)』 등을 인용했다. 이러한 양 신화의 유사성은 문화적인 계승성을 가능하게 한다. 고구려의 영토가 확대되면서 고조선의 영역을 차지해가면서 숭배와 신앙을 자연스럽게 받아들이게 되었을 것이다. 고구려는 이러한 신화를 간직하였기 때문에 신앙이나 제의, 고분벽화에서도 다양한 형태로 나타나고 있다.

고분벽화는 고구려인들의 우주관(宇宙觀) 역사관(歷史觀)등을 표현하고 있다. 우주의 구성원리에 대한 인식을 표현하고 있다. 고분 안을 하나의 우주로 설정하고 축조양식(築造樣式)을 활용한 공간분할(空間分割)을 시도하고 있다. 땅(地)의 세계와 하늘(天)의 세계가 구분되어 있고, 각 세계를 연결하는 존재를 설정하였다. 벽화내용 중에서 첫째, 건국신화(建國神話) 내지 신앙(信仰)과의 관련성이 주목된다. 벽화가 표현하였던 기본구조 내지 논리가 그러하며, 표현된 상징물들 역시 건국신화에 나온 것과 유사한 것이 많이 있다.(물론 모든 고분벽화가 그러한 것은 아니다. 그려진 내용들에도 다소의 차이가 있다.)

건국신화에서 표현된 상대적인 두 존재의 결합은 고분벽화에서도 하늘(天)과 땅(地)의 결합, 하늘(天)과 물(水)의 결합으로 반영되어 있다. 무용총, 각저총 등 전기고분에는 삼족오와 두꺼비, 개구리, 토기 등 달동물(runar animal)이 그려진 달이 상대적인 위치에 있다. 또 오회분의 4호묘, 5호묘 등 후기의 고분에는 흔히 복희(伏義)와 여와라고 해석하는 해신과 달신이 마주보고 있는 그림들이 있다. 일신 월신 등은 현실적으로 태양왕인 해모수와 지모신인 유화부인, 혹은 고등신(高登神)과 부여신(夫餘神)으로 나타난 고주몽과 유화부인을 상징했을 수도 있다.(윤명철) 특히 오호묘는 하얀 날개옷을 걸치고 몸은 용이요 얼굴은 사람인 남녀신이 피어오른 보리수나무를 사이에 두고 비상하면서 만나려하고 있다. 이는 인신(人身)을 획득한 웅녀가 생식의 상징인 신단수를 가운데 두고 결합하는 의미를 나타냈을 가능성이 크다.

그 외에도 단군신화와 연결시킬 수 있는 소재는 더 있다고 생각한다. 근래에 고분벽화에 반영된 단군관련 소재에 대한 연구가 있다. 북한의 강룡남에 의해서 지적된 각저총과 장천 1호분의 내용이다. 즉 각저총에 곰과 호랑이가 신단수로 추정되는 나무 아래에서 장사들의 씨름을 구경하고 있다고 하며, 장천 1호분에서는 나무를 향해 있는 여인을 웅녀와 연결시키고 있다.(강룡남)

양 신화의 유사성은 언급한 구조적 측면 뿐만 아니라 포함하고 있는 세계관 내적 논리 등도 유사하다. 삼족오 동심원은 태양을 상징하므로 태양신인 해모수와 그 혈손인 동명계 왕들을 의미한다. 특히 태양을 상징하는 삼족오는 평안남도 중화군 진파리 1호나 7호 고분에서 출토된 금동관형투조장식(金銅冠形透彫裝飾)에서도 볼 수 있다.(이형구) 삼족오가 가진 의미는 단군신화의 구조 및 논리, 변증법적 세계관과 관련이 있다. 그 외에 벽화에 등장하는 다양한 존재물들과 그들의 행위, 그들을 연결시키는 구조를 파악하다면 고분벽화와 단군신화, 또 이규보가 기록한 주몽신화는 매우 긴밀한 관계가 있음을 밝힐 수 있다.

필자는 단군신화의 초기원형이 고조선에 위해서 만들어졌으나 수차례의 변형을 거쳤고, 필자가 이미 초기논문에서 주장했듯이 일연이 기록한 단군기록은 고조선 멸망 이후에, 특히 찬자인 일연과 관련하여 매우 체제적이고 논리적으로 재구성되었을 가능성이 크다. 이규보가 기록한 주몽, 혹은 동명의 건국신화 역시 고구려 당시의 원형(原形)은 아니라고 판단된다. 고구려는 건국초기의 혼란을 수습한 후에 만든 전승되던 단군신화의 원형을 근거로 건국신화를 만들었을 것이고, 역사가 발전하면서 점차 역사와 세계관 논리 등을 반영하여 정교한 틀을 만들어갔고, 그 결정적인 계기는 광개토대왕 및 장수대왕 시기로 여겨진다.

이 시대에 고구려인들은 자신들이 천손(天孫)과 수신(水神)의 결합에 의해서 탄생된 존재요 집단이라는 선민인식을 지니고 있었다. 이러한 인식과 존재의 원근거, 즉 세계(世系)를 직접 표방하고, 그것을 생생하고 치밀하게 표현하였다. 광개토대왕릉비의 첫 귀절에 세계(世系), 즉 원존재의 근거를 천명하고 있다. '惟昔始祖鄒牟王之創基也. 出自北夫餘, 天帝之子, 母河伯女郎.' '我是皇天之子, 母河伯女郎, 鄒牟王.' 라고 재천명하고 있다. 추모의 후예인 대왕이 천신(天神)과 수신(水神)의 직손(直孫)이라는 천명을 통해서 선택된 종족임을 선언하는 행위이다. 삼국사기에도 물론 유사한 기록이 있다. 또한 소열제(昭烈帝, 『隋書』 고려전) 등 칭제(稱帝)를 칭하거나, 성상번(聖上幡, 安岳 3호분 벽화)이란 표현을 쓴 경우도 있다. 중원고구려비문에도 용어 및 세계관, 태왕적 질서 등도 이러한 배경 속에서 만들어진 것이다.(노태돈)

고구려는 이 시대에 이르러 내적발전과 함께 외적팽창으로 인한 자기성장, 다종족적 다문화국가로서의 변화를 인식하게 되었다. 고구려의 역할과 국가의 탄생과정과 목적 등 자기정체성(identity)을 자각하고 승화시켜가는 고구려의 재발견(rediscovery) 시대였다. 천손의식을 강조하였고, 부여계와 백제, 신라, 가야 등 동일종족의 흡수와 포용을 실현하였다. 동명계신화의 재정리, 천제의식(天帝意識)과 성스러운 용어의 사용 등은 부여계 종족의 적장자(嫡長子)라는 강한 자각과 동시에 자기역할을 분명히 지각하면서 고구려 정통론을 내외에 선언하는 것이다. 그리고 고구려인들은 모델로 삼았던 고조선을 적극적으로 계승하면서 재정립(re-foundation)하였다.(윤명철) 다시 말해서 조선적 질서를 재현하였다. 비록 건국 시기, 건국한 지역, 주민구성에 있어서 동일성을 충분하게 회복하지 못하였다 해도 고구려는 고조선을 계승하였음을 알 수 있다. 물론 단군신화를 비롯하여 고조선문화의 모습이 구체적이고 명확하게 전승되지 않는 한계가 있다.

6. 결 론

이상과 같이 고구려의 고조선 계승성 여부를 살펴보았다.

범칭 고조선은 건국 시기·기원·종족·문화형태 등 그 실체가 분명하게 규명되지 않은 점이 많다. 그럼에도 불구하고 그 후대의 국가들이 조선을 우리민족의 기원, 혹은 최초의 국가로 인식하고 있다. 삼국사기는 이를 제외하였으나 삼국유사를 비롯하여 제왕운기 동국이상국집 등 고려시대에는 이러한 인식이 보다 본격적으로 표현되었다. 김성환이 몇 편을 논문을 발표하였고, 최근에는 『고려시대(高麗時代)의 단군전승(檀君傳承)과 인식(認識)』에서 상세하고 논하고 있다. 고조선의 뒤를 이은 국가는 시대적으로 부여 고구려를 비롯하여 몇 개의 소국들이 있다. 이들 소국들과 마찬가지로 고구려는 고조선을 시대적으로도 계승하였으며, 당시의 국제질서란 측면, 영토, 주민, 문화형태 그리고 신앙이나 신화 세계관 등을 계승하였을 것이다. 하지만 초기에는 현실적인 능력으로 인하여 부분적으로 한계가 있었으나 국가가 발전하면서 이를 더욱 분명하게 자각하고, 실현하고자 노력을 기울였을 것이다.

이 글의 작성을 통해서 몇 가지 결론을 도출하였다.

첫째, 국가의 계승성은 정체성을 이루는 핵심요소로서 한 국가의 계승성 여부를 둘러싸고, 당사국은 물론 주변국들도 직접 간접으로 참여하여 평가를 내리고 있었다. 둘째, 고구려는 당시 전개된 역사적인 상황으로 보아 고조선을 계승했을 개연성이 매우 높다. 셋째, 고구려는 고구려인들이 스스로 기록한 금석문과 후대의 기록, 중국인들의 기록들을 종합적으로 살펴볼 때에 고구려는 부여와 조선의 계승의식이 분명히 있었다. 넷째, 묘제·무기·토기 등 고고학적인 유물·유적들을 비교하면 고조선과 고구려 간에는 문화적 계승성이 있었던 것으로 판단된다. 다섯째, 사상을 살펴볼 수 건국신화를 비교할 때 단군신화와 주몽신화는 구조적 측면, 내적 논리, 세계관, 몇몇 신화소들이 의미하는 바가 유사하다. 또한 고구려 고분벽화에는 단군신화의 모티브와 함께 신화소들을 표현한 것으로 판단되는 부분이 있다. 고조선과 고구려는 성격상 혈연적 계통이 아닌 문화적 역사적 계승성에 의미를 두는 것이 필요하다.

필자는 고구려가 건국의 계승성을 국가를 발전시키는 명분과 힘의 근원으로 삼았으며, 발전과정을 명분적인 측면에서는 조선의 계승, 즉 조선적 질서의 재현이었다고 생각하고 있다. 동서남북의 영토확장정책과 과정, 흩어진 채 발견되는 기록 및 광개토태왕릉비문 등 금석문에서 나타나는 세계관과 천손인식, 고분벽화가 포함하고 있는 논리와 의미, 전달하고자 하는 메세지 등은 그러한 인식과 목적의 발로라고 여겨진다. 집단에게 있어서 정통성과 계승성이 의미하는 바는 매우 크다. 더구나 세계질서가 재편되고, 국가단위의 역할이 점차 소멸되고 있는 과도기인 현재에 고구려의 고조선 계승성은 순수역사적 측면 외에 필요한 정체성을 찾는 작업의 일환으로서 의미가 크다. 이 글을 작성하는 데 몇 가지 어려움이 있었다. 사료의 부족, 고고유물의 부족과 해석의 상이성, 벽화의 내용 및 논리에 대한 연구가 미흡하다는 일반적인 한계는 차치하고라도, 필자의 고고학적 지식의 부족함 때문에 입장을 어떻게 설정해야 할지에 대하여 심각하게 고민하였다. 문제가 많으리라고 생각한다. 그런데 계승성은 기원설과 다르다는 점을 지적하고 싶다. 또한 계통론의 한계와 오류 가능성을 염두에 두지 않는다면 도그마에 빠질 위험성이 다분하다는 것도 새삼 깨달았다.[16]

---

16 윤명철, 「南北歷史學의 比較를 통한 共質性 回復」, 『國學研究』 3집, 국학연구소 1990 참고.

08 고구려의 고(原)조선 계승성에 관한 연구 2*

—왜 고구려는 조선계승성을 실현해야만 했을까?—

1. 서 언

고구려의 조선계승성과 정통성을 회의적인 시각으로 보거나 인정하지 않는 주장도 있다. 필자는 고구려의 정체성, 특히 조선계승성 부분에 대해서 이미 10년 전부터 몇 편의 논문과 책을 통해서 견해와 주장을 발표하였다.[1] 물론 그동안 필자와는 다른 연구방식으로 접근한 남북 학자들의 의미있는 연구성과들이 있었다.[2] 또 중국정부가 시도한 소위 '동북공정(東北工程)'이 알려진 이후에는 역사에서 정체성이 중요하다는

---

* 「고구려의 고조선 계승성에 관한 연구 2」, 『고구려연구』14호, 단군학회, 2006.
  이 글은 기존의 역사학 논문방식을 벗어나고 있으며, 필자의 견해를 전달하는 입장에서 작성하였으므로 꼭 필요한 내용을 빼놓고는 각주를 달지 않았다. 특히 역사적인 사실인 경우에는 사료를 일일이 열거하지 않았다.

[1] 尹明喆, 「高句麗人의 時代精神에 대한 探究」, 『韓國思想史學』7집, 한국사상사학회, 1996 ; 「고구려 담론 1 그 미래 모델의 의미」, 『고구려연구』9집, 2000, 12 ; 「고구려의 고조선 계승성에 관한 연구 1」, 『고구려연구』13, 고구려연구회, 2002, 6 ; 「단군신화와 고구려 건국신화가 지닌 정체성(identity)탐구」, 『단군학연구』6, 단군학회, 2002, 6 ; 「고구려의 정체성과 중국 동북공정의 배경」, 『소설로 본 고구려의 역사와 한민족의 정체성』, 소설가협회, 2004, 3, 1 외 기타.

[2] 윤내현은 이 부분에 대해서 일찍부터 본격적으로 연구한 학자로서 조선의 역사상을 문헌을 중심으로 비교적 논리적인 접근을 성공적으로 수행하고 있다. 그리고 근래에는 박선희, 하문식, 복기대 등이 고고학적인 성과들을 토대로 구체적인 실상을 밝혀내고 있다.

인식을 새삼 하면서 많은 연구 성과들이 생산되고 있다. 그런데 그 가운데에는 정체성의 본질과 성격, 그리고 역사학에서 정체성이 지니는 의미 등에 대한 자기 연구나 자기 견해를 거의 언급하지 않은 상태에서 양산된 글들이 적지 않고, 심지어는 선행연구에 대한 최소한의 소개나 인용 없이 글들이 발표되는 유감스러운 현실이 반복되고 있다.

고구려에게 선행국가인 '원(原)조선'은 매우 의미가 컸다.[3] 실제로 국가를 운영하고 동아시아 세계에서 역할을 담당하는데 필요한 정책을 입안하고 추진하는 모델로 삼았으며, 또한 조선 계승성과 정통성을 국가를 탄생시킨 명분으로 삼았으며, 발전시키는 동력으로 활용하였다고 생각한다. 필자는 그동안 발표했던 몇몇 연구물과 다른 연구자들의 연구성과를 토대로 삼아 다른 관점과 연구방법론을 활용해서 고구려의 '조선계승성'을 이해해보려고 한다.

역사학은 본질적으로 미래학이다. 인간의 모든 인식과 행위의 출발은 현재에서 시작을 하므로 중요한 것은 현재이고, 더 나아가서는 순간순간 다가오는 미래이다. 연구행위를 통해서 현재 혹은 다가오는 미래에까지 행위를 함으로써 평가는 물론 기록에도 영향을 끼친다. 또한 현재 뿐만 아니라 과거의 이해 및 사실에도 영향을 끼치고, 심지어는 간섭을 하기까지 한다. 일종의 피드백 현상이다. 그래서 역사학은 기록자이면서 평가자(a observer)일 뿐만 아니라, 동시에 행위자(a creater)의 역할을 겸하고 있다.

따라서 역사학의 역할은 과거에 발생했던 사실을 단순하게 규명하고 복원해야 하는 무엇(what)의 문제를 뛰어넘어 사실을 현재의 구체적인 상태와 연결을 짓고 비교를

---

3 이 용어에 대해서는 필자가 몇몇 문헌에서 이미 사용하였다. 종래에 우리가 고조선이라고 부르고 있는 정치적인 실체를 말한다. 단군이 실존여부와 무관하게 조선이라는 정치체는 실재했다. 그리고 그 나라는 그 후에 우리 역사에서 생성한 모든 국가들에게서 계승성의 대상이었다. 즉 우리 민족국가의 시원이면서 후에 세워진 조선 등의 근원이 되는 국가이므로 고조선이라는 추상적인 용어보다는 原(proto)의 의미를 지닌 원조선이라는 용어를 선택했다. 이후 문장에서는 원조선이라는 용어를 사용하는 것을 원칙으로 삼되 문장의 전개과정이나, 아직 채 정리되지 않은 고대사의 현실을 고려하여 다른 용어를 사용하기도 하였다.

하는 해석의 작업을 할 수밖에 없다. 즉 왜(why)의 문제에 매달리는 자세가 필요하다. 역사학이 학문을 위한 학문을 넘어서 그 이상의 것이며, 역사학이 진실로 필요한 이유이기도 하다.

한국의 근대 역사학은 고증이라는 미명을 구실로 삼아 해석의 작업을 게을리 하거나 도외시했다. 역사학은 결코 몰가치적인 학문이 아니다. 가치를 추구하되 다만 특정한 것에 집착되지 않고, 다양성을 추구하는 것이다. 시대와 연구자에 따라 보는 관점(focal shift)은 달라질 수 있다. 이러한 입장에서 이 글에서는 고구려가 (原)조선을 계승했다는 사실을 규명하는 작업 외에도 왜 그렇게 해야 하는가? 또는 그렇게 할 수밖에 없는가? 하는 이유와 명분을 당위로서 살펴보려고 한다.

또한 역사학이 가진 역할 가운데 하나를 의도적이건 비의도적이건 궁극적으로는 드러나고 인식한 문제를 해결하는 방법론을 찾는 것, 즉 어떻게(how) 할 것인가의 전략으로 보고 있다. 그런 관점에서 이 글은 고구려가 원조선을 계승한 행위가 우리가 추구해야 할 미래모델로서 어떠한 가치와 역할이 있을까를 모색하는 목적도 일부 겸하고 있다.

이런 목적과 관점을 갖고 서술한 만큼 이 글은 연구자와 해석자의 주관이 개입 된 글이며, 또한 현재인으로서 과거에 대해 바라고 싶은 역사상(像)의 전개를 표현한 내용일 수도 있다. 때문에 고구려의 완성모델을 조선(부여 포함)으로 설정해 놓고, 몇 가지 구성 틀에 맞추어 타당성 여부를 검증해가는 연역적인 방식을 사용했다.

고구려는 조선을 계승하였으며, 그 정체성을 토대로 삼고 역동적으로 성장하여 뛰어난 역사 발전을 이룩한 나라이다. 이 글은 우선 건국기의 과제로서 정체성을 탐색하고 조선계승성이 매우 중요함을 언급한다. 또한 발전기에는 고구려 내부적으로 민족질서의 대표자가 되고, 동아시아 전체 속에서 동방문명 혹은 조선적 질서를 회복하고 자기 역할을 하고자 할 때 조선계승성이 어떤 점에서 중요하며 어떠한 방식으로 나타났는가를 살펴본다. 아울러 고구려의 멸망이 보여준 결과를 통해서 조선계승성이 고구려, 나아가서는 동아시아세계에서 얼마만큼 중요하고 강력한 의미를 지니고 있었는가를 유추해본다. 조선과 고구려 두 나라가 추구하고 완성시킨 정체성의 실체를 찾아내고 이해한다면, 우리민족의 본질을 이해하고, 미래의 발전전략을 수립하는 데 매우 유리하다.

이 글은 객관성이나 사실(事實)여부와는 관계없이, 해당 시대의 역사상을 포괄적으로 이해하고, 또 알려지지 않은, 알려질 수 없는(태생적으로, 혹은 비자발적으로 추진된 상황 때문에) 역사상을 이해하기 위한 또 다른 논리적 접근이며, 귀납적인 논증이 아니라 연역적으로 추론해가는 방식을 시도한 글이다. 그러므로 몇몇 사실들을 토대로 구체적인 증거를 찾고, 다른 연구자들에게 사실임과 객관성을 인정받을 목적으로 작성한 글이 아님을 밝혀둔다.

2. 건국의 한계 극복과 발전 목표

고구려가 건국한 초기부터 조선 계승성을 주장하고, 실현시키는 정책을 추진할 수밖에 없었던 이유와 배경은 무엇일까?

우선 기본적인 것은 정체성(identity)의 문제이다. 인간은 존재의 원(原)근거를 찾으려는 노력을 의식적, 무의식적으로 시도한다. 정서적인 측면에서 근원으로 회귀하려는 본능적인 요소가 있다. 태(胎)와 연결된 존재에 대한 의심과 근원적으로 발생한 불안감 때문이다. 또한 불확실한 미래의 진행방향과 상태에 대한 불안감도 작용한다. 그러므로 정체성은 인간이 존재하는 한 상호 괴리될 수 없다.

개인의 차원을 넘어 역사에서도 정체성은 중요하다. 자연환경을 포함한 객관적인 상황은 비교적 변화의 폭이 작고, 주체집단의 존재여부와 관련없이 늘 존속하고 있다. 따라서 주체의 위치와 자격, 능력 등은 존속과 역사발전에 매우 중요한 요소가 된다.

역사에서 진보의 동력은 자아의식에서부터 나온다.[4] 새로운 집단 내지 그 결정체인 국가가 성립되었을 때에 그것의 당위성과 명분을 제공해줄 정체성은 의미가 크며, 그것의 주 내용인 정통성과 계승성은 늘 안팎에서 관심과 연구의 대상이었다. 특히 동일한 곳에서 출발했다는 인식이 강하고, 문화적으로 정치적으로 뿐만 아니라 혈연적으로도 공질성(共質性)이 강하다고 믿는 우리 역사에서는 매우 중요하다.[5]

신라가 당과 연합하여 백제와 고구려를 멸망시킨 행위를 '일통삼한(一統三韓)', '삼한일가(三韓一家)' 라는 용어로서 포장하고 명분으로 이용한 것은 이러한 인식이 실재했기 때문에 가능한 일이다. 고구려, 백제, 신라, 가야, 부여 등이 '종족공동체', '역사공동체' 라는 것은 그 시대를 옆에서 지켜보면서 갈등과 협력을 연출해 온 중국인들도 마찬가지로 생각하고 있었다. 그들이 각 시대별로 편찬한 정사의 열전 편에는 '동이전' 이 있는데, 그 안에는 심지어는 왜까지 포함해서 기술할 뿐 아니라 담겨진 내용에도 그러한 인식을 내비치고 있다. 그럼에도 불구하고 최근에 중국이 소위 '동북공정(東北工程)' 을 시도하면서 고구려를 우리 역사 혹은 백제·신라와 는 다른 것처럼 해석하는 것은 고구려 역사가 동아시아 역사에서 과거뿐만 아니라 현실적, 미래적으로도 얼마나 중요한가를 웅변한다.[6]

고구려가 조선계승성을 추구할 수 밖에 없었던 배경으로서 우선 고구려의 건국과

---

4 윤명철, 『역사는 진보하는가』, 온누리, 1991 참고.
5 필자는 복합적인 역사현상을 규명하는데는 동질성이라는 기계론적인 용어를 사용하는 것은 문제가 있다고 생각하여 공질성이라는 단어를 선택하여 사용하고 있다. 윤명철, 「南北歷史學의 比較를 통한 共質性 回復」, 『國學研究』3, 국학연구소, 1990.
6 동북공정의 내용과 논리, 배경 그리고 대응방식에 대한 글들은 최근까시노 매우 많이 발표되고 있다. 그러나 알려진 직후에 나온 글들로서는 고구려연구회가 주최한 세미나의 자료집에 있고, 연구자로서는 서길수, 서영수, 박선영 등 외에 필자가 있다. 특히 필자는 동북공정이 비단 역사논리뿐만 아니라 중국적 질서아 동아시아 미래질서재편과 직접 관련된 정치논리 임을 처음부터 주장하여, 몇 편의 관련 논문들 외에 『역사전쟁』을 출판하였다.

정을 살펴볼 필요가 있다.

　조선의 건국과정, 국가적 성격, 문화단계와 실상에 대해서는 구체적으로 알려진 바가 없다. 일반적으로 예와 맥, 혹은 예맥과 깊은 관련이 있는 것은 부정할 수 없다. 영토에 대해서는 요동설, 평양설, 이동설 등이 있지만, 대체적으로는 요하 이동과 현재의 남만주 그리고 한반도의 서북부 지방이었음은 분명하다. 북한은 『고조선문제 연구론문집』(1976) 등에서 조선의 서쪽 경계는 대릉하이며, 수도인 왕검성은 요하하류의 동쪽 해안지대로, 남쪽 경계는 대동강을 넘어 예성강까지로 규정하였다. 하지만 최근에 들어서 '대동강문화론'을 내세우며 평양중심론을 주장하고 있다. 요서지방도 조선과 관련 있다는 견해들이 고고학자들에 의하여 주장되고 있다.[7] 조선은 기원 전 2세기까지는 존속한 정치세력이었다. 청동기문화를 영위하였으며, 각종의 문화적인 지표로 보아 중국지역, 북방지역과는 다른 문명을 창조하였다. 그리고 무엇보다도 이들 문명들은 다르다는 의식을 서로가 동시에 하고 있었다.

　그런데 조선과 한나라 간에 벌어진 소위 조한(朝漢)전쟁은 일차적으로 동아시아 질서를 놓고 벌인 한민족세력과 한족세력이 벌인 군사적 대결, 정치적인 대결의 성격을 가졌다. 특히 한(漢)나라의 입장에서도 한중심의 중화질서를 구축하면서 동시에 깨어지는 것을 방지한다는 목적이 강했다. 따라서 위만에 대한 증오의 감정이 분명하게 표현되어 있다.[8] 또한 황해해양의 교역권을 둘러싼 갈등도 하나의 요인이었다.[9] 양국 간에 1년에 걸쳐 치열하게 진행된 전쟁은 향후 동아시아의 역사가 전개되는 과정에

---

7 윤내현이 주장하였고, 근래에는 중국의 고고학적인 성과들을 토대로 卜箕大가 「夏家店 下層文化의 기원과 사회성격에 關한 試論」, 『한국상고사학보』19 ; 「서기전 12-11~7-6세기의 중국 요서지역의 고대문화에 관하여」, 『박물관기요』12, 단국대 중앙박물관, 1997 ; 『요서지역의 청동기시대문화연구』, 백산자료원, 2002 등을 발표하고 있다.
8 全海宗, 「古代 中國人의 韓國觀」, 『진단학보』46·47합집, 1979, pp.68~69.
9 이 전쟁이 동아지중해의 질서재편전이라는 관점은 졸고, 「黃海文化圈의 形成과 海洋活動에 대한 연구」 11호, 『先史와 古代』, 한국고대학회, 1998 참고.

적지 않은 영향을 끼쳤다. 조한전쟁(朝漢戰爭)이 끝나고 나서 동아시아에는 하나의 새로운 질서가 수립되었다. 일부의 지역에서는 한의 식민지체제가 성립되었고, 황해는 한의 내해적(內海的)인 성격이 강해졌으며, 주변의 각국들은 한 세력에 의해 정치적이고 경제적인 교섭을 직접 통제받게 되었다.

그런데 한 국가가 멸망했다는 사건은 국가가 소멸하여 정치적으로 진공상태가 되었고, 담당자가 바뀐 것일 뿐이지 땅 자체가 없어지거나 주민들이 다 사라지는 현상은 아니다. 조선의 옛 주민들은 통제력이 약한 지역을 중심으로 부흥운동을 펼치면서 다시 자기지역에 소규모의 정치형태를 갖추었다. 진번·임둔을 몰아내고, 기원전 75년에는 현도군을 몰아낸 후 이러한 지역들을 중심으로 나라를 세웠다. 이러한 과정의 한계 속에서 조선의 고지에서는 고구려를 비롯한 숱한 소국가들이 생성 난립하면서 국가들 간의 경쟁을 치열하게 벌이고 있었다. 그 가운데 대표격인 고구려는 건국한 초기부터 부분적으로는 대외전을 벌였지만 국가발전의 주된 목표는 주변의 소국들을 공격하여 복속시켜가는 사업이었다. 동명성왕 때부터 비류(沸流)·행인(荇人)·북옥저(北沃沮) 등을 정복하였고, 유리왕은 양맥(梁貊)을, 대무신왕은 개마(盖馬)·구다(句茶)를, 태조대왕은 동옥저(東沃沮)·갈사(曷思)·조나(藻那)·주나(朱那) 등 주변의 여러 소국들을 병합했다. 한편으로는 요하를 넘어 한의 잔재 세력들도 공격하였다. 이리하여 1세기 중엽의 영역은 동쪽으로 창해(滄海 : 東海), 남쪽으로는 살수(薩水), 서쪽으로는 요동지방 가까이까지 영역을 확장하였다. 이러한 정복활동은 실질적으로 국가의 발전과 영역확대라는 정책적인 목적도 있지만, 그와 함께 그 지역에서 소국가로 발전하고 있었던 고조선 갈래의 유민들과 그 밖의 정치적 집단을 병합시키는 목적도 있었다.

소위 '조선 후(後, post)질서'는 소국들이 독립적으로 존재하며 각각의 역사발전을 꾀하는 병렬의 열국구조는 아니라고 생각한다.[10] 종족, 언어, 문화 등의 유사성과 공동

---

10 열국적인 시각에 대해서는 문정창 등 선학들이 주장하였고, 남한에서는 윤내현이 거수국체제를 설정하

의 역사적인 경험을 보유한 일종의 역사유기체였다.[11] 하나의 모(母)질서가 깨어진 파편들으로서 출발하였고, 본능적으로 회복과 통일이라는 공동의 목표를 추구한 구조였다고 생각한다. 비록 암묵적일 수도 있지만 이는 일종의 '통일전쟁'이고, 질서의 복원이었다.

이렇게 내부적으로는 동일한 근원을 지닌 정치적인 실체들이었으며, 역사적으로는 공동체였던 주변의 소국들을 병합하는 정책은 군사력이나 정치력을 동원하여 강제적으로 성취할 수는 없었다. 가능하면 과정에서 그 행위의 타당성을 스스로 찾아낼 뿐 아니라, 합병당하는 소국들은 물론이고, 주변국들에게도 명분을 전파하면서 설득시킬 필요가 있었다. 이렇게 일정한 기간 동안 잊어버렸고, 잃어버렸던 동일집단의 자아를 찾고 회복하는 일은 고구려를 비롯한 소국들 모두의 과제이었다.

(原)조선은 최초의 국가로서 집단의 에너지가 가장 열정적으로 분출되었으며, 정제되었던 첫 결과물이다. 따라서 그 이후에 형성된 모든 정체성들의 원형을 간직하고 있다. 필연적으로 초기의 고구려는 우선 역사공동체 내부에서 모두의 모질서이며 선행국가인 고조선과 부여를 이어받았다는 계승의식을 강하게 하면서 실제적으로도 그것을 복원해야 했다. 계승성은 일종의 생존전략이었고, 건국을 성공시킬 수 있는 국가 경영전략의 일환이었다. 그리고 국가의 발전 모델로 삼을 당위성이 있었다. 그렇다면 조선 계승성을 자신있게 주장할 수 있는 이론을 확립하고, 정책적으로도 실현시켜야만 한다. 그런데 고구려는 북부여와 동부여를 직접적인 근원으로 삼으면서 이주정권으로서 성립한 졸본부여의 후신이었다. 토착세력과의 연합을 통해서 건국한 것이다.

면서 발전시켰고, 북한학계 또한 이러한 역사해석을 해왔다. 다만 필자는 역사유기체론을 설정하면서 소국들의 성격과 당시의 시스템을 다른 관점에서 이해해보고자 한다.
11 문화의 공유에 대해서는 고고학적인 유물과 문헌기록을 토대로 조선의 사회상을 재현하고, 조선과 그 후 국가들 간의 공유상을 규명해간 박선희의 연구성과들이 있다.

이러한 태생의 한계를 지니고 출발했던 고구려로서는 정통성이라는 측면에서는 오히려 그 지역에서 오랫동안 존속했던 주변의 소국들보다 불리한 측면이 있었다. 이러한 한계를 간파한 사람이 바로 비류국(沸流國)의 송양(宋梁)이었다.

주몽은 첫 사업으로서 주변국인 비류국을 점령하자마자 그 곳을 '다물도(多勿都)'라고 명했다. 다물은 옛 질서를 회복하고 조선 혹은 부여를 계승한다는 의미인데, 허약한 출자를 숨기고, 명분과 정통성을 찾아가려는 작업의 일환이었다. 송양과는 정통성을 놓고 겨룬 것임을 알 수 있다. 이러한 조선 및 부여 계승성을 표현하고 실현시키는 일은 그 후 고구려의 국시이면서 국가의 발전목표이었다.

3대인 대무신왕 20년(37년)에 후한과 긴장된 상태 속에서 호동(好童)은 낙랑국을 쳐서 항복시켰다. 다시 5년 후인 왕 20년(37년)에 대무신왕은 낙랑국을 습격하여 멸망시켰다. 고구려는 한군현세력을 축출하는 일을 건국 이래의 목표로 삼았다. 고구려의 서안평 공격은 요동진출의 측면, 남진정책, 농경지 확보, 해양전략이라는 측면에서 파악하고 있으나 조선적 질서를 회복하는 정책과도 관련이 있다. 『삼국사기』 동천왕 21년조에 보면 평양은 '本仙人王儉之宅'이라고 하였다. 적어도 고려시대 중기에 살았던 사람들은 평양지역을 원(고)조선의 수도라고 보았고, 동천왕은 이러한 계승성 또한 염두에 둔 채 247년에 이곳으로 천도를 고려했을 것이다. 미천왕 3년에는 3만 명의 군사로서 현도군(玄菟郡)을 공격하고, 이때 사로잡은 8,000명을 평양으로 옮기고 평양성을 증축하였다. 그리고 313년에 낙랑을 완전히 구축하고 2000여 명을 포로로 삼았으며, 그 다음해인 314년에는 대방을 멸망시켰다.[12] 이 전쟁은 조한전쟁의 연장선상에 있었으며, 영토팽창전보다는 교역권의 싸움, 그리고 해양질서의 대결이란 성격이 강했다. 고국원왕은 백제의 거침없는 북진을 막고 동시에 남진정책을 취하면서 평양시역을

---

12 낙랑과 대방문제는 그 위치에 대해서 논란이 있으므로 잠정적으로는 통설을 따르기로 한다.

전진거점으로 삼았다. 그러나 북으로 진격해 온 백제의 근초고왕 군대와 평양성에서 전투를 벌이다가 화살을 맞고 전사했다.

이처럼 고구려가 건국한 초기부터 영토를 팽창시키는 과정을 보면 조선이 활동하고 있었던 지역과 일치해가고 있다. 결국 고구려를 건국하고 발전시킨 주체는 국가를 건국하는 명분을 세우고 초기의 불안하고 허약한 체제를 발전시킬 원동력의 원천으로서 조선 계승성을 주장하고 모질서의 정통성을 대내외적으로 선언하지 않으면 안 됐던 것이다.

3. 발전기 국가팽창과 조선공동체의 부활

5세기를 전후한 발전기에 이르러 고구려는 또 다른 관점과 목적에서 집단의 정체성과 조선계승성을 질적으로 심화시키고, 강력하게 배양하면서 대내외적으로 주장할 수밖에 없었다.

광개토태왕과 장수왕은 국제질서를 피동적이 아니라 자발적으로 만들어가고, 종속변수가 아니라 주도적으로 참여하는 일을 정책의 기조로 삼았다. 아울러 주변국가들, 특히 한반도 남쪽의 국가들에게서 맹주 혹은 중심질서로 인정받고자 하였다. 즉 민족 내부에서는 독자적인 공동체질서를 구축하고자 했고, 그를 바탕으로 국제사회에서는 동아지중해[13]의 중핵국가의 위상을 차지하려는 목표가 있었다. 그래서 다양한

---

[13] 동아시아의 여러 나라들은 대륙과 한반도, 일본열도, 그리고 여러 섬들에 둘러싸인 황해, 남해, 동해, 동중국해 등을 포함하고 있어 지중해적 형태와 성격을 띠고 있다. 지브롤터 해협으로만 뚫려 있는 유럽처럼 완전한 의미의 지중해는 아니지만, 발틱 지중해, 스칸디나비아 지중해, 걸프 지중해, 남중국해 지중해 같은 국가와 국가 사이에 낀 다국간 지중해(multinational-mediterranean-sea)이다.

발전 전략들을 구사하고 실천하고 했다.[14]

첫째는 정치·외교의 중핵(core)조정 역할이다. 고구려는 대외정책의 전반적인 기조를 주변세력과는 화친과 안정을 도모하면서 강국의 역할을 하는 것으로 삼았다. 숙적이었던 북연이 멸망한 후이므로 북쪽의 북방종족들과는 군사적인 대결을 가능한 한 지양하고, 중국의 남북조와는 우호관계를 통해서 협력관계를 끌어내 이익을 창출하는 것이다. 그리고 조선공동체의 일원인 남쪽의 백제·신라와 한편으로는 대결을, 다른 한편으로는 화친하면서 절대 우위의 공존을 모색하면서 통일을 단계적으로 지향하는 일이었다. 이런 다양한 목적들을 성공시키려면 그에 걸맞은 몇가지 정책을 추진해야 했고, 이는 광범위하고 복합적인 관계의 한 부분에서 주도적인 역할을 하면서 각국 사이의 관계를 조정하는 중핵의 위치를 차지해야 한다. 즉 동아지중해 중핵조정 역할이다.

둘째는 경제와 물류의 거점(hub)역할이다. 정치적인 영토를 확대하면 경제적으로 성장하고, 생산물의 종류가 다양해진다. 경제영토를 확장하는 정책을 추진하였다. 요동반도 압록강 하구, 두만강 하구와 함께 범경기만 전체 등 몇몇 중요한 경제 전략지구를 정복한 후에 산업 뿐만 아니라 물류와 중계교역의 거점으로 삼아 정책적으로 발전시켰다. 한편으로는 요동지방을 가운데 두고 만주의 동부지역과 홍안령 산맥까지 이어지는 북부지역, 요서지역 등을 이어주면서 북방 교역망을 형성하였다. 다른 한편으로 해양을 통해서 일본열도, 제주도, 양자강 유역의 남조정권과 교역을 하는 등 해상교역망도 운영하였다. 결국 고구려가 경제적으로 실현시키고자 한 정책은 북방의 산물과 남방의 물품들을 거점(hub)에서 중계하고 환류(環流)시키는 역할이었다. 고구려는 영토를 확대하여 바다와 대륙이 만나는 해류국가로서, 동아지중해의 중핵이라

---

14 아래 문장에서 언급하는 내용은 윤명철, 『광개토태왕과 한고려의 꿈』, 삼성경제연구소, 2005에서 종합적으로 정리하고 있다.

는 독특한 지정학적인 위치를 지경학적으로 최대한 활용하였다.

셋째는 문화의 교차점(i.c) 역할이다. 한 나라가 강국이 되는 일은 국제사회에서 정치적인 영향력이 남달리 강해야 하고, 군사력을 보유해야만 하며, 경제적으로도 부유하지 않으면 안된다. 그러나 그와 함께 꼭 필요한 요소 가운데 하나가 바로 문화이다. 고구려는 동아시아 문명이라는 큰 틀 속에서 중국문명의 일방적인 독주를 견제하고, 문명들 간의 균형감을 갖게 하였다. 또한 이질성이 강한 동아시아 세계의 문명들이 공존하고, 상호발전할 수 있는 기회와 힘을 제공하는 통로와 터의 역할을 적극적으로 하였다. 서로 다른 문화를 그대로 통과시키는 가교(bridge)나 여러 종류의 문화들을 단순 조합하는 것을 넘어서 모든 문명을 융합시키는 교차로의 성격을 지녔기 때문이다. 동아시아 문명의 중요한 한 축이면서 상생을 지향하는 논리를 낳고 실천하는 터(인터체인지 i.c)로서 역할을 하였다.

그런데 이러한 정책을 실현하고 성공시켜가는 과정에서 몇 가지 문제들이 발생했다. 대내외적으로 많은 현실적인 저해요인들이 있었다. 그 가운데의 하나는 바로 명분과 관련된 정체성의 혼란현상이다. 특히 부여문제이다. 기원 전 5세기 이전부터 부여라는 명칭의 나라가 생긴 이후에 북부여, 동부여, 홀본부여(고구려), 남부여(백제) 등 끊임없이 이름을 계승하며 신흥국가들로 재생(再生)했다. 이 시대의 신고구려에는 부여계인 북부여·동부여·백제 사람들이 있고, 또 부여와 깊은 관련이 있는 말갈사람들도 포함돼 있었다. 일종의 범(汎)부여계가 대거 편입되었다. 그 외에 신라 사람들도 일부 편입됐다. 고구려를 주도하는 세력은 우선적으로 정통성에 대한 혼란과 주도세력에 대한 비주류의 불신현상을 제거하면서 자기위주의 질서로 만들어야 했다. 초기와는 질적으로 다른 상황이 전개되었다.

자신들뿐만 아니라 내부의 다른 종족들 간에 발생한 정체성의 혼란을 방지하고, 모두의 상생을 위해서도 최소한 2가지를 해결해야 했다. 하나는 고구려인이 주체가 되어 전체를 관장하고 연결시켜주는 중핵(中核, core)이 되는 문화를 만들어야 한다. 그래서 이미 정치·군사적으로 패배한 피정복민들을 논리적으로 설득하고, 사상적으로 친화시키는 작업이 필요하다. 그래야 내부모순을 어느 정도 잠재우고, 강한 공동체 의식을 지니게 할 수 있기 때문이다. 다른 하나는 자연스럽게 공질성(共質性)을 점차 확대해가고, 한편으로는 각각의 특성에 맞게 자율성을 보장해주어야 한다. 즉 고구려라는 전체의 '문화장(文化場, field)' 속에 고구려인들을 항성으로 놓고, 고유성을 지닌 종족들과 문화환경을 행성이나 위성으로 삼아 적절하게 배치하여 원심력과 구심력 속에서 움직이게 만드는 것이다.[15] 즉 다른 종족들이 유지해 온 문화정책과 제도 등을 활용하고 교정해가면서도 자기 것을 더 분명하게 해야 한다. 그들은 일종의 방어진지이며, 새 문화 창조의 중심기지인 원핵(原核)을 만들기 위한 작업들을 벌일 필요가 있었다. 일종의 역할 복원작업이다. 이러한 상황속에서 조선은 성공한 질서, 문화이므로 모델로 삼을 필요가 있었을 것이다.[16]

이를 해결할 목적으로 몇 가지 주목할 만한 국가정책들이 입안되고 추진되었다. 대표적인 사업가운데 하나로서 광개토태왕릉비를 건립하였다. 고구려는 세운 비의 형태와 이미지, 그리고 써놓은 글의 내용을 통해서 정통성과 계승성을 선언하였다. 비문은 첫 구절에서 '惟昔始祖鄒牟王之創基也. 出自北扶餘, 天帝之子, 母河伯女郎'라고 하였다. 이는 부여 적자론이며, 추모의 후예인 대왕이 천신과 수신의 직손(直孫)이라는 천명을 통해서, 고구려가 하늘의 뜻으로 선택된 종족임을 선언한 것이다. 내부용이면서 국제적인 용도를 지닌 것이다.

고구려는 또한 조선도 계승했다고 주장하였다. 조선은 부여 이전의 국가이고, 부여를 포괄하는 더 큰 질서이다. 우리민족에게는 일종의 母이며 태반(穴)같은 존재이다.

『삼국유사』의 왕력(王曆) 편에는 주몽은 단군의 아들(朱蒙 … 鄒蒙 壇君之子)로 기술

---

15 이 이론은 터와 多核(field & multi core)이론인데 이에 대해서는 졸고, 졸저 등에 언급되어 있다.
16 이 부분은 윤명철, 『광개토태왕과 한고려의 꿈』, 삼성경제연구소, 2005.

하여 조선(朝鮮, 왕검조선, 고조선)을 계승했다는 조선계승성을 분명히 하고 있다.[17] 『제왕운기』에 따르면 고례(高禮 ; 고구려)는 다른 국가들처럼 단군의 자손임을 칭했다. 고분벽화에도 몇몇 장면들에는 단군신화의 요소가 미묘하게 표현되어 있다.[18] 단군신화와 고구려 건국신화는 다양한 논리와 의미를 내포하고 있지만, 역시 중심을 이루는 것은 정체성이다. 그 정체성은 주체의 문제로서 자신들이 하늘로부터 선택받은 천손이며 집단이라는 선민사상, 場의 문제로서 역사를 이루어 가는 '터'가 바로 우주의 중심이라는 강렬한 자의식, 그리고 상황의 문제로서 주체인 인간 혹은 집단은 대상체와 '조화(調和)와 공존(共存)'을 지향하며 역사를 이루어낸다는 '3의 논리' 등으로 구성되어 있다.[19]

동부여의 군사에게 쫓겨가던 추모는 강물이 가로막은 급박한 상황에서 구원을 요청하면서 선언을 한다. '我是皇天之子, 母河伯女郎, 鄒牟王. 爲我連葭浮龜(나는 황천의 아들이요, 어머니는 하백의 따님이시다. 나를 위하여 갈대를 잇고 거북을 띄워라)' 이는 신질서 내에 소속된 종족들에게는 물론이고, 중국지역 및 북방종족들에게도 고구려인들은 '하늘의 자손'이라는 자의식과 하늘의 뜻을 받았다. 「천탁(天託)」이라는 의식과 행동을 거행한 것이다. 물론 광개토태왕 시대의 금석문인 『모두루총 묘지(牟頭婁塚墓誌)』에서 '… 河伯之孫 日月之子 鄒牟聖王 元出北扶餘 …' 라고 하여 추모가 해와 달의 자식임을 분명하게 밝힌 것처럼 이미 그러한 인식이 있었다.

한편 장군총의 축조도 이와 관련이 있다. 고구려는 하늘의 피를 받은 시조나 왕들

---

17 尹明喆, 「檀君神話에 대한 構造的 分析」, 『韓國思想史學』 2, 韓國思想史學會, 1998에서 상세하게 논하고 있다. 특히 단군신화와 동명왕 신화가 구조적으로 일치하고 있음을 논증하였다.
18 강룡남, 「단군에 대한 고구려 사람들의 이해와 숭배」, 『력사과학』 96-3, 1996, pp.54~56.
19 尹明喆, 「檀君神話에 대한 構造的 分析」, 『韓國思想史學』 2, 韓國思想史學會, 1998 ; 「고구려의 고조선 계승성에 관한 연구 1」, 『고구려연구』 13, 고구려연구회, 2002 ; 「단군신화와 고구려 건국신화가 지닌 정체성(identity)탐구」, 『단군학연구』 6, 단군학회, 2002 등.

의 묘를 크게 만들어 꼭대기에 신전이나 사당을 세우고, 의미 있는 때마다 제의를 행했다. 국동대혈에서는 해맞이 의식을 행했고, 요동성 같은 큰 성안에는 주몽사 같은 사당이 있었다. 장군총은 그 가운데에서도 대표격으로서 시조인 주몽을 모신 사당 겸 무덤이었을 것이다.[20]

고구려인들은 숱한 고분의 벽화들을 통해서도 천손민족이라는 정통성과 천(天)의 관련성을 집요하게 표현하고 있다. 고분 내부의 천장에는 성수도, 하늘을 나는 새(天鳥), 새를 타고 있는 천왕랑(天王郞, 墨書가 있다), 기린마, 천마(天馬), 비어(飛魚) 등 하늘과 관련된 성수들이 그려져 있다. 가장 많이 알려진 오회분의 4호묘와 5호묘에는 해 속에 든 삼족오(三足烏)와 달 속에 든 두꺼비가 마주보는데, 이는 각각 해모수와 유화부인을 상징한다.

고구려는 정치적으로는 태왕적인 국제질서를 편성하는 과정에서 정통성을 구현하고 있다. 그들은 백제나 신라 등을 복속국으로 인식하였다. 릉비문에서 표현한 '駕巡幸南下', '國岡上廣開土境平安好太王', '永樂', '巡下', 천제(天帝), 황천(皇天)之子라는 구절은 그 무렵에 고구려가 차지한 역사적인 위상과 함께 태왕적 질서를 지향하는 고구려인들의 인식을 반영하고 있다. 안악(安岳)3호분(북한에서는 고국원왕릉으로 보고 있다)에는 큰 규모의 행렬도가 그려져 있고, 그 가운데에 '성상번(聖上幡)'이란 글자가 쓰여진 깃발 등이 있다. 또 광개토태왕릉비보다 조금 후대에 건립된 것으로 추정되지만 역시 당대의 금석문인 중원고구려비에도 '五月中高麗太(大)王祖王'이라는 글귀 또 '신라매금(新羅寐錦)' 혹은 '동이매금(東夷寐錦)', '노객(奴客)'이라는 표현이 있다. 이를 보면 그들은 태왕(대왕)을 중심으로 주변국의 왕들이 부수되고 있다는 것이 보편적인 인식이었다.[21] 주몽(동명)신화는 각종 형태로 기록되었지만, 건국자인 추모를 황룡으

---

20 필자는 소위 장군총이 시조묘일 가능성을 1995년 이후에 몇몇 연구물에서 간략하게 언급하였다. 이른 기간내에 본격적으로 다루고자 한다.
21 盧泰敦, 「5세기 金石文에 보이는 高句麗의 天下觀」, 『韓國史論』19, 1988 ; 梁起錫, 「4~5세기 高句麗王者

로 상징화시키는 등 정통성을 강조하고 있다.

고구려가 발전기에 맞이한 시대상황과 국가 발전전략 속에서 고구려인들의 자아를 확립하고, 삶의 터가 세계의 중심이라는 사상은 필수불가결한 작업이었다. 고구려인들은 자기역할과 자기정체성(identity)을 자각하면서 역사에 대한 자신감으로 다양한 주변문화를 자기문화 속에 흡수하고 용해하여 조화시켰다. 그 결과 새로운 형태의 고구려문화를 만들어냈고, 문화국가로서 고구려 공동체를 건설하는데 활용하였다.

그런데 조선 계승성은 정통성 확보 등의 명분 뿐만 아니라 실제적으로 국가를 비약적으로 성장시키는 중요한 동력으로도 이용이 가능했다. 즉 발전 모델로 삼아 재현할 필요성이 강했다. 발전기의 토대를 이룩한 광개토태왕과 장수왕이 추진한 영토팽창과 국가발전정책을 보면 윤곽을 짐작할 수 있다.

태왕은 재위한 22년 동안 거의 쉬지 않고 끊임없이 정복활동을 했다. 다소 순서가 겹치더라도 공간을 기준으로 북방과 남방의 두 가지로 유형화하여 보았다. 북방공격을 시도했는데, 이는 북쪽과 요동 등의 서쪽지역, 그리고 동해와 타타르해로 이어지는 동쪽지역을 모두 포함한다. 특히 확실하고 적극적으로 요동확보작전을 펼쳤다. 이미 건국초기인 5대 모본왕 때에 요하를 넘어 북평, 어양, 상곡, 태원을 공격했고, 6대 태조대왕은 요서에 10성을 쌓았다. 요동지방은 중국을 북부로부터 압박할 수 있고, 북방종족들의 남하를 저지할 수 있는 1차 방어선이며, 북방종족들과 결탁하면 중국 북부를 협공하거나 쉽게 견제할 수 있는 정치적으로, 군사적으로 뛰어난 가치가 있다. 장수왕은 요동을 완벽하게 점령하고 몽골지역의 유목강국인 유연(柔然)과 남쪽의 송(宋)나라를 연결시켜 외교적인 포위망을 만들어 현재 북경지역에 있던 북위를 압박하였다. 이렇게 건국한 초기부터 꾸준히 시도한 요동 점령은 '원토(原土) 수복'이라는 국가

의 天下觀에 대하여」, 『湖西史學』11.

의 발전목표와도 관련이 있었으며, 조선계승성을 구현하는 일이다. 거꾸로 이러한 명분을 대내외적으로는 국가발전의 전략으로 활용하였을 것이다.

이것은 광개토태왕이 북부여의 원토(소위 예맥고지)도 자국의 영토로 완전히 편입시킨 데서 확인된다. 태왕은 아울러 동부여가 초기부터 속민이었음에도 불구하고 조공을 바치지 않자 411년에 친정군을 이끌고 진군해서 완전하게 복속시켰다. 소위 현재 만주지역의 점령은 정치적으로나 군사적으로, 혹은 경제적으로 보아도 엄청난 가치가 있지만, 고구려의 입장에서는 조선을 계승하는, 일종의 원토를 수복(多勿)하는 행위이기도 하다.

조선 계승성은 수도를 평양성으로 이전하는데도 중요한 논리적, 정서적인 기반이 되었다. 이 시대는 고구려를 중심축의 하나로서 국제정세가 긴박하게 돌아가고, 고구려 내부에서는 왕권과 귀족들 간의 갈등, 종족들 간의 갈등 등이 있었다. 이러한 중대한 시기에 거행된 천도는 장수왕이 추진한 국가의 전반적인 정책방향과 목표를 반영한 것으로서 다양한 목적과 요인이 있었을 것이다.

장수왕이 수도를 이전한 이유와 목적은 몇 가지로 정리 할 수 있다. 첫째는 국제질서가 변화하는 데에 능동적으로 대처하고 중심부의 역할을 잘 수행하기 위해 추진한 국가의 정책 변경이었다. 둘째, 내부적으로는 이미 고대국가로서 질적인 성장을 위해서 수도의 기능을 확대하려는 목적으로 추진된 국가발전 전략의 일환이다. 그리고 세 번째, 원(原)조선을 완전하게 재건하고 계승한다는 주몽 이래의 국가목표를 실현시키는 일이었다.

앞에서 설명한 바와 같이 고구려에게 평양지역은 초기부터 특별한 의미를 지니고 있었다. 광개토태왕은 등극하자마자 남진정책을 정력적으로 추진해서 경기만 지역을 완벽하게 공략하고 평양에다 9개의 큰 절을 창건하였다. 그 시대에도 대동강 하구 유역과 평야지역은 수 만 개에 달하는 고인돌들을 비롯하여 무덤들과 기타 유물들이 산재해있었을 것이며, 그들도 이것을 목도하고 있었을 것이다. 거기다가 좁은 놋단검들이 많이 발견되는데서 알 수 있듯이 평양지역은 조선의 문화와 정통성을 계승한 중요한 지역가운데 하나였다.

그렇다면 삼국사기 동천왕 조에 있는 '仙人王儉之宅'이라는 문장에서 보이듯, 만약 고구려인들이 평양지역을 조선의 수도 혹은 수도 가운데 하나라고 인식했다면 단순한 전략적인 거점만이 아닌, 조선을 계승하였고 정통성을 부여받은 국가라는 선언을 하기에 유력한 지표였다. 정신적, 종교적인 큰혈(大穴)이었다. 평양성으로 천도한 행위는 또 하나의 새로운 신시(神市)가 탄생한 것을 의미한다. 평양성을 신수도로 삼은 것은 비단 국제관계에서 뿐만 아니라 고구려의 국민들, 특히 초기부터 핵을 이루어왔던 고구려족들에게는 이루 말할 수 없는 자존심을 고양시키고, 승리감을 한껏 느끼게 했을 것이다.

결과적으로 발전기의 고구려는 조선 및 부여 계승성과 하늘정통성을 국가를 발전시키는 명분으로 삼았고, 내부를 통일시키는 실질적인 힘의 근원으로 삼았다. 그래서 종족적이고 정치적으로 원토회복과 통일을 이룩하고, 나아가 문화적으로 정신적으로 조선계승성을 실증하였다.

4. 동방문명의 재창조와 역할론

고구려의 조선 계승성 작업은 민족공동체 내부뿐만 아니라 국제질서에서도 꼭 필요한 사업이었다. 광개토태왕과 장수왕 시대에 이르면서 고구려는 정치력과 군사력이 팽창한 정복국가로서만 머무를 수 없는 상황이 돼버렸다. 백제나 신라의 영토를 일부 흡수하면서 정치적으로 압박하고, 왜 등에 대한 영향력을 강화시켰다. 하지만 동일역사공동체 내부의 패자나 대표자 역할로서 만족할 수는 없었다. 이미 동아시아 세계는 중국지역에서 남북조국가가 양립하고 북방초원에서는 분열을 청산하고 유연(柔然)으로 통일되었으며, 고구려를 포함한 강국들 사이에는 국가 간, 지역 간, 질서 간, 문명 간에 총체적인 경쟁이 벌어지고 있었다. 이러한 상황 속에서 고구려는 자체의 발전과 민족내부의 경쟁이라는 차원을 넘어서 동방문명의 복원과 동아시아세계에서의 역할을 모색하며, 실천할 단계에 이르렀다. 그렇지 않으면 자체분열이 될 가능성도 있었다.

동아시아 문명은 '터(field)'에 대한 오해에서 잘못된 경우가 많다. 동아시아는 아시아 대륙의 동쪽 하단부에 위치해 있으면서 중국이 있는 대륙, 그리고 북방으로 연결되는 대륙의 일부와 한반도, 일본열도로 구성이 되어있다. 그런데 한민족과 한족(漢族) 그리고 일본열도의 교섭은 물론 북방족과의 교섭도 모두 해양을 통해서 교류를 하였다. 그러므로 동아시아의 역사상은 대륙과 반도 해양을 하나의 역사단위로 보는 해륙사관(海陸史觀)적인 시각이 필요하다. 또한 분절된 지역에 기초한 정치사를 강조하다보니 정작 문화공동체나 경제공동체 혹은 정신공동체로서의 성격과 역할을 규명하기 힘들다. 동아시아는 비록 혈통이 다르고 언어와 문화가 달라도, 또 중심부들 간의 거리가 멀거나 국부적인 자연환경에 차이가 있고, 정치체제의 차이가 있어도 느슨한 하나의 '통일체(統一體)' 혹은 '역사유기체(歷史有機體)', '문명공동체'였다.

그런데 좀 더 세분화시켜서 지역 종족 정치를 기초로 한 구조 속에서 구분·유형화 시켜보면 한국지역, 중국지역, 북방지역으로 구분되는 3核 구조였다. 이를 토대로 동아시아문명은 3개의 중핵인 항성과 작은 핵들인 주변 행성들 그리고 독자성이 미약한 몇몇 위성들로 이루어졌다. 3핵 가운데 가장 대표적이며, 정치와 결탁하여 제국으로 발전시켜온 핵은 중국 문명이다. 핵심은 한족들이 이룩했으나 동아시아의 여러 종족들과 문명들이 합해진 결정체이다. 최근에 중국은 황하문명을 넘어서는 문명권의 존재가 드러나면서 '다지역 문명설(多地域 文明說)'을 주장하고 중하문명이 범주를 오히려 확대하고 있다. 그런데 만주지역의 홍산(紅山)문화, 하가점(夏家店) 문화 등은 중원과는 다르며, 오히려 동방문명과 관계가 깊은 문화이다.

또 하나의 핵문명은 북방문명이다. 현재 홍안령 주변의 북만주 일대와 내외몽골

지역전체를 발판으로 활동한 유목종족들이 이룩한 문명이다. 흉노(匈奴), 유연(柔然), 돌궐(突厥), 선비(鮮卑)의 일부 등이 나라를 건국했으나 문명을 창조한 중심핵이 뚜렷하지 못했다. 이동성(mobility)문화의 구조적인 한계로 말미암아 정착을 전제로 한 문화를 창조하거나 논리적인 사상체계를 만들지 못했다. 다만 막강한 군사력을 바탕으로 화북지역으로 이동하여 정복국가를 세우고, 호한체제(胡漢體制)를 만들어 중화문화에 업혀 정체성을 유지하는 방식을 취했다. 물론 후대로 내려오면서 북방문명국가인 금, 요, 원, 청 등은 중국의 북부지역을 정복하여 '이한치한(以漢治漢)' 정책을 취하는 등 오랫동안 정복국가를 유지했으나 번번이 힘을 상실하고, 흡수되거나 붕괴되어 버렸다.

동방문명(東方文明)은 현재의 한반도와 만주일대를 터전으로 꽃을 피운 문명이다. 시원국가이면서 문명의 첫 핵을 이룬 조선에서 비롯하여 고구려 백제 신라 등의 고대국가를 거쳐 현재에 이르기까지 계승되는 문명이다. 원조선의 영역 혹은 질서의 구체적인 내용, 범주 등에 대해서는 논란이 있을 수 있다. 그러나 현재까지의 연구성과를 통해서 파악하면 기본적으로 현재 한반도의 북부와 남만주 일대의 영역을 장악하고, 그 주변지역에 대하여 정치적 문화적인 영향력을 행사하면서 문명을 창조하였다.

동방문명은 다른 2개의 핵문명과 마찬가지로 한(漢)과 벌인 군사적인 대결에서 대표격인 조선이 패배한 이후로 상처받고 심각할 지경으로 왜곡됐으나 고구려를 비롯한 소국가들로 부활되어 느슨한 공동체를 이루었다. 그리고 대표격인 고구려는 5세기 무렵인 발전기에 이르러 비록 완벽하지는 않지만 조선의 옛 영역을 회복하면서 만주와 한반도의 북부, 바다, 즉 해륙(海陸)을 하나의 통일된 영역으로 인식하였고, 활동하였다. 그렇게 하면서 백제, 신라, 가야, 왜와의 관계를 중국지역과 북방의 국가들과는 다른 관계로 여겼다. 그런데 점거지역과 정치체제만을 강조한다면 정작 문화공동체나 경제공동체, 나아가 통일체로서의 성격을 주장할 수 없다. 이러한 실제적이면서도 논리상의 한계를 극복하려면 새로운 논리를 계발하고, 뚜렷한 명분을 확보하는 일이 필요하다. 그렇다면 조선계승성의 선언과 동방문명의 복원 소임이다.

고구려로서는 자기 위상을 재정립할 필요성이 강해졌고, 국제적으로는 민족내부를 넘어서서 당연히 일민족사적인 관점, 일문명사적인 관점에서 역사를 해석하려는 시도가 필요했을 것이다.[22] 또한 유사한 공간, 관련성 깊은 공간은 지리의 개념과 틀을 뛰어넘는 역사의 개념으로 볼 필요가 있었다. 그러한 논리를 적용하면 지역적이었던 나라들의 역사를 통일적(統一的)으로 이해할 뿐 아니라, 자체의 완결성(完結性)과 복원력(復原力)을 지닌 유기체로서 파악할 수 있다.

삼국이전시대, 삼국시대 등 고대역사를 분열과 갈등의 역사로만 보지 말고, 공존과 통일의 역사로도 함께 보는 것이 필요하다. 예를 들어 고구려의 초기 소국정복을 통합전쟁 혹은 통일전쟁으로 보는 시각이다. 그렇게 하여 고구려와 백제, 신라, 가야, 왜, 말갈 등 주변의 역사를 통일적인 시각, 즉 자기완결성을 지닌 '우리 역사체'로 볼 수 있다.

이러한 논리와 역사해석을 만들어야만 하는 고구려가 적용시킬 모델은 결국은 조선이다. 선행국가이면서 모든 국가들의 모질서(母秩序)인 조선의 계승성을 주장함으로써 민족 내부적으로는 통일화와 '계통화(系統化) 작업'을 원활하게 추진할 수 있다. 또한 중국문명과는 동일하지 않으면서도 유사하고, 상호존중하고 교호하면서도 다른 문명권을 복구하거나 설정하는 일이 가능하다.

고구려로서는 거시적인 목표와 명분의 확보뿐만 아니라 현실적이고 문화적인 상황으로 인하여 동아시아세계에서 동방문명의 부활과 복원이 절실하게 필요했다. 고구려가 점령한 지역은 남으로는 한반도의 중부 이남지역, 북으로는 북만주일대, 동으로는 연해주, 서로는 동몽골 가까이까지 차지하는 대국가가 됐다. 뿐만 아니라 해양활동 영역도 대단히 넓어졌다. 그런데 자연환경과 땅은 지리정치적(geo-politic)인 영토외

---

22 윤명철, 「한국사 이해를 위한 몇 가지 제언 고대사를 중심으로」, 『한국사학사학보』 9, 2004 외.

의미만은 아니다. 지리경제적(geo-economy)으로도, 지리문화적(geo-culture)으로도 큰 의미가 있다.

당연히 발전기의 고구려는 한반도 내의 백제 신라 북방의 유목종족이나 서쪽의 한족(漢族)들이 세운 나라들과는 다른 특성을 가질 수밖에 없었다. 동만주와 연해주 일대의 수렵삼림문화, 동몽고와 북방방면의 유목문화, 화북에서 올라오는 중국의 농경문화, 해양을 통해서 들어오는 해양남방문화, 한반도 남부의 문화 등이 하나로 모인 집결지가 되었다. 우리민족 · 한족 · 일본족 등이 주를 이루었고, 몽골 · 만주의 여러 종족들과 소수종족들이 포함되어 있었다. 그들은 언어와 관습도 달랐다. 이렇게 해서 고구려는 하나의 국가영토 안에 다른 종족들과, 색다른 자연환경, 이질적인 문화가 공존(共存)하는 복합적인 역사공간이 됐다. 백제나 신라 등과는 달리 다종족적 국가, 다문화적 국가가 될 수밖에 없다.

그런데 문명이란 그 생성되는 과정과 결과에서 다른 문명권과의 보편성을 지녔지만 확연하게 구분이 가능하고, 내부적으로는 다른 듯 하면서도 같은 다양한 문화요소들이 모인 결정체이다. 동질성(同質性) 내부의 이질성(異質性)이 아니라 작은 이질성들의 합(合)으로서의 더 큰 동질성이 문명의 특성이다. 즉 하나로 유형화된 문명은 공질성(共質性)을 갖추어야 한다. 내부에는 유사한 요소들이 많고, 각개의 요소들이 불가분하게 유기적으로 연결되어 있음을 객관적으로 확인할 수 있어야 할 뿐 아니라, 주관적으로도 구성원들 대부분이 공동의 문명을 창조하고 있다는 인식을 해야 한다. 만약에 다양성(多樣性)이 적절한 조화(調和)를 이루지 못할 경우에는 문화의 혼란이 야기되고, 이어 정치의 혼란, 사회의 혼란으로 비화가 된다.

신고구려체제에 편입된 신국민(新國民)들은 예기치 못했던 문화충격(culture shock)과 적지 않은 혼란을 경험하였을 것이다. 종족 간의 계급적인 갈등, 문화의 차이에서 오는 문화충격, 비주류 종족들의 소외감, 신이나 국가 정체를 해석하는 차이에서 나타나는 혼란함과 불안감 등 정체성의 혼란과 상실감을 극복하는 일이 필요했다. 그러려면 우선 내부에서 가치관 신앙 등의 의식과 행동양식을 공유하는 일이 중요했고, 의식적으로 학습의 필요성이 있었다.

이렇게 전개되는 상황 속에서 고구려인들은 '다양성과 자아', '보편성과 정체성'이라는 상반된 성격을 놓고 선택해야하는 딜레마에 빠졌다. 다양성과 세계화에 과도하게 집착하면 양상이 화려해보이고, 국제적으로도 명분을 얻을 수 있는 반면 실체가 허약하며 국가를 지탱하는 능력이 부실해진다. 반면에 고유성과 자아에 지나치게 의미를 부여하면 보편성을 결여한 자기위주의 폐쇄문명을 건설하면서 자칫하면 오만하고 위선적인 패권국가가 될 수 있다. 고구려로서는 가능하면 다양성과 정체성에 모두 충실하면서도 세계국가 혹은 동방문명을 회복하고, 그 리더로서의 역할을 수행할 수 있는 문화적인 힘과 역량을 갖추어져야만 한다. 나아가서는 동아시아 문명의 발전과 보존이라는 거시적이고 범공간적인 측면에서도 의미있고, 긍정적인 역할을 해야만 한다. 현실적으로는 정치·외교적으로 추진한 동아지중해의 중핵국가전략에 걸맞거나, 보완하는 형태가 바람직했다.

그러한 당위 속에서 중핵(core)역할의 소중함을 깨달았고, 중핵의 내용을 무엇으로 채워야하는가를 고민하였다. 고구려를 주도하는 세력들은 그 시대와 그 사회내부를 하나로 통일시킬 수 있는 사상 내지 시대정신(時代精神)을 찾고, 그것을 외부에 적극적으로 전파하는 정책을 채택하였다.

우선 가장 근본적인 존재의 원근거에 대하여 특별한 의미를 부여했다. 즉 천손(天孫)의식을 강조하여 주변의 세계들과는 다른 정통성을 선언하였으며, 통일적 인식을 확대할 목적으로 조선 및 부여계승성을 주장하였다. 고구려가 주도하여 부흥해야 할 동방문명은 강력하고 조직적이고 논리가 치밀한 중국문명에 흡수되지 않는 힘과 깊이를 지닌 '대응문화공간' 이었다. 유목민들의 이동성(mobility)을 지닌 나라로, 정착적인 성격을 받아들여 적절하게 조화시킨 이른바 동중정(動中靜, mo-stability형) 문화, 조화와 융합을 지향하는 정신성, 공존과 상생을 실현하는 세계관 등을 지닌 문명이다. 고구려는 독특한 동방문명을 충분하게 주조로 수혈하여[23] 내부의 성숙은 물론이고, 외부적으로는 중국문명은 물론이고 비중국문명의 보존과 발전을 돕는 역할을 담당하였다.

고구려가 멸망하면서 북방문화는 동방문명에 발전적으로 융합되지 못했고, 고구려문화의 상실로 인한 빈 공간에는 새로운 문명이 탄생하지 못했다. 결과적으로는 동아시아는 중국문명을 중심으로 주변부의 군소문화가 산발적으로 존재하는 시스템으로 재편되었다. 이러한 일극중심(一極中心) 상태의 지속은 동아시아 문화가 변증법적으로 발전하지 못했고, 정체성을 만든 결과를 낳았다. 이러한 과정과 결과는 역설적으로 고구려의 문명사적 역할이 무엇이었고, 어떠한 의미를 지녔는가를 역설적으로 증명해준다. 고구려는 세계국가적 성격을 갖고 동아시아의 중핵국가로서, 동방문명의 복구자와 대표자로서 조선적인 질서를 재정립(re-foundation)하였다.[24]

앞에서도 언급했지만 조선의 실체에 대해서는 아직도 몇 가지 해결되지 않은 논란거리가 있다. 조선의 영토, 정치적인 영향력 문화의 성격과 질 등이 그것이다. 또한 고구려를 비롯한 우리 고대국가들이 조선 계승의식을 지니고 있고, 조선의 후예라는 인식을 지녔는지에 대한 증거물들이 아직은 부족하다. 하지만 세세한 증거물들이 부족하고, 미시적인 부분의 결함들에도 불구하고, 거시적인 관점에서 평가한다면 조선은 적어도 '우리역사체'의 시원인 것만은 분명하다.

동방문명의 중심역할을 하면서 동아시아 세계에서 자기역할을 하고자하는 고구려에게 조선 계승성은 또 다른 각도에서 필요했다. 내부의 다른 종족들에게는 물론이고, 백제·신라 등의 동일 역사공동체의 일원들, 그리고 주변국가들과 종족들을 설득시킬 수 있는 명분을 주고, 한편으로는 고구려 자체로 하여금 발전할 수 있는 자신감

---

23 김성환, 「단군신화의 기원과 고구려의 전승」, 『단군학연구』 3, 2000, p.131에서 자연스럽게 조선문화를 수용했을 것이라는 견해를 표명하였다.
24 尹明喆, 「高句麗人의 時代精神에 대한 探究」, 『國思想史學』 7, 한국사상사학회, 1996, pp.227~229.

을 주는 동력을 공급할 수 있었다.

5. 맺음말을 대신하여

왜 고구려는 조선 계승성을 주장하고, 실현해야만 했을까?

그것은 역사적 존재로서의 본능이었고, 母질서를 향한 의미이었으며, 발전을 지향하는 국가로서의 현실이었다. 이주정권으로서 국력이 허약한 초기의 고구려로서는 조선 및 부여계승성을 국가를 세운 명분과 주변국가들과 생존경쟁을 벌여야하는 힘의 근원으로 삼았다. 특히 발전기에 이르러 제국이 된 고구려로서는 정치·경제·문화적으로 찬란한 성과들을 이룩하는 일은 현실적인 능력 외에도 조선의 계승, 즉 조선적 질서의 재현이라는 명분과 염원도 필요했다. 고구려는 결국 재발견(re-discovery)한 정체성을 질료로 삼아 문명개화의 절정시대(renaissance)를 맞이했으며, 세계국가적 성격을 갖고 동아시아의 중핵국가로서, 동방문명의 복구자와 대표자로서 조선적인 질서를 재정립(re-foundation)하였다.[25]

조선과 고구려, 이 두 나라의 역사적 경험과 그것을 낳게 하고, 또 그것의 소산물인 사물과 세계를 인식하는 방식은 21세기 초에 신속하게 재편되는 세계질서의 중심부에서 새로운 자기위치를 설정해야 하는 우리에게 매우 의미있다. 정체성의 문제, 민족논리의 계발, 세계화의 논리와 대응방법, 인류미래문명의 논리 등등 유용한 교훈과 실천방법론을 제공할 수 있다. 미래모델로서의 지표가 될 수 있는 가능성과 조건을 갖추고 있다.

---

[25] 尹明喆,「高句麗人의 時代精神에 대한 探究」,『韓國思想史學』7, 한국사상사학회, 1996, pp. 227~229.

Abstrat

A study on sucession of Koguryo kingdom to (proto)Chosun kingdom
-Why would Koguryo kingdom have to from (proto)Chosun kingdom?-

Youn, Myung-chul
Department of History
DONGGUK UNIVERSITY professorr

(proto)Chosun, found ahead Koguryo kingdom, had a great meaning. The opinion saying Koguryo kingdom inherited (proto)Chosun kingdom, was an instinct of existence. Besides it was a reality that had to be recognized. Koguryo kingdom 고구려 was settled by immigrants. Therefore, inheritance was the root of justice for establishing the country and also competing to other countries. Koguryo kingdom became the country with the greatest power in the East Asia in the period of growth. Once Koguryo kingdom became the international nation, it had to rich both multiplicity and identity but also rebuild the civilization of the East. So, Koguryo kingdom asserted the inheritance of (proto)Chosun kingdom, and promoted it as a national policy. As a result, Koguryo kingdom with the nature of internationality refound the order of (proto)Chosun kingdom as a core nation in the East Asia and also as a re-builder and a representative of civilization in East Asia.

09 고구려 문화예술의 이해와 창작을 위한 역사적인 인식*

1. 서론을 대신하여

인간과 인간의 만남, 인간과 자연의 만남, 인간과 사회의 만남. 이렇게 만남과 아우름 속에서 역사는 이루어져 왔다. 그 역사 안에 우리가 말하는 역사학과 예술이 함께 있다. 초기의 인간에게 예술적 표현이란 것은 어쩌면 현대인보다 더욱 절박한 생존의 문제이었다. 인간은 최초의 단계에는 즉자적으로, 즉 몸짓을 도구로 삼아 표현했으며, 상당한 역사의 시간을 흘려보낸 후에야 비로서 말을 사용하고 다음 단계로 글자를 사용했다.

그러므로 역사와 예술은 태생부터 한동안은 미분화된 채 공통성을 띠우며 성숙되었고, 서서히 분화의 길을 걷게 되었다. 그 후 제 갈 길을 걸어가면서 자기들 만의 관점과 양식으로 인간의 문제를 접근해 들어갔다. 개체의 독립성을 추구하는데 비중을 두다 보니 인간들은 서로 단절된 관계로 되어 우주적 존재로서의 의미를 상실하였고, 고귀한 존재, 역사적인 존재라기보다는 기능의 존재, 가치의 존재로 전락했다

---

* 「고구려 문화예술의 이해와 창작을 위한 역사적인 인식」, 『한국 무용사학』제5호, 한국무용사학회 민속원, 2006, ISSN 1598-9933.

이제 혼란스러운 인간의 정체성을 회복하려면 인간을 생물학적인 접근(구체적, 기능적 접근), 사회학적 접근 뿐만 아니라 모든 것이 아우러지는 총체적인 접근을 할 필요가 있다. 특히 역사학은 예술과 재회하여 서로의 도움으로 잃고 잊혀진 부분들을 보완하면서 공동의 목적을 달성해야할 필요가 커졌다.

　예술은 독자적으로 존재하거나 생성할 수 없다. 집단이건 개인이건 간에 행위의 주체는 기질 능력과 함께 자연환경 그리고 역사경험을 토대로 창작할 수 밖에 없다. 역사학은 예술의 이러한 한계를 극복하는데 의미있는 도움을 준다. 역사학은 다수의 사람들이 공동으로 서술하는 작업이며, 시대상황을 적절하게 반영하고, 사회적인 영향을 끼쳤다. 반면에 드러난 사실과 기록된 사건을 토대로 고증하고 해석하는데 중점을 둠으로써 무미건조하고, 숨겨진 진실을 찾아내는 데 일정한 한계가 있다. 반면에 문화예술은 작가의 통찰력이나 영감 등이 비교적 자유롭게 작용하고 있으며, 무엇보다도 인간의 내면적이고 근원적인 문제들을 진지하고 솔직하게 다룬다. 그리고 가능성을 제시하고 형상화시킬 수 있으며, 사라진 사실을 다른 형태로 복원할 수 있다. 아무튼 역사보다는 진실에 더 길이 가까이 다가갈 수 있는 장점이 있다. 그렇다면 역사와 문화, 더 구체적으로 예술은 만남을 시도해야 한다. 그것도 적극적으로.

　이러한 관점에서 오랫동안 정체성이 왜곡되고, 사실이 은폐되고 단절된 우리역사와 문화예술을 이해하는 데는 더욱 역사학과 문화예술의 만남이 필요하다. 특히 고구려는 다른 나라들에 비해 활동범위도 넓었으며, 자연환경도 다양했고, 장기간 존속했다. 그 뿐만 아니라 강력한 국가로서 역동적인 과정을 겪었으므로 더욱 더 그러할 필요성이 있다.

　그 외에도 현실적으로도 두 분야는 만날 필요성이 높다.

　고구려 자체나 고구려의 정치 경제를 이해하려면 문화예술을 이해할 필요가 있듯이, 고구려 문화예술을 제대로 이해하려면 고구려 역사에 대한 구체적인 이해가 필요하다. 더군다나 고구려 문화예술을 이해한다는 차원을 넘어 소재와 주제로 삼아 창작활동을 하고자 한다면 역사학과 문화예술의 만남은 필수적이다.

2. 고구려 문화예술 환경의 이해

고구려는 문화국가이다. 예술도 뛰어났으며, 그러한 예는 우리문화의 비교에서도 나타나고 중국의 사서들도 그렇게 평가하고 있다.[1] 중국문헌에 따르면 수나라 개황 초년(581년) 연향용으로 제정된 7부기 중에 세 번째 고려기(高麗伎)가 들어있다. 반면에 백제기 신라기는 잡기 중에 포함되었으며, 다음왕조인 당나라의 고조 때에 구부기를 설정했는데, 이때 고려기는 포함하였지만 백제기와 신라기는 없었다고 한다. 고구려 춤에는 건무(健舞)가 있었다. 고구려의 지서무(芝栖舞)·호선무(胡旋舞)·고려무(高麗舞)는 당나라의 궁정에서 연주되었다고 한다. 당나라의 백낙천은 호선무를 시로 표현하기도 하였다.[2]

고려악은 일본에도 전달되었는데, 일본후기에 삼한악과 악기가 편성되었는데, 고구려 백제 신라이다.[3] 백제사람 미마지(味摩之)가 고구려에 와서 기악을 배워갔다. 구당서 음악지에 따르면 고구려와 백제의 탈춤놀이가 남조의 송나라에 전파되었다. 562년에는 고구려의 기악도구가 일본에 소개되기도 하였다.[4]

고구려의 전 역사과정에서 문화가 질적으로 성숙하고 예술이 발전을 이룩한 시대는 발전기라고 평가하는 광개토태왕과 장수왕 시대이다. 이 글에서 탐색해야 할 문화

---

1 『三國志』: 其民喜歌舞善藏釀.
   『後漢書』: 暮夜輒 男女 群聚爲倡樂.
2 성경린 지음, 『한국의 무용』, 세종대왕기념사업회, 1976, p.40.
3 위의 책, p.42.
4 권택무, 『조선민간극』, 조선문학예술 총동맹출판사 발행, 1966, 예니, 1989, p.19.

의 기본틀과 함께 가치관 혹은 예술을 표현하는 양식들이 개화하고 끝까지 지속된 것은 대부분 이 시대의 산물이다.[5] 고분벽화예술도 이 무렵부터 시작됐다고 알려져 있다. 그러므로 이 시대를 중심으로 문화예술환경을 살펴보자

역사란 인간과 마찬가지로 생성과 변화와 운동을 한다. 그러나 이 운동은 시작과 끝이 분명한 직선운동이 아니고, 매듭은 없지만 역할과 상황에 따라 모여든 목이 몇 개 있는 원(圓)운동이다[6] 운동을 일으키기 위해선 혹은 운동 속에는 주체와 시간 공간, 그리고 구체적인 선들이 있다. 그 외에 자연(기후·지리 등), 기호(몸짓·글자·언어·상징 등), 인식(사상·종교·신화 등), 경제양식 등 모든 관계의 방식들이 네트워크를 이루고 있다.

그 중에서도 역사는 인간인 주체를 놓고 시간과 공간이 만나서, 혹은 주체가 시간과 공간을 취사선택해서 완성을 이루는 과정이다. 시간과 공간은 출발부터 분리된 별개의 것이 아니라 합일의 존재였으나 다만 인식에 의해 삶이 질서화 되면서 개념상의 구분이 생겼고, 생존을 위해 사건의 현장에서 자기의 위치설정이 필요했으므로 주로 공간 속에서 자신과 사건을 파악했다. 그러나 경험이 축적되면서 삶의 본질을 보다 분명하게 파악하면서 사건 속에서 시간(時間)의 존재(存在)를 인식하기 시작했다. 그래서 수세대에 걸쳐 인간들은 시간의 흐름에 의미를 부여하고 반복되는 과정과 인과관계 속에서 자신들만의 '단위시간(單位時間)'을 만들어내고, 그 유기체 같은 것의 한 분자가 되었다.[7] 시간은 역사와 문명의 성격을 규정하는데 중요한 역할을 한다. 그런데 공

---

5 고구려가 문화국가였고, 그 문화형성의 배경과 명분 표현하고자 하는 논리에 대해서는 「高句麗人의 時代精神에 대한 探究」,『韓國思想史學』7집, 한국사상사학회, 1996을 비롯하여 몇 편의 논문과 저서 등을 통해서 피력하였다.
6 보는 관점에 따라 태극도나 의상의 법계도, 고구려 고분벽화에 그려진 주작도나 현무도 등에서 표현하는 나선구조와 유사한 의미이다. 안 밖이 없지만 상황에 따라 모습과 역할이 구분되는 뫼비우스띠 같은 구조이다.
7 인간의 양심 또한 시간에 얽매여 있으며 시간만을 통해서 존재한다.

간은 때로는 시간의 흐름보다 더 중요하고 의미가 클 수 있다. 인간들은 안정된 공간에서 안정된 결과를 목적으로 수동적으로 시간의 변화 혹은 시간이 가져온 변화를 맞는다. 공간을 중요시한다. 그런데 상황, 즉 시간도 마찬가지이지만 공간을 정확하고, 쉽게 위해하기 위해서는 미시적(微視的)인 분석작업도 필요하지만 동시에 거시적(巨視的)으로 범공간적(凡空間的)으로 큰 단위로 해석하는 틀 즉 해석모델, 이론모델이 필요하다. 유형화의 필요성이 있는 것이다.

문화와 예술은 섬세하고 예민한 작업인 만큼 창조되고 발전하는 데는 환경이 매우 중요하다. 역사에서 공간이란 기하학적인 공간 혹은 자연적인 공간, 또 평면을 의미하지는 않는다. 자연지리의 개념과 틀을 뛰어넘는 역사와 문명의 개념으로 보아야 한다. 그러려면 몇 가지 조건이 갖추어져야 한다. 우선 공간은 단순한 교류를 넘어서 긴밀한 접촉이 이루어져야 한다. 우발적, 일회적, 불연속적인 만남으로 끝나서는 안되고, 목적의식을 지닌 채 연속적으로 만남을 지속해야 한다. 또한 만남의 양식이 단순하거나 편향적이어서는 불충분하다. 상호교차적인 단선적(單線的)인 만남을 넘어서 복선적(複線的)이어야 하며, 그 복선들은 입체적으로 구성된 몇 개의 거점 혹은 허브(hub)를 중심으로 다중적(多重的)이어야 한다. 그래야 비로소 역사의 공간으로 변모할 수 있다.

또한 동일한 공간 속에서도 중심부와 주변부를 구분하고, 동일한 공간이라 해도 시대와 역할에 따라 모습이 달라져야 한다. 또한 동일한 공간, 유사한 공간, 관련성 깊은 공간은 하나의 역사공간으로 인식해야 한다. 비록 혈통이 다르고 언어와 문화가 달라도, 또 중심부 간의 거리가 멀거나 국부적인 자연환경에 차이가 있고, 정치체제의 차이가 있어도 느슨한 하나의 '통일체(統一體)' 혹은 '역사유기체(歷史有機體)', '문명공동체'였다.

타르코프스키, 『봉인된 시간』, p.72. '한 인간이 살아가는 시간 속에서 인간은 자기자신을 도덕적인 존재로서, 진리탐구가 가능한 존재로서 인식할 수 있는 가능성을 지닌다.'

또 역사공간은 단순한 영토나 영역, 장소의 문제가 아니라 만남과 연결 방식을 총체적인 연결망, 즉 네트워크의 개념으로 접근할 필요가 있다.

1) 터(場, field)

'터'는 자연 지리 기후 등으로 채워지고 표현되는 단순한 공간은 아니다. 생태계 역사 등이 다 포함된 총체적인 환경이다. 다만 작용하는 중요도나 인식 상으로 보아 자연환경이 중요한 요소이다.[8] 인간의 역사는 자연과의 갈등극복과정으로 채워져 있다. 특히 이것은 과거로 소급해 올라가면 올라갈수록 그 정도가 심하다. 인간에게 주어진 갈등 가운데서 그 힘이 가장 크고 극복에 어려움을 느끼며 가장 장기간의 지속성을 가지고 있는 것은 자연이다. 다시 말해서 인간의 역사에서 가장 역할이 크고 영향력이 큰 것이 자연이다.[9]

역사를 이룩하는데 자연은 단순한 지리 기후의 공간만은 아니다. 지리정치적(地理政治的, geo-politic)인 영토이며 지리경제적(地理經濟的, geo-economic)으로, 지리문화적(地理文化的, geo-culture)으로도 큰 의미가 있다. 생산물의 종류가 틀리며, 생산방식이 틀리다. 뿐만 아니라 소속된 주민들과 함께 문화 역시 흡수된다. 당연히 문화의 성격과 질의 변화가 온다. 뿐만 아니라 세계와 사물을 바라보는 관점, 인간과 집단의 가치관이 달라진다. 즉 신앙의 형태가 달라질 수 밖에 없다.

---

[8] 토니 너틀은 "세포의 위치나 놓여진 장소가 세포에 지령을 내리고 세포를 형성해 나가는 것으로 보인다. 즉 세포의 모임이 생물의 조직을 만드는 것이 아니라, 전혀 반대로 조직전체의 패턴이 세포의 특성을 결정하는 것이다라는 소위 생물장 이론을 주장하였다. 이는 개개의 요소들도 중요하지만 그들이 놓여지고 만나 관계를 맺는 field가 더욱 중요하다는 개념이다.
[9] 앨프리드 w 크로스비 저, 안효상·정범진 공역, 『생태제국주의』, 지식의 풍경, 2002은 생태가 인간의 역사와 서구 제국주의의 팽창과정과 얼마나 깊은 관계에 있는 가를 보여주고 있다.

동아시아역사의 터는 내부에 3개의 중핵(中核)인 항성(恒星)과 작은 핵들인 주변 행성(行星)들, 그리고 독자성이 미약한 위성(衛星)들로 이루어졌다. 그리고 멀리 떨어진 또 다른 터인 인도도 간접적으로 연결되었다. 이들 요소들은 확연하게 구분할 수는 없지만, 총체적으로 연결해서 만드는 네트워크에 따라는 역할이 변동할 수 있다.

2) 多核(multi-core)

이러한 역사의 터 가운데에서도 중요한 기운이 뭉치고, 연결하는 여러 선들이 교차하는 곳이 핵(core)이다. 일종의 길목이지만 직선(直線)이나 나무(tree)형이 아니라 방사상(放射狀)으로 퍼지는 일종의 허브(hub)형이다. 이러한 핵은 관리와 조정기능을 하고 집합과 배분기능도 함께 하고 있다. 마치 인체의 穴(경혈)처럼 경락들을 이어주는 역할을 한다. 자체적으로도 존재이유가 있고, 또 필요에 따라 다른 상태로 전화가 가능하다. 문명에서는 독자적으로 유형화 시킬 수 있는 주요한 특성이 집약된 곳의 역할을 한다. 비교적 그 단위의 정체성에 충실한 곳이다. 주변에 공급하는 능력도 있다.

고대에는 한반도, 중국지역, 일본열도, 몽골, 연해주 등 동아시아가 곧 세계 전체였다. 그 터 안에 다양한 자연환경이 펼쳐졌고, 수십 혹은 수백 개에 달하는 다양한 종족과 언어권, 그에 상응하는 다양한 문화들이 생성되어 있었다. 그런데 동아시아문명은 3개의 중핵인 항성과 작은 핵들인 주변 행성들 그리고 독자성이 미약한 위성들로 이루어졌다.

3핵 가운데 가장 대표적이며, 정치적으로 제국을 발전시켜온 핵은 중국공간(中國空間) 혹은 중화문명이다. 초기에는 화북지방과 산동의 해안가가 중심이었다. 점차 동서남북으로 팽창하여, 때로는 북방종족들의 침략을 피해 남쪽으로 도주하는 경우도 있었지만, 거대한 핵을 이루었다. 핵심은 한족들이 이룩했으나 모든 종족들과 문명들이 합해진 결정체이다. 최근에 중국은 황하문명을 넘어서는 문명권의 존재가 드러나면서 다지역 문명설(多地域 文明說)'을 주장하고 중하문명의 범주를 오히려 확대하고 있다. 만주지역의 홍산(紅山)문화, 하가점(夏家店) 문화 등은 중원과는 다르며, 오히려 동방문명의 토대가 되는 문화이다. 이들 지역은 해양과 적지않은 관련이 있다.

북방문명은 현재 흥안령 주변의 북만주 일대와 내외몽골 지역전체를 발판으로 활동한 유목민족들이 이룩한 문명이다. 흉노(匈奴)·유연(柔然)·돌궐(突厥) 등 유목종족들은 문명을 창조한 중심핵으로 뚜렷하게 나타나지 않는다. 초원을 활동공간으로 삼고, 범위는 넓지만 공간의 집약도도 낮을 뿐 아니라 활용도는 지극히 미미했다. 이동성(mobility)문화로 인하여 정착을 전제로 한 문화를 창조하거나 논리적인 사상체계를 만들지 못했다. 다만 막강한 군사력을 바탕으로 화북지역으로 이동하여 호한체제(胡漢體制)를 만들어 중화문명에 업혀 정체성을 유지하는 방식을 취했으나 번번이 힘을 상실하고 붕괴되어 버렸다. 터의 총체적인 이동이 아니라 공간 만의 이동에 그친 탓이다.

동방문명(東方文明)은 현재의 한반도와 만주일대에서 시작되어 꽃을 피운 문명이다. 조선과 고구려 발해는 만주와 한반도, 바다를, 즉 해륙을 하나의 통일된 영역으로 인식하였고, 활동하였다. 특히 고구려는 더욱 그러한 특성이 나타나며 백제·신라·가야·왜와의 관계를 중국지역과 북방의 국가들과는 다른 관계로 여겼다. 중국 혹은 북방과는 또 다른 독특한 공간이었다. 현재 남만주를 포함하는 지역에서 명멸하였던 종족들의 역사도 이 동방문명의 공동창조자이었다. 특히 우리와 일본은 7세기 이전에는 구분되는 부분이 적었다. 더욱이 동아시아 문명의 관점에서는 중국 및 우리의 문화와 공질성(共質性)이 강했다. 일부에서는 일본문명이 독자적으로 존재했다고 하지만[10] 하나의 역사공간이었다.

일종의 '조선·한(朝鮮·韓) 공동체' 라는 개념이다.

---

10 최근에 새뮤얼 헌팅턴은 『문명의 충돌(The Crash of Civilizations)』에서 중국과 일본을 별개의 문명으로 설정하였다. 이는 동아시아를 분리시키려는 서구인들의 기본인식을 반영한다.

행성(行星)들은 각 중핵지역의 주변에 위치한 지역들이다. 동방문명의 터 속에는 북만주 일부, 일본열도, 연해주 전체가 행성들이고, 중국문명에는 현재 실크로드인 서역, 티베트인 토번, 광동성인 월(越), 동남아 북부의 일부이며, 북방문명에는 캄차카·바이칼·동시베리아·알타이·파미르 지역들이 해당된다. 위성(衛星)들은 각각의 행성 내부에 있는 소규모의 국가 내지 문화권이다. 고대 동방문명의 경우에는 백제·신라·가야·왜 등을 말한다. 그 외에 동아시아 문명과 밀접한 관계를 맺고 있으면서도 다른 필드인, 즉 다른 계의 항성격인 인도와 그 주변의 행성격인 기타 지역들도 동아시아문명에 간접적으로 영향을 끼쳤다.

3) 線(line)

선은 주요한 역할을 담당한 핵들과 핵들을 이어 주는 역할을 하면서, 동시에 그 자체도 독립성을 지니면서 문명의 일부분을 창조하는 역할을 한다. 이 선 가운데 하나는 교통로(road 혹은 route)인데 결국 육로(陸路)·수로(水路)·해로(海路) 등의 도로인데, 이 성격을 이해할 때 유념해야 할 일은 선들의 움직임과 구성은 일종의 '다중방사상 형태(多重放射狀 形態)'라는 것이다. 큰 선은 독자적인 동아시아문명과 외부의 독자적인 문명을 연결하는 교통로이다. 일종의 문화접변을 일으키는 수단이다. 초원의 길(steppe road), 오아시스길(oasis road), 바다길(marine road)이 있다. 작은 선은 동아시아문명의 내부 사이에서 이어지는 길이다. 주로 핵과 핵사이의 길이 있고, 핵과 행성사이의 길을 말한다. 한국과 일본열도, 한국과 중국(화북·강남), 한국과 연해주, 한국과 바이칼지역, 한국과 몽골, 한국과 서역, 한국과 동남아, 일본과 연해주, 일본과 동남아, 일본과 남태평양, 중국과 일본, 중국과 서역, 중국과 월남, 중국과 티베트 북방과 시베리아 및 바이칼, 북방과 알타이 및 파미르, 북방과 캄차카 등이 있다. 또 샛길은 항성들, 행성들, 위성들의 내부에서 이루어지는 만남의 형식들이다.

동아시아의 역사공간인 터는 핵 · 행성 · 위성 · 라인을 다 포함하면서 자신도 끊임없이 변화하는 공간이다.

그런데 동아시아의 역사공간에서 소홀히 다룰 수 없으며, 더욱 의미를 부여하고 큰 역할을 담당할 부분이 바로 해양이다. 해양은 북방문명과 마찬가지로 이동성과 불보존성(不保存性)으로 인하여 역사의 터였다는 구체적인 증거가 불충분하지만, 자연환경만 고려한다 해도 동아시아문명에 엄청난 영향을 끼쳤을 것이 틀림없다. 동아시아는 바다를 가운데 두고 바다 주변의 주민과 문화는 상호간에 영향을 주고받는 일종의 '환류(環流)시스템'을 이루고 있었다.[11]

그럼에도 불구하고 고구려는 물론이고 동아시아의 문화예술에 대한 창작환경을 오해하고 있다.

앞에서 언급한 '터' 방식으로 이해하면 고대 동아시아 역사공간을 다른 각도에서 이해할 수 있다. 우선 이질적이고, 분절되었던 각 지역, 각국 혹은 종족들의 문명 내지는 문화를 직접적이고 간접적으로 연결된 관계 속에서 파악한다. 즉 동아시아를 통일적(統一的)으로 이해할 뿐 아니라, 동아시아문명을 자체의 완결성과 복원력을 지니고 끝없이 부활하는 존재 혹은 유기체(有機體 : 超有機體, 혹은 生命體로 사용할수 있으나 아직 결정하지 못함)로서 파악 할 수 있다. 또한 각각 고유한 민족의 역사 혹은 민족문화 등을 설정하면서 동아시아 문명이라는 더 큰 범주 내에서 '계통화 작업(系統化 作業)'을 원활하게 추진할 수 있다. 그렇다면 내부문명들과 문화에 자연스럽게 적합한 역할을 부

---

11 강한 문화력(culture power)을 가진 A의 문화는 주변인 B에게 일정한 문화를 전수한다. 그런데 시대와 상황에 따라 지향하는 문화가 다르다. B의 문화 또한 A에게 전수된다. 이 관계는 主와 副가 있고, 일종의 상호작용이라고 볼 수 있다. 그런데 A문화가 B로 갔다가 B의 영향으로 변형을 한 다음에 다시 A에게 와서 영향을 주는 경우가 적지 않다. 마찬가지로 B의 문화가 A에게 전해져서 가공과 변형을 거친 다음에 다시 A의 형태와 포장으로 전해질 수 있다. 그러므로 선의 위치와 역할을 정확하게 파악하고 이해하는 일이 필요하다. 이것은 필자가 동아시아의 역사와 문화를 해석하는 틀로서 동아지중해이론을 설정하고, 그것을 보완하는 부차이론으로서 설정한 '環流시스템이론'의 大綱이다.

여할 수도 있다.

東아시아는 중국이 있는 대륙(大陸), 그리고 북방(北方)으로 연결되는 대륙의 일부와 한반도, 일본열도(日本列島)로 구성이 되어있다. 때문에 북방과 중국에서 뻗어오는 대륙적 질서(유목문화, 수렵삼림 문화를 공유하고 있다.)와 남방에서 치고 올라가는 해양적 질서가 만나는 곳이다. 해양적 질서란 해양을 매개로 영위되는 생활(生活)과 문화(文化)이고, 전파나 경로 역시 해양과 밀접한 관계를 갖고 있다. 따라서 한민족과 한족(漢族), 그리고 일본열도의 교섭은 물론 북방족과의 교섭도 모두 이 지역의 해양을 통해서 교류를 하였다. 일본학자들은 근대 역사학의 초창기부터 이러한 인식을 지니고 있었고, 지금도 그러하다.[12] 하지만 보다 적극적으로 동아시아의 역사공간을 육지와 해양이란 두 가지 관점에서 동시에 접근해 들어가는, 특히 소외되었던 해양의 위치와 역할을 재인식하는 '해륙사관(海陸史觀)'이 필요하다. 그리고 해석의 틀로서 동아지중해(EastAsian-Mediterranean-Sea)란 모델을 제시한다.

한반도를 중심축으로 일본열도의 사이에는 동해와 남해가 있고, 중국과의 사이에는 황해라는 내해(內海, inland sea)가 있다. 한반도의 남부와 일본열도의 서부, 그리고 중국의 남부지역(長江 이남을 통상 남부지역으로 한다)은 이른바 동중국해를 매개로 연결되고 있다. 그리고 현재 연해주 및 북방, 캄챠카 등도 동해연안을 통해서 우리와 연결되고 있으며, 타타르해협을 통해서 두만강 유역 및 북부지역과 사할린 홋카이도 또한 연결되고 있다.

---

12 安田喜憲은 鳥居龍藏의 『東部シベリアの以前』에서를 인용하고 있다. 즉 일본인의 본거지, 일본문화의 고향으로 보여지는 것은 동부 시베리아에서 흑룡강 유역 연해주, 그리고 만주에 이어지는 일본해의 대안이다. 그리고 이것에 조선을 잇고, 樺人(사할린) 북해도, 그리고 사도, 노토 등 일본해일대의 지방을 일괄해서볼 필요가 있다. 그는 이러한 논리 속에서 졸참나무숲문화권을 소개하고, 사사기 고메이의 남방문화론, 에가미 나미오의 기마민족설까지 소개하면서 소위 일본해문화권에 대한 다각적인 연구의 필요성을 제기하고 있다. 安田喜憲, 「日本海を めぐる歷史の胎動」, 『季刊考古學』15號, 1986, 雄山閣出版社, pp.14~16.

동아시아는 완전한 의미의 지중해는 아니지만 이른바 다국간 지중해해(多國間 地中海海, Multinational-Mediterranean-Sea)의 형태로서 모든 나라들을 연결시키고 있다.[13] 이러한 자연공간 속에서 대륙적(大陸的) 성격과 함께 해양적(海洋的) 특성을 가지고 있었고, 역사가 발전하는 데에 큰 역할을 하였다.

이 지역에는 동아시아의 대다수 종족이 모여 있다. 한민족과 한족(漢族) 그리고 일본열도의 교섭은 물론 북방족과의 교섭도 모두 이 지역의 해양을 통해서 교류를 하였다. 이 지역은 문화적으로도 지중해적 성격을 띠었다. 연해주와 시베리아에서 연결되는 수렵삼림문화, 몽골과 알타이에서 내려온 유목문화, 화북의 농경문화, 그리고 남방에서 올라오는 해양문화 등 지구상에서 가장 극단적인 자연현상과 다양한 문화가 만나 상호교류하고 혼재하면서 발전하였다. 다양한 자연환경 속에서는 필연적으로 경제형태나 교역방식 역시 다양할 수밖에 없었다. 이러한 것들은 해양을 통해서 교류되어 왔으며, 여기서 형성되는 문화는 다양성이라는 지중해 문화의 전형적 특성을 가질 수밖에 없었다. 전형적인 정착성(stability)문화와 이동성(mobility)문화가 이곳에서 만나 상호보완한 것이다. 특히 황해는 중국(中國)과 한반도(韓半島)의 서부해안(西部海岸) 전체, 그리고 만주남부(滿洲南部)의 요동지방(遼東地方)을 하나로 연결하고 인접한 각국들이 공동으로 활동을 하는 장(場)의 역할을 하고 있다. 때문에 일찍부터 인간과 문화의 교류가 빈번했고 그러한 공통성을 토대로 문화권이 형성되었다.

이러한 인식과 사실을 바탕으로 필자는 '동아지중해(EastAsian-Mediterranean-Sea)'란 모델을 설정하여 제시하였다. 일본에서는 1970년대 동아시아론에 대한 논쟁이 벌어지더니 점차 해양과 동해(벌어지)에 관심을 갖고 지중해라고 부르고 있었다. 물론 일본

---

13 동아지중해의 자연환경에 대한 검토는
윤명철,「海洋條件을 통해서 본 古代韓日 關係史의 理解」,『日本學』14, 동국대 일본학연구소, 1995 및
「黃海의 地中海的 性格硏究」,『韓中文化交流와 南方海路』, 국학자료원, 1997, 기타 논문 참고.

열도에 있는 바다는 지중해와는 달리 교통로가 아니었고, 대륙으로부터 떨어져 있게 한 장벽이었다는 견해도 있다.[14] 그러다가 1990년 대 말에 와서 새삼 동아시아의 지중해적인 성격에 주목하고, 국가전략의 입장에서 바라보는 정치학자들 뿐 아니라 일반 역사학자들도 이에 대한 연구를 시작했다.[15]

동아시아의 문화예술도 이러한 해류사관 동아지중해모델 속에서 이해하는 것이 바람직하다. 동아시아세계의 한 부분인 고구려의 문화예술환경은 여기서 한걸음 더 나아가 구체적이고 정확하게 이해해야 한다. 고구려가 활동한 지역은 전형적인 우리문화, 북방유목종족문화, 한족농경문화가 겹치고 만나는 문화의 스펙트럼 지대, 해륙적 공간이다. 좀 더 구체적으로 살펴볼 필요가 있다.

건국 초기와 달리 발전기에 이르면서 자연환경은 눈에 띌 정도로 달라진다. 남으로는 황해도와 경기만의 비옥한 농토를 얻었다. 동과 북으로는 연해주 지역의 울창한 삼림 등으로 국토가 확대되었다. 뿐만 아니라 지평선이 보이는 요동(遼東)의 넓은 평원과 북방의 초원을 차지하였다. 송화강, 요하, 눈강 같은 큰 강이 새로운 제국의 내부로 흘렀다. 기후도 따뜻한 온대, 사막과 유사한 초원의 건조한 기후, 겨울에 온도가 급격히 내려가는 아한대, 온도가 높고 강수량이 많은 남쪽 등 다양하였다. 식생대와 생산물의 종류도 놀랄 만큼 다양해졌다.

---

14 와쓰지 데쓰로우 저, 박건주 역, 『풍토와 인간』, 장승, 1993.
15 千田稔, 『海の古代史-東アジア地中海考-』, 角川書店, 2002. 그는 서문에서 1996~98년까지 국제일본문화연구센터가 '동아시아지중해세계에 있어서의 문화권의 성립과정에 대해서' 라는 연구를 수행하고 그 보고서로서 이 책을 출판한다고 쓰고 있다. 그리고 그들의 동아지중해는 남지나해, 동지나해, 일본해, 황해, 발해를 가리키는 용어라고 규정히고 있다. 또한 이미 오래전부터 남방해양문화에관하여 연구를 해 온 國分直一의 예로 들면서 그는 동아지중해를 4개의 지중해로 구성한다고 하면서 오호츠크해, 일본해, 동지나해, 남지나해라고 하였다. 동아시아를 동아지중해라고 부르고 연구를 진행하는 또 다른 학자는 독일 뮌헨대학의 중국사전공자인 Angela Schottenhammer 교수이다. 그는 동중국해, 황해, 일본해를 "동아시아 지중해" 라고 설정하고 있다. 2005년 1월 하순 국립민속박물관에서 발표할 때 토론을 맡았다.

변화된 지리, 기후 등 자연환경 속에서 생태계와 문화의 형태도 다양하게 변화했다. 우선 농경이 발달하면서 농경과 관련된 문화현상들이 발달하고, 무엇보다도 정착적(stability)인 문화가 보다 더 분명해졌다. 유목문화의 영향도 초기보다 더 광범위하고 강하게 받게 되었다. 부여의 옛 땅, 시라무렌 유역, 동몽골 등을 영역화 시키면서 유목문화의 성격을 흡수해 갔다. 유목문화는 전형적인 이동성(mobility)문화이다. 한편 지금의 실크로드 지역인 서역, 즉 돈황, 우루무치, 투르판 등과도 교류가 활발했다. 역동적인 춤사위, 템포가 빠른 노래, 금(琴)·소(簫) 같은 다양한 악기와 활달하고 화려하며 상상력이 풍부한 벽화 등은 그 지역과 관련이 깊다. 또 하나 수렵삼림문화도 깊은 관련이 있다. 동부여를 병합하고 물길지역을 정복하면서 두만강 하구와 연해주의 일부 지방을 영역으로 삼았다. 이곳은 동류 송화강(松花江)의 일부와 두만강, 얀치하, 우수리강 흑룡강(黑龍江)이 흐르고, 산과 숲에는 소나무, 자작나무, 백양나무 등 무성한 삼림이 넓게 발달하였다. 소수종족들은 수렵과 어렵으로 생활을 하였다. 이 또한 고구려의 문화의 한 부분이다. 초기부터 어업에 관심을 가졌으며, 자연스럽게 해양문화도 발달하였다. 5세기에 들어와 해양활동은 전기를 맞았으며, 어업, 조선술, 항해술 같은 해양문화와 상업무역에 절대적인 영향을 주었다. 특히 양자강(揚子江) 유역의 국가들과 빈번하게 교섭하면서 남방해양문화를 받아들였다. 동진계의 자기, 고분벽화에서 나타난 도안, 의복과 금, 은, 세공품 들은 중국 강남문화의 영향을 받은 것이다.

이러한 동아시아의 독특한 환경 속에서 고구려는 문화와 예술을 어떠한 관점에서 바라보고 어떠한 정책을 실행하여 국가발전에 활용했을까?

3. 고구려의 문화 예술과 국가정책 관계

광개토대왕과 장수왕은 국제질서를 자발적으로 만들어가고, 이를 고구려가 주도적으로 참여하는 것을 정책의 기조로 삼았다.

즉 민족 내부에서는 독자적인 공동체 질서를 구축하고자 했고, 그를 바탕으로 국제사회에서는 동아지중해 중핵국가의 위상을 차지하고자 했다. 그래서 다양한 발전전략들을 구사하고 실천했다. 첫째는 정치적으로, 광범위하고 복합적인 관계의 한 부분에서 주도적인 역할을 하면서 각국 사이의 관계를 조정하는 동아지중해 중핵(core) 조정역할이다. 둘째는 경제적으로, 물류의 허브역할이다. 몇몇 중요한 경제전략지구를 정복한 후에, 그 곳을 산업뿐만 아니라 물류와 중계교역의 거점으로 삼아 정책적으로 발전시켰다.

셋째는 문화적으로, 일종의 I.C(heart) 역할이다. 동아시아 문명이라는 큰 틀 속에서 중국문명의 일방적인 독주를 견제하고, 이질성이 강한 문명들이 공존하고, 상호발전 할 수 있는 기회와 힘을 제공하는 통로와 터(I.C, heart)의 역할을 적극적으로 하였다. 특히 문화와 예술의 발전을 국가정책의 중요한 부분으로 삼았다.

강력한 제국을 이룩해가는 고구려에게 그에 걸맞는 문화의 역할이 필요했다. 그러기위해서는 자연스럽게 만들어진 문화외에도 그 문화의 성격을 국가의 발전목표와 지향점에 맞춰 규명해야 한다. 뿐만 아니라 새로운 문화도 창조하고 전파하는 정책을 추진할 수밖에 없었다.

그런데 앞에서 말했듯이 이 무렵의 고구려는 하나의 국가영토 안에 색다른 자연환경, 이질적인 문화가 공존하면서 복합적인 역사공간으로 탈바꿈했다. 하나가 잘게 쪼개져 흩어진 다양성이 아니라 여럿이 모여 다름을 유지하면서 하나로 모이는 다양성을 지닌 다문화국가였다. 어느 정도 공동체의식을 지닌 백제, 신라, 가야의 일부 주민들과 동부여, 북부여 유민들이 있었다. 한(漢)족들도 유이민으로 들어왔고,[16] 시라무렌 유역의 거란족, 요하에서 흥안령(興安嶺)으로 이어지는 지역에 살던 선비족(鮮卑族)들도 흡수했다. 또 연해주 지역에 거주하고 있었던 말갈계도 구성원이 되었다. 이렇게 해서 고구려는 동아시아의 모든 종족들이 포함된 다종족적국가로 변해가면서 제국을 지향하게 되었다.

고구려제국에 편입된 신국민(新國民)들은 종족간의 계급적인 갈등과, 문화의 차이에서 오는 엄청난 문화충격(culture shock)이나 비주류 종족들의 소외감, 신이나 국가정체를 해석하는 차이에서 나타나는 혼란함과 불안감 등 정체성의 혼란과 상실감을 극복하는 일이 필요했다. 제국을 지향한다면, 특히 정복국가인 경우에는 이미 정치적으로, 군사적으로 패배한 피정복민들을 논리적으로 설득하고, 사상적으로 친화시키는 일이 필요하다. 그래야 내부모순을 잠재우고, 강한 공동체 의식을 지니게 할 수 있다.

이러한 상황 속에서 고구려인들은 '다양성과 자아', '보편성과 정체성' 이라는 선택의 딜레마에 빠졌다. 자신들 뿐만 아니라 내부의 다양한 종족들 간에 발생한 혼란을 방지하고, 모두의 상생을 위해서 최소한 2가지를 해결해야 했다. 하나는 고구려인이 주체가 되어 전체를 관장하고 연결시켜주는 중핵(中核, core)이 되는 문화를 만들어야 한다. 다른 하나는 자연스럽게 공질성을 점차 확대하는 한편 각각의 특성에 맞게 자율성을 보장해주어야 한다. 즉 고구려라는 전체의 '문화장(文化場, field)' 속에 고구려인들을 항성으로 놓고, 고유성을 지닌 종족들과 문화환경을 행성이나 위성으로 삼아 적절하게 배치하여 원심력과 구심력 속에서 움직이게 만드는 것이다.

그 정책 가운데 하나가 존재의 원(原)근거에 특별한 의미를 부여하는, 소위 정체성을 확립하는 일이다.

정체성(identity)은 일종의 자기동일성이다. 민족은 가능하면 다른 민족과 구별되려고 하며, 본능적으로 경쟁의식이 있으므로 정체성이란 존속을 위한 가장 큰 무기이다.

---

16 『삼국사기』, 고국양왕 2년, "流移民多來投"

만약에 민족자아를 상실하면 다른 민족과 벌인 경쟁에서 패배할 확률이 높다. 일제가 조선을 영원하게 지배를 목적으로 식민사관을 만든 것은 정체성을 조직적으로 파괴하기 위한 것이다.

고구려인들의 정체성은 우선 정통성 확보와 천손민족 선언으로 나타난다.

광개토태왕릉비를 건립하고, 이 비의 형태와 이미지 그리고 내용을 통해서 정통성과 계승성을 선언하였다. 비문은 첫 귀절에서 '惟昔始祖鄒牟王之創基也. 出自北扶餘, 天帝之子, 母河伯女郎.'라고 하였다. 이는 부여 적자론이며, 추모의 후예인 대왕이 천신과 수신의 직손(直孫)이라는 천명이다. 또 '我是皇天之子, 母河伯女郎, 鄒牟王. 爲我連葭浮龜'("나는 황천의 아들이요 어머니는 하백의 따님이시다. 나를 위하여 갈대를 잇고 거북을 띄워라.") 이는 신질서 내에 소속된 종족들에게는 물론이고, 중국지역 및 북방종족들에게도 고구려인들은 '하늘의 자손'이라는 자의식과 하늘을 뜻을 받았다(天託)는 의식과 행동을 거행한 것이다. 물론 광개토대왕 시대의 금석문인『모두루총 묘지명(牟頭婁塚墓誌名)』에서 '…河伯之孫 日月之子 鄒牟聖王 元出北扶餘…'라고 하여 추모가 해와 달의 자식임을 분명하게 밝혔다.

또 하나는 계승성 확보와 조선공동체의 구현이다.

일종의 범(凡)부여계가 대거 편입된 질서 속에서 신고구려를 주도하는 세력은 정통성에 대한 혼란과 주도세력에 대한 불신현상을 제거해야 했다. 그 때문에 그들은 동명을 추모와 동일시하고 추모를 정통으로 새 시대에 걸맞게 재구성하였다. 계보를 하나로 일원화시켜 고구려야말로 부여계 종족의 적장자(嫡長子)라는 계승성을 나라의 내외에 선언한다. 고구려는 이에 그치지 않고 조선도 계승했다고 주장하였다. 조선은 우리 민족에게는 일종의 모(母)이며 태반(胎)같은 존재이다 『삼국유사』이 왕력(王曆) 편에는 주몽은 단군의 아들(朱蒙…鄒蒙 壇君之子)로 기술하여 조선(朝鮮, 왕검조선, 고조선)을 계승했다는 조선계승성을 분명히 하고 있다.『제왕운기』에 따르면 고례(高禮, 고구려)는 다른 국가들처럼 단군의 자손임을 칭했다. 고분벽화에도 몇몇 장면들에는 단군신화의 요소가 미묘하게 표현되어 있다.

이러한 고구려에게 북방으로 진출한 일은 단순하게 영토를 팽창하고, 주변의 여러 종족들을 복속시키는 일 외에 더 큰 목적, 즉 종족적이고 문화적으로 통일을 이룩하며 원질서의 회복(多勿), 모(母)문화의 수복, 정통성과 계승성의 회복이란 목적이었기 때문이다. 그래서 고구려는 원(原)조선의 원형(foundation)을 재정립(re-foundation)한 실체이다. 고구려인들은 자기역할과 자기정체성(identity)을 자각하면서 역사에 대한 자신감으로 다양한 주변문화를 자기문화 속에 흡수하고 용해하여 조화시켰다. 그 결과 새로운 형태의 고구려문화예술을 만들어냈고, 문화국가로서 고구려 공동체를 건설하는데 활용하였다.

그런데 고구려가 국제적인 나라가 되는 데에는 자기집단의 정체성 확보만으로 충분한 것이 아니다. 세계국가 혹은 동방문명의 회복과 그 리더로서의 역할을 이룩할 수 있는 문화적인 힘과 역량을 갖추어져야만 한다. 즉 동아시아문명의 발전과 보존이라는 측면에서 의미있고 긍정적인 역할을 해야만 했다. 일종의 역할론이다.

그 시대는 북방종족과 한족 간에 본격적인 문명의 충돌이 일어나고 있으며, 고구려 또한 이 변화와 혼란 속에서 자유로울 수 없었다. 그런데 원조선에 의해서 이미 토대가 만들어진 동방문명은 강력하고 논리가 치밀한 중국문명에 흡수되지 않는 힘과 깊이를 지닌 대응문화공간이었다. 원조선을 계승한 고구려는 이질성이 있는 동아시아 세계의 문명들이 공존하고, 상호발전할 수 있는 기회와 힘을 제공하는 통로와 터의 역할을 적극적으로 하고자 하였다. 서로 다른 문화를 그대로 통과시키는 가교나 여러 종류의 문화들을 단순조합하는 것을 넘어서 모든 문명을 융합시키는 IC로서 역할을 하였다. 그래서 독특한 동방문명을 충분하게 수혈하여 중국문명은 물론이고, 비중국 문명의 보존과 발전을 도왔다.

고구려가 멸망하면서 북방문화는 동방문명에 발전적으로 융합되지 못했고, 고구려문화의 상실로 인한 빈 공간에는 새로운 문명이 탄생하지 못했다. 중국중심의 문화

즉 표의문자인 '한자(漢字)'를 장악한 자들은 국제적이나 내부적으로 권력 또한 장악하였던 것도 한 요인이다. 만약 정치력 군사력과 함께 문화력(文化力, culture-power)을 겸비한 고구려의 존속이 가능했다면 북방문명, 중앙아시아문화 등과의 활달한 교섭을 통해서 표의문자가 생산해내는 문명의 편향성을 보완하면서 보다 역동적이고 자유로운 동아시아 문명을 이룩하는데 일조하였을 것이다. 이러한 과정과 결과는 고구려의 문화적 역할이 무엇이었고, 어떠한 의미를 지녔는가를 역설적으로 증명해준다.

결과적으로는 동아시아는 중국문명을 중심으로 주변부의 군소문화로 재편되었고, 이러한 상태의 지속은 결국 아시아 문화의 정체성을 낳았다.

4. 고구려 문화예술에 담긴 의미와 메세지

이런 필요성 때문에 고구려는 몇 가지 주목할 만한 국가정책들을 입안하고 추진하였으며 그것을 문화나 예술로서 반영하였다. 문화예술은 춤·음악·건축·음식·의복·놀이·그릇·탈 것 등 생활도구, 그 외에도 다양한 분야를 다 포함하고 있으나 여기서는 대표적인 지표문화를 통해서 문화예술의 의미를 살펴보고자 한다.

첫 번째, 고구려 문화예술에서 가장 비중을 두고 표현하고자 했던 것은 정체성이다.

우선 가장 대표적인 문화예술품은 광개토태왕릉비이다. 집단의 독특한 정신은 고유의 문화 혹은 예술 양식을 통해서 표현된다. 특히 강건하고 적극적인 역사를 발전시킨 집단의 세계관·역사관 등은 대표적인 상징물 혹은 의미 깊은 창조물(創造物)을 통해서 구현된다.

광개토태왕릉비는 5세기를 열고 고구려 중심의 신질서를 개화시킨 광개토태왕의 정책을 계승하고, 이를 완결시킨 장수왕이 초년에 세운 상징물이다. 단순한 돌덩이나 혹은 기념비가 아니며, 더욱이 개인의 묘비만이 아니다. 이는 단적으로 표현하면 그 당시 새로워진, 또는 새로워질 고구려 자체를 반영하는 상징물이다. 고구려의 역사, 고구려 사람들의 정신, 그 시대에 살았던 사람들이 후세에게 전달하고자 하는 의미를 담고 있다. 따라서 광개토태왕의 업적뿐만 아니라 그를 평가하고, 성공했다는 선언과 다음시대의 계승성을 표현하고 있다. 그렇다면 그것은 결국 부자, 즉 두 지도자의 역사관과 세계관 등이 응축되었고, 이를 통해서 앞으로 고구려의 역사와 문화를 발전시키는 기본 방향을 제시하는 이정표 내지 좌표의 역할을 목표로 삼은 것이다. 사실 장수왕에게는 자기가 꿈꾸는 세계를 표현하고 실천하며, 남들에게도 알리면서 따르도록 권하는 일종의 전범(典範)이다. 비록 구체적으로 정책의 목표들을 적시하지는 않았지만 세계관, 정치관, 문화관 같은 핵심적인 사항들을 여러 가지 모습으로 표현하였다.

『삼국사기』나 이규보(李奎報)의 『동국이상국집』에도 충분하게 표현하고 있지만, 특히 광개토왕릉비는 첫 구절에서 '惟昔始祖鄒牟王之創基也. 出自北扶餘, 天帝之子, 母河伯女郞.'라고 기록하였다. 이는 부여 적자론이며, 추모의 후예인 대왕이 천신과 수신의 직손(直孫)이라는 천명이다. 또 '我是皇天之子, 母河伯女郞, 鄒牟王. 爲我連葭浮龜'("나는 황천의 아들이요 어머니는 하백의 따님이시다. 나를 위하여 갈대를 잇고 거북을 띄워라.")라는 구절은 신질서 내에 소속된 종족들에게는 물론이고, 중국지역 및 북방종족들에게도 고구려인들은 '하늘의 자손'이라는 자의식과 하늘을 뜻을 받았다(天託)는 의식과 행동을 거행한 것이다. 물론 광개토대왕 시대의 금석문인『모두루총 묘지명(牟頭婁塚墓誌名)』에서도 '…河伯之孫 日月之子 鄒牟聖王 元出北扶餘…'라고 하여 추모가 해와 달의 자식임을 분명하게 밝혔다.

고구려인들은 고분의 벽화들을 통해서도 천손민족이라는 고구려인들의 정통성과 천과의 관련성을 집요하게 표현하고 있다. 고분을 축조한 사람들은 왕가를 비롯한 지배계급이며, 묻힌 사람들 또한 고구려의 국가정책과 직접 간접으로 관련을 맺고 있는 사람들이다. 따라서 고분의 축조양식 위치 내부의 벽화들은 그 당시 고구려 사회의 문화정책을 반영한다고 볼수 있다. 천장에는 성수도, 하늘을 나는 새(天鳥), 새를 타고 있는 천왕랑(天王郞), (墨書가 있다.) 기린마, 천마(天馬)·비어(飛魚) 등 하늘과 관련된 성수들이 그려져 있다. 가장 많이 알려진 오회분의 4호묘와 5호묘에는 해속에 든 삼족오(三足烏)와 달 속에 든 두꺼비가 마주보는데, 각각 해모수와 유화부인을 상징한다.

장군총은 고구려 문화예술 가운데에서 가장 비중이 높은 것 가운데 하나이다. 천(天)과 그 상징물인 태양(太陽)을 숭배하는 고구려인들은 인간의 혈(穴)과 천(天)을 일치시켜 제사를 지냈다. 이러한 사회에서는 시조 내지 왕들의 묘를 크게 만들고, 하늘과 좀 더 가까운 꼭대기에다 신전이나 사당을 세우고, 의미있는 때마다 그 곳에서 제의를 행했을 것이다. 삼국사기에 나타나듯 고구려 왕들 가운데에는 등극한 다음에는 졸본으로 행차한 사람들이 많았다. 『북사』고려전(-有神廟二所--) 의 기사, 각지에서 사당을 지어 제사 지내게 했다는 『주서』고려전의 기사, 요동성(遼東城)안에 주몽사(朱蒙祠)가 있었다는 『당서』의 기사 등은 시조신(始祖神) 신앙이 망할 때까지 지속됐음을 보여준다. 장군총은 그 가운데에서도 대표격으로서 시조인 주몽을 모신 사당 겸 무덤이었다.

이러한 정신성과 정책은 신앙과 제의에서도 나타났다. 국동대혈에서 해맞이 의식을 행했다. 삼국지 동이전에는 '…祀靈星 社稷' 이란 기사가 보인다. 유사한 기사가 『후한서』에도 있다. 3월 3일날 행해진 낙랑언덕에서의 수렵의례행사[17]도 마찬가지이다. 이러한 제의에서는 당연히 음악·무용을 비롯한 예술행위들이 있었으며, 다양한 형식을 통해서 정체성을 강렬하게 표현하였을 것이다.

고구려 건국신화는 다양한 논리와 의미를 내포하고 있지만, 역시 중심을 이루는 것은 정체성이다. 그 정체성은 주체의 문제로서 자신들이 하늘로부터 선택받은 천손이며 집단이라는 선민사상과 조선과 부여를 계승했다는 정통성, 장(場)의 문제로서 역

---

17 『三國史記』: 高句麗常以春三月三日 會 樂浪之立以所獲猪鹿祭天及山川神至其日 王出獵 群臣 及五部兵士皆從

사를 이루어 가는 터가 바로 우주의 중심이라는 강렬한 자의식이다. 적어도 그 무렵에는 릉비를 비롯한 다양한 문화예술에서 비중높게 표현한 의미와 전달하려는 메시지는 정체성으로 보여진다.

두 번째, 고구려 문화예술은 주체와 대상체의 합일(合一)을 지향하는 세계관을 표현했다. 역사의 목적은 인간이 우주내의 일체의 것과 합일을 지향함으로써 인간성을 구현하고, 이상사회를 추구하는 것이다. 말하지만 자유의 획득과 인간의 해방이다. 우리 역사에서는 이러한 세계관을 추구하고 실현시키려 노력해온 시대가 여러 번 있었다. 고구려의 건국신화에서 건국자인 추모는 하늘을 숭배하는 유목문화집단을 주축으로 하백으로 상징된 토착집단 혹은 선점집단과의 결합에서 성립된 문화의 시조이다. 때문에 국중대회인 동맹(東盟)은 고등신(高登神)인 주몽(朱蒙)과 수신(隧神)인 하백녀(河伯女)를 함께 제사지낸다. 이는 고구려문화가 유목과 농경, 대륙과 해양이 결합한 것임을 상징한다.

또한 고분벽화 등의 몇몇 장면들에는 몇몇 존재물들의 형태와 움직임을 통해서 세계를 갈등과 대립으로 파악하지 않고 주체인 인간 혹은 집단은 대상체와 '조화(調和)와 공존(共存)'을 지향하며 역사를 이루어낸다는 '3의 논리'를 표현하고 있다. 오회분의 4호묘, 5호묘 등에서는 두꺼비가 들어있는 달을 손으로 받쳐 든 여와와 삼족오가 날고 있고 태양을 똑같은 형태로 든 복희가 마주보고 있다. 이는 일월(日月), 혹은 천지(天地), 천수(天水)의 결합을 의미한다. 사람의 얼굴을 한 새, 소머리를 한 사람 등 반수반인(半獸半人), 신인(神人)의 존재가 다양한 형태로 등장한다. 이는 대립적이고 갈등을 야기하는 관계를 무화시킨다. 삼족오는 양새로서 다리가 3개, 날개가 2개, 머리의 뿔이 1개인데, 이는 '3-2-1'로 표상된다. 단순신화에서 계승한 '3의 논리'로서 변증법적 논리와 운동의 논리를 표현하지만 궁극적으로는 조화와 합일의 논리를 실현하고자 하는 고구려문화의 지향성을 압축적으로 표현하고 있다. 이는 물론 고구려가 처한 역사적인 환경을 감안하면 그것은 생존을 위한 당위의 문제이고, 진보를 실천하는 필수의 문제이기도 하다.

광개토태왕릉비의 어수룩한 형태도 이러한 세계관을 반영하기 위해 일부러 선택한 것으로 생각한다. 선이 일정하지 않고, 사면을 가르는 선이 바르지 않고 휘어졌을 뿐 아니라 안으로 쑥 들어간 부분도 있다. 표면은 사면을 약간 다듬은 정도이지 자연 그대로 살리면서 울퉁불퉁하고 굴곡진 틈에 1,775자의 의미있는 글자들을 새겨 넣었다. 고구려인들은 자연스러움, 어수룩함과 무정제성 속에서 형식논리를 초월한 그 무엇을 추구하였던 것 같다. 형식보다는 본질을 더 좋아하고 높이 평가했고, 화려한 미보다는 후덕스러운 미, 무위자연의 도(道)를 지향했던 것 같다. 이는 당시에 봉착한 내부의 혼란과 또 다른 갈등을 조화·통일시키는 하나의 방식으로서 채택되었을 가능성도 있다.

셋째, 고구려 문화예술은 독특하게도 정적(靜的)인 역동성(力動性)을 표현하고 있다.

고구려는 정치적으로 강국을 지향했고, 경제적으로 부국이었지만, 문화예술도 매우 화려하고 성숙했다. 고분벽화는 고구려인들의 자유로운 사고와 활기찬 역동성을 나타내고 있다. 수렵도 씨름도, 역사(力士) 등 현실적인 주제가 화려한 색상과 거침없는 붓길로 역동성 있게 표현되었다. 사물과 사건은 운동하고 있다는 인식을 반영한다. 출발부터 역동성이 강한 고구려 문화는 유목문화 수렵삼림문화 등의 또 다른 역동성을 수혈받아 한층 더 강렬해졌다. 그러나 고구려 문화예술의 역동성은 강력한 힘을 외부로 발산하는 한편으로는 이를 외력을 수용하고 끌어안는 질적으로 성숙된 형태이다. 고분벽화는 운동을 표현하면서 직선이 아닌 원, 곡선, 유선형으로 하였다. 비교적 후대에 그려진 사신도의 청룡, 백호, 주작, 현무 등의 표현을 보면 강렬한 직선과 부드러운 곡선이 어우러져 매우 역동적인 형태이면서도 사유의 분위기를 느낄 수 있다. 춤무덤 등에서 무용수들의 몸짓을 보아도 정과 동이 하나로 이어짐을 느낄 수 있다. 일종의 동중정(動中靜) 혹은 동화정(動和靜)이다.

이러한 복합적인 역동성은 광개토태왕릉비에서도 나타난다. 비는 자체가 높고 거대해서 역동을 발산하지만 맨 꼭대기가 평평하거나 반듯하지 않을 뿐만 아니라 한쪽이 더 높아 위로 경사졌다. 위에서도 재차 움직임을 강조하였다. 고구려가 문화국가로서 질적인 성숙은 단순한 힘을 초월하는 심원한 목적을 지향하고, 정적인 역동성으로 충만되었기 때문이다. 고구려는 동아시아에서는 드물게 일종의 이동성 정착문화, 즉 mo-stability(이동-정주)형의 새로운 문명을 창조하는 공간이었다.

다섯째, 고구려의 문화예술은 완벽함과 이상을 추구하면서도 현실적이었다. 벽화의 곳곳에 상상의 세계가 표현되었고, 현실세계도 지극히 상징적이며, 대담하게 추상적인 표현들이 있다. 그럼에도 현실적인 주제를 많이 다루고, 인간이나 생활을 소재로 하였을 경우에는 극히 사실적으로 묘사하고 있다. 활이나 창등의 무구(武具), 무사들의 모습 마사희(馬事戱)·수박희(手拍戱) 및 행렬도·나들이도 등 기타 '생활도'라고 불리워지는 것들은 현실에 바탕을 둔 것이다. 이러한 모습들은 고구려인들의 정신이 관념적이지 않았으며, 현실에 대한 객관적인 인식태도를 기저로 이상을 추구하였을 반영한다. 합리적인 정신은 벽화의 치밀한 구성에서도 나타난다.

여섯째, 고구려문화예술은 뛰어난 미의식을 표현했다. 그들의 뛰어난 미의식은 국내외에 남아있는 건축 고분 그림 공예품 춤 등 모든 예술품에서 잘 나타나지만, 심지어는 산성에서조차 보여진다. 성을 의미하는 '구루'라는 말에서 '고구려'라는 국명이 나왔다는 기록이 있을 정도로 곳곳에 성이 많다. 특히 산성은 고구려의 운명과 직접 관련이 깊고, 주요한 생활공간이었으므로 기능적인 측면을 우선 고려했지만 문화나 예술의 성격도 적지 않게 표현되었다. 성은 일반적으로 생과 사가 찰나에 교차하고 집단의 운명이 결정되는 실존의 공간이었다. 따라서 긴장감이 넘치고, 분위기도 아주 거칠 것이라는 통념을 지니게 마련이다. 하지만 고구려산성은 오히려 부드러운 분위기와 아름다운 형태를 지녔다.

성벽은 산의 능선과 계곡 등을 활용해 곡선을 이루는 등 주변의 자연환경과 혼연일체의 조화를 이룬다. 성돌(주로 화강암)을 잘 다듬어 마치 메주처럼 아름답게 만들었고, 바닥에서 위로 올라갈수록 안으로 밀어넣어 쌓은 퇴물림양식을 많이 활용했다. 또 치(雉)처럼 하중을 많이 받는 구조물은 기단부분을 넓고 튼튼하게 만들었는데, 공학적으로 효율성을 높이는 동시에 미학적으로는 아름답고 부드러운 굽도리양식을 차용한 경우가 많다. 마치 첨성대와 마찬가지로 자체가 예술작품에 가까운 것이 많다. 고구려인에게 산성은 실용적 기능과 미학적 아름다움, 성스런 의미와 이념 등을 조화시킨 예술작품이며 자유의지와 강한 공동체 질서를 구현한 장소다.

5. 맺음말

역사와 예술은 불가분하게 맺어져 있고, 자기분야의 발전과 존재를 분명하게 드러내기 위해서도 만남이라는 상호작용이 불가피하다. 더구나 문화예술의 소재나 기술을 뛰어넘어 의미와 메세지의 문제라면 더욱 관련성이 깊다.

고구려는 기존의 통념과는 달리 문화가 매우 발전하고 예술이 뛰어난 문화국가였다. 역사라는 거대한 흐름 속에서 문화예술을 창조했고, 때로는 이러한 문화예술을 통해서 고구려가 지향하는 세계관, 직면한 문제들을 해결할 수 있는 방법론, 국가의 발전목표 등을 표현하고 전달하기도 했다. 고구려 문화예술의 성격을 추상적이나 관념적으로 이해하는 것이 아니라 구체적으로 이해하려면 잘못 인식되었던 반도적 사고의 틀을 깨버리고 있는 그대로 관찰하고 해석할 필요가 있다. 고구려가 활동한 터전은 자연환경과 대륙과 해양이 동시에 만나는 해류적 공간이다. 또한 원고구려인 외에 소수종족 들도 공존하던 복합성의 공간이다. 그러므로 양성과 내부의 혼란들을 야기될 수밖에 없는 환경석할되었다. 따라서 고구려는 문화예술을 정책적으로 관리할 필요가 있었다. 그래서 고구려. 이 창조한 문화예술은 원조선을 모델로 삼아 재현하는 것으로서 왜곡됐던 정체성을 회복하고, 사물과 사건과 세계는 궁극적으로 조화를 지향술은는 세계관을 표현하고 있다. 상생과 부분적인 자기희생, 하나의 지향성이다. 표현하고 있다. 우리는 고구려와 고구려의 역사를 통해서 역사와 문화예술을 총체적·전일적·통일적으로 이해할 수 있다. 아울러 목표 등을 표현하는 예술과 대의 창작에 활용할 수 있도록 우리 예술이 지향해야 할 방향성에 대한 조언도 구할 수 있다.

10

'한민족' 형성의 질적 비약단계인 고구려 역사를 성찰하며[*]

1. 머리말

21세기는 인류가 가꾸어온 역사의 대지에서 가장 큰 격변기임에 틀림없다. 새로운 성격과 형태의 사상 종교 등 예측하지 못했던 신문명이 탄생할 것은 자명하다. 뿐만 아니라 국제질서라는 실제적이고 구체적인 측면에서도 질적인 변화가 일어났다. 세계화(globalization)와 중간단계로서 넓은 범주의 지역화(regionalization)이 추진되면서 동아시아의 역할과 위상의 재정립이 요청되고 있다. 이러한 현실 가운데 중국·일본 그리고 한국의 당사국들과 러시아 및 미국 등은 공존과 화합보다는 경쟁과 갈등구조가 심화되고 있다. 특히 영토분쟁 및 역사전쟁은 신민족주의의 탄생가능성까지 우려할 정도이다. 그에 더하여 우리는 남북통일이 불투명하며, 주변국들의 방해로 인하여 민족적 역량의 결집 또한 매우 어렵다. 내부의 문제 또한 심각하다. 문화의 혼란스러움과 지적능력의 저하, 인간성의 왜곡 등으로 인한 사회혼란 또한 우리의 생존을 위협하고 있다. 이렇게 문명사적(패러다임의 변화), 세계사적, 그리고 동아시아적(지역)으로

---

* 「한민족 형성의 질적 비약단계로서의 고구려 역사」, 『한민족 연구』제5호, 한국무용사학회 민속원, 2008, ISSN 1975-7751.

변동과 재생(再生)의 와중에서 우리는 어떻게 해야할까? 우리가 할 수 있는 많은 일 가운데 하나로서 위기를 극복할 수 있는 해결모델 혹은 발전모델들을 각 분야별로 되도록 많이 만들어내야 한다.[1]

필자는 역사학자로서 문제의 발생원인과 극복대안 가운데 하나로서 정체성의 회복을 들고 있다. 그리고 정체성을 찾고 회복하는 방식의 하나로서 민족문제에 접근했다. 현재 우리가 당면한 상황 속에서 민족문제는 정체성의 문제, 생존의 문제와 직결된다. 정체성을 모색하고 구현하고자하는 한 방법으로서 주체인 민족의 성격과 실체를 이해하고 규명하는 일은 필요하다. 민족은 역사적인 개념으로서 때로는 유기체라고 정의할 만큼 끊임없이 변화하면서 생성하는 존재이다. 우리 민족에게도 현재의 민족으로 형성되기까지는 몇 단계의 과정을 거쳤는데, 그 가운데 중요한 하나가 바로 고구려의 전성기이다.

고구려는 처음부터 조선계승성(朝鮮繼承性) 및 부여정통론(扶餘正統論)을 건국과 발전의 명분으로 삼고, 그것을 꾸준하게 실현시켰다.[2] 특히 광개토태왕과 장수왕이 다스리던 전성기에는 변화하는 동아시아의 질서 속에서 정치군사 외교적으로 중핵국가(中核國家)로서 강국이었고, 한편으로는 정체성에 충실하면서 '다종족적 국가, 다문화 국가'를 이루었다. 중화문명, 북방문명과는 다르면서도 보편성을 지닌 문화를 창조하였으며, 동방문화의 대표역할을 담당하였다. 주변의 강력한 세력들과 경쟁 및 갈등을 벌이면서도 700년 이상을 강국으로 존속한 고구려는 내부 통일성이 매우 강했을 것이

---

1 이러한 문제의식 하에 집필된 필자의 글로는 윤명철,「장보고를 통해 본 경제특구의 역사적 교훈과 가능성」, 남덕우 편,『경제특구』, 삼성경제연구소, 2003 ; 윤명철,『광개토태왕과 한고려의 꿈』, 삼성경제연구소 ;『장수왕 장보고 그들에게 길을 묻다』, 포름, 2007 등 참조.
2 윤명철,「고구려인의 시대정신에 대한 탐구」,『한국사상사학』7집, 한국사상사학회, 1996 ;「고구려 담론 1 -그 미래 모델의 의미」,『고구려연구』9집, 2000, 12 ;「고구려의 고조선 계승성에 관한 연구 2」,『단군학연구』14호, 단군학회, 2006 등의 논문 참조.

다. 고구려의 정체성과 정신, 국력, 국가정책 및 체제, 그리고 문화 등은 한민족의 기본 형태는 물론 내용을 채우는데 큰 역할을 담당하였다고 판단한다.

또한 고구려 문화와 체제에서 발견되는 주변지역 및 문화와의 공존추구 정신과 정책은 제국주의화하는 21세기 동아시아의 신질서구축과 관련되어 긍정적인 모델이 될 수 있다. 이러한 관점들을 갖고 고구려의 역사를 통해서 한민족의 원핵(原核)[3]이 재형성되는 과정과 성격 등을 살펴보고자 한다.

2. 민족의 성격에 대한 이해

이 글은 서구 및 근현대의 역사적 산물인 민족주의(nationalism)와 관련시켜 우리 역사를 이해하고 분석하려는 의도에서 작성한 것은 아니다. 우리 역사에서 민족이라는 실체가 있다면, 그 실체를 규명하고, 존재가치를 충실하게 구현할 수 있도록 삶의 방식을 모색하는데 도움을 주는 것이 역사학의 한 기능이 아닐까라는 의구심에서 출발했다.[4]

세계사에서 근대 이후에 전개된 역사를 이해하거나, 또는 근대 이후에 존재했던 인간들의 삶을 이해하는데 민족주의 문제는 실로 전지구적으로 정치적인 영역을 넘어 전 분야에 걸쳐 중요한 의미를 지니고 있다. 민족주의는 각 집단과 시대상황에 따라 형성되는 요인과 과정, 성격과 기능이 다르다. 그래서 민족주의라는 용어 앞에는

---

[3] 原核이라는 용어는 原形과 유사한 의미와 개념을 지닌 단어일수 있다. 하지만 원형이 내용 또는 형식을 표현하는데 반하여 원핵은 구성의 기본 요소를 말한다. 이는 필자가 구사하는 '터와 多核이론' 과 관련이 깊다. 'hub'라는 말이 더 적절한 용어인 것으로 생각되지만, 여기서는 원핵이란 말을 사용하고자 한다.

[4] 윤명철, 「한말 자강사학에 대하여」, 『국학연구』2집, 국학연구소, 1989 ; 「남북 역사학의 비교를 통한 공질성회복」, 『국학연구』3집, 국학연구소, 1990.

다양한 수식어가 첨가되면서 그 내용 또한 다른 경우가 많다. 그것은 민족주의가 단순한 집체덩어리가 아니라 자체 생명력을 지닌(?) 기본 단위인 민족을 중심으로 주위 상황에 능동적으로 적응해 온 사실을 반증한다. 민족주의는 언제나 시대성을 반영하면서 다양한 모습을 띠우고 있으므로 복고적인 입장을 고수하거나 특정이론을 기계적으로 적용하는 데에는 논리적인 검토와 엄밀한 비판의 과정을 반드시 거쳐야한다.

실제로 민족주의 및 민족에 대해서는 성격·기능·탄생 등 정의에 대해서 무수한 논쟁이 있었다.[5] 진부한 주제와 언급이지만 근대적 의미의 '민족' 과 '국민' 을 구별해야 할 필요성은 크다. 볼프강 스타펠(W.Stapel)은 국민 형성 이전단계의 민족은 혈연과 지연 등 자연적인 유대관계에 의해 결속되는 '종족' 의 개념에서 크게 벗어나지 못한다고 하였다. 칼톤 헤이츠는 근대적 의미의 민족이란 명백한 단위체로서의 '국가' 안에서 대내적으로는 정치적인 자유의 획득이라는 공동목표를, 대외적으로는 정치적 경제적 독립이라는 공동목표를 추구하면서 성립되었다고 하였다. 한스 콘은 민족주의를 서구형과 비서구형으로 구분하였고, 헤르더처럼 문화적 민족주의 이론을 전개한 경우도 있다. 그리고 경제적인 요인을 중시하면서 민족체를 거쳐 민족의 형성을 이야기한 경우도[6] 있다. 그런데 형성의 문제, 발전과정의 문제, 다른 민족과의 관계 등 서구 또는 근대의 민족주의와 우리의 민족주의와는 다른 점이 있다.

21세기에 가까워지면서 지구상에는 민족주의가 식어가고, 생명을 다했다는 무용성 견해들이 나오기도 했고, 해악을 거론하면서, 심지어는 우리 현실에서도 민족주의의 해악을 강조하는 주장들이 나오면서 민족주의 역사학에 대한 성격규정과 비판들이 있었다.[7] 앨빈 토플러는 소비에트의 붕괴 이후에 생긴 빈 정치적 공간에 새로운 형

---

5 한홍수, 「민족주의와 민족공동체 형성」, 『민족의식의 탐구』, 정신문화연구원, 1985, pp.189~192 참조. 이 부분에 대해서는 추후에 언급하고자 한다.
6 스탈린의 민족이론이 대표적인 예이다.
7 특히 최근에는 이를 뒷받침하기 위해 정치학자나 서양사전공자를 중심으로 서구의 이론들을 소개하고 있

태의 민족주의가 발흥한다고 주장했고,[8] 그것은 비록 형태가 다르기는 하지만 곳곳에서 신질서가 형성되는 데에 영향을 끼치고 있다. 특히 동아시아 지역은 신민족주의가 발흥한다는 우려가 공공연하게 나올 정도로 국가 간의 경쟁이 비정상적인 형태를 띠우고 있다.[9]

    이 글은 우리란 존재의 근원과 성격을 알고, 삶의 양식, 그리고 그때 그때 전환기마다 직면한 위기상황을 극복해온 방법론으로서 민족의 성격과 형성과정 등의 측면을 살펴보는 것이다. 따라서 민족 및 민족주의에 관해 발표됐던 정치학, 경제학 사회학 등의 이론과 서구인의 인식에 구애받지 않고, 우리 역사라는 소박한 입장에서 논리를 전개하려고 한다.[10]

다. 역사학계 일부에서는 이 이론에 대한 이해가 부족한 상태로 우리 역사와 역사학에 대하여 해석하는 풍조도 생겨나고 있다. 이러한 일련의 과정에서 역사학계의 실상을 파악하지 못한 그들은 전통적으로 민족주의 사학 계열로 칭해지던 측으로부터 식민사학의 잔재를 못벗어났다고 비판 받아온 강단 실증사학을 오히려 민족주의 사학의 담당자라고 오해하고, 비판하는 모습을 보였다. 한편 역으로 전통적인 민족주의 사학을 공격하거나 무시했던 부류들이 스스로를 민족주의 사학이라고 인식 또는 주장하면서 그들에 대한 반론과 함께 민족주의 사학이라는 단어와 일부개념을 옹호하는 상황이 전개되기도 하였다. 이러한 기이하고 혼란스러운 현상는 민족 내지 민족주의 사학의 성격과 역할이 얼마나 다양하고 많은 논의를 가져 올 수 있는가를 말해준다.

8 앨빈 토플러는 1993년 하반기에 출판한 그의 저서 『Power Shift (권력이동)』에서 민족문제에 대해 다음과 같이 언급하고 있다. "현재는 민족주의가 광범위하게 부활을 하고 있다. 동유럽의 대변동을 소련의 뜻에 굴복했던 나라들에서 일어난 민족주의적 봉기라고 해도 무방할 것이다. 민족이라는 개념을 재구성하는 것은 앞으로 매우 중요한 수십 년 동안에 이 세계가 직면하게 될 가장 중요한 정서적 과제 중의 하나이며, 또한 특정한 기능을 지방화 하거나 세계화 하도록 허용하지 않고 계속 국가가 장악하도록 하는 것이 긴요한 과제가 될 것이다."

9 정치 영토 군사 외교 심지어는 문화와 역사 분야로 확대해 가는 모습을 보인다. 다양한 분야의 전문가들이 나름대로의 관점과 현상분석을 통해서 이러한 용어를 사용하고 있다. 이 부분에 대해서는 앞의 주에서 언급한 필자의 저서들 및 논문에서 언급한바 있다. 특히 역사의 관련해서는 졸저, 『역사선생』을 참고하기 바란다. 현재의 국가 및 구성원들을 축으로 한 정체성은 단위공간 및 코드의 확장으로 동아시아라는 공간(터)과 주민들로 변화하고 확장될 수밖에 없다. 그를 위해 동아시아는 내부의 자기민족 뿐 만 아니라 '타(他)'를 의식하면서, 공동의 대응이란 차원에서도 '동아시아의 정체성'을 생각하지 않으면 안된다.

일반적으로 민족에 대한 정의를 내리면서 민족을 이루는 구성요소들을 몇 가지로 구분하고 있다. 하지만 어떤 용어로 다양하게 표현했어도, 순서와 비중 등 미묘한 의미의 차이, 지역의 차이 등이 있지만 기본적으로는 혈연, 지연, 언어, 경제, 그리고 역사적인 경험, 인식 등 몇 가지 문제로 모아진다.[11] 본고는 이러한 구분을 전제로 하면서 민족에 대한 필자의 견해를 덧붙여 제시하면서 우리를 실제로 이해하는데 도움 받고자 한다.

우선 민족이라는 실체와 단위를 구성하는 주체를 포괄적인 언어와 개념 속에서 살펴보고자 한다. 주체는 역사활동의 담당자이며 거기서 발생한 이익의 실질적인 수혜자이다. 그러므로 주체인 인간이 어떠한 위치에서 어떤 질(質)의 역할을 실천하며, 주위(외부)의 제 조건과 어떻게 관계를 맺는가 하는 성격에 따라 역사의 모습이 영향받는다. 즉 주체는 누구인가? 또는 집단인 경우, 어떤 집단인가? 라는 주된 문제로부터 역사 속에서의 역할은 무엇이며, 차지하는 위상은 어느정도인가? 등의 지엽적인 문제들로 분화되어 나타난다. 그러나 가장 근본적인 문제는 역사의 주체는 누구 또는 무엇인가? 하는 자격 및 성격의 문제이다.[12]

주체는 민족과 관련해서 혈통 혈연 핏줄 체질 등으로 표현되는 생물학적인 부분이 있다. 이는 비단 민족문제 뿐만 아니라 인간의 기본성격 및 역사와 직결되는 문제이기도 하다.[13] 인류 역사상 최초로 이루어진 기본적인 단위는 혈연공동체인 가족이

---

10 민족논쟁에 대해서도 90년대 중반까지의 자료는 필자가 연구노트를 작성해 두었으나 여러 이론들을 위해 지면을 할애할 필요는 없다고 생각한다.
11 민족형성 또는 민족의 구성요소들에 대해서는 숱한 이론들이 있지만, 대체로 이러한 요소들도 모아지므로 따로 각 학설에 대한 분류와 인물 등의 주를 달지 않았다.
12 졸저, 『역사는 진보하는가』, 온누리, 1992의 제2장, 「사관이란 무엇인가」에서 이러한 문제들에 대한 필자의 견해를 발표했다.
13 이러한 관점에서 인종인류학자 생물학자 동물학자 등의 견해들이 있으나, 본고와 관련해서는 동물학자인 데스몬드 모리스 등의 이론이 주목된다. 특히 최근에는 과거의 생물학자들과는 다른 관점에서 인간

고, 이것이 확대되면서 씨족단계를 거쳐 부족으로 발전한다. 부족들이 확장되면서 확대된 공간을 범위로 삼을 때 지연개념이 더욱 강화된 단위가 종족이다. 일부지역 일부 시대는 종족과 민족이 일치하므로 양자를 구분하지 않거나 못하는 경우도 있다. 그런데 일반적으로 종족은 자연적 혈연적 개념으로서 민족의 필요조건은 되지만 충분조건은 되지 못한다. 민족은 종족을 포함한 단위가 확대 발전하면서 정치 경제적인 성격을 띠울 때 역사의 활동단위로 완성된다. 우리는 다수의 민족집단처럼 혈연(혈통)을 민족 형성의 가장 중요한 요소로 판단하는 경향이 있다. 역사과정을 살펴보면 동일하거나 유사한 혈통을 유지해왔으며, 이러한 점(天의 혈통, 종족의 순수성)을 신화를 비롯한 국가논리 등에서 강조해왔다. 동시에 근대에 이르러 다른 국가들과 비교하는 과정에서 상대적으로 혈연적으로도 공질성(共質性)[14]이 강하다고 믿으면서 비중이 높아졌다.

두 번째는 지연 지역 등으로 표현되는 역사활동의 공간('터')의 문제이다. 역사는 인간인 주체를 놓고 시간과 공간이 만나서, 또는 주체가 시간과 공간을 취사선택해서 완성을 이루는 과정이다. 필자는 이러한 역사가 이루어진 무대를 공간을 해석하는 모델을 구축하여 '터와 다핵(多核, field & multi-core)이론'[15]라고 명명하며 이론을 전개해왔다.[16]

의 생물학적 요인, 유전적 요소들을 중요시하는 견해들이 발표되고 있다.
14 필자는 복합적인 역사현상을 규명하는 데는 동질성이라는 기계론적인 용어를 사용하는 것은 문제가 있다고 생각하여 공질성이라는 단어를 선택하여 사용하고 있다. 윤명철, 「남북 역사학의 비교를 통한 공질성 회복」, 『국학연구』3, 국학연구소, 1990.
15 '터이론'의 정식명칭은 '터와 다핵(field & multi core)이론'이다. 줄인다는 의미에서 또 터는 다핵을 포함한 개념이므로 약칭 '터이론'이라고 약칭한다. 아래 문장에서는 '터이론'이라고 줄여서 사용한다. 그동안 발표했던 내용은 졸고, 「동아시아의 해양공간에 관한 재인식과 활용 –동아지중해모델을 중심으로-」,『동아시아 고대학』14집, 동아시아 고대학회, 경인문화사, 2006. 12 ; 「동해문화권의 설정 검토」, 『동아시아 역사상과 우리문화의 형성』, 한국학 중앙연구원, 민속원, 2005. 9 참조.
16 과거에는 중국의 정치질서 속에서 동아시아의 모든 역사를 춘추필법을 통해서 중국중심 한족중심으로 기술하고 평가하면서 재편했다. 자연스럽게 동아시아 세계가 사실과는 무관하게 1극중심 체제로 인식됐을 뿐 아니라, 독자성 고유성을 지닌 다른 문화와 지역, 민족의 위상이 약화되거나 부정됐다. 하지만

역사 속에서 물리적인 의미의 시간과 공간은 출발부터 분리된 별개의 것은 아니었으나 인식에 의해 삶이 질서화 되면서 개념 상의 구분이 생겼다. 인간은 사건의 현장에서 생존을 위해 자기의 위치설정과 질서의 기준이 필요했으므로 주로 공간 위에서 자신과 사건을 파악하려고 했다. 그러나 경험이 축적되고, 삶의 본질을 파악해가면서 공간 외에 감지되지 않는 시간의 존재를 인식하기 시작했다. 장구한 세월을 거치면서 인간들은 반복과정과 인과관계 속에서 시간의 흐름에 의미를 부여하고 자신들만의 '단위시간(單位時間)'[17]을 만들어내고, 그 유기체 같은 것의 한 요소가 되었다.[18] 한 집단의 기원 문제, 형성시기 문제, 그리고 본고의 주제가 되는 민족의 형성과 성격, 또는 국가의 문제 등은 이러한 시간과 연관되어 있다. 시간은 시대라는 개념으로 역사와 문명의 성격을 규정하는데 중요한 역할을 한다. 역사 일반에서 패러다임 등의 시대구분론, 종족 문명 등의 계통론, 선발국가 또는 모문명(母文明)의 계승성 문제가 대두된다.

공간은 흔히 지역 지연 등과 같거나 유사한 개념으로 여겨진다. 인간은 대체로 공간을 중요하게 여기는데, 특히 우리는 동일한 곳에서 출발하고 성장했다는 인식이 강하므로, 공간에 특별한 의미를 부여하고 중요하게 여긴다. 역사에서 공간은 작용하는 중요도나 인식상으로 보아 자연환경이 중요한 구성요소이다. 다른 자연환경은 그에 적응한 농경·유목·수렵·어업 등 다른 생활양식을 낳았고, 이는 이에 적합한 적응

터이론의 관점에서 해석하면 우선 동아시아문명의 '계통화 작업'에 용이하다. 큰 문명들뿐 아니라 정치력의 우열로 인하여 큰 문명 속에 흡수되어 뭉뚱그려지거나 흡수된 소문명을 복원하여 계통화시킬 수 있다. 각각 고유한 지역 집단 민족의 역사 또는 문화 등을 설정하면서 큰 범주 내에서의 위상을 찾아주고 능동적인 주체자로서 역할을 부여할 수 있다. 동아시아 문명이라는 거대하고 다양한 터에서는 동일하지 않으면서도 유사하고, 상호존중하고 교호하면서도 다른 독특한 소문화권들의 설정이 가능하다.

17 필자의 졸저, 『역사는 진보하는가』 참고.
18 윤명철, 『역사는 진보하는가』, 온누리, 1992 ; 윤명철, 「해양사관으로 본 한국 고대사의 발전과 종언」, 『한국사연구』123호, 한국사연구회, 2003 ; 윤명철, 「한국사 이해를 위한 몇 가지 제언」, 『한국사학사학회보』9집, 한국사학사학회, 2004 ; 윤명철, 「한국고대사 연구의 반성과 대안」, 『단군학 연구』11, 단군학회, 2004 등 참조.

을 한 집단들의 이동과 정착을 낳았으며, 이러한 공간과 관계맺는 방식은 민족이 형성되는데 영향을 끼쳤다. 하지만 자연·지리·기후 등 자연환경 외에 생태계를 포함한 영토나 영역 등 역사가 포함된 총체적인 환경이다.[19]

역사공간에서는 자연지리와 인문지리가 소통되고, 내부의 인간 즉 주민들 간에도 활발한 교류와 문화 습합이 이루어져야 한다. 특히 문화는 내부에 유사한 요소들이 불가분하게 유기적으로 연결되었음을 객관적으로 확인할 수 있을 뿐 아니라, 주관적으로 구성원들이 공동의 문화를 창조한다는 인식이 필요하다.[20] 또한 서로를 존립의 필수적인 존재로 인식하고, 공동의 이익에 문제가 생길 때에는 공동대응하는 시스템을 갖추어야 한다. 이러한 조건들이 충족돼야 비로소 자연의 공간에서 역사의 공간으로 탈바꿈할 수 있다. 이렇게 형성된 하나의 역사공간에서는 비록 혈통과 언어 문화가 달라도, 또 중심부와의 거리가 멀거나, 국부적인 자연환경과 정치체제의 차이가 있어도 느슨한 하나의 '통일체' 또는 '역사유기체',[21]를 이룰 수 있다. 이 단계 가운데 보다 강건한 결속체이고, 시간적으로 연장된 단위가 민족이다. 그리고 보다 큰 단위가 '문명공동체'이다.

다음은 자아의 문제이다. 학자들의 견해에 따라 다르지만 민족이 형성되는데 가장 중요하고 필수적인 요소가 동일한 역사적인 경험과 거기서 발생한 공통의 인식이

---

19 이러한 이론과 실예들은 아래 졸고와 졸고에 인용한 여러 글들을 참조하기 바란다. 졸고, 「동아시아의 해양공간에 관한 재인식과 활용 –동아지중해 모델을 중심으로」, 『동아시아 고대학』 14집, 동아시아 고대학회, 경인문화사, 2006, 12 ; 졸고, 「고구려 문화형성에 작용한 자연환경의 검토 – '터와 多核(field & multi-core)이론'을 통해서」, 『한민족연구』 4호, 한민족학회, 2008 등 참고.
20 이러한 문화의 특성들에 대해서는 과거에 알려졌던 책들과 함께 최근의 것으로는, 히라노 겐이치로 저, 장인성·김동명 역, 『국제문화론』, 풀빛, 2004이 있다. 특히, 김창민 편역, 『세계화시대의 문화논리』, 한울, 2005에는 문화의 정체성과 관련하여 세계 여러나라들의 문화논리가 소개되어 있다.
21 유기체라는 용어는 단순하게 기계적인 것에 대응하는 개념으로 이해할 수 있으나 필자의 의도는 다르다. 초유기체라는 용어도 병행하고 있으며, '생명체'라는 용어를 사용했던 글도 있었다.

다. 필자는 이러한 인식의 요소를 정체성으로 표현하고자 한다.[22] 역사에서 정체성은 중요하다. 구성원들인 주체의 위치와 자격, 능력 등은 단위의 존속과 역사발전에 중요한 요소가 된다. 인간은 정서적인 측면에서 근원으로 회귀하려는 본능적인 요소가 있으므로 존재의 원(原)근거를 찾으려는 노력을 의식적, 무의식적으로 시도한다. 또한 미래의 진행방향과 상태에 대한 불안감이 작용해서 불확실성 미확정성 속에서 중요한 지표로서의 자기인식을 필요로 한다. 자연환경을 포함한 역사 등 객관적인 상황은 비교적 변화의 폭이 작고, 주체집단의 존재여부와 관련없이 늘 존속하고 있다. 내부상황에서 발생하는 요인, 외부와 관계 맺으면서 발생하는 요인들은 함께 작용한다. 따라서 대외관계 속에서 경쟁 또는 협력관계에 있는 외부집단과의 차별성을 찾아야 하며, 이러한 '타(他)'의 인식은 내부의 고유성을 찾고 창조할 필요성이 심화되면서 정체성을 자각하게 만든다. 경쟁의 기본단위인 국가나 민족간의 관계에서 정체성의 자각과 발현이란 승리를 이끌어내는데 가장 중요한 요소일 수 있다.

다음은 문화이다. 문화는 유적, 유물, 문자, 설화, 신화 등으로 나타나는 좁은 의미의 문화활동, 언어, 생활양식, 시장 등 광범위한 내용을 포함한 개념이다. 집단의 문화란 보다 공질성이 강한 요소들을 모아 유형화시킨 것이다. 일반적으로 구분할 때는 시대보다는 비교적 지역적인 성격으로 하는 경우가 많다. 많은 민족들이 문화유형이 기본적으로 같기 때문에 일반적으로 고대 민족의 문화유형은 대개 계승성을 가졌다고 보기도 하지만,[23] 예외가 적지 않다. 때문에 민족들을 구분하거나 형성과정을 알고자 할 때 곤란하게 만든다.

문화[24]를 이루는 요소 가운데 민족과 관련하여 언어가 있는데, 이는 코드(code)의

---

22 정체성에 관한 필자의 이론적 견해는 「고구려의 고조선 계승성에 관한 연구 1」, 『고구려연구』13, 고구려연구회, 2002, 6 참조.
23 孫進己, 林東錫 역, 『東北民族源流』, 동문선, 1992, p.72.
24 문화란 사람과 다른 생명체를 구분짓는 가장 분명하고 포괄적인 개념이다. 레이몬드 윌리암스는 문화라

문제이다. 소통은 만남과 공종의 기본조건이기 때문이다. 한 민족은 언어가 동일하다는 것이 일부 민족 및 국가들에게 해당될 수 있으나, 그렇지 않은 경우도 있다. 다양한 공식언어를 사용하는 스위스의 예를 비롯하여, 오래 전에 그러한 구체적인 사례들이 지적되었다. 그런데 구성원들 간에 언어 상에 약간의 차이를 느끼면서도 다수가 사용하는 공통어를 중심으로 민족과 국가가 형성된 경우도 있다. 민족국가가 형성되어가는 단계인 고대국가들에서는 자연스럽게 나타날 수 있는 현상이다. 고구려도 이와 유사한 경우이다.

문화에는 생활양식의 문제도 비중이 크다. 생활양식은 자연환경에 영향받으므로[25] 하나의 문화권, 하나의 국가, 하나의 민족인 경우에도 다양한 생활양식을 영위하는 경우가 많다. 영토 내부의 위도가 길게 뻗쳐있거나, 동일한 위도라해도 자연환경이 눈에 띌 정도로 다른 경우도 있다. 자연환경이 시간이 흐름에 따라 변하는 경우 또한 적지 않다. 이러한 예들을 우리는 바로 동아시아지역의 환경에서도 쉽게 확인할 수 있다. 반대로 다른 민족들이 인접한 공간에서 동일한 생활양식을 영위하는 경우도 많다. 자연환경을 공유하는 경우에 많이 생긴다. 농경은 물론이고, 초원에서 유목생활을 하는 경우에 이런 일이 생긴다. 심지어는 한 종족 또는 한 민족이 자연환경의 변화 또는 정치적인 상황으로 인하여 다른 자연환경대로 이동한 다음에 생활양식을 전면적으로 변화시키는 경우도 많다. 예를 들면 선비족의 일족인 탁발씨는 일찍이 홍안령 산록에서 수렵경제였으나 서진하면서 유목경제를 영위했고, 화북으로 남천한 후에는 농업경제로

는 단어가 영어에서 가장 까다로운 두 세 개의 단어가운데 하나라고 말했다. 알프레드 크로버와 크락혼이 『문화 : 개념과 정의의 한 비판적인 깁토』(1952)에서 175개의 시로 나른 성의를 검토해보았을 정도로, 문화에 대해서는 실로 다양한 견해들이 있다. 그만큼 중요한 역할을 하고 있음을 반증하는 것이다.

[25] 고대 사회에서는 환경이나 기후가 역사발전에 강력한 영향을 끼쳤다. 이러한 예는 이시 히로유끼, 야스다 요시노리, 유아사 다케오 지음, 이하준 옮김, 『환경은 세계사를 어떻게 바꾸었는가』, 경당, 2003 ; H.H. 램 지음, 김종규 옮김, 『기후와 역사』, 한울 아카데미, 2004 등을 참고바람.

바뀌었다가 점차 한족에 동화되었던 것이다.

　　부여는 현재 송눈(松嫩)평원 지역을 중심으로 농업을 주로 하면서 유목과 어렵을 겸했다. 부여인들의 생산품을 보면 수렵생활 또한 매우 활발하게 하였음을 알 수 있다. 동일 종족으로서 근원을 같이한 고구려는 발원지에 관해서는 아직 논란의 여지가 있으나 건국한 초기에는 유목·사냥 및 약간의 농업을 한 것은 분명하다. 그리고 점차 평양 지역 및 요동지방으로 영토를 확장해가면서 농경을 확대하고, 광공업 및 무역에도 역점을 두었다. 반면에 종족적으로는 다르지만 고구려 정치체의 일원이었던 물길(勿吉 : 肅愼·挹婁)는 어렵과 수렵을 주로 하였다. 또한 고구려와 혈연적으로 밀접하며 일부는 언어마저 동일했던 실위, 선비, 거란은 수렵과 함께 주로 유목집단이었다.[26]

　　우주의 모든 것은 '일체의 통일'이란 기본전제에서 시작되고 부분과 전체, 혹은 개체와 전체 사이에서 그 일체감을 완전하게 구현하면서 발전해 나간다. 마찬가지로 인간과 다른 존재물들과의 만남이며 결과물인 역사 또한 자기완결구조를 지닌다. 자체 생명력을 지닌 유기체이면서, 모든 요소들과 관계의 통일체로 보는 것이다. 예를 들면 고구려·부여·동예·옥저·백제·신라·가야·왜 등은 각각 다른 정치체들이며 역사적인 경험은 물론 자연환경에 차이가 있다 해도 통일체임이 분명하다. 인간이 역사 속에서 이룩한 단위 가운데 결속력이 강하고, 다른 집단과 구분하는데 확실하며, 국가가 추구하는 현실적인 이익추구와는 별개로 감성에 영향을 받는 것이 민족이다.

　　이러한 민족이라는 역사유기체는 내부 구성원들 간에 서로를 존립의 필수적인 존재로 인식하고, 공동으로 정보를 공유하고, 유사한 도구로 소통하며 공동의 역사활동을 벌여나간다. 주변의 자연환경·문화적환경·역사적환경 등에 영향을 받거나 충격

26　위와 관련하여 윤명철, 「동해문화권의 설정 검토」, 『동아시아 역사상과 우리문화의 형성』, 민속원, 2005.
　　윤명철, 「고구려 문화형성에 작용한 자연환경의 검토- '터와 多核(field & multi-core)이론' 을 통해서」, 『한민족연구』4호, 한민족학회, 2007 등 참조.

으로 상처를 입는 등 공동의 이익에 문제가 생길 때에는 공동의 문제의식을 지닌채 함께 국가기구, 제도, 이데올르기 등의 수단을 이용하여 주변환경을 변화시키고 조정한다. 적합한 것을 선택하고, 적응하면서 이러한 경험을 문화적 유전자 뿐 만 아니라 생물학적 유전자로 전달하기도 한다.[27]

3. 한민족 형성과정의 대강

앞 글에서 민족을 구성하는 몇 가지 요소들을 재개념화 시키면서 우리 역사상에 적용할 수 있는 민족개념을 모색해보았다. 이를 바탕으로 본고의 주제인 민족의 원핵이 형성되는 단계로서 고구려사를 살펴보는 예비단계로서 민족사 전체의 맥락 속에서 민족이 형성되가는 대강을 살펴보고자 한다. 현재 우리가 인정하고 경험하는, 또는 생존의 근거가 되는 한민족은 어떻게 형성되었고, 그 과정은 어떠했을까?

본고는 한민족을 이해하고, 실체를 규명하는 한 방법론으로서 연역적인 해석방식을 채택한다. 현재 동아시아는 한민족·중국민족·일본민족으로 구분하고 있다.[28] 어떠한 용어와 개념을 적용해서 분석해도 우리는 '한민족'이라는 용어와 함께 거의 유사한 개념을 공유하고 있다. 우리는 현재까지 역사의 핵을 담당해온 사람들을 표현하

---

27 모든 생물은 끊임없이 스스로를 갱신한다. 세포들은 파괴되어 구조를 만들고, 조직과 기관들은 연속적인 주기로 자신들의 세포를 교체한다. 이러한 계속되는 변화에도 부룩하고 생물은 그 전체적인 정체성 또는 조직패턴을 유지한다. 프리초프 카푸라·김용정·김동광 역, 『생명의 그물』(The Web Of Life), 범양사, 1998.
28 새뮤얼 헌팅턴은 그의 책 『문명의 충돌』에서 동아시아를 2개의 문명지대로 보고 중국문명, 일본문명을 거론하고 있다. 하지만 서구에서도 동아시아의 한국·일본·중국을 일반적인 3개의 민족국가개념으로 이해하고 있다.

고 규정하는 적합한 용어를 만들거나 사용하지 못하고 있다. 따라서 기존의 민족이라는 용어와 개념의 일부를 빌어서 우리 역사와 담당주체들에 대한 분석과 이해할 필요가 있다.

거시적인 역사의 맥락 속에서 존재해 온 현재의 우리라는 결과를 구성해 온 과정을 '한민족사' 라고 하면서, 핵으로서 주도적인 역할을 해온 역사적인 존재들을 '한민족' 이라고 설정 또는 명명하는 것이다. 또한 공간적으로는 동아시아 문명이라는 큰 범주 속에서 부분이며 전체의 성격을 유지하면서, 중국 및 일본과는 다르지만 현재의 우리와는 관계가 깊은 단위를 '한민족' 이라고 설정한다.

그리고 그러한 논리 속에서 우리역사를 구성했던 국가들을 민족국가의 범주 속에 넣으면서 타당성, 단계, 그리고 주변 종족 및 국가들과의 관계성 등을 살펴본다. 이러한 방식은 논리가 비교적 단순하며, 복합적인 민족개념을 오히려 간결하게 이해할 수 있다. 이러한 방식으로 우리민족의 형성과정을 시간적 단계적으로 파악하면서, 소위 '한민족사' 를 민족국가라는 틀 속에서 계통화 작업을 할 필요가 있다.

일반적으로 구석기시대에 거주했던 사람들은 그 이후에 살았으며, 장차 민족의 구성원으로 발전할 수 있는 사람들과 계기성을 인정하지 않는다. 그러므로 민족의 구성원 또는 민족의 성격을 논할 때 거론하지 않는다. 하지만 북한은 이와는 달리 핏줄의 중요성을 강조하는 점이 두드러지면서 초기부터 연관된 것으로 파악한다. 1970년대 이후로는 '조선사람' 기원문제에 집착을 하여[29] 조선사람은 구석기시대 전기까지 이어진다고 하여 '조선족' 이라고 명명하였다.[30] 우리 민족의 족속으로 된 종족집단들은 예·맥·한이라고 불리어졌으며, 이들은 언어와 풍속이 대체로 같은 한 갈래의 족속들이었다고 하여 처음부터 한 민족이었다고 주장한다.

---

29 백기하·장우진, 「조선사람 머리뼈의 인류학적 특징」, 『고고민속논문집』(5), 사회과학출판사, 1973.
30 『조선고고연구』, 1999년 1호 (110호)에 본격적으로 정리되어 있다.

우리민족과 관련하여 최초로 세워진 정치체 즉 국가는 조선이다. (原)조선(朝鮮)은 최근에 부각되고 있는 요서지방을 중심으로 한 홍산문화처럼 동아시아 공동의 핵(核)은 아니지만,[31] 중화 및 북방과는 다른 동방문명의 최초 정치체를 형성한 한민족국가의 시원(始原)이다. 동아시아 세계에서 은(殷)·주(周)·동호(東胡)·흉노(匈奴) 등 정치체가 등장하던 시기에 동방문명의 범주 속에서 지리적으로나, 역사적으로, 정치적으로 원핵(原核)을 이룬 실체가 원조선(原朝鮮)이다. 필자는 한강 이남의 공간과 주민 및 역사를 하나의 틀 속에서 설명할 수 있도록 '조선·한공동체(朝鮮·韓共同體)'라는 단어와 개념을 제시한바 있다. 동방문명은 초기 원핵인 조선이 붕괴한 이후에 고구려를 비롯하여 부여·백제·신라·가야·왜 등으로 재생하여 복원작업을 해나갔고, 각 국가 간의 경쟁 구도 속에서 고구려는 전성기에 이르러 복원작업이 거의 완성에 가까워졌고,[32] 특히 주변의 다른 문명권 내지는 종족들과는 다르면서 내부통일성이 강한 민족의 핵을 형성하였다. 그 후 계승성과 정통성을 놓고 고구려와 백제가 민족내부갈등을 벌였고, 수·당의 공격이라는 외적인 충격으로 인하여 신라와 발해라는 통일 아닌 재분열의 양국시대로 되었으며, 일본열도가 우리민족사에서 영원히 이탈하였고, 북방종족들도 구심력에서 벗어나기 시작했다. 이러한 역사과정을 밟은 한민족은 중국 역사와는 민족의 성격과 형성과정이 다르다.

---

31 졸고, 「발해 유역의 역사문화와 동아시아 세계의 이해 - '터(場, field) 이론'의 적용을 통해서」, 『동아시아 고대학』17집, 2008에서 다른 연구자들의 연구성과를 반영해서 홍산문화와 우리의 관계를 기술하였다. 비록 요하문명론이라는 중국식의 논리포장과 용어로 소개되고 있지만, 이 부분에 대해서는 이미 이형구·윤내현·이지린 등의 소개와 연구가 있었고, 이 유역의 성격과 관련하여 우리문화 또는 국가의 성립과 관련해서 단재 신채호 등 선학들의 언급이 있었다. 앞으로 연구자들은 이러한 연구사를 무시하는 과오를 범하지 않기를 바란다. 대표적인 연구지 가운데 이형구는 발해문명론을 제기하였고, 복기대는 요서문명이라는 용어를 잠정적으로 사용하자는 견해이다. 필자는 동아지중해의 한 중요한 부분이며 초기 핵으로서 발해문명론을 주장한다.
32 이 부분에 대해서는 졸고, 「고구려인의 시대정신에 대한 탐구」, 『한국사상사학』7집, 한국사상사학회, 1996에서 rediscovery, renaissance, re-foundation 등의 용어로 규정한 바 있다.

중국의 회하(淮河)이북지방은 황하중류에서 발원한 앙소문화와 산동의 해안가에서 발원한 용산문화가 중핵역할을 담당하였다. 그 문화는 점차 동서남북으로 팽창하여, 주변문화와 습합하였으며, 때로는 북방종족들의 침략을 피해 남쪽으로 도주하는 경우도 있었지만, 점차 거대한 핵을 이루었다. 하지만 중국은 주로 북방에 거주했던 농목 및 유목민족의 지배를 받은 기간이 길었다. 거기에 반하여 우리는 이민족에 의해 장기간 지배당한 적이 없었다. 일제 35년 간을 제외하고는 국권을 전면적으로 상실한 기간이 없었으며, 외부종족과의 비자발적인 통합과정이 없었다. 따라서 내부 통합성이 강할 뿐 아니라, 상대적으로 다른 종족 및 문화 등과의 혼합성이 적었다. 해양은 특성상 교류가 덜 조직적이었고, 활발하고 능동적으로 교류하기에 육지보다는 적합하지 못했다.

중국은 역사활동의 기본터가 통일되었던 기간보다는 분열된 기간이 더 길었다. 즉 이민족이 포함된 상태에서 분열, 통합, 분열을 반복해왔다. 거기에 반해서 우리는 동일혈통, 동일언어, 동일문화, 공통의 역사경험을 공유한 집단들 간에 경쟁을 벌였지만, 최소한 명분상으로는 정치적인 통일의 문제가 대두되었고, 이를 단계적으로 실현시켜왔다. 삼국사기를 근거로 초기에 고구려 역사에서 부여·동예·옥저 등 몇몇 소국명 또는 종족(?)들의 이름이 등장한다. 이들은 정치적으로 하나의 공동체에 속했을 뿐 아니라 언어 풍습 문화 등이 같거나 혈연적으로 유사한 종족으로서 건국초기의 사료에 등장하고 고구려에 복속된 비류 개마 주나 등등의 소국과 동일한 성격의 존재였다. 한강 이남에 있었다고 하는 삼한(三韓)도 마찬가지였다. 물론 물길(말갈)은 종족적으로 다르고, 언어도 달랐다고 여겨지지만, 정치적으로는 고구려에 속한 공동체의 일원이었다. 특히 전성기에 이르면 이러한 정도가 심해졌다. 그러므로 우리역사에서는 고대에도 중국과는 달리 오늘날의 '소수민족'이란 용어와 개념을 부여할 만한 실체가 없었다. 따라서 고구려는 공속의식이 옅고 정치력이 미약한 단계인 종족에서 정치공동체 역사공동체인 민족으로의 변화가 자연스러웠다.

우리와 중국 주변에는 흉노·동호·오환·선비 등이 시대적으로 지역적으로 관련을 맺었다. 우리와 북방사이에는 부여·실위·두막루·몽골 등이 있다. 이들을 평가할 때 주의해야할 점이 있다. 과거에는 동아시아의 모든 역사를 중국의 정치질서 속에서 춘추필법을 이용해서 중국중심·한족중심으로 기술하고 평가하면서 재편했다. 자연스럽게 동아시아 세계가 사실과는 무관하게 1극 중심 체제로 인식됐을 뿐 아니라, 독자성 고유성을 지닌 다른 문화와 지역, 민족의 위상이 약화되거나 부정됐다. 특히 지역적으로, 혈연적으로, 문화적으로, 역사적으로 중핵인 우리와 직접 또는 간접적으로 연관성 있는 동방의 주민 또는 종족들에 대하여 다양한 형태로 기록하면서 유형화시키고 해석해왔다. 예를 들면 동호·선비·오환·흉노·거란·말갈·연 등의 종족 또는 국가들에 관한 인식과 기술이다.

이들 농목 및 유목문화 집단은 이동성문화의 성격이 강하므로 우리와는 다른 역사과정을 겪었다. 기록에서 나타나듯 혈통·언어·문화 등이 우리와 관련이 있을 가능성은 있다. 하지만 초기 원핵의 형성관계도 불확실한 측면이 많고, 기원이나 활동지역도 확정적이지 못하다. 그 후에 다른 종족들과 섞이는 과정도 매우 불안정하며 불확실하다. 그들은 지금 거의 대부분 존재하지 않을 뿐더러, 잔존했다해도 근거를 확실히 알 수 없다. 하지만 지금의 우리를 형성한 요소로서 관련이 깊은 것은 부정할 수 없다. 이러한 분류 성격 지역 생활양식 등은 중국측의 인식, 지식, 경험, 이익을 토대로 한 기록에 의해 정의되고 남겨진 것이라는 유의할 필요가 있으며, 이러한 태도는 지금에 와서 동북공정 등에서 확인하듯 확대재생산되고 있다. 그러므로 그들에 대해서는 그 당시의 실제상황을 고려하여 우리의 입장과 연관시키는 태도가 필요하다.

중국은 최근에 황하문명을 넘어서는 문명권의 존재가 양자강 유역, 감숙성 등 주변지역에서 드러나면서 중국학계는 '다지역 문명기원설', '통일적 다민족국가'을 주장하고 중화문명의 범주를 확대하고 있다. 그리고 소위 '중화민족론'을 내세우고 있다. 그만큼 종족구성도 복잡할 뿐 아니라 다른 성격을 지닌 문화의 발생지역 또한 여러 곳이라는 반증이다. 영토가 물리적으로 넓을 뿐 아니라 지형이 중층적이고, 지리가 복잡하였으며, 자연환경 또한 복합적이었다. 유기적인 시스템을 이루기에 부적합한 환경이었다. 반면에 고구려를 비롯해 우리가 활동하고 터의 역할을 하던 공간 또한 고유성을 지닌 민족으로 형성하는데 유리했다.

필자는 '터이론', '동아지중해(East-Asian Mediterranean-Sea)모델', '해륙국가론(海陸國家論)'[33] 등을 전개하면서 동아시아를 동방 북방 중화 등 3개의 문명으로 유형화 시켰으며, 우리와 연관해서는 동방문명 또는 '동이문명권'을 설정한바 있다.[34] 우리는 중화문명 지역, 유목문명지역, 수렵문화지역, 해양문화지역과는 사뭇 다른 특성들이 있었다.

필자는 우리 역사터를 해석하면서 '동아지중해모델'을 설정했다.[35] 즉 해양과 대

---

[33] 윤명철, 『해양사관으로 본 한국 고대사의 발전과 종언』, 『한국사연구』 123호, 한국사연구, 2003 ; 「한국사 이해를 위한 몇 가지 제언」, 『한국사학사학회보』 9집, 한국사학사학회, 2004, 3 ; 「한국 고대사 연구의 반성과 대안」, 『단군학 연구』 11, 단군학회, 2004, 9 등 참고.

[34] 이전에 박은식·신채호·안확·정인보·최남선 등 선학들이 이러한 틀을 제시했다. 근래에 신용하는 이 지역과 문화에 대해 '고조선 문명권'이라는 설을 제시했다. 정영훈의 「근대민족주의 사학의 역사인식」(『한민족연구』 2호, 한민족학회, p.81)에서는 민족주의 사학자들의 특성을 5개로 유형화하고 있다. 박은식 등은 우리민족의 범위를 넓게 설정하면서 여진·선비·몽고·흉노 등을 우리민족과 동족으로 보고, 東夷(九夷)도 우리민족의 지파로 생각하였다. 필자는 그 분들의 학설과 약간의 견해 차이는 있지만 큰 맥락 속에서는 유사하다. 이에 대해서는 필자의 다음 논문들을 참고할 것. 윤명철, 「한국 고대사 연구의 반성과 대안」, 『단군학 연구』 11, 단군학회, 2004, 9 ; 「동아시아 고대문명 네트워크의 현대적 부활을 위하여」, 『동아시아 문예부흥과 생명평화』, 세계생명문화포럼, 2005 ; 「고구려를 바라보는 몇가지 관점」, 한민족학회 창립기념학술회의 발표논문, 한민족학회, 2006, 5 ; 「동아시아의 해양공간에 관한 재인식과 활용 -동아지중해모델을 중심으로」, 『동아시아 고대학』 14, 2006, 12 ; 「고구려 문화형성에 작용한 자연환경의 검토 - '터와 多核 (field & multi-core)이론'을 통해서」, 『한민족연구』 4호, 2008 ; 「발해 유역의 역사문화와 동아시아 세계의 이해-'터(場, field) 이론' 의 적용을 통해서」, 『동아시아 고대학』 17집, 2008 ; 「한국사를 이해하는 몇 가지 틀을 모색하면서-터(field&multi-core) 이론의 제기」, 한국사학사학회발표, 2008, 6, 28.

[35] 동아시아는 아시아 대륙의 동쪽 하단부에 위치해 있으면서 중국이 있는 대륙, 그리고 북방으로 연결되는 대륙의 일부와 한반도, 일본열도로 구성이 되어 있다. 한반도를 중심축으로 일본열도의 사이에는 동

류과 반도로 이루어졌으며, 이들 자연의 각 영역들은 유기적으로 연결되었으며, 역할 면에서도 상호보완적이었다. 특히 동아지중해의 핵(核)지대인 한반도의 서해안, 발해 연안, 일본열도의 규슈해안은 농토와 강, 바다가 무리없이 연결되었다. 육지는 노년기의 산지와 구릉, 그리고 일부의 초원 및 삼림으로 구성되었다. 즉 지리 지형 기후 등이 하나의 역사단위로 될 만한 자연환경을 구비하였다. 수렵삼림지대나 초원지대 또는 사막에 거주하면서 소규모의 부족들 간의 교류마저 곤란한 집단들과는 다른 방식으로 교류와 공존이 이루어져 왔다. 그러면서도 다양한 자연환경은 생산물의 취득방식은 물론, 생산물의 종류를 다양하게 하여 상호간에 무역과 공존시스템이 이루어질 수 조건을 만들었다. 그리고 문화 또한 서로가 주고받는 일종의 '환류시스템'을 이루고 있었다.

  자연환경과 땅은 지리정치적(geo-politic)인 영토의 의미만이 아니고, 지리경제적(geo-economic)으로도, 지리문화적(geo-culture)으로도 큰 의미가 있다. 그런데 발전기의 고구려는 넓은 영토를 가졌다. 많은 강들, 연해주 지역과 홍안령의 대삼림, 요동의 넓은 평원, 초원, 호수 등을 골고루 소유하였으며, 남쪽으로 진출하여 비옥한 농토를 얻었다. 고구려 영역은 동만주와 연해주 일대의 수렵삼림문화, 동몽골과 북방방면의 유목문화, 화북에서 올라오는 중국의 한(漢)문화, 해양을 통해서 들어오는 해양남방문

해와 남해가 있고, 중국과의 사이에는 황해라는 내해(inland-sea)가 있다. 한반도의 남부와 일본열도의 서부, 그리고 중국의 남부지역(長江이남을 통상 남부지역으로 한다)은 이른바 동중국해를 매개로 연결되고 있다. 그리고 현재 연해주 및 북방, 캄차카 등도 동해연안을 통해서 우리와 연결되고 있으며, 타타르해협을 통해서 두만강 유역 및 북부지역과 사할린 홋카이도 또한 연결되고 있다. 즉 완벽하지는 않지만 비교적 지중해적 형태를 띠고 있다. 다국간 지중해(Multinational-Mediterranean-Sea)의 형태로서 모든 나라들을 연결시키고 있다. 이러한 자연공간 속에서 대륙적 성격과 함께 해양적 특성을 가지고 있었고, 역사가 발전하는 데에 큰 역할을 하였다. 이러한 인식과 사실을 바탕으로 필자는 '동아지중해(EastAsian-Mediterranean-Sea)'라고 유형화시켰다. 동아지중해의 자연환경에 대한 검토는 윤명철, 「해양조건을 통해서 본 고대 한일관계사의 이해」, 『일본학』14, 동국대 일본학연구소, 1995 ; 「황해의 지중해적 성격 연구」, 『한중문화교류와 남방해로』, 국학자료원, 1997 등 참고.

화, 한반도 남부의 문화 등이 하나로 모인 집결지의 성격을 가지게 되었다.

우리역사는 자연환경과 역사적인 경험, 문화의 상호비교를 통해서 동아시아 문명 동방문명 등의 보다 거시적이고 범공간적인 '터'의 개념 속에서 살펴보아야 한다. 여러 종족들 간의 관련성을 시대적으로 소급해 올라가고, 명멸했던 국가들 간의 연결성과 시원국가인 원조선(原朝鮮)의 계승성 또한 적극적으로 해석할 필요가 있다. 본고와 관련해서는 삼국 이전시대, 삼국시대 등 고대역사를 발전지역과 정치체제의 다름, 문화적인 차이점을 이질적이거나 불계승성의 관점에서 파악하거나, 분열과 갈등의 원인이나 상태로만 보지 말고, 공존과 통일체의 역사로 함께 보는 인식과 관점이 필요하다. 고구려, 백제, 신라, 가야, 왜 등은 서로가 무관하고 적대적인 관계만이 아니라 상호보완과 통일을 지향하는 정치체이고 주변의 소국들 또한 마찬가지이다.[36] 또한 각 국가들은 공간적 시간적으로 전체민족과 격절된 부분이 아니라, 전체 속의 부분이며, 늘 유기적인 관계에 있는 부분이다. 우리 역사체에서 통일이란 부분의 단순한 합, 산술적인 합이 아니라 전체로서 원형복귀하고, 마비 또는 왜곡, 굴절된 부분의 흐름을 소통시키는 것이다. 자연지리와 역사가 소통되면서 본능적으로 통일을 지향한다.

4. 고구려 역사와 한민족 형성의 한 단계

필자가 여러 글에서 언급한 바대로 고구려는 독특한 역사발전을 하면서 우리민족의 영토 정신 문화 등에서 큰 영향을 끼쳤다. 고구려의 건국과 발전과정을 통해서 우리민족이 중요한 한 부분이 어떻게 형성되었는가를 살펴보고, 아울러 그 작업을 통해

---

36 윤명철, 「고구려 담론 1 -그 미래 모델의 의미」, 『고구려연구』9집, 2000, 12 ; 윤명철, 「고구려의 고조선 계승성에 관한 연구 2」, 『단군학 연구』14호, 단군학회, 2006 등

서 우리민족의 특성과 역할 등 정체성을 이해하고자 한다.

1) 건국과정과 한민족 원핵의 재발견

고구려는 건국한 초기[37]부터 자신의 성격과 국력을 강화시킬 목적으로 정체성을 확인하고, 고양시킬 수밖에 없었다. 그 가운데 하나가 조선계승성과 부여정통론이다. 고구려의 정체성, 특히 조선계승성 부분에 대해서 이미 10년 전부터 몇 편의 논문과 책을 통해서 견해와 주장을 발표한 바 있다.[38] 물론 그동안 필자와는 다른 연구방식으로 접근한 남북 학자들의 의미있는 연구성과들이 있었다.[39] 일제시대에는 단재·백암 등을 비롯한 선학들의 연구와 저술들이 있었다.[40]

그런데 인식을 갖고 실현시키는 정책을 추진할 수밖에 없었던 이유와 배경은 무엇일까? 앞 글에서 언급한 대로 조선은 부여 이전의 국가이고, 부여를 포괄하는 더 큰 질서이다. 우리 민족에게는 일종의 母이며 태반(穴)같은 존재이다.

조선은 동아시아질서의 종주권과 교역권을 놓고 중국세력과 군사적 대결, 정치적인 대결을 여러 차례 벌였다. 특히 조한(朝漢)전쟁[41]은 1년에 걸쳐 치열하게 진행된 끝

---

37 북한은 고조선이 기원전 10세기경에 성립되었다고 주장하였고, 부여는 기원전 7세기, 구려는 기원전 5세기 이전으로 보아 고구려의 건국시원을 보다 높이고 있다.
38 윤명철, 「고구려인의 시대정신에 대한 탐구」, 『한국사상사학』7집, 한국사상사학회, 1996 ; 「고구려 담론 1 그 미래 모델의 의미」 ; 「고구려의 고조선 계승성에 관한 연구 1」, 『고구려연구』13, 고구려연구회, 2002, 6 ; 「단군신화와 고구려 건국신화가 지닌 정체성(identity)탐구」, 『단군학연구』6, 단군학회, 2002, 6 등 참고.
39 윤내현은 이 부분에 대해서 일찍부터 본격적으로 연구한 학자로서, 조선의 역사상을 문헌을 중심으로 비교적 논리적인 접근을 성공적으로 수행하고 있다. 그리고 근래에는 박선희·하문식·복기대 등이 고고학적인 성과들을 토대로 구체적인 실상을 밝혀내고 있다.
40 정영훈, 「근대민족주의 사학의 역사인식」, 『한민족연구』, 2006, pp.80~82 참고.
41 이 용어와 성격에 관해서는 졸고, 「黃海文化圈의 形成과 海洋活動에 대한 연구」, 『先史와 古代』11호, 한

에 조선의 패배로 귀결되었다. 새로운 질서가 수립되면서 일부지역에서는 한(漢)의 식민지체제가 성립되었고,[42] 주변의 각국은 한(漢)세력에 의해 정치적이고 경제적인 교섭을 비자발적으로 관리받게 되었다.[43]

문화는 일반적으로 정치가 중심이 기본핵이 되는 구조를 이룬다. 중핵에서 발생한 힘의 파장들은 주변지역으로 퍼져나가, 그 토착문화에 영향을 끼친다. 토착문화는 중핵문화를 수용하면서 새로운 형태와 작은 핵들을 형성한다. 그 후에 주변의 작은 핵들은 자력·타력으로 성장하면서 일정한 단계에 진입하면 다양한 목적과 방식으로 중심으로 향하면서 영향을 끼친다. 시차 단계 역할의 차이는 있어도 상호보완관계이다. 그런데 어느 정도의 체제가 구축된 상태에서 갑자기 주변이 없어지면 중심까지도 붕괴의 위험이 생기고, 반대로 중심이 없어지면 전체는 그야말로 전면적으로 진공상태에 이른다. 하지만 한 국가가 외적인 충격을 받아 멸망했다는 사건은 국가체제가 소멸하여 정치적으로 진공상태가 되었고, 담당자가 바뀐 것일 뿐이지 터전인 땅 자체가 없어지거나 주민들이 모두 사라지는 상황이 도래하는 것은 아니다. 문화능력, 사회시스템, 기술력 등이 유기체와 마찬가지로 본능적으로 복원하고, 파손된 부분을 복구하며, 끊임없는 자기복제를 한다. 그래서 복국운동이 일어나고, 다시 건국한 나라들이 망한 나라의 계승성을 주장하는 것이다.

(原)조선(朝鮮)은 우리민족의 근간을 이루었던 주민들이 만든 최초의 국가로서 에너지가 열정적으로 분출되었으며, 정제되었던 첫 결과물이다. 따라서 조선은 그 후에 형성된 후발국가들에는 비자발적으로라도 주어진 유산이면서 동시에 보존해야 할 정

국고대학회, 1998, 12 및 이를 수록한 『한민족의 해양활동과 동아지중해』 참고. 그러데 교역권 쟁탈적인 성격에 관해서는 아지까지 상세하게 논하지 못하고 있다.
42 이 사건에 대하여는 전해종, 「고대 중국인의 한국관」, 『진단학보』 46 · 47합집, 1979, pp.68~69.
43 물론 이 부분에 대해서는 조선의 지역 및 단계 등과 연관하여 많은 논쟁을 불러일으키고 있다.

체성들의 원형이었다.

　조선의 멸망으로 생겨난 커다란 진공상태를 메꾸기 위해 주변부 또는 몇 개의 소핵 등을 중심으로 구심력이 강화되면서 여러 종류의 힘이 모여들었다. 옛 주민들은 통제력이 약한 지역을 중심으로 복국운동을 펼치면서 다시 자기지역에 소규모의 정치형태를 갖추었다. 진번 임둔을 몰아내고, 기원전 75년에는 현도군을 몰아낸 후 이러한 지역들을 중심으로 나라를 세웠다. 이러한 과정 속에서 조선의 옛 땅에서는 고구려를 비롯한 숱한 소국가들이 생성 난립하여 자기증식을 하면서 국가들 간의 경쟁을 치열하게 벌였다.

　그런데 이 소위 '조선 후(後, post)질서'는 일본열도의 소국들처럼 신천지를 개척한 소국들이 독립적으로 존재하며 각각의 역사발전을 꾀하는 병렬의 열국(列國)구조는 아니라고 생각한다.[44] 하나의 모(母)질서가 깨어진 파편들로서 출발해서 종족, 언어, 문화[45]등의 유사성과 공동의 역사적인 경험을 보유한 일종의 역사유기체였다. 따라서 본능적으로 회복과 통일이라는 공동의 목표를 추구한 구조였다고 생각한다. 비록 무의식적이고 암묵적일 수도 있지만 이는 일종의 통일전쟁이고, 조선적 질서의 복원이었다.

　필연적으로 초기의 소국가들은 우선 역사공동체 내부에서 모두의 모(母)질서이며 선행국가인 고조선과 부여를 이어받았다는 계승의식을 강하게 주장하면서 실제적으로도 그것을 실천해야 했다. 역사 계승성은 일종의 생존전략이었고, 건국을 성공시킬 수 있는 국가경영전략의 일환이었다. 그리고 국가의 발전 모델로 삼을 당위성이 높았

---

44 열국적인 시각에 대해서는 신채호·문정창 등 선학들이 주장하였고, 남한에서는 윤내현이 거수국체제를 설정하면서 발전시켰고, 북한학계 또한 이러한 역사해석을 해왔다. 다만 필자는 '역사유기체론'을 설정하면서 소국들의 성격과 당시의 시스템을 다른 관점에서 이해해보고자 한다.
45 문화의 공유에 대해서는 고고학적인 유물과 문헌기록을 토대로 조선의 사회상을 재현하고, 조선과 그 후 국가들 간의 공유상을 구체적으로 규명해간 박선희의 연구성과들이 있다.

다. 그렇다면 조선 계승성을 자신있게 주장할 수 있는 하는 근거를 찾고 이론을 확립하며, 정책적으로도 실현시켜야만 한다. 이 과정에서 일정한 기간 동안 잊어버렸고, 잃어버렸던 동일집단의 자아를 찾고 회복하는 일은 고구려를 비롯한 그 무렵 소국들 모두의 과제이었다.

고구려에게는 다른 소국들은 물론이고, 중국과는 다른 무엇이었다. 기본적인 것은 역사 인식 및 공동의 역사경험이다. 우선 정체성(identity)의 문제이다. 역사에서 진보의 동력은 자아의식에서부터 나온다.[46] 새로운 집단 내지 그 결정체인 국가가 성립되었을 때에 그것의 당위성과 명분을 제공해줄 정체성은 의미가 크며, 그것의 주 내용인 정통성과 계승성은 늘 안팎에서 관심과 연구의 대상이었다. 고구려는 조선 계승성과 부여 정통론을 분명히 하면서 실현시켜야만 했다. 이러한 국가의 존재이유와 발전 목표 등이 구체적으로 기록된 것이 남아있지는 않다. 그러면 소수의 단편적인 기록과 유적 유물을 비롯한 문화현상을 해부 분석해서 재복원할 필요가 있다. 그리고 고대국가의 몇몇 특성들을 감안해서 영토확장 정책을 분석하면서 추정하는 방식도 가능하다.

고구려는 건국자인 주몽은 첫 사업으로서 주변국인 비류국을 점령하자마자 그 곳을 '다물도(多勿都)'라고 명명했다. 다물(多勿)은 옛 질서를 회복하고 조선 또는 부여를 계승한다는 의미이다,[47] 그 후 고구려의 국시이면서 국가의 발전목표의 역할을 하였다.[48] 또한 비록 후대의 기록이지만 초기 고구려인들의 혈통인식을 살펴볼 수 있다. 『삼국유사』의 첫부분인 왕력(王曆)편에는 주몽은 단군의 아들(朱蒙···鄒蒙 壇君之子)로 기술하여 조선(朝鮮, 왕검조선, 고조선)을 계승했다는 조선 계승성을 분명히 하고 있다.[49]

---

46 윤명철, 『역사는 진보하는가』, 온누리, 1991 참고.
47 『삼국사기』 권13, 고구려본기 동명성왕, '多勿麗語謂復舊土'
48 이 주장은 졸고, 「고구려인의 시대정신에 대한 탐구」, 『한국사상사학』 7집, 한국사상사학회, 1996년 이래 여러 글에서 주장하였다.
49 윤명철, 「단군신화에 대한 구조적 분석」, 『한국사상사학』 2집, 한국사상사학회, 1998에서 상세하고 논하고 있다. 특히 단군신화와 동명왕 신화가 구조적으로 일치하고 있음을 언급하였다.

『제왕운기』에 따르면 고례(高禮 : 고구려)는 다른 국가들처럼 단군의 자손임을 칭했다. 『삼국사기』 동천왕 21년조에 보면 평양은 '本仙人王儉之宅'이라고 하였다. 적어도 고려 시대 중기에 살았던 사람들은 평양지역을 조선의 수도라고 보았고, 동천왕은 이러한 계승성 또한 염두에 둔 채 247년에 평양으로 천도를 고려했을 것이다.

고구려 전반의 상황을 기록한 중국의 『후한서』에도 고구려 옥저 예 등은 조선 땅에 있다[50]고 하였고, 영토상으로 고조선을 계승하였음을 밝히고 있다. 또한『수서』배구열전, 『구당서』및 『신당서』배구열전, 『삼국사기』고구려본기의 영양왕조에는 수양제와 고구려 사신이 돌궐의 계민가한(啓民可汗)의 장막에서 만난 내용이 기술되어 있다. 그런데 이 문장에 고구려의 땅은 본래 고죽국(孤竹國)이라는 글이 있다. 역시 고죽국과 고구려 간의 영토적 계승성을 인식하고 있는 대목이다. 이들은 고구려의 후기 수도였던 현재 평양지역을 낙랑과 연결시키려는 의도가 작용한 결과이겠지만, 『괄지지(括地志)』에는 '평양성은 본래 한(漢)의 낙랑군(樂浪郡) 왕험성(王險城)으로서, 옛 조선(朝鮮)이다.' 라고 하였다. 당(唐) 시대의 금석문인 『천남산묘지명(泉男産墓地銘)』에는 "동명(東明)의 후예가 참으로 조선을 세워 호(胡)를 위협하고 맥을 제어하여 서주(徐州)와 통하고 연(燕)을 막아 지켰다."고 기록되어 있다. 『원사(元史)』에도 고려는 본래 조선의 후예이다[51]라고 하였다.

실제로 고구려는 건국초기부터 주변의 소국들을 공격하여 복속시켜 나갔다. 그 후 행인(荇人), 북옥저(北沃沮) 등을 정복하였고, 유리왕은 양맥(梁貊)을, 대무신왕은 개마(蓋馬) · 구다(句茶)를, 태조대왕은 동옥저(東沃沮), 갈사(曷思), 조나(藻那), 주나(朱那) 등 주변의 여러 소국들을 병합했다. 3대인 대무신왕 은 37년에 낙랑국을 습격하여 멸망시켰다. 6대 태조대왕은 여러 소국들을 병합하는 한편 동해까지 진출하여 두만강 하

---

50 『후한서』예전 "濊及沃沮 句驪本皆朝鮮之地也."
51 『元史』卷208 列傳 高麗.

구에 책성(柵城)을 설치하였으며, 또 동옥저를 완전하게 정복하였다. 이렇게 해서 고구려는 소국통일전쟁을 마무리하였다. 물론 부여 정통성을 강화시키는 작업도 추진했다. 『광개토태왕릉비』, 『삼국사기』, 『삼국유사』, 『동국이상국집』, 『위서』 그리고 『북사』 등을 살펴보면 고구려가 부여를 계승했다는 인식이 반영되고 있으며, 동명도 부여에서 비롯됐다고 한다. 부여 혹은 북부여는 고구려를 비롯하여 유귀(流鬼), 두막루국(豆莫婁國) 등 북방계 정치집단들의 모집단(母集團)일 가능성이 높다.

조선적 질서의 회복, 즉 새로운 중핵으로서의 위상은 한족(漢族) 및 북방종족(北方種族)과 투쟁을 선언하고 승리의 쟁취라는 성과로 나타났다. 이미 2대 유리왕 때부터 북서쪽의 선비를 공격했다. 5대 모본왕은 A.D 49년에 요하를 지나 북평(北平)·어양(漁陽)·상곡(上谷)·태원(太原) 등 현재 북경근처인 화북일대를 공격하였다.[52] 6대 태조대왕은 A.D 55년에 요서에 10성을 쌓았으며, 146년에는 압록강 하구인 서안평(西安平) 공격을 단행한 후에 대방령(帶方令)을 죽이고 낙랑태수(樂浪太守)의 처자를 잡아왔다.[53] 미천왕 3년에는 3만 명의 군사로서 현도군(玄菟郡)을 공격하고, 이때 사로잡은 8000명을 평양으로 옮기고 평양성을 중축하였다. 그리고 313년에 낙랑을 완전히 구축하고 2000여 명을 포로로 삼았으며, 그 다음해인 314년에는 대방을 멸망시켰다.[54] 이 전쟁은 조한전쟁(朝漢戰爭)의 연장선상에 있었다.

고구려는 영토를 팽창시키는 과정이 초기부터 전성기에 이르기까지 일관된 특성이 보인다. 그 가운데 하나로 지역적으로는 조선이 활동영역을 수복해가는 양상을 띠운다. 따라서 수복지역의 주민이 자동적으로 편입되면서 전시대에는 비교적 느슨하거나 혼란스러워졌던 상태에 있었던 혈연을 더욱 강하고 공통성이 강한 상태로 만들

---

52 『삼국사기』, 고구려본기, 모본왕 2년.
53 『삼국사기』, 고구려본기, 태조대왕 94년.
54 낙랑과 대방문제는 그 위치에 대해서 논란이 있으므로 잠정적으로는 통설을 따르기로 한다.

었다.『삼국지(三國志)』에는 고구려를 가리켜 '불부예군(不復詣郡) 후초교자(後稍驕恣)'라고 하였다.

고구려는 언어 또한 일부의 주변지역을 빼놓고는 유사하여 의사를 교환하고, 국가를 경영하는 데에 차질이 생기지 않았다.『후한서』고구려전에서 고구려는 부여의 별종(別種)이라고 하였고, 동옥저전에는 언어가 구려와 대체로 같다고 했으며, 예전에서는 노인들이 스스로 말하기를 구려와 같은 종으로서, 언어와 법속이 대체로 비슷하다고 하여 종족적 계승성을 나타내고 있다. 부여의 지파인 두막루(豆莫婁)[55]는 물론이고, 선비(鮮卑)·오환(烏桓)·거란을 비롯해, 거기서 갈라져 나온 실위(室韋)·해(奚)·고막해(庫莫奚)[56]를 비롯하여 후대 사료에 나타나는 다호르 등의 몽골계 여러 종족들은 언어 풍습 등에서도 유사한 점이 많다. 문화에서도 일부 지역은 자연환경과 생활양식에 따라 중핵지역과 다른 면을 보이기도 했지만[57] 기본적으로는 공동의 요소가 많았다. 이는 자연관 조상관 신앙 등 세계관에서 유사한 면이 많았기 때문이다.

고구려를 건국하고 발전시킨 주체는 세계관에서도 조선계승성을 주장하고 모질서의 정통성을 추구하였다. 이는 건국신화에서 극명하게 드러난다. 단군신화와 주몽신화는 각각 다양한 논리와 의미 내포하고, 비록 일치하지 않는 상징과 은유를 통해서 사건을 표현하고 있다. 그럼에도 불구하고 두 신화는 구조적으로 일치하고, 전체를 관통하며 중심을 이루는 논리와 사상은 동일하며, 이는 정체성과 깊은 관련이 있다.[58] 고

---

55 『北史』卷94,「列傳」82, 豆莫婁國, '豆莫婁國, 在勿吉 北千里, 舊北夫餘也.'
56 『魏書』,『北史』室韋에 '실위어는 고막해 거란 두막루와 같다' (語與 庫莫奚 契丹 豆莫婁國同.)라고 했는데 거란어는 몽고어에 속한다. 그런데 북사에 奚는 宇文의 別種이라고 되어있다.
57 부여의 영토였던 길림이나 장춘 등 송요평원은 남만주에서 토질이 비옥해서 농성에 아수 적합하다. '…多山陵廣澤 於東夷之域最平敞 土地宜五穀',『三國志』卷30 夫餘傳.
58 정체성은 주체의 문제로서 자신들이 하늘로부터 선택받은 천손이며 집단이라는 선민사상과 場의 문제로서 역사를 이루어 가는 터가 바로 우주의 중심이라는 강렬한 자의식, 그리고 상황의 문제로서 주체인 인간 혹은 집단은 대상체와 '조화와 공존'을 지향하며 역사를 이루어낸다는 '3의 논리' 등으로 구성되

분 벽화에도 현재까지 알려지고 밝혀낸 바에 따르면 몇몇 장면들에는 단군신화의 요소가 미묘하게 표현되어 있으나,[59] 학문이 질적으로 수준이 높아지고, 문화와 예술의 내용을 탐색하는 능력이 향상된다면 더더욱 많은 부분에서 이러한 유사성 계승성 등을 확인할 수 있으리라 생각한다. 고구려는 대내적으로는 다른 소국과의 정통성 경쟁을 벌이면서 승리를 획득했고, 대외적으로는 정치 주권을 회복하고 원조선의 영토를 수복하는 작업을 불충분한 상태지만 성공적으로 끝마쳤다. 그리고 언어 혈통 지역 문화 등의 공질성과 자의식의 회복을 실현시켰다. 고구려를 민족국가의 원핵으로 재생하는 제1차 작업을 완료했다. 고구려는 열국 구조가 아니라 모문명(母文明)을 함께 인식하고 유지하려는 막연한 정서를 유지하면서 연결과 동질성을 실현시키고자 한 네크워크구조의 나라였다. 최소한 부여 · 고구려 · 백제 · 신라 · 가야 · 동옥저 · 예는 종족적 언어나 문화적으로 동일하거나 유사한 집단임을 스스로 혹은 중국인들이 (객관적으로) 인식하고 있었다.

2) 전성기의 역사과정과 한민족 원핵의 발전적 재생

고구려는 광개토태왕과 그를 계승한 장수왕 시대에 전성기를 맞이한다. 전성기란 단순하게 물리적으로 영토가 팽창하고, 경제력을 비롯한 국력이 확대되는 단계를 넘어 질적으로 발전하고, 이전과는 다르면서도 고양된 시대를 말한다. 즉 새로운 체제로 비약하는 계기를 마련한 시대이다.

어 있다. 윤명철, 「단군신화에 대한 구조적 분석」, 『한국사상사학』 2집, 한국사상사학회, 1988 ; 「고구려의 고조선 계승성에 관한 연구 1」, 『고구려연구』 13, 고구려연구회, 2002 ; 「단군신화와 고구려 건국신화가 지닌 정체성(identity)탐구」, 『단군학연구』 6, 단군학회, 2002 등 참조.
59 강룡남, 「단군에 대한 고구려 사람들의 이해와 숭배」, 『력사과학』 96-3, 1996, pp.54~56.

태왕은 22년 재위 동안 쉬지 않고 남, 북, 서를 동시에 지향하는, 즉 전방위 정복활동을 펼쳤다. 그는 단순하게 영토를 확장시키는 정복군주가 아니라 새로운 시대의 도래와 국제질서의 변화를 깨닫고, 이를 국가경영에 활용하여 정책을 추진한 정치가였다. 그의 영토확장정책은 다양한 정치적 목표를 지녔는데, 그 가운데 하나는 초기부터 추진한 국가정체성의 확립과 연관이 깊었다. 초기에 북서쪽으로 요동과 동몽고 지역을 가로지르는 시라무렌강 유역까지 원정했다. 다시 402년에 요하를 건너 지금의 조양지역의 연나라 숙군성(宿軍城)을 공격하였고, 404년에는 육로 또는 수군을 동원하여 후연(後燕)을 공격하여 요동을 장악하였다. 요동은 지정학적·지경학적(地經學的)·지문화적(地文化的)으로 매우 다양하고 복잡하며, 역사적으로도 민감한 지역으로서 정치적, 군사적, 경제적으로 가치는 막대했다. 요동장악은 그와 함께 고구려로서는 일종의 '원토(原土)수복'이라는 국가의 발전목표와도 관련이 있었으며, 조선계승성을 구현하는 일이다.

한편 태왕은, 고구려가 간접통치했던 옛 북부여 영토도 완전히 편입시켰다. 북부여는 흥안령에서 발원한 눈강(嫩江) 상류지역인 치치하얼(齊齊哈爾), 또는 눈강 하류와 북류 송화강이 만나는 대안(大安)을 중심으로 한 송눈(松嫩)평원지역에서 발원했다. 건국자인 동명(東明)은 고리국에서 기원했다는 기록이 있다.[60] 또한 동부여가 조공을 바치지 않자 411년에 친정군을 이끌고 진군해서 완전하게 복속시켰다. 동부여 위치는 영흥만(永興灣) 또는 두만강 하류라는 설이 있다.[61] 이때 동부여의 세력권에는 미구루(味仇婁)가 속하였으므로 연해주 남부일대도 고구려의 영역으로 편입되었을 것이다.[62]

---

60 『梁書』열전 고구려조. "고구려는 東明으로부터 나왔는데 동명은 北夷인 藁離國王의 아들이다…남쪽으로 달아나 淹滯水를 건너 夫餘에 이르러 드디어 왕이 되었다."
61 신채호는 琿春說, 이병도는 文川說. 천관우는 農安방면으로 비정했다가 두만강 하류로 수정하였다.
62 손영종, 「광개토왕릉비를 통하여 본 고구려의 영역」, 『력사과학』 1986-2, p.25. 오늘날의 목단강 유역 일대에서 연해주에 걸쳐 있었다는 견해를 나타내고 있다.

결국 부여와 관련된 지역을 공격하여 점령한 것은 부여정통성을 입증하는 행위였다. 태왕은 8년(398)에 식신(息愼)을 정벌하였는데, 한국학계에서는 대체로 숙신설을 따르면서 동만주 연해주 방면으로 이해하고 있다.[63]

　태왕은 남진정책을 전략적으로 추진하였다. 국제환경 속에서 고구려가 강국을 유지하고, 중핵국가가 되는 궁극적인 목표를 달성하려면 백제와 구속력 있는 동맹관계를 유지하거나, 일부지역을 무력으로 점령하여 배후를 안정시키는 전략이 필요했다. 백제는 항복을 하므로서 고구려는 부여 정통성을 놓고 겨루던 경쟁에서 승리하였다. 『위서』백제 전에는 백제가 부여에서 근원하였다고 되어 있다. 『북사』에서는 색리국의 동명으로부터 나왔다고 되어 있다. 『수서』 또한 마찬가지이다. 동아시아 사람들의 인식이 그러했던 것이다. 백제 스스로도 동명신앙을 유지하였으며, 사비로 수도를 천도한 이후에 국호를 남부여로 개칭하였다. 태왕은 또 다른 목표인 신라를 향해 재빠르고 과감하게 움직여 400년에는 보병·기병 5만을 신라를 향해 진격시켰다. 이미 신라를 불평등외교라는 틀 속에 편입시켜 놓고, 백제의 배후를 교란케 하여 운신의 폭을 제한하는 것이다. 나아가 가야지역까지 자국의 세력권에 넣고자 하는 정치적인 의도가 다분히 깔려 있었다. 신라와 가야의 선질서(先秩序)인 변한(弁韓)·진한(辰韓) 등의 역사적인 성격에 관해서 논란이 있을 수 있으나 크게 보면 조선적 질서의 한 부분이었다고 판단한다.

　태왕은 고구려가 동아지중해의 중핵에 있다는 지정학적인 위치를 적극 활용하여 동아시아 각국을 연결함으로써, 고구려 중심의 거대한 망(網, 中核, core)을 형성하는 정책을 추진했다. 따라서 그의 전방위정책은 영토의 팽창, 인구의 획득이란 차원을 넘어 동아 질서의 재편을 염두에 두고, 그 주도권을 확보하기 위한 정지작업이었다. 그리고

---

63 천관우, 「광개토왕비 재론」, 『전해종 화갑기념논총』, 1979, p.537.

또 하나 중요한 것은 조선적 질서의 수복에 거의 다가간 결과를 낳은 것이다. 즉 민족의 근간이 형성되는데 중요한 기본틀을 확립하였다.

이러한 태왕이었기에 『삼국사기』의 "광개토왕(廣開土王)", 비문의 "國岡上廣開土境好太王, 國岡上廣開土境平安好太王," 그리고 모두루총 묘지석의 "國岡上廣開土地好太聖王", 경주의 호우총에서 발굴된 청동합 명문의 "國岡上廣開土地好太王" 등의 시호를 받았다. 태왕은 신질서를 연 대표자였던 것이다. 능비문 및 일부 사료에 나타난 독자적인 연호, 태왕(太王), 천제(天帝), 황천지자(皇天之子), 성상번(聖上幡), 동명성제 등의 용어, 그리고 황룡으로 상징된 건국자, 벽화에 표현된 황룡 등에는 고구려 자체의 자신감 외에 조선 및 부여의 계승성이 반영된 것이다.

장수왕은 광개토태왕이 수립하고 추진한 정책과 목표를 계승하여 완성시켰다. 장수왕이 등극할 무렵인 5세기에 고구려는 국제적으로 위상이 높아지고, 동아시아 3핵(혹은 3極), 즉 북방·중국·동방이라는 체제의 한 中核을 차지하였다. 그런데 동아시아 세계는 여전히 복잡하고 혼란스러운 상황이었다. 439년 5호16국 시대가 끝나고, 북위(北魏)는 화북지방을 통일하였다. 한편 송(宋)은 420년에는 한족의 나라로서 현재 산동지역부터 남으로는 강소성, 절강성, 복건성 지역에서 건국하였다. 북방에서는 유연이라는 거대한 유목국가가 탄생하였다.

동아시아는 힘의 문제 뿐 아니라, 정치적인 통일, 대단위 형성, 문화권 별 정치권 형성 등의 복잡한 상황이 연출되고 있었다. 장수왕은 대외정책을 발전적으로 이어받아 그 시대의 국제질서 속에서 중핵역할을 할 필요가 있었다. 또한 동방문명의 핵인 고구려로서는 중국세력 및 북방세력과는 다른 성격, 즉 정체성의 문제가 대두될 수 밖에 없었다. 자연스럽게 동방질서 전체를 통일하려는 외적인 환경을 조성하고, 이를 적극적으로 추진해야 했다. 그리고 이것은 '영토확장'과 '정통성 확보', '자의식의 강화 작업'으로 나타났다. 본고에서는 정체성과 관련하여 살펴보고자 한다.

그가 추진한 첫 사업은 광개토태왕릉비의 건립이었다. 광개토태왕의 업적 뿐만 아니라 그를 평가하고, 성공했다는 선언과 다음시대의 계승성을 표현하고 있다. 또한 앞으로 고구려의 역사와 문화를 발전시키는 기본 방향을 제시하는 이정표 내지 좌표의 역할을 목표로 삼은 것이다. 두 번째로 추진한 작업은 수도의 천도이다. 천도는 현실적인 목표외에도 역시 원토수복(原土收復)과 연관이 있다. 평양지역은 고구려로서는 특별한 의미와 가치를 지닌 장소였으므로 건국한 초기부터 깊은 관심을 기울였다. 삼국사기 동천왕 21년조(247년)에 보면 "평양은 본래 선인 왕검이 터이다. 혹은 말하기를 왕이 도읍한 왕험이다"라고 하였다. 동천왕은 계승성을 염두에 둔 채 천도를 고려했을 것이다. 15대 미천왕도 평양지역에 관한 관심을 기울였고, 평양성을 증축하였다. 고국원왕은 북진을 막고 동시에 남진정책을 취하면서 평양지역을 전진거점으로 삼았다. 광개토태왕은 평양에 9개의 큰 절을 창건하기도 하였다. 고구려는 처음부터 조선계승성을 주장했고 이를 국가의 존립이유 가운데 하나로 설정하고 구현해왔다. 평양지역은 원조선의 문화와 정통성을 계승한 중요한 지역 가운데 하나였다.

　장수왕은 남방정책에 더욱 비중은 둔 듯 하다. 427년에 평양성으로 천도한 이후에 끊임없이 백제를 압박하고 드디어 475년에는 수도인 한성을 점령하고, 영토를 서부해안의 아산만 유역까지 차지하였다. 뿐만 아니라 신라의 영토까지도 공격하고 탈취하였다. 기본적으로는 평택만 충주 삼척선을 잇는 선을 경계로 영토로 삼았다.

　이렇게 되자 고구려에는 동부여와 북부여가 속하게 되고, 한성백제는 거의 궤멸되었으며, 신라 역시 정치적이나 군사적으로는 물론 문화적으로도 이미 고구려적인 세계체제 속에 편입되었다. 동아시아에 있는 부여계의 모든 나라들은 이젠 실질적으로나 명분상으로 고구려를 종주로 하는 신질서 속에 속하게 되었다. 화북과 요서에 살고 있던 한족(漢族)들도 유이민으로 들어왔으며,[64] 황해도에 남아있던 일부 낙랑·대

---

[64] 『삼국사기』 고구려본기, 고국양왕(故國壤王) 2년, "流移民多來投……".

방의 옛 땅 주민들도 고구려에 완전히 흡수되었다. 한편 고구려는 주변종족들도 흡수하는 작업을 추진하였다. 종족적으로는 부여의 지파인 두막루국(豆莫婁國)은 물길 북쪽 천여리에 있다. 옛날의 북부여이다. '실위'의 동쪽에 있고, 동쪽은 바다와 닿아있고, 사방 이천리이다.[65] 선비(鮮卑)·오환(烏桓)·거란을 비롯해, 거기서 갈라져 나온 실위(室韋)·해(奚)·고막해(庫莫奚) 등이 고구려에 흡수되었다. 거란(契丹)은 문화·언어상은 물론이고, 혈통상으로도 고구려와 연결이 어느 정도 있었을 것이다.[66] 『위서(魏書)』 『북사(北史)』 실위(室韋)에 "실위어는 고막해 거란 두막루와 같다."고 했다.[67] 그런데 두막루국은 부여의 후손이니, 결국 실위어와 두막루어 거란어 고막해어는 고구려와 큰 차이가 없었던 것이다.

물길(숙신·읍루·말갈로 시대에 따라 명칭이 변하는 종족) 등 북방 퉁구스계도 고구려에 편입되었다. 『삼국지』 옥저전에는 옥저의 언어가 고구려와 크게는 같으나 때때로 약간의 차이가 있다는 기록이 있으므로 고구려와 옥저의 후예일 수 있는 허저(赫哲: 나나이족)은 종족적 언어적 문화적 연관성을 진지하게 검토해 볼 필요가 있다.[68] 한편 유귀(流鬼) 등 고아시아계통의 종족들 일부도 고구려의 국민 구성과 관련이 있다.

이렇게 흩어진 종족의 재흡수와 통일과정을 통해서 고구려는 동아시아 속에서의 위상이 변화하였다. '가순행남하(駕巡幸南下)', '國岡上廣開土境平安好太王', '永樂太王', '巡下', 천제(天帝), 황천지자(皇天之子)라는 구절이 있다. 또한 충청북도 중원의 고

---

65 『魏書』 열전 豆莫婁, "……豆莫婁國在勿吉北千里, 舊北夫餘也. 在室韋之東, 東至於海, 方二千餘里"; 『北史』 열전 豆莫婁國, "豆莫婁國. 在勿吉北千里, 舊北夫餘也"
66 거란은 특히 고구려와 깊은 관련을 맺고 있다. 미천왕·고국원왕 시기에 화북의 후조와 매우 긴밀한 관계를 맺었는데, 후조는 흉노계이며 유목생활을 하던 종속이다. 위서 石勒傳에는 그의 외모를 서구인에 가깝게 묘사하였다.
67 『魏書』, 『北史』, 室韋 "語與 庫莫奚 契丹 豆莫婁國同". 그런데 북사에 奚는 宇文의 別種이라고 되어있다.
68 高青山 외, 『東北古文化』, 春風文藝出版社, 1988; 백산자료원 再刊, 1994; 方衍主 편, 『黑龍江少數民族簡史』, 中央民族學院出版社, 1993.

구려비에도 '五月中高麗太(大?)王祖王'이라는 글귀 또 '신라매금(新羅寐錦)' 혹은 '동이매금(東夷寐錦)', '노객(奴客)'이라는 표현이 있다. 이를 보면 그들은 태왕(대왕)을 중심으로 주변국의 왕들이 부수되고 있다는 것이 보편적인 인식이었다.[69] 또한 후대의 기록이기는 하나 『국사(國史)』 고구려본기를 인용한 『삼국유사』의 동명성제(東明聖帝), 『수서』 고려전에 나오는 '소열제(昭列帝)' 등 칭제의 흔적도 있지만 고구려는 적어도 중국연호를 차용하지 않았다.

이러한 내용들은 그 무렵에 고구려가 국제질서에서 차지한 역사적인 위상과 함께 태왕적 질서를 지향하는 고구려인들의 인식을 반영하고 있다. 또한 건국 이래의 목표였던 다물, 즉 조선계승성과 부여정통성을 실현한 자부심의 선언이었다.

전성기의 고구려는 하나의 국가영토 안에 색다른 자연환경,[70] 이질적인 문화가 공존하면서 복합적인 역사공간으로 탈바꿈했다. 하지만 하나가 잘게 쪼개져 흩어진 '분할 다양성(分割 多樣性)'이나 이질집합체(異質集合體)가 아니라, 여럿이 모여 다름을 유지하면서 하나로 모이는 '통합 다양성(統合 多樣性)'을 지닌 다문화국가(多文化國家), 다문화체제(多文化體制)가 되었다. 고구려라는 전체의 '문화장(文化場, field)' 속에 고구려인들을 항성(恒星)으로 놓고, 고유성을 지닌 종족들과 문화환경을 행성(行星)이나 위성(衛星)으로 삼아 적절하게 배치하여 원심력과 구심력 속에서 움직이게 만드는 것이다. 터와 구성핵들이 전체와 부분으로서 유기적인 연결을 맺고, 여러 종류의 문화를 한군데로 섞어서 독특한 성격을 창조한 이후에는 주변지역으로 전파하는 배급처 역할을 하는 '복합문명'의 성격을 지닌 국가였다.

---

69 노태돈, 「5세기 금석문에 보이는 고구려의 천하관」, 『한국사론』19, 1988 ; 양기석, 「4~5세기 高句麗王著의 천하관에 대하여」, 『호서사학』11.
70 윤명철, 「고구려 문화형성에 작용한 자연환경의 검토 - '터와 多核(field & multi-core)이론'을 통해서」, 『한민족연구』4호, 2008에서 고구려 전성기의 자연환경에 관하여 터이론을 통해서 설명하였다.

고구려는 전성기에 이르러 정치활동의 범위가 지역적으로 확대되었고, 정치체제도 다른 점들이 부각되었고, 문화의 내용에도 차이점이 발생하는 등의 질적인 변화가 있었지만, 고구려는 완전한 의미의 통일을 이룩하는 데는 못 미쳤지만, 옛 조선의 영토를 대체적으로 회복하고, 모든 지역에 대한 일원적인 정치적인 영향력을 확장하였으며, 문화 또한 질적으로 발전시켰다. 고구려를 재발견(re-discovery)하여 원조선(原朝鮮)을 원핵(原核) 또는 근간으로 삼아 새로운 형태의 고구려 문화로 변환시켜 내적도약의 에너지로 삼아 세계화로 인식의 지평을 확대하였으며, 신질서에 걸맞는 보편정신과 문화를 창조하였다. 이렇게 해서 문명개화의 절정시대(renaissance)를 맞이했으며, 고구려인들은 세계국가적 성격을 갖고 동아시아의 중핵국가로서 성격을 재정립(re-foundation)하였다.[71] 이 결과물은 오늘날의 한민족으로 형성되는데 중요한 계기와 역할을 담당하였다.

5. 맺음말

서론에서 언급한 대로 이 글은 민족의 문제, 즉 형성시기와 과정, 기본성격, 끼친 영향 등을 역사학자의 관점에서 현재 및 미래와 연관하여 작성하였다. 인류역사 이래 가장 큰 폭으로 문명의 전환이 발생하고 있으며, 인류의 미래 또한 긍정적인 것만은 아니다. 정치 경제적으로 세계화가 추진되고, 동아시아 공동체의 수립이 현실로 다가오고 있다. 이러한 상황 속에서 우리에게 닥쳐오는 위기를 극복하기위한 노력은 필요하다. 그 가운데 하나로서 집단의 자아를 찾고 정체성을 확립하는 일은 기본적이고 중

---

71 윤명철, 「고구려인의 시대정신에 대한 탐구」, 『한국사상사학』7집, 한국사상사학회, 1996에서 발표한 내용이다.

요한 의미가 있다.

　현재 우리는 스스로를 '한민족'이라고 부르며, '민족'이라는 틀과 개념 속에서 세계를 바라보고 해석하는 경향이 적지 않다. 우리에게 민족이란 서구의 근대민족 개념과는 꼭 같지는 않게 형성되어 존재해왔고, 지금도 여전히 영향을 끼치고 있다. 따라서 우리를 구체적으로 알고 이해하기 위해서라도 민족이라는 틀과 개념에 대한 이해는 필요할 수밖에 없다. 이를 세계와 미래를 분석하는 도구로 삼을 뿐 아니라, 민족과 민족주의의 효용성이 여전히 힘을 발휘하는 세계질서 속에서 당면 문제들을 해결하는 방법론을 찾는데도 유익한 점이 있다.

　이 글에서는 민족을 구성하는 몇 가지 공통적인 요소들을 추출하여, 그것을 우리 역사상과 필자의 세계관을 고려하여 재개념화 시켰다. 그리고 그 개념을 근거로 우리 민족의 형성과정과 성격을 간단하게 살펴보았다. 원조선의 성립과 기나긴 발전과정은 민족의 초기 원핵이 형성된 단계이었다. 조한전쟁(朝漢戰爭) 등의 군사적 정치적 패배로 인하여 잠시 분열 파손된 상태를 거치다가 고구려를 비롯한 국가들에 의해 분열을 봉합하고 분리를 통합시켜 복원하는 과정을 진행시켜왔다. 이어 각각 통일을 지향하면서, 특히 고구려는 전성기에 비록 백제, 신라, 가야, 왜 등을 정치적으로 통일시키지 못한 상태였지만, 현재 이전 단계의 원핵을 재생(再生)하고 더욱 발전시켜 우리민족문화를 구성하는 중요한 몇몇 요소들의 질과 성격을 결정하고 틀을 짰다. 오늘 날의 한민족이 형성되는 계기 내지는 단계로서 중요한 역할을 한 것이다. 이어 신라와 발해가 남북에서 각각 차이가 있는 자연환경과 정치체제를 이룩하면서 우리의 모습을 더욱 분명하고 공고하게 하였고, 이는 고려와 조선을 경유하면서 현재의 우리에 이르렀다.

　고구려가 한민족의 원핵이 형성되는데 중요한 역할을 했다면, 이는 현재와 미래를 위해서도 매우 바람직한 모델이 될 수 있다고 판단된다. 고구려에 의해서 재생되고 재확립된 민족은 강한 자의식과 정체성을 바탕으로 다종족적인 성격과 다문화체제를 구축한 독특함이 있었다. 이러한 성격은 혈통우선주의와 한반도라는 축소된 공간적 사고에서 탈피 못했던 과거와 그 잔재를 탈각하지 못한 현재의 우리에게 반성의 기회를 주며, 아울러 대안모색의 모델이 될 수 있다. 또한 고구려가 지향한 국가체제, 동아시아의 질서를 재편하는 전략 등은 팽창적이고 공격적인 민족주의로 치닫고 있는 동아시아에서 강대국들이 어떤 시각과 성격을 지녀야하는 가를 의미있게 시사해준다.

Abstrat

The Koguryo golden age, a rapid phase of Korean race formation

Professor Myung-cul Youn
Dong-guk university

While globalization and regionalization is on the run, re-position of roles and honor of East-Asia are requested. In such situation, a territory dispute and historical warfare occurrences in East-Asia, as well as a birth possibility of new nationalism are in a degree that brings our concerns. From an historian's view, the recovery of body characteristics holds an answer as to the causes of problems and an alternative plan to overcome such crisis. Then, it is to approach to nationality issues to recover the identity.

A nation is termed as an historical concept that continuously changes and creates, sometimes defined as the organic body. The Korean nation has been through a number of stages until formed to as it is now, and Koguryu golden age would be the most meaningful stage among others.

Koguryo took a charge of the representative role with the eastern civilization that held difference but also universality from the china civilization and the northern civilization. It is estimated that Koguryo's national identity, spirit, power, policy, establishment, culture were in a large part in building the basic form and complete the course.

A nation re-made and re-established by Koguryo had a uniqueness of multi-culturalism and multi-characteristic based on strong self-consciousness and identity. It gives us a chance to see our reflection, the past when we were not able to outgrow from the traditional jus sanguine and closed view of thinking and the present when we are not free from the vestige.

If Kogoryu is a representative model for the Korean nation to be formed, it is also would be a desirable model for the present and the future. The spirits and policies toward co-existence of neighbors and cultures can be a affirmative model regarding to the new order formation of East-Asia in 21st century.

Key Word   Koguryo, East-Asia, a representative model, the most meaningful stage, self-consciousness and identity.

참고문헌

『後漢書』濊傳,『北史』,『元史』,『魏書』,『三國志』

복기대,『요서지역의 청동기 시대 문화연구』, 백산자료원, 2002.
신용하,『민족이론』, 문학과 지성, 1985.
신상석,『민족논쟁의 결산』, 일송정, 1989.
윤내현,『고조선연구』, 일지사, 1994.
윤명철,『역사는 진보하는가』, 온누리, 1992.
윤명철,『고구려 해양사연구』, 사계절, 2003.
윤명철,『한국해양사』, 학연문화사, 2003.
윤명철,『단군신화, 또 하나의 해석』, 2008.
이지린,『고조선연구』, 과학원출판사, 평양, 1964.
진덕규 편,『한국의 민족주의』, 현대사상사, 1982.
차기벽,『한국민족주의 이념과 실태』, 까치, 1978.
칼톤 헤이즈 · 차기벽 옮김,『민족주의, 이념과 역사』, 한길사, 1972.
이시 히로유끼 · 야스다 요시노리 · 유아사 다케오 지음, 이하준 옮김,『환경은 세계사를 어떻게 바꾸었는가』, 경당, 2003.
프리초프 카푸라 · 김용정 · 김동광 역,『생명의 그물』(The Web Of Life), 범양사, 1998.
한스 콘 · 차기벽 역,『민족주의』, 삼성출판사, 1990.
H.H 램 지음, 김종규 옮김,『기후와 역사』, 한울 아카데미, 2004.
高靑山 외,『東北古文化』, 春風文藝出版社, 1988 ; 백산자료원 再刊, 1994.
郭大順,『龍出遼河源』, 百花文藝出版社, 2001.
方衍主 편,『黑龍江少數民族簡史』, 中央民族學院出版社, 1993.
孫進己 · 林東錫 역,『東北民族源流』, 동문선, 1992.
許玉林,『遼東半島石棚』, 遼寧科學技術出版社, 1994.
許進雄 著, 洪熹 譯,『中國古代社會』, 동문선, 1991.

강룡남,「단군에 대한 고구려 사람들의 리해와 숭배」,『력사과학』96-3, 1996.
천관우,「광개토왕비재론」,『전해종교수 화갑기념논총』, 1979.

김영근, 「하가점 하층문화에 대한 고찰」, 『단군학 연구』14, 단군학회, 2006.
김정배, 「신민족주의 사관」, 『문학과 지성』, 1979, 봄.
백기하·장우진, 「조선사람 머리뼈의 인류학적 특징」, 『고고민속논문집』(5), 사회과학출판사, 1973.
복기대, 「요서지역의 청동기 시대문화와 황하유역문화와의 관계」, 『고대에도 한류가 있었다』, 지식산업사, 2007.
손영종, 「광개토왕릉비를 통하여 본 고구려의 영역」, 『력사과학』1986-2.
오순제, 「백제의 東明과 고구려의 朱蒙」, 『실학사상연구』12, 무학실학회, 1999.
유근호, 「한국민족의식의 형성과정」, 『정신문화』, 1982, 봄.
윤명철, 「한말 自强史學에 대하여」, 『국학연구』2집, 국학연구소, 1989 ; 「고구려인의 시대정신에 대한 탐구」, 『한국사상사학』7집, 한국사상사학회, 1996 ; 「고구려 담론1 -그 미래 모델의 의미」, 『고구려연구』9집, 2000, 12 ; 「고구려의 고조선 계승성에 관한 연구 1」, 『고구려연구』13, 고구려연구회, 2002, 6 ; 「단군신화와 고구려 건국신화가 지닌 정체성(identity)탐구」, 『단군학연구』6, 단군학회, 2002, 6 ; 「단군신화를 통해서본 고구려 고분벽화」, 『제2차 단군 및 고조선에 관한 남북공동학술토론회』, 단군학회 및 조선력사학학회, 2003, 10, 02 ; 「한국 고대사 연구의 반성과 대안」, 『단군학 연구』11, 단군학회, 2004, 9 ; 「동아시아 고대문명 네트워크의 현대적 부활을 위하여」, 『동아시아 문예부흥과 생명평화』, 세계생명문화포럼, 2005 ; 「동아시아의 해양공간에 관한 재인식과 활용 –동아지중해 모델을 중심으로」, 『동아시아 고대학』14, 2006, 12 ; 「고구려 문화형성에 작용한 자연환경의 검토 - '터와 多核 (field & multi-core)이론' 을 통해서」, 『한민족연구』4호, 한민족학회, 2008 ; 「발해 유역의 역사문화와 동아시아 세계의 이해 - '터(場, field) 이론' 의 적용을 통해서」, 『동아시아 고대학』17집, 2008.
이형구, 「발해연안 대능하유역 기자조선의 유적·유물」, 『고조선과 부여의 제문제』, 신서원, 1996 ; 「고조선 시기의 청동기문화연구」, 『고조선문화연구』(역사분야 연구논문집 '99-1), 한국정신문화연구원, 1999.
전해종, 「고대 중국인의 한국관」, 『진단학보』46·47합집, 1979.
한창균, 「고조선 성립배경과 발전단계 시론」, 『국사관논총』33집, 국사편찬위원회, 1992.
한흥수, 「민족주의와 민족공동체 형성」, 『민족의식의 탐구』, 연구논총 85-7, 한국정신문화연구원, 1985.
황성모, 「세계정신과 민족정신」, 『정신문화』, 1981, 겨울.
「민족주의란 무엇인가」, 『사상계』특집, 1958-1961.

11
고구려 문화형성에 작용한 자연환경의 검토[*]
— '터와 多核(field & multi-core)이론'을 통해서—

1. 서 론

역사에서 주체인 인간과 함께 인간이 활동하는 시간과 공간이 차지하는 비중은 매우 크다. 특히 전근대에는 시간과 공간이 역사의 성격은 물론이고, 존속여부에도 직접적인 영향을 끼친다.[1] 그 시간과 공간을 구성하는 다양한 요소 가운데 핵심은 자연환경이다. 그에 따라 문화의 변화가 발생하고, 이는 국가에서 정책수립의 중요한 요소로 작용하면서 국가의 성격에도 변화를 가져온다. 따라서 한 집단의 근간이 되는 정체성을 규명하고, 발전 방향, 세계관을 확립하는데 가장 기본이 되는 것 가운데 하나가 자연환경이다.

이 글에서 다루고 있는 주제는 고구려의 자연환경이다. 고구려의 역사와 문화, 국가적인 성격에 대한 몇 가지 오해가 있다. 고구려는 고조선을 계승한 동일한 역사공동

---

[*] 「고구려 문화형성에 작용한 자연환경의 검토- '터와 多核(field & multi-core)이론'을 통해서」, 『한민족』4호, 2008.
[1] 윤명철, 『역사는 진보하는가』, 온누리, 1992 ; 윤명철, 『海洋史觀으로 본 한국 고대사의 발전과 종언』, 『한국사연구』123호, 한국사연구회, 2003 ; 윤명철, 「한국사 이해를 위한 몇 가지 제언」, 『한국사학사학회보』9집, 한국사학사학회, 2004 ; 윤명철, 「한국 고대사 연구의 반성과 대안 」, 『단군학 연구』11, 단군학회, 2004 등 참조.

체로서 정치적인 통일을 지향하며 공존과 경쟁을 반복해온 백제·신라[2]와는 물론이고, 그 뒤를 이은 고려와 조선과도 다른 점이 적지 않다. 그 가운데 하나가 지리·지형과 기후·생태계 등 자연환경과 그에 따른 생활양식 문화 등이 다른 것이다. 고구려의 역사와 문화를 정확하게 이해하려면 자연환경, 즉 백제, 신라 등과는 다른 자연환경을 알아야 한다. 또한 동아시아세계에서 고구려의 위상과 역할을 알고, 다른 종족들 간의 관계와 문화 등을 이해하려면 주변지역의 자연환경을 비교해 볼 필요가 있다.

이러한 작업은 우리의 정체성을 이해하기 위해서도 필요하다. 현재의 우리를 이룬 것들, 즉 역사·영토·종족·생활양식·가치관 등의 적지않은 부분은 고구려와 불가분의 관계에 있으므로 고구려의 자연환경을 이해해야 한다. 뿐만 아니라 신라 백제와는 달리 멸망과 함께 활동영역의 상당히 넓은 부분이 우리역사의 영역에서 벗어났으므로 자연환경과 그 환경에서 생성된 문화가 우리에게 충분하게 계승되지 못했다. 반도사관의 잔영이 잔존하고 있는 현실에서 왜곡됐거나, 상실됐던 우리역사상과 문화를 이해하고, 회복한다는 의미에서도 고구려의 자연환경과 문화생성에 대한 이해는 불가피하다.

이 글은 고구려가 전성기에 활동한 터의 다양한 자연환경을 보다 구체적으로 살펴보면서 변화된 문화의 내용과 특성을 살펴보는 것이다. 그리고 이를 토대로 정치 경제 등을 정확하게 이해 할 수 있는 지표를 제공하는 목적도 겸하고 있다. 아울러 21세기 우리역사가 지향해야 할 대안모델로서 고구려의 다문화적인 성격과 체제를 제시하고자 한다. 고구려는 다양한 자연환경 속에서 다양한 종족들이 모여 다양한 문화를 이루어갔으며, 주변지역의 정치 경제환경 또한 매우 복잡한 복합적문화지역이다.

---

2 윤명철, 「고구려 담론 1 -그 미래 모델의 의미」, 『고구려연구』9집, 2000, 12 ; 윤명철, 「고구려의 고조선 계승성에 관한 연구 2」, 『단군학 연구』14호, 단군학회, 2006 등

2. 역사해석의 틀인 터이론의 적용과 고구려문화의 기본 성격

1) 터와 多核(field & multi-core)이론의 이해[3]

역사와 관련하여 자연의 본질과 문화의 맥락 등을 이해하고, 역사의 창조과정 속에서 인간의 역할과 위상 등을 이해하려면 새로운 인식의 틀과 다양한 연구방법론이 필요하다. 그 가운데 하나가 역사 활동이 일어나는 공간에 대한 접근이다. 공간은 기하학적인 공간 혹은 자연적인 공간, 또 평면을 의미하지는 않는다. 자연 또한 단순한 지리, 지형, 기후, 동식물의 분포도 등의 공간만을 뜻하지는 않는다. 지리정치적(geo-politic)으로는 영토이며 지리경제적(geo-economic)으로 생산장소이며 시장이고, 지리문화적(geo-culture)으로는 소속된 주민들, 세계와 사물을 바라보는 관점, 인간과 집단의 가치관이다.

그러므로 역사 공간은 자연지리의 개념과 틀을 포함하면서 역사와 문화 또는 문명의 개념으로 접근할 필요가 있다. 그러기 위해서는 몇 가지 조건이 갖추어져야 한다. 우선 공간은 단순한 문화[4]의 교류를 넘어서 긴밀한 접촉이 있어야 한다. 소규모 문화지대와 문화지대의 만남, 주민들간의 만남, 문화현상들의 만남은 우발적, 일회적,

---

[3] '터이론'의 정식명칭은 '터와 다핵(field & multi core)이론' 이다. 줄인다는 의미에서 또 터는 다핵을 포함한 개념이므로 약칭 '터이론' 이라고 한다. 아래 문장에서는 터이론이라고 줄여서 사용한다. 그동안 발표했던 내용은 졸고, 「동아시아의 해양공간에 관한 재인식과 활용 –동아지중해모델을 중심으로–」, 『동아시아 고대학』14집, 동아시아 고대학회, 경인문화사, 2006, 12 ; 「동해문화권의 설정 검토」, 『동아시아 역사상과 우리문화의 형성』, 한국학 중앙연구원, 민속원, 2005, 9 참조.

[4] 문화란 사람과 다른 생명체를 구분짓는 가상 분명하고 포괄적인 개념이다. 레이몬드 윌리엄스는 문화라는 단어가 영어에서 가장 까다로운 두 세 개의 단어가운데 하나라고 말했다. 1952년에 알프레드 크로버와 크락혼이 『문화 : 개념과 정의의 한 비판적인 검토』에서 175개의 서로 다른 정의를 검토해보았을 정도로 문화에 대해서는 실로 다양한 견해들이 있다. 그만큼 중요한 역할을 하고 있음을 반증하는 것이다.

불연속적인 만남으로 끝나서는 안되고, 목적의식을 지닌 채 연속적으로 만남을 지속해야 한다. 또한 만남의 양식이 단순하거나 편향적이어서는 불충분하다. 상호교차적인 단선적(單線的)인 만남을 넘어서 복선적(複線的)이어야 하며, 그 복선들은 평면에서 이루어진 것이 아니라 입체적으로 구성된 몇 개의 거점(據點) 혹은 허브(hub)를 중심으로 다중적(多重的)이어야 한다.

또한 공간 내부에서는 자연지리와 인문지리가 소통되고, 내부의 인간 즉 주민들 간에도 활발한 교류와 습합이 이루어져야 한다. 하나로 유형화 된 문화가 공질성(共質性)을 갖추어야 한다. 내부에 유사한 요소들이 많고, 각개의 요소들이 불가분하게 유기적으로 연결되어 있음을 객관적으로 확인할 수 있어야할 뿐 아니라, 주관적으로 구성원들 대부분이 공동의 문화를 창조한다는 인식을 해야 한다.[5] 또한 서로를 존립의 필수적인 존재로 인식하고, 공동의 이익에 문제가 생길 때에는 공동 대응하는 시스템을 갖추어야 한다.

이러한 조건들이 갖추어져야 비로소 자연의 공간에서 역사의 공간으로 탈바꿈할 수 있다. 이렇게 형성된 하나의 역사공간에서는 비록 혈통과 언어 문화가 달라도, 또 중심부와의 거리가 멀거나, 국부적인 자연환경과 정치체제의 차이가 있어도 느슨한 하나의 '통일체' 또는 '역사유기체',[6] '문명공동체'를 이룰 수 있다. 예를 들면 고구려 · 부여 · 동예 · 옥저 · 백제 · 신라 · 가야 · 왜 등은 각각 다른 정치체들이며 역사적인 경험은 물론 자연환경에 차이가 있다 해도 통일체임이 분명하다.

그런데 통일된 역사공간이라 해도 모든 부분의 성분이 균질하고, 동일한 역할을

---

5 이러한 문화의 특성들에 대해서는 과거에 알려졌던 책들과 함께 최근의 것으로는, 히라노 겐이치로 저, 장인성 · 김동명 역, 『국제문화론』, 풀빛, 2004이 있다. 특히, 김창민 편역, 『세계화시대의 문화논리』, 한울아카데미, 2005에는 문화의 정체성과 관련하여 세계 여러나라들의 문화논리가 소개되어 있다.
6 유기체라는 용어는 단순하게 기계적인 것에 대응하는 개념으로 이해할 수 있으나 필자의 의도는 다르다. 초유기체라는 용어도 병행하고 있으나 다른 글에서는 생명체라는 용어를 사용했다.

담당하는 것은 아니다. 하나의 공간에서도 중심부와 주변부가 구분되고, 시대와 역할에 따라 전체와 부분의 모습이 달라진다. 그래서 역사공간은 영토나 정치장소, 경제장소 등으로보는 것이 아니라 총체적인 연결망, 즉 네트워크의 개념으로 접근할 필요가 있다. 필자는 역사공간을 전체이면서 부분인 터(場, field), 또 부분이면서 전체이기도 한 중핵(中核 : 恒星)과 주변의 몇몇 소핵들인 행성들, 그들을 싸고도는 위성들이 있고 (multi-core), 이 모든 핵들을 연결하는 중첩적인 線(line)들로 이루어졌다고 이해한다. 이러한 해석틀을 '터와 다핵(field & multi core) 이론'이라고 명명했다.[7] 이렇게 유형화시키면 복합적인 역사현상을 보다 편하게 이해할 수 있다.

필자가 개념화한 '터'는 지리 기후 등으로 채워지고 표현되는 단순한 공간은 아니고, 생태계 인간의 거주형태 국가 등의 정치체제, 역사와 문화 등 모두 포함된 총체적인 환경이다. 이 터의 중심은 부분의 합인 전체로서 다른 전체와 비교되는, 독특하면서도 완벽한 기본핵(中核, core)구조로 되어있다. 터의 성격이 집약되고, 대표성을 지닌 항성이다.

그런데 기본핵은 자체적으로도 완결적이고, 존재이유가 있지만 마치 인체의 穴(경혈)이 경락들을 이어주는 것처럼 다른 핵들과 선들을 이어주는 역할을 하므로 집합과 배분의 장소도 동시에 한다. 또한 다른 상태로 전화가 가능하므로 필요에 따라 관리와 조정기능을 하며 문화를 주변에 공급하는 능력도 있다. 일종의 목(項, spot)이지만 직선이나 나무(tree)형이 아니라 방사상(放射狀)으로 퍼지는 일종의 허브(hub)형이다. 중핵에서 발생한 문화의 파장은 주변으로 퍼져나가, 토착적인 원(原)문화에 영향을 끼친다.

---

[7] 이 이론의 보다 상세한 소개와 이론을 이용한 역사상의 실제적인 분석으로는 낱낱 연구가 있다. 졸저, 『고구려는 우리의 미래다』, 고래실, 2004 ; 『장수왕 장보고 그들에게 길을 묻다』, 포름, 2006 ; 졸고, 「장보고를 통해서 본 경제특구의 역사적 교훈과 가능성」, 『경제특구』, 남덕우 편, 삼성경제연구소, 2003 ; 「동아시아의 해양공간에 관한 재인식과 활용 -동아지중해모델을 중심으로-」, 『동아시아 고대학』 14집, 동아시아 고대학회, 경인문화사, 2006, 12.

중핵문화를 모방하거나 영향을 받은 原문화들은 작은 핵들과 선을 형성한 후에 다시 중핵으로 향하면서 전체에 영향을 끼친다. 즉 횟수 양 등 배합비율의 차이는 있어도 전입과 전파가 하나가 연결되어 환류하는 '환류(環流)시스템'을 이룬다.[8] 역사공간은 이렇게 자연환경 정치 경제 문화 종족 사건 등의 여러 요소들이 단절되고, 서로 무관하며 격절된 부분이 아니라 전체가 부분이되고, 부분들이 다시 전체로 되는 유기적인 관계에 있다. 따라서 늘 터(field), 中核(core), 小核들(sub-cores), 線(line)들이 유기적으로 네트워크화 되어야 제대로 작동하며 끝없이 생성할 수 있다.

이러한 '터' 이론으로 고대 동아시아 문명을 이해하면 다른 관점에서 이해할 수 있다. 그 가운데 하나는 이질적이고, 분절되었던 각 지역, 각국 혹은 종족들의 문명 내지는 문화를 직접적이고 간접적으로 연결된 관계 속에서 파악한다. 동아시아를 통일적으로 이해하는데 유효하다.[9] 표면적으로 드러난 몇몇 현상들의 차이를 통해서 분석하고 분류하는 작업이 아니며, 과거의 가치관 역사관 등이 반영된 역사기록을 근거로

---

8 강한 문화력(culture power)을 가진 A의 문화는 주변인 B에게 일정한 문화를 전수한다. 그런데 시대와 상황에 따라 지향하는 문화가 다르다. B의 문화 또한 A에게 전수된다. 이 관계는 主와 副가 있고, 일종의 상호작용이라고 볼 수 있다. 그런데 A문화가 B로 갔다가 B의 영향으로 변형을 한 다음에 다시 A에게 와서 영향을 주는 경우가 적지 않다. 마찬가지로 B의 문화가 A에게 전해져서 가공과 변형을 거친 다음에 다시 A의 형태와 포장으로 전해질 수 있다. 그러므로 선의 위치와 역할을 정확하게 파악하고 이해하는 일이 필요하다. 이것은 필자가 동아시아의 역사와 문화를 해석하는 틀로서 동아지중해이론을 설정하고, 그것을 보완하는 부차이론으로서 설정한 '環流시스템이론'의 大綱이다.
9 또 하나 중요한 것이 있다. 과거에는 중국의 정치철서 속에서 동아시아의 모든 역사를 춘추필법을 통해서 中國中心·漢族中心으로 기술하고 평가하면서 재편했다. 자연스럽게 동아시아 세계가 사실과는 무관하게 1極中心 체제로 인식됐을 뿐 아니라, 독자성 고유성을 지닌 다른 문화와 지역, 민족의 위상이 약화되거나 부정됐다. 하지만 터이론의 관점에서 해석하면 우선 동아시아문명의 '계통화 작업'에 용이하다. 큰 문명들뿐 아니라 정치력의 우열로 인하여 큰 문명 속에 흡수되어 뭉뚱그려지거나 흡수된 소문명을 복원하여 계통화 시킬 수 있다. 각각 고유한 지역 집단 민족의 역사 또는 문화 등을 설정하면서 큰 범주 내에서의 位相을 찾아주고 능동적인 주체자로서 역할을 부여할 수 있다. 동아시아 문명이라는 거대하고 다양한 터에서는 동일하지 않으면서도 유사하고, 상호존중하고 교호하면서도 다른 독특한 소문화권들의 설정이 가능하다.

유형화 시키는 것이 아니다. 드러난 현상과 함께 내적인 논리를 찾고, 작은 현상이 아닌 큰 틀 속에서 상호비교를 통해서 각개 문화의 가치 역할 위상 등 본질에 더 쉽게 다가갈 수 있다. 그리고 무엇보다도 역사공간을 우주 생명체 인간과 마찬가지로 동아시아문명을 자체의 완결성과 복원력을 지니고 끝없이 부활하는 존재 혹은 유기체(초유기체)로서 인식할 수 있다.

2) 동아시아 및 고구려의 기본이해

'터이론'을 적용해서 고구려와 직접 간접으로 연관을 맺으면서, 고구려의 한 부분, 고구려가 중요한 핵으로 소속된 동아시아라는 큰 터의 자연환경을 살펴보고자 한다.

동아시아라는 역사의 '터'는 지리적인 관점에서는 대륙과 바다가 만나는 해륙적(海陸的) 환경의 지역이다. 또한 기후라는 면에서는 온대와 아열대, 아한대가 섞여 있으며, 바다와 평원 초원 사막 대삼림과 강 등이 한군데에 있으면서 서로 작용하고 있으며, 생활양식과 종족들의 분포 정치체제는 이루 말 할 수 없이 복합적이다. 따라서 '일국가적(一國家的)인 관점', '일민족사적(一民族史的)인 관점', '일지역적(一地域的)인 관점'을 넘어서 그것들을 포함하면서 보다 더 거시적이고 확장된 범(汎)아시아라는 대단위 문명사적인 관점에서 성격과 역할을 파악할 필요가 있다.

그 가운데 한 부분인 동아시아는 내부에 동방 북방 중국 등 3개의 터와 그 내부에서 주도적 역할을 하는 3개의 中核(恒星)으로 구성되고, 다시 각 항성들은 주변의 작은 핵들(行星들)과, 관계성이 미약한 위성(衛星)들로 이루어졌다. 선을 이용하여 떨어진 다른 터와 간접적으로 연결되었다. ㄱ 동아시아라는 터에서 형성된 문명은 북방, 중화(중국), 그리고 동방문명으로 구분된다.

우리는 동쪽의 동방문명권에 속하였다. 동방문명이란 터에 속한 나라는 고구려, 부여, 백제, 신라, 가야, 왜, 그리고 말갈과 거란의 일부, 선비의 일부 등이었다. 지리적으로는 현재의 한반도 북부와 남만주일대를 중핵으로 출발하여 점차 확장해가면서 만주, 한반도전역, 일본열도에서 꽃을 피운 문명이다. 일부에서는 일본문명이 독자적으로 존재했다고 하지만[10] 하나의 역사공간이었다. 우리와 일본은 7세기 이전에는 구분되는 부분이 적었다. 더욱이 동아시아 문명의 관점에서는 중국 및 우리의 문화와 공질성(共質性)이 강했다. 행성들은 각 중핵지역의 주변에 위치한 지역들이다. 동방문명의 터 속에는 북만주 일부, 일본열도, 연해주 전체가 행성들이다.

그런데 필자는 동방문명의 범주를 이해하고 규명해가면서 기존에 언급한 이러한 내용들을 검증하면서 수정할 필요를 느끼고 있다. 중핵과 행성 외에 위성 그리고 선을 설정하는 터이론을 적용하면서 비록 행성 등의 위상과 역할을 갖지는 못하지만 영향을 끼쳤던 지역들을 위성이나 線으로서 동방문명의 터와 범주로 확장할 필요를 느낀다.

위성들은 각각의 행성권의 내부 또는 관계권에 있는 소규모의 국가 내지 문화권이다.[11] 이 지역적으로 동쪽으로는 백두산에서 연해주로 이어지는 대삼림지대가 있고, 타타르해협을 넘어 사할린과 홋카이도, 동해 너머로 일본열도까지 확장된다. 서쪽으로는 요동평원을 넘어, 요서 황하유역에 펼쳐진 화북평원과 그 너머로 이어지는 사막지대, 산동반도의 구릉과 평원들을 비롯한 남으로 이어지는 남쪽 일부지역의 논농사지대가 있다. 서북쪽으로는 내몽골을 지나 몽골초원에 이르는 대초원지대가 이어지고, 북으로는 송요(松遼)평원을 지나 대흥안령과 홀론보이르 초원지대(呼倫湖·貝尒湖 지역)를 지나 바이칼호 주변까지, 동북쪽으로는 남만주 일대의 소위 동북평원을 넘어 소흥안령과 흑룡강 상류 및 중류유역의 대삼림지대까지 확장된다.

이 위성 지역들 가운데 일부는 중화문명의 터와 부분적으로 중복된다. 요서지방 및 발해 연안지역은 선시시대의 문화 및 동이족과 관련하여 동방문명의 범주와 불가

---

10 최근에 새뮤얼 헌팅턴은 『문명의 충돌(The Crash of Civilizations)』에서 중국과 일본을 별개의 문명으로 설정하였다. 이는 동아시아를 분리시키려는 서구인들의 기본인식을 반영한다.
11 이는 다른 논문 등에서 언급한 바 있지만 임마뉴엘 월레스타인의 '세계체제론' 과는 성격이 다르다.

분의 관계에 있다. 북방문명은 동방문명과 깊은 연관성이 있다. 현재 大 소흥안령(小興安嶺) 주변의 북만주 일부와 內·外몽골지역 및 중앙아시아로 연결되는 공간을 '터'로 삼고 활동한 유목종족들이 이룩한 문명이다. 주로 건조기후지역으로 초원과 사막으로 이루어졌다. 또한 현재 북만주지역과 대흥안령 주변 지대 및 흑룡강 상·중류지역, 연해주를 포함한 동만주지역의 수렵삼림문화권도 비판없이 북방문명의 범주에 넣었다. 두 지역 또는 두 문화권은 지형·지리·기후 등의 자연환경은 물론이고, 생활양식에서 분명한 차이가 드러난다. 그럼에도 불구하고 언젠가부터 형성된 종족분포와 정치제제, 즉 국가의 성격과 위치 등을 고려해서 소급해서 정의한 것이다. 고구려의 영역 속에서 자연환경을 검토하므로서 이들 지역의 일부가 동방문명과 관련이 깊음을 이해할 수 있다.

또한 종족적으로는 부여의 지파인 두막루(豆莫婁)[12]는 물론이고, 선비(鮮卑)·오환(烏桓)·거란을 비롯해, 거기서 갈라져 나온 실위(室韋)·해(奚)·고막해(庫莫奚)[13] 등, 또 후대 사료에 나타나는 다호르 등의 몽골계 여러종족들은 언어·풍습 등에서도 유사한 점이 많다. 또한 숙신·읍루·물길·말갈로 시대에 따라 명칭이 변하는 종족과 그들의 주변부에 거주했거나 가지를 친 에벤키(鄂溫克)·오로춘(鄂倫春)·우디거(兀底改, 赫哲, 나나이)등 군소종족 등 북방 퉁구스계, 유귀(流鬼) 등 고아시아계통의 종족들 일부도 동방문명의 범주로 파악할 필요가 있다. 이들은 원조선이나 고구려의 입장에서는 주변부인 위성의 위치에 있었지만 동방문명이 창조되는데 간접적으로나마 자기역할을 한 존재이었다.

또한 간과할 수 없는 터가 해양이다. 흑룡강(黑龍江)·송화강(松花江)·눈강(嫩江)·요하(遼河)·대릉하(大凌河)·압록강(鴨綠江)·두만강(豆滿江)·우수리강·황하(黃河) 등

---

12 『北史』권94 열전 82 豆莫婁國, '豆莫婁國. 在勿吉 北千里, 舊北夫餘也.'
13 『魏書』,『北史』室韋에 '실위어는 고막해 거란 두막루와 같다' (語與 庫莫奚 契丹 豆莫婁國同)라고 했는데 거란어는 몽고어에 속한다. 그런데 북사에 奚는 字文의 別種이라고 되어있다.

크고 길며 수심이 깊은 많은 강들이 흘러들어가는 발해·황해·동해·타타르해가 있다. 대해들은 흘러드는 주변의 육지들이 둘러싼 지중해적 형태로서 육지와 거의 비슷한 넓이의 해양이 있다. 동아시아는 중국이 있는 대륙, 그리고 북방으로 연결되는 대륙의 일부와 한반도, 일본열도로 이루어져 있다고 한다. 필자는 동아시아의 이러한 지리적이고 문화적인 특성을 설명할 목적으로 동아시아의 내부 '터'이면서 동방문명의 중핵으로서 동아지중해(東亞地中海)[14]를 설정했다. 그 동아지중해의 한 가운데에 있으면서 북으로는 육지와 직접 이어지고, 바다를 통해서 모든 지역들과 연결되는 지역에 고구려가 있다. 그렇다면 동아시아의 범주에서, 고구려에서 해양의 비중과 역할은 결

---

[14] 동아시아는 아시아 대륙의 동쪽 하단부에 위치해 있으면서 중국이 있는 대륙, 그리고 북방으로 연결되는 대륙의 일부와 한반도, 일본열도로 구성이 되어 있다. 한반도를 중심축으로 일본열도의 사이에는 동해와 남해가 있고, 중국과의 사이에는 황해라는 內海(inland-sea)가 있다. 한반도의 남부와 일본열도의 서부, 그리고 중국의 남부지역(長江 이남을 통상 남부지역으로 한다)은 이른바 동중국해를 매개로 연결되고 있다. 그리고 현재 연해주 및 북방, 캄차카 등도 동해연안을 통해서 우리와 연결되고 있으며, 타타르해협을 통해서 두만강 유역 및 북부지역과 사할린 홋카이도 또한 연결되고 있다. 즉 완벽하지는 않지만 비교적 지중해적 형태를 띠고 있다. 多國間 地中海(Multinational-Mediterranean-Sea)의 형태로서 모든 나라들을 연결시키고 있다. 이러한 자연공간 속에서 대륙적 성격과 함께 해양적 특성을 가지고 있었고, 역사가 발전하는 데에 큰 역할을 하였다. 이러한 인식과 사실을 바탕으로 필자는 '동아지중해(EastAsian-Mediterranean-Sea)' 라고 유형화 시켰다. 동아지중해의 자연환경에 대한 검토는 윤명철,「해양조건을 통해서 본 고대 한일관계사의 이해」,『일본학』14, 동국대 일본학연구소, 1995 ;「황해의 地中海的 성격 연구」,『한중문화교류와 남방해로』, 국학자료원, 1997 기타 논문 참고. 千田稔는『海の古代史-東アジア地中海考-』(角川書店, 2002) 서문에서, 1996-98년까지 국제일본문화연구쎈타가 '동아시아지중해 세계에 있어서의 문화권의 성립과정에 대해서' 라는 연구를 수행하고 그 보고서로서 이 책을 출판한다고 쓰고 있다. 그리고 그들의 동아지중해는 남지나해, 동지나해, 일본해, 황해, 발해를 가리키는 용어라고 규정하고 있다. 또한 이미 오래전부터 남방해양문화에 관하여 연구를 해 온 國分直一의 예로 들면서 그는 동아지중해를 4개의 지중해로 구성한다고 하면서 오호츠크해, 일본해, 동지나해, 남지나해라고 하였다. 동아시아를 동아지중해라고 부르고 연구를 진행하는 또 다른 학자는 독일 뮌헨대학의 중국사전공자인 Angela Schottenhammer 교수이다. 그는 동중국해, 황해, 일본해를 '동아시아 지중해' 라고 설정하고 있다. Angela Schottenhammer,「동아시아 해양국가의 양상 : 1400-1800 동아시아 '지중해' 에서의 한국인들의 활동」,『21세기 동아시아 지역공존과 역사문제』, 동국대학교 건학 100주년 국제학술회의, 2007.

코 적지 않았다.

　이렇게 보다 더 큰 동아시아 문명이라는 '터'의 틀 속에서 자연환경·경제형태·문화·종족·언어 등의 성격을 규명하면서 고구려와의 관계를 정확하게 설정할 필요가 있다.

　고구려라는 터에서 문화의 형성과 변천의 과정을 이해[15]하려면 자연환경의 변화과정을 이해하는 것이 필수적임을 앞에서 언급했다. 그 동안에도 고구려의 자연환경에 대해서는 언급과 이해가 있었지만, 몇 가지 면에서 한계가 있었다. 그 가운데 하나는 자연환경을 전체의 터 속에서 구체적으로 고려하지 않았고 일부시대 일부의 지역을 선택해서 일반적으로 언급하는 수준에서 이해했다는 점이다. 여기에는 물론 삼국사기 이래 신라중심의 역사관과 식민사관의 영향도 작용했다고 여겨진다. 또한 고구려의 전성기 영토 내지 영역을 대상으로 삼은 경우에도 현재의 자연환경을 토대로 그 시대의 자연환경으로 오해하면서 문화 내지는 국가의 성격과 연관시키는 한계가 있었다. 이 글에서는 개괄적인 수준에서 언급할 예정이지만 동아시아전체의 자연환경은 변화해왔다.[16] 해안선의 이동이 있었다. 기후의 변화가 있어서 지금까지 5,000여 년 동안의 중국 기후는 대체로 4개의 온난기와 4개의 한랭기로 나눌 수 있다.[17] 특히 고구

15　고대 사회에서는 환경이나 기후가 역사발전에 강력한 영향을 끼쳤다. 이러한 예는 이시 히로유끼, 야스다 요시노리, 유아사 다케오 지음, 이하준 옮김, 『환경은 세계사를 어떻게 바꾸었는가』, 경당, 2003년 ; H.H 램 지음, 김종규 옮김, 『기후와 역사』, 한울 아카데미, 2004를 참고 바람.

16　와쓰지 데쓰로우 저, 박건주 역, 『풍토와 인간』, 장승, 1993. 고대 사회에서는 환경이나 기후가 역사발전에 강력한 영향을 끼쳤다. 이러한 예는 이시 히로유끼, 야스다요시노리, 유아사 다케오 지음, 이하준 옮김, 『환경은 세계사를 어떻게 바꾸었는가』, 경당, 2003 ; H.H 램 지음, 김종규 옮김, 『기후와 역사』, 한울 아카데미, 2004 참고. 바람이 항해나 조선술, 그리고 유럽이 제국주의적인 팽창과 깊은 관련이 있는가와 구체적인 실례들은 앨프리드 W. 크로스비 저, 안효상·정범진 역, 『생태제국주의』, 지식의 풍경, 2002, 3, pp.124~154 참고.

17　유재헌, 『중국역사지리』, 문학과 지성사, 1999, pp.2~3. 온도 변화의 폭은 저위도 지대 또는 서부 지방보다 고위도 지대 또는 동부 지방이 컸다. 예를 들면 서안시 半坡촌 仰韶문화유적지에서 6000년전에 살았

려가 활동한 시대에도 마찬가지였다.[18] 이에 따라 지형의 변화가 생겼고, 자연스럽게 생태계의 변동이 있었다. 그리고 이러한 자연환경의 변화에 따라 적합한 기술이 만들어지고, 이를 뒷받침할 시스템이 변화하면서 궁극적으로는 생활양식과 가치관 등의 변화가 발생한다. 그런데 역사와 동반하는 자연환경이 변화하는 데에는 이러한 지리・지형・기후 등 자연적인 요소 외에 역으로 주민・생산양식・가치관・정치체제 등의 비자연적인 요소도 작용한다. 즉 자연과 역사가 함께 작용해야 자연환경을 이해하고 문화의 성격도 이해할 수 있다.

인간은 주어진 자연환경을 수용하면서 적절하게 대응책을 만들어가는 경우도 있지만, 때로는 이동해서 자연환경을 선택해서 질적으로 변화된 문화를 창조하는 경우도 있다. 인간의 행위로 말미암아 자연환경의 변화가 생기는 것은 불가피하다. 농경 수렵 목축 어업 해양활동 등 생활양식에 따라서 대상체였던 해당지역의 자연환경이 변화하는 예를 동아시아 고대역사에서도 찾을 수 있다.[19] 이는 상황과 집단의 가치관 및 능력에 따라 선택될 문제이지만, 가장 직접적이고 구체적인 요인은 결국 정치공간인 영토의 문제와 불가분의 관계에 있다.

던 노루(獐)・쥐(鼠)・담비(貂) 등의 동물 유해가 발견되었다.
18 기원초(서한대 말기)부터 서기 7세기(隋대)까지 약 600~700년의 비교적 오랜기간 동안 한랭한 기후가 중국대륙 전역에 엄습하였다. 지금보다 2~4도 낮았을 것으로 추정한다. 유재헌, 위의 책, p.50.
19 유재헌, 위의 책, p.61, "화북평원은 晉末~16국 시대에는 장기적인 전란과 인구 流亡으로 인하여 화북평원의 많은 농토가 황폐해져서 次生草地와 灌木叢으로 바뀌었다. 게다가, 수리 체계가 무너지고 鹽海가 널리 퍼져 재해가 매년 발생하였으므로 농업이 제대로 발전할 수 없었다."

3. '터 이론'으로 본 고구려 영역의 이해

이 장에서는 우선 고구려가 영토를 확장하는 과정을 통해서 중핵을 비롯해서 터가 어떻게 형성되는 가를 살펴보고, 자연환경과 관련을 맺을 몇몇 요인들 즉 정치적 사건, 주민의 이동과 습합과정에 대해 이해할 예정이다.

고구려는 전성기에는 한반도, 만주일대를 장악하고, 연해주 일부, 중국지역, 몽골, 일본열도 해양 등과 직접 간접으로 연결되었다. 그 터 안에는 현재 한반도 지역과는 다른 다양한 자연환경이 펼쳐졌고, 수십 혹은 수백 개에 달하는 다양한 종족과 언어권, 그에 상응하는 다양한 문화들이 생성되어 있었다. 그러나 고구려 역사의 토대를 이룬 자연환경과 문화는 초기에는 비교적 적은 범위 내에서 단순한 모습을 띠었다. 우선 초기의 기본핵이 형성되는 과정을 살펴보자.

이 단계는 소국들의 통일전쟁과 대중국투쟁을 벌인 단계이다. 주몽 시대부터 6대 태조대왕이 다스리던 시대에 해당한다. 주몽은 송양이 다스리던 비류(沸流)국을 정복하고 다물도(多勿都)라고 칭하였다. 다물(多勿)은 삼국사기에서 고구려 말로 구토를 회복(麗語謂復舊土多勿)한다고 한데서 보이 듯 조선계승성을 표방하며, 국가의 발전 목표 즉 국시(國是)였던 것으로 보인다. 북한은 『전사』에서 고구려를 세운 기본 주민은 고대 조선족의 한 가지인 맥족으로, 기원전 8세기 고조선 변방인 혼강유역과 압록강 중류 일대에서 살아왔다고 하였다. 주몽은 이어 태백산 동남방에 있는 행인국(荇人國 : 현재 함경북도 지역)을 쳐서 점령하였다. 4년 후인 기원전 28년에 동북만주 연해주일대인 북옥저(두만강하구와 연해주남부지역)를 공격하여 복속시켰다.[20] 불과 10년 동안에 영토를 압록강 백두산 이남까지 넓혔다.

---

20 『삼국사기』, 고구려본기 동명성왕 2, 6, 10년.

이어 유리왕은 A.D. 3년에 국내성으로 도읍을 옮기면서 양맥(梁貊)[21]과 선비를 치기도 하였다. 12년에 왕망(王莽)의 신(新)과 신경전을 펼쳤고, 14년에는 한(漢)의 고구려현(高句麗縣)을 쳐서 빼앗았다.[22] 대무신왕은 개마(蓋馬), 구다(句荼)를 복속시킨[23] 다음에 5년에는 북쪽으로 전진해서 부여를 공격해서 대소왕과 싸워 그를 죽이고, 땅을 병합하였다. 초기부여의 위치에 대하여는 장춘설 농안설 길림설 등 여러 견해가 있으나 최근에는 이건재(李健才) 등에 의하여 현재 홍안령 근처인 치치하얼 부근이라는 설이 제기 되고 있으며, 북류송화강과 눈강이 만나 동류송화강이 되는 대안지역이라는 설도 제기되고 있다. 그런데 당시에 벌어진 전쟁의 상황을 보면 땅에 진흙이 많았다던가,[24] 신마(神馬) 등 명마(名馬)의 산지와 가까운 것으로 보아 고구려는 현재 길림은 물론 장춘이북으로 진격했을 가능성이 높다.[25] 또 남으로는 최리(崔理)가 다스리는 낙랑국(樂浪國)을 합병하였다.[26]

5대 모본왕은 A.D. 49년에 기마군대를 몰아 요하를 지나고 평원을 지나 북평(北平)·어양(漁陽)·상곡(上谷)·태원(太原) 등 현재 북경근처인 화북일대를 공격하였다.[27] 그리고 6대 태조대왕은 A.D. 55년에 요서에 10성을 쌓았다. 동옥저(東沃沮)·갈사(曷思)·조나(藻那)·주나(朱那)[28] 등 소국들을 병합하는 한편 동해까지 진출하였다. 105년(태조대왕 53년)에 후한(後漢)의 요동 6현을 공격한다.[29] 118년에 漢의 현도군(玄兎郡)과

---

21 『삼국사기』, 고구려본기, 유리왕 33年.
22 『삼국사기』, 고구려본기, 유리왕 31, 33年.
23 『삼국사기』, 고구려본기, 대무신왕 9년.
24 "王進軍於扶餘國南 其地多泥塗王使擇平地爲營", 『삼국사기』, 고구려본기, 대무신왕 5년.
25 현지 답사에 의하면 이러한 지형은 역시 길림 이북에서만 볼 수 있다. 윤명철, 『말타고 고구려가다』, 청노루, 1997, pp.76~78 참조.
26 『삼국사기』, 고구려본기 대무신왕조.
27 『삼국사기』, 고구려본기, 모본왕은 2년.
28 『삼국사기』, 고구려본기, 태조대왕 4, 16, 20, 22년.
29 『삼국사기』, 고구려본기, 태조대왕 55년.

화려성을 공격하였다.[30] 그리고 121년에 요수현(遼遂縣)과 현도성(玄菟城), 122년에 다시 요동공격을 지속적으로 하였는데[31] 146년에는 압록강 하구인 서안평(西安平) 공격을 단행하였다.[32]

　이때 고구려의 영토는 북으로는 부여의 영토를 잠식하였으며, 동쪽으로는 두만강 하구에서 연해주남부의 일부까지 닿아, 타타르해의 일부와 동해북부에도 영향력을 행사하였다. 남쪽은 대동강 유역 가까이 가서 서해북부해역에 대한 영향력을 확대하였으며, 중국세력과 맞대고 있는 서쪽은 요하의 동쪽과 혼하 사이의 중간지대까지 진출하였으나 국경선이 확정되지 못한채 공방전을 벌였다. 건국시기의 활동무대인 동가강(佳江) 유역의 산간지방에서 탈피하여 남만주 일대에 이르게 되었다. 그런데 이러한 초기에 주변의 소국들을 정복하고 한족을 비롯한 북방종족들과 전쟁을 벌인 것은 영토를 확대하고, 생산지를 확보하여 국력을 강화시킨다는 실질적인 측면이 있다. 하지만 다물(多勿)에서 보이듯 한족을 완벽하게 축출하고, 흩어진 모든 소국들을 통일시켜 옛 조선적인 질서를 재현하고, 주체적인 역사를 운영하려는 목표도 함께 작용했다. 고구려의 기본핵(基本核)은 이러한 과정 속에서 확립되었다. 따라서 추후에 전개되는 고구려의 문화의 형성과정과 자연환경의 변화를 이해할 때 이러한 부분들은 매우 중요하다.

　큰 강의 주변에는 평지가 발달하여 농경에 적합한 토지를 쉽게 확보할 수 있으며, 하구로 내려갈수록 그 면적은 더 없이 넓어진다. 그러므로 강을 따라 국가가 발원하고 점차 영토를 확보해 가는 양상을 보인다. 송화강유역인 길림(吉林)주변, 남으로 내려오면서 매하구(梅河口)·유하(柳河) 등은 평지가 있다. 첫 수도라고 알려진 환인(桓因)은 동

---

30 『삼국사기』, 고구려본기, 태조대왕 66년.
31 『삼국사기』, 고구려본기, 태조대왕 69, 70년.
32 『삼국사기』, 고구려본기, 태조대왕 94년.

가강 변에 있는 분지이지만 농경에 적합한 지역이다. 특히 압록강 변에 있는 집안(集安)은 동서 10km, 남북 5km인 분지로서 따뜻하고, 사람 살기에 적합하며 농사짓기에 좋은 지역이다. 그러나 대체적으로 고구려의 농업경영조건은 그리 좋은 편이 못됐다. 압록강의 중류지역 일대는 산간지대로서 하천연변에 좁은 평야가 있는데다, 토질 또한 척박하여 농경에는 그다지 적합하지 못하였다.

이 후에 고구려는 더욱 적극적으로 시대와 국가발전목표, 그리고 주변상황에 따라 주변의 동서남북으로 영토를 확장시키는 정책을 추진하였다. 2단계는 주변의 여러 국가들과 본격적인 대외정복전쟁을 벌이면서 승리와 좌절을 함께 경험한 단계이다. 철기병을 동원하여 국제질서에 본격적으로 진입한 동천왕 시대부터 영토를 확장하는 사업이 일시적으로 좌절되는 고국원왕(故國原王)시대까지이다. 3단계는 정복전쟁과 국력의 신장을 통해서 가장 넓은 영토를 차지하고 명실공히 해륙국가(海陸國家)의 완성을 본 단계이다. 광개토태왕 · 장수왕 · 문자명왕(文咨明王)에 이르는 시대이다. 중핵을 중심으로 행성 위성과 다수의 선으로 이어진 큰 터를 완성한다. 그 후에는 영토가 크게 변동하지는 않고, 남쪽 전선에서 백제 신라와 국지전을 벌이면서 약간의 변동이 있을 뿐이었다.

터이론을 전제로 삼으면서 고구려의 터 확장과정을 쉽게 이해할 수 있도록 몇 개의 방향성을 부여하면서 과정과 특징을 살피고자 한다.

우선 남쪽방면으로 향하는 과정을 살펴보자. 이미 주몽과 유리왕에 이어 대무신왕은 수도권을 벗어난 남쪽 지역에 대한 관심이 지대했다. 특히 낙랑국(樂浪國)의 정복을 통해서 평양주변지역을 점령하고 영토화 시켰다. 그 후 3세기에 들어오면서 남진정책은 본격화되었다.

고구려와 위나라는 중간 지대인 요동지방에서 완충역할을 하던 공손씨(公孫氏)가 멸망하자 국경을 접하게 되었고, 이는 국경 간의 갈등으로 비화된다. 고구려가 242년에 서안평현을 선제공격을 하면서 두 나라 사이에는 전면전이 벌어졌다. 244년, 245년의 공방전을 거쳐 246년 2월에는 위나라군이 공격을 해왔다. 동천왕은 철기군을 동원하는 등 적극적으로 전쟁을 벌여 승리를 했으나 결국은 패배했다. 그래서 수도와 환도성(丸都城)을 함락당한 채 남옥저를 거쳐 멀리 동해안의 북옥저(北沃沮)방면으로까지 패주하였다. 이 전쟁 때문에 환도성은 파괴되어 247년에는 평양성으로 일시 천도했다. 이 평양이 현재 평양지역인지는 확정되지 않았으나 개연성은 있다. 그 후 고구려가 한반도 중부지역을 공격하는 거점은 평양성 지역이었다. 고구려는 286년에 대방(帶方)을 공격했고, 이때 백제의 책계왕(責稽王)은 대방을 군사적으로 지원한다. 이 무렵인 287년, 300년에 낙랑 대방인들이 집단적으로 신라에 망명하는 일이 발생한다. 고구려의 힘이 남쪽으로 미치고 있었음을 반영한다.

미천왕(美川王)은 302년에 3만명의 군사로서 현도군(玄菟郡)을 공격하고, 이때 사로잡은 8,000여 명을 평양으로 옮겼다.[33] 이어 311년에 서안평을 점령한 후, 완전히 서해안에 진출한다.[34] 313년에 낙랑(樂浪)을 완전히 구축하고 2,000여 명을 포로로 삼았다. 그 다음해인 314년에는 대방(帶方)을 멸망시켰다.[35] 물론 잔존한 토착세력들은 동진(東晉) 등 남조세력들과 교섭하면서 세력을 유지하고 있었다.[36] 또한 대방군의 옛 땅인 황해도 지역에서도 마찬가지였다. 그 후 더욱 남진정책을 추진하면서 고국원왕은 369년에 황해도 일대인 치양(雉壤 : 白川)을 공격하고, 371년에 패하(浿河)의 이남을 공격하였지만 복병에 걸려 실패했다.[37] 결국은 평양성 전투에서 백제군에 화살을 맞아 전사하

---

33 『삼국사기』, 고구려본기, 미천왕 3년.
34 『삼국사기』, 고구려본기, 미천왕 12. 고구려는 西安平을 점령하고 서해안에 진출한다. (李萬烈, 『三國時代史』, 知識産業社, 1976, p.128 참조)
35 『삼국사기』, 고구려본기, 미천왕 14, 15년.
36 김원룡, 「고구려 벽화고분의 기원에 관한 연구」, 『진단학보』21, 1960, p.100.
37 『삼국사기』, 백제본기, 근초고왕 26년. 그런데 고구려본기에는 이해 고국원왕이 먼저 공격했다는 기사가 안 나온다.

였다. 고구려가 경기만 한강유역을 비롯한 한반도 중부지역까지 진출한 것은 광개토태왕(廣開土太王) 시대이다.

태왕(太王)은 즉위 2년(392년)인 7월에 4만의 군사로 백제를 공격하여 석현(石峴) 등 10縣을 함락하고, 10월에는 백제의 수도방어중심성이며 수군함대 사령부가 있었을 것으로 추정되는 관미성(關彌城)을 함락시켰다.[38] 계속해서 백제와 수차례 전투를 벌였다.[39] 활동영역을 점차 넓혀 396년에는 수군(水軍)을 투입하여 백제를 쳐서 58城 700餘村을 탈취하는 전과를 올렸다. 『능비문(陵碑文)』영락(永樂) 6년조의 기록에 의하면 당시에 공파된 성은 경기도를 중심으로 황해도, 충청도 일부지역으로 보인다. 특히 남양, 서산, 당진 등 해안지대를 중심으로 상당한 기간동안 점령상태가 지속된 것으로 보인다.[40] 광개토대왕은 백제와 전쟁을 하는 와중인 393년에 평양에 9사를 세웠다. 399년에는 평양에서 신라와의 사신을 만났다.

태왕은 한반도의 동남부 지역에도 관심을 기울였다. 『릉비문』 영락(永樂) 9년(399년) 기해조(己亥條)에 '新羅遣使白王云 倭人滿其國境…'이란 기사가 나오고, 이어 영락 10년인 경자(庚子 : 400년)에 백제(百濟), 가야(伽耶), 왜(倭)의 연합군이 공격하므로써 위기에 처한 신라를 구하기 위해 보기(步騎) 5만의 병력을 보낸 것으로 나타난다. 백제와 왜와의 관계를 빌미로 삼아 임나가라(任那加羅 : 경남 고령 일대)를 공격했다. 경주의 호우총에서는 국강상토지호태왕(國岡上土地好太王)의 명문이 있는 청동호가 발견되었고, 고

---

[38] 『삼국사기』, 고구려본기는 廣開土王 元年으로 되어 있다. 그에 반해 백제본기는 廣開土王 2年으로 되어 있다.

[39] 『삼국사기』, 고구려본기, 광개토왕 2, 3, 4년조.

[40] 손영종은 『고구려사』, 과학백과 종합출판사, 1990, p.303에서 예성강 하류, 임진강 중하류와 경기도 동북부, 충북일부 지역으로 보고있다. 한편 李丙燾는 『韓國古代史 硏究』, pp.381~382에서 "이 성과 촌은 주로 한강 및 임진강 유역에 불과하였던 것으로 대부분 다시 돌려주고 아마 방위상 필요한 임진 이북의 성읍만을 소유한 것 같다"고 하였다. 그러나 당시의 전황으로 보아 한강 이북지역은 이미 대왕 元年 전투에서 확보했고, 이때는 한강 이남지역은 물론 경기만 이남까지 정복을 한 것으로 판단된다.

령의 지산동 고분, 동래의 복천동 고분에서는 고구려계의 마구·무구 등이 발견되었다. 좀 늦은 시대의 것이지만 영일군의 냉수리고분군도 고구려의 영향이 크다. 이러한 남진정책은 장수왕 시대에 이르러 더욱 본격화 된다.

고구려는 427년에 평양성으로 천도한 이후에 끊임없이 백제를 압박하고 드디어 475년에는 수도인 한성을 점령하고, 영토를 서부해안의 아산만 유역까지 차지하였다. 뿐만 아니라 신라의 영토까지도 공격하고 탈취하였다. 평양성으로 천도하고 남진정책을 추진한 것이 성공을 거둔 것이다.

서로는 아산만의 북쪽에서 심지어는 금강경계선까지 진출했던 증거들이 출토되고 있다. 동쪽으로는 소백산맥 남쪽의 풍기·영주·청송·풍기를 거쳐 포항시 바로 북인 흥해(興海)까지 공격했다는 기록이 있다. 하지만 기본적으로는 평택만·충주·삼척선을 잇는 선을 경계로 영토로 삼았다. 두 왕 시대에 이르면서 고구려의 영토는 최대로 확장되었다. 특히 남진정책이 성공을 거두면서 서로는 황해도와 경기만의 비옥한 농토를 얻었다.

고구려는 동쪽으로도 팽창하였다. 이미 주몽 때에 백두산 주변지역을 장악하였고, 6대 태조대왕은 책성을 설치하였다. 山上王 21년 (217년) 가을 8월, 漢나라 평주(平州)사람 하요(夏瑤)가 백성 1천여 家를 이끌고 투항해왔다. 왕이 이들을 받아들여 책성(柵城)에 안치했다. 고구려의 영토에는 일찍부터 동예와 옥저 등이 소속되어있었다. 고구려는 그 지역의 대인(大人)을 뽑아 사자(使者)로 삼아 읍락(邑落)을 함께 다스리게 하였으며, 조세로서 맥포·어·염 및 해산물을 징수하였고 미녀를 보내게 하여 비첩으로 삼았다.[41] 『삼국지』 동옥저에도 이와 유사한 기록이 있다.

고구려는 연해주 남부지역에도 군사활동을 벌여 영토를 확장하였다. 광개토대왕

---

41 『후한서』 권85, 동옥저.

은 410년에 동부여(東夫餘)를 친정하여 복속시켰다. 당시의 동부여 위치는 영흥만(永興灣) 또는 두만강 하류라는 설이 있다.[42] 계루부의 고지(故地)일 경우에는 두만강 유역이 보다 타당하다.[43] 이때 동부여의 세력 속에는 미구루(味仇婁)가 속하였으므로 연해주 일대도 고구려의 영역으로 편입되었다고 볼 수 있다.[44] 태왕은 8년(398)에 식신(息愼)을 정벌하였는데, 이것이 숙신(肅愼)인지에 대해서는 다른 견해들이 있지만,[45] 한국학계에서는 대체로 숙신설을 따르면서 동만주 연해주 방면으로 이해하고 있다.

그런데 연해주 남부지역에는 '동인(同仁)문화'라고 불리우는 문화가 있다. 5세기부터 10세기에 걸쳐서 송화강유역 흑룡강유역 목단강 유역과 그 동쪽에 거주한 물길과 그 뒤를 이은 말갈의 문화인데, 러시아는 말갈문화라고 부르고 있다.[46] 손수인(孫秀仁)·장태상(張泰湘)은 동인문화를 5~6세기에서 하한은 6세기 말부터 10세기 초 즉, 수당(隋唐)시기로 보는데,[47] 당연히 이 시기의 말갈과 이 지역은 고구려 질서 내에 있었다. 장태상(張泰湘)은 동인문화는 그 후 발해문화로 변용한다고 한다.[48] 동쪽지역은 자연환경상 남쪽보다는 관심이 적었으나 바다와 연관된 지역이므로 고구려에게는 활용도가 높았고, 강력한 토착세력이 없었으므로 비교적 일찍부터 진출하여 영토로 삼을 수 있었다. 두만강 하구는 한 번도 중핵이 된 적은 없었지만, 중요한 지역이었다.

고구려는 건국 초기부터 북쪽으로 진출을 감행하였다. 건국자인 주몽은 북에서 이

---

42 신채호는 琿春說, 이병도는 文川說, 천관우는 農安방면으로 비정했다가 두만강 하류로 수정하였다.
43 손영종, 「광개토왕릉비를 통하여 본 고구려의 영역」, 『력사과학』 1986-2, p.25. 오늘날의 牧丹江 유역 일대에서 연해주에 걸쳐 있었다는 견해를 나타내고 있다.
44 서영수, 「광개토왕비문에 보이는 정복기사 재검토」, 『역사학보』, 1985, pp.106~107. 천관우는 「광개토왕릉비문재론」, 517쪽에서 기존의 견해를 부정하는 견해를 보였다.
45 천관우, 「광개토왕비재론」, 『전해종화갑기념논총』, 1979, p.537.
46 菊池俊彦 著, 『北東アジアの古代文化の研究』, 北海道大學 圖書刊行會, 1995, p.66.
47 위의 책, p.192.
48 위의 책, p.207.

동해온 이동집단이므로 북쪽은 경제적인 가치 정치영토적인 의미 이상의 곳이었다. 광개토태왕릉비문에는 첫줄에 "惟昔始祖鄒牟王之創基地"와 "出自北夫餘天帝之子母 河伯女郎..."라는 귀절이 음각되어 있다. 고구려가 북부여에서 기원했음을 주장한다. 물론 태왕과 동시대의 유물인 모두루묘지(车頭婁墓誌)에는 "河伯之孫 日月之子 鄒牟聖 王 元出北夫餘"라하여 주몽이 해모수의 북부여에서 비롯되었음을 기록하고 있다.

초기 북부여의 위치는 홍안령가에서 발원한 눈강(嫩江) 상류지역인 치치하얼(齊齊哈爾), 혹은 눈강하류와 북류송화강이 만나는 대안(大安)을 중심으로 한 송눈평원(松嫩平原)지역으로 추정되고 있다.[49] 그 외에도 태왕 당시의 북부여 위치에 대해서는 개원(開原) 일대 등 여러 설이 있지만 최소한 장춘(長春) 농안(農安)지역으로 보고 있다. 모두루총 묘지석에는 '...敎遺 令北夫餘守事'라는 글자가 있어 북부여 지역을 직접 통치했음을 알려준다. 영토를 최대한 확장한 광개토태왕시대에는 이 지역의 일부는 영토화시키고, 나머지 지역은 간접통치구역이나 영향권으로 삼았을 것이다. 그러면서 유목문화의 영향은 초기보다 더 광범위하고 강하게 받게 되었다.

그런데 동명(東明)은 고리국에서 기원했다는 기록이 있다.[50] 북한의 고고학계는 고리국(藁離國)을 북류송화강 하류 혹은 동류송화강 및 눈강유역으로 추정하고 있다.[51] 근래 연구를 통해 부여는 탁리에서 기원했고, 탁리의 선인들이 이룩한 문화가 바로 백금보(白金寶) 문화임이 알려졌다. 탁리와 그 선조들의 문화가 바로 백금보문화이기 때

---

49 池內宏도 유사한 견해를 표명했고, 중국학자들은 동명이 건넌 掩遞水를 嫩江하류로 보는 견해가 많다. 傅朗云 楊暘, 『東北民族史略』, 吉林人民出版社, 1989, p.37.
50 『淯書』이 열전 고구려조. "고구려는 夷明으로부터 나왔는데 동명은 北夷인 藁離國王의 아들이다. …남쪽으로 달아나 淹滤水를 건너 夫餘에 이르러 드디어 왕이 되었다".
51 황기덕 등은 백금보 문화가 동명의 출자로 알려진 橐離國을 조동과 조원지방으로 비정하고 있다. 황기덕, 「요서지방의 비파형단검문화와 그 주민」, 『비파형단검문화에 대한 연구』, 과학 백과사전출판사, 1987, pp.146-147.

문이다.⁵² 동부여가 초기에 발원한 지역은 동류 송화강인 하얼빈 아래의 현 아성(阿城) 지역이란 견해⁵³도 있으나, 일반적으로는 농안(農安), 장춘(長春), 길림(吉林) 등이 있는 송요(松遼)평원지역으로 보고 있다.

서쪽 지역 또한 고구려에게는 초기부터 관심을 둘 수밖에 없는 지역이었다. 고구려가 부여뿐만 아니라 조선 계승성을 지니고 출발했고, 존속기간 내내 이것을 실현하였다는 것은 이미 앞 글에서 말한 바 있다. 요동 지방은 고조선의 기원은 물론이고, 발전 과정과 깊은 관련이 있다.

건국초기의 산발적인 전투를 벌이다가 5대 모본왕은 A.D 49년에 기마군대를 몰아 요하를 지나고 평원을 지나 북평(北平)·어양(漁陽)·상곡(上谷)·태원(太原) 등 현재 북경근처인 화북일대를 공격하였다.⁵⁴ 그렇다면 요동은 물론이고 요하 서쪽의 땅이 고구려의 영향력 아래에 있거나 영토였는지 모른다. 태조대왕 시대에 들어와 고구려는 요동으로 진출을 시도한다. 그는 말년에 해당하는 A.D 53년(즉위 105년)에는 漢나라의 요동 6현을 공격하여 점령하였다. 그리고 A.D 55년에 요서에 10성을 쌓았다. 현재 요하를 기준으로 삼아도 종양 금주 등의 요서지방은 고구려가 이미 초기에 일시적일망정 영토로 삼았던 것이라고 볼 수 있다.

그 후 중국세력과 공방전을 벌이면서 진퇴를 거듭했다. 후연(後燕)의 성립(384)하면서 요동(遼東), 현도(玄兎) 2성의 쟁탈문제로 후연(後燕)과 수 차례에 걸쳐 전쟁을 벌였다. 고국양왕(故國壤王) 2년(385년) 왕이 4만 병력으로 요동을 습격, 드디어 요동군. 현도군을 함락시키고 남녀 1만여 명을 포로로 삼아 돌아왔다.⁵⁵ 다시 후연(後燕)이 공격을 해왔다.⁵⁶ 그런데 고국원왕의 말년에 고구려가 연나라의 영토인 현재 북경 지역에 진

---

52 孫進己, 임동석 역,『東北民族源流』, 동문선, 1992, p.235.
53 池內宏, 「扶餘考」,『滿鮮史研究』上世篇, 吉川弘文館, 1944, pp.446~454.
54 『삼국사기』, 고구려본기, 모본왕 2년.
55 "夏六月 王出兵四萬襲遼東... 遂陷遼東 玄兎,虜男女一萬而環".

출하였다는 주장도 있다. 1976년 평안남도 덕흥리 고분벽화에서 발견된 그림과 글씨 때문이다. 408년에 만들어진 귀족인 진(鎭)의 무덤인데, 벽화에는 주인공인 진이 유주자사로 있을 때 그 휘하에 있었던 13군 태수가 그에게 인사를 하는 장면과 함께 그들의 직위와 군명이 쓰여져있다. 그런데 13군의 관할 범위가 요서지방에서부터 범양(范陽)·북평(北平)·상곡(上谷)·어양(魚陽) 등 현재 북경 근처 등 하북성(河北省)까지를 포함하고 있다. 벽화가 고구려의 진출을 증명하는 것이라면 고구려는 물론 동아시아의 고대사를 해석하는데 일대 파란이 생기게 된다.

광개토태왕 시대에 이르러 요동 요서는 고구려의 역사와 직접 관련을 맺게 된다. 『삼국사기』에 따르면, 태왕은 즉위한 첫해인 391년 9월에는 북으로 진격하여 거란을 정벌하고 500여명을 포로로 잡아왔다.[57] 『능비문』에는 즉위 6년에 비려(碑麗)를 토벌하고 3개 부족 6~700영을 공파한 다음에 수없이 많은 우마군양(牛馬群羊)을 노획했다고 기록되어 있다. 이때 고구려군은 북서쪽으로 요동을 넘어서 요서와 동몽골 지역을 가로지르는 시라무렌 강 상류유역까지 원정했음을 알 수 있다. 이 때 벌인 작전지역을 시라무렌(橫河) 상류와 란하(灤河)상류 사이에 있는 염호(鹽湖)일대로 추정한다.[58] 시라무렌강은 내몽골과 요서지방이 만나는 지역으로서 지금의 적봉지구이다. 이미 5500년 전 부터 홍산(紅山)문화가 발달한 곳이며, 기원후에는 선비족 등 유목종족들이 거주하여 국가를 만들기도 하였던 곳이다.

광개토태왕은 400년 후연(後燕)에게 요동지역을 침략당한다.[59] 이어 402년에는 반

---

56 『삼국사기』 고구려본기 고국양왕조, "冬十一月 燕慕容農將兵來侵 復遼東玄菟二郡".
57 서영수, 「광개토대왕비문의 정복기사 재검토 上」, 『역사학보』 96, 1982, pp.95~102. 『唐書』 고구려전에는 "西北渡遼水,至于營州 …"라 하여 遼河 以西까지 진출했음을 알려준다.
58 서영수, 위 논문, p.99.
59 『삼국사기』, 고구려본기, 광개토왕 9년, 춘정월, "… 王遣使入燕朝貢 二月 燕王盛以我王禮慢 自將兵三萬襲之 以驃騎".

격하여 숙군성(宿軍城)을 공격하자 후연의 평주자사인 모용귀는 성을 버리고 도망쳤다. 이 곳을 통과해 서쪽으로 지나면 만리장성의 종점인 산해관(山海關)이 나오고, 산해관을 넘으면 지금의 북경지역이다. 상황이 이렇게 변하면서 고구려는 그 지역을 차지했던 연나라와 충돌을 일으켰고, 전쟁으로 비화됐다. 다시 404년에는 육로 또는 수군을 동원하여 후연을 공격하여 정벌하였다. 이렇게 해서 요동을 장악하였고, 요서지방에 군사적인 진출을 감행하였다. 그리고 405년에는 요동성을 공격해온 모용희를 물리쳤고, 406년에는 3000여리를 행군해와서 목저성(木底城)을 침입한 후연을 물리침으로써 요하 이동지역을 다시 완전히 장악하였다. 이때 나라가 서쪽은 선비와 접해있다고 하니 더 서북쪽 지역까지 다스렸을 가능성이 크다.

한편 장수왕은 436년에 북연(北燕)의 문제로 인하여 북위(北魏)와 충돌을 하였다. 연은 북위와 충돌직전에 이르자 고구려에게 도움을 요청하였다. 그러자 위는 연의 백랑성(白狼城)을 공격하였고, 이에 장수왕은 장군인 갈로(葛盧)와 맹광(孟光)과 군사들 수만 명을 보내어 연을 구원하였다.[60] 장수왕은 뿐만 아니라 479년(태화 3년)에 유연과 모(謀)의하여 지두우(地豆于)를 분할하고자(欲取地豆于以分之)했다.[61] 그 과정에서 고구려는 시라무렌 유역의 거란을 공격하였다.[62] 만약 이 모의가 성공했다면 현재 동몽골 지역은 일시적일지언정 고구려의 영토내지 영향권 아래에 있을 가능성이 높다.

고구려의 영역에서 해양이 차지하는 비중이 높다. 동아시아에서 해양이 차지하는 범위는 넓다. 본문에서 말하고 있는 동방(東方)문명・중화(中華)문명・북방(北方)문명은 모두가 해양과 직접 터를 맞대면서 교차하고 있으며, 모든 영역에서 해양과 관련을 맺고 있다. 필자는 동아시아에서 해양이 차지하는 비중을 설명하고, 성격을 규명할 목적

---

60 『삼국사기』, 고구려본기, 장수왕 24년.
61 『魏書』 契丹傳.
62 이재성, 『古代 東蒙古史硏究』, 법인출판사, 1996, p.149.

으로 동아지중해(東亞地中海, Eastasian-Mediterranean-Sea)란 모델을 설정하고 학문적으로 제시하였다.[63]

『동아지중해』는 동아시아 문명의 가장 중요한 부분이며, 그 동아지중해의 한 가운데에 고구려가 있다.

태조대왕은 A.D 53년(즉위105년)에 한나라의 요동 6현을 공격하여 점령하였다. 뿐만 아니라 중국세력과 갈등을 빚어온 압록강 하구의 항구도시인 서안평(西安平)을 공격했다. 태조대왕은 그 시대 국제사회에서 고구려가 차지해야 할 위상과 발전 방향, 추진목표를 잘 알았다. 그 때문에 압록강 하구에 이어 두만강 하구에 사는 동옥저를 완전하게 정복함으로써 동해안에서도 해양활동을 시작하였다. 결국 동해와 황해를 연결함으로써 소금 해산물 목재 같은 임산물 등의 경제적인 이익을 많이 얻었지만, 무엇보다도 본격적인 해양활동의 토대를 마련하여 정치적으로 국제질서에서 유리한 위치를 확보하였다.

동천왕 시대에는 압록강 하구인 서안평의 장악을 놓고 오(吳)나라와 외교관계를 맺기도 하면서 위(魏)나라와 전쟁을 벌였다. 이는 황해북부의 해양권을 장악하는 일과도 관련이 깊었다. 양자강 유역에 있는 오나라와 군사동맹을 맺는 한편 무역활동을 벌였다. 비록 전쟁의 패배로 인하여 실패하였지만 중간에 자리한 위나라를 압박하면서 국제적인 위상을 확대하고 실리를 취하는 외교정책이었다.[64]

---

[63] 윤명철, 『동아지중해와 고대일본』, 청노루, 1996 ;『장보고 시대의 해양활동과 동아지중해』, 학연문화사, 2002 ;『한민족의 해양활동과 동아지중해』, 학연문화사, 2002 ;『고구려 해양사 연구』, 사계절, 2003 ;『바닷길은 문화의 고속도로였다』, 사계절, 2003 ;『한국 해양사』, 학연문화사, 2003 ;「장보고를 통해서 본 經濟特區의 역사적 교훈과 가능성」,『경제특구』, 삼성경제연구소, 2003 ;「동아시아의 相生과 동아지중해모델」,『21세기 문명의 전환과 생명문화』, 세계생명문화포럼, 2003. 12.
[64] 이 시대의 고구려 해양활동과 정책에 관해서는 졸저,『고구려 해양교섭사 연구』(성균관대학교 박사학위논문, 1993)에서 언급한 이후, 「고구려 전기의 해양활동과 고대국가의 성장」(『한국상고사학보』 18호, 한국상고사학회, 1995)에서 보완하였고, 이후『고구려 해양사 연구』 (사계절, 2003)로 일단락지었다. 특

미천왕(美川王)은 압록강 하류를 완벽하게 장악하면서 낙랑 및 대방세력의 완벽한 축출을 성공시켰고, 황해북부항로를 안정적으로 확보하였다. 고국원왕은 요하지역을 차지한 연나라를 가운데 두고, 바다를 이용하여 화북의 후조(後趙)와 군수물자를 주고 받는[65] 군사외교를 벌이는 한편 연나라에 우호적인 양자강 하류에 수도를 둔 동진에게도 사신을 파견하여 등거리 실리외교를 전개하였다.[66] 이처럼 해양을 활용하여 자국의 입지와 위상을 확대하는 한편 동아시아의 국제질서에도 영향력을 행사하였다.

앞에서 광개토태왕이 벌인 영토확장정책에 대해서는 언급하였다. 그 정책의 많은 부분은 해양과 직접 또는 간접으로 연결되었다. 요동반도를 장악함으로써 요동만, 서한만, 대동강 하구, 그리고 경기만을 잇는 황해 동안의 연근해항로를 확보할 수 있었다. 황해중부 이북의 동쪽 바다를 안정된 내해(內海, inland sea)로 삼아 영역권 화 할 수 있었으며, 산동반도 등 남부지역들과의 해양교섭에도 유리했다. 또한 요동반도 남쪽의 해상에 있는 장산군도 등의 해안도서지역을 장악하고, 곳곳에 해양방어체제를 쌓아 해상봉쇄와 항로보호에 유효적절하게 활용하였다. 대련 위쪽 금주시내의 외곽에 있는 비사성(현지에서는 '大黑山산성'으로 불림)은 고구려가 설치한 전방해양방어체제의 중심성이면서 동시에 물류망의 거점역할을 겸했다. 지금도 장산군도 등의 섬에는 고구려가 쌓은 성들이 있는데, 장해와 광록도의 고려성은 광개토태왕시대인 404년에 쌓은 것이다.

즉위 20년인 410년에는 남연(南燕)으로 사신(使臣)과 공물(供物)을 보내고 그 댓가로 연왕(燕王)은 답례품을 보내면서 양국은 공존관계가 된다. 남연은 오호십육국(五胡十六

히 위나라 관구검의 침입을 국제관계 및 해양질서와 연관시킨 전쟁으로 파악하였고, 국부적으로는 서안평 쟁탈전으로 해석하였다.
65 『삼국사기』, 고구려본기, 미천왕 31년.
66 이 부분은 필자의 1993년의 학위논문과 그 후의 광개토태왕 관련 논문 및 『고구려 해양사 연구』에서 상세히 언급하였다.

國)의 하나(398?~410)로서 후연의 뒤를 이어 모용덕(慕容德)이 398년에 건국하였는데 산동지역을 차지하고 있었다. 이 무렵부터 요동반도와 그 남쪽 해양의 대장산군도는 고구려의 영토이었으며, 산동은 고구려가 교섭하는데 관계가 깊은 지역이었다.[67]

그 후 장수왕은 평양성으로 천도한 이후에 남진정책을 취하면서 백제와 신라를 공격하여 한반도 중부이북의 땅을 완전하게 영토화함으로써 동해 중부이북과 황해 중부이북의 해상권을 장악하였다. 특히 468년에 실직주성(悉直州城 : 삼척)을 공격하였고, 481년에는 포항 위의 흥해(興海 : 彌秩夫)까지 공격하였다. 이는 신라의 수도를 근거리에서 압박하고 영일만 같은 대외항구를 일본열도로 진출하는 교두보로 확보하려는 해양정책의 일환이었다. 아울러 북연을 붕괴시키는 데 강한 영향력을 행사함으로써 요동반도 주변의 해역에 대한 지배권마저 완전하게 장악하였다. 이렇게 해서 광개토태왕이 추진한 해륙국가를 완성시켜 대륙과 한반도, 그리고 동해와 황해의 반 이상을 차지한 명실 공히 동아지중해의 중핵국가로 만들었다.

이렇게 몇 개의 육지터와 해양을 살펴본 바와 같이 고구려는 전성기인 광개토태왕과 장수왕 시대, 문자왕에 이르러 영토가 최대한 확장되었다. 동서남북으로 수 천리를 이동하면서 광범위한 정복활동을 전개하여 전기에 확보한 영토를 기본핵(중핵)으로 삼아 남만주 일대와 한반도 중부 이북, 요동반도 전체와 그 주변지역, 연해주남부 일대를 포함하는 거대한 지역에 행성과 위성에 해당하는 육지영토를 차지하였으며, 거기에다 황해중부 이북과 동해중부 이북의 해양영토를 확보하였으니 명실 공히 해륙(海陸)국가의 위용을 갖추게 하였다.『위서(魏書)』고구려전에 장수왕 시대인 434년에 북위(北魏)의 사신인 이오(李敖)가 평양에 왔다가 돌아가서 보고한 기록이 있다. 거

---

[67] 이 부분에 대한 연구는 필자의 논문인「요동지방의 해양방어체제연구」,『정신문화연구』겨울호, 통권 77호, 1999, 12 ;「고구려의 요동 장산군도의 해양전략적 가치 연구」,『고구려연구』15집, 학연문화사, 2003를 참조바람.

기에는 고구려의 영토가 동쪽으로는 책성(柵城), 남쪽으로는 소해(小海 : 청천강설, 경기만설)에 이르고, 북쪽은 예전의 부여에 이르며 동서가 2천여 리이며 남북은 1천여 리가 된다고 하였다.

4. 자연환경의 변화와 문화의 형성

고구려가 팽창하는 과정은 정치적으로는 영토의 팽창과정이었고, 역사적으로는 터의 확대과정이었으며, 구조의 개편이었다. 그러면 자연환경과 문화는 어떻게 변화하고 형성하였을까?

기본핵을 중심으로 확장 정책을 추진하면서 다른 국가를 비롯한 정치체들과 갈등을 벌이는 한편 고구려의 질서 속으로 편입시켰다. 또한 확장해가는 고구려 터 속에서 주민들이었던 여러 종족들의 이동이 빈번하고 습합되는 현상이 심했다. 그리고 무엇보다도 서로 다른 자연환경들이 고구려의 터 속에서 만나면서 중복되고, 새롭게 형성되었다. 변화해가는 자연환경과 이에 영향받은 문화의 형성과정을 이해하기 위해 전성기의 영토 내지 영역, 즉 터를 몇 개의 지역으로 유형화시키고자 한다. 그 다음에 자연환경을 검토하면서 이와 관련한 문화의 일반적인 양상을 살펴보고자 한다. 다만 터 가운데에서 문화와 역사적인 환경을 고려하여 중핵과 주변을 구분할 예정이다.

우선 중핵터에 해당하는 수도권과 주변지역을 살펴보고, 남으로는 평양지역을 넘어 한강하구 및 경기만 및 강원도 일대, 서로는 요동 및 요서와 내몽골 지역, 북으로는 동북평원(東北平原) 북쪽의 대흥안령 지역, 소흥안령 및 흑룡강 상중류지역, 동으로는 두만강 하구 및 연해주 남부, 그리고 해양은 동아지중해 전체를 개괄적으로 살펴본다. 즉 육지로는 중핵(中核)지역, 요동(遼東) 및 요서(遼西), 대(大) 소흥안령(小興安嶺) 주변지역, 흑룡강(黑龍江) 중류·하류 일대, 연해주(沿海洲)남부와 두만강(豆滿江) 일대 등 5개

지역과, 그리고 해양으로 분류하여 살펴보고자 한다.

1) 중핵지역

수도권을 중핵으로 삼고, 고구려 역사 내내 정치 · 경제 · 군사 · 문화 등에서 중핵역할 담당하는 터이다. 초기부터 전성기의 토대를 쌓은 시기까지 무려 400여 년 동안 수도였던 국내(國內)는 길림성의 최남단이며 압록강 중류에 있는 분지도시이다. 온대 대륙성 기후대에 속하며 사계가 뚜렷하다. 노령산맥의 산들이 막아주며, 남쪽에서는 압록강이 온대 계절풍을 실어다 주어 '새외(塞外)의 소강남(小江南)'이라 불리운다. 다른 북방도시들보다 비교적 좋은 환경을 지니고 있다. 하지만 국내지역으로 옮길 때의 상황을 "산수가 험하고 땅이 오곡에 알맞으며 순록과 사슴과 물고기가 풍부합니다"[68] 라고 기록했듯 압록강의 중류 일대는 산간지대가 많았고, 평야들이 좁아 오곡에 알맞다 하나 대규모 농사를 짓는데는 적합하지 못하였다.

『삼국지』동이전에는 초기부터 고구려의 영토로 편입된 부여과 동옥저에 다섯 가지 종류의 곡식이 생산되었다고 기록하고 있다. 옛부여의 남부지역, 목단강(牧丹江) 유역 등에서 보리 · 피 · 조 · 콩농사를 지었지만, 나중에는 대동강 · 한강유역 · 경기만 등에서 쌀농사도 지었다. 특히 압록강은 혼강과 만나고, 중류 이하에선 수심이 깊고 수로가 길다. 또한 강하류에는 많은 하상도서(河上島嶼)가 있고 끝나는 곳에는 만(灣)이 발달되어 황해로 접어든다.[69] 따라서 통항거리가 길고(750km) 큰 규모의 선박이 항행(航

---

68 『삼국사기』, 고구려본기, 유리왕 21년조.
69 『漢書地理志』卷28 地理志 第8 下1에는 황해북부로 흘러들어가는 강들에 대해서 본문과 주를 통해서 상세하게 설명하고 있다. 특히 玄菟郡 西盖馬縣 註에 "馬訾水 西北入監難水 西南至西安平 入海 過郡二 行二千一白里"라 하여 압록강에 대하여 상세하게 설명하고 있다. 그 당시 서안평이던 단동지역에는 靉河 등의 강이 흘러들고, 위화도 등 섬들이 있다.

行)할 수 있고 많은 선박들이 동시에 운행할 수가 있다. 또한 경제생활에 많은 이점을 제공한다. 백두산에서 발원한 송화강(松花江)은 유하(柳河)·휘발하(輝發河) 등과 만나면서 북으로 흘러들다가 대안(大安)에서 흥안령을 떠나 흘러내려온 눈강(嫩江)과 만난 후에, 다시 동북류하여(東流松花江) 흐르다가 (통항거리가 1890km 물론 겨울에는 운항할 수 없다) 목단강과 우수리강을 만나고 다시 흑룡강을 만나 연해주 북부바다로 빠져 나간다.

백두산지구는 겨울은 길고 추우며, 여름에는 온난하고 습하다. 산구(山丘)와 분지 곡지(谷地)가 자리잡고 있다. 산지에는 수목이 하늘을 덮고 낮은 지대에는 초전이 많다. 호(虎)·표(豹)·초(貂)·웅(熊) 등의 짐승류가 출몰하고 인삼·부자(附子) 등의 희귀한 약재가 많이 난다. 동북쪽으로 완달(完達)산맥, 장광재령(張廣才嶺)이 있는데, 해발 600~1000m가 된다. 고구려의 중핵지역에 있었고, 후에 발해가 건국한 터인 목단강(牧丹江)지역은 장광재령(張廣才嶺)과 노야령(老爺嶺) 사이를 뚫고 지난다. 그 지역에 있는 경박호(鏡泊湖)를 홀한하(忽汗河)라고 하는데, 신당서에는 오루하(奧婁河)라고 하였다.[70] 어업이 활발하고 주변에 평원이 많아 농사에 적합했다. 남쪽의 대동강(大同江) 유역은 농경에 적합하여 생산성이 다른 지역에 비해 높았다.[71]

고구려는 영토가 확장되고 자연환경이 농경에 적당한 곳에서는 농작물의 종류도 다양하고 풍성해졌다. 『삼국지』 위지 동이전에는 고구려인들이 장양(醬釀), 즉 장을 잘 담글 수 있었다고 하였다. 특산물인 콩을 활용하여 된장을 만들었다. 『신당서』 고려전에는 밭에 씨를 뿌리고 누에를 기르는 것이 중국과 같다고 했다. 『주서(周書)』 고려전에는 "부세는 견포, 즉(굵게 짠) 비단과 조로 지불하는데 (납세자의) 소유한 바에 따른다"고 하여 다른 종류의 농업도 발달했음을 알려준다. 낫·삽·가래 같은 농사에 필요한

---

70 王承禮 저, 송기호 역, 『발해의 역사』, 한림대학 아시아문화연구소, 1988, p.105.
71 서영대, 「고구려 평양천도의 동기」, pp.123~125. H. Lautensach 저, 김종규 옮김, 『한국의 氣候誌』, 한울아카데미, 1990, pp.78~79에는 大同盆地의 기후조건에 대해서 설명되어 있다.

다양하고 독특한 생산도구들을 제작하였고, 정착생활로 인하여 주거도 안정되었다. 수도권지역과 비교적 따뜻한 남쪽에서는 농작물의 짚을 이용하여 초가집을 지었다.[72] 농사의 풍요를 기원하는 각종 의례와 동맹 등 신앙들이 발달한다. 『동국이상국집』 동명왕편을 보면[73] 농사를 소중하게 여겼고, 유화부인은 건국자의 어머니로 뿐만 아니라 농사의 신, 곡식의 신인 지모신(地母神)이었음을 알려준다. 집안시 5회분의 4호묘와 5호묘에는 농사신으로 불리는 소머리에 인간의 몸을 한 존재가 있는데, 이는 농경문화와 깊은 관련이 있다. 이렇게 농경이 발달하면서 농경과 관련된 문화현상들이 발달하고, 문화는 정주적인 성격을 지녀갔다.

2) 요동 및 요서 내몽골지역

고구려의 역사와 영토확장정책에서 요동지역이 차지하는 의미는 매우 컸다. 따라서 이 지역의 자연환경이 문화에 끼친 영향 또한 지대하다. 요하(遼河)를 사이에 두고 동쪽을 요동 서쪽을 요서라고 한다. 요동반도는 북에서 남으로 뻗어오면서 내부에 구릉성의 천산(千山)산맥과 동북평원 지역의 일부가 있다. 요동지방 등은 드넓은 평원에서 농사지을 수 있는 토지가 넓고, 해안가에서는 어업과 함께 소금생산이 활발했다.[74] 석재나 철·동·아연 등 지하자원이 풍부했다.[75]

---

72 『구당서』, 『신당서』 등의 고려전에는 "집을 산골에 의지해서 만든다. 모두 초가집인데, 사찰, 신묘(사당), 왕궁, 관청은 기와를 사용한다. 겨울에는 긴 구덩이 밑에 불을 때서 따뜻하게 지낸다" 라는 기록이 있어 온돌이 발달하였음을 알 수 있다.
73 "주몽이 동부여를 떠날 때 어머니 유화부인은 다섯 개의 곡식알을 주었다. …나무 밑에서 쉬고 있을 때 한 쌍의 비둘기가 내려와 나무 가지에 앉았는데…" 라는 기록이 있다.
74 이 시기 동아시아지역에서 소금의 확보가 중요한 의미를 가지고 있었음은 西嶋定生 저, 변인석 역, 『중국고대사회경제사』, 학문사, 1983, pp.124~128 참조.
75 『漢書』 卷28 地理志 第8 下1 遼東郡, 平郭은 漢이 鹽官과 鐵官을 둔 곳으로서 소금이 생산되던 곳이다. 요동반도의 瓦房店 普蘭店 등은 지금도 대규모의 염전이 발달해 있다

요동반도에는 대양하(大洋河), 벽류하(碧流河) 등이 황해북부로 흘러들어가고, 혼하(渾河) 태자하(太子河) 등이 모이는 요하(遼河 : 325km)를 비롯하여 요서에는 시라무렌강·대릉하(大凌河)·란하(欒河) 등의 크고 작은 강이 발해 등으로 흘러 들어간다.[76] 발해 안의 요동만은 요하하구를 중심으로 서쪽에는 대릉하하구 금주만(錦州灣)·연산만(連山灣) 등의 작은 만으로, 동쪽에는 복주만(復州灣)·보란점만(普蘭店灣)·금주만(金州灣) 등으로 이루어져 있다. 그런데 요동만 해안의 일부는 호소(湖沼)지대를 형성하였으며, 해안선은 오랜 시간에 걸쳐 서서히 발해 쪽으로 확장되었다고 추정된다.[77]

요동반도 남쪽 끝에서 동쪽 근해에는 장산군도(長山群島)라고 불리우는 섬밀집지역이 있다. 이곳에서는 선사시대 유적을 비롯하여 해양관련 유적들이 많이 있다. 뿐만 아니라 요동지역은 지리적으로 다양한 물자들이 몰려들고 공급될 수밖에 없는 물류거점일 뿐 아니라 생산지이기도 한 경제 전략지구였다. 즉 북쪽 내륙의 유목을 주로하는 북방경제권과 교류하는 공간을 만들었고, 반도 남쪽으로는 황해북부와 요동만, 발해만을 이용하는 해양물류망을 형성하였다.

요서지방 또한 고구려와 관련이 깊었다. 요서는 연산(燕山)산맥의 양대 지맥이 서

---

[76] 이 지역의 지리적 특성에 대해서는 주로 양태진의 『한국邊境史 연구』, 법경출판사, 1990, pp.94~100 및 『한국의 국경연구』, 동화출판사, 1981 등을 참조. 윤내현의 「고조선의 西邊境界考」, 『藍史鄭在覺博士 古稀記念東洋學論叢』, 1984 에는 고조선의 경계를 이루는 각 강들의 위치를 중국문헌을 통해서 입증하고 있는데 당시 강들이 국가경계에 중요한 영향을 끼친 것을 대변하고 있다.)
[77] 유재헌, 『중국역사지리』, 문학과 지성사, 1999, p.92. 요동만의 북쪽을 흐르는 '下遼河 : 동, 서, 요하가 합류하는 지점 이하의 요하)' 유역 평원 중에서 제4기 後氷期의 海浸으로 물에 잠기지 않은 해안 부분은 배수의 불량으로 인하여 湖沼地帶를 형성하였다. 진대 말기~당대 초기에 遼西 지방과 遼東지방 사이를 왕복하며 남긴 기록에도 이러한 정황은 그대로 반영되어 있다. 더욱이 요하의 하구인 營口는 원래 명대 말기~청대 초기에 요하의 하구 밖에 있는 하나의 모래섬에 불과하였다. 그 후, 하구 부근에 이사가 퇴적됨에 따라 이 모래섬은 1820~1830년대에 마침내 육지와 맞붙게 되었으며, 요하 하구는 영구 바깥쪽, 즉 발해쪽으로 이동하였다. 현재의 지형을 토대로 고대의 역사와 문화를 이해하는데 얼마나 오류가 있을 수 있는 가를 알려주는 예이다.

남과 동남방향으로 뻗고 노노이호산(努魯介虎山)·의무려산(醫巫閭山)이 있다. 농경문화를 위주로 하며, 초원에서 목축생활을 하였다. 조양(朝陽)·오한기(敖漢旗)·적봉(赤峰) 등을 거쳐 동북으로는 멀리 대흥안령산맥 및 홀론보이르 초원과 연결되며, 서북부로는 내몽골초원으로 이어지면서 북방유목종족들의 남하 루트가 되었다. 내몽골은 몽골고원과 직결되는 지역이고,[78] 광개토태왕·장수왕시대에 전개된 동아시아의 상황을 고려한다면 고구려와 몽골고원의 자연 역사는 연결 가능성이 높다. 물론 이 지역에 거주한 사람들은 각종 가축들을 사육하는 유목민들이었다. 이곳에는 대릉하(大凌河)·노합하(老哈河)·시라무렌강이 흐르고 있다. 발해와 연결되므로 어업과 소금생산을 비롯한 해양문화도 발달하였다. 동아시아 문명의 근원인 소위 '요하문명(遼河文明)'의 발상지 역할도 했다. 이 문명의 존재는 일찍부터 알려졌으며,[79] 국내에서도 이형구[80]가 연구한 이래 학자들이 연구를 진행하고 있다. 이러한 자연환경 속에서 이들은 전형적인 유목생활도 하지만 대체로 농업과 유목을 겸하는 세력들이다.

이 지역에 거주했던 동호 선비(鮮卑)·오환(烏桓)·거란(契丹)은 모두 유목생활을 하였다.『후한서』오환전에는 '해마다 소·말·양 껍질을 실어온다.' 또『위서』고막해전에 따르면 거란 계통인 고막해(庫莫奚)가 5세기 무렵 부터 북위에게 매년 명마(名馬)와 문피(文皮)를 보내는 등 교역을 하였다고 하였으며,『위서』거란전(契丹傳)에도 거란이 해마다 명마와 문피 등을 북위에 보냈다고 되어 있다. 이들은 일반적으로 풀과 물을 따라 이동하며 가축을 키우고 털과 가죽으로 옷을 해 입으며 양과 말, 소 등의 고기와 젖, 등을 먹었다. 거주지역 또한 흙집이나 영(營)인데, 이는 유목종족의 이동성 취

---

78 내몽골은 오로도스지역과도 이어진다.
79 郭大順,『龍出遼河源』百花文藝出版社, 2001에 종합적으로 정리되어 있다.
80 이형구,「발해연안 석묘문화의 원류」,『한국학보』50, 일지사, 1988 ;「발해연안 빗살무늬토기문화의 연구」,『한국사학』10, 한국정신문화연구원.

락이나 군영을 나타낸다.[81] 이 주민들은 문화 언어상은 물론이고, 혈통상으로도 연결이 어느 정도 있었을 것이다.[82] 앞장에서 본 바와 같이 고구려는 전성기에 이르러 요동지방을 고구려의 중요한 터 즉 몇 개의 행성 가운데 하나인 요동성(요양시일대)을 중심으로 매우 중요한 터로 인식하고 국가발전과 문화의 발전에 다양한 역할을 부여했다. 이곳의 자연환경은 고구려 영역내의 어느 다른 지역과도 차이가 있었으며, 이러한 문화는 고구려 문화의 형성에 다양성을 부여했다.

3) 북만주 평원 및 초원 일대

북만주에는 대(大)·소흥안령(小興安嶺)과 초원 등이 발달했다. 흥안령은 험준한 산악지대는 아니지만 그렇다고 인간과 가축들이 쉽게 넘나들 정도의 평원은 아니었다. 현재는 큰 나무들이 거의 사라진 구릉지대나 초원처럼 보이지만 그 무렵에는 삼림이 우거진 지역이었다.

대흥안령과 소흥안령 사이에서 남으로 내려오면서 동북평원이 시작된다. 눈(嫩)강은 흥안령에서 1000여 리를 남으로 내려오는 유일한 길이고, 초원지역을 관통하는 큰 강이므로 내륙수운이 발달했다. 이 광대한 지역에서 고구려와 직접적으로 관련이 깊은 지역은 눈강 하류와 북류송화강 하류가 만나는 대안(大安) 지역이다. 충적평야이고, 수량이 풍부하며 해발 120~250m 로서 지세가 낮다.[83] 이른바 송눈(松嫩)평원의 일부이다.

---

81 武田幸男은 유기적 통일체란 막연한 표현을 쓰면서 城·村에 대응하는 개념으로 보았다.
82 거란은 특히 고구려와 깊은 관련을 맺고 있다. 미천왕·고국원왕 시기에 화북의 후조와 매우 긴밀한 관계를 맺었는데, 후조는 흉노계이며 유목생활을 하던 종족이다. 위서 石勒傳에는 그의 외모를 서구인에 가깝게 묘사하였다.
83 王承禮 저, 송기호 역, 『발해의 역사』, 한림대학 아시아문화연구소, 1988, p.106.

이 곳은 세석기문화와 청동기문화가 일찍부터 발달했다. 기원전 12~13세기경의 예맥계 유물들이 발견된다. 백금보(白金寶)문화·한서(漢書)문화(大安)·망해둔(望海屯)문화(肇東) 등이 있는데[84] 백금보문화는 요서지방의 하가점 상층문화의 영향이 나타나 두 지역간의 교류가능성을 보인다. 부여의 문화인데 예인(濊人)들은 송화강(松花江)과 눈강(嫩江) 초원지구에 거주하던 어렵부락(漁獵部落) 사람들이었다.[85]

그런데 『삼국지』 부여전에 "夫餘…多山陵廣澤, 於東夷之域最平敞, 土地宜五穀, 不生五果…"라는 기록을 보면 부여는 농업이 발달했다. 북만주의 지리와 지형 등을 고려하면 고구려의 영토와 문화에 대하여 새로운 인식을 할 필요가 생긴다. 즉 장춘(長春)·농안(農安)의 이북에서부터 눈강(嫩江)유역, 서북쪽의 훌룬보이르지역까지를 지금은 동북평원이라고 하지만, 그 무렵에는 드넓은 초원지대가 많으며, 삼림이 많은 지역이었다. 따라서 높지않은 산과 들판을 삶의 공간으로 하고 있는 농경민들의 국경개념(國境槪念)을 설정하기가 어렵다. 그러므로 이 지역이 고대에 농안이남과 국경을 이루면서 별개의 정치권을 이루었을 가능성은 희박하다. 즉 몇몇 사료에서 표현되었듯이 끝없는 초평선, 검고 비옥한 흙, 간간이 산과 구릉들, 넓은 연못이 있는 농목문화 지역이다.

그런데 『삼국지』의 부여에는 부여에서 여우·살쾡이·원숭이·담비 등이 생산된다고 기록하였다. 초피(貂皮)는 고구려의 상당히 넓은 영역에서 생산되는 값 비싼 귀중품으로서 시대를 막론하고 중요한 수출품이었다. 또한 『신당서』에는 고구려의 귀족들

---

84 白金寶문화·漢書문화·望海屯(肇東, 肇源)문화 등 嫩江 및 송화강 유역의 청동기 문화에 대해서는 譚英杰·孫秀仁·越虹江·干志耿,『黑龍江區域 考古學』, 中國社會科學出版社, pp.34~46 참소.
85 송화강 변에 있는 西團山文化 역시 초기에는 古肅慎族과 관련이 있는 것으로 보았으나 (東北考古發掘團,「吉林西團山 石棺墓發掘報告」,『考古學報』 1964 第1期) 최근에는 李健才, 孫進己,『東北各民族文化交流史』, 春風文藝出版社, 1992, p.43 등을 비롯해서 예맥인의 유지로 보고 있으며, 백금보 문화 등과 관련을 맺고 있다고 주장한다.

은 황색가죽신을 신었다고 했다. 『일본서기』에 보면 5세기말에 고구려가 가죽다루는 기술을 일본에 전해주는 것이 나온다. 이들은 일본에서 숙피(熟皮)를 다루는 기술자의 시조가 되었다고 한다. 고구려가 이러한 문화와 경제양식에 익숙했음을 반영한다.

이 지역을 약간 벗어나면 고구려와 간접적으로 관련있는 또 하나의 위성지역으로서 大 소흥안령(小興安嶺) 지역과 대흥안령 이서인 홀론보이르 초원이다. 대흥안령 이서 지역은 훌룬호(呼倫湖)·보이르호(貝尒湖)주변과 하이라얼시 근하(根河)시 주변지역이다. 바이칼 지역의 동남부 지역, 즉 타이가에서 회랑지대를 통과하면 전형적인 초원지대 나온다. 그 가운데에 훌룬호(呼倫湖), 보이르호(貝尒湖)를 중심으로 한 훌룬보이르 초원이 있다. 이 지역은 시기별로 자연환경의 변화가 있었다. 일반적으로 선비족 등 동아시아 초원유목민족의 발원지이며 기마문화와 관련이 깊다.[86] 여기서 동남쪽으로 초원을 따라 남하하면 눈강 유역이 나온다. 부여 및 고구려와 관련이 있을 가능성이 제기되고 있다.[87]

한편 지금의 악륜춘기(鄂倫春旗)·가격달기(加格達奇)의 도시들과 아리하(阿里河)·감하(甘河) 등이 흐르는 소흥안령 지역은 산이 완만하여 구릉모양의 대지를 이루고 있다. 현재는 서쪽은 초원이 발달하면서 말들을 키우고 있고, 동쪽은 수렵삼림지대이다.[88] 이 지역은 기후와 마찬가지로 종족·언어·풍습 등이 서로 섞인 지역이다. 소흥안령 주변 지역은 고구려 시대 이후에 발해시대에는 회원부(懷遠府)·철리부(鐵利府) 등이 있었던 곳이며[89] 흑수말갈을 거쳐 현재의 다구르·에벤키(鄂溫克)[90]·오로춘(鄂倫

---

86 林占德 편, 『呼倫貝爾考古』, 香港天馬圖書有限公司, 2001 ; 『呼倫貝爾民族文化』, 內蒙古文化出版社, 2006 참조.
87 박원길·주채혁 등이 이 견해를 표명하고 있다.
88 필자는 이 지역들을 답사했으나 현재의 상황이 과거의 사료 또는 유물·생활습속 등과 꼭 일치하지 않음을 여러곳에서 발견하였다.
89 王承禮 저, 송기호 역, 『발해의 역사』, p.104.

春)・우디거(兀底改, 赫哲, 나나이)이 거주했으며, 지금도 이들 가운데 일부가 곳곳에서 거주하고 있다.

그 지역은 대흥안령・소흥안령이 있는 지역과 관련이 깊다. 사료상으로는 이 지역에는 선비족의 갈래인 탁발씨(拓跋氏)가 거주했다가 고구려가 초기국가일 무렵인 기원 1세기경에 남쪽으로 이동했다. 이 지역에서는 고고학적으로 선비계통의 유물들이 발견되고 있다. 시대에 따라 주체 종족의 성격과 명칭은 변화가 있지만, 이 지역은 기본적으로 몽골 계통의 주민들이 거주하면서 각각의 나라 세웠다.

그 가운데 고구려와 관계가 깊은 나라 혹은 종족으로 실위(室韋)가 있다. 『위서(魏書)』, 『북사(北史)』 실위(室韋)에 "실위어는 고막해 거란 두막루와 같다"(語與 庫莫奚 契丹 豆莫婁國同)라고 했는데 거란계이다. 거란어는 몽고어에 속한다. 그런데 두막루국은 부여의 후손이니, 결국 실위어는 고구려와 큰 차이가 없었던 것이다. 또 하나 고구려와 직접 관련이 되는 존재로서 두막루(豆莫婁)가 있다. '두막루국은 물길 북쪽 천여리에 있다. 옛날의 북부여이다. '실위'의 동쪽에 있고, 동쪽은 바다와 닿아있고, 사방 이천리이다.[91] 또 두막루국은 옛부여이므로 풍속이 비슷한 것이 많다. 형벌은 고구려와 유사하고, 예맥의 땅이라 한다라는 기록에서 보이듯 두막루와 고구려는 혈연적으로도 매우 가깝다. 『신당서』 유귀(流鬼)전에도 유사한 기록이 있다. 즉 달미루(達未婁)는 스스로 북부여(北夫餘)의 후예라고 말하며, 고구려가 나라를 멸망시킨 후에 남은 사람들이 나하(那河)를 건너 거주하고, 혹은 타루하(他漏河)라고 부르며, 동북으로 흘러 흑수(黑水)로 들어간다라는 기록이다.[92] 이 기록은 이들이 고구려와 깊은 관련이 있으며, 이들의

---

90 円德瑪 외 3명, 『鄂溫克族歷史資料集』, 內蒙古文化出版社, 1993 참조.
91 『魏書』 열전 豆莫婁, "---豆莫婁國在勿吉北千里, 舊北夫餘也. 在室韋之東, 東至於海, 方二千餘里", 『北史』 열전 豆莫婁國, "豆莫婁國. 在勿吉北千里, 舊北夫餘也".
92 『신당서』의 流鬼傳에는 "達末婁自言北夫餘之裔. 高麗(즉 高句麗)滅其國, 遺人渡那河 因居之, 或曰他漏河 東北流入黑水".

활동범위를 통해서 간접적이나마 고구려의 영향이 미쳤던 지역을 추측할 수 있다는 사실이다.

이 곳의 자연환경에 대해서는 사료와 현재 상황을 비교하면 혼란이 생긴다. 뿐만 아니라 사료들 간에도 혼란을 일으키게하는 표현들이 있다. 그만큼 다양하다는 반증이다. 토양이 아래가 습하고, 조와 보리, 기장을 재배했다는 기록을 보면 농경은 분명히 했다. 그런데 초피(貂皮)가 많이 생산되고, 남녀는 흰 사슴가죽으로 만든 옷을 입었다는 기록을 보면 사냥이 생활습속임을 알 수 있다.

동천왕은 오(吳)에게 초피(貂皮) 1000매(枚)와 할계피(鶡鷄皮) 10구(具) 등 북방 토산물을 주었으며, 이후 재차 교섭 때 말 수백 필을 주었으나, 오(吳)의 사신은 배가 적어 80필만 싣고 갔다.[93] 이어 장수왕 때인 439년에 송나라에 800여 필의 말을 배에 실어 보냈다. 그런데 문자왕시대에는 홍안령 주변에 거주하는 실위(室韋) 등에 철을 주고 대신 말을 사는 마철교역이 활발했다고 기록되어있다.[94] 그렇다면 실위에는 말이 풍부해야 하며 따라서 초지가 발달해야만 한다. 그런데 『북사』 실위전에는 양은 기르지 않으며 말도 적고 돼지와 소가 많다고 하였다. 초지가 적거나 목축에 부족하다는 의미이다. 산림일 가능성이 큰 것이다. 그런데 또 「남실위(南室韋)전」에는 쇠가 나지 않아, '고려'에서 공급하여 취한다고 하였으며 담비가 많다고 하였다. 두 기록을 비교하면 혼란을 일으키지만 북방계물산들은 그 당시의 국제환경을 고려할 때 고구려는 남실위에서 말을 공급받았음이 분명하다. 그리고 실위와 남실위는 그 경계가 어느 지역인지 알 수 없지만 위치가 다르고, 자연환경도 다르고 경제형태도 달랐다고 볼 수밖에 없다.

광개토태왕 시대와 장수왕 문자왕 시대에는 자연환경과 종족들의 분포 생활양식

---

93 『三國志』 吳書 吳主傳, "… 貢貂皮千枚 鶡鷄皮十具".
94 『隋書』 열전 室韋, "…其國無鐵, 取給於高麗"

등을 고려할 때 눈강 하류 등 일부는 직접지배의 형식으로 영토로 삼고, 나머지 지역은 간접통치지역이나 영향권으로 삼았을 가능성이 크다.

4) 흑룡강 중류 및 하류 지역

소흥안령지구와 연결된 삼강평원(三江平原)지구가 있다. 동류 송화강의 하류일부는 북상한 목단강과 만나고, 다시 흑룡강 중류와 만나 흘러오다 홍개호(興凱湖)에서 발원한 우수리강과 만나 이루어진 삼강(三江)평원은 흑룡강 우수리강 송화강에 의해 퇴적되어 지세가 낮아 농경에 적당하며, 전 지역에 삼림이 울창하고 초원이 무성하고 소택(沼澤)이 두루 퍼져있으며, 기후가 매우 추워 모피 및 짐승 물고기가 생산되었다.[95] 여기서 흑룡강은 하바로브스크를 지나 북으로 흘러가다 동으로 타타르해협으로 흘러들어간다. 이 지역은 발해시대에 주로 동평부(東平府)가 있었던 곳인데, 동남으로 홍개호를 거쳐 발해시대에는 솔빈부(率賓府) 등이 있었던 연해주 남부지역으로 이어진다. 일부지역에서는 농경을 하면서 밭에서 조, 보리, 기장을 재배했지만, 주로 삼림에서 수렵을 하고 강에서는 어렵을 했다. 홍개호는 거대한 담수호로서 주변에 농경지가 발달했고 쌀과 대두(大豆)를 기르고 포도도 재배했으며 또한 어렵이 활발했다.

그런데 『후한서』, 『삼국지』, 『진서』 등의 부여전에는 부여의 영토를 "夫餘 在長城之北 去玄菟千里 南與高句麗 東與挹婁 西與鮮卑接 北有弱水 方可二千里"라고 하였다. 이때 약수는 송화강 또는 흑룡강이란 두 견해가 있다. 그런데 현 흑룡강성 북부의 자연지리적 조건과 농목문화라는 부여의 문화적 특성으로 보아 부여가 흑룡강까지 관련있을 가능성이 충분하다.

---

95 王承禮 저, 송기호 역, 『발해의 역사』, 한림대학 아시아문화연구소, 1988, p.103.

『진서(晉書)』 동이전에는 "…숙신씨(肅愼氏)는 일명 읍루(挹婁)이며…땅의 경계는 사방 수천리나 된다"고 하였다. 『삼국지』에는 읍루는 부여의 동북 1천여 리에 있고 바다를 접하고 있으며, 남으로는 북옥저(北沃沮)와 닿고, 북으로는 그 끝이 어디까지 인지 알 수 없다는 기록도 있다. 『위서(魏書)』 물길전에는 "…물길국은 고구려의 북쪽에 있으며 옛 숙신의 땅이다. 읍락마다 각각 우두머리가 있을 뿐, 통일이 되어 있지 않다"라고 하였다. 북만주 지역에 고구려와 깊은 관련이 있는 물길(후에 말갈)의 일부가 거주하고 있음은 분명하다. 물길은 『북사(北史)』에 따르면 곰과 표범과 이리가 있고, 소는 없으며, 돼지는 많고 말이 있다고 하였다. 이는 목초지가 없음을 의미한다. 신앙도 구체적인 자연현상이나 호랑이나 곰 같은 맹수들, 나무 같은 자연물을 숭배한다. 흑룡강의 중류 상류지역은 수(隋)·당(唐) 시기에 숙신의 일종인 흑수말갈이 거주했다. 고구려의 압박을 받은 흑수말갈(黑水靺鞨)은 수(隋)에 조공사를 보내면서 사할린에 살고 있는 유귀(流鬼)[96]등 오호츠크해 연안의 여러 민족과 연대를 강화했다. 이러한 사정 등을 고려하면 고구려는 적어도 장춘 대안 지역은 행성에 해당하는 지역으로서 직접지배를 하고, 더 북쪽의 홍안령 내부나 흑룡강 중류지역은 간접지배 또는 영향권으로 삼았을 가능성이 크다.

수(隋)·당(唐)시대의 발해의 통치밖에 있었던 말갈(靺鞨)의 흑수부(黑水部)가 발전해서 생긴 우데거는 일부가 뒤에 따로 발전하여 헤젠(赫哲, 나나이), 오로첸(鄂倫春), 어웬키(에벵키 鄂溫克) 등의 민족이 된다.[97] 당나라 시대에 흑룡강의 중하류에는 사모부(思慕部)·군리부(郡利部) 등이 있었는데, 모두 말갈이라고 칭했다. 말갈은 예맥과 숙신 및 고아시아계 3개 종족의 일부 부락군 및 부락연맹을 포함한 이름이었다는 주장이 있는

---

96 流鬼에 대해서는 여러 설이 있으나 사할린이라고 보는 견해도 있다. 酒寄雅志,「日本と渤海靺鞨との交流」,『先史와 古代』, 한국고대학회, 1997, pp.88~89. 반면에 오호츠크해지역으로 보는 견해도 있다.
97 孫進己, 앞의 책, p.65.

데,⁹⁸ 이는 이 지역이 그만큼 자연환경과 인문환경이 복합적일 수밖에 없음을 반증한다. 그리고 흑룡강 하류지역에 살았던 군리・굴열(窟說) 등은 곧 고아시아 종족의 일부였다. 일부에서는 한(漢), 위(魏) 때의 옥저(沃沮)가 뒤의 올자(兀者) 혁철(赫哲 : 헤젠, 나나이)으로 된 것으로 보는데, 『삼국지』 옥저전에는 옥저의 언어가 고구려와 크게는 같으나 때때로 약간의 차이가 있다.는 기록이 있으므로 고구려와 혁철(나나이족)은 종족적 언어적 문화적 연관성을 진지하게 검토해 볼 필요가 있다.⁹⁹

5. 두만강 하구일대와 연해주 남부

연해주 남부지역은 구릉성 산지가 발달하고, 북으로는 우수리강 상류, 수분하(綏芬河), 두만강, 얀치하가 흐르고 있다. 노야령(老爺嶺) 동쪽의 연변산지는 산이 줄줄이 이어지고 높고 낮은 산봉우리가 솟아있다. 해발 500m~800m인데도 곳곳에는 충적의 산간분지들이 있다. 현 화룡(和龍)인 노성은 쌀의 산지로 유명했다. 이 곳은 두만강 하구와 연결되는데, 하구에는 고구려의 책성이 있었던 혼춘(琿春)이 있는데, 분지가 발달하여 농경이 이루어졌다. 발해 시대에 훈춘의 된장은 유명하였다고 한다. 콩생산지였던 것이다. 수분하(綏芬河)도 농경지가 발달하였다. 이들 산간분지들은 토지가 비옥하고 동해 때문에 기후가 습하며, 숲과 물에 가까워 농경에 편리하고, 어업과 수렵에도 유리하다. 또한 목축업도 발달하였을 것이다. 발해시대에는 이곳 솔빈부에서 말을 키웠다.¹⁰⁰

---

98 孫進己, 위의 책, p.31.
99 高靑山 외, 『東北古文化』, 春風文藝出版社, 1988 ; 백산자료원 再刊, 1994 ; 方衍主 편, 『黑龍江少數民族簡史』, 中央民族學院出版社, 1993.
100 王承禮 저, 송기호 역, 앞의 책, p.105 인용.

연해주의 북쪽인 아무르강 유역(흑룡강 하구) 사할린 등의 지역은 기후가 몬순성이다. 이 지역은 기원전 1000년기에는 잡곡재배의 적지였다. 토양은 반습지적인 초지의 흑색토양으로서, 비옥도는 높고, 봄용 작물에 적합하였다. 북위 50도 이남은 졸참나무 혼합림대가 넓게 퍼져있었는데,[101] 신석기시대에는 호도나 도토리 등의 견과류를 식량으로 할 수 있었다. 또한 연안은 어업자원이 풍부해서 연어, 송어 등등의 어류들이 살고, 아무르천 유역도 많은 종류의 어류들이 있었다.[102]

연해주 남부는 바깥으로는 동해에 마주하고, 내부는 산세가 험준하며 삼림이 무성하며 쑥(蒿草)등이 생산됐다. 우수리강 유역에는 산간곡지가 조금 있으며,[103] 전체적으로는 산지가 발달하여 소나무·자작나무·백양나무 등 각종 침엽수들이 삼림을 이루고 있었다. 고대사회에서 중요한 무역품인 질좋은 목재가 풍부했고, 약재와 꿀·버섯·산삼 등 식용작물도 산출되었다. 짐승들의 가죽은 귀중하고 비싼 사치품으로 취급되었다. 담비가죽(貂皮)은 읍루(挹婁)에서도 명산이었다.

『후한서』 동이전에는 '읍루는 옛 숙신국 땅이다. 남으로는 북옥저와 접해있다'고 3~4세기 전후의 상황을 말한다. 『삼국지』 동이전에 따르면 그들은 오곡농사를 짓고, 우마(牛馬)를 키우며, 마포(麻布)도 사용했다고 한다. 또 흑요석의 석촉을 사용하였는데, 독화살이었다. 바다에서 물고기도 사냥하였으며 조선술도 뛰어났다.[104] 그렇다면 위치는 흑룡강 중류와 함께 연해주 북남부에도 걸쳤었을 것이다. 이때 북옥저는 이미

---

101 동아시아 삼림대에서 특징적인 농경문화 유형을 인지해서 'ナラ林文化'로 명명한 사람은 中尾佐助이다. 이 문화는 기원전 3000년경부터 500년 정도까지 있었다. 이 문화는 대륙동부에서 도래하여 순무나 W형 대맥등으로 대표되는 북방계의 주요한 작물군을 받아들인 농경문화라고 생각된다. 松山利夫,「ナラ林の文化」, 『季刊考古學』15號, 1986, 雄山閣出版社, p.43.
102 加藤晋平,「東北アジアの自然と人類史」, 『東北アジアの民族と歷史』(三上次男 神田信夫 編), 山川出版社, 1992, pp.9~10.
103 王承禮 저, 송기호 역, 앞의 책, p.106.
104 松山利夫,「ナラ林の文化」, 『季刊考古學』15호, 雄山閣出版社, 1986, p.44.

고구려의 역사속으로 편입되었다. 후에 연해주 남부지역에 거주하던 물길계는 말갈이란 이름으로 고구려의 주요한 구성원이 되어 수나라, 당나라와 싸울 때 고구려의 용병으로 참여한다. 물론 이들은 그 지역을 영토로 삼은 발해의 중요한 구성원이 되었다.

연해주 남부에서 두만강 아래까지는 해안가를 끼면서 옥저·동예가 있다. 이미 6대 태조대왕 때에 본격적으로 진출하여 영토로 삼은 지역이다. 고구려는 전기에 동옥저에서 담비가죽을 조세로 받았고, 포(布)·어염(魚鹽)·해중식물(海中食物) 등을 조세로 받았다. 이곳의 주민들은 울창한 숲에서 곰, 호랑이, 표범 등 동물들을 사냥하였고, 일찍부터 고구려에 편입된 동예는 '위호산신(爲虎山神)'이라 해서 호랑이를 산신으로 숭배했고, 발해인의 후예를 알려진 우데게족 또한 지금도 호랑이를 산신으로 받들었다. 동예는 바다를 끼고 있으므로 반어피(班魚皮)라는 독특한 물고기껍질이 생산되었다. 이 지역은 바다에서 고래잡이를 비롯한 어업이 활발했으며, 두만강 하구나 얀치하, 우수리강, 흑룡강 등에서도 고기잡이가 발달하였다.

이렇게 살펴본 결과 고구려와 관련된 지역에서 내몽골의 일부지역, 대소 홍안령지역이 일부, 흑룡강 중류 및 연해주 남부지역은 동방문명의 성격과 유사한 면이 많고, 그 범주에 속할 가능성이 많다고 판단한다. 분명한 사실은 고구려가 전성기에 정치적인 영향력을 바탕으로 북방유목 또는 수렵삼림문화의 영향을 초기보다 더 광범위하고 강하게 받게 되면서 자기문화의 원형(原形)에 흡수해 갔다는 점이다. 북방(北方)문명은 현재 小, 대흥안령(大興安嶺) 주변의 북만주 일대와 內·外몽골지역을 '터'로 삼고 활동한 유목종족들의 문명이다. 시대에 따라 주체세력이 흉노(匈奴)·동호(東胡)·오환(烏桓)·선비(鮮卑)·유연(柔然)·돌궐(突厥) 등으로 변하면서 몽골초원을 중핵으로 삼아 필요에 따라 터를 확대하면서 주변지역들을 행성과 바이칼 동시베리아 알타이 파미르 지역 등의 위성으로 재배치하면서 활용하였다.

6. 해양

동아시아의 역사공간에서 소홀히 다룰 수 없으며, 더욱 의미를 부여하고 큰 역할을 담당할 부분이 바로 해양이다. 해양은 북방문명과 마찬가지로 이동성과 불보존성(不保存性)으로 인하여 역사의 터였다는 구체적인 증거가 불충분하지만, 자연환경만 고려한다 해도 동아시아문명에 엄청난 영향을 끼쳤을 것은 틀림없다. 동아시아는 바다를 가운데 두고 바다 주변의 주민과 문화는 상호간에 영향을 주고받는 일종의 '환류(環流)시스템'을 이루고 있었다. 동아지중해의 자연환경에 대한 검토는 그동안의 논문에서 밝힌바 있으므로 생략하고자 한다.[105]

특히 고구려의 영역에서 해양의 비중은 매우 컸다. 타타르해·동해중부이북·황해중부이북·발해의 일부인 요동만 등이 고구려가 활동한 바다였다. 고구려 사람들은 초기부터 어업을 했다. 국내성은 압록강 중류강변에 있었으므로 당연히 어로행위가 활발했을 것이다. 국내성의 우산하묘구(禹山下墓區) 3283호묘에서는 물고기를 잡는 도구, 흙그물추, 철로 만든 낚시고리 등이 출토되었다.

고구려인들은 먼저 황해로 진출을 시도 했다. 수도와 전기의 핵심지역들은 압록강주변에 있었으므로 압록강을 이용해야 중국지역 등과 교류하기에 편하였다. 또한 동아시아의 지정학적인 구도를 고려하고, 또 이익이 많이 남는 본격적인 국제교역을 하려면 황해로 진출해야 했다. 서한만과 만나는 압록강 하구유역은 오고가는 항해자들이 통과하는 지역이고, 또 하구를 거슬러 올라가 남만주의 여러 지역으로 진출할 수 있는 해양전략적인 요충지이다. 6대인 태조대왕은 압록강 하구의 서안평(西安平)을 공격했고 요서에 10성을 구축했다. 중원 및 요동세력과 낙랑 등 고구려 남쪽에 있는 중

---

105 윤명철, 「해양조건을 통해서 본 고대한일 관계사의 이해」, 『일본학』14, 동국대 일본학연구소, 1995 ; 「황해의 지중해적 성격 연구」, 『한중 문화교류와 남방해로』, 국학자료원, 1997 등 참고.

국세력들의 연결을 끊어 협공위협을 감소시키고, 한편으로는 낙랑세력을 고사시킬 목적이었다.

황해는 동아지중해 가운데서도 핵이 되며 내해(內海, inland-sea)적인 성격을 가지고 있으므로 해양활동이 비교적 용이하다. 서한만, 요동반도, 발해 등이 있는 황해북부 해안은 복잡한 리아스식 해안으로 되어있고 만(灣)이 발달했으며 많은 섬들이 산재해 있다. 특히 서한만(西韓灣)이나 요동만(遼東灣) 등은 남만주 지역의 여러강의 하구(河口)와 만나는 지점이므로 소규모 해양활동을 하기에 안전하고 적합한 지형이다. 이러한 복잡한 리아스식 해안과 섬들은 한반도의 서북부 연안과 중국의 산동(山東) 등 화북지방을 연결할 경우 반드시 통과해야 하는 해양의 길목으로서, 중앙정치권력의 영향을 벗어난 독자적인 해양세력이 존재했을 것이다.

그 후 미천왕은 서안평을 완전히 장악한 후에 남쪽의 낙랑과 대방을 축출하였으며, 그 결과로 요동반도 이남의 해상권에 영향력을 행사하고, 낙랑과 대방이 가졌던 해양능력과 누렸던 교역상의 이익을 흡수했다. 이렇게 해양력을 강화시킨 후에 고구려는 화북의 후조 및 남방의 동진과 해양외교 및 군사교섭을 추진하였으며, 요동반도 남부의 연을 해양에서 압박하였다. 330년에 고구려는 후조에 사신을 보내고 같은 해에 고시(楛矢)를 보내어 군수물자를 교환했다. 338년에는 후조가 300척을 동원해서 고구려에게 곡식을 보급하였다.

광개토태왕은 국가의 발전전략으로서 해양력을 강화시키고, 해양질서를 효율적으로 활용하였다(396년). 수륙양면작전을 전개해서 백제를 제압함으로써 경기만을 영향권 아래에 두었다. 이렇게 해서 한강과 대동강으로 구분된 해안 활동권을 하나로 통합하여 중부이북을 완전히 통일된 활동영역으로 할 수 있게 된다. 한편 동으로는 동부여 복속을 계기로 연해주 일대를 확고하게 장악해서 동해 북부 및 타타르해협을, 서로는 요동반도 및 황해 북부지역까지 장악했다. 이른바 해륙국가를 이룩하는 토대를 구축했다.[106]

장수대왕은 대동강 유역을 남진정책을 완성시키는 필수적인 교두보이자 전진거점으로서 지배하고 활용해야 했다. 그리고 대외교섭의 핵심 주요통로인 경기만을 완전하게 장악해야 했다. 고구려가 국제적으로 문화를 발전시키기 위해서는 더없이 적합한 지역이었다. 안전하게, 짧은 거리를 항해하여 남북조와 교섭할 수 있다. 또한 황해도 북부를 포함한 평양지역은 선사시대부터 중국문화, 요동문화, 한강이남 문화와 심지어는 일본열도의 왜문화가 만나던 한반도에 있는 최대의 국제문화 교차점이었다. 즉 정치적으로 '다핵다중방사상외교(多核多重放射狀外交)' 등 국제관계와 중핵조정 역할 등 정책을 집행하는 데에 유리한 위치에 있다. 장수대왕은 수도를 옮긴 이후에 (427년) 해양활동의 발전을 촉진시켰으며, 남쪽으로 군사력을 집중시키면서 압박을 가하였다. 경기만을 완벽하게 탈취한 후에 황해중부의 해상권과 항로를 장악하므로써 백제와 신라가 북위(北魏)와 교섭하는 것을 통제하였다. 이렇게 해서 고구려의 국경선은 서쪽으로는 중부인 아산만에서 충주지역을 거쳐 소백산맥 이남의 영주 풍기 등을 지나 동해안의 영덕까지 이르렀고, 이 땅의 실질적인 패자가 되었다. 그리고 황해중부 이북과 동해중부 이북의 광범위한 해역에서 해상권을 장악하였다.

분단된 남북조를 대상으로 한 동시등거리외교를 과감하게 추진하였고, 백제·신라·가야·왜 등의 남쪽국가들이 중국의 북조정권과 교섭하는 등 국제질서에 진입하려는 시도를 해상에서 차단 봉쇄하였다. 이른바 동아지중해의 중핵에서 조정(調整)구실을 하면서 다중다핵 방사상외교를 능동적으로 실현할 수 있었다.[107] 문자왕 때는 제주도로 여겨지는 섭라(涉羅)에서 가(珂)라는 보물을 구해 북위와 교역했다는 기록으로

---

106 필자의 논저에서 언급한 광개토태왕의 이러한 정책 및 해양활동은, 21세기 동아시아 및 한민족의 역할과 관련하여 재해석한 후에 『광개토태왕과 한고려의 꿈』, 삼성경제연구소, 2005으로 발표하였다.
107 장수왕이 추진한 국가정책들과 해양활동 등을 다룬 논저를 바탕으로 21세기 동아시아의 질서재편과 한민족의 국가발전전략으로 재해석한 연구가 『장수왕 장보고, 그들에게 길을 묻다』(포럼, 2006)이다.

볼 때 고구려는 대선단을 운영하면서 먼 곳 까지도 진출했을 수 있다. 결과적으로 고구려는 황해북부와 요동만, 발해만을 이용하는 해양물류망을 형성하였다. 허브에서 동서남북을 이어주면서 중계무역을 활발하게 추진하였고, 각 지역 사이의 문화교류를 활발하게 하였다.

한편 고구려는 동해로도 진출하였다. 『삼국사기』에는 4대 민중왕 때에 동해사람인 고주리(高朱利)가 고래눈을 바쳤으며,[108] 한참 후의 일이지만 서천왕(西川王) 때(288년)에도 역시 해곡태수(海谷太守)가 고래눈을 바쳤다는 기록이 있다.[109] 고주리(高朱利)는 현지에 파견된 왕족이거나 귀족으로서 동예, 옥저 또는 연해주지역에 거주하는 물길 등의 어로집단을 관리하였을 것이다. 두만강 이북의 해안을 근거지로 삼았을 가능성이 크다. 『삼국지』 동이전에는 고구려에서는 피지배계급인 하호(下戶)가 쌀 물고기 소금 등을 멀리서 지어 날랐다는 기록이 있다.[110] 일찍부터 수산물들을 동해지역에서 공급받았던 것이다. 같은 책에 따르면 동예사람들은 고구려에 반어피(斑魚皮)를 바쳤으며, 먼 바다까지 항해하였다.[111] 원양항해와 상업어업이 실시되었다. 동옥저(東沃沮)는 바다 멀리까지 나가서 고기잡이를 하였다.[112] 이러한 기록들은 당시 바다에서 어로활동능력(漁撈活動能力)이 있었고 또 중요했음을 보여준다. 『삼국지』 위지 동이전에 기록된 풍속 등을 근거로 동옥저 북옥저인이 먼 바다로 항해를 하였는데, 그들이 말하는 동방의 큰 섬이 일본열도 북부엔 좌도(佐渡)섬이라는 견해도 있다.[113] 이 무렵에 연해주지역의 읍루(挹婁)는 배를 타고 다니면서 노략질을 하였는데,[114] 이른바 해적이었다.

---

108 『삼국사기』, 고구려본기 閔中王 4年, … 東海人高朱利 獻鯨魚 目夜有光.
109 『삼국사기』, 고구려본기 西川王 19年, 夏四月 … 海谷太守 獻鯨魚 目夜有光 ….
110 『三國志』, 魏書 高句麗. …下戶 遠擔米糧魚鹽供給之.
111 『三國志』, 魏書 濊.
112 『三國志』, 魏書 東沃沮, 國人嘗乘船捕漁 遭風見吹數十日 東得一島.
113 王俠, 「集安 高句麗 封土石墓與日本須曾蝦夷穴 古墓」, 博物館研究 42期, 1993, 2期, p.43.
114 『後漢書』東夷列傳 挹婁 ; 『三國志』魏書 東沃沮 및 挹婁.

『일본서기(日本書紀)』에 의하면 고구려는 4세기부터 왜와 교섭을 하였다. 동해남부나 남해동부를 항해해서 일본열도에 진출했을 것이다. 그 후에는 동해를 횡단하여 후꾸이현(越) 등에 도착하였다. 일본고분의 전형적 양식인 전방후원분의 기원이 고구려에 있다는 주장들이 있다. 또 규슈서북부 지역에 집중분포한 장식고분(裝飾古墳)과 고구려 고분벽화의 유사성을 주장하는 견해(양연국)도 있다. 또한 시마네(島根) 지역의 이즈모(出雲) 등에서 고구려문화의 흔적이 발견되었다고 한다.(조희승)[115]

한편 연해주 북부지역에서 발달한 문화들은 남북연근해항로를 이용해서 남으로 내려왔고 반대로 남부에서 북으로 올라간 경우도 많았다.[116] 고구려는 두만강 하구와 연해주 남부일대를 영토로 삼으면서 육지 뿐만 아니라 타타르해 및 동해북부의 일부까지도 고구려의 영역에 포함시켜 경제적으로도 큰 혜택을 가져왔다. 하지만 동해는 해변에 평지가 부족해서 농경이 발달하지 못했고, 인구가 집중되지 못했다. 또한 섬들이 적고 원양에 노출되었고, 파도의 영향이 크므로 항해하기에 불편하다. 때문에 생활영역이 적고, 큰 해상세력도 존재하지 않았다. 주민과 문화의 교류와 만남이 적었고, 문화가 활발하지 못했다. 동해는 선사시대부터 활동의 무대가 되어 여러 지역들 간의 교류에[117] 긍정적인 역할을 담당하였으며, 독특한 문화를 창조하는 터의 역할도 하였다. 필자는 이를 동해문화권으로 설정한바 있다.[118]

결국 고구려는 육지를 가운데 두고 황해와 동해를 양쪽에서 연결시키면서 동아시아에서 중핵역할을 담당할 수 있었다. 정치 · 경제 · 외교적인 역할 뿐만 아니라 문화

---

115 이 부분에 대해서는 졸저, 『동아지중해와 고대일본』을 비롯한 저서들 및 논문에서 상세히 언급하였다.
116 윤명철, 「영일만 지역의 해양환경과 암각화의 길의 관련성 검토」, 『한국 암각화연구』78집, 한국암각화학회, 2006, 12 참조.
117 安田喜憲, 「日本海をめぐる 歷史の 胎動」, 『季刊考古學』15號, 雄山閣出版社, 1986, pp.14~16에서 일본해문화권이라는 또 다른 공간의 유형화가 필요하다는 점을 제기한다.
118 윤명철, 「동해문화권의 설정 검토」, 『동아시아 역사상과 우리문화의 형성』, 한국학 중앙연구원, 민속원 2005, 9.

를 다양하게 만드는 역할도 담당했다. 해양문화라고 생각하는 것들은 육지문화와는 사뭇 다르다. 바다나 해안가에서 생활하는 사람들과 내륙에서 살아가는 사람들은 생활문화가 다르다. 자연과 풍토, 자연현상이나 자연물에 대한 인식과 세계관도 다르다. 전쟁을 치르는 방식과 획득한 물건을 분배하는 방식도 다르고, 통치와 지배방식도 다르다. 농토에 거주해야 하는 농경민들과 달리 해양민들이나 어렵민들은 교역과 어업에 적합한 지역을 선택하여 중심거점으로 삼고, 필요에 따라 이동하면서 활동하는 거점성을 갖고 있다.[119] 해양문화는 다른 지역이나 나라, 문화 간에 교류가 빈번하기 때문에 주변 문화와 공통성이 많다.

이 장에서 살펴본 바와 같이 고구려의 자연환경은 크게는 바다와 대륙과 반도가 만나는 해륙적 성격의 지역으로서 중핵지역을 중심으로 4개의 터가 둘러싸고 있으며, 또한 동서 양쪽에 바다와 이어지고 있다. 기후대 또한 대륙성과 해양성이 만나는 전형적인 터로서 따뜻한 온대, 사막과 유사한 초원의 건조한 기후, 겨울에 온도가 급격히 내려가는 아한대, 온도가 높고 강수량이 많은 남쪽 등 다양하였다. 예들 들면 한반도 북부와 만주일대는 냉대(冷帶)기후 인데, 북부 한랭(寒冷)지역은 침엽수림이, 남부 한랭지역은 침엽수와 활엽수의 혼합림이 발달되어 있다. 물론 한반도 남부와 일본열도는 온대기후지역이다.[120] 풀, 나무, 곡식, 동물, 조류, 물고기 등 식생대도 놀랄 만큼 다양해졌다. 이렇게 변화된 지리, 기후 등 자연환경 속에서 생태계와 문화의 형태도 다양하게 변화했다.

---

119 유목민(nomade)들은 상황에 따라서 해양민(sailer)으로의 전환이나 해양활동에 금방 익숙해진다. 사고 자체가 이동적(mobility)이기 때문이다. 하지만 엄격하게 분류하면 성격에 차이가 있다.
120 천관우 편, 『한국상고사의 쟁점』, 일조각, 1975, p.81, 李燦의 말을 재인용.

7. 결론

'터와 다핵(多核, field & multi-core)이론' 은 역사의 활동무대를 단순한 물리적인 공간으로 파악하는 태도를 지양하고, 상황과 영토와 주민이 만나는 입체적인 터로 보고, 이 터 속에서 공간을 채우는 지역들의 특성과 역할을 고려하여 중핵을 중심으로 행성 위성 등으로 구분한 다음에 이러한 이치와 역할들이 상호연결성을 지니고 있음을 전제로 한 것이다.

고구려는 중핵을 핵심으로 해양과 반도, 대륙을 유기적으로 연결시켜주는 독특한 성격의 터이다. 북방초원 동만주와 연해주 일대의 수렵삼림문화, 동몽골과 북방방면의 초원유목문화, 서역문화, 요동 요서 및 화북에서 올라오는 농경문화, 한반도 중부 이북의 농경문화, 동해 타타르해 황해 동중국해 등의 해양을 통해서 들어오는 해양문화 등이 하나로 모인 집결지였다. 초원 삼림 평원 구릉 해양이 만나고 교차하는 자연환경이므로 주민들 간의 이동이 빈번하며 갈등이 심각하고, 경제형태 또한 농사·수렵·목축·어렵·무역 등 다양할 수 밖에 없었다. 필연적이지만 다양한 자연환경과 문화는 사회체제와 국가의 성격을 질적으로 크게 변화시켰다.

전성기의 고구려는 하나의 국가영토 안에 색다른 자연환경, 이질적인 문화가 공존하면서 복합적인 역사공간으로 탈바꿈했다. 하지만 하나가 잘게 쪼개져 흩어진 다양성이나 이질집합체가 아니라 여럿이 모여 다름을 유지하면서 하나로 모이는 다양성을 지닌 다문화국가-다문화체제가 되었다. 터와 구성핵들이 전체와 부분으로서 유기적인 연결을 맺고, 여러 종류의 문화를 한군데로 섞어서 독특한 성격을 창조한 이후에는 주변지역으로 전파하는 배급처 역할을 하는 '복합문명' 의 성격을 지닌 국가였다.

그리고 그 복합문명의 범주는 요서를 비롯하여 몽골고원을 제외한 동쪽의 동몽골 및 훌룬보이르 초원, 대흥안령의 서쪽 일부지역, 북방과 동방과 중국의 접경지역인 내몽골지역, 그리고 북만주의 흑룡강 중류 주변, 연해주일대까지 확장할 필요가 있다.

우리문화·우리민족의 형성과 관련된 북방은 원래 다양한 자연환경들이 교차한 복잡한 지역일 뿐 아니라, 이 또한 기후의 변동, 해수면의 변화, 인간들의 정치 경제적인 이익에 따라 몇 차례 변화되었음을 확실하게 알아야 한다. 이러한 기본사실을 통해서 종족들의 이동과 습합과정, 문화와 민족의 재탄생이라는 이 지역 고유의 '역사메커니즘'을 찾고 동방문명과의 연관성을 이해할 필요가 있다. 이 작업은 자연과 역사에 대한 국부적, 미시적, 각론적인 접근을 기본으로 하면서 통시적이고 범공간적, 그리고 총론적으로 큰 틀을 만드는 것이 효율적이고, 그 틀의 하나로서 '터와 다핵(多核, field & multi-core)이론'을 제기한 것이다.

Abstrat

Investigation of natural environmentinfluenced on formation of Kokuryo culture. -By field & multi- core theory

Professor Myung-cul Youn
Dong-guk niversity

Natural environment is one of fundamentalsthat examined identity and built direction of development and a world view. The way of living and culture regarding to Kokoryo's natural environment such as geographical features and climates are different from Silla's. Moreover, since we lost a broad range of territory when Kokuryo collapsed, it is important to analyze its natural environment and culture formation in order to understand perverted fact of our history.

Space of history refers to concepts and frames of natural geographical features together with concepts of history, culture, and civilization. In space of history, the core and the surrendersare classified, and the whole and its parts appear differently as a time and role change. Therefore, it is necessary to observe space of history with a view of overall network concept not only as territory of politics or economics.

Namely, it is formation of field and core also with several planets and satellites (multi-core), and lines which connect them together. Such frames of analysis are 'field and multi core theory'.

Civilizations established in the field of East Asia are categorized into 3; the north, China, the East. We belonged to the East civilization. With a start from the core, the north of the Korean Peninsula and the south of the Manchurian, we expanded far to the whole area of Manchurian and the Japanese islands. Also the ocean. We established the East Mediterranean as the core of the East civilization.

Kokyryo had a unique characteristic that formed articulated connections between the ocean, the peninsula, and the land with the core at the center. It was a concentrated area that the forest culture of Manchuri and Primorski, the nomad culture of East-Mongolia and the north, the agri-culture of the west and the middle Peninsula, and the ocean culture from East-sea, Tatar -sea, and, East china-sea, Yellow-sea. The movements of residents were frequent which caused serious conflicts and the economical formation were various because it was the area where meadow, forests, ocean, hill were intercepted. Various types of natural environment and culture importantly affected to changes of social system and the characteristics of the nation. Kokuryoduring the prosperity period became the space of history that various natural environment and different cultures co-existed within the area of one nation.

Key word   Kokyryo, natural environment, the East civilization, Manchuri, Primorski, East-sea, Tatar -sea and East china-sea, Yellow-sea.

참고문헌

『삼국사기』
『北史』
『魏書』외.

윤명철,『해양사관으로 본 한국 고대사의 발전과 종언』,『한국사연구』123호, 한국사연구회, 2003.
_____,「한국사 이해를 위한 몇 가지 제언」,『한국사학사학회보』9집, 한국사학사학회, 2004.
_____,「한국 고대사 연구의 반성과 대안」,『단군학연구』11, 단군학회, 2004.
_____,「고구려의 고조선 계승성에 관한 연구 2」,『단군학연구』14호, 단군학회, 2006.
_____,「동아시아의 해양공간에 관한 재인식과 활용 —동아지중해모델을 중심으로」,『동아시아 고대학』14집, 동아시아고대학회, 경인문화사, 2006, 12.
_____,「동해문화권의 설정 검토」,『동아시아 역사상과 우리문화의 형성』, 한국학중앙연구원, 민속원, 2005, 9.
서영수,「광개토왕비문에 보이는 정복기사 재검토」,『역사학보』, 1985.
윤내현,「고조선의 서변 경계고」,『藍史 鄭在覺博士 古稀記念東洋學論叢』, 1984.
유재헌,『중국역사지리』, 문학과 지성사, 1999.
와쓰지 데쓰로우 저, 박건주역,『풍토와 인간』, 장승, 1993.
孫進己·林東錫 역,『東北民族源流』, 동문선, 1992.
王承禮 저, 송기호 역,『발해의 역사』, 한림대학 아시아문화연구소, 1988.
孫光圻,『中國古代航海史』, 海洋出版社, 1989.
譚英杰·孫秀仁·越虹江·干志耿,,『黑龍江區域 考古學』, 中國社會科學 出版社.
高青山 외,『東北古文化』, 春風文藝出版社, 1988 ; 백산자료원 재간, 1994.
于建設·張艷秋 편,『赤峰文化叢書 赤峰往事』, 遠方出版社, 2005.
李健才·劉素雲 편,『東北地區燕秦漢長城和郡縣城的調査研究』, 吉林文史出版社, 1997.
林占德 편,『呼倫貝爾考古』, 香港天馬圖書有限公司, 2001.
_____,『呼倫貝爾民族文化』, 內蒙古文化出版社, 2006.
巴德瑪 외 3명,『鄂溫克族歷史資料集』, 內蒙古文化出版社, 1993.
宇爾只斤·吉爾格勒,『遊牧文明史論』, 內蒙古人民出版社, 2002.
黃斌·黃瑞,『走進東北古國』, 遠方出版社, 2006.
林惠祥,『中國民族史』上, 臺灣商務印書館, 1983.

何光岳,『東夷源流史』, 江西敎育出版社, 1990.
사와다 이사오 지음, 김숙경 옮김,『흉노』, 아이필드, 2007.
菊池俊彦 著,『北東 アジアの 古代文化の 硏究』, 北海道大學 圖書刊行會, 1995.
그 외.

12 광개토태왕의 국가발전 정책과 21세기 한민족의 미래*

1. 들어가는 글

사람에게는 인생을 살다보면 상상할 수 없을 정도의 위기가 한 두 번은 반드시 닥쳐온다. 국가나 민족, 인류도 마찬가지이다. 우리는 단군조선부터 지금에 이르는 수천 년의 긴 역사과정 속에서 여러 번 위대한 성공을 거두었지만, 또 다시 되풀이하고 싶지 않은 처참한 실패를 겪기도 했다. 마지막 실패는 아직도 후유증과 보기싫은 흉터를 남기고 있다. 지금 우리는 민족사 전체에서 최대의 위기에 봉착해있다. 지금 당장 비참한 결과가 나타나지는 않지만, 앞으로 50년, 백 년 또는 그 이상 긴 시간 동안의 우리 위치를 결정짓는 시간의 목이기 때문이다.

이러한 상황 속에서 우리는, 동아시아의 흐름과 작은 생명체인 민족의 호흡을 동시에 고려하면서 속도감 있게 갈등의 파도를 타고 생존의 항해를 하지 않으면 안 된다. 좌초를 면하고 성공적인 항해를 이루기 위해서는, 운명공동체 의식에 바탕한 항해에 대한 믿음과 성능 좋은 배와 유능한 항해사 등이 긴요하다. 그리고 무엇보다도 항해의 목적과 목표지가 분명해야 한다. 그러기위해선 다양한 분야에서, 다양한 문제들

---

* 광개토태왕의 국가발전 정책과 21세기 한민족의 미래.

을 토대로 명쾌한 해결책이 제시되어야 한다. 한 분야의 해결책도 여러 개의 해결모델을 만들어 전시하고, 이를 사회전체가 공유해야한다. 발전을 위한 정책모델을 구축하거나 다양한 의견들을 수렴하여, 이를 이끌어 실천해 나갈 인물모델을 찾아내야 한다. 그런데 불가사의하게도 우리의 역사에서 그 모델로 삼을 만한 사건이나 인물을 찾기가 쉽지 않다. 이는 누군가가 고의로 말살하거나 왜곡하였기 때문이다. 잊혀진 사건, 잃어버린 존재의 신원을 복원해서 의미를 부여하고, 우리의 발전모델로 환생시킬 필요가 있다.

2. 우리에게 주어진 상황과 과제

1) 문명과 세계화의 문제

21세기는 인류가 가꾸어온 역사의 대지에서 가장 큰 격변기임에 틀림없다. 정보기술(IT)·생명공학기술(BT)·나노기술(NT) 등 놀랄 만한 과학의 발달로 인하여 전혀 다른 세상이 만들어지고 있다. 이제 인간이 인간을 만드는 시대에 돌입했고, 언제 기계가 인간을 만들어낼지 모르며, 머지않은 장래에 ET(외계생명체)의 존재가 확인될 것이라는 불안감을 느끼며 사는 시대에 들어섰다. 또한 환경의 오염과 생태계의 파괴 현상으로 인간뿐 아니라 지구 자체가 생명을 위협받고 있다. 이러한 상황에서 새로운 성격과 형태의 사상 종교 등 예측하지 못했던 신 문명이 탄생할 것은 자명하다.

뿐만 아니라 국제질서라는 실제적이고 구체적인 측면에서도 질적인 변화가 일어났다. 이제는 지구 전체가 곧 세계이다. 미국이라는 초강대국 중심의 세계화(globalization)와 중간단계로서 넓은 범주의 지역화(regionalization)이 추진되고 있다. 유럽은 우여곡절과 미국의 방해 등등을 물리치고, 연방(EU)이 되어 대통령을 선출하고, 군사력을 효율적으로 관리할 수 있는 시스템을 구축하고 있다. 그게 살 길이기 때문이다. 곧 합중국(United Europe)이 탄생할 것이다. 결국은 미주지역과 유럽지역을 양대 축으로 삼고 기타 세계를 종속시키려는 기도가 19세기와는 또 다른 형태로 탐욕스럽게 진행되고 있다. 이러한 세계사의 흐름 속에서 나머지 유색인종들의 세계, 특히 동아시아와 우리는 어떻게 생존전략을 짜고 추진해야 할까?

2) 동아시아의 신질서

넓은 의미에서 동아시아는 20세기 후반에 가장 화려하게 역동적으로 발전해 온 지역이다. 하지만 IMF사태를 통해서 절망적인 나락을 경험한 아시아인들은 아시아인의 진정한 자각과 동아시아의 협력이 절실함을 깨달았다. 운명의 갈림길에서 통일한국, 중국, 일본, 러시아 등 동아시아 각국은 이해가 잘 조정된 협력체 내지 공동체를 구성하는 일은 선택이 아닌 필연의 문제이다.

그런데 중국과 일본 가운데 어느 한 국가의 힘이 강해서 패자가 되고자 시도할 때 이를 견제할 만한 세력이 없다면 동아시아의 상생과 공동체 구성은 불가능하다. 동아시아는 지리멸렬해지고, 서구세력의 각개격파전략, 즉 '분할통치(divide and rule)' 전략에 말려들고 말 것이다. 19세기, 20세기와 마찬가지로 정치·경제적으로 종속되고, 문화적으로 예속되며, 정체성을 상실한 채 혼돈과 갈등 속에서 왜곡된 삶을 살아갈 것이다.

이러한 상황 속에서 우리 경제는 몇 년 새에 위축되고 허약해져 불안이 고조되고 있는 상태이다. 세계경제 속에서, 동아시아 경제 속에서, 그리고 민족경제 속에서 가장 효율적인 경제 전략을 짜고, 집행하기가 매우 복잡하고 어려운 시기이다. 거기다가 아직도 남북통일이 불투명하며, 주변국들의 방해로 인하여 민족력(民族力)의 결집 또한 매우 어렵다. 경제, 정치, 군사력을 볼 때 우리의 힘이 주변강국들에 비해 열세를 면할 가능성은 별로 없는, 지극히 회의적인 처지이다. 이렇게 문명사적(패러다임의 변화), 지구사적(생태계), 세계사적(역사), 그리고 동아시아적(지역)으로 한꺼번에 변동과 재생의 와중에 내동댕이쳐졌다. 설상가상으로 내부의 붕괴로 말미암아 혼돈(chaos)의 판(field)에서 우왕좌왕하고 있다. 어떻게 하면 태풍처럼, 해일처럼, 화산 폭발처럼 닥쳐온 민족사 최대의 위기를 극복할 수 있을까?

그런데 천운이지만 통일한국은 지정학적으로 두 강대국의 갈등과 충돌의 개연성이 많은 신질서의 편성 과정에서 중간역할을 할 수 있는 위치에 있다. 사이에 낀 강소국(强小國)으로서 매개자 겸 조정자의 역할을 할 수 있고, 무엇보다도 자연환경이 그러한 역할에 힘을 실어준다.

3) 한반도 인식의 새로운 관점

한반도를 다시 볼 필요가 있다. 동아시아라는 범주 속에서도 역동적인 통일한국 일본지역·중국지역, 러시아 연해주 일대는 동해, 남해, 황해, 동중국해로 이어진 일종의 지중해적 형태와 성격을 지녔다. 소위 동아지중해(東亞地中海, EastAsian-Mediterranean-Sea)는 오랜 고대부터 느슨하나마 그 시대에 걸맞은 하나의 역사권이었고, 앞으로 진행되는 세계화 속에서도 동아시아는 운명공동체가 될 수밖에 없다.

특히 우리는 동아지중해의 중핵(core)에 위치해있으므로 대륙과 해양을 공히 활용하며, 동해 남해 황해 동중국해 전체를 연결시켜줄 수 있는 해류 네트워크의 허브이다. 통일한국이 중요한 해로를 장악하고, 해양조정력을 갖고 거기다가 TCR·TSR과 SEA-LANE을 연결시킨다면 교류의 주도권은 물론 정치갈등도 주도적으로 해결할 수 있다.

또 인프라를 효율적으로 건설하고 활용한다면 경제적으로도 동아시아에서 하나뿐인 물류체계의 거점(hub)로서 교통정리가 가능하고 동아시아의 경제구조나 교역형태를 조정하는 역할까지 할 수 있다. 또한 한류현상에서 확인하듯이 문화 또한 우리를 핵심 로터리(I.C)로 삼아 동아시아 공통의 문화를 창조해낼 수 있다.

한국지역의 이러한 중핵 역할과 조정기능은 21세기 동아시아 신질서의 수립과 상생, 공동체 구성에 더욱 필요해지고 있다. 이러한 사실을 주변국가들도 인식하고, 이를 인정하면서 실제로 우리의 통일을 적극적이고 자발적으로 도와주도록 설득해야한다. 단 명심해야 할 사실은 인식의 전환, 해양력의 강화, 대륙의 중시, 그리고 무엇보다도 정치 군사적인 영향력이 있어야 한다. 광개토대왕과 장수왕 시대에 고구려는 중핵조정역할을 훌륭하게 수행했고, 그 시대에 동아시아에 비교적 평화구도가 유지될 수 있었다.

3. 광개토태왕(광개토太王)이 추진한 세계질서 재편전략과 국가발전 정책

광개토태왕은 391년에 18세의 나이로 등극하여 22년간 우리 역사상 가장 많은 영토를 넓혔고, 자의식이 강했으며, 군사전략에 탁월했다. 세계국가적인 성격이 강했던 시대의 대왕, 즉 왕 중의 왕인 태왕이다. 삼국사기에는 그의 이름이 담덕(談德)이며, 성격은 웅혼하고 위엄이 있으며, 대범하고 빼어난 뜻을 지니고 있고, 시호는 광개토왕이라고 하였다. 붕어한 지 2년 후에 장수왕이 세운 광개토대왕릉비에는 시호가 국강상광개토경평안호태왕이며, 18세에 즉위하였으며, 호가 영락(永樂)태왕이라고 하였다. 또한 "은택은 마치 황천과 같았고, 무공은 사해에 진위했다.… 오부의 침우를 제거하고 백성들로 하여금 평안히 삶에 종사할 수 있게 하였다.", "39세에 붕어하시니 하늘은 왜 우리를 가련하게 여기지 않는가?"라고 하여 대왕이 국내외적으로 정치를 잘한 성군임을 알려주고 있다. 이러한 당대의 평가를 받은 그가 등극한 4세기 말과 5세기 초는 우리가 맞이한 20세기 말과 21세기 초와 마찬가지로 당시의 세계인 동아시아의 질서가 전면적으로 재편되고, 정치의 주역들이 교체되며, 문명의 질이 전환하는 대혼란의 시대였다. 국내적으로도 지금과 마찬가지로 위기상황에 처해있었다. 나라도 민심이 흉흉하며, 백성들은 굶어주는 궁핍한 상태에서 불확실한 상태로 미래를 맞으며 자신감을 상실하고 있었다.

이 상황 속에서 태왕은 자기의 조국인 고구려를 새롭게 재편되는 세계질서의 중심에 놓고자 했으며, 이를 위해 다양한 정책을 추진했다. 그 정책들은 성공했으며, 그 역사적인 결과물은 21세기를 살아가는 우리에게 본받아야 할 모델이 된다.

1) 정치 외교 정책-동아지중행의 중핵조정역할

우선 그가 추진한 정책 가운데 정치외교적인 측면을 살펴볼 필요가 있다. 4세기는 북방종족들에게 고착되고 엄숙한 중화(中華)중심의 냉전시대(cold war)가 아니라 희망과 의욕에 넘치는 열전시대(hot war)였다. 중국이라는 탐스러운 먹잇감을 서로 물어뜯는 이리 떼처럼 5호 16국 시대를 연출하고 있었고, 남쪽에는 도망간 한족이 동진이라는 피난정권을 세우고 있었다.

정치와 외교질서는 너무나 복잡해서 아(我)와 비아(非我)가 불확실하며, 판세가 어떻게 돌아갈지 아무도 알 수 없었다. 이러한 상황은 물론 지금도 마찬가지이다. 중국과 일본은 아시아의 패권을 놓고 복잡미묘하게 경쟁 및 대결구도를 연출하고 있다. 센카쿠(尖閣)열도-다오위다오(釣魚島) 등의 영토분쟁도 그 가운데 하나이다. 한국과 일본은 우호협력 내지 경쟁관계이지만, 과거 청산과 역사교과서 왜곡, 독도문제 등이 복잡하게 얽혀 있다. 중국과 미국은 소련이 붕괴된 이후에 세계질서를 놓고 잠재적인 적국으로 서로를 주시하고 있는 상황이다.

한국은 북한과 적대관계를 청산하지 못했으나, 북한의 혈맹인 중국과는 우호적이다. 물론 중국은 우리의 통일을 기본적으로 방해하는 세력이고, 앞으로도 갈등 내지 충돌을 빚을 가능성이 많다. 중국과 러시아는 기본적으로 갈등 혹은 경쟁관계인데, 한시적으로 우호관계를 맺고 있지만 연해주 영유권과 두만강 하구를 놓고 갈등이 불가피하다. 여기에 일본과 러시아, 일본과 북한, 북한과 러시아의 관계가 있다. 무엇보다도 북한과 미국의 관계가 한치 앞을 내다볼 수 없을 정도로 복잡하고 미묘하다. 그리고 우리가 간과하고 있지만 일본과 중국의 동중국해 갈등과 중국과 대만의 뿌리 깊은 갈등 또한 동아시아 질서에 영향을 끼치고 있다. 거기에다가 동남아와 인도, 유럽까지 염두에 두면 상황은 정말 복잡해진다. 하지만 현실은 어쩔 수가 없다.

지금과 유사한 상황에 처한 광개토태왕은 국제질서의 변화와 본질을 정확하게 꿰뚫어보면서 과감하고 전격적으로 국가발전정책을 입안하고 실천에 옮겼다. 그는 우선 군사력을 동원해서 영토확장 정책을 펼치고, 외교노선을 다변화하는 정책을 추진했다. 22년 동안 거의 쉬지 않고 끊임없이 정복활동을 했다. 『삼국사기』에 따르면 즉위한 첫해 7월에 남쪽으로 백제를 정벌하고, 뒤이어 9월에는 북으로 진격하여 내몽골의 거란(契丹)을 정벌한다. 다시 남으로 내려와 백제를 공격한다. 즉위와 동시에, 그것도 남과 북을 공략한 것은 전쟁 수행능력과 군사작전능력이 성숙했음을 보여준다. 그와 함께 정책방향 혹은 정복대상이 남쪽과 북쪽, 그리고 서쪽을 동시에 지향하는, 즉 전방위 정복활동이었음을 방증한다.

그에게 있어서 북방은 국가생존과 직결된 지역이었다. 특히 요동지방은 정치적으로, 군사적으로 뛰어난 가치가 있어서 즉위 기간 내내 주력했다. 요동은 중국을 동북부로부터 압박할 수 있고, 북방종족들의 물밀듯한 남하를 저지할 수 있는 1차 방어선이며, 북방종족들과 결탁하면 중국 북부를 협공하거나 쉽게 견제할 수 있다. 소위 군사전략적으로 가치있는 '목'이다. 요동정복은 지금의 관점으로 본다면 압록강 하구나 두만강 하구 지역을 통째로 장악한 것과 같다. 그 외에도 요동반도는 철을 비롯한 풍부한 지하자원의 매장지이며 물류거점 뿐 아니라 생산지이기도 한 경제전략지구였다. 또 하나 중요한 점은 황해 동안의 연근해항로를 확보하면서 황해 중부이북의 동쪽 바다를 안전한 내해(內海, inland-sea)로 삼아 영역권화할 수 있다.

한편 태왕은 고구려의 원향이며 뛰어난 명마와 질 좋은 담비가죽이 생산되는 북부여의 원토도 영토로 완전히 편입시켰다. 이어 즉위 21년(411년)에 친정군을 이끌고 진군해서 두만강 하구 유역에서 연해주까지 걸쳐 있는 동부여도 완벽하게 장악하였다. 이 작전으로 인하여 연해주 남부바다의 일부와 동해항로의 일부까지도 영역에 포함시켜 경제적으로도 많은 혜택을 얻게 되었다.

만주는 이처럼 지정학적, 지경학적, 지문화적으로 매우 다양하고 복잡하며, 역사적으로도 예민한 지역이다. 앞으로 세계질서 혹은 동아시아 질서의 재편과 맞물려 이 지역에서 국제분쟁이 빚어질 가능성은 높다. 특히 한민족이 통일을 이룬다면 연고권과 영향력을 놓고 변동이 일어날 수도 있다. 최근 중국정부가 무리하게 동북공정(東北工程)을 시도하고 있는 것은 만주의 향후 위상과 관련이 깊다.

태왕은 이렇게 정석대로 강력한 군사력을 동원하여 명멸하는 북방국가들을 대상으로 화전(和戰) 양면정책을 다양하게 구사하여 국제적인 위상을 높이고, 전략적으로 유리한 입지를 차지하였다. 그리고 자연스럽게 북방·중국·동방이라는 동아시아 삼핵(三核) 혹은 삼극(三極)체제의 한 부분을 확실하게 차지하였다.

그리고 한편으로는 남방정책 또한 강력하게 추진하였다.

4세기 말의 국제환경에서 고구려가 강국의 위치를 유지하려면 반드시 필요한 것 가운데 하나가 남부전선을 안정시키는 일이었다. 또한 국제관계에서 중요한 변수로 등장하기 시작한 해양력(sea-power) 강화였다.

중국지역은 남북조로 분단되었으므로 국제외교에서 중심부를 차지하려면 '외교통로의 장악과 관리'는 절대적인 의미가 있다. 그런데 고구려는 모든 나라들이 교류하는 육로와 해로가 연결되는 접점을 장악할 수 있는 위치에 있었다. 태왕은 대정치가다운 스타일로 해양영토와 거점을 확보하여 국제질서의 중핵(中核) 자리에 진입하고자 하였다. 그가 추진한 남진정책은 소위 육지영토 외에 해양영토를 확대하는 일과 깊이 연관되어 있었다.

그는 즉위 5년(396년)에 대규모 수군을 투입하여 백제의 수도인 한성을 주공목표로 삼고, 그 외에 경기지역을 중심으로 황해도, 충청도 일부지역을 광범위하게 점령하였다. 이 작전은 결국은 경기만 쟁탈전 및 서해안의 해상권 장악과 깊은 관련이 있다. 경기만은 한반도 및 환황해권의 역학관계가 결정되는 거점핵이다. 전근대시대에는 경기만을 누가 장악하느냐에 따라 한반도의 판세가 결정되었다. 지금도 남과 북이 NLL 등을 비롯하여 보이지 않는 선을 경계로 경기만을 공유하고 있음은 매우 상징적이다.

태왕은 백제 공략이라는 1단계 목표를 달성한 후에, 다음 목표인 신라를 향해 신속하게 움직였다. 백제의 압박으로 위기에 몰린 신라의 청병을 빌미로 경자년(400년)에는 보병과 기병 5만 명을 신라의 국경 안으로 진격시켰다. 이 작전으로 신라에 대한 종주권을 확실하면서, 백제와 왜가 해양을 연결고리로 새롭게 부상하는 것을 신라를 이용하여 붕괴시키려는 것이었다. 태왕은 이에 멈추지 않고 부산지역의 임나가라(任那加良)를 공격했고, 나아가 일본열도에 진출했을 가능성이 높다.

태왕이 붕어할 때까지 쉴 새 없이 추진한 정복작전의 결과로 고구려는 대륙의 남부, 한반도 중부 이북의 북부지역 등 거대한 육지영토를 차지하여 중핵이 되고, 거기에 황해 중부 이북, 동해 중부 이북의 해양영토를 확보한 명실공히 해륙(海陸)국가가 되었다. 고구려는 곳곳에 전략적인 거점을 확보하여 질서의 축(軸)을 세우고, 지정학적 위치를 활용하여 단계적으로 동아시아 국가들을 연결함으로써 자국(自國) 중심(core)의 거대한 망(網, net)을 구성하고 동아시아 삼각축의 하나로서 명실공히 중핵국가가 되어 조정능력을 가지며 한민족 질서의 패자가 되고자 하였다. 이를 계승한 장수왕은 자연스럽게 분단된 남북조(현재의 상해정권과 북경정권)와 동시등거리외교를 벌일 뿐 아니라 북방의 유연(현재의 러시아 혹은 몽골)과 동맹을 맺어 송과 연계해 북위를 압박하는 포위망을 구축하는 다국간(多國間) 외교를 전개했다. 물론 백제, 신라, 가야, 왜가 북중국정권은 물론 남조정권과 교섭하는 것마저 해상통로를 막아 통제하고 조정했다.

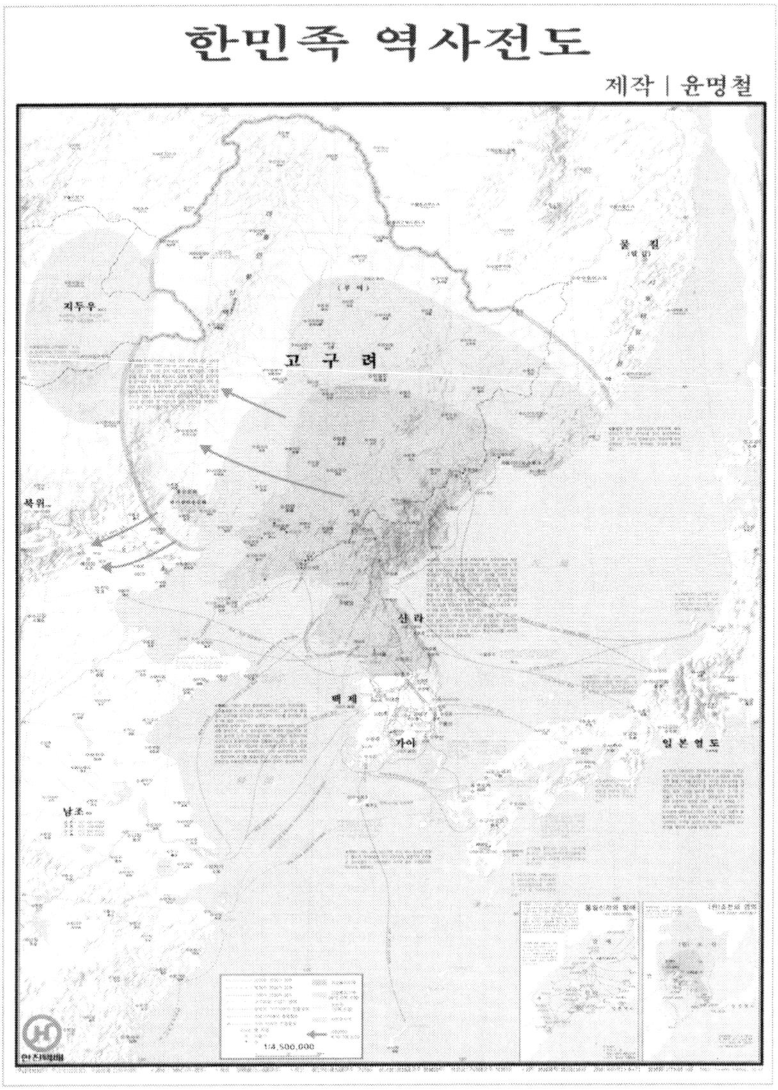
한민족 역사전도
제작 | 윤명철
고 구 려
신 라
백 제
가야
일 본 열 도
북위
남조
지두우
물 길
1/4,500,000

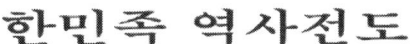

'동시등거리외교'와 '다핵 다중방사상외교'를 펼치면서 태왕의 구도인 동아지중해 중핵조정역할을 충실하게 완성하여, 정치외교적으로 강국이 되었다.

2) 경제 물류의 거점(hub)과 중계무역

태왕은 경제정책에서도 성공한 군주이다. 그가 등극하기 직전에 고구려는 기아로 사람들이 서로 잡아먹는 비참한 지경이었다. 그런데 광개토태왕릉비문에는 "백성들로 하여금 평안히 삶에 종사할 수 있게 하였다. 국가는 부유하고 백성도 은실했다. 오곡이 풍요롭게 잘 익었다.(庶寧其業 國富民殷 五穀豊熟)"라고 평가되어 있다.

태왕이 추진한 경제정책은 실로 다양했다.

우선 물류거점을 확보를 목적으로 영토확장정책을 추진했는데, 크게 나누면 다섯 지역으로 압축할 수 있다. 첫째는 요동지역, 두 번째는 압록강 하구일대, 세 번째는 두만강 하구및 연해주 남부일대, 넷째는 경기만 일대, 다섯째는 동해안 중부일대이다.

태왕은 경제전략지구인 요동지역을 장악해서 농경면적이 더욱 넓어졌고, 해안이나 섬들에선 어업과 소금 생산이 활발했다. 그리고 안시성이나 건안성 같은 지역에서 질이 우수한 철들을 생산했다. 또한 북쪽의 내륙으로는 북방경제권과 교류하는 공간을 만들었고, 반도 남쪽에는 요동만과 발해만을 이용하는 해양물류망을 형성하였다. 태왕이 중요시한 물류의 또 다른 경제전략지구는 압록강 하구이다. 현재 북한의 신의주와 중국의 단동시가 마주보고 있는 비교적 강폭이 넓은 곳이다. 압록강은 만주에서 황해로 나아가는 출해구이며, 황해에서 만주로 진입하는 입구이다. 압록강을 거슬러 올라가 두만강을 거쳐 연해주지역이나 동해안으로 빠질 수도 있다. 또한 압록강의 하구인 서한만은 만주와 한반도가 만나며 황해 북부 연근해항로의 중요한 거점으로 정치 외교뿐만 아니라 국제교역에서 가장 중요한 물목이었다. 고구려에게는 생명선과 목구멍 같은 곳이다.

앞으로도 이 지역은 정치군사뿐만 아니라 경제적으로도 전략지구로 자리 매김할 것이다. 북한이 추진했던 '신의주 경제특구'는 중국의 압력으로 실패할 수밖에 없었던 것이다. 만약 우리가 통일을 이룩하고 좀 더 주체적인 입장에서 동아시아의 질서 재편에 참여하고, 동아시아공동체 수립에서 유리한 지분을 확보하려고 한다면, '자연스러운 경제영토(Natural-Economic-Territories, Net)' 개념이 적용되는 시대와 상황이라도 이 지역에 대한 영향력을 강화시킬 필요가 있다. 그 외에 두만강 하구 유역은 지금 북한의 나진 선봉지구, 중국의 훈춘, 러시아의 핫산지역의 경제전략적 가치와 유사하다. 중국은 2006년 4월을 계기로 중국은 북한과 나진·선봉(나선시)를 50년 동안 공동관리 하겠다는 발표를 했다.

이처럼 만주지역은 지금도 대륙과 황해와 동해가 만나는 곳이자 대륙경제권과 황해경제권, 동해경제권이 만나는 곳이다. 앞으로도 동북아 경제공동체, 만주경제권, 황해경제권, 발해경제권, 동해경제권이 모두 한축을 기댈 수 밖에 없는 곳이다. 만약 남북한의 희망 섞인 계획대로 남북이 협력하고 중국횡단철도(TCR), 시베리아횡단철도(TSR)와 경의선, 경원선과 이어지면 세계는 물론 아시아의 모든 교통망이 몰려들면서 아시아 교통의 중심지가 될 것이다. 이 가치를 새삼 주목한 중국의 새 지도부는 소위 '동북진흥계획'을 중점적으로 추진하고 있으며, 그 과정에서 고구려 역사에 대한 왜곡작업이 본격화되고 있다.

태왕이 심혈을 기울여 추진한 동아지중해 중핵정책의 백미는 사실 경제발전과 물류의 또 다른 전략지구인 경기만의 점령과 운영이다. 경기만은 부유한 국가를 지향하는 그에게 국제경제적인 측면, 즉 교역을 위해서 매우 중요한 전략지구였다. 한반도 중부의 모든 강들과 이어지는 해류교통의 거점이다. 또한 이미 기원을 전후한 시대부터 중국지역과 일본열도를 연결하는 동아지중해 남북연근해항로의 중간기점이고, 동시에 한반도와 산동반도를 잇는 동서횡단항로의 입출항지역이다. 태왕은 시대의 변화를 포착하고, 이 범경기만을 또 하나의 허브로 삼아 교역의 거점뿐만 아니라 생산의 거점으로도 삼았다. 이렇게 고구려는 동아지중해의 허브라는 지경학적인 위치를 최대한 활용하여 해양로와 육상로를 자유자재로 활용하면서 물류체계를 원(circle)으로써 연결시켰으며, 중계로 역할도 하였다. 즉 북방교역망을 형성하는 한편 해양을 통해서 일본열도, 제주도, 양자강 유역으로 연결되는 해상교역망을 운영하였다. 또한 북방의 산물과 남방의 물품들을 중계무역하기도 하였다.

3) 문명의 터전(heart)-융합과 재창조

큰 나라의 완성은 정치 군사력이 강하고 경제력이 뛰어난 것만으로는 부족하다. 문화가 소중하다. 지금 우리사회가 당면한 문제도 문화의 왜곡과 혼란스러움에 기인한 바가 크다. 태왕이 벌인 정복활동은 광대한 제국의 건설과정이었지만 한편으로는 다양한 자연환경과 혈연적으로 다른 종족들의 흡수과정이었다. 고구려는 지구 상에서도 가장 다양한 자연환경과 문화가 하나로 모인 호수며 바다 같은 곳으로 변신하였다. 해양과 반도, 대륙을 동시에 품고 있었다. 그리고 동만주와 연해주 일대의 수렵삼림문화, 동몽골와 북방방면의 초원유목문화, 서역문화, 화북(화베이華北-중국어 발음)에서 올라오는 중국의 한(漢)문화, 해양을 통해서 들어오는 해양남방문화, 한반도 남부의 문화 등이 하나로 모인 집결지였으며, 여러 종류의 문화가 한군데로 섞이는 지중해적 환경을 갖춘 곳이었다.

뿐만 아니라 고구려 안에는 동아시아의 다양한 종족들이 함께 거주하는 공간으로 변했다. 원고구려인 외에 새로 편입된 동부여, 북부여 주민들이 있었다. 점령한 영토 내의 백제, 신라, 가야의 주민들은 종족은 동일하고, 어느 정도 공동체의식을 지녔었다. 화북과 요서에 살고 있었던 한족들도 유이민으로 들어왔으며, 시라무렌 유역의 거란족, 요하에서 흥안령으로 이어지는 지역에 살던 선비족(鮮卑族)들도 흡수했다. 또 연해주 지역에 거주하고 있었던 말갈계도 흑수말갈 같은 일부를 빼놓고는 고구려의 주요한 구성원이 되었다. 이렇게 해서 고구려는 하나의 국가영토 안에 색다른 자연환경, 이질적인 문화가 공존하면서 복합적인 역사공간으로 탈바꿈했다. 필연적으로 원(原)고구려인들은 물론이지만 제국으로 편입된 신국민들 스스로도 이 엄청난 환경 속에서 문화충격(culture shock)과 혼란을 느꼈을 것이다.

광개토태왕은 제국을 확실하게 유지하고 번성시키려면 종족과 문화를 잘 조화시켜 고구려의 신민으로 만들어야 했고, 소수종족들 사이에 벌어진 충돌이나 불신으로 인한 내부의 균열현상도 가능한 한 무마시켜야 했다. 지금 세계화와 집단의 자의식 사이에서 혼란을 겪는 우리에게도 주어진 과제이다. 고구려인들은 전체를 관장하고 연결시켜주는 중핵(中核, core)이 되는 문화의 창조가 필요했고, 자연스러운 과정을 통해서 각 나라들이 사용해온 문화정책과 적합한 제도 등을 활용해가면서 공질성을 점차 확대해가는 방식을 채택했다. 그래서 자신들은 '하늘의 자손'이라는 자의식과 하늘을 뜻을 받았다(天託)는 의식과 행동을 거행했다. 광개토태왕릉비에는 첫 구절에 "옛 시조 추모왕이 나라를 세웠는데, 북부여로부터 나왔다. (추모왕은) 천제의 아들이요 어머니는 하백의 따님이시다(惟昔始祖鄒牟王之創基也. 出自北扶餘, 天帝之子, 母河伯女郎.)"라고 기록했다. 이는 추모의 후예인 태왕이 천신과 수신의 직손(直孫)이라는 천명을 통해서, 고구려가 하늘의 뜻으로 선택된 종족임을 선언한 것이다.

또한 그 무렵에 만들어진 모두루총 묘지명(牟頭婁塚墓誌名)에도 "하백의 손자이시며 일월의 아드님이신 추모성왕의 근본은 북부여에서 나오셨다(河伯之孫 日月之子 鄒牟聖王 元出北扶餘)"라고 하여 추모가 해와 달의 자식임을 분명하게 밝히고 있다. 『삼국사기』에도 물론 유사한 기록이 있다. 결국 추모의 혈손인 고구려 임금들은, 태왕을 비롯하여 모두가 천제이며 천손이라는 논리이다. 이런 작업을 추진하면서 정치적으로 자신감을 갖고 이데올로기를 통일시키는 작업을 성공적으로 완료시킨다. 더 나아가 부여 이전의 국가이고, 부여를 포괄하는 더 큰 질서인 왕검조선, 고조선을 계승했다는 조선정통론을 분명히 했다.

그런데 고구려가 국제적인 나라, 혹은 명실공히 제국을 건설하는 데는 다양성을 확대하고 정체성을 확보하는 것 등 내부만을 위한 정책만으로는 부족했다. 가능하면 세계국가 혹은 고유문명을 이룩할 수 있는 문화적인 힘과 역량을 갖추고, 나아가 동아시아 문명의 발전과 보존이라는 측면에서 의미있고 긍정적인 역할을 해야만 했다. 지금으로 말하면 일종의 '한민족 역할론'이다.

그 무렵 동아시아에서는 북방과 한족 간에 본격적인 문명의 충돌이 일어났으며, 고구려 또한 이 변화와 혼란 속에서 자유로울 수 없었다. 때문에 태왕은 다문화적이고 다종족적인 신문화를 수용하여 보편성을 획득하면서도 정체성에 충실하면서 중국문명이나 북방문명과는 또 다른 동방문명을 창조하였다. 모든 크고 작은 문화들과 문명들이 공존하고, 상호발전할 수 있는 기회와 힘을 제공하는 통로와 터의 역할을 적극적으로 하였다. 원조선의 문명을 계승하고, 동족국가들의 역사적인 경험을 수용하여 고구려 중심의 동방문명을 창조하였다. 그리고 동방문명을 중국문명은 물론 비중국문명에게 수혈하여 보존과 발전을 도왔다. 동아시아 문화가 생동감 있고, 정체성을 띠지 않고, '환류(環流)시스템'과 균형감을 유지한 것은 고구려 문화의 역할이 크다.

최근에 아시아 사람들을 놀라게 하는 소위 한류현상에서 확인했듯이 우리는 문화면에서도 핵심 I.C 또는 심장(Heart)로서 동아시아 공통의 문화를 창조해낼 능력과 자격이 있다. 남한과 북한문화가 만나고, 자본주의 문화와 사회주의 문화가 만나고, 대륙문화와 해양문화가 만나며, 유교, 선교 및 불교문화와 기독교문화가 만나고, 또 동아시아 정통문화와 서구문화가 만나는 접점이다. 이러한 다양하기도 하고, 이질적인 문화들이 만나면서 공존을 모색하고 상생을 이룩한다면 동아시아 문명, 나아가 인류문명이 지향하는 상태와 실현방식에 대하여 대안을 제시할 수도 있고 모델이 될 수도 있다.

4. 광개토태왕의 리더쉽

역사에서는 시대상황, 시대정신, 사회구조, 시대기술, 역사적 경험 등 일정한 단위의 일정한 시대 전체를 압축한 힘이 필연이라는 이름으로 변화를 주도한다. 하지만 시대의 전환기이거나 특별한 능력을 지닌 한 개인이 시스템 속에서 강력한 역할을 담당할 수 있는 자리에 있으면 역사의 변화에 적지 않은 영향을 끼친다.

광개토태왕이 그러한 인물이다. 태왕이 우리 역사에 미친 영향은 실로 크다. 하지만 사료를 통해 등장하는 부분은 그리 많지 않다. 『삼국사기』에 언급된 한 페이지 정도의 내용과 광개토태왕릉비에 적혀 있는 몇 개의 문구가 전부라고 할 수 있다. 결국 그의 빛나는 발자취를 따라가기 위해서는 당시 시대 상황에 따라 되짚어가는 수밖에 없을 듯하다.

광개토태왕은 고국양왕(18대)의 아들이자, 고구려 19대 왕이다. 할아버지는 고국원왕(16대)이며, 큰아버지는 소수림왕(17대)이다. 고국원왕은 371년 고구려를 침입한 백제 근초고왕에 맞서 싸우다가 평양성에서 화살을 맞고 전사했다.

고국원왕의 뒤를 이은 소수림왕은 전진(前秦)과 평화적 관계를 수립하고 우리나라 최초로 불교를 들여왔으며, 태학(太學) 설립과 율령(律令) 반포 등을 통해 고대국가의 체제를 정비하기 위해 노력했다. 왕위를 물려줄 아들이 없었던 그의 뒤를 이어 동생인 이련이 왕위에 올라 고국양왕이 되었다. 고국양왕은 형의 이념을 물려받아 요동지방을 공격하고, 백제를 정벌하는 등 국토를 넓히는 데 힘을 썼으며 불교를 널리 전파하기 위해 노력했다. 하지만 고국양왕 역시 수명이 그리 길지는 못했다. 광개토태왕은 390년 큰아버지, 아버지의 뒤를 이어 18세의 어린 나이에 왕위에 올랐다.

1) 큰 그림(그랜드 디자인)과 작은 그림을 함께 그렸다.

　어린 나이에 한 국가의 운명을 짊어지게 된 그의 첫 선택은 10년 후, 100년 후를 내다보고 설계한 '그랜드 디자인(grand design)'이었다.
　많은 이들이 광개토태왕 하면, 이구동성으로 '영토를 넓힌 임금'이라고 말할 것이다. 실제로도 그를 떠올리면 광활한 지역을 누빈 정복자의 이미지가 강하다. 건설업자도 농사꾼도 아닌 그에게 토지가 의미하는 것은 각별하다.
　그의 목표는 다물(多勿)의 실현, 큰 나라의 재건, 자의식에 충실한 정신, 경제적으로 잘사는 나라, 문화가 아름답고 뛰어난 나라였다. '다물'은 '되찾다', '회복하다'라는 뜻으로 고구려 시조 고주몽의 연호이자 건국이념이다. 『삼국사기』권13 고구려본기 동명성왕 편에 '다물'을 '려어위복구토(麗語謂復舊土)'라고 표현했는데, 이는 고구려어로 '구토회복'을 뜻한다. 결국 태왕은 건국 때부터 전해 내려오는 목표를 실현시키기 위해 우선 동아시아의 핵이 되겠다는 그림을 그렸다.
　동아시아는 바다와 육지가 만나는 지중해의 성격을 띠고 있었다. 이를 파악한 태왕은 고구려의 지중해적 성격에 국제질서의 미묘한 변화와 시대상황, 시대정신을 담아 나라의 발전 전략을 계획했다. 동서남북에 걸친 정복활동을 펼치면서 대륙 남부, 한반도 중부 이북 등 거대한 영토를 차지하고, 더불어 황해 중부 이북, 동해 중부 이북의 영해를 확보했다. 고구려는 이제 해륙국가로 한 단계 더 발전할 수 있었던 것이다. 태왕의 계획은 여기에서 끝나지 않았다. 요동만과 경기만 등 곳곳에 전략적 거점을 확보해 질서의 축을 세우고, 지정학적 위치를 활용해 단계적으로 동아시아 국가들을 연결함으로써 자국 중심의 거대한 망(網)을 구성했다.
　21세기는 지금까지와는 전혀 다른 세상이다. 머지않아 동아시아에는 하나의 연방이 생겨날 것이고 세계가 하나가 되면서 '지구시장', '지구정부', '지구연방군'이 탄생할 지도 모른다. 영화 『터미네이터』에서 본 것처럼 미래 세계와 자연스럽게 만나고,

『매트릭스』에서처럼 드넓은 의식의 세계와 직접 전투를 벌일지도 모른다. 이제는 출신학교, 지역, 회사, 동종업계, 한국이라는 골목길을 걸어 나와 세계를 날아다녀야 할 때이다. 거기에 걸맞은 세계관을 찾고 변화에 재빨리 적응하지 않으면 생존할 수 없다. 그러지 않으면, 우리는 또 다시 서구인들이나 중국, 일본 같은 강대국들의 식민지가 되어 암울한 시간을 보내야할 수도 있다. 이제 자신을 정확하게 바라봐야 할 때다.

2) 자의식(정체성)을 확립했다.

태왕은 장구한 우리 역사에서 개인적으로 성공했을 뿐더러 자기 나라를 가장 멋진 나라로 만드는 데 성공한 인물이다. 그는 이상과 목표를 실현시키는 정책을 만들었으며 전략과 전술을 자유자재로 운용했다. 그를 성공한 리더로 만든 내적, 외적인 힘이 바로 자의식이었다. 광개토태왕은 동아시아의 중핵역할을 제대로 수행하려면, 국력 신장과 함께 중국세력과 경쟁할 수 있는 정신력(자의식)이 충만해야만 했다.

자의식은 '내'가 바로 '나 자신'으로 산다는 것, 내가 바로 내 삶과 일의 주체임을 자각하는 것이다. 민족의 문제로 넘어가면, 고민해야 할 부분은 더욱 커진다. 한 민족이 정체성을 상실하면 다른 민족과 경쟁했을 때 패배하기 쉽고 존재 자체가 소멸될 수도 있다. 20세기 초 일제가 식민사관 운운하며 우리 민족의 정체성을 조직적으로 파괴해 조선을 영원히 소멸시키려 했다는 것을 우리는 너무나 잘 알고 있다.

이러한 자의식은 시대와 상황이 자의식을 절실하게 요구하기도 했다. 새로운 고구려 제국의 내부에는 일종의 범(凡)부여계가 대거 편입되었으며, 다른 종족들도 많이 유입되었다. 이러한 상황에서는 정통성에 혼란이 생기게 마련이다. 또한 다양한 문화와 체제로 인해 사회적 갈등이 발생하는 것도 당연한 일이다. 태왕으로서는 내부의 원만한 통일을 이룩하고, 다른 세계와 경쟁에서 승리하기 위해서는 정체성을 강화시킬 필요가 있었다.

이런 고민과 과제는 21세기의 우리가 당면한 문제이기도 하다. 그 기본해법은 경험상 '정체성의 확립'으로 분명하게 드러나 있지만, 문제는 정체성을 어떻게 인식하고 받아들이며, 어떤 식으로 정책에 반영해 구체적으로 확립하는가 하는 것이다.

　태왕은 자신의 비전을 차질 없이 실현시키려면 개방의 거센 물결을 수용하면서도 자문화의 고유성을 유지하고 정체성 확립에 힘을 기울여야 한다고 느꼈을 것이다. 그는 비문이나 고분 벽화 등 등 곳곳에 자신의 생각을 정성스럽게 표현하고, 생활 속에서 반복하고 강조하면서 백성들도 이러한 자의식을 갖도록 교육시켰을 것이다.

　그 증거들은 많이 있다. 그 가운데 하나인 광개토태왕릉비는 그가 붕어하신지 2년째 되는 414년에 아들인 장수왕이 세운 것이다. 위로 올라가면서 폭이 좁아지는 사다리꼴 형태로, 높이가 6.39m에 달하며 아랫변은 1.3m 정도 된다. 제1면 11행, 제2면 10행, 제3면 14행, 제4면 9행이다. 각 행은 41자(제1면만 39자)로 총 1,775자가 기록되어 있다.

　이 비문에 따르면, 태왕은 추모(주몽)의 15대손이다. 추모와 태왕은 물론 비를 세운 장수왕도 북부여의 천제인 해모수와 수신의 직손(直孫)으로, 하늘의 뜻을 실현시킬 역할자임을 표명했다. 결국 고구려의 임금과 백성은 자신들이 하늘과 땅의 자식이며, 몸에는 하늘의 피가 흐르고 있다는 자의식을 표현하고 싶었던 것이다.

　고구려는 조상숭배 신앙이 강했다. 특히 자신의 정체성을 혈통에서 찾았는데 고구려를 건국한 주몽이나 유화부인 등을 신으로 모셨다. 조상을 숭배한다는 것은 자신의 집단 또는 가계에 무한한 자부심을 갖고 있다는 뜻이기도 하다. 결국 하늘의 피를 받았다는 자의식은 태왕의 자부심을 불러일으키는 중요한 믿음이 되었을 것이다. 지금으로서는 상상하기 힘든 일이다. 하지만 당시에는 자신이 누구의 자식이고 그렇기 때문에 어떻게 자라야 한다는 생각이 어린 시절부터 정체성 확립에 큰 기반이 되었던 것 같다. 어쨌든 이를 토대로 그는 하늘의 자손이라는 대단한 자부심을 가졌고, 신하들은 물론 백성들 역시 태왕의 가치를 높게 떠받들게 되었다.

　21세기, 당면한 위기를 극복하고 좀 더 자주적으로 살려면, 잃어버린 자의식과 민족의 정체성을 찾아야 한다. 민족의 자아를 잃어버리면 사회와 역사가 왜곡되고, 인간들은 자유의지를 포기한 채 살아가게 된다. 당연히 생명력을 잃어버려 경쟁에서 패배할 수밖에 없다. 고구려가 700년 동안 동아시아의 위대한 나라로 존재하게 한 힘은 자의식이었다는 사실이 중요하다.

3) 흐름을 타고 중요한 '목'을 선점하라

세상에는 무수한 흐름이 있으며, 이 흐름들은 인류와 문화, 물류를 주도해나간다. 또한 이것들이 흐르는 중간 중간에는 마디가 생기며, 그곳에는 바로 목이 존재한다. 따라서 흐름을 따르고 가장 중요한 목을 선점하는 것은 성공에 있어서 반드시 필요한 요소라고 할 수 있다.

광개토태왕은 무엇보다 공간의 목을 장악하는 데 신경을 썼다. 그의 탁월한 목잡기 정책은 고구려를 동아지중해, 세계의 목으로 끌어올리는 역할을 했다. 그가 장악한 지역은 요동 반도(현재 대련 시)·압록강 하구(신의주 경제특구)·경기만(송도 특구를 포함한 범경기만 해안특별구)·두만강 하구와 연해주남부(나선시 훈춘 핫산 등 경제특구지역)·동해중부(동해시 등 특구예상지역)·북부여 옛땅(중국의 북만주 거점도시 치치하얼 등) 등 동아시아의 목이었다.

4) 환경의 변화를 주도하라

광개토태왕은 첫 단추를 어떻게 끼웠을까? 그는 패배감의 불식과 군사적인 승리를 얻기 위해 전투를 시작했다. 18세에 등극하자마자 파죽지세로 엄청난 기동성을 발휘해 첫 해에만 세 지역을 총공격한 것이다. 세계를 향해 고구려가 변하고 있다는 신호탄을 쏘아 올렸다. 이것은 거의 모든 사람들에게 일종의 돌발 사태였다. 지루했던 방어의 시대에서 신바람 나는 공격의 시대로, 우울한 패배의 시대에서 자신감 넘치는 승리의 시대로의 변화를 극적으로 알린 것이었다.

당시로서는 누구도 예상하지 못한, 태왕의 과단성 있는 행동으로 인해 고구려 사람들은 길고 지루한 패전의 충격에서 벗어날 수 있었다. 어느 날 잠에서 깨어나니 고구려는 승전국으로 우뚝 솟아 있었다. 백성들의 환호성은 그 후 100년 동안이나 그치지 않고 동아시아를 뒤덮었다.

광개토태왕이 세상을 떠난 후에는 그의 아들인 장수왕이 그 정신을 이어받았다. 장수왕 역시 시대의 변화상을 절묘하게 읽은 대정치가였다. 적극적으로 광개토태왕 릉비를 세워 고구려에 포함된 모든 종족과 주변 나라들에게 세상이 변했음을 멋지게 알렸다. 태왕의 비를 바라보면서 고구려인들은 인식을 변화시켰고, 삼삼오오 모여 앞으로의 일을 논의했을 것이다. 그리고 국제질서의 변화를 정확하게 간파하고 과감한 군사작전을 펼쳤음은 물론, 철저한 등거리외교와 중계무역 등을 유기적으로 실시해 광개토태왕이 착수한 꿈을 이루게 된 것이다.

광개토태왕은 변화를 감지하고 자의식을 확립하는 과정에서 자신이 천손이라는 사실을 널리 퍼뜨렸다. 역사에서 나타나듯 많은 사람들은 스스로를 선택된 집단이라고 믿는다. 그래야 다른 집단과의 살벌한 경쟁에서 살아남을 수 있는 정신적인 단련이 가능하다. 그래서 모든 나라 종족에게는 신화가 있고, 자기들의 신성성과 자의식을 보장해주는 종교가 있다.

태왕 역시 자신과 고구려인의 정체성을 확고히 한 뒤에 빠르게 변화하는 시대에 적응해나갔다. 혼란의 시기에 많은 사람들을 하나로 묶어주는 것은 '우리는 선택된 민족'이라는 선민의식이다. 태왕은 백성들에게 이렇게 대단한 민족이기 때문에 더욱 큰 것을 향해 발전할 수 있다는 희망을 심어줬다.

광개토태왕은 변화에 따른 그랜드 디자인과 비전을 세우고, 그에 맞는 정체성으로 마음가짐을 다지고 이것을 행동으로 옮기며 하나씩 이뤄나갔다. 이렇게 해서 그가 만들어낸 세상은 처음보다 더욱 새롭고 넓은 땅, 자유와 문화, 경제와 무역이 살아 숨 쉬는 곳이었다. 주눅 들고 의기소침하고 살아갈 희망이라고는 전혀 찾아볼 수 없었던 과거와 단절하고, 더 나은 고구려를 만드는 초석이 되었다.

5. 에필로그

　광개토태왕은 동아지중해의 중핵에서 동서남북 공략작전과 군사력의 강화, 그리고 해양군사거점의 확보와 보병과 기병의 활용, 수륙양면작전의 활용 등을 통해서 정치 외교적으로는 균형과 조정자 역할을 하면서 동아시아의 평화구도를 만들었다. 이어 물류체계와 문화체계의 거점 내지 중계로 역할을 통해서 강국으로 거듭났다. 시원국가인 원조선(原朝鮮)을 발전과 이상국가의 모델로 삼아 재발견(re-discovery)하고 재부활(re-naissance)하며 재건국(re-foundation)하였다.

　마찬가지로 광개토태왕과 그가 실천한 정책을 모델로 삼아 통일한국이 중핵연결지의 역할을 충실히 할 경우 우리는 동아시아에서 정치 군사적인 비중이 상승함은 물론 경제적인 주도권도 넘볼 수 있을 것이다. 통일한국은 거기다가 TCR, TSR과 해로를 한꺼번에 장악해 항선을 일원화할 수 있는 유일한 나라이다. 그러므로 인프라를 효율적으로 건설하고 적극적으로 활용한다면 경제적으로도 동아시아에서 하나뿐인 물류체계의 거점으로서 교통정리가 가능하고 나아가서는 동아시아의 경제구조나 교역형태를 조정하는 역할까지 할 수 있다. 그리고 한국지역의 중핵 역할과 조정기능은 21세기 동아시아 신질서의 수립과 상생, 공동체 구성에 더욱 필요하다는 것을 인식시킬 수 있다.

　역사는 단순한 교훈을 얻는 것을 뛰어넘어 미래를 예측하는 방법론을 제공하고, 모델을 구체적으로 제시하는 역할도 해야 한다.

13

壇君神話의 해석을 통한 장군총의 성격[*]
—의미를 중심으로—

1. 서 론

역사적인 집단은 다른 집단과 경쟁을 하거나 갈등을 빚으며, 다양한 관계를 맺는다. 그 관계성 속에서 자기집단이 존재해야 하는 이유, 자기 집단이 인류의 역사에서 매우 의미있고, 소중한 존재라는 이유가 있고, 또한 그러한 이유를 정당화시키는 자신들만의 독특한 그 무엇을 갖고 있지 않으면 안 된다.[1] 그리고 미래의 진행방향과 상태에 대한 불안감이 작용해서 불확실성・미확정성 속에서 중요한 지표(指標)로서의 자기인식을 필요로 한다. 자연환경을 포함한 역사 등 객관적인 상황은 비교적 변화의 폭이

---

[*] 「단군신화 해석을 통한 장군총의 성격 이해」, 『단군학연구』19호, 단군학회, 2009.
[1] 역사에서 정체성의 문제는 졸고, 「단군신화와 고구려 건국신화가 지닌 정체성(IDENTITY) 탐구-1」, 『단군학연구』6, 단군학회, 2002 참조.
계승성과 정통성의 문제는
윤명철,「고구려의 고조선 계승성에 관한 연구 1」,『고구려연구』13, 고구려연구회, 2002.
_____, 「단군(壇君)신화 를 통해서 본 고구리고분벽화」,『제2차 단군 및 고조선에 관한 남북공동학술토론회』, 단군학회 조선 력사학회, 2003, 10 에서 참고.
_____, 「고구려의 고조선 계승성에 관한 연구 2」,『단군학 연구』14호, 단군학회, 2006.
_____,『단군신화, 또 하나의 해석』, 백산학회, 2008. 필자가 발표한 단군관련 논문 가운데 일부를 모아 편집한 논문집임).

작고, 주체집단의 존재여부와 관련없이 늘 존속하고 있다.

내부상황에서 발생한 요인들은 외부와 관계를 맺으면서 발생하는 요인들과 함께 작용한다. 따라서 대외관계 속에서 경쟁 또는 협력관계에 있는 외부집단과의 차별성을 찾아야 하며, 이러한 '타(他)'의 인식은 내부의 고유성을 찾고 창조 할 필요성이 심화되면서 정체성을 자각하게 만든다. 그러한 정체성의 핵심은 건국신화(建國神話)로 표현되는 경우가 많다. 필자는 단군신화(壇君神話)를 주제와 소재로 삼아 논리규명, 재해석, 재적용하는 작업을 해왔다. 특히 단군신화가 21세기를 맞이한 우리민족에게 발전전략 혹은 생존모델로서 미래적 가치가 있는지에 대해서 가능성을 모색했으며, 그런 일련의 작업 과정의 일환으로 단군신화가 고구려의 국가성립과 문화형성에 어떠한 영향을 끼쳤는가를 탐구해보았다.

고구려는 (原)조선(朝鮮)[2] 계승성(繼承性)을 강하게 자각한 국가이므로 조선 및 단군과 관련하여 흔적을 보존하였을 것이다. 특히 단군신화는 고구려 건국신화와 깊은 연관성이 있었으므로 구체적으로 어떤 문화현상 내지는 창조물에 반영됐을 것으로 판단한다. 논자는 그 가운데 하나로서 소위 '장군총(將軍塚)'을 주목해왔다. 장군총은 피장자와 명칭 등의 문제로 관심을 끌었지만, 그 중요성에 비해 논쟁은 활발하지 못했으며, 더욱이 장군총이라는 대표적인 건축물이 지닌 의미와 시대적인 기능, 그리고 국가 정체성과의 연관성은 거의 언급되지 않았다. 그러한 상태에서 장수왕릉으로 규정해서 부르고 있다.

필자는 1995년 이래 장군총은 시조묘(始祖墓)일 가능성을 언급해왔으며,[3] 이러한

---

2 필자는 古朝鮮이라 불리는 역사적인 실체를 朝鮮 또는 原朝鮮이라고 부르고 있으며, 이유는 밝힌바 있다. 이 글에서는 근세의 조선과 구분할 필요가 있을 때에는 原조선(朝鮮)이라고 사용하며, 그 밖의 경우에는 기본적으로 朝鮮)이라는 용어를 사용한다.
3 윤명철, 『말타고 고구려 가다』, 청노루, 1996, pp.244~247.
윤명철, 「高句麗人의 時代精神에 대한 探究」, 『한국사상사학』7집, 한국사상사학회, 1989, 기타.

견해를 보완하는 작업의 하나로서 이 글을 작성했다. 또한 장군총이 담고 있는, 또는 장군총에 담아놓은 의미 논리 메세지 등을 규명하면서, 현재 및 미래에 적용할 필요성이 있는지의 여부도 살펴볼 예정이다.

이 글은 장군총의 포괄적인 성격을 규명하기 위해 단군신화를 선택해서 해석의 매개물로 삼은 것이다. 일종의 해석 작업인 만큼 다양한 논리와 함께 자의적인 해석도 적지 않을 것이며, 특히 해석의 기호로 사용하는 단군신화는 필자가 구축해 온 논리부분이 많다는 것을 전제한다.

2. 왜 장군총인가?

1) 고구려의 조선 계승성

역사활동을 지속하는 한 단위 속에서 집단의 특성을 파악하고 성격을 유형화시켜 이해하는 것은 필수기본조건이다. 대외적으로 팽창을 지향하는 국가, 또는 대외관계 모순이 심한 국가의 경우에는 내부모순을 잠재우고, 강한 공동체 의식을 갖도록 정통성과 정당성을 강조해야 한다. 특히 정복국가인 경우에는 이미 정치 군사적으로 패배한 피정복민들을 논리적으로 설득하고, 사상적으로 친화시키기 위하여 자기들의 행위가 정당성을 지니고 있으며, 선행국가(先行國家) 내지는 다른 집단과의 계승성 내지 정통성을 지녔다는 사실을 인식시킬 필요가 있다. 내부적으로 세계를 해석하고 운영하는 관(觀)과 백성들이 선택할 수 있는 지표(指標)와 이념(理念)이 있어야 한다. 이러한 다양한 이유 때문에 새로운 정치세력들은 예외 없이 정통성 내지 계승성을 주장한다.

한국 역사 속에서 후발국가(後發國家)들이 선행국가(先行國家)들을 계승했다고 자처한 예는 흔히 발견되고 있다. 부여(夫餘, 扶餘)는 북부여(北夫餘), 동부여(東夫餘), 졸본부여(卒本夫餘) 등으로 국명을 계승하며 신흥국가들로 재생했다. 백제는 부여계승성을 시조신앙(東明祭)의 실천, 국호(南扶餘) 사용 등을 통해서 실현해갔다. 고구려는 멸망한 후에 소고구려(小高句麗)·후고구려(後高句麗) 등을 세워 부흥운동을 전개하였으며, 복국에 성공한 발해는 고구려 계승의식을 대내외에 과시하였다. 후백제(後百濟)는 백제를 계승한다는 인식이 있었고, 고려는 국명과 가계를 표방할 때 고구려 계승성을 과시하였다. 심지어는 조선(근세)도 시원국가(始原國家) 및 선행국가(先行國家)와의 계승성을 중요시하였다.[4] 한민족의 역사는 그 만큼 선행국가를 계승했다는 의식이 중요했고, 실제 구체적으로 표방했다.

고구려는 (原)조선 계승의식이 강했다. 조선이 멸망한 이후에 형성된 소위 '조선후(後, post)질서'는 소국(小國)들이 독립적으로 존재하며 각각의 역사발전을 꾀하는 병렬(並列)의 열국구조(列國構造)[5]는 아니라고 생각한다. 종족·언어·문화 등의 유사성과 공동의 역사적인 경험을 보유한 일종의 '역사유기체(歷史有機體)'였다. 하나의 母질서가 깨어진 파편들로서 출발하였으며, 본능적으로 회복과 통일이라는 공동의 목표를 추구한 구조였다고 생각한다. 따라서 그들 간에 벌어진 경쟁과 갈등은 비록 암묵적일 수도 있지만 이는 일종의 통일전쟁(統一戰爭)이고, 원질서(原秩序)의 복원(復原)이었다.[6]

고구려는 주몽(朱蒙)[7]을 필두로 초기 임금들은 주변의 소국들을 병합하였고, 부여

---

4 태조 때에 이미 檀君과 箕子祀典을 정비하였다. 이는 물론 조선왕조의 정통성을 시원국가에서 찾고자하는 태도이다.
　姜萬吉,「李朝時代의 檀君崇拜-實錄記事를 中心으로-」,『李弘植博士回甲紀念韓國史學論叢』, 1969.
5 열국인인 시각에 대해서는 문정창 등 선학들이 주장하였고, 남한에서는 윤내현이 거수국체제를 설정하면서 발전시켰고, 북한학계 또한 이러한 역사해석을 해왔다. 다만 필자는 '역사유기체론'을 설정하면서 소국들의 성격과 당시의 시스템을 다른 관점에서 이해해보고자 한다.
6 북한에서는 통합전쟁이라는 용어를 사용하고 있다. 필자의 이러한 논리는 윤명철,「고구려의 고조선 계승성에 관한 연구 1」,『고구려연구』13, 고구려연구회, 2002,「고구려의 고조선 계승성에 관한 연구 2」,『단군학 연구』14호, 단군학회, 2006.

를 공격하는 한편 중국의 잔재세력들을 몰아내고, 요동·요서로 진격하여 영토를 넓히는 전쟁을 계속하였다. 이것은 신흥국가로서 정치적인 성장을 목표로 삼으면서, 동시에 (原)조선 땅을 회복하고 계승함으로써 정통성을 확보하려는 의도도 있었다. 이러한 견해는 과거에 비강단 사학자들을 중심으로 주장됐고, 윤내현(尹乃鉉) 등이 보다 과학적으로 제시하였다. 필자도 일찍부터 이를 소국통일운동으로 본 바 있다. 북한은 1970년 대 이후에 『전사』에서 건국 초기에 주변의 소국들을 공격하여 정복하는 일을 고조선 세력을 결집하는 행위라고 해석하여[8] 역사적인 계승성을 주장했다.

고구려인들은 건국과 관련하여 前단계 또는 母질서의 계승성을 인식하고 기록하였다. 역사주체의 기록이며, 당대의 사료이고, 가장 정확한 것은 『광개토태왕릉비문(廣開土太王陵碑文)』이다. 본문의 첫 머리에서 고구려는 북부여(北夫餘)에서 비롯됐다 하였고, 20년 조에서는 동부여(東夫餘)와 관계 깊은 계통임을 주장하였다. 『모두루묘지명(牟頭婁墓誌名)』 역시 북부여를 계승하였음을 기록하였다. 『삼국사기(三國史記)』, 『삼국유사(三國遺事)』에는 주몽(동명)이 동부여에서 출자(出自)했음을 밝히고 있다. 중국측의 사료인 『위서(魏書)』 고구려, 『주서(周書)』 고려조, 『수서(隋書)』 고려조, 『북사(北史)』 고구려조에도 부여계승성을 나타낸다. 한편 『신당서(新唐書)』 유귀전(流鬼傳)에 '達末婁自言北夫餘之裔. 高麗(즉 高句麗)滅其國, 遺人渡那河 因居之, 或曰他漏河 東北流入黑水'라는 기록이 있다. 또한 『위서』 두막루국전(豆莫婁國傳)의 두막루국(豆莫婁國)는 '舊北夫餘也'라고 되어 있다. 그렇다면 부여는 고구려를 비롯하여 유귀(流鬼)·두막루국(豆莫

---

7 고구려 시조에 대해서는 동명 주몽을 비롯한 다양한 명칭이 있으며, 특히 東明과 朱蒙을 다르게 보는 견해가 있으므로, 이 글에서는 고구려 건국시조로서 주몽을 설정하고, 특별한 의미가 필요하지 않는 한 주몽이란 단어를 사용한다.
8 고구려는 동족의 나라 고조선의 옛 땅을 되찾기 위한 치열하고 완강한 세기적인 투쟁을 이끌어간 나라였다.
손영종, 『고구려사』, 조선과학백과사전 출판사, 1990, p.63.

婁國)・매구루 등 북방계 정치집단들의 모집단(母集團)일 가능성이 높다. 그런데 『위략』에 따르면 부여의 건국이전에도 고리(索離, 櫜離, 藁離, 槀離)국이 있었다. 구려(句麗)는 기원전 277년에 건국하였다는 주장과 함께(강인숙) 구려국(句驪國)이 기원전 5세기경이라는 주장도 있다.

그런데 고구려가 조선을 계승했다는 인식을 보이는 기록들도 있다. 『삼국유사』는 조선(朝鮮 : 王儉朝鮮, 古朝鮮)을 최초의 국가로 설정하여 이른바 조선정통론을 보이고 있다. 왕력(王曆) 편에 주몽은 단군의 아들(朱蒙…鄒蒙 壇君之子)로 기술하였고, 고조선 조항의 마지막 구절에는 고죽국과의 관계를 강조하고 있다.[9] 또 '단군기'를 인용하면서 단군이 비서갑(非西岬)의 딸과 결혼하여 부루(夫婁)를 생하였음을 밝혀 단군이 해모수(解慕漱)라는 인식을 보인다. 그 외에 『제왕운기(帝王韻紀)』는 여러 부분에서 고구려와 단군과의 계승성을 주장하고 있다.[10] 한편 중국 측의 사료인 『후한서』 예전도 "濊及沃沮句驪本皆朝鮮之地也."라고 조선 땅에 있었음을 알려 준다. 『수서』 배구열전, 『구당서』 및 『신당서』 배구열전, 『삼국사기』 고구려본기의 영양왕조에는 고구려의 땅은 본래 고죽국(孤竹國)이라는 글이 있어 두 나라 간의 영토적 계승성을 인식하고 있다. 『괄지지(括地志)』, 『구당서』 고구려전(高(句)麗傳), 『통전(通典)』은 낙랑과의 연관성 속에서 평양성을 조선의 왕험성(王險城)이라고 기록 하였다. 그런데 당(唐) 시대의 금석문인 『천남산묘지명(泉男産墓地銘)』에는 '東明之裔, 寔爲朝鮮, 威胡制貊, 通徐拒燕('東明의 後裔가 참으로 朝鮮을 세워 胡를 위협하고 貊을 제어하여 徐州와 통하고 燕을 막아 지켰다.')라는 글이 있다. 이렇게 고구려인들이 기록한 금석문과 후대의 기록, 중국인들의 기록들을 종합

---

9 '唐 裵矩傳云 高麗本孤竹國(今海州), 周以封箕子爲朝鮮, 漢分置三國, 謂玄菟樂浪帶方(北帶方)
   이 고죽국에 대해서는 동이의 국가로서 유물이 발견되었고, 고조선의 한 국가였다는 설이 있다.(이형구)
10 『구당서』에 나온 '其俗多淫祀 祀靈星神 日神 可汗神 箕子神'라는 기록의 해석을 통해서 고구려 시대 당시에도 단군인식이 있었다는 주장이 있다. 한영우, 「고려 조선전기의 기자인식」, 『한국문화』 3집, 서울대 규장각 한국학연구원, 1982 참고.

적으로 살펴볼 때에 고구려는 부여와 조선의 계승의식이 분명히 있었다. 그리고 건국의 계승성을 국가를 발전시키는 명분과 힘의 근원으로 삼았다.

국가단위 간의 계승성을 주장할 때에 핵심요소 가운데 주민과 영토, 인식 외에 중요한 것은 문화적인 계승과 공질성(共質性)이다. 특히 묘제는 집단의 특성을 반영하는 문화로서 변화가 적다. 전형적인 조선의 묘제로 알려진 고인돌이 많은 대련시(大連市) 감정자구(甘井子區) 사평산(四平山)과 여순(旅順) 노철산(老鐵山), 장군산(將軍山) 등지(等地)에서도 적석묘는 비교적 일찍 발견되었다. 이 지역에는 조선의 묘제인 강상(崗上)무덤, 누상(樓上)무덤이 있는데, 이는 무기단적석총(無基壇積石塚)과 연관이 있다고 주장한다.[11] 적석묘와 고인돌은 시간적으로 계승성이 있었을 가능성이 높다. 동달(佟達)·장정암(張正岩)은 『료녕성신빈현흑구고구려조기산성(遼寧省新賓縣黑溝高句麗早期山城)』에서 "이 구역에서 석붕(石棚)과 소형적석묘를 발견했는데, 그 중 소형적석묘는 고구려 초기고분의 특징을 가지고 있다."고 제기하고 있다. 『통화현문물지(通化縣文物誌)』의 소개에는 고구려 이전의 청동기시대 묘장인 립봉석붕(砬縫石棚)과 서강묘지(西江墓地) 두 곳을 소개하고 있다.[12] 이들 지역은 고구려의 초기발생 지역이다. 고인돌과 적석묘는 축조의 시간적인 격차를 두고 유사한 지역에서 발견되고 있다. 즉 지역적인 계승성을 지니고 있을 가능성을 보여준다. 고구려가 급속하게 대두한 것을 고조선 사람들이 제철기술의 계승[13]한 것이라는 주장도 있다.

---

11 북한에서는 고구려의 고조선 계승성을 고고학적인 면에서도 주장하고 있다. 리지린·강인숙, 『고구려사 연구』, 사회과학출판사, 1976, p.15~16.
12 그 외에도 『通化市文物誌』에는 고구려이전의 고분으로서 西山南坡墓群은 原始社會의 무덤이고, 金廠南頭屯에 石棚이 두 곳이 있다고 소개하였다. 撫松縣의 松郊鄕 撫生石棚, 柳河縣의 蘭山鄕 野猪溝石棚, 善家店鄕 三塊石石棚, 太平溝石棚(이 지역에 또 石棺墓가 있다), 安口 大沙灘石棚, 長安石棚, 太平川 集安屯石棚 등이 있다.
13 문화의 공유에 대해서는 고고학적인 유물과 문헌기록을 토대로 조선의 사회상을 재현하고, 조선과 그 후 국가들 간의 공유상을 규명한 박선희의 연구성과들이 있다.

그 외에 고구려가 조선을 계승했다는 증거 가운데 하나가 사상(思想)이고, 특히 건국신화(建國神話)이다. 한 국가가 선행국가를 계승하였다고 할 경우에 신앙이나 세계관 등 사상적인 체계는 중요한 지표가 된다. 특히 국가집단이 자신들의 존재이유, 탄생의 과정, 지향성(志向性) 등의 세계관(世界觀)과 미의식(美意識) 등을 밝힌 건국신화는 매우 중요하다. 지배계급으로서는 신흥국가의 정통성과 권력소? 증명분을 제공하기 때문에 의미가 크다. 그러므로 정치(政治)·사회(社會)모델이면서 문화모델인 건국신화를 주목할 필요가 있다. 신화는 설화적(說話的)인 요소와 역사적인 요소와 결합되어 사건을 이루며 복합적인 요소들이 겹쳐 다수의 논리축(論理軸)을 형성되기 때문에 원형(原形)은 끊임없이 변형한다. 그럼에도 불구하고 신화를 통해서 집단이 표현하고자 했던 것, 성취하고자 했던 것에 대하여 분석을 반복하는 일은 가치가 있다.

조선의 단군신화와 고구려의 朱蒙(東明聖王)神話[14]는 시대적인 간격, 창작주체 등의 차이가 있으며, 형태에도 다른 점이 많다. 하지만 그 구조적인 관계, 각종 신화소(神話素)의 유사성, 세계관 등에서 유사한 점이 많다.[15] 단군신화는 승(僧) 일연(一然: 1206~1289)의 『삼국유사(三國遺事)』에 기록된 紀異 卷一 古朝鮮(王儉朝鮮)항을 원전으로 삼고, 의미의 명확한 규명을 위해 이승휴(李承休)의 『제왕운기(帝王韻記)』[16]를 참고로 하였다. 그 외에도 단군신화(壇君神話)와 구조적으로 유사한 몇 개의 신화를 원용(援用)하여 분석에 참고로 사용 하였다. 고구려의 건국신화는 『삼국사기』, 『삼국유사』, 『동국이상국집(東國李相國集)』의 동명왕편(東明王篇) 등의 우리 사료와 『위서(魏書)』, 『주서(周書)』, 『수서(隋書)』, 『북사(北史)』, 『논형(論衡)』, 『통전(通典)』 등 중국 사료, 그 외에 당시대 사람들이 직접 기록한 「광개토태왕릉비」, 『모두루묘지문(牟頭婁墓誌文)』 등 각종의

---

14 고구려의 건국신화는 동명신화와 주몽신화의 두 가지로 혼용되고 있다. 이 글에서는 주몽신화라는 용어를 사용하는 것을 원칙으로 삼고, 필요한 때에는 고구려 건국신화라고 사용한다.
15 부여신화와 고구려 건국신화의 연관성은 이지영, 『한국 건국신화의 실상과 이해』, 月印, 2000 참조.
16 李承休, 『帝王韻記』 黃淳九 편, 『海東韻記』 靑鹿, 1970.

금석문, 무엇보다도 풍부한 고분벽화에 나타난다. 그 가운데에서 논리적인 구성과 풍분한 신화적인 색채, 비교적 역사성을 충분히 반영한 것은 이규보(李奎輔)의 『동국이상국집』에 실린 동명왕편이다.

장군총의 성격분석에 원용하는 단군신화는 인류의 기원신화(起源神話)이면서[17] 동시에 한 문화집단의 시조(始祖) 또는 건국자(建國者)의 계보(系譜)와 활동을 나타내는 사화(史話)의 성격을 띠고 있다. 역사성과 신화성이 공존한 고조선 기록에서 신화적인 부분은 '석유환인(昔有桓因)부터 호왈단군왕검(號曰壇君王儉)' 까지이다. 이 부분은 3부의 구조로 되었고, 24개의 신화소(神話素)로 구성되었다. 1부는 천손강림신화(天孫降臨神話)로서 천상에 있었던 환웅이 아버지인 환인의 협조와 승인 아래 기존질서를 탈피하고, 새로운 공간인 인간세상(人世)에 내려와 그 행위에 적합한 이념인 홍익인간을 지니고 새로운 상황을 건설해 간다는 내용이다. 2부는 지모신(地母神) 신앙이다. 웅(熊)은 호(虎)와 마찬가지로 생물학적인 곰을 뜻하는 용어와 개념이었다. 그런데 주거공간의 이동이 생겼고, 생활양식이 수렵삼림에서 농경으로 발달하면서 생산의 중요성으로 인하여 지모신(地母神) 신앙이 발달했고, 그 과정에서 곰은 동면동물이라는 특성으로 인하여 지모신의 의미가 담겼다. 3부는 '상기우신웅(常祈于神雄)~호왈단군왕검(號曰壇君王儉)' 부분으로서 천손인 환웅과 지모신인 웅이 결합하여 금기와 중간 단계, 예비상황 등 변증법적 인식과 행위를 통해서 단군왕검이 탄생하는 과정이다. 단군의 탄생과 조선의 건국은 환인·환웅으로 표상되는 붉신과 웅(熊 : 虎도 가능함)·왕검(王儉)으로 표상되는 곰신(神), 즉 두개의 상반된 신 개념이 합쳐졌고, 또한 문화권으로는 태양을 숭배하고 천손강림신화를 가진 유목문화 집단이 주체가 돼서 대지를 숭배하는 지모신(地母神) 신앙과 결합하는 것을 알 수 있다.[18]

---

[17] 金庠永,「壇君神話의 硏究」,『語文學論叢』8집, 朝鮮大, 국어국문학연구회, 1968, p.19.
[18] 이런 신화구조는 우리건국신화에서는 공통적인 특성이다. 유동식,『민속종교와 한국문화』, 현대사상사,

이 곳에 기록되거나 표현된 내용은 문자 표현상에 있어서 다른 점이 있으나 고구려 건국신화와 유사하다. 동명왕편(東明王編)에 따르면 고구려 건국신화의 첫 부분은 역시 천손강림신화(天孫降臨神話)의 형태로서 단군신화와 구조는 물론 의미도 동일하다. 해모수는 하늘에서 내려올 때 오룡궤(五龍軌)를 탔고, 백 여 명의 사람들이 흰 고니(鵠)를 타고와 웅심산(熊心山)에 머물렀다가 내려왔다. 이와 유사한 내용은 『제왕운기(帝王韻紀)』나 『세종실록지리지(世宗實錄地理志)』 평양 편 등에도 있다. 「동명왕 편」에서는 해모수를 '천왕랑(天王郞)'이라고 기술하였는데, 실제로 천왕지신총(天王地神塚) 벽화에는 새를 탄 신인과 함께 그 위에 '천왕(天王)'이라는 묵서가 있다.

주몽신화도 지모신(地母神)신앙을 나타낸다. 주몽이 탄생하는 데에 결정적인 역할을 한 존재로서 天의 역할과 성격을 부각시킬 목적으로 상대적인 水의 존재가 등장하는데, 곧 유화부인(柳花婦人)이다. 물은 지모신과는 직접 관련이 안되지만 天 또는 해의 상대적 존재로서, 구조상으로는 단군신화의 웅(熊)과 동일하다.

『삼국사기』에서 유화부인은 유폐된 소옥에서 집중적으로 햇빛을 받아(感應)임신하였다. 단군신화에서 웅(熊)이 햇빛이 차단된 유폐상태(同穴而居 不見日光百日)였던 것과 동일한 상태이다. 알을 낳은 다음에는 일정한 금기와 단계를 거쳐 알이 깨지면서 주몽이 탄생하였다. 「동명왕편」에서 다양하고 치밀하게 이러한 과정을 표현하고 있다. 역시 웅(熊)이 여인의 몸을 받아 잉태한 것과 유사하다. 이는 일종의 통과의례(通過儀禮)인데, 모순을 지양하고 대립물의 통일을 이루기 위하여 취하는 특별한 형식이다.[19] 주몽은 단군신화의 단군과 마찬가지로 天의 우위와 주도성 아래 태어난 천손(天

1978, pp.143~144 참조. 재생모티브가 농경문화에서 곡물신앙의 한 형태로 나타나 지모신 이 되는 것에 대해서는 유동식, 『한국무교의 역사와 구조』, 연세대 출판부, 1975, p.32 등 참고.
19 윤명철, 「壇君神話에 대한 構造的 분석」, 『韓國思想史學』2집, 한국사상사학회, 1988, 「壇君神話에 대한 辨證法的 분석」, 『동국사학』23집, 동국사학회, 1989.

孫)의 의미가 강하다.

이처럼 두 신화는 구조가 유사하다. 해모수와 유화는 성격, 역할, 신화상의 구조로 보아 환웅과 웅녀의 위치와 동일하다. 주몽은 부계는 天숭배집단이고, 모계는 하백신(河伯神)이지만 알을 깨고 나왔으므로 난생신화(卵生神話)적인 요소가 있다. 유화는 수신(水神)이건 지모신(地母神)이건 간에 구조적으로는 단군신화의 웅(熊)과 일치한다. 두 신화는 포함하고 있는 세계관(世界觀)·내적논리(內的論理) 등도 유사하다. 그 가운데에서 중심을 이루는 것은 정체성이다. 그 정체성은 주체의 문제로서 자신들이 하늘로부터 선택받은 천손이며 집단이라는 선민사상(選民思想)과 '場'의 문제로서 역사를 이루어 가는 터가 바로 우주의 중심이라는 강렬한 자의식, 그리고 상황의 문제로서 주체인 인간 혹은 집단은 대상체와 '조화(調和)와 공존(共存)'을 지향하며 역사를 이루어낸다는 '3의 논리' 등이다.[20]

그 외에 중요한 신화소로 표현된 다양한 존재물들과 그들의 행위, 연결구조를 파악하면 두 신화는 긴밀한 관계가 있음을 밝힐 수 있다. 단군신화의 초기원형은 조선에 의해서 만들어져 수차례의 변형(變形)을 거쳤고, 고조선이 멸망한 후, 특히 찬자(撰者)인 일연(一然)에 의해 체계적이고 논리적으로 재구성되었을 가능성이 크다.[21] 그 중간 단계에 고구려가 있었다. 고구려는 건국초기의 혼란을 수습한 후에 전승되던 단군신화를 근거 삼아 건국신화를 만들었고, 역사가 발전하면서 점차 역사와 세계관, 논리 등을 반영하여 정교한 틀을 만들었다. 그 결정적인 계기는 광개토태왕 및 장수대왕 시

---

20 윤명철, 「壇君神話에 대한 구조적 분석」, 「고구려의 고조선 계승성에 관한 연구 1」, 『고구려연구』13, 고구려연구회, 2002, 「단군신화와 고구려 건국신화가 지닌 정체성(identity)탐구」, 『단군학연구』6, 단군학회, 2002, 참고.
21 필자는 「壇君神話에 대한 구조적 분석」에서 『三國遺事』 고조선항에 실린 단군관련 기사는 승려인 일연이 전승되어 오던 단군 관련 이야기를 목적에 맞게 논리적으로 치밀하게 재구성한 것으로서 일종의 경전 같은 위상이었다고 주장한 바 있다.

기로 여겨진다. 고구려는 이러한 신화가 신앙, 제의, 고분벽화에서 다양한 형태로 나타났다.

고구려는 조선의 역사와 함께 단군신화에 표현된 인식을 계승하여 당 시대의 사료와 금석문, 예술작품, 건축물 등의 문화현상과 이를 실천하는 역사적 행위를 통해서 표현하였으며, 동맹(東盟), 국중대회(國中大會) 등의 행위를 통해서 실제생활에서 재현하였다. 특히 고분(古墳)·신묘(神廟)·사(祠)·신전(神殿) 등 건축물에도 반영되었다. 그 가운데 하나로서 대표적인 건축물이 소위 '장군총(將軍塚)'이다. 과정에서 상론하고, 결론에서 언급하겠지만, 장군총은 건국신화를 매개로 미의식 등과 함께 무덤·성소·신전 등의 복합적 기능을 한 의미있는 상징물이다.

3. 단군신화와 장군총의 위치와 형태

장군총은 화강암을 계단식 피라미드라는 독특한 양식으로 쌓은 놀랄만 한 크기의 무덤이다. 주위의 자연환경과 색다른 의미를 담은 듯한 위치, 복잡한 건축구조 등으로 인하여 사람들의 역사적인 호기심과 지적 탐구욕을 불러 일으킨다. 더욱이 도굴로 인하여 매장주체를 알 길 없으므로 잊혀졌던 고구려역사에 대한 특별한 감정을 불러일으킨다.

장군총의 성격을 이해하는 데는 역사적인 배경과 함께 형태, 구조와 건축방식 등 건축자체의 요소를 분석하고 규명하는 작업이 필요하다. 특히 건축주체가 담아놓은 의미, 구성과 표현의 도구로서 내적논리 등은 반드시 필요하다.

1) 位置

    역사 공간의 성격을 이해하려면 자연지리의 개념과 틀을 포함하면서 역사와 문화 또는 문명의 개념으로 접근할 필요가 있다. 역사공간 내부에서는 자연지리와 인문지리가 소통(疏通)되고, 내부의 인간 즉 주민들 간에도 활발한 교류(交流)와 습합이 이루어져야 한다. 특히 유형화된 문화는 내부에 유사한 요소들이 많고, 각개의 요소들이 불가분하게 유기적으로 연결되어 있음을 인식하고 있어야 한다.[22] 고대사회에서는 종교건물[23]을 비롯하여 공적인 성격, 지배자 및 국가체제와 관련이 깊은 건축물은 공개된 시대정신 뿐만 아니라 신화 등 다양한 상징과 은유 등의 코드를 통해서 의미를 담았다.[24] 그 코드 가운데에 위치는 중요한 역할을 한다. 모든 존재물이 다 그러하지만, 특히 건물 등의 기념물은 놓여져 있는 위치에 따라 강한 영향을 받는다.

    장군총은 국내성(國內城) 안에 있다. 국내성은 A.D 3년 이후 427년 까지 400여 년 동안 수도역할을 한 도시이다. 현재 중국 길림성의 최남단이며 압록강 중류에 있는 집안시이다. 집안시는 사방이 산으로 둘러싸인 동서 10km, 남북 5km에 달하는 분지로

---

22 필자는 역사유기체론을 주장하면서 역사공간에 대해서는 '터이론'을 전개하고 있다. '터이론'의 정식 명칭은 '터와 다핵(field & multi-core)이론' 이다. 줄인다는 의미에서 또 터는 다핵을 포함한 개념이므로 '터이론' 이라고 약칭한다. 그 동안 발표했던 내용은 졸고, 「동아시아의 해양공간에 관한 재인식과 활용 –동아지중해모델을 중심으로-」, 『동아시아 고대학』 14집, 동아시아 고대학회, 경인문화사, 2006, 12 ; 「동해문화권의 설정 검토」, 『동아시아 역사상과 우리문화의 형성』, 한국학 중앙연구원, 민속원, 2005, 9 참조.

23 멀치아 엘리아데, 『우주와 역사』, p.35, 모든 공간의 중심은 현저하게 성역이다. 예를 들면 모든 건축은 우주 창조의 행위, 즉 세계의 창조를 반복한다. 실제로 그 길은 하나의 통과제의(rite of passage)이기 때문이다. 라고 하면서 건축물의 정신성과 종교성을 부각했다.

24 마이클 겔브 지음, 정준휘 옮김, 『위대한 생각의 발견』 추수밭, 2003, p.84.
    건축은 의식을 반영한다. 이를테면 브루넬레스키의 대성당은 인간의 힘과 능력을 존중하는 르네상스 시대의 의식을 온전히 반영하고 있다.

서 남쪽에는 압록강(鴨綠江)이, 서쪽에는 통구하(通溝河)가 흐르고 있다. 집안은 노령산맥의 산들이 막아주며, 남쪽에서는 압록강이 온대 계절풍을 실어다 주어 같은 위도상에 있는 다른 도시보다 따뜻한 편이다.[25]

궁성(宮城)과 도성(都城)·행성(行城)은 구분해야 한다. 국내성이 수도(首都)를 뜻하는 도성(都城)을 가리키는 용어라면, 현재 집안 시내 한복판에 있었던 둘레가 총 2.7km인 사다리꼴 모양의 성은 수도의 한 부분인 평지궁궐이다. 그렇다면 수도인 국내성은 집안분지 전체라고 판단하는 것이 합리적이고, 장군총은 국내성이라는 도성의 내부에 있는 것이다.

수도는 다양한 요소들이 다양한 목적과 기능 및 사람과 복합적으로 작용하여 만들어낸 유기체이다. 따라서 수도가 지닌 기능과 의미 또한 여러 각도에서 살펴볼 필요가 있다.[26] 그 가운데 하나는 문화와의 연관성이다. 고구려 시대에 성은 단순한 군사공간을 뛰어넘어 다양한 공간의 역할을 수행했다. 특히 성 중의 성인 수도는 일반적인 기능인 문화의 집결지(集結地)와 개화지(開化地)의 기능은 물론 공급원 기능도 했다. 엘리아데의 개념을 따르면 고대에 수도는 특별한 장소, 즉 성현(聖顯)이 구현된 장소이며, 그에 상응하는 신적인 원형(原型)을 갖고 있었다.[27]

장군총은 1966년에 처음 조사를 하였다. 북으로 용산에 의지하고, 홀로 조그만 산의 남쪽 언덕에 있고, 주위의 지세는 넓고 광활하며, 통구평야를 한눈에 바라볼 수 있

---

25 집안지역의 자연환경에 대해서는 윤명철, 「고구려 수도의 海陸的 성격 검토-江海都市論을 중심으로-」, 『백산학보』 80, 2008 참고.
26 董鑒泓 等 편, 成周鐸 역주, 『中國 都城 發達史』, 학연문화사, 1993, p.7, '중국 도성발달사는 도성을 여러 종류의 물질적 요소로 구성된 하나의 종합체로 보고 이를 연구하는 것이다. 말하자면 도성의 총체적 배치의 변천(도로망, 주거지역, 상가분포, 녹지 및 수로 등을 포함), 도성 계획의 이론과 중심사상, 도시 공간 배치의 예술성, 도성의 유형 및 그 분포 등등을 종합적으로 연구하는 것이다.'
27 멀치아 엘리아데, 鄭鎭弘 역, 『우주와 역사』(Cosmos and History), 현대사상사, 1976, p.18.

|그림 1| 용산에서 바라본 집안시

다.[28] 고분의 동북 측에는 2개의 묘와 제대(祭臺)가 있고, 고분의 서북측에는 1기의 연대가 늦은 봉토묘가 있다. 정면에 해당하는 서남쪽에는 대형건축 유지가 있고, 묘장의 남쪽은 넓고 트인 언덕을 마주하고 있다.[29]

고구려에서는 장군총을 축조한 위치가 어떠한 의미를 두었으며, 어떠한 상황과 연결시켰을까?

고대사회에서 도성은 몇 개의 구역으로 나누는데, 궁궐 · 신전 · 무덤 등으로 구분

---

28 현재에 보이는 지형은 근래에 많이 변한 것임을 참조해야 한다.
29 吉林省, 文物考古研究所, 集安市 博物館 編著, 第13節 將軍墳, 『集安 高句麗 王陵-集安高句麗王陵調査報告』, 1990~2003年, 中國 文物出版社, 2004, 6, p.335.

한다.[30] 국내성인 도성의 내부에는 묘역이 몇 군데 있었다. 그 가운데 궁성 동쪽 교외에는 장군총을 비롯한 광개토태왕릉, 임강총(臨江塚) 등의 대형 적석계단묘 그리고 무용총, 각저총, 5회분 등의 화려한 벽화고분들이 산재해 있다. 특히 장군총은 몸체가 국내성의 동문(東門)과 바로 정중선에 일직선(一直線)으로 연결되고 있다.[31] 궁궐의 동쪽 지역 내지 동쪽 묘역은 색다른 의미가 있다. 산골 분지에서 떠오르는 해(太陽)와 연관된 부분이 있다.

단군신화 및 고구려에서 해가 차지하는 비중은 크다. 릉비문에서는 추모(주몽)를 '부란강세(剖卵降世)' 한 존재로 표현했다. 이때 란(卵)은 단순한 알이 아니라 해를 상징한다.[32] 모두루총(牟頭婁塚)[33]의 묘지석에는 '河泊之孫日月之子鄒牟聖王'이란 글과 함께 '河泊之孫日月之子所生' 이라는 글이 나와 주몽이 해의 자손임을 강조하고 있다. 릉비문과 연관시켜 이해하면 천제(天帝) 혹은 황천(皇天)이 곧 일월(日月)이라는 인식이다. 『삼국사기』에는 유화부인이 어두운 공간에 유폐된 상태에서 집중적으로 햇빛을 받아(感應)임신했다고 하였다. 연개소문의 아들인 연남산의 묘지명(墓地銘)에는 "옛날에 동명(東明)이 기를 느껴 사천(虒川)을 넘어 나라를 열었고, 주몽(朱蒙)은 해를 품고 패수(浿水)에 임해 수도를 열었다"라고[34] 되었다. 왕충(王充)의 『논형(論衡)』, 『삼국지』부여조에도 유사한 기록이 있고, 삼국사기에는 유화가 햇빛이 비쳐 임신하는 과정을 소상하게 기술하고 있다.

---

30 임석재, 『서양건축사1-땅과 인간』, ㈜북하우스, 2003, p.28.
　메소포타미아의 도시들에서는 궁궐이나 신전이 강력한 중심을 형성하면서 핵 역할을 했다.
31 滿洲古蹟古物名勝天然紀念物保存協會編, 『輯安』, 會誌 第8輯, 滿洲事情案內所, 1943, p.21.
32 李玉, 앞의 책, pp.138~140.
33 모두루총은 1935년 5월에 일본인 伊藤伊八이 발견한 것으로서 현재 集安시 下解放村 남쪽에 있다. 冉牟墓라고 불리워지는데 截尖方錐形의 封土石室墓로서 둘레가 70m이고 봉토의 높이는 4m이다. 이곳에 많은 글자가 쓰여진 묘지석이 발견되었다.
34 '東明感氣, 踰虒川而開國, 朱蒙孕日, 臨浿水而開都'

고구려인들에게 하늘(天)이란 곧 일월(日月)이고, 특히 일(日)인 해를 가리키는 용어요 개념이었으므로 해를 신앙대상으로 삼기도 했다.[35] 부여(扶餘)의 천제가 해모수(解慕漱), 해부루(解夫婁)였듯이 고구려의 해명(解明:琉璃王의 왕자), 대해주류왕(大解朱留王:大武神王), 해색주(解色朱:閔中王), 해우(解憂:慕本王)등 초기 왕들은 태양을 의미하는 해(解)를 마치 성처럼 앞에다 달고 있었다(삼국유사에는 해를 氏, 姓으로 삼았다고 기술하고 있다). 우리 문화에 해가 중요했음은 숱한 예가 있다. 단군신화의 태백산(太伯山)은 그 어의(語意)에서 보는 바와 같이 강력한 태양숭배사상을 표상하고 있다.[36] 지명(地名)이나 산명(山名)에 가장 많이 쓰이는 글자는「天」字와 함께 이「白(伯)」字이다. 이 명칭이 붙은 곳은 과거에 하늘을 향하여 제의(祭儀)를 올리거나, 또는 단(壇)이 있었던 곳이다.[37] 동북아(東北亞)를 발원(發源)으로 하는 종족(種族)들에게 태백(太白)·백두(白頭)은 머리가 희고, 초목(草木)도 짐승도 모두 하얗고 신령(神靈)스러운 장소로 묘사되었다.[38] 그런 만큼 장군총이 해가 뜨는 방향인 동쪽과 연관된 곳에 위치해 있다는 것은 의미가 있다.

또한 고구려의 정체성인 건국신화와 직접 연관된다. 주몽이 죽는 상황을 광개토태왕릉비문은 "하늘은 황룡을 아래로 보내 왕을 맞이하였다. 왕께서는 홀본(忽本) 동쪽 언덕에서 용머리를 딛고 하늘로 오르시었다."(天遣黃龍來下迎王. 王於忽本東岡, 履龍首昇天)라고 기록하였다. 결국 해모수의 하강, 주몽의 승천 등이 이루어진 공간은 의미상

---

35 李玉,『高句麗 民族形成과 社會』교보문고, 1984, pp.138~141.
36 李種益,「한밝思想考」,『東方思想論叢』, 1975, p.419와 pp.432~434 참조.
　金瑢永, 앞 논문, p.11, "白의 古音은 古語,「붉다」의 어간「붉」과 통하고 그 古訓,「ᄒᆡ」는 太陽의「해」와 語源이 상통한다." 해와 백의 연관성은 최남선
37 尹世復,「檀君考」,『학술지』2, (Academic of Institude of Konkuk University), p.30.
　李章泰,「韓國古代信仰과 祭儀」,『文理大學報』19, 1963, pp.14~15 참조.
　張秉吉,「韓國原始信仰에 관한 小考」,『同大論叢』8, 1978, pp.32~34 참조.
38 金泰坤, 앞의 책, p.51.
　全圭泰,『韓國神話와 原初意識』, 二友社, 1980, p.79.

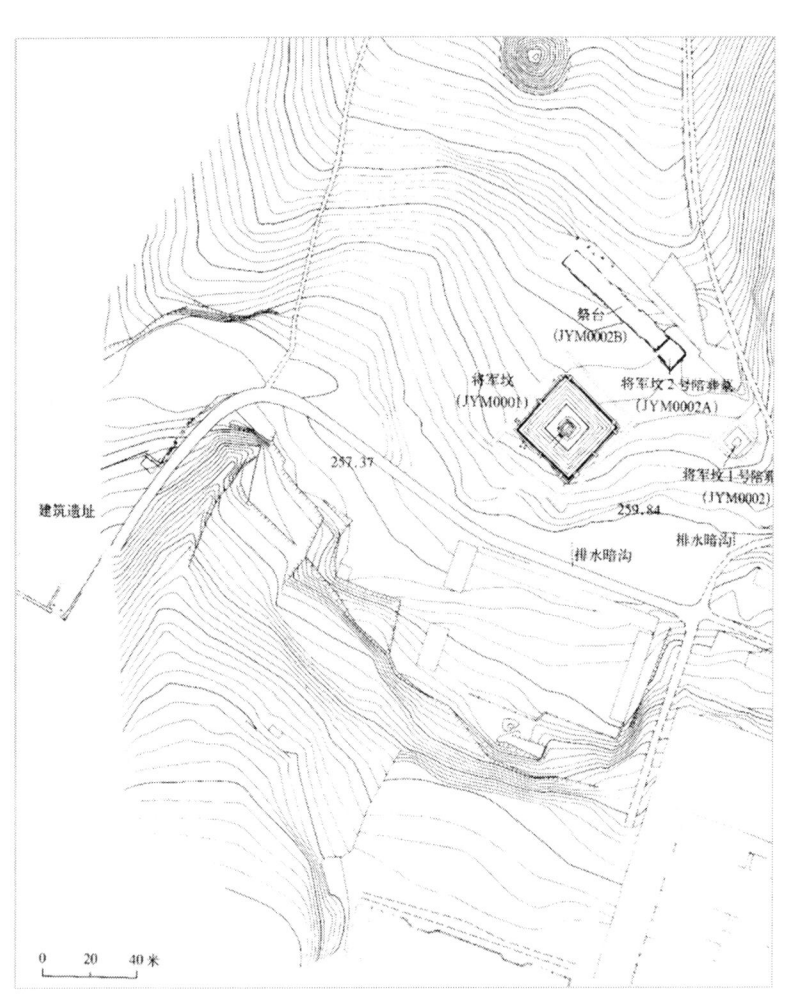

| 그림 2 | 장군총 부근 형세도(『集安 高句麗 王陵』 336쪽.)

으로는 동쪽 언덕에 있는 용산지역에 해당한다. 이는 단군신화에서 단군이 산신(山神)으로 화(化)하여 아사달(阿斯達)로 들어간 것(後還隱於阿斯達爲山神)과 동일하다.

주몽의 무덤은 용산(龍山)과 관계가 깊다는 기록들이 많다. 『신증동국여지승람(新增東國輿地勝覽)』, 『동국통감(東國通鑑)』에는 중화군(中和郡)에 있는 동명왕묘가 용산에 있다고 기록했다. '전동명왕릉(傳東明王陵)'으로 불리우는 진파리 10호분이다. 『집안현지(集安縣志)』에도 장군총을 동명왕묘(-在城北十五里山勢莊嚴可觀前有東明聖王墓俗稱將軍墳-)로 기록하였다. 물론 장군총이 있는 뒷산이 용산이다.[39] 첫수도로 알려진 환인(桓仁)의 오녀산성(五女山城)도 용산으로 불리워진다. 이처럼 사실 여부와는 무관하게 주몽의 무덤은 용산과 깊은 관련이 있다.

그렇다면 이 지역은 고구려에서 특별한 의미를 지닌 공간이다. 주몽신화에서 나타내는 논리 가운데 하나가 천손강림(天孫降臨)이고, 천손이 강림한 장소에 의미를 두는 중심(中心)사상이 있다. 단군신화도 유사했다. 환웅은 천상(天上)에 살면서 인간세계(人間世界)를 구하려는 의지를 강력하게 표방하여 신시건설의 임무를 맡는다.[40] 환인(桓因)은 하시(下視 : 전항참조)한 장소(場所, 터)로서 삼위태백(三危太伯)을 선택했다. 이는 하늘과 대좌(對坐)하는 공간이며[41] 환인이 홍익인간(弘益人間)할 수 있는 조건을 갖춘 장소라고 판단한 공간이다. 환웅은 하늘의 원형을 모방하고, 성화(聖化)시켜 무리(徒) 삼천(三千)과 함께 이 공간을 새롭게 재창조한다. 신시이다. (謂之神市) Eliade의 개념상으로는 신시의 건설은 신(神)과 인간(人間)이 협조하여 인간세계에다 하늘을 재현(再現)하는 것으로서 우주의 척도(尺度)에 따른 창조에의 복귀 즉 재창생(再創生 : 造)인 것이다.

신시는 이후 창조의 원형(原型)으로서 모델이 되어 한민족의 문화상에 큰 영향을

---

39 이렇게 용산이라고 불리워지기 시작한 것이 고구려시대부터라고 확인할 수는 없다.
40 '太伯山頂 神壇樹下 爲之神市.'
41 張秉吉, 「韓國原始信仰에 관한 小考」, 『同大論叢』 8, 1978, p.30.

끼쳐왔다.[42] 『삼국지』, 「위지」 삼한전에 '諸國各有別邑 名之爲蘇塗 立大木縣鈴鼓事鬼神' 이란 기록이 있다. 또 '귀신을 믿어 국읍(國邑)은 각각 한 사람을 세워 천신을 주재하는데, 이름은 천군(天君)이다.'[43]라는 기록도 있다. 이 기록들을 유추하면 소도(蘇塗)는 개념상 위치상 신시를 의미하며, 대목(大木)은 우주목(宇宙木), 즉 신단수(神檀樹)를 의미한다고 여겨진다. 신시(神市)의 변형으로서 형식과 내용을 간직하며 존속한 것이다.[44] 이러한 상황은 고구려나 백제 신라 또한 유사했을 것이다. 만약 고구려 국내성에 소도에 해당하는 신성구역이 있었다면 가능성이 높은 곳은 나라 동쪽이고, 장군총이 세워진 지역이다.

그런데 장군총에서 광개토태왕릉비는 일직선거리로 1,650m 떨어져 있는데, 정중선(正中線)에서 동쪽으로 5도 떨어져 있을 뿐이며, 또 일직선으로 2,050m 떨어진 곳에 광개토태왕릉을 정면으로 볼 수 있는데, 겨우 2도 동쪽에 있을 뿐이다.[45] 그런 것을 보면 장군총 뿐만 아니라 동쪽 지역의 중요한 무덤들은 특별한 의미를 지니고 있을 뿐만 아니라 고도의 논리를 표현했을 가능성이 높다. 이 지역은 용산(龍山)·우산(禹山)·압록강(鴨綠江) 강 건너의 북한쪽 산줄기, 앞으로 펼쳐진 들판 등의 형(形)과 세(勢)를 고려하면 배산임수(背山臨水)·전착후관(前窄後寬)·전저후고(前低後高) 등 풍수지리의 개념이 적절하게 적용될 만한 자연환경을 지녔다. 풍수(風水)라는 어원에서 보이듯 물이 중요함은 일반적인 사실이다. 장군총은 옆으로 압록강이 묘실 입구의 방향과 거의 동일

---

42 이지영은 이러한 공간, 즉 그가 말하는 신격이 거주하는 공간을 治所라고 부르는데, 의미있는 제안이라고 생각한다. 「주몽신화를 통해본 건국신화 속의 건국과정의 두 양상-시조모에 대한 새로운 인식」, 『한국문화연구』10, 이화여자대학교 한국문화연구원, p.236 참조.
43 『三國志』 권30, 烏丸鮮卑東夷傳 韓傳. "信鬼神, 國邑各立一人主祭天神, 名之天君."
44 金小南, 『辰韓國馬韓史』 東紀, 2000, pp.46~50에서 "神은 男性, 「ㅅㅇㅣ」의 「ㅅ」을 譯한 것이며 蘇塗는 「ㅅㄷㅣ」의 譯이다. 즉 「ㅅ」은 男性이고 「ㄷㅣ」는 「ㄷㅣ집」의 「ㄷ」이니 「동집」의 「동」과 同一하다"라고 하여 神市와 蘇塗의 일치성을 주장한다.
45 滿洲古蹟古物名勝天然紀念物保存協會編, 『輯安』 會誌 第8輯, 滿洲事情案內所, 1943, p.21.

한 각도를 이루며 서남방향으로 흐른다. 이 지역은 자연경관은 물론이고 풍수상으로도 생기(生氣) 넘치는 명당(明堂)이다.[46] 눈에 보이는 현상적인 자연환경을 고려할 때도 장군총이 위치한 용산(龍山)지구는 풍수에서 말하는 특별한 국면인 혈(穴)자리에 가까워 보인다. 혈은 중심이며 핵이며 모든 주위가 이를 위해 존재하는 곳이다.[47]

이러한 구조는 동양의 주요한 도시나 분묘 등에 나타나는데, 그 밖의 지역에서도 이러한 현상이 보인다. 예를 들면 피라미드와 나일강, 중앙아메리카 테오티후아칸의 피라미드와 운하, 마야문명의 치첸 잇챠에서의 피라미드와 깊은 못 등이다.[48] 그리고 고구려의 중요한 성들 또한 이러한 형태를 갖춘 경우가 많다.[49] 풍수가 정치적인 동기로 많이 이용됐음은 일반적인 견해이다. 문제는 어느 시대부터 풍수사상이 영향력을 끼쳤는가이다. 그런데 자생풍수가 선사시대부터 있었다는 주장도 있다. 고인돌의 입지는 큰 틀 속에서는 지형과 하천 등과 밀접한 관련있는데, 세부적으로 들어가면 약간 씩 다른 모습이 나타난다. 하지만 일정한 방향성을 띠고 있으며, 주변의 자연환경을 최대한 고려한다는 점은 동일하다. 고창지역의 고인돌 군을 과학적인 방법 BPE방법으로 조사하여 고인돌이 모두 X-energy 맥의 결절지 안에 위치해 있었음을 확인하였다. 그리고 선사시대부터 자생풍수입지론이 발달했을 가능성이 높다는 결론을 내리고 있다.[50]

---

46 박시익의 지세 보는 방법은 「한국의 풍수지리와 건축」, 일빛, 1999 및 「풍수지리와 주거공간」, 『건축』 제52권, 1호, 대한건축학회, 2008, 01, p.35 참조.
47 張聖浚, 「風水地理의 局面이 갖는 建築的 想像力에 관한 考察」, 『대한건축학회지』 22권, 85호, 1978, p.19 참조. 장군총이 위치한 지역의 풍수적인 위상과 의미는 앞으로 그 분야 연구자들과 공동으로 진행될 필요성이 크다.
48 張聖浚, 위 논문, p.17.
49 산성조차도 내부에 큰 연못이 있는데, 이는 식수원 기능의 차원을 넘는 경우가 많다. 지금도 '龍潭', '天池' 등으로 불리워지는 것을 보면 신앙적 기능을 담당하였고, 그렇다면 일반적인 풍수는 물론 고구려의 유화부인과 관련된 水神의 거처라는 의미도 있었다고 생각한다.
50 조기호·이병렬, 「고인돌 시대 한반도 자생 풍수입지-고창지역을 중심으로-」, 한국정신과학회, 제18회, 춘계학술대회 논문집, 2003, 4, pp.168~169 참조.

2) 장군총의 형태[51]

건축물은 형태인 동시에 실질적인 것이며, 추상적(抽象的)이면서 구체적(具體的)이다. 그래서 그 의미는 내부의 구조뿐만 아니라 외형에서도 표출된다. 건축물의 각 요소는 형태와 표면, 구조, 재료 등으로 파악된다.[52] 이 글에서는 장군총의 형태를 시각적으로 상징과 의미를 표현한 것으로 보면서 성격과 의미를 모색하고자 한다.

장군총은 화강암을 계단식 피라미드형으로 쌓아올려서 완성한 조적식(組積式) 건축구조물이다. 중국에서는 방단계제식석실묘(方壇階梯式石室墓 : 또는 金字塔)라고 부른다. 높이 12.4m,[53] 4면의 변길이가 35.6m, 그리고 꼭대기의 개정석(蓋頂石)은 면적 60평방m 무게 50t이라고 했다.[54]

전체의 모양은 정방형의 사각뿔로서 네 면의 길이는 동일하다. 건축학에서 정사각뿔은 기하학적 관점에서 완결 혹은 완벽을 상징한다. 측면의 사선을 이으면 평면에서 대체로 45도의 각도로 상승하여[55] 즉 1: 1: 1의 비율로 거의 삼각형의 단순한 형태를 갖추고 있는데, 선이 유려하며, 공학적으로 안정을 기할 수 있도록 설계되었다. 또한 부분석재들이 기하학적인 배치를 이루고 보완적이면서 안정된 이미지를 만들고 있다. 이처럼 장군총은 전체적으로 정교한 수리를 이용한 기하학적인 도형의 형태이

---

51 아니엘라 야폐, 「시각예술에 나타난 상징성」, 『인간과 상징』, 칼 G 융 외 지음. 이윤기 옮김, 열린책들, 1996, p.243, '성속을 불문하고, 만달라식 평면위에 세워진 건축물은 모두가 외계로 투사된 인간의 무의식 세계에서 나온 원형적인 이미지이다. 도시, 성곽, 사원은 마음의 전체성을 상징한다. 이 때문에 이러한 건축물은 그 곳을 방문하거나 그 안에 사는 사람들에게 각별한 영향을 미친다.' 이 말은 엘리아데의 개념을 이용한 것이지만 종교적인 기념물을 이해하는데 시의적절하다.
52 로버트 벤투리, 『건축의 복합성과 대립성』, 동녘, 2007, p.45.
53 2003년의 조사에서 지표의 護基石(기단석)에서 묘꼭대기(墓頂) 까지는 13.7m라고 하였다.
54 李殿福 저, 車勇杰·金仁經 역, 『中國내의 高句麗 遺蹟』 학연문화사, 1994, p.234.
55 사면의 각도를 45~50도의 遞減度를 유지한다고 하였다. 李亨求, 「高句麗의 享堂制度 硏究」, 『東方學志』 제32호, 연세대학교 국학연구원, 1982, p.11.

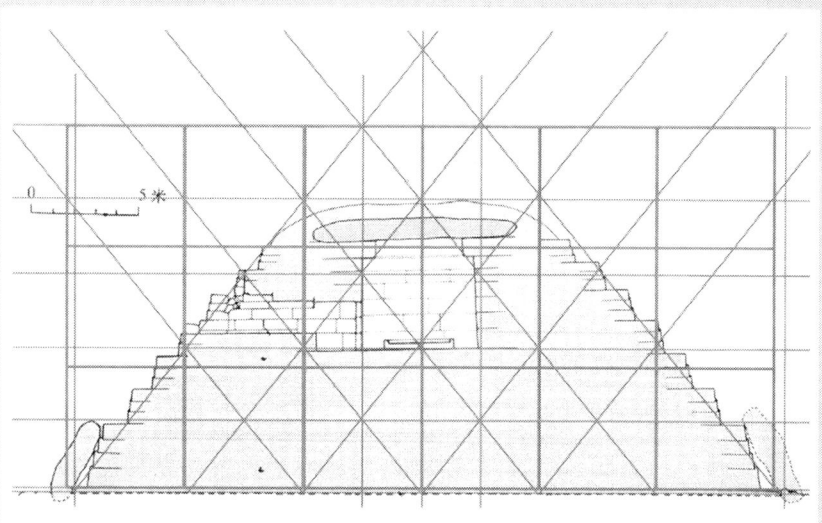

|그림 3| 장군총 비례 체계(『集安 高句麗 王陵』 339쪽, 이하 그림들은 우지성과 필자가 재작도한 것)

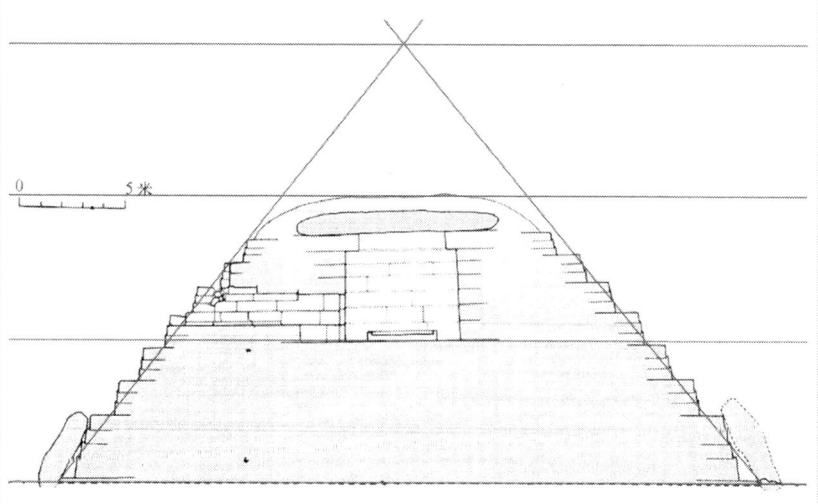

|그림 4| 장군총 등분 비(『集安 高句麗 王陵』 339쪽)

므로 조화와 균형을 이루면서 합리적이고 절제미를 갖추고 있다.[56]

장군총의 기하학적으로 완벽한 산(山)모양의 형태는 고구려문화의 전반적인 성격과 건국신화 및 단군신화와 연관시켜 해석할 수 있는 단서를 제공한다. 환웅은 '降於太伯山頂 神壇樹下'하여 신시(神市)를 건설한다. 즉 환웅이 하늘에서 내려온 첫 장소가 태백산 꼭대기인 것이다. 이때 태백산은 성산(聖山)인 일종의 우주산(宇宙山)이다. 우주산이란 '우주(宇宙)의 중심점(中心點)'이라고 하는데 이 중심점을 통하여 하늘과 땅과 지옥은 연결이 되어 있으며 땅을 배꼽으로 하여 천지창조가 시작됐다고 한다.[57] 인간을 천계(天界)와 결합시키고, 성역이며 신성한 곳이다. 성산(聖山)의 개념 즉, 우주의 중심(中心)은 확대되어 도읍(都邑)을 정하면 그곳은 성도(聖都)가 된다. 또 하늘의 명(命)을 받은 신의 대리자(代理者)인 왕의 주거지 혹은 사원 등이 되어 많은 원형(原型)의 모방을 파생시킨다. 이 우주산(聖山)의 개념은 전 세계적으로 보편화되어 있다.[58] 우리문화에서 우주산에 해당하는 산은 곳곳에 산재하며 하늘을 향하여 제의(祭儀)를 올리던 제단이 있다.

주몽신화에서는 이 우주산의 역할을 熊神(心)山과 용산(龍山)이 한 것으로 생각한다. 해모수는 용과 관련이 깊다. 이규보가 쓴 동국이상국집의 동명왕 편(東明王 編)에

---

56 "오토 바그너는 '근대건축'에서 현대 건축의 원칙을 간결하게 설명했다. 합목적적 건축, 재료의 솔직함, 구조적 합리성, 그리고 이 세가지 원칙으로부터 생겨난 필연적인 형태가 바로 '필요양식'이다라고 말하였다.'
  김석철, 『20세기 건축』, 생각의 나무, 2005년, p.47. -이러한 말이 적합하게 적용될 수 있는 건축물이다.
57 M. Eliade, 『우주와 역사』, 鄭鎭弘譯, 現代思想社, 1976, p.27.
  이러한 견해와 설명은 崔南善, 『朝鮮의 山水』, 東明社, 1947 참조.
58 M. Eliade, 위의 책, pp.27~34.
  예를 들면 Ural-Altai인들에게는 수메르산이란 것이 있어 하늘에 그 原型을 가지고 있으며, 세계의 중심점으로 인식되어져 왔는데, 이것이 바로 聖山, 즉 宇宙山이다. 우주산은 세계의 중심이므로 그 山頂에는 북극성이 고정되어 있다. 이 중심점을 통하여 하늘과 땅과 지옥은 연결이 되어 있으며, 땅을 배꼽으로 하여 천지창조가 시작된다고 한다.

따르면 해모수는 하늘에서 내려올 때에 오룡거(五龍車)를 탔고, 백여 명의 사람들이 흰 고니(鵠)를 타고 왔다. 그는 웅신산(熊神山)에 머물렀다가 내려왔다. 아침에는 세상에 살고, 해가 지면 다시 천궁(天宮)으로 돌아갔다. 물론 이와 유사한 내용은 제왕운기(帝王韻紀)나 세종실록지리지 평양편 등에도 있다. 장군총이 위치와 함께 山모양의 형태에서 전달하고자 한 의미는 우주산으로서 단군신화의 태백산이나 아사달이며, 고구려 건국신화에서는 웅신산이나 용산이다. 고딕양식처럼 수직적인 구조는 일반적으로 하늘신 또는 태양신(환웅·해모수)과 조우하는 적합한 형태이다.

사각뿔의 장군총을 보통 계단, 묘실(현실) 그리고 기초의 3부분으로 구분하고 있다. 하지만 완벽하게 수직 3등분 체제를 이루고 있어 치밀하게 배율을 조정하여 설계하고 건축한 것인가를 알 수 있다. 몸체, 현실(묘실), 신전(墓頂)의 3부분으로 구분하는 것이 장군총의 성격과 의미를 추출하는데 적합하며, 본고의 논리전개에도 효율적이다. 단군신화에서 공간(空間)은 셋으로 구성되었다. 첫 번째는 환인(桓因) 등이 사는 천계(天界), 두 번째는 환웅(桓雄)이 가화(假化)하여 웅녀(熊女)와 결합(結合)한 상태로 건설한 새로운 질서(秩序)인 인간계, 세 번째는 웅(熊)·호(虎)로 표상되는 동물계(動物界)이다.[59] 이러한 공간분할과 구조는 주몽신화에서도 마찬가지로 나타난다. 해모수의 하늘(天宮)과 유화가 거주한 수(水) 또는 재변신한 혈(穴), 그리고 주몽이 탄생한 공간이다.

몸체의 기초(基礎)는 기단(基壇)과 호기석(護基石)으로 구성됐다. 기단은 대체로 정방형에 평균 길이가 32.3m이고, 기단 아래는 큰 덩어리의 강돌을 구축해서 기초석 위에는 기단을 쌓았다.[60] 배수를 위한 지하물도랑이 있다. 묘실은 4층 계단에서 개정석의 바로 아래까지 되어 있다. 묘도(墓道)는 제 5층 계단에서 서남 방향으로 열려 있다.

---

59 鄭飁弘, 『神話의 構造的 分析』, p.51.
　李弘稙, 『단군신화와 민족의 이념』, 『국사상의 제문제』1집, 4292, p.9.
60 평면이 방형에 가깝고 동북측(북)의 길이는 33.1m, 서남측(남) 31.8m, 서북측(서) 32.6m, 동남측(동) 31.7m이다. 2003년도에 측도한 것이다. 위의 책, 그러나 축조당시에도 이와 똑같은 것은 아니라고 본다.

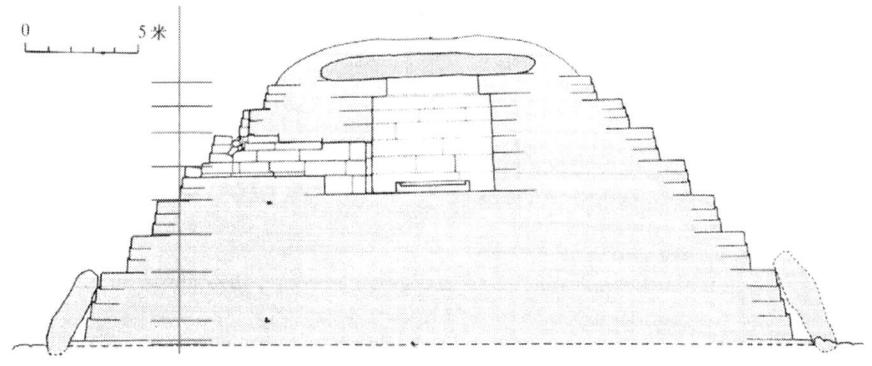

| 그림 5 | 장군총 층단 구분(위와 동일)

이 개구부가 정면인지는 후면에서 제단이 발견됨으로 인하여 혼란이 생겼다. 하지만 광개토태왕릉비와 광개토태왕릉과 일직선으로 연결된 상황 등을 고려하면 정면으로 보는 것이 적합하다. 장군총의 외부형태는 7층의 계단으로 구성되었다. 정동화강암이 석체(石砌)로 사용되고, 석재가 1,146개이며, 결실된 것이 31개라고 한다. 제1층은 3m인데 4개의 조석체(組石砌)로 되어있다. 제2층은 높이가 1.6~1.7m인데, 이 형식으로 2층부터 7층까지는 모두 3개의 조석체(組石砌)로 되어 총 22개가 된다. 만약 7층이 모두 3계단(組石砌)씩이라면 전체 21개가 된다. 단군신화 및 고구려와 관련하여 상징적인 숫자이다. 그런데 기단의 최하단에 깔리는 판석은 강돌로 지면을 다진 후 면을 고르기 위해 설치하는 하대석이고, 1층의 맨 밑돌은 하대석 윗단의 상대석으로 볼 수 있다. 예를 들면 봉토분의 호석에서 가장 하부는 초지대석, 그 상부에 정지대석을 깔고 면석과 만석, 인석을 설치하는 것과 같다. 또 탑의 경우에는 하대석과 상대석으로 구분되는 개념[61]과 비교가 가능하다. 결론적으로 장군총의 밑돌로 알려진 것은 기단부의 상대

---

61 예는 장기인, 『한국건축대계 7- 석조』, 보성각, 2003, p.212, p.278.

석일 가능성이 높고, 이렇게 보면 1층도 3개가 되어 몸체는 3×7=21이라는 의미있는 수리구조(數理構造)로 해석할 수 있다.

의미를 지닌 부분이 또 있다. 정호석(또는 護墳石)이라고 불리우는 몸체에 기대놓은 돌들이다. 4면 모두에 각각 3개씩이 있었는데, 현재는 북면에는 2개만이 남아 모두 11개이다. 정면에 세운 정호석은 높이 4.5m, 폭 4.5m, 두께 1.5~1m에 면이 편편하게 연마되어 있다. 이 돌의 기능과 의미에 대해서 논란이 있다. 일반적인 견해는 무거운 하중에 의한 뒤틀림과 무너짐을 방지하는 공학적 기능물로 보는 것이다. 실제로 하나가 사라진 후면은 일부가 뒤틀리면서 무너지고 있다. 그런데 유사한 구조와 위상을 지닌 무덤이 서울시 송파구 석촌동(石村洞)에 있다. 이 일대에는 돌무덤과 봉토분이 수 십 기가 다수 있었다. 특히 적석계단형 고분들도 있었는데 대표적인 무덤이 제 4호분이다. 정방형에 한변이 24m이며 3층이다. 이 무덤은 길이와 폭은 넓지만 높이도 작고, 작은 돌들로 쌓았으므로 붕괴의 위험이 없다. 그럼에도 불구하고 역시 작은 크기의 정호석들을 주변에 둘러놓았다. 이 고분의 예를 참고하면 역시 정호석은 토목공학적인 기능 보다는 상징적기능이 강함을 알 수 있다.

그런데 최근의 발굴을 통해서 장군총의 북면에서 제단과 함께 붙은 제 2호 배총을 발굴했다. 거기에는 면에 작은 석판을 세워놓았던 흔적이 있

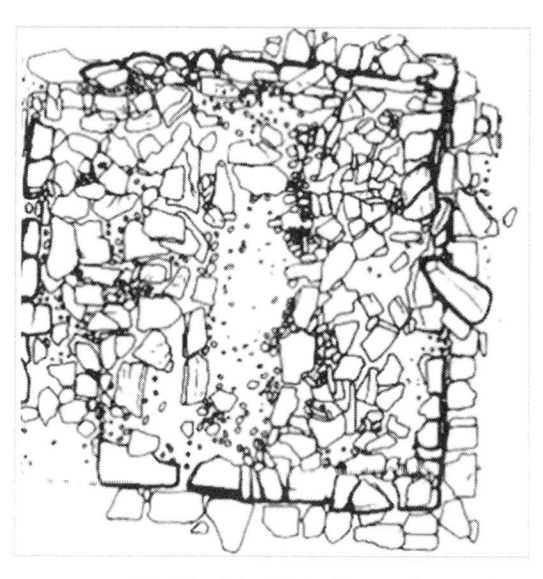

| 그림 6 | 2호 배총 평면도 (『集安 高句麗 王陵』 347쪽.)

다.⁶² 이 석판 또한 배총의 전체 규모나 석판의 크기를 고려한다면 공학적 기능만을 위한 것은 아니다. 그렇다면 미학적 관점(美學的 觀點)과 함께 의미(意味)와 상징(象徵)의 측면을 고려할 수밖에 없다. 장군총은 한 면에 3개 씩 정확하게 동일한 간격을 두고 있으므로 일단 3이란 숫자에 의미를 두고자 한다. 그리고 4면에 3개 씩 있으니 12개라는 또 하나의 숫자에 의미를 두고 살펴보고자 한다.

단군신화 및 주몽신화는 3 및 7이란 숫자와 관련이 깊다. 고대에서 수(數)는 단순한 부호(符號)라기 보다는 고대인의 사상을 지배하고 모든 움직임의 기본이 될 정도로 중요했다.⁶³ 피타고라스학파에서는 수(數)가 가진 절대성을 중시하여 종교화(宗敎化)가 되었다. 동양 또한 수의 존재가 절대적이었는데 「하도(河圖)」, 「낙서(洛書)」 등은 물론이고 「천부경(天符經)」 등 각종 종교와 철학에서도 수리(數理)는 현상을 나타내고 본체(本體)를 규명하는데 사용되었다. 고대 세계, 특히 샤머니즘 세계에서 숫자 3의 종교적 가치는 세계의 우주성(宇宙性)을 상징하고 있으며(Eliade) 신비한 힘을 가진 숫자이다.⁶⁴

주몽신화에서 해모수를 만날 때 웅심연(熊心淵)에 있던 하백(河伯)의 딸은 세 명이

---

62 그런데 池內 宏, 『通溝』卷上, 滿洲國 通化省 輯安縣高句麗遺蹟, 日滿文化協會, 1938, pp.55~56에서 기단 4면에 호분석을 세웠다고 하였다.
12개의 석판은 의미상 12支像을 상징한 것일 가능성이 있다. 최근에 키토라 고분을 정밀하게 조사하면서 내부에서 12支像 가운데 亥 子 丑 寅 戌 5신상 그림을 발견하였다. 그렇다면 고구려에서 12지 신앙을 가졌으며, 이를 무덤축조에 반영했을 가능성이 있다. 그보다 후대의 것이지만, 신라에서는 김유신의 무덤 둘레에 12지신상을 조각해놓았다. 來村多加史, 『キトラ古墳は語る』, NHK 出版, 2005, 6, p.137에 그림들이 소개되어 있다.
63 朴容淑, 『韓國古代美術文化史論』, 일지사, 1976, p.7~8.
64 피터 데피로 & 메리 데스몬드 핀코위시 지음, 김이경 옮김, 『숫자문명사전』, 서해문집, 2003, pp.21~106에는 인류문명에서 3이란 숫자가 가진 의미에 대한 다양한 예들이 있으며, 특히 단군신화나 주몽신화에 등장하는 3신에 관한 예도 열거되어 있다.
3은 1과 2에 이어 등장한 숫자로서 특별한 의미를 지니고 있다. 3이란 숫자의 개념과 의미가 형성되는 과정은 언어학적으로 조르쥬 이푸라쟈 지음, 김병욱 옮김, 『신비로운 수의 역사』, 예하, 1990, p.16, p.18에서 설명하고 있다.

었다. 주몽이 부여를 떠날 때도 거느린 신하는 세 명이었고 모둔곡(毛屯谷)에 도착하였을 때 역시 이상한 옷차림의 세 명(再思·武骨·默居)을 만나 나라를 건국(生)한다.[65] 평남 중화부(中和府)의 동명왕릉비에는 주몽이 보술수에 이르러 마의(麻衣)·납의(衲衣)·수조의(水藻衣)의 세 명을 만난 것으로 기술하였다. 유리(類利)도 옥지(屋智)·구추(句鄒)·도조(都祖) 등의 세 신하와 함께 아버지를 찾아온다. 주몽신화는 앞에서 언급한바 3의 수직이동으로 구조화되어 있다. 고구려와 신라에는 삼종의 신보(神寶)가 있었다. 이 3보는 각각 개별체(個別體)의 물건이면서도 다른 성격과 기능을 갖고 있어서 그것을 획득한 王의 위치와 기능을 상징하고 있다.[66] 이것은 듀메질(George Dumezil)의 「3기능 체계」[67]의 이론을 빌 것도 없이 고대의 우주관 세계관을 극명하게 보여준다. 생활에서도 3의 의미는 작동했다.[68] 『삼국사기』, 『수서』, 『북사』에는 고구려인들이 죽은 사람은 사망 후 3년이 되기까지 자기 집에 마련된 특별한 방에 머물러 있다가 길일을 택해 매장된다. 부모와 남편이 죽었을 때에는 3년 상을 입으나 형제들을 위해서는 석 달만 입는다."라고 하여 3에 의미를 두었음을 알려준다.

단군신화는 '3의 논리(論理)'가 더욱 강력하게 반영되어 있다. 환인(桓因)·환웅(桓雄)·단군(壇君 : 桓儉)의 3世(3神),[69] 천계(天界)·인간계(人間界)·동물계(動物界)의 3界, 삼위태백(三危太伯)의 三·천부인(天符印) 3개(個), 풍백(風伯)·우사(雨師)·운사(雲師)의 3기능신, 도삼천(徒三千)·삼(三)·칠일(七日)의 3 등이다. 그 외에도 문장구조도 3분할로 되었으며, 각 신화소의 연결 역시 '3의 구조'가 작용했다. 이 '3의 논리(論理)'는 우

---

65 李奎報, 『東國李相國集』, 조선고전간행회, 1913.
66 全圭泰, 『韓國神話와 原初意識』, 二友社, 1980, pp.207~208에서 "이 三寶는 스키타이 王家에 保存된 聖寶(3개)와 흡사하다."
67 李土, 『高句麗民族形成과 社會』, 교보문고, 1984, pp.141~147.
68 全圭泰, 『위의 책』, p.142. 우리나라에서도 삼국시대 이래로 삼은 '옹글고', '완전한 전체'를 뜻해 왔다.
69 金廷鶴, 「檀君神話와 토오테미즘」, 『歷史學報』7, 역사학회, 1954, p.237.
  이 관념은 다수의 논문에서 흔히 발견되고 있다.

리문화의 다방면에, 그리고 샤머니즘이 성행하였던 시베리아에서 발견된다.[70]

한편 7이란 숫자 역시 중요한 의미를 갖고 있다.[71] 샤머니즘의 세계에서 그들이 가진 우주목은 칠혹성(七惑星)의 하늘과 동일시된다.[72] 예니세이인의 무고(巫鼓)에는 칠조(七條)의 선이 있는데 이것은 영혼이 최초로 가는 지하의 나라인 칠대동굴을 의미하며 내도(內圖)에 있는 7개의 반원형은 7개의 바다를 나타낸다.[73] 타타르인, 소요트인 등에서도 7의 관념은 자주 보이고 있다.[74]

고구려 건국신화에서 주몽이 유리에게 신표로 남긴 단도를 숨긴 곳은 '칠령(七嶺)· 칠곡(七谷) · 돌위 소나무(石上之松)' 였다.(『東國李相國集』 동명왕편) 우리문화에서 7은 특히 북두칠성(北斗七星)과 관계가 깊다. 『삼국지』에 고구려는 "사는 곳의 좌우에 집을 짓고 귀신, 별, 사직을 위해 제사를 지낸다." 라는 기록이 있다. 고분벽화는 초기단계인 4세기에서부터 일월성수(日月星宿)가 묘실의 천정을 장식한다. 전체 95기 이상의 벽화묘 중에서 22기의 벽화묘 속에 총 750개 이상의 별들이 그려져 있다. 안악3호분(357년)에는 전실 천정석에 일월(日月)과 함께 성격이 불명한 5星과 북두칠성(北斗七星)으로 생각되는 별자리가 그려져 있다. 4세기 말로 추정되는 복사리고분과 덕흥리고분(408년)에도 다른 별들과 함께 북두칠성이 그려져 있다. 일본의 나라현 아스카에 1972년에 발굴된 다까마쓰 고분(高松塚)이 있다. 천정에는 성숙도(星宿圖)가 그려져 있는데, 북두칠성이 있다. 1998년에 조사된 키토라고분에서 고구려의 별자리가 발견되었는데, 2003년

---

70 鄭鎭弘, 「神話의 構造的 分析」 46, p.51 참조.
　Nioradze, 李弘稙譯, 『시베리아 諸民族의 原始宗敎(Der schamanismus beiden siberischen)』, 新丘文化社, 1976, p.14.
71 피터 데피로 & 메리 데스몬드 핀코위시 지음, 김이경 옮김, 『숫자문명사전』, 서해문집, 2003, pp.262~367에는 인류문명에서 7이란 숫자가 가진 다양한 예들을 열거하였다.
72 朴容淑, 앞의 책, pp.10~11.
73 Nioradze, 『시베리아 諸民族의 原始宗敎』, 李弘稙역, 신구문화사, 1976, p.111.
74 Nioradze, 위의 책, p.41.

도의 정밀조사에서는 주작도(朱雀圖)가 발견되었다.[75]

　이렇게 3과 7은 각각 상징으로서 의미와 기능이 있지만, 3과 7이 만나서 만들어내는 21에도 의미도 있다. 단군신화에서 환웅은 웅(熊)에게 애(艾) 1주(炷), 산(蒜) 20매(枚)를 주며 이것을 먹으면서 백일(100) 동안 해를 보지 않으면 인간의 몸을 얻을 것(便得人形)이라고 한다. 일종의 통과제의를 위한 금기사항이다. 그런데 웅(熊)은 「三·七」만에 여인이 된다. 의미를 지닌 '3·7'이란 숫자는 애(艾)·산(蒜)를 합친 21이란 수와 같다. 따라서 3·7 또는 21이라는 숫자는 신화상(神話上)에서 중요한 의미를 지니고 있음이 확인된다. 우리민속에서 '3·7'은 산속(産俗)과 관련되어 사용되어 왔다. 어린애를 낳으면 '세·이레' 즉 '21'일이 지나야 비로소 생명(生命)을 시작한다고 여겨 그 기간 동안 대문 앞에 왼새끼 인줄을 드리웠다.[76] 3·7은 '생명탄생(生命誕生)'의 원리를 갖고 있다.

　장군총에서 의미를 지닌 숫자는 또 있다. 장군총의 몸체 4면의 모서리는 정확하게 동서남북을 향하고 있다. 정사각뿔 아래층의 한 변은 길이가 35.6m이고 높이는 13.06m이다.[77] 그런데 고구려척을 사용했다면 100척에 해당한다. 關野 貞은 고구려척을 35.6328cm[78]라고 하였고, 박찬홍은 34.7~35cm라고 하여 안학궁(安鶴宮)과 정릉

---

[75] 이 부분은 김일권의 연구들을 종합적으로 활용하였다.
　　金一權, 「高句麗 壁畵와 古代 동아시아 壁畵 天文 傳統 考察」, 『고구려연구』 제16집, 2003, p.251, pp.251~253에는 북두칠성이 그려진 벽화들을 소개하고 있다.
　　「고구려 고분벽화의 별자리그림 考定」, 『백산학보』 47호, 백산학회, 1996에는 북두칠성이 그려진 덕흥리 고분 앞칸의 그림이 있다.
[76] 김성배, 『한국의 민속』, 集文堂, 1980, pp.150~152.
　　全圭泰, 『한국 신화와 原初意識』 二友社, 1980, p.142.
[77] 근래에 잰 것은 약간의 차이가 있다. 필가는 어리처레에 킬진 납사설과와 건축전문가들의 조언을 토대로 하중으로 인한 지반의 약화 등의 요인으로 장군총의 형태에 변동이 생긴 때문으로 판단한다.
[78] 김왕직, 『알기 쉬운 한국건축용어사전』, 동녘, 2007, p.456.
　　關野 貞은 고구려척을 1,176曲尺(35.6cm) 법륭사나 평양성 외곽의 箕子井田도 高句麗尺을 사용했다고 하였다.

사(定陵寺)는 고구려척을 사용했음을 밝히고 있다.[79] 이 사실은 두 가지 의미를 지닌다.

하나는 장군총이 고구려 척을 사용하여 설계(設計)·시공(施工)·완공(完工)됐음을 입증한다. 이 건축물들은 5세기 초에 완성 됐으므로 장군총을 축조한 시기와 크게 떨어지지 않기 때문이다. 또 하나는 100이라는 숫자의 의미이다. 100[80]은 10의 배수 즉 완전한 숫자로 성수(成數)가 된다. 3+7=10이고, 10은 5와 함께 土의 자리며 중앙(中央)을 위치하면서 성수(成數)이므로 無를 뜻한다. 10은 1을 낳은 수(數)인 것이다. 민속에서 100일은 생명의 탄생, 또는 재생(再生)을 위한 준비기간 즉 죽음의 기간을 상징한다. 우리의 풍습에는 백일잔치와 백일상(百日喪)이 있다.

장군총은 숫자 외에 몸체를 이루는 색에도 상징이 있다.[81] 몸체는 1146개 이상의 돌들로 이루어졌는데, 다른 화강암보다 더 단아하고 백색인 정동화강암(晶洞花崗巖)이다. 이는 앞에서 언급한 것처럼 고구려 건국신화 및 문화에서 중요한 의미와 기능을 지닌 밝음, 즉 해를 강조할 목적으로 선택한 듯하다.

장군총은 단순성과 기하학적 정확성으로 구축한 전형적인 조적식(組積式) 건축물이다. 하지만 형태와 내부 구조 속에는 고구려의 역사과정, 단군신화와 주몽신화의 세

---

79 朴贊興,「高句麗 尺에 대한 연구」,『史叢』44집, 1995, p.21~26.
한인호,『조선 중세 건축유적연구』, 한국문화사, 1998에서 '고구려 건축의 특성은 독자적인 단위자를 사용한 것이다.-고구려자의 크기는 35cm 안팎이다. 이 자는 -덕흥리벽화무덤, 장군무덤-등에 사용됐다. 덕흥리벽화 무덤의 연대는 408년(영락 18년)이다. 이 무덤에서는 35.0~35.5cm의 자가 검출된다.' 라고 하였다.
유태용,『35, 6의 고구려자』, 서문, 2001, 8 참고.
80 任東權,「檀君神話의 民俗學的 考察」,『韓國民俗學研究論攷』, 宣明文化社, 1971, p.350에서 '三·七'은 呪術의 效果를 내는 기간이며, '百'은 言語로는 '光', '光明'으로 읽어 '百日'을 오랫동안 日光을 보지 못하고 기도하라는 뜻으로 말하고 있다.
81 색이 가진 의미와 상징에 대해서는 심리학 신화학 문화 예술, 심지어는 생물학에 이르기까지 각 분야에서 숱한 이론과 예들이 있다. 그런데 다양한 분야를 포섭하면서 색 자체만을 통해서 그 가치와 의미를 분석한 글은 Ingrid Riedel 저, 정여주 역,『色의 신비』, 학지사, 2008.

계관과 문화 등을 상징과 은유 등을 사용하여 매우 복잡한 논리체계를 담았다. 그럼에도 엄숙하거나 경직된 이미지가 아니라 치우치지 않고 밝고 경쾌하며, 안정적이면서도 동적(動的)인 분위기이다.[82] 결론적으로 장군총은 고구려인들의 정신적인 중심처가 될 만한 '터'에 있으며, 형태를 갖추고 있다.

4. 단군신화와 장군총의 구조

장군총의 성격을 이해할 목적으로 새워진 위치와 형태 등 전체 틀 속에서 단군신화 및 주몽신화와 관련하여 살펴보았다. 다음단계로 장군총의 세부적인 구조 속에서 또 다른 성격을 살펴보고자 한다. 일반적으로 건축물을 비롯한 구조물들은 표현하려는 의미와 전달하는 메세지를 보다 정교하게 하기 위해 전체는 물론 부분 또한 그 목적과 논리에 걸맞게 제작한다.

1) 墓室

장군총은 몸체를 포함하여 사라진 개정석(蓋頂石) 윗부분까지 포함하여 정확하게 3등분으로 구분된다. 3등분의 가운데 공간이 묘실(墓室 : 또는 현실)이다. 외견상 3층 계단에서 7층까지가 묘실이다. 물리적으로 무게 중심이며 시각적으로도 중심인 중심다운 중심이다.[83] 내부는 대체로 정방형이며 아래 변의 길이는 5.43~5.5m, 높이 5.1m이

---

82 필자는 이러한 특성을 포함한 고구려 문화의 성격을 動中靜·動和靜, 즉 mo-stability형문화라고 여러 연구물에서 밝히고 있다.
83 임석재, 『서양건축사1-땅과 인간』, ㈜북하우스, 2003, p.44. 피라밋일 경우에는 이곳에 파라오의 사체가 놓임으로써 죽은 파라오는 비로소 피라미드 세계를 완전히 지배할 수 있었다고 한다.

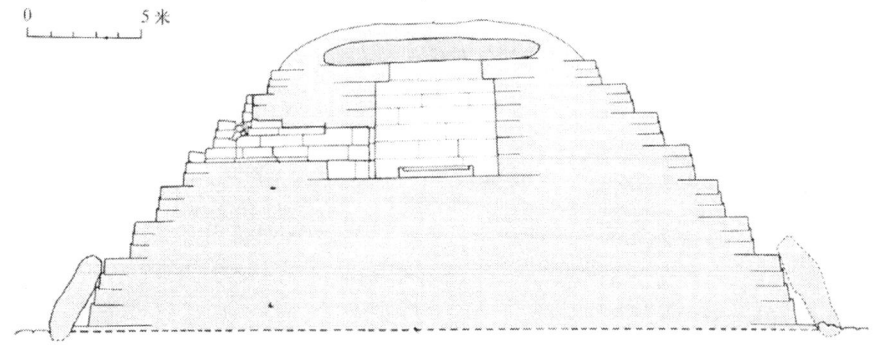

| 그림 7 | 장군총 단면도

다. 이전복(李殿福)은 5m 높이는 5.5m이라고 하였는데, 대체로 정방형으로 보면 된다.[84]

명(明) 시대에 도굴당해서 관은 없고, 현재는 관대만 2개 덩그러니 놓여있다. 묘실의 입구는 5층 중앙에서 정면인 남서방향으로 열려 있다. 장군총의 분묘의 역할을 했음은 묘실로 존재로 인하여 의심할 바 없다. 하지만 건축물의 위치, 형태, 그리고 묘실의 위치와 내부구조·상징성·이미지 등을 고려한다면 다른 기능 또한 생각하지 않을 수 없다. 분명히 상징(象徵)과 의미(意味)를 표현하는 행위기능을 목적으로 만들어진 공간이다.

고구려인들의 장례풍습과 조상숭배신앙 등을 고려한다면 묘실은 또 다른 중요한 공간이었을 가능성이 크다.[85] 『북서』에 고구려의 장례풍습을 기록하면서 '죽은 사람

---

84 李殿福 저, 車勇杰·金仁經 역, 『中國내의 高句麗 遺蹟』, 학연문화사, 1994, pp.236~237.
85 임석재, 앞의 책, p.3, p.22.
    원시인들에게도 '무덤은 죽은 자를 묻는 물리적 기능 이외에 죽음과 관련된 주술적 종교적 의미를 표현하는 상징기능도 함께 가졌다. 기념비는 거석 구조물(megalith)의 형태로 제작되었다.

은 사망 후 3년이 되기까지 집에 마련된 특별한 방에 머물렀다가 길일을 택해 매장된다. 부모와 남편이 죽었을 때에는 3년 상을 입으나 형제들을 위해서는 석 달만 입는다.'라고 기록했다. 고구려인들이 효성이 지극하고 조상숭배신앙이 강한 것을 알 수 있다. 『삼국지』 동이전에도 비슷한 내용이 있다. '부장품을 많이 쓰기 위해 금, 은, 재물이 동이 난다. 돌을 쌓아 무덤을 만들고 (그 곁에) 소나무와 잣나무를 심는다.'고 기록하였다. 이처럼 고구려인들은 유난히 조상을 숭상했고, 특히 시조에 대해서는 각별한 의미를 두었다.

이것이 발전하여 조상숭배신앙으로 발전하였고, 무덤은 단순한 매장처를 넘어서는 신앙의 대상체일 가능성도 있다.[86] 그렇다면 시조묘는 반드시 있어야 한다.

앞 장에서 용산지역에 대한 의미를 설명하기 위해 주몽의 죽음과 관련된 몇 가지 사항을 언급하였었다. 시조묘와 관련하여 다시 언급해본다. 광개토태왕릉비문은 "하늘은 황룡을 아래로 보내 왕을 맞이하였다. 왕께서는 홀본(忽本) 동쪽 언덕에서 용머리를 딛고 하늘로 오르시었다."(天遣黃龍來下迎王. 王於忽本東岡, 履龍首昇天,)라고 기록하였다. 그렇다면 주몽의 무덤은 지리상 첫 수도의 동쪽이면서, 지형으로는 구릉에 가까우며, 의미상으로는 용과 관련이 있어야 한다. 현재까지 첫 수도로 알려진 곳은 환인지역이다. 그런데 고구려는 수도를 국내성을 옮겼고, 이어 427년에는 평양으로 옮겼다.[87]

더구나 가장 확실한 정황은 고구려가 세 번째 수도인 평양지역에도 시조묘를 조성해놓은 일이다. 국가가 수도의 이전과 함께 신앙의 대상지나 시조와 연관된 상징을 이동하는 것은 보편적인 일이다. '우리조상들은 옛날부터 수도를 옮길 때마다 시조왕

---

86 이 부분에 대해서는 논리의 비약이 있다고 생각하는데, 이 분야 연구자들의 견해를 참고해서 보완할 필요가 있다.
87 물론 이와는 달리 중간에 몇 번 다른 지역으로 수도를 옮겼다는 주장들이 있다. 역사적인 상황을 고려하고, 몇몇 사료들을 살펴본다면 그러한 가능성은 있다. 이 주장들은 본고의 논리전개와는 직접 관련이 없으므로 각주를 생략한다.

의 무덤을 옮기곤 하였다.'[88] 『신증동국여지승람(新增東國輿地勝覽)』, 『동국통감(東國通鑑)』에는 중화군(中和郡)에 있는 동명왕묘가 용산에 있다고 기록했다. '전동명왕릉(傳東明王陵)'으로 불리우는 진파리 10호분이다. 평양으로 천도하기 위해 준비사업을 진행하면서 시조왕의 무덤을 옮기려는 준비를 하였으며, 동명왕릉을 축조한 것은 4세기 후반이며 이미 소수림왕 때 축조했다고 보는 견해도 있다.[89] 평양성에 시조묘를 조성한 사실은 국내성에도 시조묘를 반드시 조성해놓았다는 반증이다.

그렇다면 국내성묘역에 있는 무덤들 가운데에서 장군총류의 방단계제식석실묘(方壇階梯式石室墓)은 이러한 기능과 의미를 담기에 적합하며, 특히 장군총은 여러 조건으로 보아 가장 적합한 대상이다. 다음의 논고에서 상론할 예정이지만 필자는 95년도 이후에 장군총이 시조묘일 가능성을 언급해왔다. 『집안현지(集安縣志)』에도 장군총을 동명왕묘(-在城北十五里山勢莊嚴可觀前有東明聖王墓俗稱將軍墳-)로 기록하였다. 물론 장군총이 있는 뒷산은 주몽의 죽음 및 무덤과 연관이 깊은 용산이다.[90] 사실여부와는 무관하게 첫수도로 알려진 환인(桓仁)의 오녀산성(五女山城)도 용산으로 불리워진다. 근래에는 환인시 외곽인 하아향(河雅鄕) 미창구의 장군분을 동명왕의 무덤으로 보면서 주변의 산능선을 용산이라고 부른다. 이 무덤은 전형적인 봉토 석실묘로서 오히려 집안의 장군총보다 늦게 축조되었다.

고구려의 선행(先行)국가이며, 母질서로서 계승성의 모델로 삼은 조선의 대표적인 묘제인 고인돌도 복합기능을 하였다는 견해가 있고, 필자 또한 그러한 입장이다. 중국에서는 고인돌을 초기에는 일종의 종교기념물이나 제사기능을 하는 장소로 인식하기도 하였다. 고인돌을 '석묘자(石廟子)', '석붕묘(石棚墓)'라고 부르는 것은 이러한 의미

---

88 전제헌, 『동명왕릉에 관한 연구』, 사회과학출판사, 1994(백산자료원 영인자료, 1998), p.50.
89 전제헌, 위의 책, p.51.
90 이렇게 용산이라고 불리워지기 시작한 것이 고구려시대부터라고 확인할 수는 없다.

와 관련이 있다. 후에 발굴이 이루어져 고인돌이 무덤의 기능을 하였음을 알고 나서는 제단과 무덤의 기능을 동시에 갖고 있다고 이해한다. 요녕(遼寧)지역에서 발견된 고인돌 가운데에 조영위치도 좋고, 지석(支石)과 개석(蓋石)에 기호(記號)와 신상(神像)이 새겨진 것도 있는데,[91] 이러한 가능성을 보여주는 것이라고 생각한다. 북한에서도 은률의 관산리와 운산리, 배천의 용동리, 용강 석천산에서 조사된 지석묘 등은 조영상의 특징으로 제단기능을 겸비한 것으로 보기도 한다.

2) 神殿

| 그림 8 | 장군총 조감도

장군총은 건축물의 수직구조에서 맨 위이며 묘실위 3단계 공간에 해당하는 곳의 바닥에 개정석(蓋頂石)이 있다.[92] 개정석의 형체는 거대해서 길이 9.5m, 폭 7.45m, 두께 0.8m이다. 지표면에서 13.07m이고, 평면은 정방형에 1면의 길이는 13.5m~13.8m이다. 묘정(墓頂)은 황토로 봉했는데, 안에 백회(白灰)를 넣었다. 약간 불룩한 모양이다. 초기에는 그 바깥돌 위를 사면으로 돌아가면서 구멍이 20여개가 있었

---

91 許玉林, 『遼東半島 石棚』, 遼寧省 文物考古硏究所 編, 遼寧科學技術 出版社, 1994.
92 墓頂이라는 용어도 사용한다.

다고 했는데, 최근의 조사에서는 각 면마다 일정하지는 않지만 많은 구멍들이 발견됐다.[93] 그리고 윗부분과 각층의 사이, 묘역 안의 여러 곳에서 판와(板瓦)·와당(瓦當)·철련(鐵連) 등이 발견되었고, 묘역 밖에서는 류금동(鎏金銅)차, 전(塼)들이 출토됐다.[94] 동일한 계단식 적석무덤인 천추총(千秋塚)·임강총(臨江塚)·중대총(中大塚)·서대총(西大塚) 등에서도 윗부분과 층계에서 와편과 전(塼)이 출토되었다. 2003년도에 조사를 끝낸 광개토태왕릉은 9층의 계단을 가진 계단식적석무덤으로서 위에 건물이 있었다고 한다. 이렇게 건축구조와 내부에서 발견된 관련 유물들, 그리고 고구려인의 신앙을 고려할 때 많은 이들이 지적했듯 정상에는 건물이 있었다.[95]

그렇다면 그 건물의 성격은 무엇이며, 용도는 무엇이었을까?

대체로 향당설(享堂說)과 불탑설(佛塔說)이 있다. 불탑설은 발해 고분의 위에 불탑이 있는 것에 착안하여 나온 이론이다.[96] 향당(享堂)은 능묘 위에 세우는 일종의 사당(祠堂 : 陵上完廟)과 같은 성격의 건축물을 말한다.[97] 향당설(享堂說)은 이형구가 일찍이

---

93 吉林省 文物考古硏究所, 集安市 博物館 編著, 「將軍墳」, 『集安 高句麗 王陵』, 文物出版社, 2004, 6, p.345.
　이에 대한 초기조사는 池內 宏, 關野 貞 등이 하였다. 關野 貞은 난간용병혈이라고 보았다. 이전복은 圓形柱洞으로 보았다. 그 외 柱孔 이라고 칭하는 경우도 있다. 이형구, 「앞 논문」, p.7 참조. 묘정 위의 공간은 각면 13.6m 라고 본 보고도 있다.
94 李殿福 저, 車勇杰·金仁經 역, 앞의 책, 학연문화사, 1994, pp.236~237.
95 이 견해는 발견과 조사 초기부터 일인들을 비롯해서 주장해온 것이지만 최근의 조사를 통해서도 같은 견해를 표방하고 있다. 「將軍墳」, 『集安 高句麗 王陵』, 文物出版社, 2004, 6, p.345.
　건축물이 있었던 무덤 종류에 관해서는 방학봉, 『발해 건축연구』, 연변대학출판사, 1995, p.240 참고, 또한 방학봉, 「발해시기 묘상건축에 대하여」, 『발해사연구』6, 연변대학 출판사, 1995, 9, pp.147~152에서 릉원과 묘상건축이 함께 있는 상경 용천부 근처의 3령촌(三靈村)무덤 등과 묘상건축만 있는 묘들을 소개하고 있다. 발해고분 가운데에 묘상 건축이 있었을 가능성을 보여주는 증거인 기와조각 막새기와같은 유물들이 발견된 사실은 魏存成, 李殿福 王承禮 등도 말하고 있다.
96 방학봉, 『발해 건축연구』, 연변대학출판사, 1995, p.266에서는 일부 무덤위의 건물에는 불교건축예술이 반영되고 있다고하며 무덤탑이라는 용어를 사용했다.
97 李亨求, 「高句麗의 享堂制度 硏究」, 『東方學志』제32호, 연세대학교 국학연구원, 1982, pp.1~2, 향당이라

주장했는데, 다른 지역의 향당과 비교하면서, 특히 동이족(東夷族)의 문화와 연관이 깊음을 주장하였다.[98] 대체로 이 견해가 받아들여져 1984년에 출판된『집안현문물지(集安縣文物志)』에도 "묘 위에는 원래 향당과 같은 건축이 있었음을 알 수 있다.(可知墓上, 原有亭堂一類建築)"고 하였다. 필자는 1994년에 4회분 묘들 위에 올라가서 개석들이 있음을 확인한 바 있다. 장군총보다 후대의 봉토분인 4회분들 위에 개석들이 덮여져 있는 사실, 팔각형 형태로 다듬은 석재들의 존재, 고구려의 무덤에 '묘상입비(墓上入碑)'라고 하여 돌을 올려놓은 사실 등은 무덤 외의 또 다른 기능을 시사한다.

필자의 관심은 그 건물의 기본성격을 이해하는 일이다. 그리고 고구려인이 숨겨놓은 논리를 탐색하고, 피장자가 누구이며, 이러한 모든 것들은 단군신화와 어떤 관련이 있는가이다.

여러 사료의 기록을 종합하면 4세기말에 이르기까지 고구려는 다신교의 모습을 띠고 있다.

하지만 결국은 해 및 하늘로 상징되는 주몽과 水 및 穴로 상징되는 지모신(地母神) 유화(柳花)가 양대축(兩大軸)을 이루었다. 다만 성격과 체제의 특성상 주몽의 역할이 비중이 컸다. 하지만 백제·신라·가야 및 중국지역의 다른 문화에 비해서는 지모신의 역할이 상대적으로 컸다.[99] 이 양대 신은 상호유기적으로 하나의 체계를 이루어 시조의 탄생과 고구려의 건국이라는 결과를 낳았다. 단군신화에서도 天(또는 해)과 지모신(地母神)이 유기적으로 하나의 체계를 이루며 단군(壇君)의「조선(朝鮮)」이란 실체를 이룩한다. 역사공간(歷史空間)의 창조(創造)가 완성된 것이다.

는 단어의 뜻과 성격에 관해서는 1쪽 참조.
98 李亨求, 위 논문, p.2 참조. 건축양식은 아래가 의례히 방형을 이루고 있다고 하였다. 그리고 고구려의 여러 무덤들과 백제, 발해에 이르기까지 이런 형식의 무덤이 있었다고 주장하였다.
99 이지영,「주몽신화를 통해본 건국신화 속의 건국과정의 두 양상-시조모에 대한 새로운 인식」,『한국문화연구』10, 이화여자대학교 한국문화연구원, p.240 참조.

그런데 고대세계에서는 존재를 있게 한 근본적이고 첫 번째의 사건은 반복(反復)되어야만 한다. 고대인들은 사물이나 행동은 어떠한 가치를 본래 지니고 있는 것이 아니라 획득하는 것이며, 그렇게 함으로써 비로서 실재적이게 된다고 믿기 때문이다.[100] 즉 의미를 중시한다는 것이다. 특히 신(神)·영웅(英雄)·조상(祖上)들에 의해 설정된 행동을 신중하게 반복(反復)함으로서 의미를 획득하고 체현하는 것이다.

여기서 신화(神話)와 제의(祭儀)의 관계가 성립한다. 집단의 구성원은 제의를 통해서 집단개념을 형성하며 일체감을 갖게 될 뿐만 아니라 공동목적을 확인한다.[101] 이러한 논리라면 고구려 임금들은 즉위하거나, 특별한 행사 날에는 신화체계로 완성된 시조탄생과 건국과정에서 실천한 주몽의 행위 등을 제의를 통해서 반복할 필요가 있다. 4세기 후반에서 5세기 전반은 전시대와는 다른 환경에 놓여져 있었다. 국가가 발전하면서 외부적으로 팽창을 거듭했고, 그에 따라 다수의 종족이 국가의 구성원으로 편입되고, 다양한 문화가 혼재되는 상황이었다. 임금의 권위와 능력은 팽창되어 강력하고 위엄있는 존재가 되었다. 모두루총(牟頭婁塚)의 묘지석에서 나타난 '일월지자(日月之子)' 광개토태왕릉비에서 보여지는 '천제지자(天帝之子)',[102] '황천지자(皇天之子)' 등의 용어는 시조를 비롯한 고구려 임금들의 위상에 변화가 생겼음을 반영한다.[103] 또한 사(祠)를 세워 주몽에 제사 지냈고, 국중대회(國中大會)처럼 시조와 관련된 행사가 국가제사의 중심에 있었다. 이러한 사실들은 주몽을 정치권력을 장악한 세속의 지도자이면서 동시에 종교

---

100 멀치아 엘리아데, 鄭鎭弘 역, 『우주와 역사』(Cosmos and History), 현대사상사, 1976.
101 에반스 프리챠드 지음, 金杜珍 역, 『원시종교론』, 탐구당, 1976, pp.108~112.
102 조현설, 『동아시아 건국신화의 역사와 논리』, 문학과 지성사, 2003, p.254에서 천제(天帝)라는 용어에 대하여 막연하게 하늘이란 말에 대응하는 한자말을 차용한 것이 아니라 왕의 존재, 고대국가의 시작, 건국신화와 결부되어 비로서 정당한 의미가 부여된 용어라고 생각한다고 하였다.
103 최광식, 『한국고대의 국가와 제사』, 한길사, 1994, p.174.
　'시조묘를 세우고 이에 대한 제사를 통하여 왕권강화를 꾀하였던 것이며, 따라서 시조묘 제사는 고대국가 형성의 가장 중요한 징표의 하나'라고 하였다. 고대국가의 성격과 형성 시기에 대하여는 필자와 견해가 다르지만, 이러한 성격은 시공을 막론하고 보편적인 현상이다.

적인 지도자의 성격으로 인식했을 가능성을 보여준다. 이는 결국 당 시대 고구려 임금들이 정권(政權)과 신권(神權)을 동시에 장악하려 했을 가능성을 시사한다.

그런데 여러 기록에서 보이듯 고구려에는 음사(淫事)가 많다. 그 중국인들의 눈에 음사로 비친 의식은 이러한 조상숭배나 별 숭배 등의 전통신앙이었을 것이다. 「주서」, 「북사」에서는 고구려 사람들이 불법(佛法)과 음사(淫事)를 함께 받든다고 기록하였다. 이 시대는 불교라는 고등종교가 정치체제에 직접 작용을 하는 시대였다. 그렇다면 신앙적인 통일과 신앙적인 위계화도 해결해야 할 과제였을 것이다. 이러한 시대적인 상황 속에서 제의는 시조 및 역사적인 정통성과 관련하여[104] 의미가 더욱 확장되고, 형식도 복잡해질 수밖에 없었을 것이다. 제사의례는 사회적 정체성과 일체감을 낳게 하는 요소이며[105] 에너지를 발산시키기도 하지만, 공동체의 기억을 떠 올리게 한다.[106]

제의(祭儀)가 진행되는 과정과 그 의미는 주몽신화를 통해서 유추할 수 있다. 제의가 언어화 할 때 신화가 되고, 신화가 행동화할 때 제의가 되는 것이다.[107] 그만큼 신화는 언어, 제의와 밀접한 관련이 있다. 물 속(水)에 유폐되었다가 타부를 깨는 다양한 단계와 상황을 거쳐, 또한번 방 속(穴)에 유폐된 채 햇빛을 볼 수 없었던 유화는 빛으로 화현(化顯)한 해모수를 다시 만나 합일(合一)한다. 물론 합일의 결과는 주몽이다. 단군신화는 이와 동일한 모티브와 구조를 지녔다. 웅녀(熊女)는 혈(穴)에서 여신(女身)을 획득한 뒤 늘 신단수아래(神壇樹下)라는 공간에 가서 잉태를 원하는 주문을 왼다.(呪願有孕) 웅녀(熊女)는 웅(熊)을 우위로 호(虎)의 성격을 공유하면서 질적변신(質的變身)을 반복해 반신반인(半神半人)이 된다. 그리고 반신반인으로 변신한 신웅(神雄)과 결합하여(雄乃

---

104 제천의식과 天命論의 관계를 설명한 조현설, 「건국신화의 형성과 재편에 관한 연구」, 『동국대학교 박사학위논문, 1977 은 이러한 맥락일 것이다.
105 강영경은 신라의 예를 분석하면서 '鬼神信仰共同體' 라는 용어를 사용하고 있다. 「한국고대무속의 역사적 전개」, 『한국무속학』제10집, 2005, p.37.
106 엠마누엘 아나티 지음, 이승재 옮김, 『예술의 기원』, 바다출판사, 2008, pp.141~158.
107 金烈圭, 『한국의 신화』, 一潮閣, 1976 참조.

化而婚之) 단군왕검의 탄생을 완성시킨다.(孕生子 號曰 壇君王儉).

이러한 건국신화가 국가단위의 제의로서 반영된 것이 국중대회이다.[108] 장군총을 축조하던 고구려 전성기에 국중대회 또는 동맹 등 국가단위의 제사가 거행되는 장소는 어디였을까?

장군총이 전체적으로 제사의례의 장소였을 가능성은 후면(?)에서 대형제단과 또 하나의 배총이 발견되고, 주변에 건물들이 있는 데서도 나타난다. 적석곶묘(積石串墓) 가운데 일부에서 '묘설(墓舌)'이라는 형식이 발견된다. 적석묘의 아래 비탈 묘역변에 쌓은 방형, 반원, 반원형 계단식인데, 유실방지라는 토목공학적인 관점 외에 제사시설이라는 견해도 있다.[109] 근래에 압록강 중류 좌안(左岸)의 조선 경내인 자강도(慈江道) 초산군(楚山郡), 만포시(滿浦市) 등지에서 많은 고구려 적석묘가 발굴되었는데 무덤 언덕에 낮은 제단 시설이 발견되었다.[110]

이러한 제단에서 이루어진 행사는 국가단위의 제사의례와 연관이 있었을 것이다.

그런데 또 다른 중요한 신적인 존재와 함께 제의가 있다.

『삼국지』 동이전에 '…그 나라 동쪽에 큰 굴이 있었는데, 이름을 수혈(隧穴)이라고 한다. 10월에 나라에서 큰 모임을 갖는데, 수신(隧神)을 나라 동쪽으로 맞이해 제사를 지내고, 목수(木隧)를 신좌에 안치했다.…' 라는 기록이 있다.[111]

그렇다면 수혈신은 누구인가? 『위서』에는 요동성이 당나라의 군대에게 점령당할 위기에 놓이자 주몽신을 즐겁게 하기 위해 여자를 곱게 단장시켜 성을 빼앗기지 않도

---

108 강영경은 신라의 巫를 논하면서 시조묘에서의 제사형태에 대해서는 앞 논문, p.46에서 『說文』 등을 통해서 설명하고 있다.
109 孫仁杰, 「高句麗串墓的考察與硏究」, 『高句麗硏究文集』, 延邊大學 出版社, 1993, p.88.
　串墓를 1유형, 2유형, 3유형, 4유형으로 나누면서 1, 2, 3유형의 串墓 말단에 쌓은 墓舌에 대해 설명하고 있다.
110 柳嵐, 「高句麗 積石串墓硏究」, 『高句麗 遺蹟發掘과 遺物』제7회, 고구려 국제학술대회발표문집, p.488.
111 『삼국지』 동이전 고구려 '―其國東有大穴 名隧穴 十月國中大會迎隧神還於國東祭之 置木隧於神坐.'

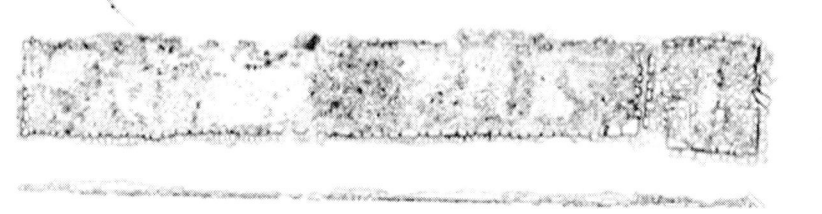

| 그림 9 | 제단 평면도 『集安 高句麗 王陵』 347쪽

록 했다는 기록이 있다. 『구당서』에는 요동성에 주몽사(朱蒙祠)가 있는데, 3일 간 피눈물을 흘렸다는 기록이 있다. 안시성에서 당나라군과 공방전이 벌어질 때 위험한 상황에 처하면 성 안에 모셔놓은 주몽사(朱蒙祠)에 가서 빌곤 하였다고 한다. 이 기록들은 조상신앙이 국가의 운명을 주재한다고 믿었음을 알려준다.

그런데 삼국사기 제사조에 이러한 기록이 나온다. '古記云 東明王十四年秋八月 王母柳花薨於東夫餘 其王金蛙以太后禮葬之 遂立神廟 太祖王六十九年 冬十月 幸夫餘 祀太后廟.' 동부여는 유화를 태후의 예로 장사지내고 신묘(神廟)를 세웠던 것이다. 그리고 임금이 태후묘에 제사를 지냈다. 그 후에 『북사』 고려전에도 고구려인들은 신묘 두 곳이 있어 등고신(登高神 : 高登神) 부여신(夫餘神)을 모셨다고 했다.[112] 부여신은 하백녀(河伯女)인 유화(柳花)를 가리킨다.[113] 시조의 하나로서 유화신앙이 있었던 것이다.

---

[112] 국내성 궁궐 동쪽 외곽에 있는 東臺子 유적지는 일종의 제사유적지인데, 1958년도의 발굴에서 이 지역에서 가옥건축의 유지가 4개 나왔다. 주춧돌들은 물론 온돌시설도 있었다. 연화문·인동문 등이 찍힌 각종 와당들, 鴟尾, 부서진 벽돌, 도기로 만든 항아리·罐·盆 등이 발견되었고, 斧·가래·솥·화살촉 등 무기도 나타났다. 故國壤王 9년인 392년 춘 3월에 세운 왕실 社稷과 宗廟(命有司立國社修宗廟)였을 가능성이 있다고 추정하고 있다. 『梁書』에는 왕의 궁실 인편에 큰집을 지어 귀신에게 제사를 지내고, 또한 영성과 사직에도 제사를 지낸다.라는 기록이 있는데, 이와 연관시키는 견해도 있다.

[113] '高句麗者… 敬信佛法 尤好淫祀 又有神廟二所 一曰夫餘神 刻木作婦人之象 一曰登高神 云是其始祖 夫餘神之子 立置官司遺人守護 蓋河伯女與朱蒙云'『周書』 열전 이역 상 고려조. 그 외에 北史 열전 고구려조와 北史의 것을 채록한 『삼국사기』, 잡지 1, 제사조에도 같은 내용이 있는데, 登高神을 登高神으

『후한서』 동이전에 '고구려에는 나라 동쪽에 수신이라는 커다란 굴이 있는데,[114] 10월에는 신을 맞이하여 제사를 지낸다' 라고 하였다. 『삼국지』 동이전에는 유사한 내용을 보다 자세하게 기록했다. 즉 '……나라 동쪽에 큰 굴이 있었는데, 이름을 수혈(隧穴)이라고 한다. 10월에 나라에서 큰 모임을 갖는데, 수신(隧神)을 나라 동쪽으로 맞이해 제사를 지내고, 목수(木隧)를 신좌에 안치했다.……' 이 때 수혈(隧穴)에 사는 隧神은 유화부인을 말한다. 한원소인(翰苑所引)의 위략(魏略)에는 「영수혈신(迎隧穴神) 환어국동상제지(還於國東上祭之)」라고 되어있다. 그렇다면 유화는 신화에서는 지모신(地母神 : 농사신으로 표현한 경우도 있다.)으로 나오지만 제의에서는 혈신(穴神)의 성격을 지니고 있다. 고구려를 비롯하여 고대국가에는 무(巫)가 있었다. 이때 무는 일반적으로 여성이 담당하는 것이며, 무복(巫服)을 입고 춤을 추면서 강신(降神)할 수 있는 능력을 지닌 者이다.[115]

그러면 穴신앙이라고 불리울만한 제의의 가능성은 있었을까?

고구려는 유독 굴과 깊은 관련이 있다. 주몽 또한 동굴과 깊은 관련이 있다. 주몽은 기린마(麒麟馬)를 기린굴에서 길렀는데, 하늘로 천제를 알현할 때 기린마를 타고 굴속에 들어간 후에 다시 땅 가운데를 따라 조천석(朝天石)에 나와 하늘로 올라갔다. 실제로 오녀산성(五女山城)에는 큰 굴이 있고, 집안에는 국동대혈(國東大穴), 평양 근처에도 기린굴(麒麟窟)이 있다. 길림성 유화(柳花)의 나통산성(羅通山城)에도 역시 굴이 있다. 주몽신화를 보면 혈(穴)과 깊은 관련이 있다. 주몽은 빛과 동굴의 결합에서 태어난 것이다. 일반적으로 신화에서 동굴(洞窟)이나 미로(迷路)등은 창조이전의 모태(母胎), 질서(秩

로 기록했다.
114 국동대혈은 상해방구촌 永洞溝에 있다. 이 굴을 발견한 이전복은 이렇게 말하고 있다. '왕들은 국내성 남쪽에 있는 나루터에서 배를 타고 강을 거슬러 올라와서 이곳 영동구 안에다 배를 대고 계곡길을 거슬러 올라와서 通天門 앞에 이르러 수신을 맞이했을 것이다.' 라고 李殿福 저, 車勇杰·金仁經 역, 앞의 책, p.96.
115 강영경, 앞 논문, p.39.

序)이전의 혼돈을 나타낸다. 그러므로 동일한 의미를 가진 穴은 존재의 근원으로서 생활의 공간과 구별되는 암흑의 공간이며 시간을 나타낸다. 즉, 일상생활과 상황이 아니라 특수한 상황을 상징하고 있다. 穴은 창조를 위한 예비과정으로서 흔히 여성과 생산기능을 상징하고 있다. 단군신화에서 穴은 주체인 환웅(桓雄)에 의해 웅(熊)·호(虎)가 인간으로 질적전환(質的 轉換)을 하기 위한 상황으로 주어졌으며, 그 곳은 생산과 밀접한 관련이 있다. 고구려에는 여인들이 혼인 전에 집 뒤의 소옥(小屋)에서 일정한 기간 동안 햇빛을 보지않고 혼자 사는 풍습이 있다. 동굴 속에서 사는 것과 똑같은 행위이다. 고대세계에서 보여지는 성인식이나 혼인의례의 정면과 유사하다.

 그러면 隧(穴)神을 동쪽으로 맞이하여 목수(木隧)를 안치하는 신좌(神座)는 구체적으로 어디였을까?

 신화의 내용과 제의기사를 통해서 유추한 이 행사가 실제로 이루어지려면 행위공간 또는 장소가 기본적으로 몇 가지 조건이 충족되어야 한다.

 단군신화는 환웅(桓雄)과 웅(熊)이 여러번의 예비상황과 중간단계를 거치면서 혈 어둠 쑥 마늘 기도 등의 신화소로 상징되는 도구로서 질적인 변신을 하였다. 고구려 건국신화 또한 주몽과 유화부인이 유사한 과정을 거쳤다. 그렇다면 우선 주몽신화상으로는 하늘에서 해(빛)가 내려올 수 있고, 땅에서 올라와 행위를 할 수 있는, 또 다른 제 3의 공간이 필요하다. 단 그 공간은 상반된 성격의 존재가 물리적으로 만나 결합하는 것이 아니라 신화처럼 穴 또는 水에 연관된 상황과 하늘 또는 해(빛)에 해당하는 상황이 만나 궁극적으로는 합일(合一)의 존재를 창조할 수 있는 구조[116]여야 하며, 이 상황이 원활하게 이루어질 수 있는 보조장치나 합일의 논리를 상징 은유로 치장된 장식물들이 구비되어야 한다.

---

[116] 고대문명에서 신전이란 일반인들에게는 초자연적인 존재와 관련된 장소로서 특별하고 의미 깊은 장소였다.

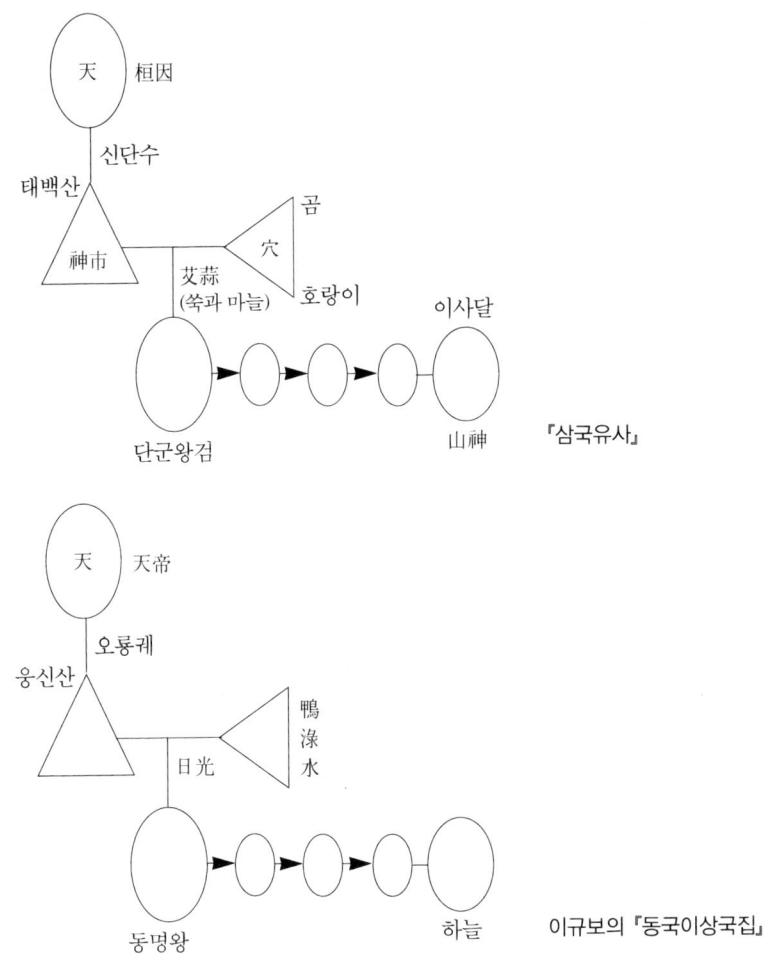

| 그림 10 | 위 그림은 단군신화와 주몽신화를 구조적으로 분석해서 비교한 도형이다.[117]
태백산과 웅신산은 각각 장군총 전체와 동일하고, 혈과 웅심연(압록수)는 묘실과 상통하며 단군과 주몽이 탄생하는 장소는 개정석 위의 신전을 나타낸다.

---

[117] 윤명철, 「壇君神話에 대한 構造的 分析」, 『韓國思想史學』 2집, 韓國思想史學會, 1988, p. 197 참고. 이 후 이 도표를 활용하였음.

앞에서 언급한 바를 통해보면 제의장소로서 穴의 상징이면서 제3의 공간으로서 장군총은 적합한 점이 많다. 풍수에 적합한 지형에 놓여진 위상과 몸체 자체로도 그러한 역할을 할 수 있으며, 의미를 부여할 수 있는 형태와 구조이다. 또한 이러한 기본구조를 보완하거나 강조시킬 수 있는 개념이나 논리장치들을 표현한 세부구조들이 갖추고 있다. 그 핵심은 개정석 위에 있었던 독특한 건물이다. 피라미드나 지구라트 등처럼 거대한 기념비적 건축물의 꼭대기에 행위공간(行爲空間)을 지닌 건물이 있다는 사실만으로도 장군총은 논리를 전개시킬 가치가 충분하다.[118] 개정석 위에 세운 건물은 명칭과 형태는 어떠하든 穴로서 신전(神殿)의 성격을 가졌으며, 제의기능(祭儀機能)을 하였을 것이다.[119]

고구려에서는 장군총류의 대형계단식 석실고분이 사라지면서 벽화고분이 본격적으로 조성되었다. 고분 내부에 벽화를 그린 까닭은 죽은 자들이 살아가는 공간으로 인식했기 때문이라는 견해는 일반적이다. 그렇다면 장군총류의 큰 묘실이 있는 무덤 또한 사자(死者)들의 공간 내세공간 기능을 했고, 그러한 의미를 둔 채 축조했을 개연성이 크다.

장군총은 시조 또는 임금들과 연관된 무덤이지만 동시에 내세에서 살아가는 일종의 궁전이었다. 또한 神들의 행위를 반복하고, 자신이 神으로 추앙받는 제사장소 또는 신전의 역할을 함께 하였을 것이다. 隧(燧)穴神, 목수(木隧)를 안치하는 공간이었을 것이다. 장군총을 통해서 표현된 단군신화 및 고구려의 신화 제의 논리 등은 고분벽화에 변형된 상태로 계승되었다. 고분벽화에는 天과 地의 결합, 天과 水의 결합과정이 반영

---

118 피라미드는 파라오가 태양신 레를 만나는 장소로 믿어졌다. 이집트 사람들은 피라미드를 하늘로 오르는 계단 같은 것으로 믿있나. 임석재, 앞의 책, p.42.

119 임석재, 『서양건축사1-땅과 인간』, ㈜북하우스, 2003, p.33. 지구라트는 신전이 놓이는 기단을 일컫는데, 신전의 높이를 인위적으로 높이려는 목적을 갖는다. 그렇다면 장군총의 석재부분은 지구라트와 유사한 의미가 있는 지도 모른다.

되어 있다. 곳곳에서 등장한 일신(日神)·월신(月神) 등은 현실적으로 태양왕인 해모수와 지모신(地母神)인 유화부인(柳花婦人), 혹은 고등신(高登神)과 부여신(夫餘神)으로 나타난 고주몽과 유화부인을 상징했을 수도 있다.[120] 이러한 형식은 한국문화에서는 대체로 유사하게 전승되면서 활용되었을 것이다. 앞에서 언급한 소도 또한 마찬가지이며 근대에 이르기까지 전승된 마을 동제나 서낭당의 위상도 연관이 있었을 것이다.

5. 결론

 필자의 관심은 서론에서 밝혔듯이 의미이다. 모든 사건과 사물이 그러하지만 역사적인 산물에게 의미란 때때로 존재 자체이기도 하다. 장군총은 시대적 상황과 크기 형태 구조 등의 여러 면을 고려할 때 특별한 의미가 담겨있다고 판단한다. 결국은 피장자 문제도 그 의미추구의 한 부분으로서 관심을 불러 일켰다. 1995년 이후 장군총의 피장자는 시조이며, 광개토태왕릉비와 함께 신령석이며, 존재의의는 고구려의 질적변신을 실현시키려는 의도이며 결과물이라고 주장했다. 물론 이것은 두 존재물뿐만 아니라 그 시대에 창조된 모든 문화현상들에게도 해당되는 평가이다.

 장군총은 놓여져있는 위치는 넓게는 신령스러운 의미를 지닌 수도의 동쪽 한가운데이며, 좁게는 시조의 생멸과 연관된 의미를 지닌 용산의 아래 언덕이고, 집안분지 전체를 내려다보는 곳이다. 그리고 압록강과 같은 방향으로 흐르며 광개토태왕릉비와 광개토태왕릉과는 남서방향으로 일직선을 이루고 있다. 선택된 신령스러운 터이며, 단군신화의 신시에 해당한다.

 전체 형태는 7층의 계단으로 이루어진 방단계제식석실묘(方壇階梯式石室墓)이다.

---

120 윤명철, 「高句麗人의 時代精神에 대한 探究」, 『國思想史學』 7집, 한국사상사학회, 1996, pp. 223~224.

| 그림 11 | 장군총과 태왕릉

몸체(기단부 포함)와 묘실, 그리고 묘상건축물(신전)의 3공간구조로 되었다. 완벽한 정방형 사각뿔의 형태로서 기하학적인 구조로 설계된 후에 만들어졌다. 각 면은 정삼각형의 형태를 띠우고 있는데, 면은 수직으로 3분할 되었으며, 묘실은 3분의 2지점에 있어 무게중심과 상징성을 표방하고 있다. 우주산의 의미로서 단군신화의 태백산 주몽신화의 웅신산 또는 용산을 의미한다.

피라미드형의 7층 계단은 각 층이 3개의 돌들도 세트를 이루어 총 21개로 되었다. 이는 3과 7이라는 숫자와 깊은 관련이 있는데, 단군신화와 주몽신화에서 표방하는 상징소이다. 또한 정호석(호분석)이라고 불리우는 돌들이 있는데, 이는 건물의 안정성을 높힌다는 토목공학적인 기능 외에 3이라는 숫자와 3*4로 나타나는 12라는 숫자의 상징도 있다. 한편 이 몸체의 한 변의 길이는 측량시기에 따라 약간의 차이들이 있으나 기본적으로는 고구려 척으로 100척에 해당한다. 100이라는 숫자는 단군신화에서 3.7과 등가(等價)의 가치를 지닌 탄생의 상징소이다. 몸체는 개정석 위에 설치한 신전건물까지 합해서 보면 피라미드, 지구라트 등 세계 여러 지역에서 발견되는 소위 '만다라' 구조와 유사함을 확인할 수 있다.

건물의 내부 구조에서 묘실(墓室)은 3층에서 5층 사이에 있는데 신전건물을 포함한 전체 건물의 무게 및 위치 의미상의 중심이다. 입구는 남서방향으로 나있으며, 광개토태왕릉비 및 광개토태왕릉과 일직선을 이루고 있다. 이 공간은 묘실(墓室)이면서 동시에 來世의 공간이었다. 개정석 위에는 종교적인 의미를 지닌 건물이 있었다. 향당(享堂)·불탑(佛塔)·능각(陵閣)[121] 등 다양한 명칭들이 있는데, 성격은 신전(神殿)이라고 판단된다. 이 제 3의 공간은 건국신화에서 중요한 역할을 담당한 穴의 의미를 지녔으며, 天과 地의 合一이 이루어지는 공간이었다. 장군총은 북면 아래에도 대규모의 제단

---

121 능각은 중화부에 있는 동명왕릉의 봉분을 보호할 목적으로 둘러싸게 만든 목조건물이다. 전제헌의 앞의 책, pp. 58~60.

시설이 있었으며, 5개의 배총과 함께 부속건물들이 있었다.

장군총은 국가가 질적으로 성장하고, 다양성의 갈등이 표출될 수 있는 시대상황 속에서 신논리와 신문화를 창조해야하는 시대정신과 정치적인 요구를 반영하여 만들어진 복합적인 기능의 건물이다. 비록 외면은 단순하며 정제된 이미지를 갖고 있지만, 형태를 이루는 다른 요소들과 복잡한 구조를 통해서 고도의 상징과 은유를 내포한 논리체계이며, 국가정신의 메시지를 전달하는 기념비이다. 때문에 위치와 터, 전체 형태와 기본구조 및 주변구조들 모두에서 고구려의 조상숭배와 건국신화(단군신화 및 주몽신화), 그리고 몇몇 신앙을 일치시키는 논리를 담고 있다.[122] 이 3이라는 숫자로 상징된 합일(合一)의 논리는 고구려가 요구하는 시대정신이 대립적이거나 갈등의 관계인 존재들을 배제하는 안이한 방식보다는 자기희생을 감수하면서 수용하여 合一을 이룩하는 방식이었기 때문이다.[123]

---

[122] 로버트 벤투리, 『건축의 복합성과 대립성』, 동녘, 2007, p.54 '복합성과 대립성을 갖춘 건축은 양자택일을 배척하지 않는다. 다만 명백한 접합이나 명쾌함을 표현하지 않고 양자공존을 도입한다.' 라고 하였는데, 이는 비록 고대의 산물이지만 장군총류의 건축물에도 해당되는 말이다.
[123] 윤명철, 「高句麗人의 時代精神에 대한 探究」, 『한국사상사학』7집, 한국사상사학회, 1989에서 이러한 논리를 제시하였다.

Abstrat

Characteristics of General Tomb with interpreting Dangun Myth

Professor Myung-cul Youn
Dong-guk niversity

Koguryo is the country that becomes strongly aware of succeeding to Old Josun. Therefore there were a lot of similar features in the birth myth and cultural phenomenon between 2 countries. From among those, General Tomb has the specific meaning in several sides such as the situation of the times, size, form, structure, and so on. General Tomb is located on the east side of Guknaesung(royal city) that was the second capital of Koguryo. It is 7-storied, laid up with granite, and has a similar shape with pyramid. Its height is 12.4m, and the each length of 4 sides around it is 35.6m. A burial chamber for enshrining the dead body is placed between 4th and 7th floor, and there was a shrine made of wood on it. After all, General Tomb is built up with 3 sections of body, burial chamber, and shrine. The third space, shrine, had a meaning of cave that played an important role. General Tomb is the multi-functional building made with reflecting the spirit of the times creating new culture, and the political needs. Although its exterior has simple and refined image, it is a logical system involving the symbol and metaphor of the high, and a monument communicating a message of state spirit. General Tomb is reflecting Dangun Myth, the birth myth of Koguryo, and religious belief.

Key word   koguryo, guknaesung-royal city, Dangun Myth, old-Josun, General Tomb, image

참고문헌

▶ 사료

『三國史記』
『三國志』
『東國李相國集』
『帝王韻記』
『海東韻記』
『北史』
『周書』

▶ 저서

김석철, 『20세기 건축』, 생각의 나무, 2005년.
김성배, 『한국의 민속』, 集文堂, 1980.
金小南, 『辰韓國馬韓史』, 東紀, 2000.
金烈圭, 『한국의 신화』, 一潮閣, 1976.
김왕직, 『알기쉬운 한국건축용어사전』, 동녘, 2007.
리지린·강인숙, 『고구려사 연구』, 사회과학출판사, 1976.
박시익, 「한국의 풍수지리와 건축」, 일빛, 1999.
朴容淑, 『韓國古代美術文化史論』, 일지사, 1976.
손영종, 『고구려사』, 조선과학백과사전 출판사, 1990.
유동식, 『민속종교와 한국문화』, 현대사상사, 1978.
_____, 『한국무교의 역사와 구조』, 연세대 출판부, 1975.
유태용, 『3 5, 6의 고구려자』, 서문, 2001. 8.
이지영, 『한국 건국신화의 실상과 이해』, 月印, 2000.
李玉, 『高句麗 民族形成과 社會』, 교보문고, 1984.
임석재, 『서양건축사1-땅과 인간』, ㈜북하우스, 2003.
장기인, 『한국건축대계 7-석조』, 보성각, 2003.

전제헌, 『동명왕릉에 관한 연구』, 사회과학출판사, 1994(백산자료원 영인자료, 1998).
조현설, 『동아시아 건국신화의 역사와 논리』, 문학과 지성사, 2003.
최광식, 『한국고대의 국가와 제사』, 한길사, 1994.
한인호, 『조선중세 건축유적연구』, 한국문화사, 1998.

吉林省 文物考古研究所, 集安市 博物館 編著, 『集安 高句麗 王陵』 文物出版社, 2004, 6.
　鑒泓 等 편, 成周鐸 역주, 『中國 都城 發達史』, 학연문화사, 1993.
滿洲古蹟古物名勝天然紀念物保存協會編, 『輯安』 會誌 第 8輯, 滿洲事情案內所, 1943.
柳嵐, 「高句麗 積石串墓研究」, 『高句麗 遺蹟發掘과 遺物』 제7회, 고구려 국제학술대회발표문집.
李殿福 저, 車勇杰·金仁經 역, 『中國내의 高句麗 遺蹟』, 학연문화사, 1994.
許玉林, 『遼東半島 石棚』, 遼寧省 文物考古研究所 編, 遼寧科學技術 出版社, 1994.

Nioradze, 『시베리아 諸民族의 原始宗教(Der schamanismus beiden siberischen)』, 李弘稙譯, 新丘文化社, 1976.
로버트 벤투리, 『건축의 복합성과 대립성』, 동녘, 2007.
마이클 겔브 지음, 정준휘 옮김, 『위대한 생각의 발견』, 추수밭, 2003.
멀치아 엘리아데, 鄭, 鎭弘역, 『우주와 역사』(Cosmos and History), 현대사상사, 1976.
피터 데피로&메리 데스몬드 핀코위시 지음, 김이경 옮김, 『숫자문명사전』, 서해문집, 2003.
에반스 프리챠드 지음, 金杜珍 역, 『원시종교론』, 탐구당, 1976.
엠마누엘 아나티 지음, 이승재 옮김, 『예술의 기원』, 바다출판사, 2008.
Ingrid Riedel 저, 정여주 역, 『色의 신비』, 학지사, 2008.
조르쥬 이푸라쟈 지음, 김병욱 옮김, 『신비로운 수의 역사』, 예하, 1990.
칼 G 융 외 지음, 이윤기 옮김, 열린책들, 1996.
테리 조든 . 비치코프 모나 도모시 공저, 류재현 편역, 『세계문화지리』, 살림, 2002, 8, 30.

▶ 논문

姜萬吉, 「李朝時代의 檀君崇拜-實錄記事를 中心으로-」, 『李弘植博士回甲紀念韓國史學論叢』, 1969.
강영경, 「한국고대무속의 역사적 전개」, 『한국무속학』 제10집, 2005.
琴章泰, 「韓國古代信仰과 祭儀」, 『文理大學報』 19, 1963.
金琫永, 「壇君神話의 研究」, 『語文學論叢』 8집, 朝鮮大 국어국문학연구회, 1968.
김일권,
金廷鶴, 「檀君神話와 토오테미즘」, 『歷史學報』 7, 歷史學會, 1954.
박시익, 「풍수지리와 주거공간」, 『건축』 제52권 1호, 대한건축학회, 2008, 01.
朴贊興, 「高句麗 尺에 대한 연구」, 『史叢』 44집, 1995.
孫仁杰, 「高句麗串墓的考察與研究」, 『高句麗研究文集』, 延邊大學 出版社, 1993.

尹世復, 「檀君考」, 『학술지』2, (Academic of Institude of Konkuk University).
李種益, 「한밝思想考」, 『東方思想論叢』, 1975.
이지영, 「주몽신화를 통해본 건국신화 속의 건국과정의 두 양상-시조모에 대한 새로운 인식」, 『한국문화연구』 10, 이화여자대학교 한국문화연구원.
李亨求, 「高句麗의 享堂制度 硏究」, 『東方學志』제32호, 연세대학교 국학연구원, 1982, 8.
李弘稙, 『단군신화와 민족의 이념』, 『국사상의 제문제』제1집, 4292년.
任東權, 「檀君神話의 民俗學的 考察」, 『韓國民俗學硏究論攷』, 宣明文化社, 1971.
張秉吉, 「韓國原始信仰에 관한 小考」, 『同大論叢』8, 1978.
張聖浚, 「風水地理의 局面이 갖는 建築的 想像力에 관한 考察」, 『대한건축학회지』22권 85호, 1978.
全圭泰, 『韓國神話와 原初意識』, 二友社, 1980.
조현설, 「건국신화의 형성과 재편에 관한 연구」, 동국대학교 박사학위논문, 1977.
조기호·이병렬, 「고인돌 시대 한반도 자생 풍수입지-고창지역을 중심으로-」, 한국정신과학회 제18회 춘계학술대회 논문집, 2003, 4.
한영우, 「고려 조선전기의 기자인식」, 『한국문화』3집, 서울대 규장각 한국학연구원, 1982.

아니엘라 야페, 「시각예술에 나타난 상징성」, 『인간과 상징』, 열린책들, 2004.